우크라이나와
러시아

우크라이나와 러시아

차가운 결별에서 참혹한 전쟁으로

폴 대니어리 | 허승철 옮김

UKRAINE AND RUSSIA

FROM CIVILIZED DIVORCE TO UNCIVIL WAR

KU PRESS
고려대학교
출판문화원

Ukraine and Russia: From Civilized Divorce to Uncivil War
Second Edition
by Paul D'Anieri

서문

2019년 출간된 이 책의 초판은 2014년 러시아의 크림 합병과 동부 우크라이나 지역 침공을 설명하는 것을 목표로 했었다. 2022년 2월 러시아가 침공을 대규모로 강화하자 독자들은 이러한 전쟁의 배경을 이해하기 위해 이 책을 찾았다. 나는 독자들의 이러한 반응에 깊이 감사했다. 그러나 초판은 2015년 초에서 멈췄고, 모든 사람의 마음에 떠오른 의문은 왜 러시아가 2022년 훨씬 대규모의 공격을 시작했는가였다. 새 침공에까지 이른 사태 발전을 설명할 개정판에 대한 필요는 자명했다.

이 개정판을 쓰는 데 두 가지 실제적 문제가 있었다. 첫 번째는 아직도 치열하게 진행되는 전쟁에 대해 서술한다는 문제였다. 이 개정판의 서술은 대략 2022년 8월에 끝나고, 아직 많은 것이 앞으로 결정될 것이다. 만족스럽지 않기는 하지만 개정판의 우선적 목표는 우크라이나와 러시아가 어떻게 전면전에 이르게 되었는가를 설명하는 것이지 이 전쟁이 어떻게 끝날 것인가를 예측하는 것은 아니다. 개정판에 새로 추가된 8장은 2022년 침공의 무대가 만들어진 2015년부터 2021년까지의 기간을 다룬다. 이 장은 왜 러시아가 현상을 유지하는 것이 전쟁을 시작하는 것보다 더 나은 전략이 아니라고 결정했는지를 묻는다.

새로 추가된 9장은 서방 정보기관들이 러시아가 전쟁을 준비한다는 보고를 하기 시작하면서 위기가 시작된 2021년부터 전쟁의 첫 6개월을 다룬다. 나는 미래를 예측할 수 없지만, 러시아의 개전 결정과 전쟁 초기 상황, 러시아, 우크라이나, 서방과 세계의 반응에 대해서는 논의할 것이 많다. 왜 푸틴은 전쟁을 택했는가? 왜 우크라이나는 이렇게 끈질기게 항전하는가?

새로운 결론(10장)은 전쟁의 장기적 기원에 대한 초판의 논의를 재고하고, 2022년 벌어진 전면전의 함의도 논의한다. 전장의 사건으로 많은 것이 결정되겠지만 침공의 일부 결과는 이미 분명해졌고, 분석을 필요로 한다.

이 개정판을 쓰면서 만난 두 번째 도전은 2014년의 침공과 2022년 침공이 어떻게 서로 연관되었는가를 결정하는 것이다. 두 전쟁은 여러 면에서 하나의 전쟁의 일부분이지만, 서로 구별되는 침공이다. 두 침공은 하나의 설명으로 두 사건을 모두 다룰 수 있을 정도로 단일적 역사적 사건인가 아니면 별개의 설명을 필요로 하는가? 이것은 내가 2022년 침공은 개인 수준의 여러 요인, 블라디미르 푸틴의 심리 또는 그의 최측근 참모들의 수준에서 촉발된 것이라는 주장을 편 9장에서 특히 상세히 다루어진다. 이러한 설명은 초판에는 제시되지 않았었다.

러시아가 전쟁을 확대하기로 한 동기와 합리성이 이 주제와 서로 연관되어 있다. 러시아의 침공을 촉발한 분명한(정당화할 수 있다는 의미는 아니다) 사건들이 있었던 2014년과 대비하여 2022년은 선택에 의한 전쟁의 성격이 좀 더 분명하다. 전쟁 개전 결정을 설명할 수 있는 명백한 기회나 임박한 손실은 없었다. 이것이 많은 관측가들을 당황하게 만든 이유이다. 여기에 침공의 규모, 전쟁 범죄의 잔혹성, 수사의 악의성은 2022년 전쟁을 원시적 러시아의 침공으로 간주하는 것을 훨씬 용이하게 만든다. 이것은 2014년 침공과 관련하여 초판에 제시한 다양한 인과관계 설명과 대조된다.

이것은 러시아의 침공에 대한 현재의 평가를 과거 30년에 대한 분석으로 거슬러 올라가야 할지 아니면 갈등의 다양한 요인들에 초점을 맞춘 이전의 분석을 2022년으로 확장해야 할 것인가라는 문제와 연관된다. 나는 둘 중 어느 것도 하지 않기로 했다. 나는 좀더 명확한 설명과 추가적 자료를 위한 여지를 위해 첫 7개 장들을 수정했지만 관련 당사국들 관계의 장기적 역학 분석을 다시 시도하지는 않았다. 나는 또한 2022년 전쟁을 러시아가 우크라이나를 복속시키려는 목표를 가진 분명한 결정으로 간주하는 것도 피했다. 이것은 2022년 침공은 2014년 침공과 조금 다르게 설명된다는 것을 의미한다. 이것은 국제정치의 본질에 의해 심화된 목표와 규범의 장기적 양립 불가능성의 결과이다. 그러나 만일 2014년 러시아의 침공이 두려움과 기회주의의 혼합인 것이라면, 2022년 침공은 합리적인지 여부는 차치하고 러시아는 무력에 의존해서, 오직 무력을 사용해서만 목표를 성취할 수 있다는 단순명료한 계산에 좀더 기초한 것으로 보인다. 서평자들의 제안 덕분에 나는 참고문헌을 추가했고, 내 생각에 독자에게 가장 유용하다고 믿어지는 각 쪽 하단의 주는 유지했다.[i] 나는 책에 나오는 많은 이름에 익숙하지 않은 비전문가들을 위해 주요 지도자 명단을 추가했다. 나는 새로 추가된 장에 대해 소중한 의견을 제시해 준 하버드대학 우크라이나 하계학교의 레이몽 펀치 3세와 에밀리 샤넬-저스티스와 그녀의 학생들에게 깊이 감사한다.

i 원문에 각주로 달린 저자의 주는 이 번역본에서는 미주로 옮겼다.

감사의 말

마음이 너그러운 기관, 동료, 친구들의 지원이 없었다면 나는 이 책을 쓰지 못했을 것이다.

2017년 가을 나는 하버드대학교 우크라이나연구소 유진과 데이멜 슈클라르 연구 펠로십을 받는 행운을 누렸다. 나는 이 프로젝트를 진행할 수 있는 이상적 환경을 마련해 준 하버드대학교 우크라이나연구소와 연구소장 세르히 플로히Serhii Plokhy 교수에게 감사를 드린다. 올레흐 코추바Oleh Kotsyuba와 조지 그라보비치George Grabowicz는 《크리티카(Krytyka)》지에 실을 논문에 나의 생각을 집중하도록 격려해 주었다.

전체적 논의의 초기 버전은 하버드대학, 시러큐스대학, 키이우공과대학, 조지워싱턴대학, 오슬로의 포르스바레츠 포르스크닝연구소에 발표했다. 이 학술행사에서 진행된 논의는 나의 분석을 정치하게 하는 데 큰 도움이 되었다. 이러한 방문을 가능하게 해준 크리스티나 콘로이Kristina Conroy, 오디 클로츠Audie Klotz, 파블로 쿠투예프Pavlo Kutuev와 볼로디미르 이셴코Volodymyr Ishchenko, 피터 롤버그Peter Rollberg와 헨리 해일Henry Hale, 토르 부크볼Tor Bukkvoll에게 감사의 뜻을 전한다.

오랜 기간 타라스 쿠지오Taras Kuzio는 너그럽게 자신의 의견을 공유해 주었고 내가 키이우와 접촉할 수 있게 도와주었다. 유진 피셸Eugene Fishel, 세르히 쿠델리아Serhiy Kudelia, 헨리 해일, 볼로디미르 이셴코와 익명의 두 사람이 이 저술의 초고를 읽고 혜안이 있는 조언을 해주었다. 그들의 상세한 제안 덕분에 나는 원고의 일부 논의를 예리하게 만들고 다른 부분에 섬세함을 가미하고, 일부 사실적 오류를 바로잡을 수 있었다. 아마도 내가 현명하지 못해서 이들의 모든 조언을 다 받아들이지 못했을 수도 있으나, 아직 남아 있는 결점은 전적으로 나의 책임이다.

캘리포니아대학 리버사이드는 연구 기금을 마련해 주고, 나를 행정과 강의 의무에서 면제시켜 주었다.

나는 어려운 시기를 지나오는 동안 나를 지원해 준 많은 친구들에게 특별히 감사한다. 많은 테니스 시합과 수도 없는 식사, 유럽에서의 많은 경험을 통해 이들은 나에게 측정할 수 없는 기쁨과 지혜를 주었고, 나는 이 책을 그들에게 헌정한다. '감사의 8인(Grateful Eight)'이여, 이 책은 당신들의 것이다!

무엇보다도 나는 아내 로라에게 받은 영감을 인정해야 한다. 그녀는 우리가 처음 만났을 때 25년 뒤에도 우리가 여전히 우크라이나와 러시아에 대해 글을 쓰고 이야기를 나눌 것이라고 생각하지 못했을 것이다. 만일 아내가 이것에 지쳤다면, 그녀는 이것을 잘 숨겨왔다. 아내의 격려는 이 프로젝트의 모든 단계에서 나를 지탱해 주는 힘이 되었다.

핵심 인물

고르바초프, 미하일Gorbachev, Mikhai. – 소련 공산당 서기장, 1985-1991

글자지예프, 세르게이Glazyev, Sergei – 러시아 관세동맹위원장, 우크라이나 담당 푸틴 보좌관

나발니, 알렉세이Navalny, Alexei – 러시아 반부패 행동가, 2024년 2월 러시아 감옥에서 사망

라브로프, 세르게이Lavrov, Sergei – 러시아 외무장관, 2004- ; UN 주재 러시아 대사, 1994-2004

루키아노프, 표도르Lukyanov, Fyodor – 러시아 상원 외교국방위원장

마크롱, 에마뉘엘Macron, Emmanaul – 프랑스 대통령, 2017-

메드베데프, 드미트리Medvedev, Dmitry – 러시아 대통령, 2008-2012; 총리 2012-2020

메드베드추크, 빅토르Medvedchuk, Viktor – 친러시아 우크라이나 올리가르히, 블라디미르 푸틴 측근

메르켈, 앙겔라Merkel, Angela – 독일 총리, 2005-2021

모로조, 올렉산드르Moroz, Oleksandr – 우크라이나 사회당 당수, 국회의장, 2006-2007

미그라냔, 안드라니크Migranyan, Andranik – 보리스 옐친 보좌관

숄츠, 올라프Scholz, Olaf – 독일 총리, 2021 -

슈뢰더, 게르하르트Schröder, Gerhard – 독일 총리, 1998-2005; 노르드스트림 이사회의장, 2006-

아자로프, 니콜라이Azarov, Nikolai – 우크라이나 총리, 2010-2014; 재무장관, 2002-2005

아흐메토프, 리나흐Akhmetov, Rinat – 지역당과 손 잡은 우크라이나 올리가르히

악쇼노프, 세르게이Aksyonov, Sergei – 크림 분리주의파 지도자

야누코비치, 빅토르Yanukovich, Viktor – 우크라이나 대통령, 2010-2014; 총리, 2002-2005, 2006-2007

야체뉴크, 아르세니이Yatseniuk, Arseniy – 우크라이나 총리, 2014-2016

유셴코, 빅토르Yushchenko, Viktor – 우크라이나 대통령, 2005-2010; 총리, 1999-2001

옐친, 보리스Yeltsin, Boris – 러시아 대통령, 1990-1999

자하르첸코, 알렉산드르Zakharchenko, Aleksander – 도네츠크공화국 분리주의파 지도자, 2014-2018

젤렌스키, 볼로디미르Zelenksy, Volodymyr – 우크라이나 대통령, 2019 -

즐렌코, 아나톨리Zlenko, Anatoliy – 우크라이나 외무장관, 1991-1994, 2000-2003

지리놉스키, 블라디미르Zhirinovsky, Vladimir – 러시아 자유민주당 당수

체르노미르딘, 빅토르Chernomyrdin, Viktor – 러시아 총리, 1992-1998; 우크라이나 주재 러시아 대사, 2001-2008

카라가노프, 세르게이Karaganov, Sergei – 러시아 정치학자, 상원 외교국방위원장

코지레프, 안드레이Kozyrev, Andrei – 러시아 외무장관, 1992-1996

콜로모이스키, 이호르Kolomoiksy, Igor – 우크라이나 올리가르히, 드니프로페트롭스크 주지자, 2014-2016

쿠치마, 레오니트Kuchma, Leonid – 우크라이나 대통령, 1994-2004; 우크라이나 총리, 1992-1993

크라프추크, 레오니트Kravchuk, Leonid – 우크라이나 대통령, 1991-1994

크바스니엡스키, 알렉산더Kwaśniewski, Aleksander – 폴란드 대통령, 1995-2005; EU 우크라이나 대표, 2012-2013

클리츠코, 비탈리Klitschko, Vitaliy – 우크라이나 야당 지도자, 키이우 시장, 전 권투 챔피언

타라슈크, 보리스Tarasiuk, Boris – 우크라이나 외무장관, 1998-2000, 2005-2007

투르치노프, 올렉산드르Turchynov, Oleksandr – 우크라이나 대통령 서리, 2014

티모셴코, 율리야Tymoshenko, Yuliya – 우크라이나 총리, 2005, 2010-2012

티힙코, 세리히Tihipko, Serhiy – 우크라이나 정치인, 부총리, 2010-2012

포로셴코, 페트로Poroshenko, Petro – 우크라이나 대통령, 2014-2019

푸틴, 블라디미르Putin, Vladimir – 러시아 대통령, 2000-2008, 2012- ; 총리 1999, 2008-2012

프리마코프, 예브게니Primakov, Yevgeniy – 러시아 총리, 1998-1999; 외무장관, 1999, 2008-2012

지도 0.1 2022년 1월 당시 러시아에 점령당한 우크라이나 영토

차례

1장 우크라이나를 둘러싼 갈등의 기원

> 우리의 생각으로는 늑대는 먹이를 주어야 하고, 양은 보호되어야 한다.[i]
> — 레프 톨스토이, 〈전쟁과 평화〉

2022년 2월 24일 새벽 이른 시간 러시아는 군용기, 미사일, 드론, 포병, 기갑 부대의 지원을 받는 15만 명이 넘는 병력으로 네 방향에서 우크라이나를 공격했다. 세계 여러 나라의 언론이 러시아가 우크라이나를 "침공했다"고 보도했지만, 우크라이나 국민과 그들을 지지하는 사람들은 침공은 8년 전인 2014년 러시아가 크림반도를 병합하고, 도네츠크 주와 루한스크 주를 공격하면서 사실상 시작되었다고 강조한다. 이 전쟁으로 지금까지 13,000명 이상이 사망했다. 2022년 가을 현재 양측에서 수많은 사상자가 발생했음에도 불구하고 전쟁은 수그러들 기미를 보이지 않고 있다. 오히려 상황을 잘 아는 관측가들은 장기전에 대비하고 있다.

1991년 소련이 해체되면서 "고상한 이혼(civilized divorce)"[1]으로 시작된

---

i 〈전쟁과 평화〉 2부 3편 6장에서 스페란스키가 한 말이다. 전장에서 입은 부상을 치료할 겸 상트페테르부르크에 돌아온 안드레이 볼콘스키 공작은 만나는 사람들에게 실망을 느끼다가 스페란스키 백작을 만나고 나서 그의 합리적인 사고와 높은 덕성에 매료된다. 작품의 해당 부분을 인용하면 다음과 같다

"우리들은 뿌리 깊게 고정된 습관의 수준에서 뛰어난 것은 모두 주목하지요.(…)"라고 말하기도 하고, 미소를 띤 채 "우리의 생각으로는 늑대는 먹이를 주어야 하고, 양은 보호되어야 합니다"라고 말하는가 하면, "그들은 이것조차 이해하지 못합니다"라고 말하기도 했다.

스페란스키 백작은 알렉산드르 1세의 총애를 받았던 실제 인물로 러시아 자유주의의 아버지로 불렸고, 나폴레옹을 만나 러시아의 행정 개혁에 대해 논하기도 했다. 1812년 권력의 절정에 올랐던 그는 주위의 모함으로 알렉산드르 1세의 눈 밖에 벗어나서 지방 수령직으로 밀려났다가, 니콜라이 1세 즉위 후 데카브리스트 반란 조사와 재판의 주역을 맡으면서 권력을 회복했다. 이하 모든 각주는 옮긴이의 주이다.

상황이 1945년 이후 유럽에서 가장 큰 전쟁이 되었고, 그 영향은 전 세계에 파급되었다. 1991년의 우크라이나 독립은 피 한 방울 흘리지 않고 이루어졌다. 이와 더불어 냉전 시대를 지배한 동서 간의 긴장도 사라졌다. 그러나 2014년 러시아는 우크라이나를 침공하여 우크라이나 영토를 장악했고, 러시아와 서방을 많은 사람이 신냉전이라고 부르는 상태로 몰아넣었다. 그리고 2022년 러시아는 극적으로 전쟁을 확대하여 민간인들도 공격 대상으로 삼으며 우크라이나 국가와 민족의 파괴를 추구하고 나섰다.

이런 일이 어떻게 일어나고, 왜 일어났는가? 서로 밀접히 연관된 우크라이나와 러시아는 왜 전쟁에 돌입하게 되었는가? 양국의 관계는 서방과 러시아의 충돌에 어떤 영향을 미쳤는가? 이런 질문에 어떻게 답을 하는가가 모든 행동 당사자들이 미래에 어떤 선택을 할 것인지를 대체적으로 결정할 것이다. 여기에는 우크라이나에 평화를 다시 회복시키는 문제, 유럽의 안보를 증진시키는 문제, 러시아와, 이웃 국가들을 포함한 서방 간의 관계를 재건설하는 문제가 포함되어 있다. 이 갈등을 어떻게 이해하는가에 많은 것이 달려 있지만, 현재의 지배적인 이해들은 서로 상충하고 있다. 일군의 학자들은 러시아의 영향력 회복 정책(revanchism)을 이 갈등의 원인으로 보고, 다른 학자들은 푸틴이 자신의 권위주의적 지배를 강화해야 할 필요성을 그 원인으로 본다. 또 다른 학자들은 러시아의 팽창주의와 우크라이나의 민족주의를 사태의 원인으로 본다. 첫 두 견해는 서방이 푸틴의 러시아에 맞서고, 최소한 봉쇄하는 전략을 주원인으로 보고 있으며, 세 번째 학자들은 우크라이나를 통제해야 하는 러시아의 안보적 필요성을 인정하는 것이다.

이 책은 이런 전략 중 어느 것도 단기적으로 성공할 수 없다는 것을 보여줄 것이다. 이 전쟁의 원인은 일반적으로 사람들이 이해하고 있는 것보다 훨씬 깊기 때문에 정책이나 지도자의 단순한 변화로 해결되지 않을 것이다. 러시아와 우크라이나 간의 진쟁과 러시아와 서방 간의 전쟁은 "지각구조적(tectonic)" 힘과 단기적인 촉발자(trigger)의 결과로 일어났다. 우크라이나와 러시아 사이의 갈등은 뿌리 깊은 규범적 이견(normative disagreement)과 이익의 충돌에서 연유한 것이다. 우리는 지도자들이 내린 많은 결정에 대한 책임을 물을 수 있지만, 그들의 실책이 잠재적 충돌을 유발하지는 않았다. 이러한 잠재적 원인은 냉전 종식 후 상호신뢰가 최고조에 달했던 1990년대에도 양국 관계를 훼손했다.

그러므로 단순히 푸틴이 러시아 정치무대에서 사라지기를 기다리거나, 유럽연합이나 미국이 좀더 수용적인 정책을 취하더라도 양측 간 화해는 이루어질 수 없다. 평화와 안보로 회귀하는 것은 유럽의 안보를 위한 새로운 설계(architect)에 대한 당사자들의 동의를 필요로 한다. 이러한 설계는 냉전이 끝나고 러시아가 민주화되는 상황에서도 협의되지 못했다. 점점 더 전제적 국가가 되어가는 러시아, 동서의 심각한 대립, 우크라이나를 덮친 잔혹한 전쟁의 상황에서 이런 설계를 찾아내기는 불과 몇 년 전보다 훨씬 더 어려워졌다. 러시아의 새로운 민주화 또는 서방이 제2차 세계대전 후의 규범을 포기하는 것과 같은 근본적 변화만이 이러한 가능성을 높여줄 것이다. 러시아와 우크라이나 사이의 국경, 더 확장하면 자유로운 유럽과 자유롭지 못한 유럽 사이의 경계는 전장에서 결정될 것이다. 현재의 전쟁이 끝난다 해도 러시아와 우크라이나의 대결, 러시아와 서방의 대결은 지속될 것이다. 좋든 싫든 우크라이나와 서방은 오랜 기간 동안 러시아와 갈등을 지속할 수밖에 없는 운명에 처해 있다.

이 책은 두 가지 상호 연관된 목표를 가지고 있다. 첫 번째 목표는 어떻게 그리고 왜 이 갈등이 시작되었는가를 설명하는 것이다. 두 번째 목표는 1989년 냉전이 끝난 시점부터 2022년 전쟁 발발까지의 우크라이나, 러시아, 유럽, 미국 간의 관계를 설명하는 것이다. 그간 일어난 사건 연표를 정리하는 것도 자체로서 목표가 된다. 왜냐하면 아직까지 우크라이나-러시아 관계에 대한 전체적 조망이 없었기 때문이다. 또한 그것이 이 갈등을 이해하는 데 기본이 되기 때문이다. 이 책이 주장하는 핵심의 하나는 2014년과 2022년에 폭발한 문제들은 포스트-냉전(post-Cold War) 시기 초반에 이미 나타났고, 시간이 가면서 점점 더 심각해졌다는 것이다. 2014년 전쟁을 시작하기로 결정하고, 2022년 다시 이 결정을 내린 것은 블라디미르 푸틴이지만, 전쟁의 잠재 원인은 훨씬 더 깊은 곳에 있다. 이 책은 이 잠재 원인에 초점을 맞춘다. 그 이유는 이 원인들로 인해 전쟁이 불가피해졌기 때문이 아니라, 왜 푸틴과 러시아 지도부가 전쟁 없이는 자신들의 목표를 달성할 수 없다고 결론 내렸는지를 이 원인들이 설명해 주기 때문이다.

냉전 종식 후 서로 경쟁하는 비전과 이익

논거를 가장 단순화시키면 다음과 같이 집약할 수 있을 것이다. 냉전의 종식은 필연적으로 서로 긴장 관계에 있게 되는 두 가지 힘을 작동하게 했다. 하나는 동유럽의 민주화이고, 다른 하나는 “강대국” 지위를 유지하고, 인접국에 대한 지배력(domination)을 유지하려는 러시아의 의지이다. 한 국가의 민주화와 독립으로 인해 러시아가 생각하는 국익 개념이 가장 강하게 도전받은 곳이 바로 우크라이나이다. 이런 갈등이 무력 충돌로 이어지는 것은 불가피한 일은 아니었지만, 두 국가는 이것을 해결할 가능성이 없어 보인다.[2]

러시아가 강대국이면서 지역적 패권국으로 남아 있으려는 의지를 꺾지 않고 있는 동안, 우크라이나는 독립을 유지하겠다는 의지가 분명했다. 이것은 비단 우크라이나 민족주의자들만의 지향점이 아니었다. 러시아와 밀접한 경제 협력관계를 추진한 우크라이나 지도자들마저도 우크라이나의 주권을 강력하게 옹호했다. 러시아의 강대국 지위 정의에 우크라이나를 통제하는 것이 포함된 상황에서는, 러시아의 국가안보 개념은 우크라이나의 민주화 및 독립과 양립할 수 없었다. 이것은 우크라이나가 독립한 1991년에 그랬고, 그 이후 근본적으로 바뀐 적이 없다.

두 종류의 넓은 동력(dynamics), 즉 국제정치의 전통적 문제와 냉전 종식 후 대두된 새로운 문제가 러시아와 우크라이나의 갈등을 좀처럼 해결의 길을 찾기 힘든, 좀더 넓은 유럽의 문제로 만들었다. 첫 번째는 국제정치의 지속적인 문제인 안보 딜레마(security dilemma)이다. 즉 한쪽이 자신의 안보를 강화하려고 취하는 조치는 상대편에게는 위협으로 받아들여져서 작용과 반작용의 상승 작용을 가동시킨다. 러시아가 몰도바와 조지아에서 전개한 "평화유지(peacekeeping)" 전술을 그 예로 들 수 있다. 북대서양조약기구(NATO)의 확장도 또 다른 예가 된다.

두 번째로 민주주의의 확산은 안보 딜레마를 증대시켰다. 서방 국가들은 이로 인해 좀더 안전하게 느꼈지만, 러시아는 국익이 침해된다고 보았다. 서방 지도자들은 민주주의의 중요성을 인식하고 민주주의가 안보를 강화해 준다고 믿었기 때문에, 민주주의의 확산과 민주주의를 지탱하는 제도를 옹호했다. 러시아는 민주주의 자체를 반대하는 것으로는 보이지 않았지만, 새로운 민주국가들이 나토와 유럽연합에 가입함으로써 유럽에 "재합류(rejoin)"하자 위협을 느꼈다. 이러한 과정이 진행될수록 러시아의 불만은 증대되었고, 우크라이나는 다른 어느 나라보다 러시아의 국익 인식과 국가적 정체성, 푸틴 정권에 중요했다. 표도르 루키아노프Fyodor Lukyanov는 "러시아가 보기에 러시아의 종속적 지위는 러시아를 계속 쇠퇴시키고, 합당한 지

위를 되찾는 것을 막기 위한 지속적인 미국의 노력으로 인한 비합법적 결과이다"라고 주장했다.[3]

민주주의와 지정학의 결합은 새로운 현상이었지만, 이것은 이미 익숙한 효과를 만들어냈다. 러시아가 자유민주주의에 등을 돌리고, 유럽이 이를 수용하면서 민주주의적 유럽과 비민주주의적 유럽 사이에 일정한 경계가 생기는 것은 피할 수 없는 일이었다. 과거에 이것은 "철의 장막"이라고 불렸다. 러시아와 우크라이나 사이의 경계, 또는 우크라이나와 폴란드 사이의 경계, 또는 다른 곳의 경계가 바로 그 경계가 될 것인가? 중립적인 지역이 유럽의 민주적인 지역과 비민주적 사이의 "완충지대(buffer)"를 이룰 것인가? 그럴 수도 있지만, 누구도 이 지대에 있기를 원하지 않고, 이러한 사고는 유럽의 규범과 충돌한다. 러시아가 민주주의를 발전시키고 강대국이 되고자 하는 갈망을 포기할 때만 유럽의 새 경계가 사라질 수 있다. 이런 선택 중 첫 번째 것은 실패했고, 두 번째 것은 거부되었다. 역사에서 여러 번 벌어진 것처럼 우크라이나 영토에서 분쟁이 발생하면서 우크라이나에 다시 한번 악운이 들이닥쳤다.

전쟁의 원인에 대한 논쟁

2014년 우크라이나와 러시아 사이에 갈등이 발생한 이래, 그 원인에 대한 많은 연구가 쏟아져 나왔는데, 이것들은 세 가지 특징을 가지고 있다. 첫째, 많은 연구는 누군가에게 책임을 돌리는 데 초점을 맞추고 있다. 둘째, 적지 않은 연구는 2013년에 시작된 사건들에 초점을 맞추고 있고, 그 이전에 있었던 사태 발전은 선택적으로만 인용하고 있다. 셋째, 대부분의 연구는 행위의 국내, 국제적 원인에 각각 초점을 맞추고, 이 요인들의 상호작용에는 덜 신경을 쓰고 있다.

서방에서 출간된 자료의 상당수는 러시아가 이 갈등에 책임이 있다는 것을 당연히 전제하지만, 일부 단호한 소수 자료들은 러시아 정부와 거의 유사한 견해를 취하면서 서방과 우크라이나가 러시아를 궁지로 몰아붙여 러시아가 행동에 나설 수밖에 없었다고 주장한다.[4]

비난할 대상을 찾고자 하는 욕구는 저항하기 어려운 것이지만, 한쪽이나 다른 한쪽을 비난하는 데 집중한 연구들은 선별적으로 사실을 선택하고 조합하는 경향이 있다. 그렇게 되면 잘해야 한쪽 편을 들게 되고, 최악의 경우는 사실을 호도하게 된다. 명성이 뛰어난 학자들조차 지나치게 단순한 해석에 의존한다. 존 미어샤이머John Mearsheimer는 "우크라이나 위기는 서방의 실수이다(the Ukrainian Crisis is the West's Fault)"라고 했고, 앤드루 윌슨은 "러시아인들이 미쳤다(the Russians went ape)"라고 썼다.[5]

비난할 대상을 찾게 되면 비난할 지도자들을 선택하는 데 상당한 자유를 누리지만, 이들이 당면한 제약조건(constraints)은 최소화한다. 비난 대상을 찾는 데 다소나마 균형을 찾은 연구들도 사건을 형성하는 리더의 능력을 강조하고, 이들이 정책 선택에 작용하는 국제정치적, 국내 정치적 제약을 최소화한다. 일부 연구자들은 서방이 취한 행동을 비판하는 데 반해, 다른 연구자들은 충분한 행동을 취하지 않은 것을 비판한다.[6] 그러나 이런 연구들의 공통된 가정은 지도자들이 폭넓은 선택의 여지를 가졌다고 전제하는 것이다. 갈등 발생 당시의 논란을 검토해 보면, 지도자들 스스로 그런 방식으로 상황을 보지 않았다는 것이 분명해진다. 정책 결정자들은 종종 자신들이 상당한 제약에 묶여 있다는 것을 발견한다. 이 책에서 전개하는 설명은 안보 딜레마, 민주화와 국내 정치의 영향과 같은 이러한 제약을 탐구하는 것이다.

두 번째로 갈등에 대한 많은 연구는 현재로서는 불완전한 상태이다. 충분히 이해가 가는 일이지만 많은 연구들은 2013년 11월부터 2014년 봄까지 또는 2022년 전쟁 발발까지(이에 대한 연구는 이제 나오기 시작하고 있다) 우크라이나에서 발생한 비상 사건에 초점을 맞춘다. 대니얼 트라이스만Daniel Treisman은 푸틴이 크림을 침공하기로 한 결정에 초점을 맞추며 네 가지 가설을 제시한다. 우크라이나가 나토에 가입할 가능성에 대응한 "방어자 푸틴(Putin the Defender)", 소련을 재건하고자 하는 넓은 과제의 하나로 크림을 병합한 "제국주의자 푸틴(Putin the Imperialist)", 경기 하락에 직면하여 대중의 지지를 높이기 위해 크림을 병합한 "포퓰리스트 푸틴(Putin the Populist)", 놀라운 기회를 잡은 "임기응변자 푸틴(Putin the Improviser)"으로 나누었다.[7] 크림 합병 결정을 탐구하는 것은 중요한 일이지만, 이것은 우리가 그 지점에 어떻게 이르게 되었는지는 설명하지 못하고, 푸틴이 2022년에는 왜 훨씬 더 규모가 큰 전쟁을 추구했는지를 설명을 하지 못한다.

프란츠 페르디난트Frantz Ferdinand 황태자의 암살만 가지고 제1차 세계대전을 설명할 수 없는 것처럼, 야누코비치 정권 전복만이 이 갈등을 초래했다고 설명할 수는 없다. 두 경우 모두 동유럽에서의 현상유지 상태(status quo)가 되돌릴 수 없을 정도로 변화될 것이라는 깊은 두려움이 지도자들로 하여금 정상적인 상황에서보다 좀더 위험부담이 큰 결정의 수용자가 되게 만들었다(기본적인 차이는 1914년과 다르게 2014년에 다른 유럽 국가들은 서둘러 전쟁에 가담하지 않았다). 이와 유사하게 2022년 훨씬 더 큰 전쟁도 2021년 말 이후 또는 2014년 이후 발생한 위기에 의해서가 아니라 냉전이 종식되었을 때 발생한 역학에 의해 발생했다.

러시아의 우크라이나 침공 이전 오랜 기간 동안 벌어진 일들이 이 갈등을 전체적으로 이해하는 데 중요하기 때문에, 이 책은 1991년 이후 우크라이나-러시아 관계의 전개 과정을 시계열적으로 정리한다. 무력충돌이 꼭 필수적이었던 것은 아니지만, 우크라이나의 지위에 대한 갈등은 소련 해체 전부터 부상했고, 그 이후 사라진 적이 없었다는 것을 보여줄 것이다. 이와 유사하게 공산주의의 붕괴는 냉전을 종식시켰지만, 냉전 후 유럽에서 서방과의 관계에서 차지하는 러시아의 역할에 대한 공유된 이해를 만들어내지 못했다. 이러한 이견은 시간이 지나면서 해결될 수 있을 것이라고 생각하는 것이 합리적이기는 하지만, 그 반대 현상이 일어났고, 우리는 이견을 좁히는 것이 아니라 넓힌 힘을 이해할 필요가 있다.

세 번째로 여러 가지 관계의 복잡성이 무시되었다. 우크라이나와 러시아의 국내 상황, 양국 간 상호관계와 두 국가의 서방과의 관계에 동시에 초점을 맞추는 것은 쉽지 않다. 그러나 이는 매우 중요하다. 왜냐하면 2004년 우크라이나에서 오렌지 혁명(Orange Revolution)이 일어났을 때, 우크라이나에서 다원주의와 권위주의 사이에 벌어진 국내적 갈등은 러시아로부터 좀더 많은 자치를 확보하는 것과 러시아와 서방 사이에 발아하는 충돌 가능성과 밀접하게 관련되었기 때문이다. 이 갈등은 단순히 우크라이나 국내 갈등이 국제화된 것이거나, 강대국들이 우크라이나를 놓고 쟁탈을 벌인 결과로 발생한 것은 아니다. 이것은 다른 무엇보다도 우크라이나와 러시아 사이의 갈등이지만, 두 나라의 국내 정치와 연관되어 있고, 두 나라와 유럽, 미국 관계와도 연관되어 있다.

국제 분쟁의 원인 찾기

지금까지 진행된 연구 중 국제 분쟁에 대한 폭넓은 문헌을 이용한 연구는 많지 않다. 이러한 문헌을 이용하면 우리는 자료의 근원을 찾으며 우리의 질문을 재구성할 수 있다.[8] 일부 연구자들은 러시아 정부 내부와 푸틴 정권의 성격 자체에서 설명을 찾는다. 일반적 논리는 푸틴이 자신의 전제 체제를 강화하려는 목적이 전쟁으로 치닫게 된 동인이라고 설명한다. 이러한 시각을 따르면 푸틴이 주요한 행동주도자가 된다.[9]

다른 두 연구자 그룹은 러시아가 국내적 요인보다는 국제적 요인에 대응한 것으로 간주한다. 이 그룹 중 한 그룹은 국내적 이유보다는 국제적 이유로 러시아가 팽창주의를 택했다고 본다. 다른 그룹은 러시아가 서방의 팽창에 대응한 것으로 본다. 이러한 접근들은 여러 행위자들에게 책임을 씌우지만, 두 그룹은 "방어적 현실주의(defensive realism)"에 속한다고 볼 수 있다. 이 학파는 국가들은 통상적으로 "불량 국가(rogue state)"가 존재하는 무정부주의적인 국제 체계에서 발생하는 도전에 대응한다고 전제한다. 갈등이 공격에 의해 야기된다는 이 전제는 학자들로 하여금 한쪽이나 상대 쪽이 행동을 취해서 지역 안보를 침해한다고 본다.[10]

"공세적 현실주의(offensive realism)" 학파는 좀더 비관적이라고 볼 수 있다. 여기에 속하는 학자들은 국제 체제가 비공격적인 국가조차도 갈등으로 끌어들인다고 본다. 그 이유는 안보를 추구하는 국가들은 의도치 않게 다른 국가에게 안보 위협을 제기한다. 이런 관점을 취하면, 갈등을 설명하기 위해 공격자를 찾아낼 필요가 없다. 이 책은 이 관점을 진지하게 수용한다. 러시아는 2014년과 2022년 우크라이나를 공격했지만, 외부와 단절된 상태에서 그렇게 한 것은 아니다. 러시아, 우크라이나, 서방 모두 선택한 정책에 대해 비난을 받을 수 있지만, 냉전 후 유럽은 갈등 해결에 저항하는 역학이 존재한다는 것을 나는 주장한다. 러시아가 무력을 사용한 것이 잘못되었다 하더라도, 러시아는 상당한 우려를 불러일으킨 안보 도전으로 그것을 받아들였다는 것을 인정하는 것이 중요하다. 일부 학자들처럼 러시아가 우크라이나를 통제하는 것이 "합법적인 이익(legitimate interest)"이고, 러시아가 우크라이나를 상실하는 것은 도저히 받아들일 수 없다는 것을 인정할 필요는 없다. 이와 비슷하게 나토의 확장이 실책이었다고 볼 수도 있지만, 이것도 다른 해결책을 찾기 힘든 안보 문제에 대한 대응책이었다.

국제적 요인과 국내적 요인에 초점을 맞추는 것은 상호배타적인 것이 아니다. 크림 합병은 푸틴의 국제적, 국내적 목표 모두를 진전시킨 것으로 보이고, 두 목표를 모두 달성할 수 있기 때문에 특별히 매력적이었을 수 있다. 그러므로 이 책은 국제적, 국내적 요인이 어떻게 상호작용을 했는가를 분석하고자 한다. 중요한 분석 주제 중에는 우크라이나의 민주주의 상태가 우크라이나의 국제적 지향과 상호작용을 한 방식과 우크라이나는 늘 취약했고 2014년 거의 붕괴할 뻔했다는 사실이 있다. 러시아는 1990년대 침체기를 겪은 다음 점차적으로 강해져서 2014년에는 강력한 군사력을 복원하고, 우크라이나에서 고도로 효과적인 "하이브리드(hybrid)" 전쟁을 벌이고, 2022년에는 대규모 침공을 감행할 수 있게 되었다는 사실도 포함되어 있다.

전체적으로 이 책의 분석 방법은 "신고전 현실주의(neoclassical realism)"라고 알려진 학파와 일치한다. 이 학파는 안보 딜레마가 국제정치를 조건 지우지만, 국내적 요인이 각 국가가 이에 대응하는 방법에 영향을 준다는 입장을 취한다. 이러한 접근은 다양한 지도자들이 국제적 요인과 국내 정치 둘 모두에 제약을 받고 있어 많은 분석들이 부여하는 것보다 더 적은 행동의 자유를 가졌다는 점을 인정한다는 점에서 지배적 해석과는 차이가 있다. 이것을 다른 말로 표현하면, 우리는 공격이나 어리석은 결정을 비난하는 데 좀더 신중해야 한다는 것이다. 이러한 제약을 이해하기 위해서는 소련 붕괴 후 유럽에 존재한 안보 딜레마와 여기에 관련된 많은 국가들, 특히 우크라이나의 국내 정치 모두를 분석할 필요가 있다. 특히 우리는 민주화가 지정학과 결합된 방법을 이해할 필요가 있다. 이런 현상은 반복적으로 현상유지를 훼손하고, 서방의 핵심 가치와 러시아의 안보 감각을 서로 충돌하도록 만들었다.

접근 방법 — 역사적 방법과 분석적 방법

이 책은 역사학과 사회과학 접근법을 혼합해 사용한다. 무슨 일들이 일어났고, 왜 이것들이 일어났는가는 서로 밀접하게 연결되어 있다. 그래서 우리는 연대기적 설명과, 지난 25년 이상의 발생한 사건들의 동력과 패턴을 보여주는 데 도움을 주는 사회과학의 개념들을 결합한다. 그래서 엄밀히 말하면, 이 책은 1차 자료나 문서고 자료에 의거해 쓴 역사적 연구물이 아니다. 그러나 일어난 일을 서술하는 데 상당한 주의를 기울였고, 행위자들이 자신이 당시에 한 일을 어떻게 설명했는가에도 주목했다. 이들이 당시에 한 말과 후에 설명한 말, 우크라이나에서 수행한 인터뷰에서 이들의 시각이 추론되었다.

1989년 이후 우크라이나-러시아 관계, 러시아-서방 관계가 점차적으로 발전된 과정을 추적하는 이야기식 서술은 갈등의 기저에 있는 역학을 밝히고, 이 사건들을 좀더 넓은 세계 정치 패턴 사이의 연관성을 보여주는 일련의 분석적 주제들로 틀이 짜여졌다. 이러한 접근법은 복잡한 현상을 하나의 시각의 틀에 맞추어 주장하기보다는 복합적인 이론들로 문제를 살펴보도록 하는 이론적 절충주의를 필요로 한다.[11]

분석 주제

2014년 폭력적 양상으로 바뀌고, 2022년 전쟁으로 비화된 갈등은 포스트-냉전 세계가 어떤 모습이어야 하는지에 대한 깊은 이견에 뿌리를 두고 있다. 이러한 이견은 냉전의 종식과 함께 부상하여 현재까지 지속되고 있고, 현상유지가 어떤 형태가 되어야 하는가에 대한 각 당사자의 인식을 형성한다. 행위자들은 자신이 생각하는 현상유지가 위협을 받고 있다고 생각하면, 고도화된 위험부담을 기꺼이 감수한다. 냉전 종식 후 안정적으로 보인 상황에도 불구하고 이러한 이해의 갈등이 완화되지 않은 이유는 세 가지 역학으로 설명할 수 있다. 첫째로 국제정치에서 일반적인 현상인 안보 딜레마의 역학은 각 당사자가 자국의 안보를 유지하기 위해 취한 행동이 다른 당사자에게는 문제를 일으키고 행위자 국가의 의도에 대한 두려움을 유발시킨다. 둘째로 민주주의의 확산이 문제를 상당히 복잡하게 만든다. 새로운 민주주의 국가들은 유럽의 민주적 국제 제도, 유럽연합, 나토에 편입되기를 원하기 때문에 지정학적 파장을 가져오고, 유럽은 이것을 자연적이고 우호적인 것으로 보지만, 러시아는 이를 위협으로 인식한다. 2004년 우크라이나의 오렌지 혁명으로 민주화와 지정학의 결합은 거의 완성되었다. 이런 상황에서 우크라이나에서 민주화 과정의 전진—그리고 후퇴—의 현상유지가 반복적으로 훼손되고, 새로운 공포와 새로운 갈등이 유발됐다. 셋째로 각 나라에서의 민주화의 수준에 상관없이 국내 정치는 반복적으로 협력과 양보를 훼손했다. 미국, 러시아, 우크라이나에서 강경 정책을 취하는 것보다 화해 정책을 취함으로써 국내 정치에서는 얻는 것보다 잃는 게 더 많아지는 현상이 반복적으로 일어났다. 게다가 2000년 이후 러시아가 강력한 국가를 건설한 반면, 우크라이나는 약하고 분열된 국가로 남아 있게 되면서 러시아는 크림과 우크라이나 동부에서 여러 작전을 전개할 수 있었고, 우크라이나는 이에 대응하는 데 큰 곤란을 겪었다.

요약하면, 냉전의 종식은 일부 문제를 해결했지만, 러시아와 우크라이나 상호관계와, 더 넓게는 유럽과의 관계에서 두 국가의 지위에 관련된 새로운 문제를 발생시켰다. 안보 딜레마같이 안보에 도전하는 전통적인 문제들은 그대로 남아 있었고, 민주화와 지정학의 결합 같은 새로운 문제가 발생했다. 이상하게도 냉전의 종식은 화해적 정책을 미국, 우크라이나, 러시아 유권자들에게 인기가 없게 만들었다. 이 모든 현상들이 합해져서 해결 방안은 더 어려워졌다. 이해의 충돌은 강화되고, 강력하고 능숙한 리더십으로 충돌 위협을 감소시킬 수 있는 상황에서도 지도자들은 이에 맞서는 국내적 압박을 반복적으로 받아야 했다.

이러한 역학은 우크라이나, 러시아, 그리고 서방의 관계에 관한 설명에서 대체적으로 무시되어 왔지만, 만일 우리가 이것을 진지하게 고려하면, 우리는 러시아의 목표가 우크라이나와 서방의 목표와 충돌한 것에 대해 누군가를 비난하기 위한 노력을 기울이는 것을 줄일 수 있다. 각 행위자는 스스로 원했건 원치 않았건 상대의 이익을 침해할 수밖에 없었다. 이것이 전쟁을 불가피하게 만들지는 않았지만 이것은 충돌의 일정 부분의 분명한 원인이 되었고, 결국 이해의 충돌과 그 결과 발생한 격렬한 감정을 통제하는 데에는 비범한 리더십이 필요할 것이다.

서로 상충하는 목표와 현상유지에 대한 양립할 수 없는 인식

1989-1991년 냉전이 끝나면서 러시아, 유럽, 미국의 지도자들은 극적인 긴장 완화와 이해와 가치의 조화가 확대될 것이라고 생각했다. 그러나 러시아와 우크라이나는 양국의 관계가 주권적 평등성에 입각할 것인가, 아니면 전통적인 러시아의 패권주의에 입각할 것인가에 대해 서로 크게 다른 기대를 가지고 있었다. 이와 유사하게 서방은 냉전의 종식으로 러시아가 "정상적인(normal)" 유럽 국가가 될 것이라고 믿은 반면, 러시아인들은 영향권, 안보의 자의적 조정에 대한 거부권 등 특권을 유지한 강대국으로서의 전통적 역할을 계속 수행할 수 있을 것으로 기대했다.

행위자들은 현상유지가 어떤 형태가 되어야 하는지에 대한 서로 크게 상이한 인식을 가지고 있었고, 그 결과 어떤 변화가 "합법적(legitimate)"이고 "비합법적(illegitimate)"인지, 어떤 변화가 양호한 것인지 아니면 해로운 것인지, 어떤 변화가 상대 측의 불신(bad faith)의 신호인지 공격적 의도인지에 대한 인식도 크게 달랐다. 대부분의 러시아인들은 공산주의의 종언과 냉전의 종식을 환영했지만, 우크라이나의 상실은 받아들일 수 없었다. 러시아 이민자 시인으로 노벨 문학상을 받은 조지프 브로드스키Joseph Brodsky는 우크라이나의 독립을 혹독하게 비난하고 우크라이나인들을 폄하하는 시를 낭독했다.[12] 1990년대에는 러시아의 대표적 자유주의 정치인인 보리스 넴초프Boris Nemtsov조차도 러시아 회사들이 자산을 획득하는 방법으로 세바스토폴을 다시 획득할 것을 주장했다. "역사적 정의는 자본주의적 방법으로 회복되어야 한다"라고 그는 주장했다.[13] 넴초프가 보기에 크림반도를 러시아가 점차적으로 장악하는 것은 러시아의 새로운 영토 획득이 아니라 수복(*restoration*)

이었다. 자유주의자로 여겨지는 알렉세이 나발니Alexei Navalny도 2014년 "내가 보기에 러시아인과 우크라이나인 사이에 아무런 차이도 없다"라고 말한 바 있다.[14]

러시아가 우크라이나 상실을 받아들이지 못하는 것은 놀라운 일이 아니다. 우크라이나는 러시아의 한 부분이란 신념은 오늘날 러시아의 기원을 중세 키이우(Kyiv, 키예프)로 보는 러시아 건국 신화에 뿌리를 두고 있고, 수백 년 동안 우크라이나 대부분 지역은 러시아 제국과 소련의 일부였다는 사실에 기반하고 있다. 또한 러시아/소비에트 문화와 정치에서 우크라이나 출신 사람들이 행한 중요한 역할을 했는데, 이 중 몇 명만 거명하면 니콜라이 고골, 미하일 불가코프 같은 작가들, 혁명 지도자 트로츠키 그리고 소비에트 지도자 레오니드 브레즈네프를 들 수 있다. 무언가 중요한 것을 잃었다는 감정은 아주 깊었다.[15] 2014년 크림 병합을 정당화하기 위해 블라디미르 푸틴은 이러한 역사를 거론했다.[16] 지리적 상황에 대한 러시아의 인식이 "근외 지역(near abroad)"에 대한 러시아의 정책을 어떻게 형성했는지를 보여주기 위해 지리학자 제라드 토알Gerard Toal은 "두터운 지정학(thick geopolitics)"을 내세웠고, 엘리자베스 우드Elizabeth Wood는 "상상적 지리(imagined geography)"를 언급했다.[17]

대니얼 카너먼Daniel Kahneman에게 노벨상을 안겨준 "현상유지 편견(status quo bias)"과 "상실 혐오(loss aversion)"는 심리학과 행동경제학에서 널리 연구된 현상이다. 카너먼과 아모스 트베르스키Amos Tversky가 간결하게 표현한 대로 "상실은 이익보다 크게 보인다."[18] 행위자들은 자신들이 생각하는 상실을 피하기 위해 이에 비례적으로 상응하지 않는 위험부담을 감수한다. 국제 관계에 이것을 적용하면, 국가들은 현상유지가 자국에 불리한 방향으로 훼손되었다고 생각할 때, 이것을 유지하거나 복원시키기 위해 아주 큰 노력을 기울인다. 헨리 키신저도 행동 경제학이 아니라 역사에 의존해서 이와 비슷한 주장을 폈다. 강대국이 현상유지를 받아들이는가의 여부가 안정을 유지하는 데 매우 중요하다고 말했다.[19] 1991년 이후 우크라이나, 러시아, 서방은 새로운 현상유지에 대한 다른 생각을 가지고 있었다. 그러므로 현상유지를 방어한다고 생각하는 각 당사자는 상대의 노력을 현상유지를 타파하려는 악의의 신호로 간주했다.

우크라이나를 통제하려는 러시아의 결정을 이번 전쟁을 설명하는 유일한 원인으로 보고자 하는 유혹은 당연하다. 이 요인을 제거하고 나면 전쟁의 결과는 물론, 왜 전쟁이 발발했는지를 파악하기 어렵다. 그러나 이러한 시각은 불완전한 것이다. 그 이유는 이것은 러시아의 목표에 우크라이나가 저항하는 것을 설명할 수 없고, 우크라이나가 독립을 유지하도록 지원하는 데 서방이 점점 더 많은 관심을 가지게 된 것과 러시아와 우크라이나의 갈등이 러시아와 서방 간의 훨씬 더 큰 갈등과 합쳐진 것을 설명할 수 없다. 전쟁이 일어나기 위해서는 두 당사자가 있어야 하는 것은 자명한 일이다. 만일 한쪽이 굴복하면 전쟁이 일어날 이유가 없다. 러시아의 공격에만 초점을 맞추는 것은 우크라이나의 주도권(agency)을 무시하는 것이다. 우크라이나는 소련 몰락에 중심적 역할을 했고, 평화적 강압이라는 러시아의 전술이 작동하지 않은 데도 우크라이나의 역할이 컸다. 1991년 이후 러시아와 분리된 국가가 되고, 독립을 유지하겠다는 우크라이나의 결의는 1차 세계대전 후와 같이 덧없을 수도 있었다. 우크라이나를 지원하겠다는 서방의 의사가 없었다면 러시아와 우크라이나의 전쟁은 아주 다른 양상으로 전개되었을 것이다.

우크라이나와 서방은 러시아가 냉전 종식 후 현상유지를 타파하려고 한다고 본 반면, 러시아는 서방이 동쪽으로 나토를 확장하고, 러시아가 지원하는 국가들에서 소위 "색깔 혁명(colored revolutions)"을 조장하며 현상유지를 타파한다고 보았다. 2005년 안드레이 자고르스키Andrei Zagorsky는 "러시아는 현상유지 국가로 행동하고 싶어 하지만, 더 이상 변화의 물결을 막거나 저항할 수 없는 상태에 있다"라고 탄식했다.[20] 카너먼과 트베르스키가 말한 대로, 무언가를 상실한 느낌은 "자신의 상실을 받아들이지 못한 사람은 다른 상황에서는 수용할 수 없었던 도박을 받아들일 가능성이 크다".[21] 키신저가 강조한 대로, 현상유지가 상호 간에 합의되지 않은 상황에서 국가들은 상대국을 비합리적이며, 기존에 확립된 질서를 전복하려는 악의를 가지고 행동하는 것으로 인식한다.[22] 이러한 상황이 우크라이나에 대한 각국의 외교를 점점 더 규정하는 특징이 되었다.[23]

안보 딜레마

국제정치의 기저에 깔린 역학은 지속성이 강하다. 각국이 자국의 안보를 증진하기 위해 취하는 조치는 그럴 의도가 없는 상황에서도 필연적으로 상대 국가들을 위협하는 것처럼 보인다. 이러한 과정의 결과는 스스로 악화되는 순환 형태(self-reinforcing cycle)를 띠게 된다. 러시아가 우크라이나 영토에 대한 영유권을 주장하자, 우크라이나는 신속한 군사력 강화와 자국 내에 핵무기를 계속 보유하는 것을 주장하게 되었다. 이것은 러시아에게만 위협으로 보인 것이 아니라 미국에게도 그러했다. 이와 비슷하게 안보를 원하는 동유럽 국가들이 나토 가입을 추진했는데, 이는 러시아가 우려하는 바였다. 이에 대해 러시아가 취하는 행동은 주변국들에게 러시아가 다시 위협이 될 거라는 믿음을 강화시켰고, 이런 과정이 반복되었다. 2000년 대통령 선거에 처음 도전한 푸틴은 선거운동 기간 중 유권자들에게 보내는 편지에서 "강한 러시아를 두려워하는 것은 불합리하다. 그러나 러시아는 고려의 대상이 되어야 한다. 우리를 모욕하면 누구나 큰 대가를 치르게 될 것이다"라고 주장했다.[24] 많은 러시아 인접국들은 현대사를 근거로 강한 러시아를 두려워해야 할 충분한 이유가 있었다. 그러나 러시아를 모욕하는 경우 "누구나 큰 대가를 치르게 될 것이다"이라는 푸틴의 말은 경각심을 가지고 받아들여야 할 위협으로 읽힐 수밖에 없었다.

국제정치 학자들에게 "안보 딜레마"라고 알려진 이 악순환의 고리는 역사를 통해 반복적으로 발생한 국제정치의 고질적 문제였고, 이 악순환에서 탈출하는 것은 어렵거나 심지어 불가능해 보인다.[25] 이런 관점에서 보면 평화를 사랑하는 국가도 안보를 추구하다 보면 원치 않게 다른 나라에 위협을 초래할 수 있다. 일부 학자들은 냉전의 종식이 안보 문제를 해결하지 못했다는 것을 인정했다. 베를린 장벽이 무너진 후 존 미어샤이머는 미국이 유럽에서 철수하면 안보 불안으로 독일이 핵무기를 획득할 것이라고 예측하기도 했다.[26] 이러한 예측이 미국이 유럽을 떠나지 않고, 나토가 해체되지 않은 이유 중 하나가 되었지만, 많은 사람들은 나토의 팽창이 어디에서 멈춰야 하는지, 또는 "서방이 언제까지 러시아를 소외시켜야 할 것인가"에 대해 불안해했다.[27] 안보 딜레마의 문제는 새로운 안보 조치를 취하든 그렇지 않든 상관없이 어느 국가나 불안전하게 느낄 수밖에 없다는 것이다. 이러한 시각에서 보면 비난을 받아야 할 것은 상황이나 체제이지, 이러한 역학에 갇힌 개별적인 행위자가 아니다.

안보 딜레마에서 탈출하는 방법은 한쪽이나 다른 쪽 또는 양쪽 모두 냉전 종식 후 현상유지로 받아들일 수 있는 자국의 이해를 포기하는 것이다. 서방이나 우크라이나는 새로운 유럽에서 민주주의가 규범이고, 민주적 제도는 자유롭게 성장해야 한다는 생각을 포기하거나, 아니면 러시아가 우크라이나에 대한 영토적 주장을 포기할 수도 있었다. 이 과정에서 양측은 작은 양보를 할 수 있는 기회를 가졌었다. 결과적으로 발생한 전쟁에 대해 러시아, 우크라이나, 서방을 비난할 것인지는 이들 중 어느 당사자가 기대를 배신하고, 더 나아가 냉전 후 유럽에 대한 누구의 비전이 더 정당한가에 대체적으로 달려 있다.

민주주의와 세력 정치

냉전의 종식은 동유럽에서 가장 평화로운 민주적 혁명에 의해 추동된 거대한 지정학적 변화를 만들어냈다. 서방이 열렬하게 믿는 이념인 민주화(democratization)는 안보적 이익도 가져온다고 서방 지도자들은 생각했다. 그러나 민주화는 현상유지 상태를 반복적으로 해체했고, 매번 러시아가 두려워하는 지정학적 결과를 가져왔다. 초기에 새로 민주화된 국가들은 나토에 가입하기를 원했다. 그런 다음 "색깔 혁명"이 세르비아, 조지아, 우크라이나에서 친러시아 정권을 전복했다. "나토와 결합된 초대형 경제 세력인 유럽연합의 부상과 이것이 꾸준히 동진하는 것은 러시아로 하여금 과거에 악몽으로 작용했던 가능성, 즉 통합된 유럽 '제국'과 국경을 맞대야 하는 상황을 맞닥트리게 했다."[28] 이에 더해 러시아가 자유민주주의 대신 강력한 국가로의 발전을 추구하면서 새로운 이념적 분리가 러시아와 서방 사이에 발생했다.[29] 민주주의는 러시아에게는 푸틴 정부를 최종 목표로 삼은 반(反)러시아 무기로 보였다. 러시아가 인접 국가에서 일어나는 민주 혁명을 밀어내는 동안, 이것은 이 국가들의 내정에 공격적으로 간섭하는 행위로 보였다. 그 결과 서방은 러시아에 "현상타파 세력(revisionist power)"으로 보였지만, 마찬가지로 러시아는 서방에 현상타파 국가로 보였다.

민주주의가 안보를 증진시킨다는 인식은 민주국가들 사이에서는 전쟁이 발생하지 않는다는 "민주평화론(democratic peace theory)"에 대한 학술적 연구로 더 강화되었다. 이 이론에 의하면 민주주의의 확산은 전쟁이 더 이상 불가능한 지역을 확대시키는 결과를 가져온다. 이 이론은 1980년대부터 서방 학계에서 대단한 학문적 주목을 받았다. 북대서양 공동체(North Atlantic community)는 칸트와 다른 학자들이 꿈꿔왔던 평화 지역처럼 보였고, 많은 학자들은 민주주의와 이로 인한 안보적 이익은 탈공산주의 국가들에 아무 문제 없이 확산될 것으로 보았다.[30]

외교 정책의 일환으로서 민주화가 가진 정치적 이점의 하나는 좋은 일을 하는 것(doing good)과 국익을 추구하는 것 사이에 발생하는 전통적 긴장을 풀어주었다는 것이다. 이 긴장은 냉전 기간 중 미국에서 특히 강하게 느껴졌다. 서방 편에 서서 공산주의에 대항하는 독재자들을 지지하기보다, 민주적 평화를 추구하면 민주주의를 확산시킴으로써 서방은 좋은 일을 하는 것과 국제 안보를 증진시키는 일을 동시에 할 수 있었다.

민주화 추구는 자유주의자뿐만 아니라 현실주의자에게도 매력적으로 다가왔다. 현실주의자들이 보기에 유럽에서 진행된 민주화의 영향으로 러시아제국의 부상을 막을 수 있는 여러 자유 국가들이 탄생했다. 전 미국 국가안보보좌관 즈비그뉴 브레진스키는 "지정학적 다원주의(geopolitical pluralism)"가 옛 소련 지역에서의 서방의 목표가 되어야 한다고 주장했다. 민주평화론은 서방의 영향력을 확대하고 러시아의 부상을 견제하는 정책과 잘 맞아떨어진 데 일부 힘입어 이론에서 실행으로 옮겨졌다.[31]

서구의 제도가 동유럽에 확산된 것은 자유주의가 현실주의를 이겼기 때문이거나 민주당이 공화당보다 더 많은 표를 얻어서 발생한 것이 아니라, 현실주의자와 자유주의자 모두, 또 공화당과 민주당 모두 이것을 지지했기 때문에 일어난 일이다.[32] 자유주의자들이 민주주의와 국제적 제도 확산을 증진시키는 동안 현실주의자들은 러시아가 중부 유럽에 통제권을 다시 확립하는 것을 막으려고 했다. 클린턴Clinton, 워런 크리스토퍼Warren Christopher, 스트로브 탤벗Strobe Talbott만이 나토 확장을 옹호한 것이 아니라, 즈비그뉴 브레진스키Zbigniew Brzezinski, 헨리 키신저Henry Kissinger, 리처드 닉슨Richard Nixon도 이를 옹호했다. 이 정책에 대한 반대자는 조지 케넌George Kennan과 같은 소수의 비평가들에 한정되었다. 조지 케넌은 이 정책이 러시아에 미칠 영향을 우려했다(케넌은 1949년 나토 창설도 반대했었다).

그러나 러시아는 민주화의 지정학적 함의(geopolitical implications)를 위협으로 받아들였고, 가장 큰 위협은 우크라이나였다. 선택할 수 있는 상황에서 동유럽 국민들은 시장경제, 민주주의와 서유럽을 택했다. 러시아가 여기에 가담하지 않으면 러시아는 고립될 수밖에 없었다. 러시아의 민주주의에 대해 의문을 제기할 수 있고, 늘 의문스러운 상황에서 러시아의 인접국들은 위협과 선택에 직면했다. 이 국가들은 전제주의적인 러시아가 아니라 민주주의적 서방과 보조를 같이할 수 있었다. 이것은 러시아의 안보에 대한 인식과 "강대국"으로서의 정체성에서 러시아를 위협했다. 더불어 지정학적 다원주의의 초석은 우크라이나가 되었고, 이것은 대부분의 러시아인들이 강하게 반대하는 상황이었다. 서구 지도자들은 민주화의 지정학적 함의에 대한 러시아의 반대를 과소평가했다. 그 이유는 민주평화론과 냉전 종식 상황에 비추어봤을 때 그런 함의는 아무 상관이 없는 것처럼 보였기 때문이다.

러시아는 인접 지역에서 지정학적 다원주의 개념을 명시적으로 반대했다. 러시아는 우크라이나를 포함한 포스트-소비에트(post-Soviet) 지역을 지배하는 것을 국익에 핵심 사안이자 보편적 선(general good)으로 보았다. 이 지역의 일부 국가(특히 벨라루스와 카자흐스탄)는 러시아의 리더십을 받아들이고, 이를 환영하기까지 했다. 다른 국가들(우크라이나, 조지아, 아제르바이잔)은 러시아의 주도권 주장을 반대했다. 만일 이 국가들이 민주국가가 되면, 러시아의 통제를 거부할 것이 분명했다.

미국과 서유럽 국가들은 유럽에 남아 있는 전제 정권을 전복하도록 점점 더 고무했다. 2000년 10월 소위 "불도저 혁명(Bulldozer Revolution)"으로 슬로보단 밀로셰비치Slobodan Milosevich를 퇴진시킨 것은 무엇이 가능한지를 보여주었다. 시민혁명이 전제적 지도자를 쫓아내고, 동시에 해결하기 힘든 안보 문제도 해결한 것이다. 유럽연합으로서는 덜 폭력적이지만 앞에 못지않게 중요한 사례는 슬로바키아의 민주화이다. 유럽연합은 슬로바키아의 블라디미르 메치아르Vladimir Meciar의 전제 정부가 권력을 잡고 있는 한 유럽연합 가입 과정은 지연될 것이라고 경고했었다. 슬로바키아 엘리트는 유럽통합 목표를 달성하기 위해 메치아르를 고립시킨 다음 그를 권좌에서 축출했다.[33] 2003년 조지아의 장미 혁명과 2004년 우크라이나의 오렌지 혁명은 다른 곳에도 붙여 넣을 수 있는 해결 방법이 있다는 믿음을 강화시켜 주었다.[34] 2011년 "아랍의 봄(Arab Spring)" 혁명의 초기 성공도 민주주의를 오래된 전제주의에 전염병처럼 확산시키고 주요한 안보 문제를 제거할 수 있다는 것을 보여주는 것처럼 보였다. 러시아는 이런 사태를 비합법적이고 위험한 것으로 보았다. 세르비아에서의 혁명은 러시아가 지지하던 정권이 서방에 훨씬 가까운 정부로 대체되는 결과를 가져왔다. 조지아의 장미 혁명(Rose Revolution)은 좀더 복잡했지만, 그러나 새로 들어선 사카슈빌리 정부는 강력한 친서방 노선을 걸으며 반러시아 노선을 취했다. 오렌지 혁명은 더욱 위협적이었다. 그 이유는 우크라이나는 러시아에 훨씬 중요하고, 많은 사람들이 오렌지 혁명을 푸틴을 권좌에서 끌어내리는 잠재적 모델로 보았기 때문이다. 서방의 일부 인사들은 공개적으로 러시아에서도 색깔 혁명이 일어나기를 희망했다.

색깔 혁명 이후 일반적인 민주주의의 확장과 특히 민주 혁명은 지정학적 경쟁과 복잡하게 얽히게 되었다. 이 둘은 분리할 수 없는 것이었다. 서방으로서는 민주주의 확산은 단지 이상의 추구가 아니라, 점점 더 혼란해지는 세계에서의 영향력 경쟁에서 사용할 수 있는 강력한 무기가 되었다. 러시아로서는 민주주의의 확장은, 군대를 동원해 침공하는 대신 시위를 통해 지도자를 교체하여 영토를 획득하는 새로운 형태의 전쟁이었다. 이에 더해 이것은 점점 더 러시아의 푸틴 정권을 목표로 한 것처럼 보이는 무기였다. 이것이 야누코비치가 시위로 인해 2014년 권좌에서 물러나게 된 상황의 맥락이었다.

국내적 제약과 국가의 힘

국제적 요인들이 갈등을 키우는 중요한 역할을 했다면, 우크라이나의 국내정치가 여기에 불을 붙이는 불꽃 역할을 했다. 2010년 선거에 의해 합법적으로 대통령에 당선된 빅토르 야누코비치Viktor Yanukovich는 많은 시민들과 엘리트들이 받아들일 수 없는 방법으로 국내 정치를 근본적으로 재편하려고 시도하였다. 이러한 시도와 민주주의를 보존하는 기회가 빨리 사라지고 있다는 사실이 유럽 통합 정책에 대한 시위를 야누코비치를 권좌에서 몰아내는 노력으로 전환시켰다. 보다 일반적으로 보면, 러시아, 우크라이나와 다른 핵심 국가에서 국제적 요인들이 국내적 힘과 상호작용을 해서 협력 관계를 훼손했고, 이런 상황은 갈등에 대한 대부분의 분석에서 과소평가되었다.

독립 이후 우크라이나에서는 세 가지 균형이 내부적으로 작용했다. 첫째로 우크라이나의 지역 간의 균형이다. 우크라이나의 지역적 다양성은 지도자에게는 도전이었지만, 정치 지도자가 전제적 권력을 강화하는 것을 훨씬 어렵게 만들었다. 둘째로는 러시아와 서방 사이에서의 외교적 균형이다. 우크라이나가 서방과 러시아 모두와 관계를 강화하려고 하는 한 이 정책 중 한 가지를 옹호하는 사람들에게는 최소한의 만족밖에 줄 수 없었다. 세 번째 균형이 가장 중요한데, 국내 올리가르히(Oligarchs) 또는 "정파(clans)" 사이에 존재한 다원주의이다. 올리가르히는 단순히 억만장자를 지칭하는 것이 아니라, 후원에 기반한 조직(정파)의 최상층에 있는 개인으로서 이런 사람은 교역, 정치, 부패(일부 경우 조직 범죄에도)에도 관여하면서 서로를 강화시켜 주었다. 올리가르히 다원주의는 우크라이나를 민주적으로 만들지는 못했지만, 우크라이나가 완전히 전제적 국가가 되는 것을 막았다.[35] 그리고 올리가르히들은 누군가 정치적, 경제적 지배를 확립하려고 시도할 때마다 이러한 다원주의를 방어했다. 강력한 올리가르히들이 2004년 오렌지 혁명과 2013-2014년 유로마이단 혁명(Euromaidan Revolution)을 지원한 것도 이 때문이다.

2010년 근소한 차로 대통령에 당선된 야누코비치는 권력을 위한 경쟁을 영구히 제거하려고 시도했다. 헌법재판소를 장악한 야누코비치는 2004년 오렌지 혁명 때 이루어진 대통령의 권력을 제한하는 중요한 "협약(pact)"을 무력화할 수 있었다. 그런 다음 그는 불법적 수단을 동원하여 의회의 다수당을 차지하는 데 성공했다. 이 모든 것은 전제정치를 시사하고 있었다. 그러나 이것보다 더 충격이 큰 것은 그가 우크라이나의 지역적 균형과 올리가르히 사이의 균형을 파괴하고, "패밀리(family)"라고 불리는 협소한 올리가르히 집단에 권력을 집중하려고 했던 것이다. 우크라이나 경제의 지분을 점점 더 차지하면서 그의 존속에 자신들의 이해가 걸린 올리가르히와의 연정은 약화되고, 대신 그가 축출되면 이익을 얻는 올리가르히의 숫자는 늘게 되었다. 이것은 오렌지 혁명을 유발한 같은 역학을 만들어내서, 유럽연합을 대상으로 한 시위를 야누코비치 정부 전복을 위한 노력으로 변화시키는 역할을 했다.

2014년 야누코비치가 실각하면서 우크라이나의 민주주의는 복원되었고, 러시아의 크림 병합과 돈바스 침공도 이를 전혀 약화시키지 못했다. 우크라이나는 2014년과 2019년 자유롭고 공정한 선거를 실시하여 러시아의 부정 선거와 큰 대조를 이루었다. 러시아의 우크라이나 영토 점령으로 인해 친러시아 유권자들 상당수가 우크라이나 선거에 참여하지 못했고, 다른 많은 사람들은 러시아에 더 적대적이 되었다. 2014년에 취해진 조치들이 우크라이나의 민주주의를 방해하지 못하고, 러시아와 거리를 두고 서방에 가담하겠다는 우크라이나의 결의를 강화시켜 준 것은 분명하다. 2014년과 2015년에 우크라이나에 강요된 민스크협정(The Minsk agreements)으로 우크라이나의 서방 이동이 느려졌을지는 몰라도, 바로 그 이유 때문에 우크라이나 지도자들은 최소한 러시아가 요구하는 조건으로 민스크 합의를 이행하는 것에 저항했다.

러시아 국내 정치의 두 가지 요소도 이 이야기에 중요하다. 하나는 민주주의의 쇠퇴이고, 다른 하나는 러시아가 어떤 형식으로든지 우크라이나를 통제해야 한다는 광범위한 믿음이다. 러시아에서 민주주의의 쇠퇴는 러시아를 동반자로 신뢰할 수 있다는 서방의 확신을 약화시켰다. 이보다 더 중요한 것은 점점 더 전제화된 러시아 정부가 2004년과 2014년 우크라이나에서 발생한 민주적 시위 운동을 러시아의 존재 자체를 위협하는 것으로 받아들였다는 것이다.

우크라이나가 러시아의 "진정한" 일부라는 공감은 러시아 정치인들이 우크라이나에 대한 영유권을 주장하는 데는 항상 이익이 되었고, 우크라이나의 독립을 공개적으로 인정하는 것은 위험부담이 되었다. 1990년대 좌파와 민족주의자들의 연합인 "적갈색 연정(red-brown coalition)"으로부터의 압력은 보리스 옐친Boris Yeltsin으로 하여금 여러 사안에 대해 강경한 입장을 취하도록 만들었다. 이런 압력이 없었다면 그의 입장은 덜 강경했을 것이다. 훨씬 시간이 지난 후의 일이지만, 만일 강력한 대중적 지지를 받지 못했다면 푸틴은 크림 병합을 명령하지 않았을 것이다. 이것은 지금까지 등한시되어 온 이슈를 제기한다. 분석가들이 갈등의 원인으로 러시아에서의 민주주의 쇠퇴에 초점을 맞추기는 했지만, 좀더 민주화된 러시아도 우크라이나에 대해 훨씬 우호적인 태도를 취하지는 않았을 것이다.

국내 정치의 중요성은 러시아와 우크라이나의 범위를 넘어간다. 일례로 탈소련 시대 초기 미국과 서방은 새로운 종류의 마셜 플랜이나 이보다 약한 프로그램으로 러시아를 지원할 것인가를 놓고 고민했었다. 되돌아보면 강력한 지원이 있었다면 러시아에서 발생한 사건들의 방향이 달랐을 것이라는 희망적이고 확인하기 어려운 전제하에 미약한 원조만 제공된 것에 대해 많은 비판이 쏟아졌다. 그러면 왜 그런 기회를 이용하지 못했는가? 그 대체적인 원인은 이런 정책은 미국에서 수행될 수 없는 상황이었기 때문이었다. 1991-1992년 미국은 경기 쇠퇴기에 들어섰고, 미국 지도자들은 "평화 배당금"을 대외 정책에서 국내 지출로 전용하기를 원했다. 1992년 11월 대통령 선거가 치러질 예정이고 민주당이 조지 W. 부시 대통령의 경제 정책을 혹독하게 비판하고 있는 상황에서 그는 러시아에 대한 좀더 과감한 지원책을 밀어붙일 수가 없었고, 이런 제안은 의회를 통과하지 못할 것이라는 것이 거의 확실했다. 1993년 빌 클린턴이 백악관에 입성했을 때 러시아의 개혁은 이미

가망이 없는 상태여서, 그는 러시아를 돕는 데 제약을 느낄 수밖에 없었다. 클린턴은 미국이 경기 침체에서 벗어나도록 하기 위해 국내 지출 프로그램에 집중했고, 이 정책과 러시아에 대한 대규모 지원 모두를 의회에서 통과시키는 것은 불가능하다는 조언을 받고 있었다.

왜 정부는 우리가 보기에 더 좋은 결과를 가져올 수 있는 조치를 취하지 않는가와 관련하여 계속 제기되는 질문에 답하는 데 국내 정치가 도움이 된다. 우리는 여러 나라나 그 지도자들의 책임을 묻지만, 이 지도자들은 자신들의 선택지가 극히 제한되었다고 느끼게 된다. 미국은 경기 침체와 선거가 겹친 상태에서 새로운 마셜 플랜을 시작할 수 없었다. 대부분의 러시아인들이 우크라이나는 러시아의 생래적 일부라고 생각하고 있기 때문에 러시아는 우크라이나가 자기 길을 가도록 방치할 수 없었다. 우크라이나에서는 러시아에 대한 의존도를 줄이는 것은 인기 없는 개혁을 필요로 하고, 러시아에 대한 경제적 의존은 부패한 관리들의 수입원이 되었기 때문에 러시아에 대한 경제적 의존도를 줄일 수 없었다.

우크라이나와 러시아가 국가로서 발전한 과정의 대비는 특히 시사하는 바가 크다. 1991년 우크라이나의 독립은 소련의 약화와 붕괴로 가능했었다. 그때부터 시작하여 우크라이나와 러시아 모두 새로운 포스트-소비에트 국가를 건설하려고 사투를 벌였고, 러시아는 최소한 재활용할 수 있는 소련의 통치 기구 상당수를 가지고 있었다. 1990년대 내내 두 국가는 권위를 확립하고, 세수와 법치 질서 확립 등 국가의 기본적 기능을 수행하기 위해 고군분투했다.[36] 양국 모두에서 올리가르히라고 알려진 강력한 경제적, 정치적 인물들이 국정에 깊이 파고들었다. 그러나 2000년 이후 양국의 길은 갈라졌다. 우크라이나는 계속 약하고 부패하고, 올리가르히들이 큰 영향력을 행사하는 국가로 남았지만, 다원적이고, 어느 정도 민주적인 국가가 되었다. 러시아에서는 블라미디르 푸틴이 수직적(*vertikal*) 권력 구조를 만들고, 언론을 통제하고 올리가르히들의 자유를 제한하면서 그 대가로 민주주의를 희생했다. 그는 국가의 내적 일관성과 사회적 행위자들에 대한 국가의 통제를 강화했다. 러시아는 작전 능력을 갖춘 강한 군대를 재건하는 데 투자했지만, 우크라이나는 소련으로부터 물려받은 거대한 군대를 축소하고, 이것을 활용 가능한 전투력으로 개혁하는 데 어려움을 겪었다. 러시아의 국내적 국가 힘은 국제적 자기 주장의 강화를 가져왔다. 1991년 이후 러시아가 인접 지역에서 자기 존재를 강하게 주장하려는 욕구가 대체적으로 일관되게 유지되는 동안, 그렇게 할 수 있는 러시아의 내부적 능력은 2000년 이후 꾸준히 강화되었다. 2016년부터 2021년까지 러시아는 군의 핵심 작전 단위인 전술 대대 수를 두 배로 늘렸다.[37] 2022년에 벌어진 규모의 전쟁이 왜 그 이전에 발생하지 않았는가를 이해하려고 한다면, 그 대답의 일부는 러시아가 그럴 준비가 되어 있지 않았다는 것이 될 것이다.

근접 원인들

안보 딜레마, 민주화와 지정학의 결합, 국내 정치의 제약에 의해 더욱 악화된 이러한 요인들, 즉 한 지역에 대해 양립할 수 없는 목표, 현상유지에 대한 이해는 넓은 갈등 기조를 형성했다. 근접적이고 연관된 요인들도 이와 마찬가지로 강조될 필요가 있다. 왜냐하면 긴장의 기저가 되는 요인에도 불구하고, 무력 충돌이 절대적으로 피할 수 없었던 것은 아니었기 때문이다. 미리 예측할 수 없었으나, 어렵지 않게 다른 방향으로 전개될 수 있었던 2013-2014년이 사건들이 없었더라면 러시아는 크림을 병합하고 돈바스 지역에 개입하지 못했을 것이다.

2022년 전쟁 확전은 이와 유사한 촉발 원인(trigger)이 선행하지 않았고, 우리로 하여금 최소한 두 가지 다른 해석을 하게 만든다. 첫째, 러시아는 우크라이나를 정복하고자 언제나 마음먹고 있었다는 것이다. 러시아가 2022년 규모의 공격을 더 빨리 하지 않았던 것은 군사력을 강화하면서 목표를 향한 좀더 점진적인 전략을 추구하고 있었기 때문이다. 둘째, 러시아 지도자들이 비용과 이익에 대한 계산의 결과로 2022년 공격을 감행했다고 이해하기보다는 이것을 점점 더 변덕스러워지고 비합리적이 된 지도자의 결정으로 이해하는 것이다. 우리는 9장에서 이에 대해 논의할 것이다.

책의 구성

2장이 보여주는 것처럼 냉전의 종식은 러시아, 우크라이나, 유럽에 두 가지 문제를 남겼다. 첫째, 러시아는 우크라이나의 독립을 인정하지 않았다. 둘째, 1945년부터 1991년까지 지속된 분리를 대체할 합의된 유럽의 안보 구조(security architecture)가 없었다. 초기에 두 문제는 거의 완전히 별개였다가 러시아가 자신이 "강대국"이며 계속 그 지위를 유지하겠다고 천명하면서 이 문제들은 서로 연결되었다.

소련이 붕괴된 1991년 8월부터 러시아는 포스트-소비에트 국가들의 군사, 경제 정책을 감독할 일종의 "중심(center)"를 유지하거나 재건하려고 노력했다. 우크라이나는 이에 저항을 했고, 1991년부터 1994년까지 러시아와 우크라이나는 독립국가연합(CIS)의 역할, 흑해함대와 세바스토폴의 지위, 우크라이나 영토 내의 핵무기 제거를 놓고 서로 마찰을 빚었다. 미국과 러시아는 합동으로 압력을 행사해서 우크라이나가 핵무기 보유 권한을 주장하지 못하게 하고, 우크라이나는 1994년 이에 승복하고 핵무기를 포기했다. 그 사이 우크라이나 경제는 바닥을 모르고 추락했고, 이것은 부분적으로 소련 시대부터 시작된 경제 침체의 영향이었고, 일부는 통합된 소련 경제의 붕괴 때문이었고, 일부는 우크라이나 지도자들이 개혁에 저항했기 때문이었다.

이 시기 미국-러시아 관계는 최상이었다. 그러나 이런 상태에서도 문제는 거의 즉각적으로 발생했다. 러시아에서는 경제 개혁과 막 태동한 러시아와 서방과의 협력관계에 저항하기 위해 보수주의자들이 다시 뭉쳤다. 부시 행정부와 클린턴 행정부는 보리스 옐친을 지원하려고 했지만, 1991년 일어난 사건을 재앙으로 보는 보수주의자들을 신경써야만 했다. 1993년 무력을 사용한 러시아 의회의 강제 해산과 이어 치러진 선거에서 새로운 보수 세력의 승리는 다시 자신의 지위를 주장하는 러시아로부터의 위협을 증대시켰다.

3장은 1994년부터 1999년까지의 우크라이나, 러시아, 미국의 입장 조정(repositioning)을 분석한다. 우크라이나는 핵무기를 포기하는 3자 협정에 서명하고 미국의 지원을 받는 데 주요 장애를 제거했다. 이와 같은 시기에 러시아의 영향력회복주의자들은 러시아에 대한 서방 베팅의 위험분산(hedging)이 너무 신중한 것으로 보이게 했다. 1994년 우크라이나 대통령으로 선출된 레오니트 쿠치마Leonid Kuchma는 우크라이나 동부 출신으로 러시아와의 교역을 지지하고, 크림의 분리운동을 무력화시켰다. 그러나 그는 전임자와 마찬가지로 우크라이나는 주권을 절대 포기하지 않을 것이라는 것을 강하게 내세웠다. 그 대신 그는 우크라이나를 나토의 '평화동반자(Partnership for Peace)' 프로그램에 폭넓게 참여하게 만들었다. 당시 우크라이나는 서방의 러시아와의 전략적 관계의 일부로 간주되었다. 지속적인 긴장에도 불구하고, 우크라이나-러시아 관계의 최고조 시점은 1997년 서명된 양국 〈우호조약(Friendship Treaty)〉이었다. 이 조약으로 러시아는 우크라이나의 국경을 인정하고, 우크라이나는 크림의 세바스토폴 항구의 임대에 동의하고, 흑해함대는 분할되었다. 불길하게도 많은 러시아 정치인들은 이 조약에 강하게 반대했다.

빌 클린턴과 보리스 옐친의 갖은 노력에도 불구하고 미국-소련 관계는 계속 틀어졌다. 미국은 옐친이 1996년 선거에서 승리하도록 수사적 지원과 선거운동 전략가를 제공했지만(그리고 새로운 IMF 융자 지원), 이 지원과 이와 연관된 "지분을 담보로 한 대출(loans for shares)" 제도는 후에 러시아의 불만의 근원이 되었다. 1998년 아시아 금융위기가 러시아로 확산되어 공황 상태가 발생했고, 서방의 조언이 러시아의 경제를 망친다는 러시아인들의 확신은 강화되었다.

그러는 사이 유고슬라비아의 전쟁은 러시아와 서방의 관계를 크게 훼손시켰다. 클린턴은 1994년 나토의 확장을 직접 약속했고, 유고슬라비아의 전쟁은 이 일이 실제 진행되도록 도움을 주었다. 이 전쟁은 첫째, 냉전의 종식은 유럽에서 안보 문제를 해결하지 못했고, 두 번째로 러시아가 이런 문제를 해결하는 데 신뢰할 만한 국가가 아니며, 통일된 군사 지휘권이 있고 러시아가 거부권을 갖고 있지 않은 나토만이 평화에 대한 최대의 위협을 해결할 수 있다는 것을 보여주는 무대가 되었다. 국내적, 국제적 이유 때문에 보리스 옐친은 1994-1995년과 1999년 세르비아를 지원해야 했다. 이렇게 되자 서방은 러시아의 희망을 지켜줄 것인지, 유럽에서의 인종학살(genocide)을 더 이상 방치하지 않는다는 자신들의 약속을 지켜야 할지 택일을 해야 했다.

4장은 중요한 해인 1999년에서 시작한다. 3월 나토는 세 국가를 새 회원국으로 받아들였고, 2주 후 나토 동맹군은 세르비아를 폭격했다. 11월 레오니트 쿠치마는 우크라이나 대통령으로 다시 선출되어 2004년 오렌지 혁명으로 종말을 맞는 전제적 정치를 강화했다. 그해 마지막 날 보리스 옐친은 사임을 하고 블라디미르 푸틴을 대통령 서리로 만들었다. 몇 달 후 푸틴은 평생 직업이 될 대통령에 정식으로 취임했다. 2001년 9월 11일 미국에 대한 테러 공격 후 러시아와 미국은 손을 잡고 테러리즘과 싸우기로 했다. 그러나 2003년 러시아는 부시 정권의 독단적인 외교정책인 이라크의 사담 후세인과의 전쟁에 반대했다.

권력을 공고히 하고 경쟁 세력을 제거하려는 쿠치마의 노력은 처음에는 성공하는 듯이 보였지만, 게오르기 곤가제Georgiy Gongadze 기자 살해 사건과 쿠치마가 이 사건과 다른 악행에 관련되었다는 것을 시사하는 녹음테이프의 유출로 정권에 대한 반대 시위가 시작되었다. 서방이 쿠치마와 거리를 두자 쿠치마는 푸틴이 좀더 성공적으로 정치적 경쟁자를 제거한 러시아와의 관계 강화를 모색했다.

2004년 우크라이나 대통령 선거에서 러시아는 러시아와의 통합을 추진할 후보를 권좌에 앉힐 기회가 왔다고 생각했다. 푸틴은 직접 나서서 야누코비치를 지원했고, 러시아 정부와 미디어 자원도 여기에 동원되었다. 부정 선거에 대한 항의와 재선거를 실시하기로 합의가 이루어지면서 러시아의 승리는 가슴 아픈 패배로 바뀌었다. 다른 어떤 것보다 이 사건은 우크라이나-러시아 관계를 러시아-서방 관계와 섞는 계기가 되었다.

5장은 오렌지 혁명 이후 빅토르 유셴코Viktor Yushchenko 대통령 시기를 다룬다. 오렌지 혁명은 국내적 개혁과 유럽과의 통합을 약속했지만 둘 다 이루어지지 않았고, 부패는 줄어들지 않았다. "오렌지 연정" 세력은 분열되어 치열한 내홍을 겪었고 개혁은 훼손됐다. 빅토르 유셴코는 과거 동지였던 율리야 티모셴코Yulia Tymoshenko를 너무 혐오하여 2004년 선거를 훔치려 했던 빅토르 야누코비치를 지지했다. 야누코비치는 2006년 총리가 되고, 2010년 대통령이 되었다.

2008년 부카레스트 나토 정상회담은 우크라이나를 러시아와 서방 사이의 점증하는 긴장 한가운데로 몰아넣었다. 미국은 우크라이나와 조지아에 나토에 가입하는 "나토 행동계획(Membership Action Plan)" 지위를 부여하려 했지만, 러시아를 소외시키는 것을 원하지 않은 독일과 프랑스는 이를 거부하였다. 우크라이나가 언젠가는 나토에 가입한다는 타협적 선언은 서방으로서는 위로의 보상의 되었지만, 러시아의 일부 분석가들은 이를 러시아의 이익에 대한 위협으로 보았다. 이로 인해 러시아의 2008년 조지아 침공(다른 분석가들은 이를 대응책으로 정당화했다)과 2014년 우크라이나 침공이 이어졌다.

우크라이나의 나토 가입이 무기한 연기된 상태에서 유럽연합과 우크라이나 관계는 처음으로 서방과 우크라이나 상호작용의 주된 초점이 되었다. "동방 파트너십(Eastern Partnership)" 프로그램은 유럽연합과 우크라이나가 〈협력협정(Association Agreement)〉을 맺는 길을 열어주었다. 러시아는 몇 개의 통합 제안으로 이에 대응했다.

6장은 2010년 대선에서 시작하여 우크라이나의 빅토르 야누코비치 대통령 시기를 다룬다. 야누코비치는 합법적이고 실용적인 정치인으로 재탄생한 것처럼 보였지만, 그는 대선이 끝나자마자 권력을 강화하는 극적인 조치들을 취하기 시작했고, 부를 축적하고 러시아의 지지를 확보했다. 이러한 정치적 독재화는 민주적 반대자들에게 그가 2015년으로 예정된 대통령 선거에서 더 이상 자유선거를 허용하지 않을 것이라는 확신을 심어주었다. 경제적 독재도 우크라이나의 많은 올리가르히들을 위협했다. 되돌아보면 새로운 유로마이단 혁명을 위한 무대가 준비되었지만, 새로운 시위가 이어질 것으로 예상한 사람은 많지 않았다.

이와 동시에 러시아와 서방 사이의 적대감도 강화되었다. 오바마 대통령의 "리셋(reset)" 정책은 아무 결과도 만들어내지 않았고, 2011년 나토가 지원하여 또 다른 독재자인 리비아의 무아마르 카다피Muammar Gaddafi를 축출하면서 새로운 적대감이 형성되었다. 아랍의 봄은 권위주의 정권을 몰아내는 시민 혁명의 힘을 다시 한번 보여주었지만, 푸틴은 이에 대해 분노하고 우려를 했다. 2008년 푸틴이 드미트리 메드베데프Dmitry Medvedev와 "정권 주고받기(castling. 원래는 체스에서 두 말을 동시에 움직이는 수를 말함—옮긴이)"를 한 것은 푸틴이 러시아 엘리트 정치를 완전히 통제하고 있다는 것을 보여주었다. 2011년과 2012년 러시아에서 일어난 시위는 푸틴의 잠재적 취약성을 보여주었다. 민주화와 지정학은 이미 완전히 융합된 듯이 보였다.

2013년 말 우크라이나, 러시아, 서방은 타협점을 찾기가 점점 어려운 상황에 처했다. 서로 양립할 수 없는 러시아와 유럽연합의 통합 프로그램은 러시아와 서방 사이에 제로섬(zero sum) 게임을 만들어냈고, 우크라이나는 많은 사람이 원치 않는 양자택일의 상황에 처했다. 대부분의 우크라이나인들이 원하는 것처럼 러시아, 유럽연합과 동시에 밀접한 경제 관계를 맺는 것은 점점 더 불가능해졌다. 마지막 순간인 2013년 11월 야누코비치는 우크라이나는 유럽연합과 협력협정을 체결하지 않는다고 선언했다.

7장은 이러한 결정의 결과를 분석한다. 야누코비치의 머뭇거림이 그의 몰락이나 러시아의 침공을 불러와야 했던 것은 아니다. 그러나 야누코비치는 시위자들을 저지하지 못하고 이들을 격분시키는 조치들을 반복적으로 취했다. 2014년 시위자들에 대한 발포는 야누코비치에 대한 지지를 증발시켰고, 그는 우크라이나를 버리고 도주했다. 일주일도 채 되지 않아 "작은 녹색 병사(little green men)"들이 크림을 장악하기 시작했고, 한 달도 채 되지 않아 러시아의 크림 병합은 완료되었다. 그러는 사이 동부 우크라이나에서는 정부 청사 장악이 진행되었다. 많은 시도는 재빨리 진압되었지만, 도네츠크와 루한스크에서는 러시아의 지원과 우크라이나 행정력의 사실상 부재로 분리주의자들이 교두보를 만드는 데 성공했다.

러시아의 크림 병합과 돈바스 지역 개입에 대한 유럽의 반응은 처음에는 조용했다. 많은 정치 엘리트들이 러시아를 우크라이나보다 중시했고, 많은 사람들이 크림에 대한 러시아의 영유권 주장에 동정적이었다. 그러나 또 하나의 예상치 못한 사건인 말레이시아 여객기 격추 사건은 여론을 급격히 변화시켰다. 무고한 민간인의 사망과 푸틴의 정직하지 않은 응답은 러시아에 대한 지지를 급락시켰다. 이 사건으로 유럽연합은 미국과 공동보조를 취하며 러시아 제재에 동참했다.

2014년 여름 우크라이나 정규군이 도네츠크 주의 반군들을 포위하려고 할 때 러시아는 정규군을 투입하여 이에 개입하였다. 이어진 우크라이나군의 완패로 우크라이나는 러시아의 조건에 맞추어 휴전에 동의할 수밖에 없었다. 1차 민스크 휴전협정은 지역의 자치 인정 등 우크라이나가 원하지 않는 조치들에 승복하게 만들었다. 2015년 2월 러시아의 지원을 받아서 반군이 도네츠크 공항을 점령한 다음 2차 민스크 휴전협정으로 새로운 통제구역 경계선이 인정되었다.

8장은 2015년 2월 민스크-II 협정 체결 시기부터 전쟁 발발 직전인 2021년 말까지를 검토한다. 돈바스에서의 전쟁은 다소 진정되었지만 완전히 중단되지는 않았고, 사상자는 점진적으로 늘어났다. 러시아는 단계적으로 아조프해를 장악해 나가고, 우크라이나가 통제하는 돈바스 지역에서 흑해로의 접근을 제한해 나갔다. 우크라이나는 군사력을 강화하여 지역 방위부대(Territorial Defense Units)를 조직하여 2014년의 낭패를 반복하지 않으려고 했다. 러시아와 우크라이나 모두 민스크협정을 둘러싸고 외교에서 이익을 얻으려고 노력했다. 러시아는 민스크협정이 시행되어야 한다고 주장했고, 자신들은 이 논쟁의 실제적 당사가 아니라는 주장도 폈다. 우크라이나는 약속을 이행한다는 말을 계속 했지만, 실제로는 위협 상태에서 서명한 자신들에게 고도로 불리한 합의를 이행하는 것을 지연했다. 2014년 침공으로 인해 러시아는 우크라이나 정치에서 영향력을 잃어가고 있었다. 만일 러시아가 돈바스 침공과 민스크협정으로 우크라이나를 자신들의 영향력 아래 두게 될 것이라고 생각했다면, 2021년이 되자 이런 일이 일어나지 않을 것이라는 것이 분명해졌다.

9장은 2022년 2월 시작된 러시아의 침공에 초점을 맞춘다. 2021년 말기 러시아의 군사력 증강으로 미국 정보 당국은 침공이 임박했다고 예견했다. 이것은 활발한 외교 활동을 촉발시켜 유럽 지도자들이 연이어 모스크바를 방문해 푸틴을 만나 전쟁을 시작하지 않도록 설득했다. 러시아는 침공 의사를 부인했으나, 푸틴은 자신의 수사를 강화하고 러시아는 우크라이나와 서방에 광범위한 양보를 요구하는 협상안을 내놓았다.

2022년 2월 24일 러시아는 우크라이나를 침공했다. 공격을 제대로 예측한 같은 정보 기관의 예측과는 반대로 우크라이나 군은 키이우, 하르키우와 돈바스에서 러시아의 공격을 막아냈다. 러시아는 흑해 연안에서는 좀더 성공을 거둬 우크라이나 남부의 넓은 지역을 차지했다. 4월 러시아는 키이우와 하르키우 공격이 성공하지 못했다는 것을 인정하고 병력을 재배치하여 돈바스에 집중했다. 처음부터 평화적 해결에 대한 논의가 있었고 협상이 진행되기도 했지만, 2022년 가을이 되자 평화 타협을 위한 분명한 기반은 없었다. 양측 군사력은 약화되었지만, 어느 한쪽도 군사력을 소진하는 데까지 이르지 않았고, 분석가들은 전쟁이 오래 끌 수 있다고 예측했다. 서방은 러시아에 대한 광범위한 경제 제재로 대응했고, 전 세계인들은 그 결과를 감당하는 데 어려움을 겪었다. 유럽과 여러 지역에서 많은 나라들이 서둘러서 위험한 새 세계에 대처하기 위한 안보, 경제 계획을 새로 만들어냈다.

10장은 다시 설명의 문제로 되돌아간다. 전쟁에 대한 어떠한 설명도, 누군가를 비난하는 것도, 만일 특정한 결정이 다른 방식으로 내려졌더라면, 또는 일정한 사건들이 다른 방식으로 일어났더라면 다른 결과가 나왔을 것이라는 것을 전제한다. 우크라이나를 다시 차지하려는 러시아의 욕망과 안보 딜레마 같은 근본 원인은 전쟁을 어느 정도까지 설명할 수 있고, 한 행위자, 즉 블라디미르 푸틴의 결정으로 전쟁을 어느 정도 설명할 수 있는가? 나토 확장은 전쟁의 원인인가 아니면 구실인가?[38] 우리는 2014년 전쟁 시작을 러시아에 제기된 심각한 위협을 제기한 상황과 갑자기 나타난 기회에 대한 대응으로 설명할 수 있지만, 2022년 침공을 촉발한 명확한 원인은 전혀 없었다. 이것은 기회가 줄어들기 전에 우크라이나를 취하려는 계산된 선택으로 생각해야 하는가 아니면, 고립되고 분노하고 비이성적인 지도자의 결정으로 생각해야 하는가? 우리가 제시하는 대답은 우리가 옹호하는 정책에 큰 영향을 미칠 것이다.

중요한 결론 하나는 푸틴이 물러나기를 기다리는 전술은 러시아, 우크라이나, 서방 사이의 갈등을 해결할 가능성이 거의 없다는 것이다. 러시아가 강대국 지위와 지역 패권을 주장하고, 우크라이나에 대해 요구했던 것은 푸틴의 권력 장악 이전에 있었던 일이었고, 러시아 엘리트와 국민이 폭넓게 공유한 주장이었다. 이것의 함의는 민주주의는 러시아가 그 야망을 포기하도록 이끌 수 없으리라는 점이다. 실제로 보리스 옐친의 개인적 힘만이 1990년대 이러한 목표를 유보하게 만들었다. 좀더 넓게 보면, 민주화된 러시아가 불가피하게 서방과 합의에 이를 것이라는 민주주의 평화 이론은 러시아의 강대국 지향과 정면으로 배치된다. 민주주의가 지정학과 결합되면서, 독일이 그러했던 것처럼 러시아가 민주주의 국가가 되고 민주적인 러시아가 자발적으로 힘의 사용을 자제하여 이웃 국가들을 안심시킬 가능성은 감소되었다.

요약

이 책의 설명은 2014년에 시작되고 2022년 전면전으로 확대된 전쟁은 냉전 후 환경의 장기적 힘과 우크라이나, 러시아, 서방 지도자들이 내린 단기적 결정의 결과라는 것을 강조한다. 러시아와 우크라이나 사이의 무력 충돌 가능성은 1989년부터 2014년 사이 계속 증가해 왔다. 그리고 2014년이 되어 러시아가 우크라이나를 침공하는 것이 최선의 정책이라고 결정하고, 2022년 새로운 대규모 침공이 자국의 이익을 증대시킬 것이라고 믿게 된 과정을 추적하는 것이 필요하다. 2022년 갈등의 원인으로 러시아의 침공에만 집중하는 것은 쉬운 일이었겠지만, 나는 이 입장을 1991년 이후의 모든 발전 과정에까지 역으로 적용하는 유혹에 저항한다. 러시아는 항상 우크라이나에 대한 통제력을 회복하는 데 관심을 기울여 왔지만, 다른 수단이 실패하는 경우 무력을 사용하기로 늘 마음먹고 있었는지는 분명하지 않다.

소련 붕괴 후 조성된 환경은 냉전 시기보다 너무 낙관적으로 보여서 우크라이나의 지위와 같이 미해결로 남아 있는 갈등들은 시간이 지나면 해결될 것으로 믿기 쉬웠다. 그러나 세 가지 큰 요인들이 결합되어 우크라이나의 지위 문제는 해결되지 않았다. 그 요인들은 첫째는, 현상유지와 그에 따른 안보 필요성에 대한 다양한 행위자들의 인식을 조화시킬 수 없었던 것, 둘째는 서구의 민주적 제도의 확산과 러시아의 "이익권역(sphere of interest)" 관점의 충돌, 셋째는 화해적 정책을 취하는 데 따르는 국내 정치적 대가이다. 이러한 큰 요인들이 결합되어 우크라이나의 지위 문제는 해결될 수 없었다. 역설적으로 우크라이나의 지위가 서방이나 러시아 한쪽에 유리하게 해결될 수 있다는 가능성이 양측으로 하여금 좀더 위험부담을 감수하게 만들었다.

전쟁은 꼭 일어나야 했던 것은 아니지만, 경쟁과 불신이 우크라이나-러시아 관계와 서방-러시아 관계에 너무 깊이 자리 잡고 있었으며, 이 두 갈등은 서로 밀접히 연관되었다. 이러한 근본적인 갈등은 냉전 후 체제에서 내내 내재적이었는데, 그 이유를 찾기 위해서는 냉전을 종식시킨 1989-1991년의 깜짝 놀랄 사건들로 되돌아가야 한다. 2장은 바로 거기에서 시작한다.

2장

새로운 세계 질서? 1989-1993

서론

1989년 7월 6일 미하일 고르바초프는 스트라스부르의 유럽정상회의(Council of Europe)에서 "공동의 집으로서의 유럽(Europe as a Common Home)"에 대해 얘기했다. 이 연설의 한 줄이 전 세계 언론의 헤드라인을 장식했다. "친선 국가이든 동맹국이든 그 누구든 상관없이 내정 간섭과, 국가의 주권을 제한하고자 하는 어떠한 시도도 용납될 수 없다."[1] 이 문장은 1968년 체코슬로바키아 침공을 정당화하기 위해 만들어진 브레즈네프 독트린을 뒤집는 것으로 해석되고 이해되었다. 소련은 "사회주의에 적대적인 세력이 일부 사회주의 국가에서 발생한 사태를 자본주의로 향하게 만들려고 시도할 때" 사회주의 국가에 간섭할 권한을 갖는다는 것[2]이 브레즈네프 독트린의 핵심 내용이었다. 고르바초프가 개혁과 독자적 노선을 추진하는 것을 "허용"하는 것처럼 보이자 이 지역에서 이미 진행 중인 움직임이 탄력을 받았다. 10월 평화 시위가 동독 도시들에서 발생했다. 당시 동독에 근무하던 블라디미르 푸틴이라는 이름의 KGB 요원은 드레스덴에서 발생한 시위를 목격했다.[3] 11월 냉전 시기 유럽 분할의 가장 구체적인 상징인 베를린 장벽이 무너지며 냉전을 상징적으로 종식시켰다.

고르바초프의 연설은 러시아-우크라이나 갈등을 이해하는 유용한 시작점이 될 수 있다. 이것은 소비에트 블록의 해체를 촉진했을 뿐만 아니라 소비에트 공화국들의 독립 문제를 제기했다. 이미 몇몇 공화국에서는 독립 운동이 한창 진행 중이었다. 그 시점 이후 러시아의 권한 주장은 우크라이나, 발트 국가, 서방과 충돌하면서 이 지역에서 러시아의 역할과 권한은 논쟁의 대상이 되었다. 1991년 1월 소련군 특수부대(OMON)가 라트비아 내무부를 공격하면서 무력은 사용되어서는 안 된다는 원칙이 처음부터 시험대에 올랐다.

고르바초프의 "유럽 공동의 집"은 몇 달 전 미국의 조지 H. W. 부시 대통령이 독일의 마인츠에서 제안한 "온전하고 자유로운 유럽(Europe whole and free)"에 대안으로 제안되었다. 고르바초프는 사회주의 국가와 자본주의 국가가 평화롭고 생산적으로 사이좋게 지내는 유럽을 꿈꾼 반면, 부시는 자유민주주의와 시장 경제가 대륙을 단합시키는 유럽을 꿈꿨다. "자유로 향하는 길은, 서방과 동방이 만나고, 자유로운 국가들의 공동체인 민주적인 집인 더 큰 집으로 이끕니다"라고 고르바초프는 선언했다.[4] 고르바초프의 유럽 개념은 기본적으로 다원주의적인 반면, 부시의 비전은 단일한 가치 체계의 고수를 강조했다. 그래서 냉전이 끝나가고 있었지만 유럽의 정치의 기저가 되는 원칙들에 대한 깊은 이견이 부상했다.[5]

1993년 12월이 되자 러시아 의회에서는 민족주의 정당과 공산주의 정당의 세력이 커졌다. 러시아 의회는 1991년 이후 우크라이나 영토가 된 흑해 함대의 기지 세바스토폴을 러시아 영토로 간주하는 결의안을 통과시켰다. 우크라이나 지도자들은 러시아로부터 법률적인 독립은 획득했지만, 러시아 에너지에 대한 의존에서 벗어날 방법을 찾지 못했다. 1991년 붕괴한 것은 소련만이 아니었다. 12월 유고슬라비아의 해체도 시작되어 이 지역을 유혈 분쟁에 빠뜨리고, 후에 블라디미르 푸틴이 크림 병합을 정당화하는 데 인용한 분쟁이 촉발되었다.

이러한 사건들이 이 장을 이끌어가는 논점을 보여줄 것이다. 2014년과 2022년 러시아 침공의 기본 요소들 전부는 아니더라도 많은 부분이 이미 1993년에 잉태되었다. 이러한 문제들은 서로 교차하는 고도로 도전적인 환경에 뿌리를 박고 있기 때문에 해결이 난망했다. 첫째로 우크라이나와 러시아는 양국 관계가 어떠해야 하는가에 대해 근본적인 이견이 있었다. 둘째, 소련 붕괴 후에 부상한 국제 상황은 양호하게 보였지만, 새로운 유럽에서 러시아의 역할에 대한 다루기 힘든 문제를 제기했다. 세 번째 우크라이나와 러시아의 혼란스런 국내 상황으로 민주주의로의 순조로운 이행을 가로막는 경제 붕괴와 제도적 대결이 발생했다.

우크라이나 독립의 길

소련 각 지역의 민족주의자들은 고르바초프의 정치적 자유화를 이용하여 독립을 요구하고 나섰다. 1990년 3월 각 공화국에서 의회 선거가 진행되었고, 사상 처음으로 소련 공산당(CPSU)의 당원이 아닌 사람들도 선거에 후보로 참여할 수 있었다. 우크라이나에서는 우크라이나 반체제 그룹에서 탄생한 신생 정당인 루흐(Rukh)당이 의회(Verkhovna Rada) 의석의 1/4을 차지했다. 민족주의자 진영에 영합하려는 공산당 지도자 레오니트 크라프추크 Leonid Kravchuk가 의회 의장으로 선출되었다. 6월 12일 러시아 의회 격인 인민대표회의는 "러시아 소비에트 연방 사회주의 공화국의 국가 주권"을 선언했다. 이 입법은 러시아 법이 소련 정부보다 우위에 있음을 선언한 것이고, 이로 인해 소위 "입법 전쟁(war of laws)"이 촉발되어 다른 공화국에서도 이와 유사한 선언이 잇따랐다.

7월 16일 우크라이나 의회도 이 모델을 따라 "우크라이나 국가 주권 선언"을 통과시켰다(찬성 335표, 반대 4표). 이 결의안은 우크라이나의 주권은 선언했지만, 소련으로부터의 독립을 선언한 것은 아니었다. 이것은 혼란을 일으키는 모순이었지만 실용적인 선택이었다. 가능한 한 많은 자치권을 확보하려는 강한 동기는 있었지만, 우크라이나는 소련에서 분리하거나 중앙 권력과 대결을 할 준비는 되어 있지 않았다. 우크라이나 민족주의자들은 공산당 전체를 반대하기보다는 크라프추크의 예처럼 "민족 공산주의자들(national communists)"과 동맹을 맺는 전술적 결정을 내렸다. 이렇게 해서 우크라이나는 기존 공산당 세력을 축출하기보다는 기존 세력을 독립이라는 동기에 끌어들이는 방법으로 독립을 향해 나아갔다.

주권 선언은 우크라이나가 "항구적 중립(permanently neutral)" 국가가 된다는 "의도"를 선언했고, 세 가지 비핵화 원칙, 즉 핵무기를 받아들이거나 생산하거나 획득하지 않는다는(not to accept, produce or acquire) 원칙도 선언했다.[6] 이 규정들은 향후 많은 논쟁의 소재가 되었다. 중립이나 "비동맹 지위(non-bloc status)"가 무엇을 의미하는지와 이 정책이 현명한지에 대한 논쟁이 중립을 최종적으로 포기한 2014년까지 우크라이나의 외교 정책의 쟁점이 되었다.

고르바초프는 소련이 분해되는 것을 막기 위해 애를 썼다. 1991년 3월 그는 소련 전역에서 연방유지에 관한 주민투표를 실시했다. "당신은 모든 민족 구성원의 권리와 자유가 보장되는, 동등한 권한을 가진 공화국들로 구성되는 새로워진 연방으로서 소비에트 사회주의 공화국 연방의 유지가 필요하다고 생각하는가?"가 투표 대상이었다. 주권의 동등성과 소비에트 연방의 유지라는 모순은 무시되었고, 후에 독립한 우크라이나가 러시아가 주도하는 연합체에 가입해야 한다는 주장의 불씨를 남겨놓았다. 우크라이나 입법자들은 두 번째 문항을 주민투표에 부가했다. "우크라이나의 국가주권 선언을 바탕으로 소비에트 주권 국가들의 연방의 일원이 되는 데 찬성하는가?"가 두 번째 질문이었다. 두 질문 모두 우크라이나에서 압도적 찬성을 받았다(1문항 71퍼센트, 2문항 82퍼센트의 찬성).

고르바초프는 각 공화국에 상당한 자치권을 위임하되, 통합된 군대, 공동의 외교 정책, 단일 화폐를 유지하는 새로운 조약을 제안했다. 민족주의자, "민족 공산주의자", 친연방 공산주의자로 갈라진 우크라이나 의회는 1991년 내내 새 조약안을 토의하며 수정안을 제시했지만, 결정적 행동을 취하지는 않았다. 많은 민족 공산주의자들의 지지를 받은 민족주의자들은 완전한 독립을 추구할 준비가 되어 있었지만, 탄압을 우려해 결정적인 움직임을 보이지는 못했다. 이러한 입장은 새 연방조약안에 찬성하려는 러시아를 포함한 8개 공화국과 같았다. 6개 공화국은 이미 이것을 거부했다.[7] 7월 우크라이나 의회는 러시아에서 옐친이 차지한 것과 유사한 대중에 의해 선출되는 대통령직을 만들었고, 12월에 대통령 선거를 치르기로 일정을 잡았다.

우크라이나 지도자들은 새 연방조약안이 너무 적은 자치권을 제공한다고 생각한 반면, 모스크바의 보수주의자들은 너무 많은 자치권을 부여한다고 우려했다. 고르바초프의 경제 개혁에 대한 반대도 점점 거세지고 있었다. 7월 말 저명한 정치, 문화 인사들은 개혁을 중단할 것을 요구하는 "시민들에게 전하는 말(Word to the People)"을 발표했다. "러시아인, 소련 시민, 동포들"을 대상으로 한 이 편지는 러시아 민족주의를 소연방의 유지와 동일시했고, 독립과 경제개혁으로 향하는 움직임은 외부의 적에게 나라를 팔아넘기는 것으로 비판했다.[8]

1991년 7월 말 미국의 조지 H. W. 부시 대통령이 모스크바를 방문했을 때, 고르바초프는 소연방을 유지하고 경제를 개혁하고, 서방의 지원을 얻기 위해 분투하고 있었다. 고르바초프는 부시에게 우크라이나의 독립은 유고슬라비아에서 벌어지고 있는 것과 유사한 갈등을 유발할 것이라고 경고했다. 소련의 다른 점은 수천 발의 핵무기가 있다는 점이었다. 군축 협정, 바르샤바조약기구 해체, 이라크에 대한 유엔 안보리의 결정으로 얻은 결과를 유지하기를 바라던 부시와 브렌트 스코크로프트Brent Scowcroft 국가안보보좌관은 고르바초프의 입장을 지지했다.

이것이 부시가 워싱턴으로 돌아가는 길에 키이우(Kyiv)에 들른 전후사정이다. 우크라이나 의회에서 행한 연설에서 부시는 우크라이나가 소연방과 분리되지 않고 그 안에서 앞으로 나가도록 설득했다. "자유는 독립과 같은 것이 아니다. 미국은 과도한 폭정을 지역적 독재로 대체하기 위해 독립을 추구하는 사람들을 지지하지 않을 것이다. 미국은 인종적 혐오에 의해 자살적 민족주의를 옹호하는 사람들을 돕지 않을 것이다"라고 말하고 고르바초프의 새 연방조약안을 지지했다. "9+1 합의는 각 공화국이 가망 없는 고립의 길을 걷기보다는, 좀더 많은 자치를 누리며 좀더 적극적인 정치, 사회, 문화, 경제 상호작용을 추구하는 희망을 가능하게 할 것이다"[9]라고 강조했다. 이 연설은《뉴욕타임스》칼럼니스트 윌리엄 사피어Willaim Sapire의 논평이 없었으면 거의 잊힐 뻔했다. 그는 이 연설을 "치킨 키예프 연설(Chiken Kiev Speech)"이라고 칭하며, 이 연설은 우크라이나의 독립을 본질적인 선이거나 소련을 더욱 약화시키는 방법으로 생각하는 많은 미국인들의 의견을 반영하고 있다고 평했다.

몇 주 후 모스크바에서 발생한 고르바초프에 대항한 쿠데타는 지도자들의 모든 계획을 압도해 버렸다. 쿠데타가 실패로 돌아간 것이 분명해진 8월 24일 우크라이나 의회는 우크라이나의 독립을 선언하고(찬성 346, 반대 1, 기권 3)[10] 의회 의장 크라프추크의 권한을 국가수반 서리로 확대하고 독립 찬반투표를 이미 12월 1일로 계획된 대통령 선거와 같이 치르기로 결정했다. 이제 문제는 과연 소연방이 유지될 수 있을 것인가가 아니라, 분해된 파편에서 무언가가 만들어질 수 있는가였다. 8월 25일 옐친은 새 연방조약안 서명에 대한 자신의 지지를 발표하면 새 연방은 느슨한 국가연합이 아니라 연방이 되어야 한다는 점을 강조했다. 이틀 후 그는 이 조약안이 체결되지 않으면 자신은 사임할 것이라고 위협하며 우크라이나 지도자들과 충돌했다.[11]

국가 창조

1991년 가을은 극단적인 즉흥 대응의 시기였다. 우크라이나에서 당장 수행해야 할 과제는 주권 국가 정부의 제도를 마련하고, 국제적 국가 승인을 받고, 독립 찬반투표와 대통령 선거를 진행하고, 소비에트와 러시아 정부(다른 신생 공화국들과도)와의 분리 조건을 협상하고, 독자적인 우크라이나군을 편성해야 하고, 경제 붕괴를 막아야 하는 등 광범위했다. 해야 할 일의 범위를 상상하기 어려울 정도였다. 예를 들어 우크라이나의 가장 거대한 산업들은 키이우와 관계가 거의 없었고, 모스크바의 각 부처가 직접 운영해 왔다. 이와 유사하게 우크라이나는 군대를 인계받지 못했고, 상호 연관이 없는 다양한 부대들만 영내에 존재했다. 이런 군대를 지휘하고 통제할 국방부나 총참모부도 없었다.[12]

거대한 소연방의 다양한 조각들을 국가로 조합하는 임무를 맡은 지도부는 전혀 이에 대한 준비가 되어 있지 않았다. 엄청난 과제의 범위, 갑자기 얻은 독립과 이러한 변화를 만드는 사람들의 경험 부족에도 불구하고, 국가는 붕괴하지 않았다. 포스트-소비에트 초기 시기 경제는 심각하게 침체되었지만, 우크라이나 지도자들은 약하기는 해도 별도의 국가를 건설하는 데 성공했다.

우크라이나는 거의 맨바닥에서 국가를 건설해야 했던 것에 반해 러시아는 두 개의 서로 경쟁하는 국가가 있었다. 하나는 소연방 전체를 운영해 온 소비에트 국가였고, 다른 하나는 "거의 빈껍데기나 다름없는" 러시아 국가였다.[13] 1991년 가을 이 문제는 옐친의 러시아 정부가 군대를 포함한 소련의 제도와 기구를 차례로 접수하면서 해결되었다. 소련 기구의 통제권을 장악하려는 옐친의 노력으로 모든 "중앙" 기관은 사실상 러시아가 통제하는 상황을 각 공화국이 받아들여야 하는 원하지 않던 결과를 만들어냈다. 이로 인해 각 공화국들은 새로운 중앙기구를 만드는 것을 더욱 강하게 반대하게 되었다. 러시아 정부의 일부 발언도 우크라이나의 여론에 불을 질렀다. 옐친의 공보 비서가 "새로운 연방에 대한 합의가 없으면 러시아 소비에트 연방 사회주의 공화국(RSFSR)이 국경 문제에 이의를 제기할 권한을 갖는다"[14]라고 말한 것이 한 예였다. 소련의 군사 지도부는 러시아의 통제를 받아들였지만, 우크라이나 지도부는 우크라이나 영토 내에 있는 모든 군대와 물자에 대한 통제권을 선언했다.[15]

우크라이나가 새 "주권 국가 연방(Union of Sovereign States)"에 가입하려는 조짐도 있었다.[16] 11월 말, 새 연방안 초안 서명이 준비되었지만, 옐친은 이를 거부하고 러시아가 "중앙"에 대해 좀더 많은 권한을 가져야 한다고 주장했다. 우크라이나의 독립 찬반투표 때까지 더 이상 논의는 진전되지 않았다.

우크라이나 독립 찬반투표의 결과를 이미 예상한 미국은 우크라이나의 독립을 즉각 인정하겠다고 발표했다. 부시 행정부의 일부 관료들이 생각하기에 이 움직임은 연방을 유지하려는 고르바초프의 노력을 무력화하고 새로 형성된 우크라이나 정부에 대한 미국의 지렛대를 감소시키는 것이었다.[17]

옐친은 미국의 발표가 러시아 민족주의자들을 자극시킬 것을 염려하여 이에 초조감을 나타냈다.[18]

12월 1일 우크라이나는 독립 찬반투표와 대통령 선거를 실시했다. 대통령 후보로 나선 6명 모두 독립을 지지했다. 대통령 서리이자 전 의회 의장이며, 전 공산당 이념담당 서기였던 크라프추크가 61.6퍼센트의 득표로 쉽게 승리했다. 루흐(Rukh)[i] 지도자인 뱌체슬라브 초르노빌Vyacheslav Chornovil이 23.3퍼센트를 득표했고, 나머지 표는 다른 후보자들과 "모두에게 반대" 표로 분산되었다.[19][ii]

독립 찬반투표는 "당신은 우크라이나의 독립 선언을 지지합니까?"라는 단순한 문항이었다. 결과는 투표자의 절대다수인 92.3퍼센트가 독립을 지지하는 것으로 나타났다. 크림과 세바스토폴을 포함한 우크라이나 전 지역에서 다수가 독립을 지지했다. 그러나 크림과 세바스토폴의 찬성률은 다른 곳보다 낮았다. 크림은 54.2퍼센트, 세바스토폴은 57.1퍼센트의 투표자가 독립에 찬성했다. 도네츠크와 루한스크 주에서도 독립 찬성률은 83.9퍼센트에 달했다.

벨라베자 회담 — 고상한 이혼

우크라이나의 투표 직후 옐친, 크라프추크, 벨라루스 대통령 스타니슬라브

---

i 루흐(Rukh, *Рух*) – 우크라이나어로 "운동"이란 뜻으로 소련 해체 시기인 1989년 결성된 "우크라이나 인민운동"의 준말이다. 주로 서부 지역이 지지기반이고, 우크라이나 헬싱키그룹에 속한 소련 반체제 인물 초르노빌이 이끌었다. 독립 이후 정당으로 변신하여 꾸준히 정치에 참여하고 있지만, 초르노빌이 1999년 선거운동 중 사망한 후 뚜렷한 지도자를 배출하지 못했고, 2020년 총선에서는 20석을 확보했다.

ii 모두에게 반대(against all candidates) – 우크라이나 선거에서는 모든 후보에게 반대하는 경우 "모두에게 반대"란에 투표할 수 있다.

슈스케비치Stanislav Shushkevich가 소련 승계 공화국들 간의 관계에 대한 결론을 내리기 위해 벨라루스에 있는 벨라베자Belavezha 숲 휴양소에 모였다. 우크라이나 주민들 대다수가 독립을 지지하고, 대통령으로 당선된 크라프추크는 막강한 위임권을 가지고 회의에 참석했고, 옐친은 모스크바의 고르바초프의 권력을 종식시키려고 노력하는 중이었다. 1991년 말까지 러시아 연방공화국의 외교 정책은 "고르바초프 팀에 대항하는 옐친 팀"에 의해 운영되고 있었다.[20] 고르바초프와 옐친은 (벨라루스와 중앙아시아 5개 공화국을 포함하여) 개정된 연방조약안을 찬성했다. 그러나 우크라이나는 이제 이에 반대했다.[21]

옐친은 긴장 상태에 있는 두 가지 목표를 가지고 있었다. 하나는 소련, 그리고 고르바초프를 제거하는 것이었다. 두 번째 목표는 러시아가 주도하는 "중앙(center)"을 유지하는 것이었다. 이 중앙은 핵무기를 통제하고 경제 조정을 담당해야 했다. 그는 민스크에 도착하자마자 "우리는 무슨 일이 있어도 우리 슬라브 3국이 서로 갈라지지 않은 관점(viewpoint)을 꼭 만들어내야 한다"고 말했다.[22]

단일 시장, 군대, 화폐를 유지해야 하는 이유는 많았다. 실용적으로 보면, 서로 밀접하게 통합되어 있고, 중앙경제계획이 아직 남아 있는 상태에서 소련 경제의 해체는 큰 혼란을 야기할 수밖에 없었다. 소련 군대의 해체도 엄청난 문제를 일으킬 것이 분명했다. 상트페테르부르크 시장인 아나톨리 소브차크Anatoly Sobchak는 우크라이나의 군대 편성은 "인류 전체의 미래에 시한폭탄"이라고 말하기도 했다.[23]

이에 대해 직접적으로 반대하는 크라프추크는, 모스크바에서 통제하는 초국가적 기구의 일부가 되어 있는 상태에서는 자신이 우크라이나를 통치할 수 없다고 느꼈다. 크라프추크는 전술적인 우위에 있었기 때문에 양보 없이 밀어붙였다. 그의 동의 없이는 소련이 해체될 수도 없고, 고르바초프를 무력화시킬 수도 없었다. 그가 내세운 거래조건은 소련을 새로운 대체 연방 없이 해체하는 것이었다.

세 지도자는 1922년의 연방 조약(러시아, 우크라이나, 벨라루스가 소연방을 형성한 법적 기반인)을 탈퇴하는 데 동의했다. 국제적 법률 기준에서, 이는 소련을 해체시켰고,[24][iii] 고르바초프를 무력화시키고자 하는 옐친의 필요와 중앙 구조를 해체하려는 크라프추크의 필요를 모두 충족시켰다. 소련을 해체한 옐친은 공동의 문제를 다룰 공동의 구조를 만들기를 원했지만 크라프추크는 이에 강하게 반대했다. 이들은 이런 깊은 이견을 덮는 방법으로 "독립국가연합(Commonwealth of Independent States, CIS)"을 설립하기로 했다. 독립국가연합은 국가연합의 모양을 띠고 있고, 러시아 지도부가 원한 많은 구조를 가지고 있었다. 그러나 우크라이나의 주장에 의해 모든 의무는 법적인 구속력이 없었다.[25] 우크라이나에서는 독립국가연합을 새로운 조직이 아니라 완전한 분리를 감독하는 기구로 보았다. 우크라이나 의회 외교위원장인 드미트로 파블리첸코Dmytro Pavlychenko는 이것을 "혼돈 상황을 건너는 다리"라고 불렀다.[26]

벨라베자에서 진행된 일의 면면을 보면 애초부터 구소련 지역에 대한 중앙의 통제를 확보하려는 러시아의 바람과 여기에 반대하는 우크라이나 간의 이해의 충돌이 있었다. 다른 어느 러시아 지도자보다 민주적이고 서방 지향적인 보리스 옐친조차도 각 공화국, 특히 우크라이나에 대한 중앙 통제 형식이 존재하기를 원했다. 그러나 민족주의자 후보에 대항하여 대통령에 출마하고, 동부 우크라이나와 크림에서도 가장 높은 득표를 기록한 크라프추

iii 1922년 소비에트 연방조약안은 각 연방공화국의 자발적 연방 가입과 탈퇴를 보장했고, 이것이 세 공화국의 이탈로 소련이 힘 없이 무너진 핵심 이유가 되었다.

크조차도 우크라이나의 주권에 대한 타협은 격렬히 반대했다.

독립국가연합

독립국가연합(CIS)은 12월 21일 알마티(Almaty. 당시 카자흐스탄 수도 — 옮긴이)에서 열린 회의에서 11개 공화국들에 의해 창설되었다. 슬라브 3국, 중앙아시아 5국에 아르메니아, 아제르바이잔, 몰도바가 참여했다. 알마티에 모인 지도자들은 고르바초프에게 소연방과 그의 대통령직이 막을 내릴 때가 되었음을 통보하는 공동성명을 보냈다.[27] 고르바초프는 결국 자신의 패배를 인정하고, 12월 25일 사임했고, 그 다음 날 소련은 공식적으로 더 이상 존재하지 않게 되었다.

러시아는 단일 CIS 군대를 유지하려고 하였지만, 우크라이나는 자국 영토 내에 있는 소련 군사력으로 자체 군대를 만들기로 결심했다. 우크라이나는 경제적으로 거의 파산 상태였지만, 자국 내에 있는 군대에게 급여를 줄 수 있는 재원을 마련했다. 이 문제는 흑해함대와 이 지역에 배치된 러시아 또는 CIS 평화유지군 문제와 겹쳤다. 1992년 4월 열린 CIS 국방장관 회담에서 공동 방위구조와 관련된 11개 문서 초안이 마련되었다. 우크라이나는 (아제르바이잔과 함께) 이 문서 중 어느 것에도 서명하지 않았다. 이와 비슷하게 5월, 나토의 5조[iv]와 유사한 집단안보조약에 서명하기 위해 6개국 지도자가 타슈켄트에 모였을 때 크라프추크는 참여조차 하지 않았고, 우크라이나는 (몰도바, 벨라루스, 아제르바이잔과 함께) 이 문서에 서명하지 않았다.[28] 러시아의

iv 나토 조약 5조는 나토 회원국이 무장 공격을 받는 경우 다른 회원국들은 이 무력행위를 모든 회원국들에 대한 공격으로 간주하여 공격받은 회원국을 지원하는 데 필요한 행동을 취하는 것을 규정했다.

미국-캐나다 연구소의 세르게이 로고프Sergei Rogov는 "각 주권 국가는 자신의 군대를 편성할 권리가 있고, 우크라이나가 그렇게 한다고 비난할 수는 없다. 그러나 즉각적인 군사적 독립을 얻기 위해 우크라이나는 러시아의 안보 이익을 고려하는 데 실패했다"[29]라고 문제를 정확히 짚었다. 그는 근본적으로 러시아-우크라이나의 안보 딜레마를 인식하고 있었던 것이다.

경제 조정 문제와 루블존의 붕괴

소연방은 유럽연합보다 훨씬 더 밀접하게 통합되어 있었고, 아무런 사전 계획 없이 분해되었다.[30] 새로운 독립국가들은 여전히 루블을 사용하고 있었고, 산업체들의 늘어나는 부채를 융자와 화폐 발행으로 감당하고 있었다. 이는 당연히 엄청난 인플레이션을 초래했다. IMF는 루블의 통화 정책 관리를 위해 단일 중앙은행을 설립할 것을 권고했고, 러시아는 이를 지지했으나, 여기에는 세 가지 난관이 있었다. 첫째, 우크라이나는 독립성의 훼손을 받아들이려 하지 않았다. 둘째로 통화 정책을 러시아가 주도하면 우크라이나는 이를 받아들일 수 없었고, 만일 러시아가 주도하지 못하면 러시아가 이를 받아들일 수 없었다. 셋째로 독립국가들은 통화정책에 대한 합의를 이룰 수 없었다. 러시아는 구조조정("충격요법shock theraphy")을 하면서 화폐 발행 제한을 통해 인플레이션을 억제하는 정책에 주안점을 두고 있는 반면, 우크라이나와 다른 공화국들은 고통스런 선택을 회피하고 계속 돈을 찍어냈다.

우크라이나의 신용 남발은 인플레이션을 러시아로 수출하는 결과를 가져왔다. 1992년 1월 우크라이나는 일종의 병용 통화인 카르보바네츠(*karbovanets*)를 발행했으나, 이 화폐는 곧 가치를 상실했다. 1992년 10월 우크라이나 화폐정책으로 인한 인플레이션을 막기 위해 러시아 중앙은행은 우크라이나의 루블 대출에 기초한 지급을 정지했다. 우크라이나는 루블존(ruble zone)을 이탈하는 것으로 이에 대항했고, "비현금(non-cash)"인 카르보바네츠를 사용했다. 루블존은 잠시 더 유지되었지만, 1993년 중반 러시아는 기존의 소비에트 루블 화폐를 새로운 러시아 루블 화폐로 대체함으로써 다른 공화국들을 퇴출시키는 데 성공했다.[31]

우크라이나와 러시아는 각자 고유의 화폐 정책을 실시했지만, 큰 폭으로 변동하는 환율은 무역에 악영향을 미쳤다. 우크라이나의 고도로 팽창적인 통화정책은 1992년부터 1994년까지 엄청난 인플레이션을 야기했다.[v] 인플레이션은 천정부지로 높아지고, 국내총생산(GDP)는 급감하고, 빈곤은 크게 확산되었다. 1993년《이코노미스트》는 "잘못된 정책과 잘못된 국가운영으로 이렇게 빨리 한 나라의 붕괴가 초래된 예를 찾기가 어렵다"라고 썼다.[32]

우크라이나와 러시아는 경제 정책의 상호 조정의 필요성을 인식했으나, 어떻게 이를 이룰 것인가에 대해서는 완전히 의견이 달랐다. 우크라이나는 초국가적 통제기관의 창설을 반대하거나, 최소한 이 기관들이 러시아에 의해 통제되어서는 안 된다고 주장했다. 러시아는 초국가적 통제기관을 홍보했고, 러시아 경제 규모가 훨씬 컸기 때문에 러시아가 이를 통제해야 한다고 주장했다.

흑해함대, 세바스토폴, 크림 문제

크림은 복잡한 역사를 가지고 있고, 현재 누가 이곳을 누가 통제해야 하는가

v 우크라이나 독립 직후 인플레이션은 1992년 2,730퍼센트, 1993년 10,155퍼센트에 이르렀다.

에 대한 다양한 주장을 뒷받침하는 다양한 요소를 가지고 있다.[33] [vi] 크림반도는 흑해를 통제하는 데 핵심적 요소이다. 흑해의 상업적, 군사적 중요성은 고대 그리스 시대까지 거슬러 올라간다. 오랫동안 크림칸국의 지배하에 있던 크림을 1783년 제정러시아가 장악했고, 크림의 토지는 러시아 귀족들에게 분배되고, 러시아 인구의 유입이 늘어났다. 독일은 2차 세계대전 중 크림을 장악했고, 독일군을 패퇴시킨 후 세바스토폴은 소련 정부로부터 "영웅 도시" 칭호를 하사받았다. 크림반도 탈환 후 스탈린은 독일군 점령 기간 중 독일군에 협력하였다는 이유를 붙여 타타르 인구 대부분을 추방했다. 이로 인해 러시아인들이 크림반도의 주류 주민이 되었다. 1954년 소련 지도자 니키타 흐루쇼프Nikita Khrushchev는 러시아와 우크라이나의 "재통합" 300주년을 기념하는 명목으로 크림 관할권을 러시아공화국에서 우크라이나공화국으로 이전했다.[vii] 그러나 실제로는 모스크바에서 벌어지고 있는 스탈린 후계 경쟁에서 우크라이나 지도자들의 지원을 얻기 위한 동기가 더 컸던 것으로 보인다.[34] 복잡다단한 크림의 역사는 이 지역 역사의 전형적 모습이다. 영토 귀속권이 여러 나라를 오가고, 전쟁, 기근, 압제로 인구가 극적으로 바뀌었다. 엘리자베스 우드Elizabeth Wood가 강조한 것처럼 크림의 "상상된 지리(Imagined geography)"는 실제 지리만큼 중요했다.[35] 여러 가지 이유로 인해 포

---

vi 국내에 크림의 역사를 소개하는 책으로는 예브게니 마르코프의 《크림반도 견문록》(허승철 역, 나남, 2018)이 있다.

vii 1954년 크림 관할권 이전 – 흐루쇼프는 크림반도 관할권을 러시아 연방공화국에서 우크라이나 연방공화국으로 옮겨서 후에 러시아와 우크라이나 갈등의 씨앗을 심었다. 페레야슬라우 협약 체결 300주년이 되는 1954년 소련 당국은 이 협약을 "우크라이나가 러시아와 재통합한 것"으로 내세우고 대대적인 기념행사를 벌였다. 크림반도 관할권 이양은 페레야슬라우 협약 300주년을 기념하는 상징적 조치로 여겨졌지만, 이러한 결정 뒤에는 지리적, 경제적 이유가 더 컸다. 러시아 연방에서 크림으로 이주한 정착자들은 남부 지역의 환경에 적응하지 못해 경제 재건에 큰 역할을 하지 못했다. 우크라이나 남부와 크림의 지리, 영농 여건이 비슷한 상황에서 건조 지역 영농에 경험이 많은 우크라이나 행정 관료와 농업 전문가들이 크림반도의 농업을 재건하는 데 큰 도움이 될 수 있다고 흐루쇼프는 판단했다. 1953년 크림반도와 키예프를 방문한 흐루쇼프는 우크라이나 지도부와 크림 관할권 이양 문제를 논의했고, 모스크바로 와서 논의한 결과 당 지도부도 이에 동의했다. 1854년 2월 소연방 최고회의와 러시아 연방 최고회의, 우크라이나 최고회의 모두 크림 관할권 이양을 승인하며 크림반도는 우크라이나 공화국에 귀속되었다.

스트-소비에트 러시아의 엘리트들은 크림 회복의 필요성을 크게 강조했다. 2016년 러시아 상원 외교국방위원장 표도르 루키아노프Fyodor Lukyanov가 쓴 대로 "러시아 사람들은 소련 해체 이후 러시아 바깥에 남겨진 모든 영토 중에 크림을 가장 수치스로운 상실로 보았다."[36]

크림과 관련해 우크라이나는 두 가지 서로 연관된 문제를 가지고 있었다. 하나는 크림, 세바스토폴, 흑해함대에 대한 러시아의 영유권 주장이었고, 두 번째는 (러시아의 일부 사람들에게 자극받은) 크림 내부의 분리주의 움직임이었다.[37] 러시아는 우크라이나가 영토 내 군사적 자산에 대한 소유권을 주장하는 것을 기본적으로 인정했지만,[38] 두 가지 유보 사항이 있었다. 하나는 핵무기였고(아래 서술함), 다른 하나는 흑해함대였다. 1991년 12월 CIS 창설 합의에서는 흑해함대가 CIS 군대의 일부가 되어야 한다고 선언했지만, 이후 CIS 군대가 존재하지 않았기 때문에 이 해결책은 적용될 수 없었다.

우크라이나의 독립을 받아들인 많은 러시아 자유주의자들도 크림, 세바스토폴, 흑해함대는 러시아에 귀속되어야 한다고 믿었다. 세바스토폴은 군사 도시로서 "전 연방적 지위(all-Union status)"를 가지고 있고, 그래서 소련의 승계국가인 러시아에 속한다고 생각했다. 이와 유사하게 흑해함대도 원래부터 러시아 소유이고, 법적으로 소련 중앙 자산이었기 때문에 러시아에 귀속되어야 한다고 생각했다. 이런 시각에서 보면, 이 문제에 대한 아무런 해결책 없이 우크라이나가 독립을 얻은 벨라베자 합의는 옐친 입장에서는 대실수이고, 크라프추크는 사기를 저지른 것이나 다름없었다. 그래서 1992년 1월 일반적으로 친서방적이고 온건주의자로 여겨지던 상트페테르부르크 시장 아나톨리 소브차크도 "흑해함대는 수 세기 전에 창설되었고, 공산당 잔당[크라프추크]도 이것을 하루아침에 바꿀 수는 없다"라고 발언했다. 옐친도 이에 동의했다. "흑해함대는 러시아 소유였고, 앞으로도 러시아 소유가 될 것이다. 크라프추크를 비롯한 어느 누구도 러시아로부터 이것을 빼앗아 갈 수 없다"[39]라고 주장했다. 함대 자체의 문제보다는 세바스토폴 해군기지의 소유권 문제가 더 중요하고, 이의 연장으로 크림반도에 대한 영유권이 더 중요하다고 소브차크는 주장했다.[40] 친서방적인 안드레이 코지레프Andrei Kozyrev 외무장관도 "세바스토폴은 러시아의 해군기지였고, 계속 그대로 남아 있어야 한다"[41]라고 말했다. 2014년 크림 병합의 도화선이 된 해군기지는 이미 1992년 1월에 양국 간 악감정의 기원이 되었다.

이 싸움은 1992년 러시아 의회인 인민대표회의가 1954년 크림의 관할권을 우크라이나로 이전한 조치의 합법성을 부인하는 결의안을 통과시키면서 격화되었다. 우크라이나 외무장관 아나톨리 즐렌코Anatoliy Zlenko는 러시아 의회가 "휘발성이 강한 결의안"을 채택한 것은 "러시아 정치계의 가장 보수적인 집단이 우리에게 도발하는" 행위라고 자국 의회에 경고했다. 대신에 우크라이나 의회는 러시아의 선언이 아무런 "법적 효과"가 없고 "우크라이나 영토의 일부로서의 크림의 지위와 운명에 대한 문제는 국가 간 협상의 대상이 될 수 없다"고 결의했다.[42] 흑해함대와 해군기지에 대한 논란은 1997년 양국 간 우호친선협약 체결 때까지 이어졌고, 크라프추크가 말한 러시아의 "제국적 질병(imperial disease)"[43]을 우크라이나에게 계속 상기시켜 주는 주제가 되었다.

1992년 1월 우크라이나가 흑해함대의 30퍼센트를 인수하는 1차적 합의가 이루어졌다. 그러나 이 합의는 해군기지에 대해서는 다루지 않았고, 합의는 현실로 실현되지 않았다.[44] 4월 5일 크라프추크는 "우크라이나 군대 창설을 위한 긴급 조치"라는 포고령을 발표하고 우크라이나 해군은 흑해함대 자산으로 창설할 것을 명령했다. 옐친은 이틀 후 "흑해함대의 러시아 이전에 대해"라는 포고령을 발표했다. 다음 날 우크라이나 국방장관 콘스탄틴 모로조프Konstantin Morozov는 "우크라이나 해군 창설령"을 발표했다. 4월 9일 크라프추크와 옐친은 전화 통화를 갖고, "포고령 전쟁"을 중단하기로 합의했다.[45]

1992년 6월 다고미스(Dagomys)에서 열린 정상회담에서 분쟁을 해결하기 위한 두 번째 시도가 이루어졌다. 양측은 흑해함대는 양국 간에 분할될 때까지 CIS 통제하에 남고, 함대의 "전략적" 부분(핵무기를 운송할 수 있는 함정을 모호하게 지칭한 것)은 러시아에 남기로 합의했다.[46] 크라프추크와 옐친 모두 낙관적인 합의 발표를 했지만, 모든 복잡한 문제는 미해결인 상태로 남게 되었다.

1992년 8월 양국은 흑해함대를 50 대 50으로 분할하기로 합의했지만, 세바스토폴 항만 시설 문제는 미해결로 남았다. 해군함정들 귀속 문제는 누가 크림을 소유하는가의 문제보다는 덜 중요했다. 1993년 6월 모스크바에서 열린 양국 정상회담에서 50 대 50 원칙은 재확인되었고, 항만 시설을 러시아에 임대하는 안이 제기되었다. 임대 방식은 우크라이나의 소유권을 인정하되 러시아군이 계속 항구를 사용할 수 있는 타협안이었지만, 이 어려운 문제의 해결은 뒤로 미루어졌다.

우크라이나의 협상 입지는 경제 붕괴로 급속히 약화되었다. 특히 러시아 에너지에 대한 대금을 지불하지 못하는 상태가 큰 역할을 했다. 1993년 2월 러시아는 우크라이나에 가스공급을 중단할 수 있다고 위협했고, 가스 판매 가격에 대한 추가적 양보는 우크라이나의 다른 양보와 연계되어 있다는 것을 분명히 밝혔다. 크라프추크보다 친러시아적인 정치인으로 간주되는 우크라이나 총리 레오니트 쿠치마는 "러시아는 우크라이나 경제의 완전 마비를 야기하려 하고 있다. (…) 나는 러시아의 입장을 이해할 수 없다. 이것은 경제적 동기에 의한 것이 아니다. 이것은 우크라이나에 대한 압박으로밖에 볼 수 없다. 그러나 러시아는 이전 소련으로의 복귀는 기술적으로나 정치적으로 불가능하다는 것을 깨달아야 한다"[47]고 경고했다.

9월 크라프추크와 옐친은 여러 가지 현안을 논의하기 위해 크림반도의 마산드라(Massandra)에서 만났다. 이 중 가장 중요한 의제는 세바스토폴과 흑해함대의 지위, 우크라이나 핵무기의 해체, 우크라이나의 가스 부채였다.[48] 회담 개시 전 주에 러시아는 가스 채무 불이행을 이유로 우크라이나에 대한 가스공급을 25퍼센트 축소했다. 러시아 대표단은 우크라이나가 흑해함대와 세바스토폴 해군기지를 양도하고, 핵무기를 포기하는 대가로 가스 부채 탕감을 제안했다. 이에 대한 대안은 우크라이나는 에너지 부채를 지불하거나 가스공급 중단을 감내해야 한다고 러시아는 위협했다.[49] 우크라이나 대표단은 "경제적 전횡(economic diktat)"이라고 불만을 표했으나, 선택할 수 있는 대안은 제한되어 있었다. 크라프추크는 러시아의 요구에 굴복했다. 그는 "우리는 현실주의를 바탕으로 행동해야 한다. 우리가 문을 닫고 나간다고 상상해 보라. 그러면 가스공급이 중단되고, 우리는 할 수 있는 일이 없게 된다"[50]라고 그는 설명했다. 우크라이나 의회 의장인 올렉산드르 모로조프Oleksandr Morozov도 같은 현실주의적 입장을 취했다. "위험은 우리 영토에 러시아 기지를 갖는 것이 아니라, 러시아와 나쁜 관계를 갖는 것이다"[51]라고 그는 설명했다. 그러나 우크라이나 의회는 러시아의 제안을 거부했다. 러시아와의 밀접한 관계를 지지하는 의원들도 러시아가 행하는 강압(coercion)에 반발했다. 크라프추크는 합의를 번복해야만 했고, (사실이 아닐 가능성이 크지만) 합의안은 논의되었지만 서명되지는 않았다고 주장했다. 어찌되었든 이러한 합의는 의회의 비준을 필요로 했고, 당시로서는 이는 불가능했다.

마산드라 일화는 친러시아 엘리트들에게조차도 러시아는 위협 세력이라는 인식이 있다는 것을 분명이 보여주었다. 우크라이나 의회와 정부는 흑해함대와 보유 핵무기에 대해 훨씬 더 강한 주장을 폈쳤다. 이 두 문제는 미해결로 남았고, 우크라이나의 가스 부채도 해결되지 않았다. 우크라이나는 1993-1994년 겨울 가스 부족을 감내해야 했고, 많은 산업이 가동 중단되고 많은 공공건물의 난방이 중단되었다. 가스공급 감소와 추가적인 축소 위협, 가스 부채 미해결은 우크라이나-러시아 관계의 반복적인 문제가 되었다.

크림에 관한 두 번째 문제는 1992년과 1994년에 부상한 분리주의 운동이었다(3장을 볼 것).[52] 1990-1991년 우크라이나가 독립을 주장하고 나서자 크림 지역 공산당은 우크라이나공화국에서 분리하여 러시아와 합병하는 안을 들고 나왔다. 1991년 1월 그들은 소련 내에서 자치공화국 지위를 유지하는 안을 주민투표에 붙였다. 당시 우크라이나 최고회의 의장인 크라프추크는 크림의 자치를 지지했지만, 시간이 지나자 유일한 대안은 크림 지도자들이 소련 최고회의에 1954년 관할권 이전 결정을 무효화해 줄 것을 청원하는 것이라고 말을 바꾸었다. 우크라이나 의회는 우크라이나 내에서 크림의 자치를 인정하는 것으로 요구에 응했다. 우크라이나가 독립하고 소련 정부가 더 이상 존재하지 않게 되자, 크림은 최소한 이론적으로는 우크라이나 내부 문제가 되었다. 우크라이나 독립 후에도 교체되지 않은 크림 지도부는 강경파들이 주도하고 있었다. 1992년 5월 크림 의회는 크림의 주권을 선언했다. 이에 대한 대응으로 일부 정치인들은 우크라이나 정부가 크림 의회를 해산하고, 크림 지도자들을 반역죄로 기소하기를 바랐다. 그러나 크라프추크는 협상을 택했다. 우크라이나 의회가 크림의 자치를 확대하는 결정을 하고, 이를 대가로 크림 의회가 주권 선언을 철회하면서 위기는 해소되었다.[53] 이때부터 1994년 초까지 분리에 대한 논의는 수면 아래로 가라앉았다.

에너지 정치의 부상

마산드라 회담은 에너지가 무기로 사용될 수 있다는 것을 선명히 부각시켜 주었다. 소위 양국 간에 여러 번 반복되는 "가스 전쟁"은 같은 문제가 서로 다른 당사자에 의해 얼마나 다르게 해석되는지를 보여주는 좋은 사례이다.[54] 러시아는 우크라이나에 시장 가격보다 낮게 가스를 공급해 줌으로써 우크라이나 경제에 큰 도움을 주어왔다. 우크라이나와 러시아가 어떤 식으로든지 정치적으로 연결되어 있다면, 이것은 상식에 맞는 일이었지만, 우크라이나가 완전한 독립을 주장할수록, 러시아 지도자들은 왜 자신들이 우크라이나를 경제적으로 도와야 하는지를 의아해했다. 우크라이나와 다른 관측자들이 보기에 러시아의 정책은 우크라이나의 독립을 훼손하기 위해 만들어진 것처럼 보였다.

우크라이나는 가스공급 중단 위협으로 다른 가스공급자를 찾게 되었지만, 어느 나라도 러시아처럼 인하된 가격에 가스를 공급하려고 하지 않았다. 여기에 가스공급자를 바꾸는 경우 운송문제도 해결해야 했다. 시장 가격을 적용하는 것을 포함한 국내 에너지 부문의 개혁은 가스 소비를 줄이고 정부가 러시아에 지불할 수입을 늘려줄 수 있지만, 이것을 시행하는 데는 두 가지 난관이 있었다. 우선 시장 가격 적용은 많은 개인과 회사를 더욱 빈곤하게 만들 수 있었다. 다음으로 이것은 지대추구(rent-seeking)의 엄청난 기회를 박탈할 수 있었다. 이것은 경제활동가들이 경제에 부를 추가하지 않으면서 축재할 수 있는 좋은 기회였다.[55] 좋은 연줄을 가진 개인이 보조금이 지급된 가격에 에너지를 매입한 후 이것을 시장가격으로 판매하면 수십억 달러의 이익을 얻을 수 있었다. 이러한 지대추구 행위는 우크라이나 올리가르히들이 부를 쌓은 중요한 방법이었고, 국가적 부패의 중요한 근원이었다. 우크라이나 정치는 누가 가스 거래를 관장하고 여기에서 (부정의) 이익을 얻느냐의 문제로 귀결된다고 말하는 것은 과장일 수 있지만, 엄청난 과장은 아니다. 시장가격 적용은 이 수월한 돈벌이를 끝낼 수 있었다.

폴란드 — 짖지 않는 개

이 시기에 우크라이나와 폴란드의 관계는 부차적 역할을 하는 것처럼 보였다. 이것은 양국 온건파의 커다란 성공이었고, 우크라이나와 러시아의 관계가 전개되는 양상과 극명한 대조를 이루었다. 러시아와 마찬가지로 우크라이나는 폴란드와도 애증이 점철된 관계를 맺어왔고, 폴란드와의 잠재적인 영토 분쟁 가능성도 있었다. 현대 초기부터 1차 세계대전까지 우크라이나의 민족주의는 러시아에 대한 적대감과 더불어 폴란드에 대한 적대감으로 정의되었다. 우크라이나의 서부 지역은 1차 세계대전 전까지는 오스트리아제국에 속했다가 양차 대전 사이 폴란드의 영토가 되었다. 2차 세계대전 중에 우크라이나저항군(Ukrainian Insurgent Army, UPA)는 볼히냐와 갈리시아 지역에서 수천 명의 폴란드인을 살해했고, 2차 세계대전 후 폴란드 국경 지역에 거주하는 우크라이나인들은 폴란드의 다른 지역으로 강제로 이주되었다. 요약해 말하면 양국은 서로에게 불만을 가질 이유가 충분했고, 국경을 다시 그려야한다고 주장하는 사람들이 사용할 탄약도 충분했다.

그러나 1991년 이후 폴란드 지도자들과 우크라이나 지도자들은 화해의 길에 나섰다. 1992년 5월 양국은 선린우호협력조약(Treaty of Good Neighborship Friendly Relations and Cooperation)을 체결했다(폴란드는 수일 후 러시아와도 이와 유사한 조약을 체결했다). 폴란드는 우크라이나 영토에 대한 영유권을 주장하지 않겠다는 것을 분명히 했다. 상징적으로 중요한 행보의 하나는 1920년 폴란드-우크라이나 전쟁 때 전사한 3천 명의 우크라이나 병사가 묻혀 있고, 소련 시대에 방치된 리비우의 리차키프 묘지를 재단장하기로 한 것이었다.

우크라이나 국내 정치의 불안정

독립의 환희와 별도로 우크라이나는 힘겨운 체제전환 과정(transformation)을 거쳐야 했다. 소위 "4중의" 이행을 동시에 수행해야 했다. 국가(정부) 건설, 국민 정치공동체 건설, 시장 경제 건설, 그리고 민주주의를 동시에 이루어나가야 했다.[56] 러시아와 마찬가지로 우크라이나는 소련 시대에 제정된 헌법 개정안을 바탕으로 국정이 계속되었고, 러시아와 마찬가지로 의회는 공산주의 종언 이후 재구성되지 않았다. 농업과 산업 분야를 대표하는 많은 의원들은 경제 개혁을 반대하고 나섰지만, 러시아와는 대조적으로 이들에 대한 대중적 지지는 없었다.

경제 개혁에 대한 우크라이나 엘리트들의 태도는 세 그룹으로 나뉘었다. 가장 민족주의적인 그룹은 치러야 할 대가에 상관없이 러시아와의 경제적 연관성을 끊기를 바랐다. 이들은 그렇게 하는 것이 독립을 확립하는 데 필수적이라고 보았다. 두 번째 그룹은 우크라이나 경제를 러시아와 분리하고 교역 방향을 바꾸되, 경제적 파탄이 일어나지 않은 범위와 속도로 진행하기를 바랐다. 세 번째 그룹은 러시아와의 교역을 유지하는 것이 이익이 된다고 보았다. 시장체제로의 개혁보다 이 문제가 우크라이나에서의 초기 논쟁에 주요 쟁점이 되었다. 그 결과 우크라이나는 러시아보다 더 심각하게 시장경제

와 계획경제 사이에서 오도 가도 못하게 정체되었다.[57]

1993년 6월 40만 명의 돈바스 지역 노동자들이 파업을 시작했다. 지역 정치 엘리트들의 지원을 받은 이 파업은 제철공장의 작업을 중단하겠다고 위협했다. 정부는 실행할 능력이 없는 임금 인상을 약속하는 것으로 이에 대응했다. 우크라이나 밖의 많은 사람들은 경제 붕괴의 원인을 잘못된 경제운영과 개혁의 부재 탓으로 돌렸지만, 동부 우크라이나의 많은 시위자들과 엘리트들은 문제의 원인을 러시아와의 경제 협력이 와해된 탓으로 돌렸고, 러시아와의 신속한 경제 통합을 원했다. 이것은 크라프추크와 민족주의자들이 노선과 정면으로 부딪치는 것이었다.

정부의 두 가지 양보로 파업은 끝났다. 첫째, 총리인 쿠치마가 물러났고, 돈바스 탄광 경영자 출신으로 파업을 지지한 유힘 즈뱌야힐스키Yukhym Zviayahilsky가 총리로 취임했다. 두 번째로 조기 대선과 총선이 1994년으로 예정되었다. 1993년의 대규모 파업은 두 가지 점에서 주목할 만하다. 첫째, 이 파업은 2004년과 2013년 반복해서 사용된 시위 전술을 사용했는데, 특히 키이우 독립광장(Maidan Nezalezhnosti)에 텐트를 치고 농성하는 것이었다. 두 번째는 갈등의 해결에 대결 세력 간의 "협약"이 수반되었다는 것이다. 이것은 2004년의 교착 상태를 해결했지만, 2014년에는 그렇지 못했다.

러시아도 완전히 변모된 모습으로 1992년을 시작했다. 러시아는 인구로 보면 소련 인구의 51.4퍼센트, 국토 면적으로는 76퍼센트를 차지했다. 수십 년간 국가의 주도 세력이었던 소련 공산당은 활동이 금지되었다. 계획경제에서 시장경제로 전환하고 있던 경제는 위축되고 있었다. 그러나 모든 것이 변한 것은 아니다. 우크라이나와 마찬가지로 러시아도 대통령이나 의회(인민대표회의)를 구성하는 새로운 "국가 구성 선거(founding elections)"를 치르지 않았다. 재조직되고 재명명되었지만 보안기관은 해체되지도 않았고, 숙

청당하지도 않았고, 개혁되지도 않았다. 1992년 2월 런던의《타임스》는 "바이마르 러시아(Weimar Russia)"(이 용어를 사용한 다른 많은 기사들 중 최초)라는 제목의 기사를 싣고, 러시아의 암담한 상황과 옐친에 대한 쿠데타 가능성을 경고했다.[58] 1년 후 옐친의 보좌관인 안드라니크 미그라냔Andranik Magranyan은 "바이마르 러시아는 더 이상 은유가 아니다"라고 말했다.[59]

서방의 지원 — 잃어버린 기회?

공산주의의 종언은 러시아의 신속하고도 과감한 경제 개혁을 위한 막대한 서방 지원을 내용으로 하는 새로운 "마셜 플랜" 논의를 촉진시켰다. 1992년 1월 투자은행 모건 스탠리는 포스트-소비에트 경제 개혁을 위해서는 매년 760억 달러씩 최소 3년의 지원으로 에너지, 인프라, 농업, 식품 같은 부문들을 변모시켜야 한다고 추산했다.[60] 그러나 몇 가지 요인이 이러한 희망을 좌절시키는 데 작용했다. 첫 요인은 옐친이 얼마나 권좌에 오래 있을지에 대한 불확실성이었다. 옐친은 쿠데타를 진압하는 데는 성공했지만, 러시아의 많은 사람들은 그가 옹호하는 "충격 요법"에 반대했다. 1992년 8월 IMF는 루블의 안정을 위해 10억 달러 지원을 약속했으나 예고르 가이다르Yegor Gaidar의 경제 개혁 계획은 이미 좌초하고 있었고, 인민대표회의의 보수파는 그를 해임시킬 준비를 하고 있었다.[61] 두 번째 요인은 미국에서 이미 냉전이 종식된 상황에서 해외에 주의를 계속 돌릴 필요가 없다는 인식이 확산된 것이다. 미국 국민들과 정치인들은 소위 "평화 배당금(Peace dividend)"를 원하고 있었다. 국방 지출에서 아낀 자금을 경제 침체에 대응하기 위해 국내 지출에 돌리기를 바랐다. 세 번째로 1992년은 대통령 선거가 치러지는 해였다. 경제가 분투하는 상황에서 부시는 클린턴 진영의 공격을 받고 있었고, "바보야, 문제는 경제야!(it's the economy, stupid!)"가 클린턴 진영의 주문이 되고 있었다. 그런 상황에서 과감하고 확장적인 대외정책을 펴는 데 필요한 지지를 확보하는 것은 불가능했다.

부시는 필요한 일을 하지 않고 있다는 비판에 대한 대응으로 "우리는 제한된 재원의 시기를 살고 있다. 우리는 쓸 돈이 없다. 우리는 이미 많은 돈을 썼다. 그래서 내가 정말 하고 싶은 일을 하려 해도, 그것을 위한 백지수표를 받을 수 없다"라고 답했다.[62] 4월 그는 후에 "자유 지원 계획(Freedom Support Act)"이라고 알려진 안을 제안했다. 이것은 기존의 약속을 재구성하고, 아직 의견을 교환하지 않은 동맹국들의 지원을 전제로 했다. 이 제안의 중요한 요소 중 하나인 60억 달러의 안정화 기금은 현실로 실현되지 못했다.[63] 여기에 더해 안정화 기금은 15개 소련 승계 공화국에 분할되었다.

부시가 자유 지원계획을 발표한 후인 4월 말 로스앤젤레스에서는 인종폭동이 발생하여, 미국 지도자들은 러시아가 아니라 국내 지원 문제에 초점을 맞추어야 한다는 믿음을 강화시켜 주었다. 토머스 프리드먼Thomas Friedman은《뉴욕타임스》에 다음과 같이 썼다.

> 러시아 지원에 대한 어중간한 입장은 냉전 종식 후 미국 외교 정책이 처한 애매한 상황을 잘 보여준다. 어느 날 관리들과 의원들은 미국이 세계 유일의 강대국이기 때문에 러시아 지원이나 유고슬라비아 평화유지 같은 문제를 담당해야 한다고 말한다. 다음 날 같은 관리들과 의원들은 국내 문제가 우선적으로 고려되어야 한다고 말한다. 외교적 주도권은 너무 비용이 많이 들기 때문에 워싱턴은 이것을 감당할 수 없다고 한다. 특히 로스앤젤레스 폭동 상황에서는 후자의 분위기가 더 우세한 것처럼 보인다.[64]

핵무기와 안보 딜레마

1990년 우크라이나의 주권 선언은 우크라이나가 비핵국가가 되겠다는 바람을 담았고, 미국과 유럽 국가들은 이것이 구속력 있는 약속이 되어야 한다고 주장했다. 1986년 체르노빌 원전 사고는 우크라이나 민족주의자들 사이에서 비핵화가 인기 있는 주제가 되도록 만들었지만, 우크라이나의 독립은 국가 안보 문제로 초점을 이동시켰다. 1991년 8월 보수파 쿠데타 실패 직후 크라프추크는 쿠데타 주동자 중 한 사람인 바렌니코프Varennikov 장군과의 면담에 대해 기자들에게 알렸다. 8월 19일 키이우로 날아온 바렌니코프는 만일 우크라이나 지도부가 "국가비상위원회"의 지시를 따르지 않으면 군대가 침공할 것이라고 말한 것으로 전해졌다. "나는 아무도 나를 지켜주지 못할 것이라는 걸 깨달았고, 하시라도 무장한 사람들이 들이닥쳐 나를 데리고 갈 수 있다는 것을 직감했다."[65]

이로부터 한 달도 지나지 않아 우크라이나 정치인들은 핵무기를 어떻게 해야 할지에 대해 논의하기 시작했고, 이 논의는 안보 딜레마의 논리를 보여주었다.[66] 우크라이나 의회의 야당 "시민의회(Narodna Rada)"의 부당수 볼로디미르 필렌코Volodymyr Filenko는 "대부분의 의원들은 단순히 핵무기를 러시아에 넘겨줄 수 없다고 생각한다. 이것은 러시아와 우크라이나 사이의 세력 균형을 뒤집을 것이다. 우리는 러시아를 두려워하고 있다. 우리는 러시아로부터의 독립을 위해 싸워왔다. 우리는 핵위협이 있다고 말할 수는 없지만, 러시아는 최근 영토에 대한 주장을 내세웠다"라고 말했다. 의회 부의장인 이반 플류시Ivan Plyushch는 다음과 같이 물었다. "만일 우리가 '가져가세요'라고 하면 이것들이 어디로 갈 것인가? 러시아로? 왜 그래야만 하는가?"[67] 핵무기들은 우크라이나 영토 내에 있고, 우크라이나 측의 협조 없이는 제거

될 수 없지만, 미사일 발사 장치는 러시아군이 통제하고 있었다. 우크라이나가 이 무기들에 대한 작전 통제권을 인수받을 수 있을지 또 얼마나 빨리 그렇게 될지에 대한 불확실성도 문제를 복잡하게 만들었다.

크라프추크는 쉽게 마음을 정하지 못했다. 1991년 가을 그는 UN 총회에서 핵무기 미보유 국가로 핵확산금지조약(NPT)에 가입할 의사를 밝혔다. 그러나 키이우로 돌아온 후 가진 기자회견에서 그는 "우리는 핵무기를 한 공화국에서 다른 공화국으로 이전하는 것에 반대한다. 현상이 유지되어야 한다. (…) 우리는 우리의 안보 이익을 포기할 수 없다"[68]라고 말했다. 러시아의 《네자비시마야 가제타(Nezavisimaya Gazeta)》(독립신문)가 옐친이 군사보좌관과 함께 우크라이나를 선제 핵공격하는 문제를 논의했다고 보도한 것[69]도 큰 도움이 되지 않았다. 우크라이나에서 독립 찬반투표가 실시되기 전, 크라프추크가 대통령에 선출되기 전, 독립국가연합이 형성되기 전에도 우크라이나와 러시아는 안보 딜레마를 맞았다. 한 나라의 행위는 다른 나라에 의해 위협으로 받아들여졌다. 1992년 3월 크라프추크는 핵탄두를 러시아를 보내는 것을 중지한다고 발표했다. 그는 이것이 제대로 파괴되는지 알 수 없다고 말했다(이 시점에 우크라이나 내의 핵탄두 절반 정도를 러시아로 보낸 상태였다).[70]

이런 문제에도 불구하고 1991년 가을부터 최종적인 3자 협의가 이루어진 1994년 초까지 우크라이나가 핵무기를 보유하고 핵국가가 되어야 한다고 주장하는 사람은 거의 없었다. 러시아로부터의 위협과 우크라이나가 영내의 무기를 통제할 권한이 있다는 것을 인정하면서도 엘리트들의 압도적 의견은 궁극적으로 핵무기를 제거해야 한다는 것이었다. 그러나 얼마나 빠르게 핵무기를 제거해야 하는가와 어디로 반출해야 하는가, 그 사이에 어떤 지위를 유지해야 하는가, 우크라이나가 어떤 안전 보장과 경제적 보장을 받아야 하는가에 대해서는 많은 논란이 있었다. 미국은 핵탄두에 포함된 고농

축 우라늄(이것은 원자력발전소 연료로 전환되었다)에 대해 위협감소협력프로그램(Cooperative Threat Reduction program)을 통해 러시아에 보상을 해주었다.[71]

미국은 가능한 빠른 시간 내에 우크라이나가 핵무기를 포기하게 만드는 데 집중했다. 우크라이나의 머뭇거림은 START-I, START-II 조약 모두를 위험하게 만들고 있었다.[72] 1992년 5월 리스본의정서(Lisbon Protocol)[viii]의 서명으로 문제가 해결되는 듯이 보였다. 이 의정서는 핵무기가 남아 있는 벨라루스, 카자흐스탄, 우크라이나가 START-I 조약에 서명하고, 세 국가 모두 핵무기 전체를 포기하고, 비핵국가로서 핵확산금지조약에 가입할 의무를 명시했다. 리스본회담에서 크라프추크는 미 국무장관 제임스 베이커에게 우크라이나는 7년 안에 핵무장 해제를 할 것이라고 구두로 약속했다.[73] 베이커는 미국의 대우크라이나 원조는 비핵화 과정의 진전과 상호 연계되어 있다는 것을 분명히 밝혔다.

그러나 크라프추크는 우크라이나 의회의 지지를 확보하지 못했다. 1992년 9월 우크라이나 총리 비톨드 포킨Vitold Fokin이 물러나고 레오니트 쿠치마Leonid Kuchma가 총리가 되었다. 쿠치마는 소련의 대륙간탄도탄(ICBM)을 생산하던 유즈마시(Yuzhmash, Pivden'mash)의 공장장으로 일한 경험이 있었다. 쿠치마는 무장 해제에 회의적인 관리 중 한 사람인 유리 코스텐코Yuri Kostenko를 핵무기 정책 책임자로 임명했다. 그러나 국방장관 콘스탄틴 모로조프는 1992년 12월 "우크라이나가 핵국가임을 선언하는 것은 현실적 기반이 없고, 현재의 경제적 잠재력과 우리 나라의 전략적 이해에 부합되지 않는다"[74]라고 말했다. 쿠치마는 문제에 실용적으로 접근하며 보상에 초점을 맞추었다.

---

viii 리스본의정서(Lisbon Protocol) – 1992년 5월 23일 러시아, 벨라루스, 우크라이나, 카자흐스탄 대표들이 리스본에 모여 서명한 문서로 이 국가들이 소련의 승계국임을 인정하고 소련이 서명한 START-I 조약의 의무를 진다고 명시했다.

> 우리는 전술 핵무기를 제거했으나 무슨 일이 생겼는가? 러시아는 미국에 원자력발전소 연료를 공급한다는 계약을 맺었다. 러시아와 유사한 최소한의 원조 프로그램은 어디에 있는가? 우리 국민들은 바보가 아니다. (…) 우크라이나는 그 보상으로 무엇을 받을 것인가? 나는 비핵국가 비준에 찬성하지만, 의회에 아무것도 제시하지 못하면 이것은 대통령과 나에게 모두 대재앙이 될 것이다.[75]

1993년 초 러시아 국방장관 파벨 그라초프Pavel Grachev가 우크라이나가 핵무기를 소지하면 "제2의 체르노빌"이 발생할 것이라고 경고했다. 우크라이나 외무부는 "우크라이나 영토 내에 있는 핵무기에 대해 인위적으로 소란을 일으키는 것은 이 무기에 대한 러시아의 관할권을 확장하고 우크라이나가 핵무기 부족에 대해 보상을 받을 권리를 제거하기 위한 것이다"[76]라고 응수했다.

1993년 6월 3-4일 우크라이나 의회는 핵무기를 어떻게 처리할 것인가를 논의했다.[77] 외무장관 아나톨리 즐렌코는 START-I 조약을 비준하고 핵확산금지조약 가입을 옹호하며, 그렇지 않을 경우 우크라이나는 감내하기 힘든 정치, 경제적 고립을 맞게 될 것이라고 지적했다. 그러나 쿠치마 총리는 우크라이나가 START-I 조약을 비준하되 이 조약하에서 제거할 필요가 없는 핵무기를 보유하면서 "임시 핵 보유국(temporary nuclear power)"를 선언해야 한다고 주장했다. 쿠치마의 발언은 의원들의 기립 박수를 받았다. 가장 극단적인 견해를 표명한 것은 볼로디미르 톨로브코Volodymyr Tolubko 장군이었다. 그의 삼촌은 소련 전략로켓군 사령관이었기 때문에 그의 발언은 무게감이 있었다. "여러분은 누가 바보인지 아십니까? 자신이 가진 핵무기를 포기하는 게 바보입니다."[78]

러시아 의회가 1993년 7월 세바스토폴의 영유권을 선언하는 결의안을 통과시키자 크라프추크는 우크라이나 의회가 START-I 조약을 비준해야 한다는 주장을 철회했다. 9월 마산드라 정상회담에서 러시아의 강요는 안보 보장을 받기 전까지 핵무기를 보유하고 있어야 한다는 많은 우크라이나인들의 확신을 강화시켰다. 국제사회가 우크라이나의 주권을 인정하거나, 러시아와 동일한 지위를 인정하기를 주저하는 것을 본 우크라이나는 노골적인 현실주의 입장을 취하며 자국의 주권과 평등권이 인정받을 때까지 핵무기를 보유해야 한다고 생각했다. 핵보유 국가가 된다는 것은 우크라이나에서 큰 지지를 받지 못했지만, 러시아와 미국이 우크라이나를 다루는 방식에 화가 난 많은 사람들은 제대로 된 존중을 받기 위해 핵무기 문제를 이용해야 한다고 생각하게 되었다. 쿠치마는 이렇게 불평했다. "세계 지도자들의 지도상에 우크라이나는 존재하지 않는다. 이들은 우크라이나가 독립 국가인가 아닌가에는 관심이 없다"[79]라고 말했다. 핵협상에 참여하고 후에 우크라이나 주재 미국 대사가 된 스티븐 파이퍼Steven Pifer는 "우크라이나와의 관계 첫 2년간 핵무기에만 너무 집중한 나머지 워싱턴은 핵무기 문제가 해결되고 나면, 건실한 우크라이나-미국 관계가 발전될 것이라는 확신을 키이우에 심어주는 데 실패했다"[80]라고 썼다.

미국 학자 존 미어샤이머는 미국 내에서 우크라이나가 핵무기를 보유하고 있어야 한다는 주장을 펼친 소수의 학자 중 한 사람이었다. "우크라이나 핵무기에 대한 일반 통념(conventional wisdom)은 잘못되었다. 사실 독립을 선언한 순간부터 우크라이나는 자체적인 핵억지력을 보유하고 있어야 한다고 조용히 격려받았어야 한다. 지금도 우크라이나로 하여금 비핵국가가 되라고 강요하는 것은 실수다"[81]라고 주장했다. 미어샤이머는 핵무기만이 우크라이나가 러시아에 대응하여 스스로를 방어할 수 있는 유일한 방법이고, 다른 나라는 우크라이나를 돕지 못한다고 주장했다. "러시아와 우크라이나 사이에 전쟁이 일어난다면 재앙이다. (…) 이 전쟁의 가능한 결과는 러시아가 다시 우크라이나를 정복하는 것이고, 이것은 유럽 전체의 평화를 손상시킬 것이다. 이것은 러시아-독일의 충돌 위험을 증가시켜서 유럽 대륙 전체에 안보 경쟁을 촉발시킬 것이다."[82] 미어샤이머의 예측은 미국에서 큰 반향을 일으키지 못했다.

우크라이나는 특히 심각한 안보 딜레마에 처한 나라가 되었다. 우크라이나는 핵보유 국가 지위를 추구함으로써 안보를 확보할 수 있었지만, 그러나 이런 노선은 미국과 러시아로부터 비우호적 반응을 불러일으키고, 우크라이나의 안보를 저해할 수 있었다. 의회 의원으로 일하는 우크라이나군 대령은 이런 딜레마를 정확히 지적했다. "오늘 이라크의 상황을 보면, 미국은 '잠재적인 공격 국가'라는 용어를 만들어냈다. 만일 미국이 우리에 대해서도 이에 비견되는 정의를 한다면, 우리의 국제적인 고립은 보장받은 것이나 마찬가지다."[83] 크라프추크도 이 딜레마를 직접적으로 표현했다. "러시아와 분쟁을 벌인 나라는 모두 패배했다."[84]

1993년 가을 미국은 우크라이나의 협상에서 주도적 역할을 맡고 나섰다. 특히 마산드라 합의가 무산된 후 미국 지도자들은 러시아-우크라이나 양자 구도로는 합의안을 만들어낼 수 없다고 생각했다.[85] 우크라이나는 미국이 안전보장을 하고 경제적 보상을 하는 경우에만 핵무기를 포기하겠다는 입장을 밝혔다.[86] 11월 우크라이나 의회는 START-I 조약을 비준하면서 여러 가지 부가 조건을 달아서 사실상 비준을 유명무실하게 만들었고, 이것은 미국 지도자들을 격앙시켰다. 유리 코스텐코는 "우리 영토 내에 핵무기가 없다면 러시아는 조지아와 아제르바이잔에서 한 일을 우리에게도 할 수 있다. 러시아는 우리를 그렇게 다룰 수 없다." "우리는 핵무기를 통제하지 못하지만, 그럼에도 불구하고 우리를 보호하고 있다. 이것은 역설적이다"[87]라고 말했다. 외무장관 아나톨리 즐렌코는 안전보장과 경제적 보상을 지적하며 "만일 우크라이나의 협상 파트너들이 (…) 적절한 결론을 내린다면" 문제는 해결될 수 있다고 주장했다.[88]

우크라이나 의회가 START-I 조약 비준 투표를 한 몇 주 후 미국, 러시아, 우크라이나 3자 합의 내용이 마련되었다. 처음에는 모스크바에서의 미국과 러시아 간 협상이 진행되고, 다음에는 키이우에서 공동 회의가 진행되었다. 이 합의안은 우크라이나가 포기하는 핵무기에 대한 상세한 보상안이 포함되었고, 그 내용의 골자는 10억 달러의 현금 보상과 7년에 걸쳐 우크라이나 원자로에 연료를 제공해 주는 것이었다. 미국은 핵확산금지조약의 것과 유사한 표현을 사용하여 "안전보장(security guarante)"을 제공하기로 했지만, 우크라이나가 요구하는 나토 5조와 같은 보장은 하지 않았다. 이 합의안은 우크라이나, 러시아, 미국의 동등한 지위를 명시하고, 당사국들이 "각국의 독립, 주권, 영토적 통합성을 존중한다"고 밝혔다. 이러한 표명을 강제할 수는 없지만, 미국과 러시아가 우크라이나를 한 단계 낮은 국가(an inferior)로 인식하던 당시로서는 우크라이나에게 상징적으로 극히 중요한 내용이었다. 1억 달러의 현금이 우크라이나에 바로 제공되었고, 미국의 클린턴 대통령은 1994년 1월 모스크바를 방문하는 길에 잠시 키이우를 방문했다. 모스크바에서 3국 정상은 합의안에 서명했고 핵무기 거래는 확정되었다.[89]

러시아, "근외 지역", 우크라이나

포스트-소비에트 초기 시절부터 러시아는 국경 너머 지역에서의 군사적 역할을 주장했다. 그 초기 사례는 우크라이나 남서부와 접경하고 있는 몰도바였다. 여러 면에서 러시아의 몰도바 개입은 후에 조지아와 그 후의 크림과 동부 우크라이나에서의 러시아의 행동의 전조가 되었다. 몰도바가 독립하자 친러시아 성향 분리주의자들은 트란스니스트리아(Transnistria) 지역에 분리된 공화국을 설립하려고 했다.[90] 1992년 7월 옐친은 알렉산드르 레베디Aleksandr Lebed' 장군을 이 지역에 파견하며 분쟁을 종식시키라는 명령을 내렸다. 레베지는 집중적인 포격으로 몰도바군을 분쇄하는 방법을 썼다. 그 결과로 트란스니스트리아는 사실상의(de facto) 독립을 얻었고, 이 지역에서 분쟁은 "동결"("frozen" conflict)되었다. 트란스니스트리아 분쟁은 포스트-소비에트 초기에 우크라이나와 다른 공화국 지도자들이 러시아의 의도에 대항하여 일어난 몇 개의 갈등 중 가장 격렬한 사례였다. 1993년 조지아의 압하스(Abkhaz) 분리주의자들에 대한 러시아의 공군 지원은 이런 우려를 심화시켰다. 이러한 러시아의 개입은 분쟁을 진정시키기보다는 확대시키는 강한 신호였고, 두 경우 모두 러시아와의 통합에 저항한 국가들의 사실상의 분할을 가져왔다. 1993년 2월 옐친은 "UN을 비롯한 중요한 국제기구들은 러시아에게 구소련 지역의 평화와 안정의 보장자라는 특별한 권한을 부여해야 한다"[91]라고 주장했다. CIS 국가들의 재통합은 자발적으로 이루어져야 한다고 옐친은 주장했지만, 그의 보좌관 상당수는 훨씬 강경한 노선을 택했다. 세르게이 스탄케비치Sergei Stankevich는 "이제부터 당신들은 제국의 폐허를 상대하는 것이 아니라 강대국을 상대하고 있다. 러시아의 강성함은 천 년의 역사를 가지고 있고, 합법적인 이익과 이 이익을 보호하는 진지한 전통을 가지고 있다"[92]라고 말했다.

우크라이나에 더 우려되는 일은 러시아 지도자들이 반복적으로 우크라이나의 영토적 통합성에 대한 러시아의 존중은 우크라이나의 CIS 회원국 지위와 연관되어 있다고 말한 점이었다. "연합의 틀 안에서" 각국의 국경을 존중한다고 언명한 CIS 창립 조약은 이 조건을 함의하고 있었다. 1992년 2월 러시아 인민대표회의의 공화국간위원회 위원장은 "두 국가 간의 국경 존중을 약속한 1990년 합의는 더 이상 유효하지 않다. 왜냐하면 두 국가가 제3의 국가, 즉 소련의 일부였을 때 이 조약에 서명했기 때문이다"[93]라고 말했다. 당시 널리 논의된 한 논평에서《파이낸셜 타임스》는 러시아 고위 외교관이 "동유럽 국가들은 키이우에 대사관을 설치하는 수고를 할 필요가 없다. 왜냐하면 18개월 후 대사관은 영사처로 격하될 것이기 때문이다"[94]라고 말한 것을 인용했다.

러시아가 다시 자신들의 영토적 주장을 내세울 잠재성은 외무장관 안드레이 코지레프가 유럽안보협력회의(CSCE)에서 한 발언에도 잘 드러났다. 1992년 12월 스톡홀름에서 개최된 회의에서 코지레프는 구소련은 "러시아가 모든 수단을 동원해 자신들의 이익을 지켜야 할 포스트-제국주의 공간이고, 여기에는 군사적, 경제적 이익이 포함된다"라고 선언했다. 그런 다음 그는 UN이 세르비아에 대한 제재를 중단할 것을 요구하고 슬라브 민족과 세르비아 민족주의자들의 단합을 표현했다.[95] 후에 코지레프는 다시 연단에 올라와 자신이 일부러 그런 척했던 것이라고 말하고, "전에 내가 읽은 연설문은 러시아의 가장 극단적인 반대파들이 아닌 정파들이 내건 요구를 총망라한 것이다"[96]라고 설명했다.

러시아군 기관지《크라스나야 즈베즈다(Krasnaya Zvezda)》(붉은 별)는 이 발언에 "CIS 대표단들이 매우 격분했다. 일부는 나토 국가들에게 보호를 요청하는 안을 준비하기 위해 바로 떠났다는 정보도 있었다"고 보도했다.[97] 미 국무장관 로런스 이글버거는 후에 코지레프의 발언으로 자신에게 "심장 두근거림"이 왔다라고 말했다. "이 발언은 러시아에서 개혁이 실패하는 경우, 우리가 오늘 아침 코지레프 장관으로부터 들은 말과 같은 현실을 마주할 수 있다는 것을 일깨워 주었고, 이것이 훨씬 심각한 형태로 나타날 수도 있다."[98] 옐친은 개혁을 주도해 오던 예고르 가이다르를 해임하고, 총리 자리에 상징적 인물인 빅토르 체르노미르딘Viktor Chernomyrdin을 임명했다. 모스크바로 돌아오는 비행기 안에서 기자들의 질문에 답하면서 코지레프는 후에 정확한 예측으로 드러난 말을 했다. "평화적 관계라는 원칙을 벗어나려는 모스크바의 어떤 시도도 우리의 고립과 구소련의 공화국들을 포함한 이웃 국가들과의 대결 상황을 만들어낼 것이다. 새로운 통합이나 국가연합 같은 것은 상상해서도 안 된다."[99]

클린턴, 옐친, 러시아 민주주의

1993년 1월 임기가 시작된 클린턴 행정부는 민주주의의 확산을 핵심 외교 정책으로 삼았고, 러시아에서 세력이 커지는 공산주의자와 민족주의자의 연합인 "적갈색(red-brown)"(공산주의자-민족주의자) 연합에 대응해 옐친 정권을 지원하기로 하였다. 그러나 여러 가지 제약 조건으로 인해 클린턴의 정책은 전임자 부시의 정책과 크게 달라지지 않았다. 부시와 마찬가지로 클린턴도 국내 경제 회복에 초점을 맞추고 있었다. 부시와 마찬가지로 클린턴도 러시아에서 개혁의 성공은 보리스 옐친 한 사람에게 많은 것이 달려 있다는 것을 알았다. 클린턴은 옐친을 지원하기 위해 많은 개인적 노력을 쏟았지만, 여론 조사상 미국 국민들이 원하지 않는 것으로 나타난 러시아에 대규모 지원책을 실행할 수 없었다.[100] 이내, 러시아에서 개혁에 대한 반대가 커지자 클린턴팀에서는 러시아에서 민주주의의 성공에 대한 의구심이 커졌다. 유고슬라비아 분쟁과 함께 이러한 우려로 인해 클린턴은 비상계획(contingency plans)을 모색하게 되었다.

1993년 4월 밴쿠버 정상회담에서 클린턴은 새로운 러시아 지원 패키지를 발표했다. 그는 며칠 전 아나폴리스의 해군사관학교에서 "러시아 개혁과의 전략적 동맹"에 대해 설명한 바 있었다.

> 궁극적으로 러시아 역사는 러시아인들이 써야 하고, 러시아의 미래도 러시아인들이 설계해야 합니다. 그러나 우리는 우리가 할 수 있는 것을 (…) 해야 하고, 지금 해야 한다는 것을 강조하고 싶습니다. 이것은 자비가 아니라 현명한 투자이기 때문입니다. 우리가 지금까지 해온 일과 우리 자신의 미래를 바라보는 것 위에 새롭게 건설되는 현명한 투자입니다. 우리의 노력에는 새로운 비용이 들겠지만, 우리는 지금 행동하면 우리의 안전과 번영을 위해 더 큰 배당금을 받을 수 있습니다.[101]

클린턴이 강조한 긴급성은 옐친의 취약성과 러시아 정치 상황에 의해 유발되었고, 1993년 러시아-미국 관계는, 고르바초프의 개혁에 반대했고 지금은 옐친의 개혁에 반대하고 있는 러시아의 보수파와 투쟁을 벌이고 있는 보리스 옐친에 의해 점점 더 지배되었다. 옐친은 자신을 탄핵하려는 인민대표회의의 표결을 간신히 부결시켰고, 그가 밴쿠버 정상회담에 참석하는 동안 쿠데타가 일어날 가능성이 있다는 우려가 제기되었다. 이런 상황 때문에 옐친은 "그가 없는 동안 아무도 러시아 지도자를 전복하려는 시도를 할 수 없다는 신호를 보내기 위해 군 지도자들의 환송을 받았다".[102]

클린턴이 제안한 원조 프로그램은 규모가 야심적이었고, 러시아 정부와 사회의 많은 기구와 제도를 목표로 했다. 그러나 실제로 제공된 재원은 훨씬 미약했다. 총 25억 달러가 1994년 회계연도에 계상되었는데, 이것은 일회성 지원이었고, 모든 "신생 독립국들(Newly Independent States, NIS)"을 돕기 위한 금액이었다. 러시아에 지원하는 금액은 약 16억 달러였는데, 그중 절반은 식품 지원 형태였다. 그러나 이것이 분수령이었는데, 1995년 신생 독립국 전체를 위한 지원액은 10억 달러 미만이었고, 이 중 3억 7,900만 달러가 러시아에 배당되었다. 1996년 러시아에 대한 양자 간 지원액은 1억 달러였다.[103] 클린턴은 더 많은 금액을 지원하고 싶었을 수도 있다. 그러나 그의 최우선 순위는 국내 경제 부양안이 의회를 통과하는 것이었고, 러시아에 대한 대규모 원조는 이와 충돌할 수 있다는 조언을 받았다.[104] 러시아의 알렉산드르 루츠코이Alexander Rutskoi 부통령은 이 원조는 러시아 국민 일인당 11달러에 불과하며 "위스키 한 병 살 돈"보다 적다고 조롱했다. 그는 이스라엘에 지원되는 7억 달러와 러시아 원조 금액을 비교했다.[105] 러시아 인민대표회의 의장 루슬란 하스불라토프Khasbulatov는 미국이 서둘러 "러시아의 한쪽에서 취한 잘못된 정책을 지원했다"고 비판하고, "만일 그 결과로 유혈사태가 벌어지면 그 책임의 일부는 서방에 있다"[106]라고 말했다. 이런 상황에서 벨라루스와 우크라이나 지도자들은 러시아에 대한 지원은 자국에 도움이 되지 않는다며 원조 금액을 좀더 평등하게 분배할 것을 촉구했다.[107]

러시와 의회와 옐친 사이의 이견은 경제 문제와 통치 기구의 특권에 집중되었기는 하지만 우크라이나의 지위도 위태로웠다. 7월 9일 러시아 최고회의(Supreme Soviet)는 "1991년 12월을 기준으로 도시의 행정과 영토 경계에서 세바스토폴 시의 러시아 연방의 지위를 확인하는" 결의안을 통과시켰다. 이 결의는 최고회의 헌법위원회로 하여금 세바스토폴을 러시아의 일부분으로 정의하는 적절한 수정안을 만들도록 지시했다.[108] 우크라이나는 이 문제를 UN 안전보장이사회에 회부할 것을 요구했지만, 러시아 외무부는 다음과 같은 성명을 발표했다. "러시아의 외교 정책은 대통령이 입안하고, 세바스토폴에 대한 대통령의 입장은 잘 알려져 있다. (…) 러시아 지도부는 우크라이나에 아무런 영토적 요구를 제기하지 않았다."[109] 서방 지도자들은 옐친이 의회의 결의안을 인정하지 않았기 때문에 더 이상 문제를 삼을 여지가 없다고 보았다. 그러나 이것은 러시아 의회의 다수파가 어떤 입장을 취하는지를 분명히 보여주었다.

옐친이 보수파를 지지하는 루츠코이 부통령을 해임시키려고 하고, 의회가 이 움직임을 막으면서 몇 차례 더 옐친과 의회 사이에 긴장이 고조되고 난 후 옐친은 과감하게 교착상태를 돌파하기로 결정했다. 9월 21일 옐친은 헌법을 위반하여 의회 해산을 선언하고, 12월에 새 헌법안에 대한 국민투표와 새 헌법에 구성이 명시되는 하원인 두마 선거를 실시한다고 발표했다.

러시아는 내전 발생 상황에까지 다다랐다. 의회 지지자들은 의회 건물 주변에 바리케이드를 치고 농성에 들어갔다. 이 건물은 1991년 쿠데타에 대항에서 옐친이 결연하게 방어했던 바로 그 건물이었다. 10월 4일 러시아군은 의회 건물에 포격을 가하고 반대자들을 체포했다. 러시아의 민주주의를 "구하기" 위해 옐친은 선거로 구성된 의회를 폭력적으로 해산한 것이다.

미국과 서방 정부들은 진퇴양난에 빠졌다. 이들은 옐친을 러시아 민주주의와 개혁의 유일한 희망으로 보았지만, 사태를 해결하기 위해 무력을 사용하고 헌법을 위반한 것을 지지하는 것은 주저했다. 그러나 결국 옐친을 강하게 지지하고 나섰고, 러시아의 일부 인사들은 서방의 위선에 대해 강하게 반발했다.[110] 10월 사태는 민주주의가 러시아에서 지지를 받고 있기는 하지만, 시장 개혁과 영토 상실은 그렇지 않다는 것을 보여주었다. 민주주의가 주도하더라도 경제 개혁과 러시아의 새로운 국경은 받아들여지지 않을 수 있었다.

옐친팀이 만든 헌법개정안은 대통령에게 막강한 권한을 부여하고 의회의 권한을 축소했다. 이것은 강경파들의 힘을 줄이는 효과를 가져왔다. 학자들은 이러한 모델을 "초대통령제(superpresidential)"라고 불렀다. 다른 권력 기관과의 관계에서 볼 때 러시아 대통령의 권한은 전 세계에서 가장 강했다.[111] 러시아 보수파의 패배와 개혁적인 대통령에게 권력이 집중된 것은 당시로서는 가장 좋은 결과로 보였지만, 1993년 헌법은 이어서 나타나는 전제주의의 길을 열어놓았다.

10월 충격은 1993년 러시아에서 일어난 충격적인 사건의 마지막이 아니었다. 새로운 하원 두마 선거에서 개혁가들과 "서방주의자들(westernizers)"을 누르고 적갈색 연합(red-browns)이 승리했다. 경제 개혁을 반대하고 러시아의 확장을 지지하는 대중영합적 민족주의자인 블라디미르 지리노프스키 Vladimir Zhirinovsky가 이끄는 자유민주당이 가장 많은 득표(23퍼센트)를 했다. 옐친의 "러시아의 선택"당은 16퍼센트를 얻어 2위를 했고, 12퍼센트를 차지한 공산당이 그 뒤를 이었다. 개혁을 지지하는 야블로코당(Yabloko)은 8퍼센트를 득표하는 데 그쳤다. 이것은 외부 사람들에게 러시아에서 개혁과 민주주의가 성공하지 못하고, 전혀 다른 리더십이 권력을 잡을 수 있다는 것을 알려주는 경고가 되었다.

서방에서는 러시아에서 무슨 일이 일어날 것인가에 대한 불안이 세 가지 반응을 불러일으켰다. 하나는 옐친과 그의 개혁에 대한 수사적 지지였다. 옐친의 모든 약점에도 불구하고, 그는 정치적 개혁과 러시아-서방의 우호 관계의 가장 큰 희망으로 보였다. 두 번째 정책은 첫째 것에 반하는 것으로 러시아 내부에서 개혁에 대한 지지가 감소하기 있기 때문에 재정 지원을 감소해야 한다는 것이었다. 세 번째는 처음 두 반응 중 어느 하나에 조응하는 것으로서, 서방의 판돈에 대한 위험 회피(hedge)를 국제화시키는 것이었다. 이것이 유고슬라비아와 체첸 사태와 더불어 나토 확장 문제가 거론될 수밖에 없는 전후사정이었다.

나토 확장 이전 역사

나토를 확장하는 문제는 베를린 장벽이 무너진 뒤 거의 즉각적으로 돌출했다. 나토를 완전히 해체하는 문제도 마찬가지였다. 1990년 말 헝가리의 주요 정당들은 바르샤바조약기구를 탈퇴한 다음 중립을 추구하는 것을 포기하고 나토 가입을 목표로 삼았다. 나토 지도자들은 이러한 생각을 장려하지 않았지만, 이것은 이미 모스크바의 우려를 유발시켰다.[112] 1991년 초 체코슬로바키아의 바츨라프 하벨 대통령은 안보 불안을 서방 기구가 확장되어야 하는 이유로 들었다. "동부 유럽과 중부 유럽을 유럽 민주주의 가족에 포함시키는 것이 서방에도 이익이 된다. 왜냐하면 그렇지 않은 경우 희망부재, 불안정, 혼란에 찬 지역을 만들어낼 위험이 있고, 구시대의 바르샤바조약기구 탱크 사단처럼 서구 유럽을 위협할 수 있기 때문이다"라고 말했다.[113] 러시아는 유럽안보협력회의(Conference on Security and Cooperation in Europe, CSCE. 후에는 유럽안보협력기구OCSE) 같은 전 유럽적인 기구가 이러한 역할을 맡기를 바랐으나 그런 일은 일어나지 않았는데, 이 기구는 나토와 같은 합의 체제를 결여하고 있었기 때문이다.[114]

후에 가장 핵심 문제가 된 것은 1990년 초 독일 통일을 논할 때 나토 확장에 대한 합의가 이루어졌는가였다. 지금도 계속 나오고 있으며 다양한 해석이 가능한 역사 기록을 보면,[115] 우리는 이 초기 상황에 대해 네 가지 결론을 내릴 수 있다. 첫째는 소련 지도자들은 통일된 독일이 나토 회원국이 되는 것을 강하게 반대했다는 것이다.[116] 고르바초프는 결국 이를 받아들였는데, 그가 이에 동의해서가 아니라 단지 이것을 막을 수 없었기 때문이었다.[117]

두 번째로 소련 지도자들에게 다양한 구두 약속이 이루어졌지만, 이것들은 동독에만 초점을 맞춘 것이었고, 그 내용이 분명하지 않았다. 바르샤바조약기구는 여전히 존재했고, 고르바초프는 이 기구의 해체가 아니라 변형을 생각했다. 그는 통일된 독일이 나토 회원국이자 바르샤바조약기구 회원국이 될 것을 제안하기도 했다.[118] 1990년 5월 나토 사무총장 만프레트 뵈르너Manfred Wörner가 "우리가 서독 너머로 나토 병력을 배치할 생각이 없다는 사실 자체가 소련에게 강력한 안전보장이 된다"라고 말할 때 그는 동독을 의미한 것이 분명했다. 그러나 후에 이 말은 전반적이고 구속력 있는 약속(broad and binding commitment)으로 여겨졌다.[119]

세 번째, 동독 외에 지역에 대해서는 1990년에 어떠한 서면 약속도 이루어지지 않았다. 1990년 9월 서명된 "2+6조약"에는 독일 군사력 감축 시간표와 동독에서의 소련 철수 시간표가 포함되어 있었다. 이 조약의 6항은 "통일된 독일이 동맹에 속하는 권리와 이로 인해 발생하는 모든 권리와 의무는 이 조약의 영향을 받지 않는다"[120]라고 규정했다. 당시 《프라우다》의 논평은 고르바초프가 통일된 독일이 나토에 들어가는 것에 동의했고, 나토 병력이 동독 지역에는 배치되지 않는다는 양해가 있었음을 보여준다. 그러나 향후 나토 확장에 대해서는 아무 언급이 없었다.[121] 당시 한 러시아 평론가는 나토 확장에 대한 예상을 하면서 이로 인해 발생할 안보 딜레마를 지적했다.

> 오늘 병력 철수를 시작한 우리는 소련의 중부유럽에서의 "전진 방어(forward defense)" 개념을 포기하고 있는 것이다. 그러나 이것은, 나토가 현재의 경계선 안에 머무르고, 동유럽 국가들이 진정한 독립국가가 되고 번영하여 모험주의자들의 "통로"가 되지 않을 정도로 충분히 강해지면, 우리 나라를 방어함에 있어 전략적 깊이의 상실로 이어지지는 않을 것이다. 그러나 다른 한편으로는 약한 국가들은 강한 보호자를 찾게 된다. 우리가 이들을 나토의 날개 아래로 밀어넣게 되지는 않을까?[122]

네 번째로 러시아 지도자들은 나토가 동쪽으로 확장하지 않을 것이라는 약속이 이루어졌다고 마음으로(in spirit) 믿었다. 일부 서방 분석가도 이에 동의했다.[123] 고르바초프는 2014년 가진 인터뷰에서 이 문제에 대해 논했다.

> "나토 확장"의 논리는 전혀 논의된 바가 없고, 그 당시에 거론되지 않았다. (…) 1991년 바르샤바조약기구가 더 이상 존재하지 않게 된 후에도 동유럽 국가 중 단 한 나라도 이 문제를 제기하지 않았다. 서방 지도자들도 이 문제를 꺼내지 않았다. 우리가 거론한 다른 문제는 나토의 군사조직이 전진하지 않고, 독일 통일 후 동독에 추가적인 병력이 배치되지 않는다는 것을 분명히 하는 것이었다. "나토는 동쪽으로 1인치도 나아가지 않을 것이다"라는 베이커의 언급은 이런 맥락에서 나온 것이다. (…) 미국과 동맹국들이 나토를 동쪽으로 확장하기로 한 것은 (…) 1990년 우리에게 한 언급과 보장의 정신의 명백한 위반이었다.[124]

약속에 대한 많은 논의는 소련이 붕괴하기 전인 1990년에 이루어졌지만, 이에 대한 보장은 후에 제공되었다. 1993년 9월 미 국무장관 워런 크리스토퍼와 보리스 옐친 사이에 진행된 대화를 기록한 기밀 해제된 문서를 보면, 크리스토퍼는 새로운 평화동반자 프로그램은 나토 확장의 전조가 아니라 대안이 될 것이라고 옐친에게 말했다. 미 국무부의 요약본을 보면 크리스토퍼는 평화동반자 프로그램은 모든 나라(포스트-소비에트 국가를 포함한)에 개방되어 있고, "누구도 배제할 노력을 하지 않을 것이며, 현재로서는 한 국가를 다른 국가에 앞서 받아들일 조치가 취해지지는 않을 것이다"라고 말했다. 바로 이 순간 옐친이 말을 가로막고, "중동부 유럽의 모든 국가와 신생독립국 모든 국가가 동등한 권리를 가진다면 이것은 협력 관계이지, 회원가입은 아닐 것이다"라고 말했다. 이 말에 크리스토퍼는 "맞습니다. 그렇게 될 것입니다. 회원가입은 없을 것입니다"라고 답했다. 이 말에 옐친은 "그건 대단한 아이디어입니다. 이것은 천재적 발상입니다"라고 맞장구쳤다. 대화 후반부에 크리스토퍼는 "우리는 적절한 시기에 장기적 관점에서 회원가입을 고려할 것이다. (…) 이것을 원하는 국가는 시간을 두고 이를 추구할 수 있다"라고 말했다.[125] 그러나 옐친은 이 중요한 수식어구(부가 발언)를 대수롭지 않게 들은 것 같아 보였다.[126]

이 대화가 진행된 맥락이 중요하다. 골드가이어과 새로테가 보여준 것처럼, 클린턴 행정부 관리들은 나토 확장과 관련해 의견이 나뉘었고, 나토 확장을 반대한 크리스토퍼는 옐친을 안심시켰지만, 미국 정부의 정책은 결정되지 않은 상태였다. 여기에다가 두 사람의 대화는 옐친이 이제 막 의회를 해산한 사실과 러시아 최초로 시행될 의회 선거에 많은 시간을 할애했다. 12월에 치러진 이 선거는 러시아의 민주화에 대한 확신을 크게 훼손시켰고, (나토 확장에 대해) "그렇게 될 것인가가 아니라 언제인가"의 문제라는 1994년 1월 클린턴의 발언에 영향을 미쳤다. 크리스토퍼의 언명이 진지했다 하더라도, 실제로 일어난 사건들은 이 발언을 수정해야 할 필요를 만들어냈다. 일부 사람들은 이런 정책의 진화를 정상적이고 정당한 것으로 보았지만, 다른 사람들은 이것을 배신으로 보았다.

여기서 핵심은 나토 문제와 나토의 장래는 서로 상충하는 기대를 만들어냈고, 베를린 장벽이 무너진 바로 거의 그 순간부터 상호 모순적인 지향이 시작되었다는 사실이다. 두 요인이 오해를 야기했다. 첫째 당시 사건이 전개되는 속도가 갈피를 잡을 수 없을 정도로 빨라서 핵심 논의의 기초가 되는 가정은 몇 주 내 소용이 없게 되었다. 둘째, 서방 지도자들은 소련과 러시아의 안보를 훼손하지 않을 것이라고 반복적으로 언명했지만, 어떤 조치가 해악을 끼치는지에 대해서는 근본적인 이견이 있었다.

결론

러시아, 우크라이나, 미국, 유럽 사이의 관계를 훼손시킨 거의 모든 문제들은 1993년 말 모습을 드러냈다. 민주주의, 시장, 소련의 국제적 지위의 포기에 대한 반대가 1991년 여름의 쿠데타를 발생시켰고, 러시아의 정치를 계속 강력하게 형성해 왔다. 제임스 골드가이어James Goldgeier와 마이클 맥폴Michael McFaul은 후에 "러시아의 경제, 정치 개혁 드라마의 대부분은 클린턴 행정부가 워싱턴의 행정권을 장악하기 전에 이미 끝난 상태였다"라고 썼다.[127]

마찬가지로,

- 미국과 러시아는 포스트-소비에트 세계에서 러시아의 역할에 대해 의견이 갈렸다.
- 러시아의 전제정치는 1993년 의회 해산과 초대통령제 실시로 제도적 기반이 마련되었다.
- 이와 마찬가지로 우크라이나에서도 헌법은 정치적 경쟁에 대한 느슨한 제약이 되었다. 정치인들은 거리에서 일어난 시위에 1994년 조기 선거로 대응했다.
- 우크라이나와 러시아는 이미 여러 문제로 서로 다투고 있었다. 흑해함대, 세바스토폴, 크림 문제, 양국의 교역 조건, 우크라이나가 러시아에서 가스를 공급받는 조건 등이 여기에 포함된다.
- 혼란을 피하기 위해 우크라이나는 개혁을 기피했다. 그 결과는 침체된 경제, 부패의 토양 성숙, 올리가르히 경제의 주도권 장악이었다.
- 우크라이나의 지역적 다양성은 대통령 선거, 개혁과 러시아에 대한 지

역적 태도의 차이로 명백하게 드러났다.

- 나토가 확장된 역할을 해야 할 동기와 이에 대한 러시아의 강한 반대가 이미 분명해졌다.
- 러시아는 이미 자국의 국경을 넘어 몰도바, 조지아, 타지키스탄으로 군사적 간섭을 시작했다.

러시아-우크라이나 관계를 전체적으로 분석하면 세 가지 중요한 사항을 관찰할 수 있다. 첫째, 당시의 주요한 사안들은 동시 다발적으로 발생하고 서로에게 영향을 주었다. 크라프추크와 쿠치마가 핵무기와 다른 문제를 놓고 러시아와 서방과 협상하는 동안 이들은 국내에서의 대규모 시위와 조기 선거 계획으로 방해를 받았다. 미국과 러시아가 우크라이나가 핵무기를 포기하도록 설득하는 동안, 러시아의 영토회복주의자들의 목소리가 강화되어 크림에 대한 영유권을 주장했다. 옐친은 1992년 개혁을 계속 추진하려고 하였으나, 미국은 경기 침체 상태에 있었고 대통령 선거가 예정되어 있었다. 클린턴 행정부는 지원 프로그램을 다시 짰으나, 옐친은 우파와 좌파 모두로부터 공격을 받았고, 클린턴은 국내 경제 부양책이 의회를 통과하도록 애를 써야 했다. 서방이 나토 확장을 고려하는 동안 러시아의 민주주의는 "적갈색" 연합으로부터 위협을 받고 있었다. 그 결과는 여러 복합적 사안이 서로 "부정적 여파(negative spillover)"를 미치는 상황이 되었다.

두 번째로 이런 사안들의 동시 발생과 부정적 여파는 안보 딜레마를 더 악화시키고, 부정적인 피드백 고리를 만들어냈다. 예를 들어 러시아에서의 개혁은 아주 상반된 결과를 가져왔다. 이것은 처음부터 높지 않았던 개혁에 대한 지지를 저해시키고, 이것은 미국(좀더 넓게 국제사회)이 상당한 규모의 지원책을 마련하는 의욕을 저해시켰다. 대규모 재정 지원이 마련되지 않은 것(이를 위한 소신 투표vote of confidence도 없던 것)은 개혁에 대한 지지를 더욱 훼손시켰고 개혁이 성공할 가능성도 축소시켰다. 이에 더해 이 모든 것들이 옐친의 인기를 저해하고 그가 추진하는 정치적 변화의 합법성을 훼손시켰다.

다른 악순환의 고리는 비핵화를 둘러싼 미국과 우크라이나의 실랑이에서 발생했다. 미국은 우크라이나가 무조건적으로 핵을 포기하도록 압력을 가한 반면, 우크라이나는 보상을 원했다. 이것은 미국으로 하여금 약속을 어기게 만들고, 우크라이나의 주권에 대한 완전한 인정을 보류하게 만들었다. 이것은 우크라이나가 핵무기를 포기하는 것을 더욱 주저하게 만들었다. 이 악순환 고리는 1993년 끊어졌지만, 그 사이 상호간 깊은 불신이 생겨났고, 미국은 우크라이나의 개혁이 지지부진하던 중요한 시기에 경제적 지원을 유보했다.

이와 유사한 부정적인 피드백 고리가 우크라이나와 러시아 사이에 발생했다. 우크라이나가 주권을 더욱 강하게 주장할수록, 러시아는 더욱 이에 의문을 제기했고, 그 반대 현상도 벌어졌다. 이것은 무역, 통화 정책을 포함한 광범위한 사안들을 해결하는 것을 더욱 어렵게 만들었다. 이것은 양국 간 교역에 큰 장애로 등장하고, 서로가 해를 끼치려 한다는 인식을 강화시켰다.

세 번째로 현상유지에 대한 상충하는 이해가 이미 드러났다. 서방과 우크라이나는 1991년 영토 변경을 최종적인 것으로 생각했다. 러시아에서 일부 정치인들은 이를 거부했고, 다른 정치인들은 이에 조건을 달아서 이 지역에서 러시아의 "특별한 역할"을 주장하며 이 국경을 받아들였다. 이와 대조적으로 러시아 지도자들은 독일 통일 후 나토의 경계선을 고정된 것으로 생각했지만 서방 지도자들은 그렇지 않았다.

3장 희망과 난관, 1994-1999

1994년 1월 12일 클린턴 미국 대통령은 모스크바로 가는 길에 키이우를 방문했다. 모스크바에서는 레오니트 크라프추크, 러시아 대통령 보리스 옐친과 함께 핵무기에 대한 3자 협정을 체결했다. 클린턴은 "오늘 저녁 우리의 회담으로 우리 관계의 새로운 시대가 열렸다"라고 선언한 후 우크라이나를 나토의 '평화동반자 프로그램(Partnership for Peace, PfP)'에 초대했음을 알렸다.[1] 그날 아침 클린턴은 프라하를 떠나면서 체코, 헝가리, 폴란드, 슬로바키아 지도자들과 가진 기자회견에서 '평화동반자 프로그램'을 논의했다

> 동반자 프로그램은 나토의 회원국이 되는 것이 아니고, 그렇다고 영원히 대기실에서 기다리는 것도 아니다. 이것은 나토의 대화를 완전히 바꾸기 때문에, 문제는 나토가 새로운 회원국을 받아들일 것인가가 아니라 언제, 어떻게 받아들일 것인가이다. 이것은 우리 지역과 유럽 전체에서의 민주주의 시장, 안보를 위한 최상의 결과에 문을 열어놓고 있고, 좀더 작은 결과를 위한 시간과 준비를 마련해 줄 것이다.[2]

포스트-소비에트 시대 초기의 당혹스런 사안 중 하나였던 우크라이나 핵무기 문제는 잠시 제쳐두고 다른 문제가 새로 부상했다. "더 이상 회원국을 받아들일지 아닐지가 아니라 언제, 어떻게 (…)"라는 클린턴의 말은 나토 확장에 대한 미국의 결정을 표현한 것이었다. 클린턴이 미국-우크라이나 관계

에서 새로운 시대가 시작되었다고 언급한 것도 틀린 말은 아니었다. 우크라이나는 문젯거리에서 협력 프로젝트로 재빨리 변했다. 미국은 이제 우크라이나 안보에 깊이 관여했다. 1994년 2월 8일 우크라이나는 '평화동반자 프로그램'에 가입한 첫 국가가 되었다.

이러한 사건들은 안보 딜레마에 대한 두 가지 상반된 반응을 대표했다. 나토를 확장하기로 한 계획은 현실주의 국제정치 이론에서 상정한 고전적 반응을 대변했다. 서방과 최근에 독립한 중부유럽 국가들은 러시아에서 부정적인 반응을 불러일으키는 것에 상관하지 않고 자신들의 안보를 강화하기를 원했다. 클린턴이 말한 "좀더 작은 결과"는 나토 확장이 러시아에서 일어날지 모르는 일에 대한 대비책이라는 것을 분명히 했다.

이와 대조적으로 우크라이나의 비핵화는 안보 딜레마에 대한 보기 드문 반응 형식이었다. 무장을 통해 안보를 추구하는 것은 상대측을 덜 안전하게 느끼게 만들고, 그 결과로 자신도 덜 안전하게 만들 거라고 이해한 우크라이나는 핵무기를 포기하기로 했다. 현실주의 이론에 의하면 한 국가가 의도적으로 군사적 잠재력을 축소하는 것, 특히 명백한 안보 위협이 있는 상황에서 그렇게 하는 것은 비합리적 행위였다.[3] 그러나 우크라이나는 특이한 상황에 처해 있었다. 우크라이나 영토 내에 있는 핵무기는 러시아와 미국에게 강압의 표적이 되게 했다. 우크라이나의 신생 독립국 지위는 공격보다는 고립으로 더 위협을 받고 있었다.

1월 14일 모스크바에서 가진 별도의 기자회견에서 옐친은 '평화동반자 프로그램'에 다른 비전을 가지고 있다고 밝혔다.

이 개념은 밴쿠버에서 블라디보스토크에 이르는 안보체제를 구축하는 중요한 조치이다. 이것은 새로운 경계선이나 비평등적 안보 지역이 부상하는 것을 막는다. 우리는 이 아이디어가 새로운 유럽을 건설하는 시나리오 중 하나가 될 것으로 믿는다. 이들 중 한 국가는 협력 차원에서 군사 분야를 포함한 매우 구체적인 협력을 제공할 것이다. 물론 우리는 UN이나 CSCE같이 오래 지속된 기구를 포함하여 유럽의 다른 집단 안보 구조를 예의주시할 것이다.[4]

옐친은 여기서 고르바초프가 1989년 스트라스부르에서 제시한 대로 유럽의 미래를 이해하고 있다는 것을 강조했다. 이것은 분열되지 않은 하나의 유럽이고, 러시아가 거부권을 행사할 수 있는 UN이나 CSCE 같은 국제기구가 주요하게 이끌어가는 유럽이었다. 그 이후 5년 동안 러시아와 서방의 비전은 크게 변하지 않았고, 이후에도 그랬다.

기자회견에서 클린턴에게 제기된 마지막 질문은 보스니아 현지 상황이 개선되지 않으면 나토가 보스니아를 공습한다는 나토의 최근 결정을 옐친이 지지할 것인가였다. 클린턴은 이렇게 대답했다. "우리 모두는 보스니아에 대해 입장 차이가 있고, 매일 그 문제에 대해 다른 생각을 갖는다."[5] 유고슬라비아는 미국과 러시아 사이에 계속 쐐기를 박았다. 몇 주 후 세르비아가 사라예보의 시장을 포격하여 민간인 68명을 사망하게 했을 때, 두 국가의 이견은 더욱 강화되었다. 무슨 일인가를 해야 한다고 국제 여론은 비등했지만, 그 무슨 일이 무엇이어야 할지에 대해서는 이견이 더 커졌다. 1999년 말이 되었을 때 코소보에 대한 갈등은 프리스티나 공항에서 나토군과 러시아군이 거의 충돌할 정도로 악화되었다.

1994년부터 1999년까지의 기간은 러시아, 우크라이나, 유럽, 미국이 1989-1991년 사이에 발생한 일들의 결과에 대한 합의에 이르기 위해 분투하던 시기였다. 경제 침체는 러시아와 우크라이나에서 계속 지속되고 있었다. 러시아에서는 "충격 요법"이 큰 열의 없이 미미한 성과만을 내며 진행되었고, 우크라이나에서는 "느린 개혁"이 상황을 더욱 악화시키고 있었다. 1997-1998년 세계 금융위기로 양국 경제는 더욱 추락했고, 개혁에 대해 일말이라도 남아 있던 열정을 잠재웠다. 우크라이나와 러시아 관계에서는 두 가지 상반된 경향이 나타났다. 하나는 우크라이나가 독립국가로서의 제도를 지속적으로 확립해 나가고 러시아가 이를 수용한 것이었다. 이것은 1997년 서명된 양국 우호조약으로 드러났다. 다른 경향은 기존의 문제에 대한 싸움이었다. 두 번째는 포스트-소비에트 지역에서 자신의 영향력을 다시 주장하고 우크라이나를 그 궤도 안에 붙잡아 두려는 러시아의 지속적인 노력이었다. 여러 면에서 이 모순은 러시아 내에서 한편으로는 옐친과 영향력이 줄어드는 "서방주의자들"과, 다른 한편으로는 점점 세력을 회복하는 보수주의자, 좌파, 민족주의자들 사이의 전투를 반영했다. 이 시기에 우크라이나는 러시아와의 밀접한 관계를 옹호하는 대통령을 선출하였지만, 그는 서방으로 관심을 돌렸다.

우크라이나와 러시아 사이의 이 긴장 상태는 러시아와 서방 사이의 확대된 긴장과 연결되었다. 유고슬라비아, 체첸, 나토 확장, 경제 개혁에 대한 이견은 상호 불신을 증가시켰다. 클린턴과 옐친의 선의에도 불구하고 두 국가의 상반된 목표는 서로 교차점을 찾지 못했고, 일련의 사건들은 양국 간의 관계에 쐐기를 박았다.

1999년이 되자 우크라이나는 좀더 권위주의적이 되었고, 금융 위기는 러시아의 개혁을 좌초시켰다. 유고슬라비아 전쟁은 서방과 러시아가 안보 문제에 대한 공동의 접근에 동의할 수 있다는 생각을 심각하게 약화시켰다. 나토 확장은 이 이견을 반영하고, 이를 더 악화시켰다. 후에 상호 비난의 초점이 된 몇 가지 사안들, 즉 나토 확장, 코소보의 독립, 러시아에서의 민주주의의 후퇴, 러시아의 우크라이나에 대한 조약 위반은 이 시기에 근원을 두고 있다.

이러한 도전은 1994년 《포린 어페어스(Foreign Affairs)》에 실린 미국 전 안보보좌관 즈비그뉴 브레진스키와 러시아 외무장관 안드레이 코지레프의 기고문 싸움에서도 확인되었다. 브레진스키는 "러시아의 현재의 목표는 대놓고 제국주의적인 아니더라도 최소한 제국주의 지향적(pro-imperial)이다"라고 주장했다.[6] 이것에 대응하기 위해서 그는 "현실주의적이고 장기적인 대전략의 핵심 목표는 '구소련 지역 안에서의 지정학적 다원주의(geopolitical pluralism)의 확립'이 되어야 한다"[7]고 말했다. 우크라이나는 이 전략의 핵심 추축이 되어야 했다. "우크라이나 없이는 러시아는 더 이상 제국이 아니지만, 우크라이나를 매수하고 그런 다음 종속시키면 러시아는 자동적으로 제국이 된다는 것은 아무리 강조해도 지나치지 않다."[8] 브레진스키는 러시아로부터 우크라이나를 독립시키는 것이 중요한 안보 목표라는 점점 더 확실해지는 합의의 핵심을 표현했던 것이다.

코지레프는 《포린 어페어스》 다음 호에 실린 기고문에서 열정적인 반박을 제기했다.

> 조금이라도 성공할 가능성이 있는 유일한 정책은 러시아와 서방의 동등한 권리와 상호 이익이 되는 동반자 협력을 인정하고, 세계 강대국으로서 러시아의 지위를 인정하는 것이다. 러시아의 외교 정책은 독자적이고 적극적인 성격을 불가피하게 가져야만 한다. 만일 러시아 민주주의자들이 이를 이루지 못하면 이들은, 현재 민족주의적, 국가주의적 주장을 내세울 필요를 이용하고 있는 공격적인 민족주의 파도에 휩쓸려 없어질 것이다. (…) **러시아는 강대국이 될 운명을 타고 난 나라이다.**[9]

이러한 설전은 1994년 중반 미국과 러시아가 서로 상충하는 목표를 가지고 있다는 것과 우크라이나가 이 이견의 핵심에 있다는 것을 인정했다는 것을 분명히 보여주고 있다. 러시아가 자신의 안보에 본질적이라고 간주한 것을 브레진스키와 점점 더 많은 서구 엘리트들은 러시아에게 나쁜 것, 이웃 국가들에게 나쁜 것, 미국에 나쁜 것으로 생각했다.

러시아의 역할에 대한 논쟁

브레진스키에 대한 코지레프의 답변은 러시아의 정체성과 세계에서 러시아의 역할에 대해 러시아에서 진행되는 토론을 반영한 것이었다. 이와 관련해 네 가지 학설이 등장했는데, 서구주의자(westerners), 슬라브주의자(Slavophiles), 유라시아주의자(Eurasianists), 국가주의자(*derzhavnik*)가 그것이다.[10] 네 학설 모두 러시아의 과거에 뿌리를 두고 있다.[11] 1996년이 되었을 때 서구주의자는 이미 거의 패배한 상태였고, 나머지 학설 간에 의견이 엇갈렸다. 이 들 모두는 러시아의 강대국 지향과 우크라이나에 대해 자기주장을 내세우는 강한 정책을 지지했다.

서구주의자들이 보기에 러시아가 "정상 국가(normal country)"가 되는 것은 유럽 모델을 바탕으로 한 자유민주주의와 시장 경제를 러시아가 채택한다는 것을 의미했다. 서구주의자들은 1991-1992년 옐친팀을 구성했지만, 당시에도 이들은 엘리트와 국민 중 소수파였다. "슬라브주의자들"은 러시아를 인종적, 언어적, 종교적(정교회) 시각으로 인식했다. 이 그룹의 상징적 인물은 노벨문학상 수상 작가인 알렉산드르 솔제니친이었다. 그는 1992년 미국에서 러시아로 돌아와 진정한 러시아적(*Russian*) 국가의 건설을 옹호했다. 이러한 시각은 제국은 멀리 했지만, 우크라이나의 상당 부분이 러시아의 일부가 되어야 하고, 러시아와 우크라이나의 경계는 이에 따라 재설정되어야 한다고 주장했다. 슬라브주의자들이 인종과 언어를 기준으로 러시아를 좁게 정의한 데 반해, 유라시아주의자들은 러시아를 팽창적으로 정의하여 다민족, 다인종 국가로 인식했다. 슬라브주의자들과 마찬가지로 유라시아주의자들은 러시아가 유럽과 근본적으로 다르고, 분리되어 있다고 믿는 경향이 있었으며, 이는 찬양해야 할 일이라고 생각했다. 슬라브주의자와 유라시아주의자 모두에게 소련 공간의 재통합은 강한 문화적 차원을 가지고 있었으며, 우크라이나는 이 구상의 중심이었다.[12]

마지막으로 "국가주의자들(statists)"이라고 서방에 알려진 그룹이 있었다. 이것은 러시아어 제르자브니키(*derzhavniki*)를 번역한 것이다. "강대국 국가주의자(Great power statist)"가 이 맥락에서는 좀더 정확한 번역일 것이다.[13] 국가주의자들은 러시아를 강대국이자 중앙집권화된 강한 국가로 보았다. 유라시아주의와 슬라브주의 논쟁에 스며든 신비주의나 제국주의보다 이들은 보다 전통적인 현실주의 정치(*realpolitik*)을 옹호했다. 러시아는 국익이 서방의 이익과 충돌할 때도 러시아의 국익을 추구해야 한다고 주장했고, 러시아의 국익은 서방의 이익과 충돌하는 것이 당연하다고 보았다. 옐친 스스로가 이를 강조했다. "우리는 러시아가 강력한 국가라는 것을 반복해서 강조하고 싶다. 이것은 실제로 그렇다. 그렇다면 우리의 외교 정책 사고는 이 높은 기준을 항상 충족시켜야 한다."[14]

슬라브주의, 유라시아주의, 국가주의 모두 이론적으로는 서로 구분되었지만, 정치적으로는 같이 공존할 수 있었고, 각 학설파의 지도자들은 서로에게서 아이디어를 빌려왔다(블라디미르 푸틴은 후에 이러한 결합을 옹호했다).[15] 러시아 민족주의에 크림 반도는 "가장 좋은 곳(sweet spot)"이었다. 왜냐하면 이것은 슬라브주의와 유라시아주의의 민족주의 개념 모두에 관심을 끌기 때문이었다.[16] 우크라이나에 대한 합의는 안드라니크 미그라얀Andranik Migrayan에 의해 표현되었다. 그는 우크라이나는 원하든 원치 않든 러시아와 재결합해야 한다고 주장했다.

> 우크라이나는 느슨하고, 인공적이고, 외래의 인종정치적 구성체(formation)이다. 우크라이나는 자신의 국가를 건설할 진정한 가능성이 전혀 없고, 사회적, 경제적 상황의 악화는 이 구성체가 인종지역적 경계선에 따라 더 갈라질 것이고, 우크라이나 지도부는 영토적 통합성을 유지하기 위해서 딜레마에 직면하게 될 것이다. 직접적으로나 아니면 러시아와 CIS 체제 안에서 좀더 밀접한 경제, 군사-정치적 통합을 하거나, 아니면 우크라이나가 몇 부분으로 분해되고, 심지어 각 지역 사이에 내전이 일어날 수도 있는 결과를 받아들이거나.[17]

1994년이 되자 러시아의 역할에 대한 좀더 자기주장적 개념을 중심으로 슬라브주의, 유라시아주의, 국가주의의 요소를 합친 합의가 형성되었다.《이즈베스차》는 "자유주의자들도 지리노프스키의 어조에 따라 말하는, 러시아 정치 지도자들의 새로운 언어"[18]를 지적했다. 1996년 외무장관 안드레이 코지레프가 전 정보기관 수장이었던 예브게니 프리마코프Yevgeny Primakov로 대체되면서 변화가 제도화됐다. 한 평론가는 이렇게 말했다.

> 우리에게는 서방에 대한 낭만적인 환상이 있었다. 러시아 국내의 반대파인 "적갈색" 연합에 대항해서 먼저 미국의 확고한 지지를 확보하여 권력을 좀더 강력히 장악하려는 욕구도 있었다. 수렴(convergence)의 황홀경 속에서 진지한 외교와 국가의 기본으로서 힘의 요인, 자강(self-reliance)의 원칙, 민족적, 국가적 이익이 처음에는 잊혀졌었다. (…) 러시아 출범 초기 몇 년간의 코지레프의 노선은 너무 친미적이고, 너무 이상

적이었다는 것에 이제 모든 사람은 동의한다.[19]

다른 사람들은 프리마코프의 임명에 대한 미국의 우려 섞인 반응을 지적하며 "이 반응은 대통령의 선택이 옳았다는 것을 확인시켜 준다"[20]라고 말하기도 했다.

1999년 12월 30일 대통령 서리를 맡으면서 블라디미르 푸틴은 러시아가 강대국이 되어야 하고, 이를 위해 국내적으로 강한 국가가 되어야 할 이중의 필요성에 대해 말했다.

> 러시아는 위대한 나라였고, 앞으로도 그럴 것이다. 이것은 러시아의 지정학적, 경제적, 문화적 존재의 특성에 기인한다. 이것이 러시아 역사 내내 러시아인들의 정신과 국가의 정책을 규정했다. (…) 러시아는 조만간 자유주의적 가치가 깊은 역사적 전통을 가지고 있는 미국이나 영국의 재판(second edition)이 되지는 않을 것이다. 우리에게 국가, 국가의 제도와 구조는 항상 국가와 국민의 생활에서 아주 중요한 역할을 해왔다. 러시아에게 강한 국가는 비정상이거나 싸워야 할 대상이 아니라 오히려 그 반대로 질서의 근원이자 보증인이고, 어떠한 변화의 주창자이고 주된 추진력이다.[21]

1994년 우크라이나 대통령 선거

1994년 1월 3국 협정을 체결한 다음 우크라이나의 관심은 6월과 7월의 대통령 선거로 옮겨갔다. 경제 붕괴로 조기 대선이 치러졌고, 러시아와의 경제 관계가 대통령 선거운동의 핵심 쟁점이 되었다. 현직 대통령인 레오니트 크라프추크는 우크라이나를 러시아로부터 군사적, 경제적, 정치적으로 분리하여 우크라이나의 주권과 독립의 확립을 강조했다. 많은 유권자들, 특히 동부 우크라이나의 유권자들은 이 정책을 독립 이후 우크라이나 경제가 몰락한 이유로 보았다.

크라프추크의 주 경쟁자는 전 총리 레오니트 쿠치마였다. 그는 "드니프로페트롭스크 정파(Dnipropetrovsk clan)"와 연결된 산업가 출신으로 이 지역은 레오니트 브레즈네프가 정치적 경력을 쌓은 곳이었다. 쿠치마는 러시아와 경제 협력을 강화한다는 공약을 내걸고 선거에 나섰고, 우크라이나의 강력한 농업, 기계, 철강 부문을 포함한 경제 엘리트들의 폭넓은 지지를 받았다. 이 모든 산업은 소련 전체의 네트워크와 밀접히 연결되어 있었고, 여전히 이 네트워크를 필요로 했다. 많은 사람들은 이 선거를 러시아와의 연계를 단호하게 끊은 크라프추크 정책에 대한 평가로 생각했다.

러시아 엘리트들은 쿠치마에 대한 지지를 분명히 드러냈다. 안드라니크 미그라냔은 "만일 이 선거로, 대중들 마음에 서방, 루흐, 민족주의자-애국주의자, 민주주의자-애국주의자와 동일시된 현직 대통령이 교체되면, 우크라이나 국가성 확립의 전 국면이 끝나게 될 것이다"[22]라고 논평했다.

1991년에는 두 후보 중 크라프추크가 덜 민족주의자였지만, 1994년 선거에서는 두 후보 중 더 민족주의적이었다. 그 결과 그는 1991년 가장 득표력이 약했던 서부 우크라이나 지역에서 가장 많은 득표를 하였고, 쿠치마는 동부와 남부를 석권했다. 쿠치마는 결선투표에서 크라프추크를 52 대 45로 꺾었다. 이 선거는 우크라이나의 지역적 분할을 재확인시켜 주었고, 많은 인구를 가진 동부의 선거 영향력을 입증했다.

3월에 열린 의회 선거에서 동부의 두 주인 도네츠크와 루한스크 지역 엘리트들은 세 가지 "부수(consultative)" 의제를 선거에 부쳤다. 그것은 러시아어의 지위, 연방 구조의 적용, CIS의 정회원이 되는 것이었다. 이 세 가지는

80퍼센트 이상의 지지를 얻었다.[23] 공개적으로 분리주의를 주장한 정당들이 지지를 받지 못했기 때문에 이 지역주의를 분리주의와 동일시 할 수 있는지는 의문이었다.[24]

쿠치마의 당선은 역설적으로 크림 반도와 동부 우크라이나에서 발아하던 자치 운동을 약화시켰다. 동부 우크라이나 출신이고, 러시아어를 사용하고, 동부와 남부의 압도적 지지로 당선된 쿠치마는 러시아와 교역을 다시 회복한다는 공약을 내걸고 러시아의 공개적 지지를 받았다. 그의 당선은 동부와 남부 지역의 불만을 감소시키는 역할을 했다. 동부 우크라이나의 커가는 힘은 동부의 엘리트와 유권자들로 하여금 러시아와의 통합보다 우크라이나의 독립을 지지하게 만들었다.[25] 쿠치마는 지체하지 않고 우크라이나 국민들에게 "우크라이나의 외교 정책은 최근에 서명된 조약들을 바탕으로 예측할 수 있고, 균형을 잡을 것"이라고 다시 한번 확인시켜 주었다.[26]

쿠치마의 "전방위" 외교 정책

쿠치마는 러시아와의 교역을 되살리기로 작정했지만, 크라프추크와 마찬가지의 딜레마에 직면했다. 우크라이나가 러시아에 의존하는 것은 우크라이나를 러시아의 강압 앞에 취약하게 만들 것이 분명했다. 외교의 다변화(diversification)가 필요했고, 부문별 이익을 각각 취할 수 있는 기회가 만들어지고 있었다.[27] 세계 시장에 보호 장벽이 높은 농업 수출은 러시아에 주로 집중되어 있었다. 그러나 기계 제작 산업은 서방 시장 판매 잠재력이 커지기 시작했다. 철강 분야는 경쟁력에 따라 시장이 나뉘어 있었다. EU에서 경쟁을 할 수 있는 회사들은 좀더 넓은 시장을 선호했고, 러시아 시장은 상대적으로 중요성이 떨어졌다. EU에서 경쟁할 수 없는 회사들은 러시아와의 교역 관계를 계속 유지하려고 했다. 은행들은 특히 훨씬 큰 자본을 가지고 있는 러시아 경쟁자들에 의해 시장에서 밀려날 가능성을 염려했다.[28] 러시아 무기 시장은 붕괴된 반면 세계 무기 시장이 열렸다. 쿠치마가 전에 담당했던 미사일 분야에서 우크라이나는 세계 위성 발사 시장에서 경쟁을 벌일 수 있었다.

쿠치마는 외국 경쟁으로부터 보호를 의미하는 "민족적 부르주아지(national bourgeoisie)" 개념을 채택했다. 이것은 성장하고 있는 우크라이나 올리가르히들을 만족시켰고, 러시아와의 통합에 브레이크를 걸었다. 러시아와의 통합은 러시아 자본이 우크라이나 회사를 인수하는 것을 촉진할 것이 분명했다.[29] 1993년 "서방은 우리의 모든 것을 망가뜨리는 것을 목표로 삼았다"[30]고 말하면 서방을 비난했던 쿠치마는 소위 "전방위(multivector)" 외교 정책이라고 알려진 노선을 취하며 경제적으로나 지정학적으로 동과 서 사이에서 균형을 잡았다. 전방위 정책은 국제 정책이기도 하면서 국내 정책이기도 했다. 서방이나 러시아 어디와도 통합하지 않음으로써 쿠치마와 우크라이나 올리가르히는 지대(rents)를 추구하고 자신들의 권력을 공고화하는 데 국내적으로 최대의 공간을 확보할 수 있었다.[31]

에너지 분야 지대이윤 통제를 둘러싼 싸움이 우크라이나 정치를 지배하면서 올리가르히 사이의 세력 균형도 변했다.[32] 1996-1997 파블로 라자렌코 Pavlo Lazarenko 총리는 우크라이나의 가스 시장을 장악하고 수억 달러의 이익을 챙겼다. 그가 실각하면서(결국 그는 돈세탁 혐의로 미국에서 징역형에 처해졌다), 새로운 모델이 들어섰다. 가스가 보조를 받으면서, 여기에 의존한 철강과 석유화학 공업은 국제적인 경쟁력을 유지할 수 있었다. 그래서 보조를 줄이는 경우 강력한 올리가르히들이 타격을 입고, 동부 지역의 고용이 줄어들

고, 수출로 인한 수입이 줄어들 수 있었다.[33]

국영 가스회사 나프토하즈 우크라이니(Naftogaz Ukrainy)의 사장 이호르 바카이Ihor Bakai는 우크라이나의 모든 올리가르히들은 러시아와의 왜곡된 가스 거래를 통해서 재산을 형성해 왔다고 말했다.[34] 이에 대한 보상으로 올리가르히들은 엄청난 금액을 쿠치마팀에 상납하고 정치적으로 그를 지지했다. 그 결과 점점 더 부유하고 강력해지는 우크라이나 올리가르히들은 러시아와 우크라이나의 안정적 관계를 유지하는 데 이해를 같이 했다. 전체적으로 올리가르히 정치는 우크라이나의 지역 기반 정치를 강화하며 친유럽 정책과 친러시아 정책 모두를 지원하여 한쪽이 일방적 승기를 잡지 못하도록 했다.

무역과 독립국가연합

우크라이나는 외교 정책을 서방으로 전환하려는 동안 나토와 유럽연합과 맺은 일반적 합의는 큰 교역 기회를 제공하지는 않았고, 우크라이나는 여전히 러시아 에너지와 러시아 시장에 크게 의존한 상태로 남아 있었다. 경제가 침체에서 벗어나지 못하자 쿠치마는 러시아로부터 양보 조치를 받아내려고 노력했다. 우크라이나 독립의 기본적인 문제, 즉 가장 큰 안보 위협인 나라에 경제적으로 의존하는 상황은 전혀 개선되지 않았다.

우크라이나의 목표는 러시아 시장에 특혜적 접근권을 갖고, 아무 부대조건 없이 할인된 에너지를 공급받는 것인 데 반해, 러시아는 이러한 특혜를 이 지역에서의 러시아의 경제, 정치적 리더십을 받아들이는 조건으로 삼으려고 했다. 1994년 10월 우크라이나는 CIS 국가 간 통상위원회(Interstate

Commerce Committee)에 가입했지만, 수많은 유보 조건을 달았다. 이러한 전술, 즉 합의안에 동의하는 듯하면서 많은 예외조항을 두는 것은 우크라이나가 자주 사용한 방법이었다. 부분적으로 이것은 국내의 반대를 공개적으로 무마하는 방법이기는 했지만, 협상 상대, 특히 러시아를 크게 짜증나게 했다.[35]

우크라이나 외무장관 즐렌코는 "우크라이나의 주 외교 영역은 국가 대 국가의 양자 관계를 강화하고, 유럽의 지역적 협력에 더 적극 참여하고, CIS 내의 협력을 강화하고, UN과 여타 보편적 국제기구에 참여하는 것이다"[36]라고 말했다. CIS 내의 협력보다 양자 협력과 유럽 기구들과의 협력을 우선적으로 강조한 것은 외교 정책의 우선순위를 반영한 것이었다. 그는 "CIS와의 관계 증진은 유럽연합과의 포괄적인 협력과 함께 이루어질 것이다"[37]라고 말했다. 이 두 경우 모두에서 즐렌코는 "통합(integration)"이라는 말을 쓰지 않았다. 이와 같은 맥락에서 즐렌코는 안보를 증진할 기구로 CSCE, NATO, NACC(North Atlantic Cooperation Council), WEU(Western European Union)를 언급한 반면, CIS는 언급하지 않았다.

코지레프는 러시아가 주도하는 지역 재통합이 서방의 지지를 얻는 것에 초점을 맞추었다.

> 러시아가 포스트-소비에트 공간에서 자발적이고 평등한 바탕 위에 점진적인 재통합, 주로 경제적 재통합 목표를 선언하는 것이 어디가 잘못된 것인가? 이 상황은 프랑스, 독일 등 대국의 경제적 리더십이 인정된 유럽연합과 유사하다. 그러나 CIS에서는 우크라이나와 같이 크고 경제적으로 발전된 국가조차도 러시아와의 밀접한 연계 없이는 경제 발전을 계속할 수 없다. 여기에 다른 대안이 있는가? 서방은 우크라이나, 조지아, 여타 CIS 국가에 러시아로부터 공급되는 석유와 가스값을 지불할 용의가 있는가?

아니면 우크라이나가 러시아에 진 수십 억 달러의 부채를 대신 변제할 용의가 있는가? 이것이 서방 국가들이 구소련 공간에서 러시아의 특별한 역할과 책임을 마음에 새기고 지지를 보내야 하는 이유이다.[38]

1994년 9월 옐친과 클린턴의 정상회담 직전, 러시아의 해외정보부장이고 후에 총리가 되는 예브게니 프리마코프는 〈러시아-CIS—서방 입장의 변화가 필요한가?〉라는 보고서를 발표했다. 프라마코프는 "소련 해체로 만들어진 현상을 그대로 유지하는 것을 목적으로 CIS가 조정되어야 한다는 것이 서방 측의 결론이 되지 않을까"[39] 우려했다. 오히려 그와 반대로 "통합의 과정은 의심의 여지없는 사실이다, 만일 이에 대한 부정적 태도가 서구 국가의 수도에 형성된다면, 모스크바와의 관계를 강하게 냉각시킬 것이다"[40]라고 그는 주장했다. 그는 냉혹한 선택지를 제시했다. 이 지역이 러시아의 지도하에 단일 경제와 군사력을 형성할 것인지, "외부로부터의 공개적, 비공개적 지원을 받아 '고립된 발전'을 지지하는 세력이 러시아와 다른 CIS 국가에 대해 우위를 점하게" 될 것인지였다.[41]

며칠 후 UN 총회에서 연설한 옐친은 프리마코프의 입장을 지지했다. 러시아의 "경제, 외교 정책 우선순위는 독립국가연합 국가들에 있다. (…) 러시아와 이 국가들과의 관계는 전통적인 인접국 관계보다 더 밀접하다"라고 강조했다. 그는 계속해서 "구소련 지역에서 계속 평화를 유지하는 부담은 러시아연방이 지고 있다. 각 독립국이 소수민족의 인권을 보장하는 것을 외교 정책의 근간으로 삼아야 한다고 말하지 않는다면 러시아 국민들은 이를 이해하지 못할 것이다. 그리고 여기에는 선택적 접근이나 이중적 기준이 적용될 여지가 없다"[42]라고 주장했다.

옐친의 보좌관 세르게이 코르투노프Sergei Kortunov는 프리마코프의 주장에 동조하며, "서구의 간섭이 우크라이나가 러시아에 재통합되는 자연스러운 흐름을 방해했다"라고 주장했다.

> CIS에서 러시아 정책의 우선순위의 방향은 우크라이나와의 관계이다. 장기적으로 우리의 관계는 동맹의 성격을 띠어야 한다. 그리고 여기에는 아무런 장애가 없다. 이러한 동맹의 발전에는 경제적, 문화적, 문명적, 심지어 군사적, 정치적 장애도 없다. 여기서 기본적인 문제는 외부적인 것이다. 미국과 다른 큰 국가들이, 구소련 정도의 규모로 유라시아의 강력한 국가가 될 러시아와 우크라이나의 연합을 허용하지 않고 있다. 다른 한편으로는 우크라이나와의 전략적 동맹 없이는 러시아는 새로운 국제 관계 체계에서 실제적 강대국으로 높게 평가되고, 존중받고 대접받지 못할 것이다. 우크라이나가 러시아에서 이탈하고, 형제 같은 우크라이나가 단지 우호적인 이웃 국가로 바뀌고 후에 단순한 인접국이 되는 것은 러시아에게 전략적 손실이고, 이것은 세바스토폴 주둔 조약이나 공동 무역(joint deliveries)의 계약으로는 보상될 수 없는 것이다.[43]

1996년 3월 러시아, 벨라루스, 카자흐스탄, 키르기즈스탄은 유럽연합과 유사한 통합기구 건설을 지향하는 새로운 "통합 강화(On Deepening Integration)" 협약을 맺었다.[44] 그러나 우크라이나가 빠진 상황에서는 이것과 유사한 다른 시도도 효력을 잃었다. 쿠치마는 이런 움직임에 저항했지만, 동시에 자국이 너무 빠르게 서방으로 움직이지 않을 것이라고 러시아를 안심시키기 위해 노력했다. "유럽의 비동맹(non-bloc) 국가들 중 가장 큰 나라인 우크라이나가 현재 상황에서 기존의 군사-정치 집단에 우선적으로 가담하는 것은 국제 안보 체계에 타격을 준다는 것을 이해한다. 그러나 우크라이나의 미래는 꼭 '비동맹'일 필요는 없다"[45]라고 말했다. 모든 통합 제안은 우크라이나를 다시 품 안에 돌아오게 하는 것이 주목적이기 때문에 우크라이나가 가입을 거부하자 러시아는 이러한 시도에 관심을 잃게 되었다. 러시아와의 통합을 반대하는 사람들은 비동맹 지위가 CIS나 다른 구상을 통해 제안되는 여러 프로젝트에 우크라이나가 가입하지 말아야 하는 완벽한 논리를 제공해 주었다. 그러나 나토와의 협력을 반대하는 사람들에게도 이것은 유사한 논리를 제공했다. 나토 회원국이 아니라 나토와의 밀접한 관계를 주장하는 사람들은 비동맹 지위를 위반하는 것이 아니라고 주장했다. 공식 정책은 아니더라도 우크라이나의 비동맹 지위는 이 나라의 미래에 대해 상호 경쟁하는 시각들의 타협안을 대표했다.

크림 반도

1994년 크림 반도 내부의 상황도 끓어올랐다. 1994년 1월 크림 주민들은 친러시아 분리주의자인 유리 메시코프Yuriy Meshkov를 새로 만들어진 자리인 자치공화국 대통령으로 선출했다.[46] 메시코프는 우크라이나 헌법을 준수하라는 우크라이나 의회의 경고를 무시하고 러시아 시민권자를 부통령에 임명했다. 그런 다음 우크라이나의 분리를 위한 주민투표를 실시하려고 시도했지만, 이것이 위헌으로 제동이 걸리자 그는 3월 우크라이나 총선 1차 선거에 맞추어 이행 의무가 없는(nonbinding) "여론 조사"를 실시했다.[47] 질문 문항 중 첫째는 크림과 우크라이나의 관계가 타타르스탄과 모스크바 사이에 만들어진 것과 같은 상호 조약에 의해 지배받아야 하는가였고, 두 번째는 이중국적에 대한 질문이었고, 세 번째는 확장된 자치 확보에 대한 것이었다. 모든 문항이 75퍼센트 이상의 찬성표를 받았다.

많은 사안에 대해 큰 분열상을 보여온 우크라이나 의회는 이 여론 조사를 비난하는 결의안을 통과시키고 크림 지도자들이 취한 조치 몇 가지를 무효화시키는 법안을 통과시켰다. 의회 의장 이반 플류시Ivan Plyushch는 우크라이나는 "크림 당국에 의한 헌법 위반을 더 이상 방치할 수 없다"고 경고하고, "러시아로부터 온 국수주의적 정치인은 구소련으로부터 그런 특징을 물려받았다"라고 비난했다.[48] 크림이 독립을 확고하게 하기 전에 결연한 행동을 취해야 한다고 주장하는 사람도 있었지만, 다른 사람들은 군사적 해결을 추구하면 조지아에서 일어난 일이 일어날 수 있다고 우려했다. 크라프추크는 크림의 행동이 위헌이라고 주장하면서도 크림이 우크라이나 본토와 차단되면 경제적으로 큰 난관에 부닥칠 것이라고 지적하는 데 그쳤다. "솔직히 말해보자. 오늘날 크림은 우크라이나로부터 많은 지원을 받고 있는 지역이다. 우리는 구체적 수치를 나열할 필요도 없다. 에너지, 물 등등 많은 것을 공급받는다. 러시아 속담처럼 몸에 맞지 않는 옷은 입어보려고 하는 것이 아니다."[49]

1994년 여름 세바스토폴 시의회는 시의 관할권을 러시아로 넘기는 표결을 했다. 새로 등장한 쿠치마 행정부는 이 조치를 우크라이나 헌법에 반하고, 아무런 법적 효과가 없는 것으로 즉각 비난했다. 이런 긴장 고조 상태에서 몇 가지 이유로 상황은 바로 진정되었다. 첫째 크림 내부에서 갈등이 심화되고 메시코프는 빠르게 정치적 지지를 상실했다. 소련 시대 공산주의 정당인 크림의 "권력당(party of power)"은 전 크림 의회 의장 니콜라이 바그로프Nikolai Bagrov가 이끌어왔고, 메시코프가 그 뒤를 이었는데, 이 당이 반격을 가했다. 이 정파는 독립된 우크라이나 내에서 더 많은 영향력을 확보하려고 했다. 1994년 5월 세르게이 체코프Sergei Tsekov가 이끄는 크림 의회 대표단은 우크라이나 공산당 소속 의원 보리스 올레이니크Boris Oleinik가 이끄는 의회대표단을 만났고, 두 사람은 "크림 공화국은 우크라이나에서 분리할 의사가 없다"[50]라고 선언했다.

두 번째로 쿠치마의 당선은 돈바스에서와 마찬가지로 크림의 상황도 변화시켰다. 크림 지역에서 90퍼센트 가깝게 득표한 쿠치마는 상당한 정치적 자산을 확보했고, 키이우의 민족주의적 정부의 논리는 더 이상 먹히지 않았다. 크림 의회와 메시코프 사이에 서로 상반되는 결의안 통과를 해결하기 위해 쿠치마는 "냉각(cooling off)" 기간과 모든 문제가 되는 결의안을 무효화시키는 "제로 옵션(zero-option)"을 제안했다.[51] 그는 크림 관할권에 대한 결의안과 크림 대통령직 신설에 대한 결의안은 무효라고 지적했다. "나는 지금 바로 대통령령에 서명하여 메시코프의 모든 결의안을 무효화할 수 있다."[52] 1995년 봄 쿠치마는 크림 대통령직을 없애는 대통령령에 서명했다. 여기에 대해 약간의 소동이 있었지만, 크림 분리 문제는 크림 반도와 키이우 모두에서 뒷전으로 물러났다.

러시아는 이 불에 기름을 부을 수도 있었지만 그렇게 하지 않았다. 메시코프가 크림 대통령에 당선된 후인 1994년 2월 체르노미르딘 총리는 "우크라이나는 러시아의 입장이 바뀔 것이라고 염려할 필요가 없다"[53]라고 밝혔다. 8월 세바스토폴의 시의회의 결의안 통과 후 옐친의 대변인은 이 문제가 "CIS 국가들의 통합성과 CIS 국가들의 국경 불가침 원칙에 의해 규제되어야 한다"[54]고 발표했다. 쿠치마는 "러시아가 신중하게 행동한 것과 이것이 우크라이나 내부 문제인 것을 이해하고 아무 성명을 내지 않은 것"[55]을 칭송했다. 러시아가 자제력을 발휘한 것은 크림 반도에 대한 영유권 주장에도 불구하고 사용할 수 있는 모든 수단을 사용하지 않았다는 것을 보여준다. 많은 러시아인들이 크림 분리를 지지하는 상황에서 러시아가 이를 지지하는 것을 주저한 것은 우크라이나의 비핵화 과정이 아직 끝나지 않은 상태이기 때문에 크림의 분리되는 경우 우크라이나가 생각을 바꿀 수 있다는 우려 때문이었다. 타라스 쿠지오Taras Kuzio는 러시아는 크림이 우크라이나 내부에 남아 있는 것이 (트란스니스트리아가 몰도바 내에, 압하지아가 조지아 내에 있는 것처럼) 러시아에게 더 유리하다고 생각했을 수도 있다고 추측했다.[56]

흑해함대와 1997년 우호조약

우크라이나와 러시아는 양자 관계를 굳건하게 만들 양국 우호조약을 서명하기를 희망했지만, 흑해함대 문제가 해결되기까지는 이를 이룰 수 없었다. 1995년 우크라이나는 더 양보를 해서 함대의 더 적은 부분을 받고, 세바스토폴이 흑해함대의 기지로 남는 것에 동의했다. 우크라이나 비평가들은 우크라이나 영토에 외국 기지를 허용하는 것은 우크라이나 헌법을 위반하는 것이고, 세바스토폴에 대한 러시아의 영유권과 병력의 주둔을 허용하는 것이라고 비판했다.[57]

1995년 5월 옐친의 보좌관인 드미트리 류리코프Dmitry Ryurikov는 러시아가 우크라이나 채무를 재조정했음에도 불구하고 우크라이나가 세바스토폴과 흑해함대에 기대된 양보를 하지 않는 것에 불만을 표현했다. 류리코프는 "옐친은 우크라이나 측이 결론을 내릴 것을 제안했다. 만일 합의 수용에 진전이 없으면 러시아는 우크라이나와 합의한 경제, 재정 문제에 대한 합의를 재고할 것이다"[58]라고 말했다. 그러나 러시아도 우크라이나에 대한 경제 압박을 너무 심하게 하는 데 제약이 있었다. 그 이유는 러시아도 국제 금융기구로부터 지원을 받고 있었고, 우크라이나의 경제 상황이 극적으로 악화되는 것을 원하지 않았기 때문이다.[59] 양국 협약에 서명하기 위해 옐친이 1995년 9월 키이우를 방문하기로 한 계획은 기지 문제에 대한 이견이 계속 존재했기 때문에 연기되었다.

옐친은 1996년 4월 우호조약에 서명하기 위해 우크라이나를 방문하기로 다시 계획을 잡았으나 기지 문제 때문에 다시 연기되었다. 러시아 대통령 선거가 다가오고, 옐친이 보복주의자들의 공격을 받고 있는 상황에서 그는 더 이상 양보를 할 수 없는 상황에 처했다. "코지레프를 프리마코프로 경질하고, 우파 노선을 취함으로써 옐친은 외교 정책 문제가 선거의 쟁점이 되는 것을 잘 피했다. (…) 프리마코프는 민족주의-애국주의 진영의 카드를 중립화시켰다. 그는 옐친과 함께 이 카드를 쓰며 러시아의 이익과 독립을 적극적으로 옹호했다."[60] 7월 재선에 성공한 옐친은 협상의 폭이 넓어졌지만, 강경파들은 세바스토폴에 대한 공격을 재개했고, 10월 16일 하원인 두마는 함대를 분할하는 것을 금하고, 우크라이나가 세바스토폴에 주권을 주장하는 것을 거부하는 결의안(찬성 334, 반대 1)을 통과시켰다. 두마는 10월 24일 세바스토폴이 러시아의 관할하에 남아 있어야 한다는 결의안을 통과시켰다.[61] 12월 러시아 상원은 두마의 결의안을 압도적으로 인정했다(찬성 110, 반대 14).[62] 상원의장인 예고르 스트로예프Yegor Stroyev는 "세바스토폴은 러시아 영광의 도시다. 그래서 이들은 올바르게 투표한 것이다"[63]라고 말했다.

1996년 10월 몰도바의 러시아군을 지휘하고 최근에 국가안보회의 의장으로 임명된 알렉산드르 레베지는 "세바스토폴은 러시아 도시다"라는 공개서한을 발표했다. 그는 "러시아와 우크라이나 사이의 영토 분쟁이 존재한다는 문제는, 역사적 관점에서 세바스토폴에 대한 러시아의 권리를 고려하여 제기되어야 한다"[64]라고 주장했다. 1997년 여론조사에서는 러시아인의 70퍼센트가 세바스토폴의 영유권이 러시아로 이전되는 것을 지지하는 것으로 나타났다.[65] 이 조사는 구속력이 없기 때문에 옐친은 이것과 거리를 두었다. 그러나 그의 정당인 "우리의 집 러시아"당과 그가 지명한 상원의원들은 세바스토폴에 대한 결의안에 찬성했다.[66] 러시아 정부는 마지못해 우크라이나의 주권과 국경을 인정해도, 엘리트와 민주적으로 선출된 의원 다수는 그렇지 않다는 것이 분명했다.

그러나 이 시기에도 우크라이나가 나토에 가입할 가능성은 요원했지만, 이것은 양국 협상에 영향을 주었다. 일부는 나토가 영토 분쟁이 있는 나라는 새 회원국으로 받아들이지 않는다는 것을 이유로 러시아가 우크라이나와 국경에 대한 이견을 유지해야 한다고 주장했다. 다른 사람들은 러시아가 흑해함대 거래를 대가로 우크라이나가 나토에 가입하지 않는다는 약속을 하도록 만들어야 한다고 주장했다. 또 다른 사람들은 크림에 대한 러시아의 입장이 우크라이나로 하여금 나토 가입에 관심을 갖도록 만든다고 주장했다.[67]

우크라이나의 국내 정치 상황이 합의에 이르는 길을 용이하게 하고 있었다. 1996년 6월 쿠치마는 신헌법을 의회에서 통과시키는 데 성공했다. 헌법은 우크라이나 영내에 외국 군사기지가 위치하는 것은 금한 대신에 "경과 규정"에는 "우크라이나에 이미 존재하고 있는 군부대는 임차 형식으로 가능하다"[68]라고 규정했다. 이것으로 임차 거래가 가능해지게 되었다.

1997년 전반 합의가 성사되었다. 우크라이나는 러시아에 대한 에너지 의존도 때문에 압박을 느꼈다면, 러시아는 이 거래가 우크라이나와 나토의 증대되는 협력의 속도를 느리게 할 것으로 생각했다. 우크라이나-나토의 "특별 동반자 협정(Charter on Distinctive Partnership)"이 [7월] 체결될 예정이었다.[i] 5월 27일 나토-러시아 기초 협약(Founding Act)이 체결되었고, 일주일도 되지 않아 흑해함대 협약과 러시아-우크라이나 우호조약이 체결되었다. 흑해함대는 반씩 분할된 후 우크라이나의 지분 일부가 러시아에 대한 부채를 상계하기 위해 러시아에 다시 넘어갔고, 세바스토폴 항구 시설과 기지는 2017

i 여기에서 나토는 체코, 헝가리, 폴란드를 공식 회원국으로 받아들였다.

년까지 러시아에 임대되었다. 우크라이나로서 가장 중요한 것은 조약 2조가 "UN헌장과 유럽안보협력 최종 협약에 의거하여 당사자는 상대의 영토적 통합성을 인정하고 양국 사이에 존재하는 국경의 불가침성을 인정한다"고 규정한 것이었다.

우호조약의 서명으로 러시아와의 좀더 밀접한 관계를 목표로 한 크림 내부의 소요는 종결되었다.[69] 그러나 러시아가 세바스토폴을 관할해야 한다고 주장하는 모스크바의 일부 관리들의 요구는 잠재우지 못했다. 크림에서 분리주의가 가라앉은 (그리고 돈바스 지역으로 전이되지 않은) 이유 중 일부는 우크라이나에서 가장 친러시아 정당인 우크라이나 공산당이 우크라이나의 영토적 통합성을 강력히 지지했기 때문이다. 이 당의 목표는 우크라이나를 분할하는 것이 아니라 우크라이나 전체가 러시아와 좀더 밀접하게 동맹을 맺는 것이었다. 우크라이나 공산당 지도자 페트로 시모넨코Petro Symonenko는 "일부 언론이 우크라이나 공산당을 국가의 영토적 통합성의 적으로 묘사하고 있다. 다시 한번 반복하건대, 공산주의자들은 크림과 세바스토폴을 우크라이나의 분리할 수 없는 일부로 간주한다"[70]고 주장했다.

보스니아가 쐐기를 박다

유고슬라비아 전쟁만큼 서방과 러시아의 관계를 훼손한 것은 없다. 이 분쟁은 양측을 분열시키기 위해 가장 완벽하게 만들어진 것처럼 보였다. 전통적 우방에 대한 러시아의 우려와 러시아의 지위가 유럽에서 일어나는 대량학살(genocide)을 방관하지 않기로 한 서방의 결정과 충돌했다. 유고슬라비아 전쟁과 이것을 어떻게 처리할 것인가는 우크라이나에 직접적 영향을 미치지는 않았지만 이어 발생한 사건들과 더불어 러시아의 불만을 증폭시켰다. 유고슬라비아에서의 무력충돌을 중단시키기 위해 무력을 사용하는 것이 현명한가에 대해 서방 내에서 또 서방과 러시아 사이에 이견이 발생했다. 많은 사람들은 외부 힘을 사용하는 것은 사태를 호전시키지 않고 악화시킬 것으로 예측했다.[71] 그러나 인종청소가 지속되자 서방의 인내심은 고갈되었고, 러시아는 점점 더 악화되는 무력 사태를 중지시키는 것을 방해하는 것처럼 보였다. 세르비아가 무력 사태에 상당한 책임이 있다고 본 서방은 세르비아를 강압하여 국제 평화계획에 굴복하게 하려고 했다.《프라우다》의 한 논평은 이를 이렇게 한탄했다. "만일 우리의 전통적 혈맹인 세르비아가 '러시아 형제'에게 도움을 요청한다면 어떻게 할 것인가? 이런 일은 다른 시기에도 일어났었다. (…) 아직 우리가 세계가 들을 수 있는 말을 한마디도 하지 않은 것은 얼마나 모욕적이며 러시아에게 얼마나 쓰라린 일인가."[72]

유고슬라비아를 둘러싼 미국과 러시아 사이의 긴장은 1994년 2월 5일 세르비아군이 사라예보 시장을 포격하여 68명의 사망자를 내면서 최고조에 달했다. 부트로스 부트로스-갈리Boutros Boutros-Ghali UN 사무총장은 공습을 가하자는 UN의 요청에 동의했다. 러시아는 이에 반대했다.《이즈베스차(Izvestiia)》는 외무부 고위관리의 말을 인용해 "우리는 부트로스-갈리의 주장을 받아들이지 않고, 이번 사건이 이전의 안보리 결의에 해당한다고 믿지 않는다. 안보리 이사국들과의 협의가 요구된다. (…) 세르비아 측의 책임이 증명되기 전까지 국제사회는 어떤 조치도 취해서는 안 된다."[73]《붉은 별》은 "사라예보 시장 비극에 대해 이슬람 당국의 책임"을 주장하며, "세르비아 거점 지역만을 폭격하겠다는 나토의 고집은 유고슬라비아 사태 해결에서 이 기구가 객관성을 유지하고 있는지에 의문이 들게 하고 있다. (…) 최후통첩을 발한다면 이것은 세르비아 측만 아니라 세 당사자 모두를 대상으로 해야 한다"[74]라고 주장했다. 서방에서는 세르비아의 책임에 의문을 제기하는 것은 솔직하지 못한 것으로 간주했다.

옐친은 "우리는 이 문제가 러시아의 참여 없이 해결되는 것을 허용하지 않는다"[75]라고 주장했다. 1992년 러시아는 UN 안보리의 세르비아 제재(757)에 동의했었고, 1993년 러시아는 보스니아에 만들어진 "안전 구역(safe havens)" 보호를 위해 무력을 사용하는 것을 인정한 바 있었다. 그러나 1994년 러시아는 세르비아를 목표로 한 행동으로 이어지는 조치를 지지하려 하지 않았다. 당시 UN 주재 러시아 대사 세르게이 라브로프Sergei Lavrov는 두마에서 러시아는 무력 사용을 인정하는 어떠한 제안도 거부할 것이라고 밝혔다.[76] 그럼에도 불구하고 나토는 사라예보 반경 20킬로미터 내의 "배타적 구역(exclusive zone)"에 중화기를 사용하거나 공격을 가하는 경우 나토의 공습이 시작될 것이라고 경고했다.

유고슬라비아에 파견된 러시아 특사 비탈리 추르킨Vitaly Churkin은 세르비아군이 사라예보 인근의 거점에서 철수하고 보스니아군이 이 거점을 장악하지 않도록 러시아군이 이 지역을 장악하는 타협안을 성사시켰다. 이 제안은 러시아와 서방이 공동보조를 취하도록 만드는 타협안으로 서방의 일부 사람들로부터 환영을 받았고, 러시아 언론은 러시아의 승리이자 이 지역에서의 지속적 영향력의 신호로 찬사를 보냈다. 나토의 공습 필요는 잠시 연기되었지만, 러시아와 서방은 완전히 다른 결론에 도달했다. 나토와 미국은 세르비아의 공세를 멈추려면 구체적 위협이 제기되어야 한다고 생각한 반면, 러시아는 무력이 아니라 외교가 문제를 해결했고 이 문제들은 러시아 없이는 해결될 수 없다고 생각했다.[77]

새로운 갈등 요소가 부상했다. 1994년 2월 21일 미국 CIA의 고위 방첩 요원인 올드리치 에임스Aldrich Ames가 러시아를 위한 간첩 행위를 한 혐의로 체포되었다. 동맹국들이 서로를 대상으로 첩보 행위를 하는 것을 당연히 여기는 사람들도 있었다. 에임스는 미국을 위해 정보를 수집하던 사람들을 배신했다. 그러나 많은 사람이 보기에 이 사건은 냉전의 종식이 아무것도 변화시키지 않았고, 미국이 러시아에 원조를 제공하는 동안 러시아가 미국에 스파이 작전을 펼쳤다는 사실은 당혹스러운 일이었다.

미국의 공화, 민주 양당의 상원 의원들은 조사가 진행되는 동안 러시아에 대한 원조를 중단할 것을 요구했지만, 클린턴 행정부는 이를 받아들이지 않았다.[78] 이 사건에 대한 러시아의 반응도 도움이 되지 않았다. 미국이 러시아가 자발적으로 워싱턴에 파견된 고위 정보 관리를 철수시킬 것을 요구하자 러시아는 이를 거부했다. 미국이 이 관리를 추방하고, 러시아는 이에 대한 보복 추방을 하면서 사람들에게 냉전 시대를 생각나게 했다. 미국 상원 야당 원내대표 밥 돌Bob Dole은 "러시아에 대한 지원에 대한 의회와 국민들의 지지는 이런 환경에서 지속될 수 없다"[79]라고 말했다. 레이먼드 가르도프Raymond Garthoff는 "이러한 소동이 일어날 수 있다는 사실은 새로운 미-러 동반자 관계의 취약성을 보여준다"[80]라고 썼다.

1994년 4월 나토가 유엔 평화유지군을 보호하기 위해 무력을 사용할 수 있도록 허용한 유엔 결의안을 근거로 세르비아 지상 거점을 공격하자 옐친은 격분했다. 나토가 일방적으로 갈등을 격화시킬 뿐만 아니라 국내적으로 옐친을 아주 어려운 상황에 처하게 만들었다. 1995년 8월 나토가 보스니아에 있는 세르비아 거점에 대한 폭격을 강화하자 러시아는 같은 반응을 보였다. 보스니아-크로아티아 연방이 "연락 그룹(Contact Group)" 합의에 의해 할당된 영토를 확보하도록 도움으로써 이 작전은 1995년 11월 데이턴 평화협정의 길을 열어놓았다. 그러나 러시아는 다시 한번 격분했고, 정부 신문들은 보스니아의 세르비아인들이 "사실상 대량학살을 당할"[81] 위험에 처했다고 주장했다. 《프라우다》는 "오늘은 세르비아, 내일은 러시아"[82]라고 헤드라인을 뽑았다.

보스니아 사태는 러시아를 곤경에 빠뜨렸다. 러시아는 세르비아를 지원하기 위해 서방과의 관계를 희생하고 싶어 하지는 않았지만, 서방의 접근법은 새로운 유럽과 더 넓은 게임의 법칙에서 러시아의 위치를 더욱 훼손하는 것으로 보았다. 서방은 다른 딜레마에 봉착했다. 많은 사람들은 유고슬라비아에서 무력을 쓰는 것을 원치 않았고, 특히 러시아의 반대와 유엔 안보리의 위임 없이 그렇게 하는 것을 꺼림직하게 생각했다. 그러나 홀로코스트 이후 "절대 다시는(Never again)"은 서방의 양심을 크게 흔들었고, 대량학살을 방지하는 노력을 무산시키는 러시아는 많은 사람을 당혹시키고 화 나게 했다.

러시아가 대량학살이 진행되고 있다는 사실을 인정하고 안보리의 결정을 지지했더라면 서방이 대량학살을 방관하고 있다는 느낌을 갖는 일 없이 안보리의 동의 원칙은 유지되었을 것이다. 러시아가 왜 무력 사용을 그토록 한사코 반대했는지는 그 이유가 분명하지 않다. 하나의 가설은 차르 시대부터 동맹이었던 세르비아의 위치와 정교회의 단결이 이유가 되었다는 것이다. 두 번째 해석은 러시아는 포스트-공산주의 시기 유럽에서 거부권을 가질 수 있다는 양해를 얻기 위해 분투하고 있었다는 것이다. 유고슬라비아 특사인 비탈리 추르킨은 1993년 "문제는 강대국으로서의 우리의 역할을 확인하는 것이다"[83]라고 말한 바 있다. 이와 비슷한 맥락에서 언론인 콘스탄틴 에거트Konstantin Eggert는 "모스크바가 일방적인 친세르비아 노선을 취하는 것은 워싱턴을 괴롭히기 위해서"[84]라고 비판했다. 또 다른 요인은 러시아가 아직 소련의 붕괴로 휘청거리고 있고, 추가적인 분리주의의 위협을 받고 있기 때문에 영토 분리 관행을 거부하려는 의도를 가지고 있었다는 것이다.

에거트는 러시아의 정책은 전쟁을 장기화시키고 아무런 영향력을 발휘하지 못했을 것이라고, 다른 선택지가 있었다고 주장했다. "1993년 러시아 외무부 전문가들은 안드레이 코지레프 장관과 대통령 측근들에게 이렇게 조언했다. '우리는 유고슬라비아 지역에서 적극적 정책을 단계적으로 축소할 필요가 있다. 우리는 그곳에 진정한 동맹국도 없고 주요 이익도 없다.'" 분쟁의 여파는 컸다. 유고슬라비아는 거부권을 강화하기보다는 훼손시켰고, 나토를 약화시키기보다는 강화시켰다. 이 사태는 또한 러시아가 거부권을 가지고 있는 어떤 국제기구에서도 보스니아와 같은 문제를 다루는 것은 불가능하다는 것을 보여주었다. 이는 또한 유럽에서 냉전 종식 후의 안보에 있어서 나토의 본질적인 중요성을 입증했다. 유고슬라비아 사태에서 미국 측 협상 주역이었던 리처드 홀브룩은 클린턴 행정부 내에서 나토 확장의 핵심 지지자가 되었다.[85] 나토 확장 논의와 보스니아 분쟁이 겹쳐지면서 냉전 종식 후 유럽에서의 안보 질서에 대한 러시아의 희망은 큰 타격을 받게 되었다.

쿠치마와 미국

1994년 11월 우크라이나가 비핵국가로서 핵확산금지조약(NPT)에 서명함으로써 우크라이나에 대한 미국 원조의 마지막 장애물이 제거되었고, 11월 말 쿠치마는 미국을 국빈방문하였다. 미국 관리들로부터 찬사를 받았을 뿐만 아니라 9억 달러의 원조 약속을 받고 돌아왔다. 이와 더불어 IMF도 약속한 차관 7억 달러 중 3억 7천만 달러를 지급했다. 이러한 원조는 망가진 우크라이나 경제를 살려내는 데 큰 역할을 했다. 평화를 위한 동반자 프로그램에 참여한 것은 미국과 우크라이나 사이의 새로운 협력관계를 상징했다.

1994년 12월에 부다페스트에서 열린 유럽안보협력기구(OSCE) 정상회담에서 미국, 영국, 러시아는 우크라이나의 안보와 국경을 보장하는 부다페스트 의정서에 서명했다. 이것은 우크라이나가 핵무기를 포기한 해 초반에 이루어진 마지막 거래였다. 이 의정서는 아무에게도 어떠한 행동의 의무를 지우지는 않았지만, 러시아는 무력을 사용하지 않을 것이고, 만일 그럴 경우 미국과 영국이 이에 대응할 것이라는 것을 우크라이나에 확신시켜 주는 중요한 조치로 받아들여졌다.

1995년 5월 미국과 우크라이나의 격상된 양자 관계는 클린턴 대통령의 키이우 방문으로 나타났다. 클린턴은 "미국은 독립적이고, 민주적이고, 안정적이며 번영하는, 유럽과 더욱 깊이 통합된 우크라이나를 강력히 지원한다. 이러한 우크라이나는 우리에게 핵심적 정치적, 경제적 파트너이고 유럽의 안정을 위한 실제적 힘이기 때문에 우리는 우크라이나를 지원하는 것이다"[86]라고 밝혔다.

1998년 이란에 핵원료를 공급하는 문제로 갈등이 발생했을 때, 미국이 러시아를 제물로 삼아 우크라이나에 얼마나 많은 영향력을 행사할 수 있을지를 입증하는 방식으로 해결되었다. 문제가 된 것은 러시아가 이란의 부셰르(Bushehr)에 원자력발전소를 건설하는 것을 돕도록 합의한 것이었다. 하르키우에 있는 우크라이나 회사 투르보아톰(Turboatom)은 원전에 들어가는 터보엔진을 설치하는 하청계약을 맺었는데, 미국이 압력을 가해 이 계약을 해지하도록 만들었다. 한편으로는 수입을 잃고, 러시아의 분노를 사고, 다른 한편으로는 원조가 중단되고 미국의 분노를 사는 상황에서 우크라이나는 미국의 요구에 순응했다. 반대급부로 미국은 우크라이나가 미사일통제기술체제(Missile Technology Control Regime)에 접근하는 것을 허용했다. 이 덕분에 우크라이나는 국제 우주 발사 사업에 참여할 수 있게 되었다. 이것은 우크

라이나 최대의 미사일 공장을 경영했던 쿠치마에게는 특히 매력적인 것이었다.[87]

우크라이나와 나토

미국과 우크라이나의 관계 증진은 우크라이나와 나토의 협력 증대로 이어졌다. 나토가 평화동반자 프로그램을 발표했을 때 반응은 엇갈렸다. 나토에 신속히 가입하고 싶어했던 체코, 헝가리, 폴란드는 평화동반자 프로그램이 나토 가입을 지연시키거나 혹은 영구히 보류시키지나 않을까 우려했다. 그러나 가까운 미래에 나토에 가입할 가망성이 없던 우크라이나는 나토의 확장이 우크라이나를 "나토와 러시아 사이의 중간지대(grey zone)에 방치하게 될 것"[88]을 우려했다. 그래서 이미 1994년에 새로운 경계선 밖에 위치하게 될 것을 염려한 우크라이나는 나토의 보호를 구하는 방향으로 움직이는 역학이 존재했다. 우크라이나 외무장관 즐렌코는 이렇게 말했다.

> 나는 이 문제가 절대로 "우크라이나의 문제"가 아니라는 것을 강조해야 한다. 이것은 폴란드, 체코, 발트 국가와 다른 중부 유럽, 동부 유럽 국가들이 적극적으로 안보를 모색하고 있는 것으로 분명히 드러났다. 바르샤바 블록의 해체는 유럽 대륙의 이 지역에 안보 공백을 만들었고, 사실상 모든 새 독립 국가들은 국가 안보를 보장하기 위해 나토와 서유럽기구(WEU)에 협력하고 궁극적으로 그에 가입할 희망을 표시했다.[89]

1994년 친러시아 성향의 정치인으로 여겨지는 쿠치마가 크라프추크를 대체한 다음 평화동반자 프로그램에 대한 우크라이나의 적극적 관심은 크게 늘어났다. 이것은 쿠치마의 "전방위" 외교 정책과도 맞아떨어졌다. 우크라이나 지도자들이 좋아하든 좋아하지 않든 러시아와의 고도의 상호의존성은 운명적 사실(fact of life)이었다. 나토와의 협력은 러시아의 영향력을 상쇄시킬 뿐만 아니라 서방과 연합할 수 있다는 위협으로서 러시아가 우크라이나에 대한 압력을 줄이도록 만드는 유용한 수단이 될 수 있었다.[90] 이런 이유로 우크라이나는 평화동반자 프로그램의 가장 열성적인 참여자가 되어 가능한 많은 공동 작전과 다른 활동에 참여했다. 우크라이나는 나토가 1995년 12월 보스니아에 배치한 평화유지 실행 병력(Implementation Force, IFOR)에 400명의 병력을 파견함으로써 열의를 보여주었다.

1995년 1월 쿠치마는 우크라이나와 나토의 "특별 동반자 헌장(Charter on a Distinctive Partnership)"을 제안했다. 1996년 중반 우크라이나 외무장관 헨나디 우도벤코Hennadiy Udovenko는 우크라이나가 나토의 "준회원(Associate Member)"(실제로는 존재하지 않던 범주)이 될 수 있다고 발언하여 파장을 일으켰다. 쿠치마는 우도벤코의 발언을 지지하지 않았지만, 모스크바는 이에 신경을 곤두세웠다. 아르카디 모시스Arkadiy Moshes는 가까운 장래에 우크라이나가 나토에 가입할 가능성을 무시하며 이렇게 썼다. "이와 동시에 키예프의 정치인들은 우크라이나가 나토에 가입한다는 목표를 선언하는 것은 러시아에 대해 공개적으로 비우호적인 정책으로 전환하고, 이에 따른 결과를 감내하겠다는 것으로 간주된다는 것을 명심해야만 한다."[91] 1997년 3월 우도벤코는 브뤼셀에서 한 걸음 더 나가는 발언으로 나토 관계자들을 놀라게 했다. "나는 나토가, 나토를 포함한 유럽과 유럽-대서양 안보 구조에 완전히 통합되고자 하는 전략적 목표를 이루고자 하는 우크라이나의 노력을 지원하기를 희망한다."[92] 그해 후반 그는 나토의 확장이 우크라이나 서부 인접국에 핵무기의 배치로 이어질 가능성에 우려를 표명하고, 중부 유럽에 비핵

지역(nuclear-weapons-free zone)을 만들 것을 제안했다. 나토는 새로운 회원국들의 안보 보장에 핵 "우산"이 핵심 역할을 할 것이라고 주장하며 이 제안에 반대했다. 우크라이나 지도자들은 나토 협정 "5조와 같은" 안전 보장을 추구했지만 나토는 이도 거부했다.[93]

우크라이나는 나토 가입 절차를 밟고 있는 폴란드와의 유대를 공고히 하려고 노력했다. 폴란드는 나토와 유럽연합에서 우크라이나의 중요한 지지국이었다. 1994년 3월 양국은 "폴란드-우크라이나 동반자관계 수립에 관한 원칙"이라는 협약을 맺었고, 여기에서는 이 지역에서 부상하는 패권적 경향 또는 영향권을 막을 필요성을 강조했다. 이것은 러시아에 대한 공동의 우려를 표시한 것이었다.[94]

1997년 5월 폴란드의 알렉산데르 크바스니엡스키Aleksander Kwaśniewski 대통령은 키이우를 방문하여 "합의와 단합 선언(Declaration on Agreement and Unity)"에 서명했다. 폴란드는 우크라이나가 나토와 러시아 사이에 고립될 위험을 분명히 인정하고 도울 방법을 모색했다.[95] 폴란드의 "고위 외교관"은 다음과 같이 말한 것으로《월스트리트 저널》에 보도되었다.

> 우리는 우크라이나를 다시 러시아로 되돌리는 대가를 치러야 한다면 나토의 일부가 되고 싶지 않다. (…) 기본적으로 (우크라이나인들은) 서방 체제와 국경을 공유하는 것은 이익이 되고 우크라이나의 독립과 안보로 증진시킬 것이라고 말한다. 이것은 나토 확장이 폴란드가 연루된 러시아와의 거래가 아니라는 것을 전제한다. 그러나 경계선은 부그(Bug)강[ii]이고, 우크라이나는 반대편에 위치하게 된다.[96]

---

ii 부그(Bug)강 – 벨라루스, 폴란드, 우크라이나를 관통하는 총 연장 774킬로미터의 강으로 벨라루스와 폴란드(178킬로미터), 우크라이나와 폴란드(185킬로미터) 경계를 이룬다.

우크라이나가 나토와 러시아 사이에 떨어지게 될 우려를 인정한 나토는 1997년 여름 폴란드, 체코, 헝가리를 회원국으로 가입시킨 마드리드 정상회담에서 우크라이나와 "특별 동반자 헌장"에 서명했다.[97] 이 헌장은 우크라이나가 나토의 중요한 동반자이고, 우크라이나의 미래와 안보에 관여하겠다는 것을 표현한 것이다. 이 헌장은 우크라이나가 바라는 확실한 안전보장보다는 우크라이나가 핵확산금지조약에 가입했을 때 이루어지고 부다페스트 의정서에 포함된 영토적 통합성과 관련한 보장을 다시 언급했다.

러시아는 이 협정에 공식적으로 반대하지는 않았다. 1990년 양국 외무장관이 키이우에서 만났을 때, 우크라이나 외무장관 보리스 타라슈크Boris Tarasiuk는 "유럽과 북대서양 구조에 통합하려는 우리의 정책은 그대로다"라고 말했다. 이에 대해 프리마코프는 단순히 이렇게 말했다. "그들이 우크라이나의 나토 가입을 말하고 있지 않다면 나는 그렇게 생각하겠다."[98]

실제적으로 평화동반자 프로그램은 실질적 변화보다는 상징적 중요성에서 시사하는 바가 컸다. 나토 관리인 제임스 그린은 후에 이렇게 썼다.

> 우크라이나의 공식 기구와 기관들은 동맹과의 작업에서 얻은 지식과 노하우를 실천하기에는 약한 배(vessel)이다. 우크라이나 부대는 평화동반자 기준에 맞추어 훈련할 것이지만 이들의 핵심 매뉴얼을 변하지 않을 것이다. 한 부대가 한 작전에 같이 배치될 수는 있지만, 이 부대가 귀환하면 병사들은 집으로 돌아가게 된다. 장교들은 훈련을 받으러 외국에 나갈 수 있지만, 이들이 새로 얻은 경험은 군대보다는 민간 싱크탱크에서 더 높이 평가될 것이다.[99]

미국과 우크라이나의 관계는 2004년 오렌지 혁명 중에 군대가 개입하는 것을 막는 역할을 한 것으로 평가되었지만, 진정한 군사 개혁이 이루어지지 않았다는 것은 2014년 여실히 드러났다.

1994년 2월 비탈리 포르트니코프Vitaly Portnikov는 《네자비시마야 가제타(Nezavisimaya Gazeta)》에 중부 유럽 국가들이 나토의 "대기실"에서 기구 자체로 이동할 것이라는 것은 이해할 만하다고 주장했다. 그러나 만일 체코와 폴란드가 가입하고, 혹시 러시아도 가입한다면 "우크라이나는 왜 안 되겠는가?"라고 그는 의문을 제기했다. 그러나 우크라이나가 가입하게 되면,

> 서방 정치인들은 러시아 동료들로부터 격한 말과 비난을 듣게 될 것이다. 좀더 자세히 들여다보면 미국의 빌 클린턴 대통령이 만든 "대기실" 체제는 손님방으로 바로 입장시키는 것보다 더 위험하다. 만일 모스크바가 평화동반자 프로그램에 가입하면 서방에서는 어떤 반응이 나올 것인가? 그렇게 되면 미국 행정부의 교묘한 지정학은 어떻게 될 것인가? 그렇게 되면 워싱턴에서는 왜 모스크바는 현관 밖에서 바깥 공기를 쐬고 있는데 프라하는 대기실에서 잠깐 기다리고, 키이우는 오래 기다려야 하는지를 물을 것이다.[100]

러시아는 평화동반자 프로그램에 가입하기는 했지만 우크라이나보다는 훨씬 덜 적극적이었고, 나토 팽창에 큰 우려를 가지고 있었다.[101] 알렉세이 푸슈코프Aleksei Pushkov는 나토의 확장이 러시아가 위협이어서가 아니라 러시아가 위협적이 아니라서 진행되는 것은 아이러니하다고 지적했다. 그는 익명의 서방 외교관의 말을 인용하여 옐친이 아니라 지리놉스키가 러시아 대통령이었다면, 서방의 정책은 훨씬 더 자제를 보였을 것이라고 주장했다.

> 모스크바가 과거 독일이나 일본에 적용된 물리적 강요 없이 이러한 조치에 동의했다는 것은 매우 심각한 문제이다. 이것은 서방이 우리와 타협할 것이라는 기대를 가질 충

> 분한 이유가 있었다. 그러나 이 움직임은 아주 제한적이었다. 잠깐의 허니문 후 (…) 서방의 의도는 약해지기 시작했다. 먼저 우리는 서방이 재정지원을 하고 싶었지만, 말하자면 재원이 없다는 것을 알게 되었다. (…) 다음으로 우리는 포스트-소비에트 공간에서 원심력적인 경향을 지원하는 것이 미국의 이익인 것을 알았다(즈비그뉴 브레진스키는 특유의 품위를 보이면서 이러한 노선을 구소련 지역에서의 "지정학적 다원주의"에 대한 지원이라고 불렀다). 마지막으로 서방은 동유럽 국가들을 나토에 받아들여야 한다는 결론을 내렸다. 이 국가들은 유럽 안보의 추상적인 체계를 추구하기보다는 안전한 쪽에 들어와야 한다는 논리였다.[102]

1997년 마드리드 정상회담이 체코, 헝가리, 폴란드를 나토에 가입하도록 초청하기 직전 나토와 러시아는 "나토-러시아 기초 협약(NATO-Russia Founding Act)"을 체결했다. 이것은 나토의 확장이 러시아의 이익을 침해하지 않을 것이라는 것을 보장하는 것이었다. 러시아는 세계 주요 경제대국 모임인 G7에 초청되는 것으로 추가적 보상을 받았다. 러시아의 일부 사람들은 이러한 조치에 안정을 느꼈고, 옐친은 상황을 최대한 활용하려고 하였으나, 러시아의 여론은 절대적으로 부정적이었다.

일부 서방 분석가들은 러시아와 마찬가지 이유로 나토 확장을 반대했다. 일부는 이것이 우크라이나에 일으킬 문제를 예상했다. 이 과정이 일단 시작된 상태에서는 유럽에 새로운 분할선이 그려질 것이고, "잘못된" 편에 있는 나라들은 여기에 포함되기 위해 노력할 것이 분명했다. 동쪽으로 확장되는 나토는 결국 우크라이나에까지 닿을 것이지만, "러시아를 가입시키지 않은 상태에서 우크라이나를 데려가는 것은 러시아를 소외시키는 가장 빠른 길이었다. 왜냐하면 모든 정치적 스펙트럼에 걸쳐 러시아인들은 우크라이나를 러시아의 한 부분으로 생각하기 때문이다."[103] 스티븐 월트Stephen Walt는 후에 "나토 확장과 같은 많은 효과를 가져 오는 평화동반자 프로그램에 러시아를 포함시키고 여기에 집중하는 것이" 훨씬 좋은 작용을 했을 것이라고 주장했다.[104] 만일 나토가 확장하지 않고 이러한 대안적 전략이 더 나은 결과를 가져왔다면 안보 문제는 어떻게 되었을지는 여러모로 추측해 보아야 할 문제이다. 그러나 나토의 확장이 러시아를 자극하고 우크라이나와 관련하여 어디에서 확장이 끝날지에 대해 많은 사람이 생각을 하게 만든 것은 틀림없는 사실이다.

우크라이나와 유럽연합

쿠치마의 서방으로의 방향 전환은 유럽연합을 포함했고, 이것은 우크라이나 내에서 논란이 훨씬 적었고, 러시아에는 덜 위협이 되었다. 1994년 여름 유럽연합과 우크라이나는 동반자관계 및 협력에 관한 협정(Partnership and Cooperation Agreement, PCA)을 체결했다. 이 협정을 체결한 시점은 매우 중요했다. 왜냐하면 우크라이나 내, 특히 동부 지역에서는 러시아가 주도하는 CIS 관세동맹 가입을 원하는 움직임이 커지고 있었기 때문이다. 협력협정 체결은 러시아와의 재통합 말고도 다른 대안이 있다는 것을 최소한 상징적으로 보여주었다. 우크라이나 외무차관 올렉산드르 마카렌코Oleksandr Makarenko는 목표를 다음과 같이 분명히했다. "이 협정은 우리가 다음 질문에 답할 수 있는 형식 그 자체로 체결되었다. 최종적으로 우크라이나는 어디로 움직이고 있는가, 과거인 동쪽인가, 아니면 미래인 서쪽인가?"[105]

7월 외교팀과의 회동에서 쿠치마는 서부 유럽과의 통합(*integration*)과 CIS와의 협력(*cooperation*)을 조심스럽게 구분했다.

> 유럽 통합 과정을 지향하는 전략적 선택과 함께 우크라이나의 확고하고도 일관된 노선은 CIS 체제 내와 외부 모두와 양자적이고 다자적인 협력을 최대한 확대하고 심화하는 노선이다. 이 과정은 상호 이익과 상대의 이익 존중의 원칙을 지키고, 일반적으로 인정된 국제법의 규범을 준수해야 한다.[106]

시간이 지나면서 쿠치마는 유럽 지향의 수사를 강화했다. 그는 1996년 헬싱키에서 행한 연설에서는 문명론을 제기했다.

> 외교 정책 분야에서 우리의 과제 중 가장 중요한 책무 중 하나는 유럽으로부터 인위적으로 우크라이나를 분리하는 것을 극복하는 것이다. 이것은 수 세기 동안 우크라이나 국민들로부터, 우리 시인이 말한 "단일 가족의 느낌(the feeling of a single family)"을 박탈했다. 이것은 오늘날 모든 우리 유럽인에게 필요한 것이다. 유럽 문화의 요람은 유럽의 기독교 문명이다.[107]

이것은 러시아가 생각하는 것과 아주 다른 역사와 문화에 대한 해석이다. 러시아는 기본적으로 우크라이나를 러시아의 일부라고 보고 있었다.

동반자관계 협력협정 체결 후에 EU-우크라이나 협력 이사회를 비롯한 다양한 양자 기구가 설립되었다. 1998년 우크라이나는 EU 통합을 기본 전략으로 설정하고, 유럽통합발전국가위원회(National Agency for Development of European Integration)를 설립했다. 그러나 협력협정은 EU 각 회원국 의회의 비준을 받아야 했고, 이 과정은 빨리 진행되지 않았다. 이것은 유럽연합이 우크라이나와 통합되는 것에 대한 열의가 없음을 보여주는 증거였다. 이러한 지연을 해결하기 위해 양측은 1995년 비준이 불필요한 지역에서 협력을 증진시키기 위한 "중간 합의(Interim Agreement)"를 체결했다.

나토의 경우와 마찬가지로 우크라이나는 확장된 유럽연합 외곽에 남게 될 것을 우려했고, 나토의 경우와 마찬가지로 가장 큰 염려는 폴란드였다. 폴란드는 우크라이나의 핵심 교역 국가였고, 폴란드에서 일하는 우크라이나 노동자들의 본국 송금액도 중요했다. 폴란드가 유럽연합에 가입하면서 우크라이나와 폴란드 사이의 무역 장벽이 높아지고, 폴란드의 경제가 유럽연합으로 방향을 바꾸면서 폴란드 시장에 대한 우크라이나의 접근권이 축소되고, 많은 우크라이나 사람들이 종사하는 국경 간 무역도 타격을 받을 것이 분명했다.

이와 동시에 우크라이나는 이 지역의 여타 국가들과의 동맹을 구축하려고 노력했다. 1997년 조지아, 우크라이나, 아제르바이잔, 몰도바 지도자들은 하나의 그룹을 형성하고(각 국가의 머리글자를 따서 GUAM. 우즈베키스탄은 1999년에 가입), 러시아를 우회하는 카스피해에서 유럽까지의 에너지 통로를 확보하려고 노력했다. 아제르바이잔과 우즈베키스탄은 주요 에너지 생산국이었지만 생산품을 시장으로 운송하는 가스관을 러시아가 관할하는 것에 방해를 받고 있었다. 조지아, 우크라이나, 몰도바는 에너지 공급원을 러시아에서 다른 카스피해 지역 국가로 다변화하려는 에너지 소비 국가였다. 조지아와 우크라이나는 에너지 통로이며 아제르바이잔과 우즈베키스탄의 에너지 운송문제를 해결하는 데 도움을 줄 수 있었다. 미국이 아프가니스탄 전쟁에 기지 사용권과 영공비행권을 확보하자 러시아는 중앙아시아에서 미국이 러시아의 역할을 대신하려 한다고 생각했다.[108] 러시아는 탈레반 정권의 전복에는 동의했지만, 미국이 자신의 남쪽 국경에 오래 머무는 것을 허용하고 싶지는 않았다. GUAM의 활동을 지속하는 것에 대한 이익이 없어지면서 이 기구는 2001년 이후 힘을 잃었다.

1998년 베네룩스3국과 나토 대사였던 친유럽 성향의 보리스 타라슈크

Borys Tarasiuk를 외무장관에 임명한 것은 우크라이나의 외교 정책의 유럽 지향성을 나타내는 쿠치마의 또 하나의 신호였다. 타라슈크는 "유럽 아이디어는 우크라이나의 국가적 아이디어"[109]라고 선언했다. 1998년 6월 그는 "유럽연합 통합을 위한 우크라이나의 전략"[110]을 승인했다. 오렌지 혁명 이후 유셴코 대통령에 의해 외무장관으로 타라슈크가 다시 임명된 것은 당시의 친유럽 지향 열기가 얼마나 대단했는지를 어느 정도 보여주는 척도였다.

쿠치마의 유럽 지향성은 1999년 재선 운동에 의해 강화되었다. 1996년 옐친이 그런 것처럼 쿠치마는 공산주의로의 회귀에 대한 대안적 후보로 선거에 나섰다. 그는 자신을 유럽 통합 후보라 내세우며 "우리는 서방으로 더욱 이동해야 하며 유럽 공동체의 완전한 일원이 되어야 한다"[111]라고 말했다. 1994년 선거에서 쿠치마를 지지하지 않았던 서부 우크라이나의 유권자들은 이제 쿠치마를 강하게 지지했다. 이 선거운동은 전술적 조작에 대한 비난이 난무했는데, 앤드루 윌슨은 이것을 "보여주기식 정치(virtual politics)"라고 불렀고, 이것은 이후 선거운동의 일반적 관행이 되었다.[112]

유럽 통합을 위한 우크라이나의 "전략"은 목표에 있어서 깊은 모순을 보여주었다. 쿠치마와 다른 정치 지도자들은 지정학과 민족정체성에서 "통합"의 이익과 EU시장에 접근할 수 있는 경제적 이익은 원했지만, 이와 함께 이행해야 하는 개선, 즉 법의 지배, 경제 개혁, 부패 감소, 민주주의의 강화는 거부했다.[113] 우크라이나는 협력협정에 정면으로 모순되는 새로운 비관세 무역 장벽을 계속 시행했다. 시간이 지나면서 EU 관료들은 우크라이나에 대한 신뢰를 잃어갔다.

다른 많은 정부와 마찬가지로 우크라이나도 통합을 추진하고자 하는 열망과 국내 일자리를 보호해야 한다는 강한 국내적 압박 사이에서 고민했다. 국제적으로 가장 경쟁력이 있는 농업과 철강 산업은 보호주의를 가장 필요로 했기 때문에 우크라이나는 특별히 어려운 상황에 처했다. 이 두 분야는 EU의 공동 농업 정책과 WTO의 반덤핑 규칙에 크게 영향을 받았다. 우크라이나는 1997년 8월 IMF의 "대기 프로그램(Standby Program)" 대상이었지만, IMF 규정을 준수하지 않아 12월분 자금을 지급받지 못했다.[114] 원조 규모로 보면 유럽과의 관계는 대단하지 않았다. 로만 월추크Roman Wolczuk는 1996-1997년 우크라이나에 대한 EU의 총 원조 자금을 5억 3,600만 ECU(1997 환율로 6억 6백만 달러)로 추정했다.[115]

이 상황에서 EU 통합을 향한 우크라이나의 정책과 CIS 통합을 향한 정책에는 평행적 경향이 있었다. 두 경우 모두 우크라이나 지도부는 양쪽에서 요구한 상이한 정치적 변화, 즉 EU 측으로부터는 내부적 개혁, CIS 측으로부터는 러시아의 지도력을 인정하는 것을 거부하면서 적은 경제적, 정치적 이익을 추구했다. 유럽연합이 우크라이나에 대한 관심을 잃고 다른 문제로 시선을 돌린 반면, 러시아는 우크라이나의 입장을 변화시키기 위한 방법을 계속 찾았다.

우크라이나가 포스트-소비에트 경제 축소의 어려운 국면을 벗어난 것처럼 보인 1998년 초 아시아에서 발생한 경제 위기는 러시아와 우크라이나로 확산되었다. 우크라이나의 경제 생산은 급격히 감소했고 외채 지불 능력은 큰 위험에 처했다. 최소한 수사적으로 쿠치마는 우크라이나 경제가 자국 독립에 제기하는 위험을 인정했다.

> 이런 우선적 과제 중에 국력과 국가 안보가 있다. (…) 나는 미래의 세대가 우리의 실책과 계산 착오, 극복할 수 없었던 우리의 난관과 미해결된 문제들을 이해하기를 바란다. 그러나 우리가 미래의 경제 발전 계획을 결정하면서 국가 안보와 주권을 훼손하고 우크라이나의 독립을 위험하게 한다면 미래 세대는 우리를 절대 용서하지 않을 것이다.[116]

그러나 실제에서는 지대 추구(rent-seeking)가 여전히 개혁을 가로막고 있었다.

러시아의 경제 위기는 더 심각한 결과를 가져왔다. 러시아는 우크라이나보다 빠르게 경제 개혁을 해왔기 때문에 잃을 게 더 많았다. 1997년 소련 붕괴 후 최소로 국민총생산이 성장했고 인플레이션이 통제되었다. 외국 자본들이 러시아에 흘러들어왔다. 그러나 경제 체계는 연약했고, 아시아의 재정 위기로 러시아에서 자본이 썰물처럼 빠져나갔다. 루블 가치는 폭락하고, 러시아는 국내 국채 지불에 디폴트를 선언했다. 이런 경제적 압력하에서 거시경제 안정 정책은 포기되었다.[117] 경제 붕괴에 대한 불만의 상당 부분은 이러한 혼란 상태에 책임이 큰 재정 정책을 추구하도록 부추긴 서방으로 향해졌다.[118] 안드레이 일라리오노프Andrei Illarionov는 후에 이렇게 썼다.

> 경제 위기의 가장 큰 이념적 결과는 여론이 크게 움직인 것이다. "민주주의," "개혁," "자유주의(liberal)"라는 단어와 이것과 연관된 개념에 사람들은 신뢰를 잃게 되었다. (…) 러시아 국민 다수는 경제와 사회생활에 국가가 적극 개입하는 것과 러시아에 대한 서방의 음모설, 독자적인 "러시아의 길(Russian way)"을 받아들이게 되었다. (…) 효과적인 시장경제와 함께 안정적인 민주 사회를 건설하려는 반복된 노력은 러시아에서 실패했다는 뼈아픈 결론을 내리지 않을 수 없다.[119]

코소보 문제와 러시아와 서방의 갈등 심화

1999년 3월 세르비아를 폭격하기로 한 나토의 결정은 좋지 않은 시기에 내려졌다. 이 결정은 체코, 헝가리, 폴란드가 공식적으로 나토 회원국이 된

지 몇 주 후에 내려졌다. 코소보 반군과 유고슬라비아 정부 사이의 갈등은 1999년 초 격화되어, 이 지역에서 인종청소가 강화될 것이라는 우려를 낳았다. 유고슬라비아가 이 지역에 국제평화유지군 배치를 거부한 후 나토 지도자들은 유고슬라비아가 코소보 지역에서 계속 무력을 사용하는 것을 막기 위해서는 무력이 사용되어야 한다는 결정을 내렸다. 1999년 5월 클린턴은 한 연설에서 "최소한 10만 명이 실종되었고, 젊은이들이 가족들이 보는 앞에서 끌려갔고, 500개 이상의 도시와 마을, 촌락이 불태워졌다"라고 말했다. "20세기가 불과 7개월밖에 남지 않은 상황에서 코소보는 아주 중요한 시험이다. 우리는 협력과 관용에 기초하고 공동의 인류애(humanity)에 뿌리를 둔 세계 공동체를 강화할 수 있을 것인가 아니면 인종, 종교적 혐오에 뿌리를 둔 압제와 잔인성이 새로운 세기와 새로운 밀레니엄의 어젠다를 지배할 것인가?"[120] 러시아와 우크라이나 모두에서 엘리트들은 나토의 이 공격에 분노했다. 차이가 있다면 러시아에서는 분노가 나토에 대한 격분을 강화시켰다면, 우크라이나에서는 좀더 건설적인 관계에 대한 기대를 반박하는 것이었다. 나토 폭격에 대한 우크라이나의 반대는 몇 가지 이유에서 우크라이나 정파에 따라 갈렸다.[121] 대다수는 유엔 안보리의 결의 없이 무력을 사용하는 것에 대한 것이었지만, 나토가 유고슬라비아의 주권에 간섭하고 있다는 데 동의하는 경향이었다. 또한 러시아가 이 지역의 분쟁에 관여할 수 있는 전례를 만드는 것에 대한 우려도 있었다. 우크라이나 의회의 좌파 세력은 유고슬라비아에 대한 나토의 "공격적" 행위를 근거로 나토와의 협력을 중단할 것을 요구했다. 그러나 결의안 통과에 필요한 226표보다 부족한 191표만을 얻었다.[122] 나토의 행동을 지지하지 않은 상태에서 쿠치마는 우크라이나가 나토와의 관계에서 이익을 얻고 있다고 주장하고, 우크라이나의 "유럽 선택(European Choice)"은 변화가 없다는 것을 나토에 확신시켰다.

러시아는 격렬히 폭격에 반대했지만, 그것을 중단시키는 데는 소극적 역할만 했다. 몇 주간 폭격이 진행되고 세르비아가 계속 저항하고, 나토가 아무도 원치 않는 지상 공격을 계획하고 있는 상황에서 옐친은 전 러시아 총리 체르노미르딘Viktor Chernomyrdin을 베오그라드에 파견하여 슬로보단 밀로세비치가 나토의 요구에 순응하도록 설득했다. 만일 그가 거부하는 경우 러시아는 그를 더 이상 지지하지 않을 것이라고 경고했다. 이 움직임이 군사적 충돌을 종결시키는 핵심 계기가 되었고, 미국과 러시아가 함께 일하면 어떤 일을 할 수 있는지를 보여주었다.

러시아에서는 나토뿐만 아니라 포격을 중지하라는 나토의 요구에 밀로세비치가 굴복하도록 설득한 러시아 정부(특히 체르노미르딘)에 대해서도 격앙된 감정이 일어났다. 《소비에트스카야 로시야(Sovietskaya Rossiya)》는 정당 지도자들인 겐나디 주가노프Gennadi Zyuganov(공산당), 니콜라이 리시코프Nikolai Ryzhkov(인민당), 니콜라이 하리토노프Nikolai Kharitonov(농민당)의 장문의 글을 실었다. 이들은 "유고슬라비아 담당 러시아 대통령 특사인 체르노미르딘이 유고슬라비아가 나토의 최후통첩을 받아들이도록 강요하는 나쁜 역할을 했다"라고 주장했다. 이들은 체르노미르딘의 간섭이, 러시아 국익을 방어하는 임무를 가진 러시아 외무부와 국방부의 영향력을 우회했다고 불평했다. 유고슬라비아를 "영웅적인 저항"을 하는 "형제" 국가라고 보는 이들은 다음과 같이 주장했다.

> 유고슬라비아 사태는 제2차 세계대전 후 처음으로 무력으로 유럽의 국경을 다시 그리려는 최초의 시도이다. 러시아의 최초의 강력한 입장으로 공격은 결연히 퇴치되어야 한다는 희망을 세계 사회에 제시했다. 유고슬라비아에 강요된 최후통첩은 러시아의 국제적 명성에 헤아릴 수 없는 피해를 주었다. (…) 이런 수치스런 합의는 제2차 세

계대전을 촉발시킨 뮌헨 합의와 동일하다. 공격자에 대한 유화정책은 다른 정복 전쟁을 유발할 것이 분명하다. 나토 공격의 다음 목표가 러시아가 될 것은 의심할 여지가 없다.[123]

코소보 사태는 1990년대에서 2000년대로 넘어가는 가교 중 하나였다. 유고슬라비아 분쟁이 1990년 초반 이후 이루어진 러시아와 서방의 관계를 크게 훼손했지만, 1999년 폭격이 중단될 무렵 러시아에는 새 총리가 임명되었는데, 블라디미르 푸틴이었다. 위기가 최종적으로 해결된 1999년 6월 클린턴 보좌관 스트로브 탤벗Strobe Talbott은 모스크바에서 푸틴을 만나 러시아군이 코소보로 이동하는 것이 관측된 것에 대한 우려를 표명했다. 푸틴은 사전 협의 없이 그런 일이 일어나지 않을 것이라고 탤벗을 안심시키고, 미국이 러시아군 지휘관으로 거명한 장군의 이름을 들어본 적도 없다고 말했다. 탤벗이 워싱턴으로 돌아간 후 코소보에서 러시아군의 이동이 확인되었다.[124] 총리로서의 푸틴과 미국 정부의 첫 교섭은 기만행위로 드러났다. 코소보에 대해서 미국이 완전한 독립을 지원한 것도 다시 한번 러시아를 격분시켰고, 2014년 푸틴은 러시아가 크림을 장악하는 명분으로 삼았다.

2016년 시점에서 회고해 보면서, 러시아 외교 문제에 대한 러시아의 주요 대변인 중 한 사람인 표도로 루키아노프는 이렇게 썼다.

> 러시아의 관점에서 보면 결정적인 전환점은 나토가 1999년 코소보 전쟁에 개입하면서 발생했다. 많은 러시아인들, 심지어 자유주의적 개혁의 강력한 지지자들조차도 모스크바와 밀접한 관련이 있는 유럽 국가인 세르비아에 대한 나토의 폭격에 경악했다. (…) 러시아로 하여금 경각심을 갖게 만든 것은 나토 팽창뿐만 아니라, 그 성격의 변형이었다. (…) 나토는 냉전 시대에는 그렇지 않았지만, 지금은 전쟁 세력이 된 것이다.[125]

체첸 전쟁의 재발은 서방을 러시아에서 더욱 분리시켰다. 러시아는 자국 내의 많은 반란, 테러행위 중에서 체첸 민병대가 다게스탄을 공격하자 이 지역에 대한 통제권을 확보하려고 나섰다. 전쟁을 수행하면서 러시아가 사용한 무력 수준은 서방에서 격렬한 비판을 유발시켰고, 러시아에서는 이 비판을 적대적 행위로 받아들였다.

결론

우크라이나, 러시아, 서방 사이의 관계는 1994년부터 1999년 사이 크게 진전하였지만 핵심적 이견은 지속되었다. 1994년 우크라이나는 핵무기 문제 해결을 주저하는 동안 미국이 강요한 고립주의에서 벗어나 일어나기 시작했다. 이 시기 말 우크라이나는 지역에서 자신의 역할을 점점 더 분명히 하기 시작했다. 이 기간 동안 우크라이나-러시아-미국-유럽 관계에서 몇 가지 진전이 있었고, 이 중 가장 중요한 것은 우크라이나-러시아 우호조약의 체결이었다. 이와 더불어 가장 큰 위험은 피해 갈 수 있었다. 러시아가 극심하게 반대한 나토 팽창은 모든 당사국을 안심시킨 나토-러시아 기초 협약(Founding Act)과 나토-우크라이나 협력헌장(Charter)의 맥락에서 달성되었다.

이와 동시에 우크라이나가 안고 있는 위험들은 제거되지 않았고, 우크라이나 국내 문제의 대부분은 해결되지 않았다. 러시아는 우크라이나의 독립을 인정하는 조약에 서명했지만, 러시아의 많은 행동과 발언들은 이 약속에 의문을 제기했다. 지도적인 정치인들은 크림에 대한 영유권을 반복해서 주장했고, 경제적 압박은 계속되었으며 러시아의 패권하에 지역을 재통합한다는 러시아의 정책은 필요하고도 피할 수 없는 것처럼 보였다.

이에 더해 우크라이나 국내 정치는 향후 러시아의 영향력을 강화시키는 방향으로 변화되었다. 국가는 계속 약했고, 지대 추구에 몰두한 서로 경쟁하는 올리가르히 그룹들의 늪에 빠졌다. 이 중 가장 중요한 에너지였고, 이것을 러시아와 밀접히 관련되어 있었다. 지역적, 제도적 분열은 의회에서 제 역할을 할 수 있는 강력한 다수파 형성을 방해했다. 그 결과로 쿠치마는 의회를 제물 삼아 행정권을 강화해서 우크라이나의 정치는 러시아의 초대통령제와 닮아가기 시작했다.

러시아와 서방 관계도 악화되었다. 이것은 단기적으로는 우크라이나에 유리하게 작용한 듯 보였지만, 우크라이나는 결국 양 진영의 균열 사이에 끼이게 되었다. 러시아와 서방 사이의 점증하는 긴장의 원인은 다양했다. 유고슬라비아, 체첸, 나토 확장, 러시아의 영향력 회복주의(revanchism), 경제 위기, 에너지 정치와 여러 원인이 있었다. 이 모든 것의 기저에는 러시아가 스스로를 전통적 강대국으로 보는 시각과 전통적인 강대국 정치 경계 너머로 움직이려는 유럽의 노력 사이의 기본적 대립이 있었다.

1994년에 출간된 책에서 미국-소련 관계의 가장 권위 있는 학자 중 한 사람인 레이먼드 가르도프는 "러시아는 국제적 책임을 인정하고 자국의 이익을 취하는 데 적절한 자제를 해야 한다. 미국은 러시아의 국익 추구를 좀더 잘 이해해야 한다"[126]라고 언급했다. 가르도프가 이런 이성적인 글을 쓸 당시 양국은 그의 조언을 듣기에는 이미 어려운 상황이 되었다. 안보 딜레마와 현상유지에 대한 양립할 수 없는 다른 이해는 부정적으로 상호작용했다. 러시아인들은 미국이나 나토의 하나하나의 행위를 대응이 필요한 공세로 받아들였고, 미국과 나토는 유고슬라비아 문제 해결을 어렵게 하고, 우크라이나를 우려하게 만드는 러시아의 모든 행위와, 보수파가 러시아에서 세력을 확장하는 모든 신호를 위험에 대한 대응을 해야 할 이유로 여겼다.

1999년이 되자 점점 예측 불가가 된 보리스 옐친은 권력을 줢고, 정력적이고, 실용적인 블라디미르 푸틴에게 넘겨주었다. 빌 클린턴도 1년 후 대통령직에서 물러났다. 재선에 성공한 우크라이나의 쿠치마는 더 많은 안정을 약속했다. 1990년대는 다른 장소에서 전혀 다르게 기억될 상상하기 힘든 변화의 시기였다. 서방에게는 이 시기는 냉전과 포스트-9·11 시기의 전쟁들 사이의 승리의 시기였다. 우크라이나로서는 고통스럽기는 하지만, 축하해야 할 민족 독립 성취의 시기였다. 러시아에게는 이 시기는 공산주의의 몰락이 러시아의 경제와 국제적 지위의 붕괴로 빛이 가려진 거의 순전히 재앙이라고 할 시기였다.

4장 전제정치와 혁명, 1999-2004

1999년 11월 30일 레오니트 쿠치마는 2기 대통령직을 시작했다. 우크라이나 궁(Palace Ukrayina)에서 행한 취임 연설에서 쿠치마는 자신의 국정 프로그램을 제시했다. 그는 우크라이나의 독립은 침해할 수 없다고 말한 후 바로 러시아는 우크라이나의 가장 중요한 동반자란 사실을 강조하고, 그런 다음 우크라이나는 나토와 미국과의 관계를 강화하고, 유럽연합 회원이 되도록 노력하겠다고 밝혔다.[1] 12월 미국 방문 후 쿠치마는 빅토르 유셴코Viktor Yushchenko를 총리로 임명했다. 유셴코의 임명은 쿠치마가 미국에서 앨 고어Al Gore 부통령과 회담을 한 것과 채무 정리 필요를 촉구한 IMF의 압박이 작용한 것으로 보였다.[2] 유셴코의 임명은 우크라이나가 경제 개혁과 민주국가의 길을 갈 것이고, 서방과의 관계 개선을 진지하게 추구할 것이라는 신호로 받아들여졌다.

유셴코의 경제 개혁은 유럽 지향을 진전시킨 반면, 쿠치마의 권력 강화는 이를 저해했다. 게오르기 곤가제 기자의 살해로 상징화된 이러한 권력 강화는 2004년 오렌지 혁명으로 이어지는 연쇄반응을 일으켰다. 2000년 말에 이르러 우크라이나와 서방 관계는 악화되었고, 러시아와의 관계는 개선되었다.

쿠치마가 우크라이나 재선 대통령으로 집권하고 푸틴이 러시아의 대통령 서리가 된 때부터 오렌지 혁명까지의 기간은 우크라이나, 러시아, 서방 관계에 아주 중요한 축이 되었다. 세 가지 중요한 발전이 이 시기의 특징을 이루었다. 첫째, 지정학과 민주화의 연관성이 핵심으로 부상했다. 이 영향은 쿠치마의 권력 강화가 러시아와 서방과의 관계에 미친 영향과, 푸틴이 반대파를 숙청한 것이 서방과의 관계에 미친 영향, 그리고 좀더 결정적으로 오렌지 혁명에서 드러났다. 둘째, 미국의 이라크 전쟁은 미국의 패권에 대항해야 한다는 러시아의 결의를 강화시켰고, 미국의 민주주의 확산 의지를 확인시켜 주었다. 세 번째, 오렌지 혁명은 그때까지 서로 느슨히 연결된 두 가지 사안을 부각시켰다. 우크라이나가 러시아로부터 독립을 추구하는 것과 러시아와 서방 간의 이견이다. 2004년 이후 우크라이나를 놓고 벌어지는 러시아와 서방 간의 경쟁은 의심의 여지가 없었다.

쿠치마의 권력 강화와 외교 정책에 미친 영향

1999년 쿠치마의 재선은 그의 권력 집중을 가속화시켰다. 지대추구 기회를 통제하는 능력을 바탕으로 쿠치마는 잠재적 도전자들에 대한 선택적 탄압을 시작했다.[3] 이것은 독립 언론에 대한 탄압의 강화로도 나타났다. 여러 면에서 쿠치마는 러시아의 푸틴과 비슷한 정책을 펼치며 올리가르히들에게 자신을 지지하는 경우에만 부정한 방법으로 얻은 이익을 지킬 수 있다는 신호를 보냈다. 여러 가지 요인, 특히 그의 권력 기반이 KGB가 아니라는 점에서 푸틴이 성공한 부분에서 쿠치마는 성공하지 못했다. 쿠치마의 정치적 인기는 급락했고, 그의 지지기반은 서부에서 동부로 이동했다. 이에 더해 그는 올리가르히들을 통제하는 데 어려움을 겪었다. 친대통령적인 올리가르히들은 세력이 더 강해졌고, 지역당(Party of Regions)으로 대표되는 돈바스 지역의 올리가르히들은 점점 더 영향력이 강해졌다.

독립 언론에 대한 압박은 곤가제Gongadze 기자의 살해 사건으로 상징적으로 드러났다. 곤가제는 비교적 덜 알려진 〈우크라이나의 진실(Ukrayinska Pravda)〉이라는 인터넷 매체를 운영하면서 정부의 부정을 사정없이 폭로했다. 이것은 쿠치마의 심기를 건드렸고 쿠치마는 내무장관 유리 크라브첸코Yuriy Kravchenko에게 "그를 몰아내, 그를 쫓아내, 그를 체첸인들에게 줘버려"[4]라고 말했다. 2000년 9월 곤가제는 실종되었고, 11월 절단된 그의 사체가 키이우 근교에서 발견되었다. 후에 내무부 소속 팀이 그를 살해한 것으로 드러났다. 누가 이 살인을 명령했고, 왜 그랬는지는 밝혀지지 않았지만, 그의 실종은 미디어에 대한 공격으로 여겨졌고, 흉측하게 드러난 그의 사체는 다른 기자들에게 대한 공격적인 경고로 해석되었다.

곤가제 사건은 쿠치마 반대파의 반격 능력도 보여주었다. 2000년 11월 28일 사회당 당수이자 의회 의장인 올렉산드르 모로즈는 쿠치마가 곤가제를 제거하고 싶어 하는 바람을 표현한 대화가 담긴 녹음 테이프 녹취록을 공개했다. 이 녹음 테이프는 쿠치마 경호팀의 미콜라 멜니첸코Mykola Melnychenko 소령이 만든 것이 분명했다. 이 녹음의 배후에 누가 있는지에 대해서는 많은 추측이 있었지만, 진실은 밝혀지지 않았다.

이 폭로는 "쿠치마 없는 우크라이나(Ukraine without Kuchma)" 운동을 촉발시켰고, 이것은 여러 면에서 오렌지 혁명의 전주곡이었다.[5] 모로즈와 율리야 티모셴코Yulia Tymoshenko는 "구국위원회(National Salvation Committee)"를 구성했다. 반정부 시위가 계속되었고, 2001년 2월 모로즈는 "6월까지 우리는 대통령의 탄핵, 불신임 국민투표 또는 그야말로 그를 사임시킬 충분한 지지를 얻을 것이다"[6]라고 선언했다. 그러나 반대파는 분열되고, 보안 관련 기관은 쿠치마를 뒷받침했다. 우크라이나에서 가장 인기 있는 정치인인 빅토르 유셴코는 쿠치마에 충성을 유지하며 구국위원회를 비난하는 성명서에 쿠치마와 공동 서명했다. 율리야 티모셴코는 밀수 혐의로 체포되었고(후에 무죄 방면), 이 조치에 대해 대부분의 사람들은 정치적 동기가 있다고 믿었다. 키이우 시장 올렉산드르 오멜첸코Oleksandr Omelchenko는 2001년 4월 반대 세력이 대규모 시위를 준비 중인 마이단에 건설 프로젝트를 시작했다. 당국은 키이우로 들어오는 교통을 통제하며 시위 참가자 수를 줄이려고 노력했다.[7]

지지가 급격히 하락한 쿠치마는 동맹을 찾아야 했다. 2002년 의회 선거는 지역당을 쿠치마 연정의 핵심 파트너로 만들었다. 쿠치마는 점점 더 권력이 강해졌지만, 푸틴의 통합당 같은 친대통령 정당을 구성하거나 나머지 정당을 규합하여 믿을 만한 친대통령 연합을 만들 수도 없었다(푸틴은 자유민주당과 공산당의 협력을 확보했다). 쿠치마는 지역당에 크게 의존할 수밖에 없었다. 도네츠크 주는 쿠치마의 정당인 단일우크라이나당(*Za Yedinu Ukrainu*)[8]이 비례대표 투표에서 유일하게 1위를 한 지역이었다. 여기에 돈바스 지역은 소선구제 직접 선거에서 많은 의원을 배출한 지역이었다(단일우크라이나당은 226석 중 86석을 확보했다). 이 선거는 여러 면에서 쿠치마로서는 패배한 선거였다. 자신의 정당 의원들과 지역당 의원들, 뇌물과 위협으로 가담시킨 무소속 의원들을 규합하여 쿠치마는 여전히 의회를 통제할 수는 있었다. 그러나 권력은 쿠치마가 이끄는 드니프로페트롭스크 정파에서 야누코비치가 이끄는 도네츠크 정파로 이동했고, 쿠치마는 야누코비치를 총리로 임명했다.

도네츠크 정파와 그 정치 세력인 지역당의 부상은 쿠치마의 대통령 2기 집권 기간 중에 일어난 가장 큰 변화이다. 이것은 우크라이나의 올리가르히들 사이의 세력 균형과 친러시아 세력의 정치적 지지기반을 재구성했다. 1990년대에는 키이우와 드니프로페트롭스크 정파가 주도권을 잡았고, 도네츠크 정파는 이에 도전하는 양상이었다. 도네츠크는 우크라이나에서 가장 인구가 많은 주였고, 지도적 올리가르히인 리나트 아흐메토프Rinat Akhmetov는 우크라이나에서 가장 재력이 큰 재벌로 부상했다. 지역당은 모든 정당들 중 정치적 후원을 투표와 정당 규율로 전환시키는 데 가장 능숙했다. 이것이 결합되면서 지역당의 부상은 막을 수 없게 되었다. 지역당의 부상은 좀더 세련되고, 좀더 인기가 있고, 좀더 주류인 누군가 대신에 야누코비치가 2004년 대통령 선거에서 쿠치마의 후계자로 선택되었는지를 설명하는 데 도움을 준다.

지역당의 부상은 러시아와의 관계 개선을 지지하는 국내 정치 연정에서 주요한 변화를 나타냈다. 1990년대 친러시아 정파는 공산주의자와 사회주의 정당이 이끌었다. 이 정파는 의회에서는 상당한 지지를 누렸지만, 행정부에서는 그렇지 못했다. 지역당은 이념이나 과거에의 향수보다는 올리가르히들의 경제적 이익을 바탕으로 러시아와의 우호 관계를 지지했다. 쿠치마가 지역당과 도네츠크 올리가르히들에게 의존하면서 친러시아 세력은 행정부 내에 강력한 교두보를 구축했다.[9]

이와 동일하게 중요한 것은 지역당이 부상하고, 특히 유셴코 다음으로 아나톨리 키나흐Anatoliy Kinakh가, 그 다음 야누코비치가 총리로 임명되면서 쿠치마 정부의 지역적 균형은 완전히 바뀌어서 서부 우크라이나 지역이 소외되었다는 것이다. "도네츠크 정파의 부상은 서부와 동부 우크라이나 사이의 섬세한 균형을 뒤집어 놓았다."[10]

쿠치마의 권력 장악이 최고조에 달했다가 약화되면서, 우크라이나의 다양한 올리가르히들을 통제하는 능력도 약화되었다. 푸틴은 올리가르히들을 국가 통제 아래 두는 데 훨씬 큰 성공을 거두었다. 이것은 러시아-우크라이나 관계에서 새로운 비대칭 구도를 만들어놓았다. 러시아의 국가성은 강해진 데 반해 우크라이나는 약해졌다. 푸틴은 사기업의 압력을 거부할 수 있었고, 때로 이들을 자신이나 국가의 이익을 위해 봉사하게 만들 수 있었다. 우크라이나에서 쿠치마는 점점 더 그렇게 할 수 있는 능력을 잃었다. 이것은 러시아의 영향력에 확장된 메커니즘을 제공했다. 러시아 정부는 러시아 기업들을 움직여 우크라이나를 점점 더 장악해 가는 우크라이나 기업을 매입하거나, 그 기업들에 영향력을 행사했다. IMF는 우크라이나가 좀더 외국 투자에 개방적이 되고, 사유화 프로그램이 좀더 많은 자산들에 적용될 수 있기를 주장하고 있었다.[11] 이와 동시에 우크라이나 올리가르히들은 확장된 통합을 막을 강력한 동기가 있었다. 그러한 통합은 러시아의 국가적 힘의 지원을 받은 러시아 올리가르히와 회사들이 우크라이나의 약한 행위자들에게 한 것처럼 자신들을 다룰 수가 있었기 때문이다.

서방과의 관계 악화

민주주의의 악화는 우크라이나가 정치적 노선을 선택하는 데 제약을 가했다. 국내 정치를 통제하려는 쿠치마의 노력은 서방과의 관계에 악영향을 미쳤고, 그로 하여금 러시아 의존도를 높이게 만들었다. 2000년 9월 쿠치마는 보리스 타라슈크 외무장관을 해임했고, 이 조치는 그가 서방과 거리를 두고 러시아에 접근하는 것으로 해석되었다.[12] 2001년 4월에는 공산당은 총리 불신임안을 제출하여 유셴코를 총리에서 몰아내는 데 성공했다. 서방이 가장 신뢰하는 우크라이나 정치인의 실각은 유셴코를 반대파에 가담하도록 만들었다.

이러한 움직임과 러시아와의 관계를 공고화하려는 배가된 노력에도 불구하고 쿠치마는 서방과의 통합이 가장 우선적인 정책이라고 계속 주장했다. "우리는 우크라이나가 유럽과 러시아 사이의 다리가 되는 것을 원치 않는다. 다리는 사람들이 밟고 지나가는 것이기 때문에 나는 개인적으로 이러한 개념을 좋아하지 않는다."[13] 2002년 2월 쿠치마는 우크라이나가 2011년까지 EU에 가입하는 것을 목표로 하는 시간표를 만들었다. 5월에 국가안보위원회는 "나토에 가입하는 노선의 실제적 실행을 시작할"[14] 필요성에 대해 논의했다.

CIS 정상회의 의장이 된 일주일 뒤 쿠치마는 "유럽과 유럽-대서양 통합 국가평의회"를 설치하였고, 자신이 이를 직접 이끌었다.[15] 쿠치마의 문제는 유럽과 좀더 가까운 결합을 원하는 그의 욕구는 아마도 진정이었겠지만, 국내에서 반대파를 제거하려는 그의 욕망은 이 목표와 양립할 수 없었다는 것이다. 2003년 의회는 지역당과 야누코비치의 지지를 받아 나토와 유럽연합 가입을 우선 순위로 하는 "우크라이나 국가 안보 기초에 관한 법"을 통과시켰다.[16] 그러나 쿠치마의 권위주의 강화로 서방과의 관계는 악화되고 있다는 것은 부정할 수 없는 사실이었다.

미국과 서방은 쿠치마와 갈등을 벌였다. 러시아로부터 독립을 유지하려는 쿠치마의 노력은 지지하지만 그의 권위주의적 정치는 반대했다. 2001년 6월 키이우에서 쿠치마를 만난 미국의 도널드 럼즈펠드Donald Rumsfeld 국방장관은 쿠치마가 우크라이나가 "서구 스타일의 민주주의 길을 계속 갈 것을 보장하고, 곤가제 사건을 철저히 조사하겠다"[17]고 약속했다고 밝혔다. 럼즈펠드는 이렇게 말했다.

> 우리는 한 나라가 어떻게 공산주의에서 자유로운 정치와 경제 체제로 옮겨가야 하는지에 대해 어떤 책도 분명하게 밝힌 적이 없다는 것을 인정한다. (…) 그러나 내가 아는

것은 나토, 미국, 인접국과 다른 나라들과 관계를 맺는 방향으로 적극적으로 기울도록 관계가 조성되고, 보호받고, 강화되어야 한다는 것이다.[18]

그러나 우크라이나와 미국의 관계는 계속 악화되었다. 2002년 가을 미국이 이라크를 공격하려는 시점에 미 국무부는 멜니첸코의 녹음 테이프가 쿠치마가 콜추가(*Kolchuga*) 미사일 방어 레이더를 이라크에 팔려고 했다는 것을 보여주었다고 밝혔다. 부시 행정부는 격분했다. 미 국무부 대변인 리처드 부셔Richard Boucher는 "이 녹음 테이프를 진본으로 확인한 우리는 우크라이나, 특히 쿠치마 대통령에 대한 우리의 정책을 재검토할 수밖에 없다. 우리는 정책을 재검토하는 동안, 우크라이나 중앙 정부를 대상으로 하는 자유지원 규약(Freedom Support Act) 원조 계획의 의무적 이행을 잠시 중단한다. (…) 우리는 우크라이나 중앙 정부 당국과 진행하는 프로그램도 잠시 중단한다"[19]고 발표했다.

언젠가는 우크라이나가 나토에 가입할 것을 희망하고 있던 쿠치마에게 이 사건은 최악의 순간에 일어났다. 그는 국내의 반대에도 불구하고 이라크에 숫자는 적지만 상징성이 큰 우크라이나 병력(1,650명)을 파견하는 것으로 사태를 무마하려 했다. 우크라이나 나토 가입 목표는 여러 문서를 비롯해 2004년 중반까지 의회 결의안으로 반복해서 표명되었다.[20] 그럼에도 불구하고 우크라이나가 나토의 "행동계획 회원국(Membership Action Plan)" 지위를 얻고자 하는 쿠치마의 희망은 이루어지지 않았다. 그 대신에 우크라이나와 나토는 2002년 11월 "행동계획(Action Plan)"에 서명했고, "회원국(membership)"이라는 핵심적 단어는 누락되었다.[21] 이것은 미래의 회원국에 대한 약속 없이 우크라이나에게 광범위한 개혁을 요구했다. 그러나 우크라이나와 서방 모두에게 관계를 심화시킨다는 약속은 우크라이나에 대한 러시아의 압력에 대응하는 데 중요한 진전이었다. 2003년 나토 국방장관들은 우크라이나의 군사 개혁 과정의 진전을 높이 평가했다.[22]

쿠치마가 권력 장악을 더 공고히 하려고 시도하면서 서방과의 관계는 더욱 금이 갔다. 2004년 7월 쿠치마는 갑자기 그 전달에 작성된 우크라이나 군사 독트린에서 나토 가입 목표(EU 가입도 함께)를 삭제했다. 전 외무장관 타라슈크는 나토 사무총장 야프 드 후프 세퍼Jaap de Hoop Scheffer가 민주주의와 자유선거에 대해 쿠치마를 비판한 것에 화가 나서 취한 행동으로 추측했다.[23] 이 추측은 쿠치마가 새로 발표한 포고령의 명칭에서도 가능했다. "2004년 6월 29일 우크라이나-나토 정상회담의 결과에 기반한 나토와의 추가적인 관계 발전에 대하여"[24]가 포고령 명칭이었다. 러시아 외무부는 우크라이나의 개정된 군사 독트린을 지지하는 성명을 냈다.[25] 9월 쿠치마는 내각에 유일하게 남아 있던 나토 가입 옹호론자인 예브헨 마르추크Yevhen Marchuk 해임을 묵인했다.

쿠치마의 러시아로의 방향 전환

서방 국가들이 쿠치마에게 거리를 두자 쿠치마는 모스크바로 방향을 돌렸다. 2000년부터 2002년까지 쿠치마는 푸틴을 18차례나 만났다.[26] 2000년 12월 쿠치마는 모스크바를 방문했다. 이 방문은 서방이 뒤로 물러나자 러시아의 지지를 얻기 위한 것으로 널리 해석되었다. "레오니트 쿠치마가 러시아의 지지를 획득할 것인지 아닌지는 그가 우크라이나 국내 정치 위기를 해결할 수 있는가에 의해 결정될 것이다"[27]라는 논평이 나왔다. 2001년 2월 드니프로페트롭스크에서 이루어진 푸틴과의 회동에서 쿠치마는 러시아와 새로운 관계를 맺기로 했다. 여기에는 양국 간 전력망(power grids)과 군용 무기 생산 분야에서의 협력이 포함되었다.[28] 우크라이나 국내의 소요가 심한 가운데, 푸틴은 모스크바를 떠나기 전 이렇게 말했다. "지금 일어나고 있는 일은 정치적 투쟁이다. 이것은 전혀 이상한 일이 아니다. 내가 생각하기에 이것은 정상적인 민주국가에서 일어나는 양상이다."[29] 푸틴은 쿠치마에 대한 지원을 축소하도록 서방이 결정하게 만든 사건들에 개의치 않았다.

우크라이나가 러시아와의 통합이 아니라 협력을 지속하려고 노력하는 동안 푸틴은 우크라이나에 대한 러시아의 관심을 새롭게 했다. 푸틴은 집권 이후 "근외 지역(near abroad)"의 중요성을 강조하고, 유럽연합과의 밀접한 관계 설정에 대한 확신이 사라지면서 포스트-소비에트 공간의 통합에 점점 더 강조점을 두었다. 2004년 러시아 공관장 회의에서 행한 연설에서 푸틴은 "여러 가지 지역 간 연계(trans-regional association)에서 진화하는 통합 과정을 모든 수단을 동원해 지원하는 것"[30]의 중요성을 강조했다. 쿠치마가 서방과 겪고 있는 문제는 이런 강조를 더 의미 있게 만들었다.

2001년 5월 푸틴은 빅토르 체르노미르딘을 주우크라이나 대사로 임명했다. 체르노미르딘이 총리를 역임했고, 국가주의자들이 가장 선호하는 정치인이라는 점을 고려하면 그의 대사 임명은 푸틴이 우크라이나와의 관계를 최우선시한다는 신호로 받아들여졌다. 관계 개선은 푸틴이 2002년을 "러시아에서 우크라이나의 해"로 정하고, 쿠치마가 2003년을 "우크라이나에서 러시아의 해"로 정하면서 제도화되었다. 그런 다음 푸틴은 쿠치마를 독립국가연합(CIS) 정상회의의 의장으로 지명했다. 우크라이나는 독립국가연합의 정식 회원국이 되는 것을 계속 거부해 왔지만, 쿠치마는 2003년 초 이 자리를 맡았다.[31] 푸틴은 "우리는 소련의 해체로 상실한 것을 다시 복원하고 싶다. (…) 우리는 통합의 방향으로 나가야 한다. (…) 서로 조화된 행동만

이 세계적 경쟁의 환경에서 살아남는 유일한 길이다"[32]라고 강조했다. 이 목표를 위해 러시아는 연속으로 두 개의 통합 프로젝트를 내놓았다. 하나는 유라시아경제공동체(Eurasian Economic Community, EurAsEC)이고, 다른 하나는 공동경제구역(Common Economic Space, CES)이었다.[33] 유라시아경제공동체는 유럽연합을 모델로 만들어졌고, 독립국가연합의 단점을 고치기 위해 의도되었다. 이것은 초국가적 기구가 되도록 구상되었고, 의사결정 과정도 유럽연합을 모방하여 사법기구와 의회를 갖추었다. 상시기구인 통합위원회(Integration Committee)는 러시아가 실질적으로 이 기구를 통제할 수 있도록 만들어졌다. 이 기구들은 개별 국가(우크라이나를 포함하여)들이 독립국가연합 내부의 통합을 저지하지 못하도록 구상되었다.

러시아는 우크라이나를 유라시아경제공동체에 가입하게 만들기 위해 늘 써오던 전술을 사용했다. 이 기구는 에너지 협력은 관장하지 않았는데, 이것은 러시아가 계속 에너지를 이용하여 우크라이나가 이 기구에 가입하도록 유도하거나 강압하는 것을 허용했다. 유라시아경제공동체에서 에너지를 제외함으로써 러시아의 지렛대가 계속 유지되기는 했지만, 우크라이나가 여기에 가입할 핵심 인센티브도 제외시켜 버린 셈이 되었다. 가스프롬(Gazprom)을 관리했던 체르노미르딘이 우크라이나 주재 러시아 대사가 되면서 러시아는 이 협상을 지원하기 위해 직접적으로 우크라이나 비즈니스 이해관계에 관심을 집중시키고자 했다. 2002년 3월 쿠치마는 이 기구에 가입할 의사를 밝혔다. 그러나 우크라이나 의회가 이를 거부하자 2002년 12월 쿠치마는 정회원 가입을 거부했다.[34] 유라시아경제공동체는 계속 존속했지만, 우크라이나는 그 안에서 "옵서버 지위" 이상을 넘어서지 않았다. 2003년 2월 러시아는 좀더 구속력이 덜한 대안을 제시했는데, 그것은 공동경제구역(Common Economic Space, CES)이었다. 이 기구는 처음에 러시아, 우크라이나,

벨라루스, 카자흐스탄을 회원국으로 출발했다.

2003년 9월 공동경제구역이 공식으로 창설되자 쿠치마는 이 기구에 가입함으로써 많은 사람들을 놀라게 했다.[35] 쿠치마가 이렇게 한 동기는 국제적 필요만큼이나 국내적 우려 때문이었던 것으로 보인다. 곤가제 사건 후 "쿠치마 없는 우크라이나" 운동이 거세지고, 2002년 의회 선거 이후 그의 인기는 바닥을 벗어나지 못하고 있었다. 쿠치마는 러시아와 통합 논리가 인기를 얻고 있는 동부 지역 지지에 점점 더 의존하게 되었다. "독립적인 우크라이나와 서방과의 우호 관계를 원하는 대부분의 올리가르히들은 이러한 움직임을 자신들의 이익에 반하는 것으로 보았다."[36] 쿠치마가 이 기구 가입에 서명한 것은 (러시아와뿐만 아니라 나토와 EU와도) 통합 거래에 서명을 하되 의무는 이행하지 않음으로써 이익을 찾는 그의 오래된 관행에 맞아떨어졌다. 따라서 우크라이나가 공동경제구역에 참여한 것은 실제적이기보다는 상징적 성격이 컸다. 쿠치마와 야누코비치 총리는 특히 에너지 가격에 초점을 맞추었다. 니콜라이 아자로프Nikolai Azarov 부총리는 의회에서 이렇게 말했다. "만일 에너지에 대한 단일 가격이 없으면, 공동경제구역이 될 수 없을 것이다."[37]

이 기간 동안 흑해함대 문제와 크림 문제는 뒷전으로 밀려났다. 러시아 정치인들, 특히 모스크바 시장 유리 루시코프Yuri Luzhkov는 세바스토폴에 관여할 것을 계속 주장했지만, 국가 대 국가의 악감정은 줄어들었다. 이는 주요하게는 1997년 양국 우호조약 체결과 흑해함대 분할 합의에서 기인했다. 2001년 7월 쿠치마와 푸틴은 세바스토폴에서 공동으로 관함식을 진행했다. 이 행사는 "역사적인 우호의 순간"[38]이라고 불렸다. 2003년 러시아는 [아조프해의] 노보로시스크(Novorossiisk)에 군항을 건설하는 계획을 발표했다. 이 발표는 흑해함대 기지를 세바스토폴에서 이전할 필요성을 인정한 것으로 추측되었지만, 러시아는 이를 부인했다.[39] 기존의 국경을 준수하기로 합의하면서 양측은 국경을 명확히 정할 필요가 있었고, 이로 인해 여러 실랑이가 벌어졌다.[40]

우크라이나와의 관계가 개선되는 것처럼 보일 때 러시아는 이해할 수 없게도 크림반도를 러시아의 크라스노다르(Krasnodar) 주와 분리하는 케르치(Kerch) 해협에서 국경 문제를 일으켜 양국 관계를 해쳤다. 2003년 10월 얄타에서 EU-우크라이나 정상회담이 열린 직후 러시아는 러시아 본토에서 해협 가운데 있는 투즐라(Tuzla)섬을 향해 댐을 건설하기 시작했다. 러시아는 일방적으로 크림반도의 일부로 여겨져 왔던 이 섬의 영유권을 주장하는 듯이 보였다.[41] 남미를 순방 중이던 쿠치마는 급거 귀국하여 투즐라섬으로 가서, "이 둑길이 우리에게 가까이 올수록, 우리는 서방으로 가까이 다가갈 것이다"[42]라고 선언했다. 댐 건설이 중단되고 케르치 해협의 국경에 대한 협상을 시작하기로 함으로써 사태는 진정되었지만, 이 위기는 러시아의 공격에 대한 우크라이나의 우려를 새롭게 했고, 쿠치마가 러시아가 바라는 대로 공동경제구역 합의를 실행할 가능성을 저해했다.

유럽연합, 우크라이나, 러시아

이 시기 유럽연합, 러시아, 우크라이나의 관계는 경제 통합 분야에서 안보 딜레마의 역동성을 보여주었다. EU의 2004년 확장계획에 따르면 10개국이 새 회원국으로 들어오는데, 이 중 4개국이 바르샤바조약기구에 속했던 국가이고, 3개국은 구소련의 일부였던 나라였다. 1990년 이후 강화되어 진행되던 이 과정으로 인해 의도치 않게, 그러나 피할 수 없게 우크라이나는

EU의 더 많은 관심을 받는 국가가 되었다. 유럽연합은 기구의 확대가 "러시아와 서부지역 신생독립국, 지중해 남부 국가를 포함한, 외부 지역과 해양 경계 밖에 있게 된 나라들의 3억 8천5백만 명의 주민들에게 좀더 가까이 가야할 새로운 동인"을 만들었다는 것을 인정하고, "유럽에 새로운 경계선을 긋는 것을 피하고 유럽연합의 새 경계 내부와 너머의 안정과 번영을 도모한다"는[43] 결의를 천명했다. 그 결과로 나타난 것이 유럽근린정책(Europe Neighborhood Policy, ENP)이다. 이 정책은 목표 국가와 EU 모두에게 조건을 덜 엄격하게 만드는 융자조건 혜택의 부여를 위해 구상되었다.[44] 이러한 노력은 러시아를 포함하는 것을 의도했지만, 러시아는 이에 대응할 필요를 인식했다. 이것은 우크라이나, 벨라루스와 기타 국가를 정치적으로 통제하고, 이들과 경제적으로 차단되는 것을 피하기 위해서였다. 그러나 이러한 러시아의 노력은 우크라이나의 저항을 받았다. 안드레이 자고르스키Andrei Zagorski는 당시 "장기적으로 EU는 모스크바의 시각으로 보기에 조지아와 우크라이나에 발을 들여놓은 미국처럼 현상타파 세력(revisionist power)이다"[45]라고 말했다.

러시아 지도자들은 유럽근린정책(ENP)이 러시아 서쪽 지역에 대한 러시아의 목표를 훼손할 것으로 염려했지만, 일부는 이에 강하게 대응하는 것은 역효과를 낼 것이라는 것을 인정했다. "EU가 러시아의 희생을 대가로 현상유지에 도전할 가능성은 크지 않아서 정책에 큰 영향을 미치지 않을 것"[46]이라는 평가도 있었다. 이에 더해 러시아가 목표하는 지역 통합 프로젝트를 유럽연합과 함께 이 지역을 통합하는 프로젝트와 결합하면 유럽과 러시아의 목표가 서로 맞아떨어질 수 있다고 생각하는 사람도 많았다. 이는 다른 국가들이 러시아보다 유럽연합과 더 빠르게 통합하지 않도록 할 것이고, 러시아 인접 지역과 더 넓게는 유럽에서 러시아의 지도력을 강화하게 될 것이었다.[47] 그러나 2003년 5월 EU-러시아 정상회담에서 러시아는 이 전략을 거부했다. 그 이유는 푸틴의 권력이 국내적으로 공고화되고, 급등하는 석유가격이 국제적으로 러시아에게 더 힘을 부여해 주었기 때문인 것으로 추정된다. 러시아는 유럽연합과의 협조를 통해서가 아니라 유럽연합과 경쟁하며 이 지역의 통합 계획을 추진할 수 있다고 생각했다.[48] 러시아는 이 지역에 대한 유럽의 계획을 거부했는데, 그 이유는 이것이 유럽연합의 "규범적 패권(normative hegemony)"을 전제하고 있다고 보았기 때문이다.[49]

민주화의 지정학은 경계 너머로 영향력을 확대한다는 점에서 나토와 마찬가지로 EU와도 깊게 연관되었다.[50] 1999년 6월 유럽연합은 러시아에 대한 "유럽연합 공동 전략"을 제시했다. 이 문서는 다음과 같이 시작된다. "새로운 분리선에서 자유로운 통합된 유럽에 안정되고, 민주적이고 번영하는 러시아가 확고하게 자리 잡는 것은 유럽 대륙의 지속적 평화를 위해 매우 중요하다."[51] 이 문서에는 자유주의 규범과 제도의 중요성에 대해 상당히 자세한 서술이 이어졌다. "효율적이고 투명한 공적 기관의 확립은 민주적 가이드라인에 대한 신뢰와 준수, 법의 지배의 작동의 선결조건 중 하나다. (…) 모든 분야에서 시민사회의 부상은 러시아의 민주화를 위해 필수불가결하다."[52] 유럽연합은 체첸에서의 러시아의 행동과 러시아가 1999년 이스탄불 CSCE 정상회담에서 약속한 몰도바와 조지아에서 병력을 철수하겠다는 약속을 이행하지 않은 것에 대해 우려를 나타냈다.[53]

2003년 9월 쿠치마가 공동경제구역 협약에 서명하기 직전 유럽연합 집행위원장 귄터 베르호이겐Günter Verheugen은 두 통합 계획의 양립 불가성을 인정하고, 쿠치마에게 "공동경제구역의 일부로 관세동맹을 설치하는 경우 우크라이나의 유럽연합 통합 과정은 속도가 저하되거나 완전히 멈춰버릴 수 있다"[54]고 말했다. 2013년에 발생한 갈등의 중심적 역학은 2003년에 이미 시작되었다고 볼 수 있다. 일군의 러시아 학자들은 이 역학을 포착했다.

> 유럽근린정책에 참여하는 것에 거리를 두고, 포스트-소비에트 영역에서 자신의 정책을 부활시킨 러시아는 다른 누구와 다르게, 동방 파트너십(Eastern Partnership)에 영향을 미쳐서 가장 혹독한 비난이 일어나도록 만들었다. (…) 종종 개별국의 의사에 반하여 포스트-소비에트 지역에서 입지를 공고화하려는 러시아의 행동은 브뤼셀의 보복적 조치를 불러일으켰고, 그 반대 현상도 일어났다. 그 결과 유럽연합과 러시아 사이의 상호 불신의 기류는 점점 악화되었다.[55]

2004년 러시아 외무차관 블라디미르 치조프Vladimir Chizhov는 러시아는 "새로운 국경 주변에 우호적인 환경을 조성하려는 EU의 바람"은 인정하지만, 이 지역이 EU 기준을 지향하는 EU의 "근외 지역(near abroad)"이 되는 것을 원하지 않는다고 밝혔다.[56] 2004년이 되자 유럽연합은 많은 공동의 이익, 특히 에너지 분야의 이익에도 불구하고 러시아와의 관계가 악화되었다는 것을 인정했다. 예외적으로 솔직한 이 문서는 "(유럽연합에) 새로 가입한 많은 국가와 새로 독립된 국가들에 대한 점점 더 주장이 강해지는 러시아의 정책"[57]을 포함한 많은 우려를 표현했다.

실제적인 면에서 유럽근린정책은 우크라이나에 큰 영향을 미치지 않았다. 영국의 EU 관리인 크리스 패튼은 "유럽의 가장 효과적인 소프트파워는 유럽연합 회원국 지위 부여다"라고 언급하고, 이것이 아직 우크라이나에는 제공되지 않았다고 말했다.[58] 우크라이나가 보기에 유럽근린정책의 문제는 이것이 회원국 가입에 대한 약속 없이 지대한 영향을 초래하고 협상할 수 없는 국내 개혁을 요구한다는 점이었다. 유럽근린정책이 확장 과정을 염두에 두고 만들어졌지만, 확장이 상정되지 않았다는 사실로 완전히 다른 상황을

만들어냈다.[59]

에너지 정치의 진화

러시아에 대한 우크라이나의 에너지 의존은 이 시기에 갈등의 주요한 원인이 되었지만, 양국 관계는 두 의미심장한 방향으로 진전되었다. 첫째, 우크라이나에서 가스 무역에 대한 통제는 점점 더 정치의 핵심 사안이 되어, 정치적 책략(political machinations)의 목표이자 정치적 지배력의 근원이 되었다. 둘째로 에너지 가격의 상승은 우크라이나와 유럽의 러시아 의존성을 강화시켰고, 러시아 경제 성장을 촉진시켜서 푸틴의 지배에 정당성을 부여하고 러시아의 힘을 강화시켜 주었다.

우크라이나의 부패는 러시아가 에너지 공급을 통해 정치적 지렛대로 사용할 수 있는 전술의 폭을 넓혀주었기 때문에 이 두 가지 발전은 서로 연계되었다. 마르가리타 발마세다Margarita Balmaceda는 어떻게 "[우크라이나] 국내적 과정이 러시아가 에너지를 외교 정책 목표로 사용하는 것을 돕는 데 핵심이 되었는지"를 자세히 설명했는데, "이것은 이전의 의존도를 계속 유지시키면서 새로운 의존 관계를 발전시키는 형식으로 이루어졌다".[60]

2000-2001년 유셴코 총리와 에너지 담당 부총리 율리야 티모셴코는 에너지 분야의 개혁을 시작했다. 상계거래(barter)의 불법화, 가격 투명성 확보, 지대추구 범위 축소 등이 주요 내용이었다.[61] 권력이 막강한 올리가르히들은 이 개혁에 저항했고, 연합전선을 펴서 2001년 티모셴코와 유셴코 모두를 자리에서 축출했다. 발마세다가 상세히 서술한 대로 두 가지 상호 경쟁적인 상황이 전개되고 있었다. 러시아 자본이 우크라이나 자산을 점점 더 취득했

고, 우크라이나 "정파들(clans)"도 더 많은 자산을 통제하려고 했다. 우크라이나 그룹들은 러시아의 자금과 정치적 영향력이 자신들끼리의 싸움에 유용한 무기가 된다는 것을 깨달았다. 전술의 핵심은 러시아 올리가르히들의 도움을 얻되 이들에게 통제권을 잃지 않는 것이었다. 이 행위자들 중 누구도 러시아 앞에서의 우크라이나의 국가 이익 방어에는 큰 관심이 없었다.[62]

쿠치마가 전술적으로 러시아로 경도되면서 2000-2004년 동안 우크라이나는 러시아와 여러 가지 에너지 관련 협정을 맺었다. 러시아는 우크라이나의 정유공장 여러 곳에 상당한 자금을 투자했다.[63] 2000년 7월 쿠치마는 국가가 에너지 부채를 떠맡는 데 동의하여 유셴코와 티모셴코의 에너지 부문 개혁에 엇박자를 놓았고, 러시아에게 새로운 지렛대를 제공했다. 2001년 양국은 전력 공급 운영을 원활하게 만들기 위해 전력망을 연결하기로 했다. 2002년 10월 러시아와 우크라이나는 가스 운송을 위한 컨소시엄을 만들기로 합의했다. 이것은 러시아와 에너지 관계에서 우크라이나의 비장의 카드에 피해를 주고, 우크라이나를 통해 유럽 전역으로 공급되는 가스관의 통제권에도 영향을 주었다. 이 가스관을 장악하는 것은 1990년대 초반부터 러시아의 목표였기 때문에 이 합의는 러시아의 큰 승리처럼 보였다. 그러나 다른 많은 합의와 마찬가지로 이 합의도 실행되지 않았다.

에너지 관계는 모든 행위자들의 이익을 충족시켰기 때문에 빨리 안정되었다. 우크라이나 올리가르히들은 엄청난 지대를 챙겼고, 쿠치마는 이 지대에 대한 접근권을 조정하면서 정치적 지지를 확보했다. 우크라이나 에너지 소비자들은 개혁의 고통을 피할 수 있었고, 러시아 엘리트들은 지대추구로 이익을 얻었다. 가스프롬을 통제하는 러시아 정부는 가스 채무 연체를 묵인했는데, 이것은 오히려 장기적으로 두 가지 면에서 러시아의 힘을 강화시켜 주었다. 부채가 늘어나면 우크라이나가 이것을 변제하는 대신 커다란 양보를 할 가능성도 커졌다. 위기를 조장하지 않음으로써 러시아는 우크라이나의 러시아 의존도가 줄지 않도록 보장할 수 있었다. 이 시점에 유럽으로의 가스공급은 중단된 적이 없고, 그렇게 할 이유도 없었다.

서방, 러시아, 우크라이나

새로 미국 대통령으로 취임한 조지 W. 부시와 러시아의 블라디미르 푸틴 대통령은 아주 긍정적인 만남으로 알려진 첫 회동을 가졌다. 부시는 후에 이렇게 말했다. "나는 그 사람의 눈을 똑바로 쳐다보았다. 나는 그가 아주 단도직입적이고 신뢰할 만하다는 것을 발견했다. 우리는 아주 좋은 대화를 나누었다. 나는 그의 영혼에 대한 감을 잡을 수 있었다. 그는 자신의 나라와 국가를 위한 최선의 이익에 깊이 헌신하는 사람이었다. 나는 우리 사이에 오간 솔직한 대화에 너무 감사한다." 부시는 테러리즘을 비롯해 두 나라가 공동으로 맞닥뜨리고 있는 문제도 지적했다. "나의 논의의 기초는 바로 단순한 전제에서 시작한다. 러시아와 미국은 과거의 냉전의 사고방식을 넘어서는 새로운 관계를 형성해야 한다는 것이다."[64]

푸틴도 부시의 발언에 화답했다.

> 나는 부시 대통령이 최근에 한 말을 다시 거론하고자 한다. 그것은 러시아와 미국은 적이 아니고, 서로를 위협하지 않고, 서로 좋은 동맹이 될 수 있다는 것이다. 미국과 러시아연방이 (…) 엄청난 양의 핵무기를 축적한 사실을 고려하면 (…) 우리는 공동의 평화와 안보를 유지하고, 새로운 세계 안보 건설에 대한 특별한 책임을 지고 있다.

부시와 푸틴은 공동의 이익에 대해 확신 있게 이야기했지만, 여러 문제가 남아있었다. 부시는 체첸 문제와 언론의 자유를 언급했고, 푸틴은 "일부 아주 어려운 지역 문제, 중동과 아프가니스탄과 발칸"[65]을 언급했다.

나토 확장은 계속해서 예민한 문제였다. 2000년 봄 대통령 선거운동을 하던 푸틴은 많은 사람을 놀라게 했다. BBC의 데이비드 포레스트와 기자회견을 하면서 러시아가 나토 회원국이 될 수 있는가라는 질문을 받은 푸틴은 "왜 안 되겠어요?(Why not?)"라고 대답했다.[66] 그러나 푸틴은 나토 확장에는 반대했고, 이 맥락에서 러시아가 "대등한 파트너"가 되어야 한다고 두 번이나 강조했다. 2001년 푸틴은 나토와 러시아에 대한 자신의 생각을 밝혔다. "가장 간단한 해결책은 나토를 해산하는 것이다. 그러나 이것은 논의 대상은 아니다. 두 번째 가능한 선택은 러시아를 나토에 포함시키는 것이다. 이것은 단일한 방어, 안보 공간을 만들어낼 것이다. 세 번째 선택은 이러한 과제를 수행하는 책무를 이어받고 러시아연방을 포함한 새로운 기구를 만드는 것이다"[67]라고 말했다. 푸틴의 보좌관인 세르게이 마르코프Sergei Markov는 기저에 깔린 문제를 지적했다. "물론 유럽 사람들은 러시아를 두려워한다. (…) 당신이 지도를 한번 보면, 왼쪽에 많은 작은 나라들로 구성된 수많은 천조각을 이어 만든 담요 같은 지대를 발견할 것이다. 오른쪽에는 붉은색이나 장밋빛 색으로 그려진 거대한 부분이 나타난다. 그래서 그 사람들이 우리를 두려워하는 것은 당연한 것이다."[68]

냉전 종식 후 유럽의 안보 구조를 만드는 문제는 미해결로 남았다. 러시아는 자국이 주도적 역할을 담당하고 거부권을 가지는 단일화된 안보 체제를 선호했다. 이것은 나토의 해체 또는 변형 또는 대체를 필요로 했다. 러시아에 대한 두려움이 점증하는 EU와 나토, 그 회원국들을 포함한 서방은 나토 해체에 반대했고, 그 안에서 러시아에게 비토권을 부여하는 것도 반대했다. 이들의 암묵적 해결책은 나토를 팽창하고, 러시아와의 이견은 나토와 러시아의 양자 간 협의를 통해 해결하는 것이었다. 이 믿음을 뒷받침하는 전제는 만일 러시아가 자유민주주의 국가가 되고, 자신의 역할을 받아들인다면 문제는 최소화될 것이라는 것이었다.

우크라이나는 러시아와 서방의 관계에서 그 중요성이 점점 커졌다. 2002년 쿠치마와 함께한 기자회견에서 푸틴은 한 질문에 이렇게 답했다.

> 나는 우크라이나가 나토와 서방 동맹 전체와 확장된 교섭을 하는 과정을 피하지 않을 것으로 확신한다. 우크라이나는 나토와 고유의 관계를 갖고 있다. 우크라이나-나토평의회가 있다. 최종적으로 결정은 나토와 우크라이나가 내릴 것이다. 이것은 두 파트너의 문제이다.

여기에 더해 그는 "러시아는 나토에 가입할 의사가 없다"[69]라고 단정적으로 말했다. 푸틴의 노력은 의도하지 않은 결과를 가져왔을 수도 있다. 나토 확장에 대한 러시아의 반대는 진심이고 점점 강력해지는 가운데, 서방 지도자들은 푸틴의 이런 언급을 나토 확장이 러시아에게 근본적인 우려를 불러일으키지는 않는 사안이라는 것을 암시하는 말로 받아들였다.[70]

2001년 9월 11일 미국에 대한 테러 공격은 미·러 관계에 즉각적이고 지대한 영향을 미쳤다. 미국의 외교 정책과 그 연장선상에서 유럽과 러시아의 관계는 "전 세계에서의 대(對)테러 전쟁(Global War on Terrorism)"에 점점 더 집중되었고, 특히 2003년 3월 시작된 이라크 전쟁이 지배했다. 러시아는 체첸 문제를 이슬람 극단주의와의 싸움으로 보았고, 미국과 공동의 목표를 발견했다. 2002년 5월 미 국무장관 콜린 파월Colin Powell은 "러시아는 체첸에서 테러리스트와 싸우고 있다. 이것은 분명한 사실이고, 우리는 이것을 잘 이해한다"라고 말했다. 2002년 10월 부시 행정부는 세 체첸 그룹을 "테러리스트 조직"으로 지정했고, 미국 내 이들의 자산을 압류했다.[71] 이와 관련하여 아프가니스탄에서의 러시아의 폭넓은 경험은 미국이 그곳에서 전쟁을 벌이고 안정적 정부를 건설하는 것을 돕는 데 큰 도움이 될 수 있었다.[72] 러시아가 미군이 중앙아시아에 들어오는 것을 환영한 것은 놀라운 변화였다. 푸틴은 정부 내의 반대 가능성에도 이를 지시했다. 그러나 이러한 관계 개선의 잠재력은 몇 가지 이유 때문에 현실로 실현되지 못했다.

첫째, 미국은 러시아 국내에서 진행되고 있는 일을 점점 더 인정하지 않았다. 부시 행정부는 집권 후 좀더 실용적인 외교 정책 추구를 천명했지만, 9·11 사태 이후 민주화와 인권을 중시하기 시작했다. 외교 정책에서 네오콘은 부시의 아버지 시기의 현실적 실용주의자를 압도했다. 2002년 웨스트포인트(미 육군사관학교)에서의 연설에서 부시는 "20세기는 인류 진보의 단 하나의 모델로 끝이 났다. 이것은 인간의 존엄, 법의 지배, 국가 권력의 제한, 여성과 사적 소유의 존중, 언론의 자유, 평등한 정의와 종교적 관용의 양보할 수 없는 요구에 바탕을 둔 모델이다"[73]라고 말했다.

이런 관점에서 보면 러시아 언론을 통제하고, 정치적 경쟁자를 제거하려는 푸틴의 노력은 점점 더 문제가 많아 보였다. 체첸 문제에 대한 동정은 커졌지만, 러시아 정부가 체첸 작전에서 사용하는 폭력의 정도에 대한 반대 여론도 커졌다. 2003년 11월 러시아 주재 미국 대사 알렉산더 버시바우Alexander Vershbow는 양국 간 인지된 "가치관의 차이(values gap)"는 양국 관계를 손상할 수 있다고 우려하고, 특히 유코스 오일 회장 미하일 호도르콥스키Mikhail Khodorkovsky에 대한 압력을 지적했다.[74] 러시아 정치과학자 세르게이 카라가노프Sergei Karaganov는 이 문제를 다음과 같이 지적했다.

러시아와 EU의 정치 계급은 기본 가치에 현저한 차이를 가지고 있다. (…) 러시아 엘리트는 50년이나 100년 전 구세계에 들어가려고 노력하고 있다. 반면 (…) 현대 서유럽은 (…) 새로운 "포스트-유럽"의 가치 체계를 발전시키고 있으며, 이 가치 체계는 전통적 가치와 다른데, 민족국가의 절대성을 비난하고 폭력을 거부하는 것이다.[75]

서방의 많은 사람들은 푸틴의 절도(discipline)와 실용주의를 찬양하면서, 권력 공고화에도 불구하고 그가 국제 문제에 있어서 신뢰할 만한 파트너가 되기를 희망한 반면, 다른 많은 사람들은 푸틴이 전제주의적이고 제국주의적인 러시아를 재건하려고 시도하지 않을까 우려했다. 2004년 9월, 전직 국가원수와 미국의 공화, 민주 양당 상원의원들을 비롯해 115명의 미국과 유럽의 저명한 정치인들은 푸틴을 강하게 비판하고, 이에 대한 서방의 대응을 촉구하는 편지를 발표했다. 이 편지는 "푸틴의 외교 정책에서는 러시아 인접국과 유럽의 에너지 안보에 대한 점증하는 위협, 군사주의와 제국의 수사의 귀환, 러시아의 국제 조약 의무 준수의 거부가 점점 현저해지고 있다"고 비판했다. "서방의 지도자들은 러시아에 대한 현재의 전략이 실패하고 있다는 것을 인정해야 한다"라고 진단한 후 올바른 정책 노선은 "우리가 민주 세력의 편에 분명하게 서는 것"[76]이라고 주장했다.

많은 러시아 엘리트들은 그때까지의 푸틴의 통치에 대해 완전히 다른 해석을 하고 있었다. 이들은 푸틴이 "러시아를 다시 일어서게 하고" 1990년대의 혼란 이후 러시아가 분해되는 것을 막고 러시아에 안정을 가져온 것으로 평가했다.[77] 이와 같은 맥락에서 카라가노프는 "민주주의가 모든 사회, 경제 문제에 대한 만병통치약"이라는 생각을 비판하고, "주권국가의 우월성, 국제 관계를 지배하는 데 유엔의 중심적 역할이 약화되고 있다"고 우려했다.[78] 좀더 넓은 맥락에서 정치과학자 안드레이 치간코프Andrei Tsygankov는 정치적 스펙트럼 전체에 걸쳐 러시아인들은 프랜시스 후쿠야마Francis Fukuyama의 "역사의 종언(end of history)" 주장과 이 이론이 전제하는 자유주의적 규범의 헤게모니를 믿지 않는다고 상세히 서술했다.[79] 치간코프는 이러한 사고는 "러시아가 냉전 종식 후 스스로의 정체성을 찾는 정당성을 부정하고" 러시아에서 "급진적인 반서방 세력"의 부상에 이바지한다고 비판했다.[80]

두 번째, 2001년 12월 아프가니스탄에서의 미국-러시아의 협력이 강화되고 있을 때 부시 행정부는 미국이 1972년 체결한 탄도요격미사일금지(Anti-Ballistic Missile, ABM)조약에서 탈퇴한다고 선언했다. 탄도요격미사일 방어(ballistic Missile defense, BMD)가 1983년 로널드 레이건 대통령의 "스타워즈(Star Wars)" 연설 이후 미국 보수파와 군수 계약자들의 목표였음에도 불구하고, 러시아는 몇 가지 이유를 들어 꾸준히 이러한 배치에 반대해 왔다. 러시아는 ABM조약을 "세계적 전략 안정의 주춧돌"로 여겼다.[81] 이러한 조약을 파기하는 것은 일방적 이익을 얻기 위한 위험한 노력으로 간주했다. 이러한 무기 체계의 배치가 중부 유럽 국가들이 나토의 새 회원국이 되는 것을 기초적 요소로 필요로 한다는 사실은 나토 확장의 전략적 영향을 더욱 강조하는 것이기도 했다.

푸틴은 미국이 조약을 파기한 것보다 조약을 재협상하려는 노력이 거부된 것에 화가 났다. 그러나 푸틴은 후에 일반화된 강경한 수사를 당시는 자제했다. "부시 대통령과 만나는 동안 나를 속이거나 나를 착각하게 만든 경우가 한 번도 없었다. (…) 그는 항상 말한 대로 행동했고, 그런 면에서 신뢰할 만한 파트너였다. (…) 물론 우리는 일부 문제에 대해 의견의 차이가 있었다. 만일 우리가 서로를 파트너로 대한다면, 문제 해결은 가능할 것이다."[82] 푸틴은 나토에서 러시아의 역할을 강화하는 데 좀더 관심을 가지고 있었던 것으로 보였고, 그러한 자신의 노력이 훼손되지 않게 하려고 노력했다. "만일 우리가 러시아와 서방 관계, 러시아와 미국 관계의 본질을 변화시키려 한다면, 또 러시아와 나토의 관계 변화에 대해 영국의 토니 블레어 총리가 제안한 노선을 택한다면, 상호 대결의 모든 문제는 전혀 상관없는 일이 될 것이다."[83] 단기적으로 이런 부드러운 대응은 서방에서 푸틴에 대한 상당한 칭송을 이끌어냈다.[84] 그러나 장기적인 관점에서는 이러한 인식은 "미국과 유럽에서는 높이 평가되었지만, 이러한 정책은 러시아에게는 아무 실제적인 이득을 만들어내지 못했다."[85]

미국의 ABM 조약 파기에 대한 실망이 2002년 5월 나토-러시아평의회 설치를 막지는 못했다. 이것은 1997년부터의 상임공동평의회(Permanent Joint Council), 나토-러시아 기본 규약(Founding Act)을 대신하는 것이었다. 이 협의체의 목표는 "유럽-대서양 지역에서 나토 회원국과 러시아 사이의 폭넓은 안보 사안에 대한 협의, 합의 도출, 협력, 공동 결정, 공동 행동의 기제(mechanism)를 마련하는" 것이고, 나토와 러시아 관계를 증진시키는 핵심적 구조와 장(venue)의 역할을 하는 것"[86]이었다. 새로운 규정은 러시아가 원하는 방향과 정확히 일치했다. 일부 주제에 관하여는 관련 국가들이 나토+러시아(소위 "19+1") 포맷 대신에 단일 국가 그룹(소위 "20")으로 회동하기로 하였다. 이와 더불어 이 그룹은 "러시아를 포함한 모든 국가에게 거부권을 주는 합의 원칙하에 운영하도록" 되었다. 이러한 운영 방식은 이 포맷에 논의하는 것에 동의한 사안에만 적용되지만, 이것은 나토를 위협으로보다는 자산으로 보기를 원하는 러시아가 원하는 방향으로 진일보한 것처럼 보였다. 이것은 러시아가 비토권을 가진 집단안보기구에 좀더 가까워졌다. "새로운 평의회는 전통적인 러시아-서방 협력을 동등한 국가 간의 파트너십으로 변형시키려는 첫 시도를 대표했다."[87] 이 과정은 러시아 내에서 러시아가 과연 나토에 가입하는 것을 목표로 삼아야 할 것인가에 대한 논쟁을 촉발시켰다.[88] 러시아는 2002년 11월 나토가 발트 3국을 포함한 국가들을 추가로 회원국으로 받아들이는 것에 반대했지만, 그 반응은 약화되었다.

러시아와 나토 관계의 심화는 심각한 모순을 미봉책으로 가리고 있었다. 나토-러시아평의회 구성은 러시아에게 거부권을 부여해 줌으로써 나토 확장에 대한 러시아의 우려를 덜어주려고 했다. 그러나 러시아가 나토의 정책 결정에 진정한 영향력을 확보한다면 러시아는 당연히 나토 팽창을 저지하는 입장을 취할 것이 분명했다. 이 점을 고려하면 나토 내에서 러시아의 영향력은 러시아가 반대하려는 정책에 순응하는 정도에 달려있게 되었다. 유럽과 러시아의 관계가 개선되는 상황에서는 이런 논리가 작동할 수 있지만, 유럽과 미국이 푸틴의 정책에 점점 더 반대를 하는 입장에서는 이 논리가 적용될 수 없었다.

서방과 러시아의 관계를 훼손하는 세 번째 요인은 미국의 이라크 침공 결정이었다. 부시 행정부는 이라크 공격에 두 이유를 내세웠다. 하나는 대량살상무기(weapons of mass destruction, WDM)에 의한 잠재적 공격에 대비한 자기 방위이고, 다른 하나는 이라크 대량살상무기와 관련하여 유엔 안보리가 채택한 결의안의 실행이었다. 러시아는 자기 방위를 불러일으킬 만한 즉각적인 위협이 없고, 관련 유엔 안보리의 결의안은(일부는 1991-1992에 채택됨) 2003년 무력 사용을 정당화하지 않는다는 이유를 들어 미국의 공격을 반대했다.[89] 미국의 이라크 침공은 유고슬라비아 사태에 대한 대응이 불러일으킨 것과 같은 많은 불만을 야기했다. 러시아는 이라크에 보호해야 할 광범위한 경제적 이해관계를 가지고 있었고, 여기에는 에너지 분야의 이익도 달려 있었고, 사담 후세인은 전쟁 물자 구입으로 러시아에 갚을 많은 채무가 있었다. 러시아는 미국의 세계 패권국 행세를 하는 것도 저지하려고 했다.

러시아는 이라크에서의 무력 사용을 정당화하는 유엔 결의안을 얻기 위한 미국의 감언이설에 저항했다. 푸틴은 "우리는 동양 시장에서 흥정하는 것처럼, 일부 경제적 이익을 위해 우리의 입장을 타협하지 않을 것이다"[90]라고 말했다. 미국의 이라크 침공이 시작된 직후인 2003년 3월 푸틴은 이 사태가 "세계의 안정과 국제법 기초를 흔들 위험이 있다"고 경고하고, "이라크 문제에 대한 유일한 올바른 해결 방법은 유엔 안보리에서 정치적 해결 노력을 재개하는 것이다"[91]라고 말했다. 미국과의 관계에서 긍정적인 시각을 유지하는 것은 점점 더 힘들어졌다. 세르게이 카라가노프는 이라크에 대한 이견에 대해 러시아의 대응은 "능숙하게 '연출'되었고," 그 결과로 "이라크 군사작전에 대한 진정한 갈등은 미국과 러시아 사이가 아니라, 미국과 전통 우방인 나토 국가들 사이에 발생했다."[92]

러시아는 이라크 문제에 대한 서방의 갈등을 이용하여 러시아가 유럽에 좀더 가까이 다가가고, 미국의 역할을 축소시키는 데 이용했다. 독일과 프랑스는 미국의 이라크 공격 결정에 강력히 반대했다. 프랑스는 러시아와 함께 침공을 정당화하는 결의안 채택에 거부권을 행사할 수도 있다고 위협했다. 많은 유럽인들은 미국의 세계 패권 장악과 군사력을 사용하려는 미국에 대한 러시아의 불만을 공유했다. 그러나 러시아 논평가가 보기에 "체첸 전쟁에 대한 유럽의 비판이 관계를 악화시켰기 때문에"[93] 이 기회는 상실되었다.

이라크 침공의 여파를 과장하기는 어렵다. 유엔 안보리의 결의 없이 진행된 미국의 군사작전은 러시아와 유럽의 몇몇 동맹국이 보기에 불법적인 무력 사용이었다. 여기서 만들어진 인상은 미국은 "통행 규칙(rules of the road)"을 자신들의 이익에 부합할 때만 준수한다는 것이었다. 이라크 침공은 분쟁 해결에 무력을 사용하는 규범을 훼손시켰고, 서방 연합을 심하게 분열시켰다. 후에 러시아의 침공을 비난하는 사람들은 나토 확장에 초점을 맞추지만, 미국의 이라크 침공이 서방이 유럽에서 건설하려 했던 질서를 훼손하는 데 더 큰 영향을 미쳤을 수도 있다.

1999년부터 2004년까지의 기간은, 많은 어려움에도 불구하고, 러시아와 미국이 함께 일할 수 있는 새로운 잠재력을 발견한 기간이었다. 푸틴이 국내에서 권력을 공고화하고, 근외 지역에서 러시아의 이익을 계속 주장하고 나섰지만, 이와 동시에 미국, 유럽 모두와 긍정적인 관계를 추구했다. 이 희망은 상호적이었으나, 양측이 협력이 증진될 수 있는 기본적 조건에 대한 동의를 만들어냈는지는 불확실하다. 우크라이나의 오렌지 혁명은 서방과의 관계에 대한 푸틴의 평가를 극적으로 변화시켰다. 그러나 모든 국제적인 결과에도 불구하고, 오렌지 혁명은 다른 무엇보다 우크라이나 국내의 정치 문제였다.

오렌지 혁명 — 전주곡

2004년 11월 키이우의 거리에서 시작된 긴장 상황은 우크라이나의 장기적인 제도적, 지역적, 또 올리가르히 사이의 갈등이 분출된 것이다.[94] 제도적으로 보면 이것은 독립 초기 시기부터 누적되어 온 대통령, 총리, 의회의 갈등이었다. 지역적으로는 우크라이나 지도자들이 우크라이나 동부와 서부를 망라하는 전국적 정당을 만드는 데 실패하고, 유권자들의 표를 동원하는 데 지역적 정체성을 점점 더 사용하면서 지역적 분할에 다리를 놓기보다는 이를 심화했다. 올리가르히들은 끊임없는 권력투쟁을 벌이며 상대의 희생 위에 자신의 이익을 추구했고, 이들 모두는 한 올리가르히가 주도적 위치를 차지하는 것을 두려워했다.

2004년 대통령 선거가 우크라이나에게 아주 중요한 정치적 이벤트라는 것을 모두가 알고 있었다. 그 이유는 다음 중 두 가지 중 하나가 일어날 것이기 때문이었다. 만일 선거가 자유롭고 공정하다면, 쿠치마가 지명한 후계자인 빅토르 야누코비치가 패배하고, 우크라이나가 전제정치로 추락하는 것을 되돌릴 수 있다고 많은 사람이 믿었다. 쿠치마와 지지자들은 여론 통제, 후원(patronage), 선거 부정과 같은 전술을 통해 선거를 조작하려고 시도할 것으로 예상되었다. 이렇게 되면 전제정치가 강화되고, 우크라이나는 서방에서 멀어지고 러시아에 접근하게 될 터였다. 그래서 선거 훨씬 이전부터 야당 그룹은 자신들 주도하에 별도의 선거 집계를 하고, 시위를 통해 부정선거를 규탄할 준비를 했다.

미국과 유럽연합은 야누코비치보다 유셴코를 선호했고, 선거가 자유롭고 공정하게 진행된다면 유셴코가 우위를 차지할 것으로 믿었다. 그러나 혁명을 사주하려는 국제적 음모는 없었다. 러시아를 제외한 국제적 분위기는 네 가지 면에서 중요했다. 첫째, 세르비아의 "불도저 혁명"과 조지아의 "장미혁명"은 부정선거가 어떻게 비판적인 대중을 동원할 수 있는지를 보여주는 사례가 되었다. 이것은 "포라(Pora)"[i]라는 학생 운동의 전술이 되었다.[95] 둘째, 앞의 두 사례의 시위 지도자들은 우크라이나인들과 자신들의 전술과 경험을 공유하려고 했다. 시위 지도자들도 소련 시대 말 "화강암 광장 혁명(Revolution on the Granite)"[ii]까지 거슬러 올라가는 폭넓은 경험을 보유하고 있었다. 선거 훨씬 전부터 선거부정이 예상되었기 때문에 시위를 준비할 시간

i 포라(Pora) – 우크라이나어로 "때, 시간(time)"이란 의미로 현 키이우 시장인 비탈리 클리츠코를 비롯한 청년 그룹이 이끌었다.

ii 화강암 광장 위의 혁명(Revolution on Granite *Революція на граніті*) – 1990년 3월 치러진 우크라이나 총선에 대한 학생들의 항의 시위로 1990년 10월 2일부터 17일까지 독립광장에서 지속되었다. 학생들은 단식투쟁을 하며 새 연방조약안을 거부할 것과 우크라이나 내에서의 군복무, 각료회의 의장(총리) 비탈리 마솔의 사임 등을 요구하였다. 이 시위로 마솔이 사임하고 비톨드 포킨이 총리로 취임하였다. 노동조합을 비롯한 많은 단체들이 연대 투쟁을 벌이고, 반체제 운동가와 일부 공산당 지도자들도 학생들을 격려했다. 이 시위는 이후 독립광장에서 진행된 정치집회의 효시가 되었고, 이 운동에 참여한 학생 리더들은 후에 오렌지 혁명 등에서도 중요한 역할을 하였다.

은 충분했다. 세 번째, NGO와 정부 재정지원을 받은 다양한 서방 조직들이 출구조사와 대안적 투표 집계(alternative vote counts)를 수행하는 방법을 훈련시켰다.[96] 선거가 비교적 공개적 과정을 통해 진행된다는 사실은 투표 검표를 쉽게 해주었다. 네 번째, 시위가 일단 시작되면 서방 지도자들은 시위를 강제 진압하지 못하도록 쿠치마에게 상당한 압력을 행사하고, 위기를 해결할 대화를 중재할 수 있었다.

핵심적 상황 전개는 우크라이나 내부에서 일어났다. 쿠치마가 3선에 직접 나설 것이라는 추측도 있었다. 우크라이나 헌법은 재선까지만 허용하고 있었지만, 많은 사람들은 쿠치마가 처음 당선된 이후에 헌법이 개정되었기 때문에 자신의 초선은 연임 제한에 포함하지 않도록 법원에 압력을 가할 것으로 믿었다. 쿠치마가 이 선택을 하지 않은 이유는 불분명하다. 대중적 인기가 바닥에 떨어진 쿠치마는 자신이 선거에서 승리할 수 없다고 생각했을 수도 있고, 점점 더 강력해지는 도네츠크 정파가 자신들이 정권을 차지할 때가 왔다고 주장했을 수도 있다. 쿠치마는 민주적 통치자라는 자신의 이미지를 훼손하고 싶지 않았을 수도 있다.

그러나 야누코비치가 쿠치마와 지역당의 횃불을 들도록 결정한 것은 "중대한 실수"로 보였다.[97] 야누코비치는 범죄 전과가 있었고 카리스마도 없었으며, 돈바스 지역 외에서는 인기가 거의 없었다. 이런 상황에서도, 결선투표가 부정선거였다는 것이 드러난 후 실시된 재선거에서 그는 44퍼센트를 득표했다. 이것은 좀더 경쟁력이 있는 집권당의 유력 후보[iii]가 나섰다면 충분한 승리를 거두었을 것이라는 추측을 가능하게 한다. 그러나 이것은 지역

iii 세르히 티힙코(Serhiy Leonidovych Tihipko, 1960 –) – 우크라이나 정치인으로 쿠치마 집권층 내에서 후계자로 지명되었으나 도네츠크 정파의 압박으로 야누코비치가 후계자가 되고, 티힙코는 그 다음 후계자로 내정되었다는 설이 있다. 경제장관을 역임한 유능한 정치인으로 2004년 쿠치마 후계자로 선거에 나섰다면 무난히 당선되어 오렌지 혁명을 막을 수 있었다는 분석이 있다.

당이나 쿠치마가 선거에 대응한 방법이 아니었다. 지역당은 유력한 후보를 선택할 "권한"과 힘을 최소한 가지고 있었지만, 지역당 지도자는 야누코비치였다.

이에 못지않게 중요했던 것은 반대파의 단합이었다. 1991년 독립 순간부터 우크라이나의 "친서방" 세력은 내분과 투쟁으로 악명이 높았다(이것은 오렌지 혁명 후 재연되었다. 5장을 보라). 유셴코의 대중적 인기를 인정한 율리야 티모셴코는 자신의 후보 권리를 포기하고 유셴코를 지지하기로 결정했다. 유셴코와 티모셴코는 강력한 팀을 이루었고, 티모셴코의 카리스마와 공세적 대처는 능력 있고 정직한 테그노크라트라는 유셴코의 이미지를 보강했다. 이상적인 학생 그룹부터 자신의 이익을 추구하는 올리가르히들[iv]에 이르기까지 광범위한 이익 집단이 두 사람 주변으로 몰려들었다. 친유셴코 세력은 야누코비치가 승리하는 경우 민주주의와 우크라이나의 유럽 지향은 끝이라는 믿음으로 단합되었다.

선거가 다가오면서 양측은 거리에서 대결을 준비했다. 반대파는 분산된 조직 체제를 사용했다. 정부는 주요 건물을 요새화했다. 선거 몇 주 전 반대파 지도자들은 중앙선거관리위원회 앞에서 시위를 벌였고, 당국은 물대포로 시위를 해산시켰다. 이것은 양측 모두의 첫 대결 연습이었다.

푸틴은 이 상황에 과감하게 뛰어들었다.[98] 푸틴은 그렙 파블롭스키Gleb Pavlovskii가 이끄는 자문그룹을 키이우로 파견했고, 뱌체슬라브 니코노프Viacheslav Nikonov가 이끄는 다른 자문그룹을 도네츠크의 야누코비치 선거운동 본부로 파견하여 선거운동을 돕게 했다.[99] 러시아의 전략은 두 가지 전

---

iv 포로셴코(Petro Oleksiyovych Poroshenko, 1965 –) – 우크라이나 정치인, 재벌. 오렌지 혁명 당시 유셴코를 지지하였으나 티모셴코와 경쟁에서 밀리고, 원하던 의회 의장 자리를 차지하고 못하고 국가안보회의 서기가 되었다. 야누코비치 정권에서 경제장관을 맡으며 오렌지 혁명 진영에서 이탈했고, 야누코비치 실각 후 자신을 재산을 활용하여 국민에게 직접 호소하는 전술을 펴서 2014년 5월 대통령에 당선되었다. 젤렌스키 집권 후 부정 혐의로 기소되자 해외로 도피하였다가 2022년 2월 전쟁 발발 후 귀국했다.

제 위에 만들어졌다. 첫째 대선 후보의 선택을 동방과 서방 사이의 선택으로 프레임을 만들면 유권자들은 러시아를 선택할 것이라는 전제였다. 두 번째는 러시아에서 작동한 전술(언론의 집중 공세, 공무원들에 대한 강압, 투표 부정, 결과 조작)이 우크라이나에서도 작동할 것이라는 것이었다.[100] 1차 선거 일주일 전 푸틴은 직접 키이우로 내려와 쿠치마, 야누코비치, 벨라루스 대통령 알렉산드르 루카셴코Aleksandr Lukashenko와 함께 흐레샤치크 거리에서 진행된 성대한 군사 퍼레이드를 참관했다. 키이우에서 푸틴은 기자회견을 열고, 양국 간 비자제한이 축소될 것이라고 약속했다.[101] 러시아 언론은 야누코비치를 널리 치켜세웠고, 2022년까지 계속 사용되던 전술로서 민주적 반대파를 미국의 앞잡이와 파시스트로 몰아세우며 유셴코에 대한 부정적 이야기를 실었다. 1차 선거에서 유셴코가 예상치 못할 정도로 강한 득표를 했다. 공식 발표는 유셴코 39.9퍼센트, 야누코비치 39.3퍼센트였지만, 발표가 지연되면서 수치가 조작되었고, 유셴코의 우세가 훨씬 컸을 것이라는 믿음이 커졌다. 푸틴은 결선 투표 직전 두 번째로 키이우를 방문했다. 부시 행정부는 노출 자제(lower profile) 전술을 썼다. 《노보스치(Novosti)》는 "(부시의) 참모들은 유셴코에 대한 지원은 유권자들을 반대 방향으로 가도록 만들 것이라고 인식했기 때문이다"[102]라고 지적했다.

오렌지 혁명 — 위기와 그 여파

2004년 11월 21일 결선투표가 끝난 후 야누코비치가 당선자로 발표되었다. 그러나 출구조사는 유셴코가 승리한 것으로 나타났고, 투표 부정이 드러났다. 시위대는 마이단 네잘레즈노스치(Maidan Nezalezhnosti "독립 광장"이라는 의미 – 옮긴이)를 점거했다. 최종적으로 "협약(pact)"이 이루어져 결선투표를 다시 치르고, 대통령의 권한을 축소하는 헌법개정을 하기로 결정되었다.[103] 12월 26일 결선투표가 다시 진행되었고, 유셴코가 승리했다.

거리의 시위대 외에도 우크라이나의 올리가르히들이 오렌지 혁명에서 중요한 역할을 했다. 아마도 이들은 야누코비치가 대통령이 되는 경우 자신들에게 일어날 일을 우려했던 것 같다. 올리가르히들이 시위대에 협력한 대표적인 예는 채널5 TV방송이었다. 페트로 포로셴코Petro Poroshenko가 소유한 이 채널은 쿠치마에 저항하며 시위대에 유리한 뉴스를 방영했다.[104] 두 번째 예는 마이단(Maidan)[v]이 봉쇄되고 키이우 중심부로의 교통이 차단되었던 몇 년 전의 "쿠치마 없는 우크라이나" 운동과 대비되게 키이우로 통하는 교통과 시내의 교통은 아무런 방해를 받지 않았고, 마이단은 모든 사람이 접근할 수 있었다. 2001년 시위를 봉쇄하는 데 협조했던 키이우 시장 오멜첸코와 시의회는 선거 결과를 비난했다. 마지막으로 2014년과 다르게 보안기관들은 자신들이 시위를 무력으로 진압하지 않을 것이라는 것을 분명히 했다. 《뉴욕타임스》의 시버스C. J. Chivers 기자는 우크라이나 보안기관(Security Service of Ukaine, SBU. 소련 KGB의 후속기관)은 시위대가 내무부 병력에게 공격을 당하는 경우 자신들이 시위대를 보호할 것이라는 신호를 보냈다고 보도했다.[105]

올리가르히들은 자신들의 자율권을 보존하는 것을 중요하게 생각했고, 러시아에서 푸틴이 한 것처럼 누군가가 너무 강해져서 자신들을 통제하는 것에 반대했다. 또한 이들은 러시아의 너무 과도한 영향력을 두려워했다. "우크라이나 올리가르히 그룹들은 (…) 러시아의 보다 강력한 올리가르히

v 마이단(Maidan) – 페르시아어로 "광장"이라는 뜻으로 키이우의 중심거리 흐레샤치크 거리 끝에 있다. 오렌지 혁명을 비롯한 주요 시위가 이 광장에서 시작되었다.

들과 직접 경쟁할 수 없었기 때문에 다시 모스크바의 통제 아래 들어가는 것을 원하지 않았다."[106] 그래서 많은 부문에서 우크라이나 올리가르히들의 이익은 러시아 올리가르히들의 이익과 일치했지만, 이번의 경우 일부 올리가르히의 이해관계는 그렇지 않았다. 이것은 올리가르히들이 실질적으로 "친유셴코"나 "친서방"적 입장을 취했다는 것을 의미하지 않는다. 단지 이들은 다원주의를 지지하지만, 그것을 없애고자 해도 그렇게 할 수 없는 지도자를 우크라이나의 정치적 다원주의를 종식시킬 수단을 가지고 있거나 그런 경향을 보이는 지도자보다 더 선호한 것이다. 올리가르히들의 목표는 "혁명"이 아니라, 자신들이 돈을 번 체제를 보존하는 것이었다.

변곡점(tipping point)은 의회에서 시작되었다. 의회에서 쿠치마와 야누코비치의 지지는 선거부정의 규모가 밝혀지면서 무너졌고, 유셴코가 승리할 가능성이 커 보였다. 결선투표 5일 후인 11월 27일 의회는 구속력은 없지만 대선이 무효라는 결의안을 통과시켰다. 엘리트들이 승리하는 쪽으로 충성을 바꾸면서 야누코비치에 대한 지지는 무너졌다.

이러한 분쟁은 서방과 러시아를 완전히 반대 입장에 놓이게 했으며 상호불신을 심화시켰다. 푸틴과 EU 지도자들은 이미 11월 25일로 일정이 잡힌 헤이그 EU-러시아 정상회담에서 이 문제를 논의하려고 했지만, 이 정상회담은 EU-러시아 협력을 어떻게 진행시켜야 할지에 대한 합의의 불발로 인해 연기되었다. 그래서 우크라이나의 사태는 유럽연합과 러시아가 공동의 기반을 찾지 못해 어려움을 겪는 시점에 일어났고, 양측이 이견을 보인 것은 민주주의와 러시아의 대외적 역할에 관한 것이었다.

유럽연합이 우크라이나 대통령 선거 결선투표 결과를 인정하지 않는다고 선언하자, 러시아 외무부는 격앙된 반응을 보였다.

외무부는 최근에 EU 의장이 우크라이나 결선투표 집계를 세계 기준과 우크라이나 국민들의 의사에 어긋난다고 평가한 것을 받아들일 수 없다. 이 성명은 우크라이나 당국과 관련 당사자들이 폭력에 의존하지 않기를 바라는 희망을 담았지만, 이 호소 자체는 브뤼셀이 한편으로는 기본적인 민주 원칙, 즉 국민의 뜻을 존중해야 한다는 원칙을 무시하고 있고, 다른 한편으로는 반대파가 법률을 위반하고 무력을 사용하도록 공개적으로 부추기고 있다. 1차 선거에서부터 EU가 선호한 유일한 입장은 빅토르 유셴코가 승리하거나, 선거 자체가 반민주주의적이고, 세계 기준에 맞지 않는다고 날조하는 것이었다. 그는 패배했고, EU의 반응은 충분히 예상할 수 있는 것이었다. 그러나 민주주의와 공정성은 어디로 간 것인가?[107]

앤드루 윌슨Andrew Wilson에 의하면 이러한 과격한 반응은(위기 초기인 11월 25일에 나왔다) 위기에 관여해야겠다는 EU의 결의를 강화시켰고, EU의 외교정책 최고위 당국자인 하비에르 솔라나Javier Solana가 폴란드의 크바스니엡스키Aleksander Kwaśniewski 대통령과 함께 키이우를 방문하는 결과로 이어졌다.[108]

이 성명은 세 가지 주장으로 구성된 오렌지 혁명에 대한 러시아의 입장을 대변하는 것이었다. 첫째, 서방은 선거 이전에 미리 수용할 수 있는 결과는 유셴코의 승리뿐이라는 것으로 정했다. 둘째, 우크라이나 내부 반대파보다는 서방이 시위와 결선투표 결과 번복에 더 중요한 책임이 있다. 셋째, 선거 결과를 뒤집는 과정은 서방의 민주주의와 법의 지배에 대한 지지가 위선적이고, 이중 기준으로 가득 차 있다는 것을 보여준다. 서방의 많은 사람들에게 명백한 부정 선거에 대한 러시아의 철저한 부인으로 러시아의 신뢰는 추락했다.

이러한 이견에도 불구하고 유럽연합과 러시아는 공동으로 사태 해결을 중재했다. 알렉산더 크바스니엡스키 폴란드 대통령, 발다스 아담쿠스Valdas

Adamcus 리투아니아 대통령, 하비에르 솔라나 EU 외교안보정책 집행위원장(EU High Representative for Common Foreign and Security Policy), 얀 쿠비시Jan Kubish OSCE 사무총장, 보리스 그리즐로프Boris Gzyzlov 러시아 하원의장으로 구성된 중재그룹이 사태 해결에 나섰다.[109] 이 중재는 어느 한쪽의 사태를 악화시키는 것을 막았지만 사태를 해결하지는 못했다.[110]

국내적 타협으로 사태 해결의 실마리가 풀렸다. 이 과정을 주도한 것은 유셴코, 야누코비치, 쿠치마 대통령, 볼로디미르 리트빈 국회의장이었다. 최종적으로 나온 해결안은 결선투표를 다시 치르되(이것은 유셴코와 시위대가 요구한 것이었다), 대통령의 권한을 축소하는 개헌안을 마련한다는 것이었다.

쿠치마와 그의 지지자들은 결선투표가 다시 진행되는 경우 자신들이 이기지 못할 것이라는 것을 분명히 알고, 자신들이 선거를 통제하지 못하게 된다면 대통령의 권한을 축소하기를 바랐다. 우크라이나의 많은 사람들은 대통령이 너무 권한이 막강하다고 오랫동안 주장해 왔었다. 법률과 헌법의 테두리 안에서 이 타협을 실행하기 위해서는 약간의 곡예가 필요했다. 대법원이 결선투표의 재실시를 명령했지만, 선거법 개정 없이는 이를 실행하는 것이 불가능했다. 이것은 의회에 상당한 권한을 주었고, 유셴코가 대통령 권한 축소에 동의하도록 만드는 원인이 되었다. 야누코비치는 이 타협안에 반대했지만, 그의 많은 동료들은 피할 수 없는 상황을 받아들이기로 하고, 대통령 권한 축소를 대가로 결선투표 재실시를 받아들였다. 12월 26일 결선투표가 다시 치러졌고, 유셴코는 52 대 44퍼센트로 선거에서 승리했다. 이 선거에 대해 OSCE는 선거가 자유롭고 공정하게 치러졌다고 선언했다. 그러나 CIS 선거감시단은 선거가 부정으로 치러졌다고 결론 내렸다.

이러한 혼란의 와중에서 야누코비치 지지자들은 돈바스 지역의 자치 운동을 조직하려고 했다. 11월 28일 "전 우크라이나 의회(all-Ukrian Congress)"

가 루한스크 주의 세베로도네츠크(Severodonetsk)에서 열렸다. 러시아 국기가 걸리고, 반대파를 "마녀들의 안식일(sabbath of witches)"라고 지칭한 유리 루시코프Yuri Luzhkov 모스크바 시장이 참석한 가운데, 동부 우크라이나와 크림에서 온 대표들은 만일 야누코비치가 대통령 당선자로 확정되지 않으면, 지역 자치(분리독립이 아닌 연방제)에 대한 주민투표를 실시하기로 투표로 결의했다.[111] 이 집단은 "이 나라의 정치적 상황이 최악의 시나리오로 가는 경우에 우리는 우크라이나 국민의 뜻을 방어하는 데 단합하고 결연한 태도를 보일 것이다. 여기에는 우크라이나의 행정적, 영토적 지위를 결정하는 주민투표가 포함된다"라고 선언했다. 오데사 시장 루슬란 보델란Ruslan Bodelan은 "노보로시아(*Novorossiya*)"를 구성하는 것[112]을 논의하겠다고 했는데, 이것은 2014년에 일어나는 일의 전주곡이었다.[113] 이들이 다른 엘리트들과 국민 대부분의 지지를 얻지 못했기 때문에 이러한 시도는 더 이상 진전되지 않았다. 12월 2일 쿠치마는 푸틴과 사태를 협의하기 위해 모스크바를 방문했고, 12월 3일 푸틴은 패배를 인정하고, 결선투표 재실시를 지지한다고 선언했다.

오렌지 혁명의 결과

"이것은 우리에게 일어난 9·11사태이다"[114]라고 글렙 파블롭스키는 말했다. 러시아는 스스로 인식하지 못한 가운데 취약성이 그대로 드러났다. 치욕을 겪은 러시아는 행동에 대한 결의를 굳혔다. 만일 많은 러시아인들이 조만간 우크라이나가 자신들의 품에 돌아올 것으로 전제했었다면, 오렌지 혁명은 러시아가 우크라이나를 영구히 잃어버릴 수 있다는 가능성을 제기했고,

서방의 간섭이 모든 사태에 책임이 있다고 여겼다.[115] 어떤 면에서 보면, 이 책의 이후 부분은 오렌지 혁명의 여파에 대한 서술일 수 있다. 러시아 언론들은 이 사태가 재앙이라는 데 동의했다. 《프라우다(Pravda)》는 "러시아는 더 이상 세계적 강국으로 존재한지 않는다"면서 미국을 비난하고, 러시아가 서방 가스 시장으로부터 차단될 것을 염려했다.

오렌지 혁명은 정확히 말하면 전환점은 아니었다. 왜냐하면 이미 다양한 행위자들이 점증하는 상호 불신과 갈등의 길에 들어섰기 때문이다. 그러나 이 사태는 상호 불신과 적대감을 극적으로 증대시켰다. 이것은 러시아와 우크라이나 모두에서 국내적 변화를 가져와 양국 관계와 러시아-유럽 관계를 훼손했다. 1999년부터 2004년 말까지는 여러 어려움에도 불구하고 모든 행위자가 서로 경쟁하는 목표와 이익을 조화시키려고 노력했다. 오렌지 혁명 후에는 이것이 크게 달라졌다.

러시아의 분노는 EU보다는 미국과 나토로 향해졌다. 2004년 12월 10일 모스크바에서 푸틴은 기자들에게 이렇게 말했다.

> 우크라이나가 EU에 들어가기를 원한다면, 그곳에서 환영을 받을 것이고, 그러면 우리도 이를 축하할 것이다. 우크라이나를 가입시키는 EU 확장은 우리를 염려하게 만들지 않는다. 우리는 우크라이나와 특별한 관계에 있다. 양국 경제는 밀접히 연결되어 있고, 높은 수준의 산업 협력이 진행되어 왔다. 그래서 우리 경제의 그 부문이 유럽 구조에 들어가는 것은 러시아에게도 긍정적인 효과를 가져올 것으로 나는 기대한다.[116]

우크라이나에서는 전환기적 변화는 극적이었지만, 최종적으로는 처음에 보여진 것보다 덜 극적이었다. 빅토르 야누코비치는 단순히 우크라이나를 러시아 손에 넘겨주려 하지 않았을 것이다(2010년 대통령이 된 그는 역시 그렇게 하지 않았다). 그 대신에 그가 당선되었다면 쿠치마 집권 후기의 권위주의가 강화되었을 것이다. 그가 전제정치의 공고화에 성공했을지는(해일Hale 의 용어를 빌리자면 "단일적 피라미드Single-pyramid" 구조를 형성하는 것) 미지수이다. 그럼에도 불구하고 그가 선출되었다면 러시아에게는 이익이 되었을 것이고, 이것이 러시아가 그렇게 적극적으로 그를 지원한 이유이다. 이와 같은 맥락에서 당시에는 유셴코가 우크라이나를 결정적으로 서방으로 향하게 만든 것처럼 보였지만, 이것은 실제보다는 외형상 그랬을 뿐이다. 12월 초 위기가 절정에 달했을 때 유셴코는 "우리는 유럽이든 러시아든 단지 한 편을 선택하지는 않을 것이다"[117]라고 말했다.

러시아로서 가장 위험한 것은 오렌지 혁명으로 표상되는 민주화와 지정학의 결합이었다. 오렌지 혁명은 마크 베이싱어Mark Beissinger가 말한 "표준적 혁명(modular revolution)"[118]의 방법론을 확실히 보여준 것처럼 보였다. 이런 전술은 러시아에게 거대한 지정학적 반전을 가져왔다. 이미 조지아에 적용되었고, 키르기스스탄이 다음 차례였고, 서방에서는 2006년 벨라루스 대선에 희망을 거는 사람들도 있었다. 가장 우려되는 것은 이러한 시위가 푸틴 정권 자체도 위협할 수 있다는 것이었다. 푸틴이 EU에 파견한 러시아 대표 세르게이 야스트르젬스키Sergei Yastrzhemsky는 위기가 절정에 달했을 때 다음과 같이 말했다.

> 전반적으로 보면 불행하게도, 서방의 어떤 세력들이 포스트-소비에트 공간은, 당신이 그것을 어떻게 부르건 상관없이, 소위 길거리 무정부주의와 길거리 민주주의의 기술을 이용하여 그 힘을 시험해 볼 수 있다고 결론 내렸다는 인상을 받지 않을 수 없다. 이러한 방법은 과거에 폴란드에서 시험되었다. 즉 자유노조(Solidarity) 시대 폴란드 말이다. 최근에는 베오그라드에서 시험되었다.[119]

러시아를 더 신뢰하기 어렵게 만들고, 서방에 대한 불만을 고조시킨 오렌지 혁명은 러시아에 대한 서방의 태도를 극적으로 변화시켰다. 언론과 정책결정자 모두 우크라이나에서의 러시아의 행위는 냉소주의적이고 공격적이었다는 데 이견이 거의 없었다. 키이우의 평화적 시위와 독극물 중독 이후의 유셴코의 초지일관은 감탄을 불러일으킨 반면, 선거부정과 이에 대한 푸틴의 지지는 불신(bad faith)의 상징으로 간주되었다. 일부 서방 평론가들은 자신들이 이중적 기준으로 본 것에 대한 비판을 제기했지만, 이들은 소수에 불과했다.[120]

오렌지 혁명은 러시아와 유럽연합의 관계를 크게 훼손했다. 이 사태는 푸틴이 문제의 일부이고, 러시아는 우크라이나에서 불법적 전술을 사용했고, 러시아의 목표는 EU의 목표와 양립할 수 없다는 시각을 견고하게 만들었다. EU의 정책 변화는 극적이었다. "EU는 처음에는 애매하고 주저하는 태도를 보였다. 그 이유는 새 회원국들이 우크라이나에서 민주주의를 증진시키기를 바라는 상태에서도 구 회원국들은 러시아 우선주의 입장에서 시작했다. 그러나 민주적 관행의 파괴가 만연하자, EU는 친민주주의 입장을 중심으로 단합했다."[121] 2005년 1월 유럽연합 의회는 우크라이나에 "EU 회원국 자격으로 이어질 수 있는 분명한 유럽 전망(European Perspective)"[122]을 부여하기로 압도적으로 결의했다. 이것은 결국 2013년 위기를 촉발시킨 협력협정 초안(draft Association Agreement)으로 이어졌다.

결론

오렌지 혁명은 대체적으로 우크라이나 내부의 요인들에 의해 촉발되었지만, 국제적 파장은 대단했다. 오렌지 혁명은 우크라이나-러시아 관계와 러시아-서방 관계의 연결고리를 압박하여 문제 해결이 더욱 어렵게 되었다. 오렌지 혁명 전에 러시아와 서방은 양측의 잠재적 이익이 서로 일치하고, 어떤 문제도 협의로 풀 수 있다고 생각했었다. 오렌지 혁명 후에는 양측은 서로를 점점 더 적으로 보기 시작했고, 우크라이나를 양측 이견의 핵심적 영역이라고 생각했다. 이와 더불어 1997년 양국 우호조약에도 불구하고, 러시아와 우크라이나는 우크라이나의 독립에 대해 근본적인 이견을 계속 유지했다. 러시아와 서방 지도자 모두가 러시아의 계획을 무산시킨 시위의 힘을 목격했고, 민주화는 지정학과 거의 분리할 수 없게 되었다.

오렌지 혁명이 끝난 직후인 2005년 1월 우크라이나는 결정적으로 서방으로 돌아선 것처럼 보였다. 한 분석은 당시 이것이 "동유럽의 포스트-공산주의에 새로운 기념비를 만들었고, 이 지역의 지정학이 지각변동적으로 서방을 향하게 만들었다"[123]라고 주장했다. 그러나 우크라이나 내부에서는 이 "혁명"은 변화보다는 지속성의 힘이 컸다. 이 혁명을 지지한 올리가르히들은 우크라이나의 정치적 현상유지를 전복하기보다는 방어하려고 노력했다. 이와 유사하게 위기를 종식시킨 타협안을 중재한 엘리트들은 체제를 뒤집기보다는 비트는 데 관심이 더 많았다. 권력에 진입한 사람 중 많은 사람은 부정을 뿌리 뽑는 것보다 부정에서 얻을 수 있는 자신의 이익을 늘리는 데 더 관심이 많았다. 우크라이나는 경제적으로 계속 러시아에 의존했기 때문에 우크라이나의 선택지는 제한되었고, 지역적으로는 분열되었기 때문에 극적인 외교 정책의 방향 재설정 가능성을 제한했다. 유럽연합은 우크라이나에 좀더 깊이 관여하게 되었지만 자신의 기준을 계속 유지하며 잠재적 파트너인 우크라이나가 이 기준에 맞게 변하기를 기다렸다.

우크라이나와 러시아의 갈등, 서방과 러시아의 갈등은 더욱 밀접하게 서로 연관되었다. 우크라이나의 군사적 능력에 아무 변화가 없는 가운데 안보 딜레마는 강화되었다는 사실은 민주화가 이 지역의 지정학에 수행한 역할을 그 원인으로 보아야 한다. 우크라이나가 러시아나 서방 중 양자택일을 해야만 하는 것으로 보일수록, 우크라이나의 지역적 분열은 극복할 수 없게 되었고, 서방-러시아의 관계는 더 제로섬 게임이 되었다. 서방과 친서방 우크라이나인들에게는 새로운 현상유지 상태가 만들어졌고, 이것을 훼손하려는 노력은 위협으로 간주되었다. 러시아와 친러시아 우크라이나인들이 보기에는 현상유지 상태가 불공정하게 파괴되었고, 이를 되살릴 필요가 있었다. 아주 중요한 것을 잃을 수 있다는 양측의 두려움이 강화되었다. 오렌지 혁명은 긴장을 완화시켜야 한다는 시급성보다는 양측에게 자신들의 시각의 정당성과 상대의 악의적 의도에 대한 확신을 강화시켜 주었다.

5장 개혁과 후퇴, 2004-2010

2004년 12월 27일 빅토르 유셴코는 선거 승리 연설에서 "우리는 자유롭다. 구시대는 막을 내렸다. 우리는 이제 새로운 국가가 되었다"[1]라고 선언했다. 우크라이나, 서방, 러시아의 거의 모든 사람이 이에 동의했을 것이다. 오렌지 혁명은 모든 것을 변화시킨 것처럼 보였다. 얼마 지나지 않아 상당히 많은 것이, 특히 우크라이나 내부에서는 많은 것이 변하지 않았다는 것이 분명해졌다. 시간이 지날수록 마치 시간은 뒤로 가는 것 같았다. 2004년 정치적으로 사망 선고를 받은 것 같았던 빅토르 야누코비치는 2006년 총리가 되었다. 2004년 대통령직을 훔치는 것에는 실패한 그가 2010년에는 정당하게 대통령에 당선되었다. 2004년 영웅이었던 유셴코는 2010년에는 실패한 정치인으로 낙인 찍혔다. 이러한 반전은 상상조차 하기 힘든 것이었다.

국제적인 상황도 더 나을 것은 없었다. 오렌지 혁명 후 유럽연합은 우크라이나에 대한 관여를 한층 심화시켰다. 우선 유럽근린정책과 다음 단계인 협력협정은 우크라이나가 EU에 가입할 상당한 잠재력을 가지고 있다는 것을 보여주었다. 유럽연합은 우크라이나와 러시아의 에너지 갈등을 해결하는데 점점 깊이 관여했다. 그 이유는 유럽연합 내의 에너지 소비자들이 이 갈등의 직접적 영향을 받기 때문이었다. 그러나 이러한 시도는 우크라이나의 국내적 혼란으로 방해를 받았고, 러시아에 의해 위협을 받는 것으로 보였다.

우크라이나가 밀접하게 관련되어 있는 서방과 러시아의 관계는 양측의 노력에도 불구하고 잇따르는 위기로 휘청거렸다. 오렌지 혁명은 EU-러시아 관계를 악화시켰지만, 유럽 지도자들은 이 관계를 회복하려고 노력했다. 서방과 러시아 관계가 최악이라는 사실은 2007년 뮌헨의 안보회의(Munich Security Conference)에서 푸틴이 행한 격한 연설에 그대로 드러났다. 그는 러시아가 미국으로부터 받는 대우에 대한 불만을 표출했다. "한 국가, 무엇보다도 미국은 모든 면에서 자신의 국경을 넘어서고 있다. 이것은 미국이 다른 나라에 강요하는 경제, 정치, 문화, 교육 정책에서 드러난다. 자, 누가 이것을 좋아하겠는가? 누가 여기에 만족하겠는가?"[2]

2008년에는 두 가지 중요한 사건이 일어났다. 하나는 부카레스트 나토 정상회담이고, 다른 하나는 러시아의 조지아 침공이다. 부카레스트 정상회담에서 나토는 우크라이나와 조지아에 행동계획 회원국 자격(Membership Action Plans, MAP)을 부여하는 것을 거절했지만, 궁극적으로는 두 국가가 회원국이 될 수 있다고 언급했다. 보는 관점에 따라 이러한 타협안은 러시아의 우려를 고려한 양보로 볼 수도 있고, 아니면 러시아가 적극 대응하게 만든 공세적 움직임으로 보일 수도 있었다. 이와 유사하게 조지아가 러시아의 침공을 정당화할 수 있는 구실을 주었는지는 논란의 여지가 매우 크다. 미국과 유럽연합 모두 러시아의 행동에 크게 놀랐지만, 그들은 이 일을 조용히 덮으려고 했다. "리셋(reset)" 정책을 추구하는 새로운 오바마 행정부는 유화정책과 순진함으로 비판을 받았고, 이 전략은 아무런 결과를 내지 못했다.

1장에 강조된 모든 논점은 2005년부터 2010년까지의 기간 동안 극적으로 눈에 띄기 시작했다. 부카레스트 정상회담은 유럽의 안보 딜레마를 보여주는 좋은 예였다. 러시아를 두려워하는 우크라이나, 조지아는 나토와의 공식 동맹을 원했고, 두 나라 모두와 러시아의 반응을 우려한 나토는 양가적인 해결 방안을 추구했다. 즉, 러시아의 반대에 귀를 기울이면서 우크라이나와 조지아를 안심시키는 것이었다. 그러나 이것조차도 러시아가 인정할 수 없는 상실에 대한 두려움을 약화시키기에는 불충분했다. 현상유지에 대한 상호 양립할 수 없는 인식이 안보 딜레마를 악화시켰다. 러시아로서는 2004년 이후 우크라이나를 잃었다는 인식이 불만을 촉발시키고, 문제를 바로잡으려는 의지를 강화시켰다. 유셴코 정부와 그를 지지하는 사람들은 오렌지 혁명으로 우크라이나는 마침내 제자리를 찾고, 서방으로의 노정이 시작되었다고 생각했다.

규범적인 이견(normative disagreement)은 서방과 러시아의 간극을 더욱 벌려놓았다. 2008년 드미트리 메드베데프가 러시아 대통령으로 지명된 것은 러시아와 서방 모두에서 정치적 자유화와 양측 관계 개선에 대한 희망을 불러일으켰지만, 실제적으로는 거의 아무런 진전이 없었다. 국제적으로 러시아는 서방의 보편적 자유주의에 반하는 이념을 공개적으로 추구했고, 그 대안으로 "문명적 다원주의"를 강조하며 이 어젠다를 추구할 제도(institutions)를 만들어갔다.

지정학과 민주화의 이러한 결합이 서방-러시아 관계를 점점 더 지배했다. 이것이 러시아의 사고와 서방의 사고의 중심이 되었다. 우즈베키스탄과 벨라루스에서의 시위의 실패는 판돈을 더 높게 만들었다. 유럽연합은 우크라이나가 자유롭게 국제기구 회원자격을 얻어야 한다고 생각한 반면, 러시아는 EU가 우크라이나 내에서 민주주의를 옹호하는 것을 적대적인 지정학적 움직임으로 보았다.

이런 모든 이유로 인해 2010년 야누코비치가 우크라이나 대통령으로 선출될 때 우크라이나 내부와 우크라이나를 둘러싼 긴장은 극적으로 높아졌다. 우크라이나 내에서는 야누코비치의 선거운동 전술로 인해 지역적 분열이 강화되었다. "오렌지 연정"의 붕괴는 야누코비치와 러시아 영향력이 다시 힘을 발휘할 수 있도록 만들어주었고, 오렌지 혁명이 가져온 유럽과의 통합 기회를 무산시켜 버렸다. 이것이 2010년 이후 야누코비치가 헌법, 법률, 올리가르히 다원체제에 대한 공격을 할 수 있는 무대를 만들어주면서 우크라이나의 국내적 불안정이 강화되었다. 국제적으로는 러시아와 서방이 서로 대결하고, 우크라이나는 양측의 공방의 한가운데 있다는 것이 점점 더 널리 받아들여졌다. 문제 해결에 적극적인 유럽 지도자들이 러시아와 공동 기반을 찾아보려고 했지만, 민주적 통합을 확장시키려는 이들의 정책은 필연적으로 우크라이나에 대한 러시아의 통제를 위협할 수밖에 없었다.

오렌지 연정의 붕괴와 빅토르 야누코비치의 부활

집권을 하자마자 오렌지 혁명을 주도한 세력들의 연합은 갈라지기 시작했다. 그 연합의 중심에는 "나샤우크라이나당(*Nasha Ukraina*, Our Ukraine)"의 지도자이자 대통령에 당선된 유셴코, "조국당(*Batkivshchyna*)" 지도자이자 총리가 된 율리야 티모셴코가 있었다. 두 사람은 쿠치마 정권에서 총리와 부총리로 같이 일을 했고, 티모셴코가 반대파에 가담해 "쿠치마 없는 우크라이나" 운동을 펼치고, 유셴코는 쿠치마 편을 지키면서 서로 반대 진영에 속했었다. 2004년에야 두 사람은 연합전선을 형성했으나 둘 다 대통령에 출마하게 된다면 쿠치마와 야누코비치가 이들을 제압하기 위해 "분할과 정복(divide and conquer)" 전술을 쓸 것으로 인식하고 있었다. 두 사람 외에 다른 두 중요한 행위자가 있었다. 사회당 당수인 올렉산드르 모로즈는 반(反)쿠치마 진영에 대한 지역적, 이념적 호소력을 높이며, 의회 내의 많은 의석을 통제하고 있었다. 초콜릿 재벌인 페트로 포로셴코는 오렌지 혁명에 재정적 지원을 제공했고, 그가 소유한 채널5 TV 방송은 혁명을 지지한 소수의 TV 방송국 중 하나였다.

선거에서 승리하자 이들의 경쟁관계는 더욱 강하게 나타났다. 여기에는 세 가지 요인이 있었다. 첫째, 대통령과 총리가 공동으로 행정부를 통제하는 우크라이나 정치체제의 고질적 문제는 2004년 졸속의 헌법 타협안으로 더 악화되었다. 새로운 헌법에 의하면 일부 장관은 대통령이 임명하고, 다른 장관들은 총리가 임명하게 되어 있었다.[i] 새로운 시대의 전형적인 문제점은 티모셴코가 유셴코의 최측근 동지인 포로셴코를 비난한 것으로 나타났다. 국가안보회의 의장을 맡고 있던 포로셴코가 가스공급과 가격 협상을 위해 모스크바를 방문하면서 티모셴코는 포로셴코가 자신의 권한을 찬탈했다고 비난했다.[3]

권력 구조와 연관된 두 번째 요인은 경제 자산의 재분배에 대한 통제 문제였다. 10년간 집권한 쿠치마 그룹이 물러나면서 경제 자산의 재분배가 진행되었고, 모두가 자신의 몫을 조금이라도 더 챙기려고 했다. 유셴코와 티모셴코 주위의 많은 정치인들은 자신의 새 직위를 이용하여 재정적 이익을 취하려고 했다. 여러 정황으로 보면 뇌물 요구는 줄어들지 않았고 오히려 늘어났다. 2005년 9월 유셴코의 비서실장인 올렉산드르 진첸코Oleksandr Zinchenko는 "부패가 이전보다 더 심해졌다"고 항의하면서 사임했고, 특히 포로셴코를 지목했다.[4]

세 번째로 유셴코와 티모셴코의 개인적 관계가 급격히 악화되었다. 유셴코는 자신의 전 동지인 티모셴코에 대해 강한 적대감이 일어나, 2006년에

i 2004년 오렌지 혁명 당시 정치 세력들이 졸속으로 합의한 헌법 개정안에는 내각제 요소가 크게 가미되어 연정에서 총리를 선출하고, 총리는 장관 제청권만 가지고 있었지만, 연정의 힘 때문에 총리가 추천한 장관을 대통령이 거부하기가 힘들었고, 대통령과 총리가 대립하는 정파에서 나옴으로써 우크라이나 국정은 거의 마비되는 결과를 가져왔다.

는 그녀를 재임명하는 대신에 야누코비치가 총리로 복귀하도록 허용했다.[ii] 2010년 대선에서는 티모셴코를 반대하는 선거운동을 펼치기까지 했다. 자신 주변 인물들의 부패를 척결하지 못하고, 티모셴코와 좋은 관계를 맺지 못한 유셴코로 인해 2004년에 얻은 유리한 기회는 무산되었고, 후에 벌어질 갈등을 위한 무대가 마련되었다.

같은 시기에 야누코비치는 정치적으로 재기하기 위한 준비를 했다. 그는 미국의 정치 컨설턴트 폴 매너포트Paul Manafort를 고용했는데, 그는 우크라이나와 관련된 야누코비치의 전략을 조언하고, 국제적으로 야누코비치의 이미지를 윤색하는 섬세한 전술을 펼쳤다. 이러한 전술의 일부는 유럽 통합에 대한 야누코비치의 지지를 강조하는 것이었다.

유셴코와 티모셴코(그들의 팀도)가 간신히 둘 사이의 전쟁을 숨기던 중에 진첸코의 부패 고발은 유셴코가 2005년 9월 총리로 채 9개월도 안 된 티모셴코를 해임하도록 만들었다. 그 후 정치인 간의 경쟁은 2006년 3월 총선으로 옮겨갔다. 2004년 단합했던 친개혁 세력은 2006년에는 각기 다른 정당을 내세워 동부의 지역당과 경쟁하기보다는 중도표를 놓고 자기들끼리 싸움을 벌였다. 총선의 결과는 표 5.1에 제시되었다.

총선에서 3퍼센트 득표를 의석 배분 하한선으로 하고, 완전 비례대표제로 실시된 이 총선은 지역당[iii]의 회복력을 보여주었다. 2002년에는 쿠치마의 "자 예니두 우크라이누"당을 지지했던 지역당은 독자적으로 선거에 나서서 32퍼센트의 득표로 186석의 의석을 차지했다. 공산당은 지역당의 선

---

ii 이 부분에서 저자는 당시 상황을 잘못 이해하고 있다. 앞에 서술한 바와 같이 오렌지 세력이 내분으로 연정 구성을 하지 못하자 지역당-사회당-공산당이 기습적으로 다수파 연정을 구성했고, 이 연정 세력은 야누코비치를 총리로 추대했다.

iii "지역당(Party of Region)"이라는 명칭은 정당 이름으로 이상하게 보일 수 있는데, 역사적 배경이 달라 분열적 양상을 보이는 우크라이나의 여러 지역을 통합한다는 의미를 가지고 있다. 그러나 이 당의 지지 기반은 친러시아 유권자가 몰려있는 동남부 지역이다.

표 5.1　2006년 총선 결과

정당	득표율	의석수(전체 의석 450)
지역당	32.1%	186
조국당(바트키시나)	22.3%	129
나샤우크라이나	14.0%	81
사회당	5.7%	33
공산당	3.7%	21
3퍼센트 미만 득표 정당	22.2%	0

전에 가장 큰 피해를 입어 의회 진출선을 간신히 넘는 3.7퍼센트를 득표했다. 유셴코가 이끄는 나샤우크라이나당은 많은 질책을 받고 티모셴코의 조국당 다음의 3위로 추락했다. 조국당은 2002년 선거에 비해 세 배의 득표율을 얻었다(의석 수는 다섯 배).

오렌지 연정 세력(조국당, 나샤우크라이나당, 사회당)은 총 243석을 얻어 다수파를 형성할 수 있었지만, 포로센코와 모로즈 모두가 의회 의장 자리를 원하면서 문제가 불거졌다. 포로센코를 의장으로 지명하는 해결책이 거의 마련된 것처럼 보이던 때에 모로즈가 연정을 이탈해 적인 지역당 편(공산당 포함)으로 넘어갔다.[5] 자신이 의회 의장이 되도록 지원해 준 대가로 모로즈와 사회당은 야누코비치가 총리로 선출되는 것을 지원했다. 유셴코와 조국당을 제외한 모든 의회 정당 지도자들은 합의된 프로그램에 대한 일종의 대연정 협약인 "국가통합 우니베르살(Universal of National Unity)"[iv]에 서명하고, 야누코비치를 총리로 임명하였다. 국정 의제에서 가장 논란이 된 것은 나토에 대한 것이었다. 대연정 정당들은 "요구되는 모든 이행 과정이 수행된 다음에

iv　우니베르살(Universal) – 코자크 시대에 지도자인 헤트만이 내린 포고령의 명칭으로 1917년 제정러시아 붕괴 후 출범한 중앙라다 정부도 독립 선언을 포함해 네 번의 우니베르살을 발표했다.

국민투표의 결과에 따라 나토 가입 문제를 결정하기"[6]로 동의하였다. 오렌지 연정이 집권한 후 야누코비치가 총리로 복귀하기까지는 약 17개월이 걸렸다.

"국가 통합" 연정은 오래 지속되지 않았다. 2007년에는 정치 위기가 이어졌다. 총리가 가담한 의회 다수파와 대통령이 가세한 의회 소수파의 싸움이 계속되었다. 반대파가 의회를 장악한 이후 친유셴코 진영 의원들이 다수파로 이탈하기 시작했다. 이는 금품 보상을 받은 의원들이 단체로 진영을 바꾸는 상황으로 이어졌다.[7] 2004년 개정된 선거법하에서는 의원들이 비례대표 소속으로 당선된 정당을 이탈할 수가 없었다. "필수적 위임(imperative mandate)"이라고 알려진 이 제도는 의원들의 이러한 탈당을 막기 위해 고안된 것이었다. 조국당과 나샤우크라이나 지도자들은 이 법에 의하면 의원들이 당적을 이탈하면 자신들의 의원직을 포기해야 하는데, 진영을 바꾼 의원들을 의회에서 추방하지 않음으로써 다수파는 이 법률을 위반했다고 주장했다.

지역당이 이끄는 연정 세력이 거의 300석에 달하자, 개헌도 가능하게 되어 유셴코의 입지는 더욱 좁아졌다. 유셴코는 행동에 나섰다. 4월 2일 유셴코는 의회 해산을 선언하고 새 총선을 실시한다고 발표했다. 이 조치는 국정위기(institutional crisis)를 초래했다. 야누코비치가 통제하는 정부는 총선을 위한 예산 배정을 거부했고, 반대파는 유셴코가 취한 조치의 합헌 여부를 문제 삼고 이를 헌법재판소에 제소했다. 유셴코는 이 과정에서 뇌물을 받은 것으로 추정되는 3명의 헌법재판관을 파면했다. 헌법재판소가 판결을 지연하는 동안, 양측은 합의를 이루어 총선을 실시하기로 했다. 이것은 엘리트들의 거래가 헌법적 절차를 뛰어넘는 하나의 사례였다.

2007년 9월 실시된 총선에서 지역당과 나샤우크라이나당은 의석을 추가

표 5.2 2007년 총선 결과

정당	득표율	의석수(전체 의석 450)
지역당	34.4%	175
조국당(바트키시나)	30.7%	156
나샤우크라이나	14.2%	72
공산당	5.4%	27
리트빈 블록	4.0%	20
3퍼센트 미만 득표 정당	11.2%	0

로 얻지 못했지만, 조국당은 극적인 의석 증가에 성공했다. 이것은 사회당과 군소 정당의 희생 위에 이루어진 것이었다(표 5.2 참조). 지역당과 연정을 하면서 오렌지 연정을 배신한 사회당은 유권자들로부터 심판을 받아 의회 진출선인 3퍼센트 득표에도 실패했다. 이 선거의 가장 큰 승리자는 티모셴코와 그녀가 이끄는 조국당이었다. 조국당은 지난 선거와 비교하여 8퍼센트를 더 득표하였고, 27석의 의석을 추가로 얻었다. 그 결과 조국당과 나샤우크라이나는 연정을 형성할 수 있게 되었고, 티모셴코는 총리 자리를 다시 차지했다. 그러나 이때에도 유셴코는 지역당과 "대연정(grand coalition)"을 모색하고 있었다. 이 연정의 그림자는 국가안보회의에 드리웠는데, 지역당 정치인들이 안보회의의 몇 자리를 차지했다.[8]

그러나 새 연정도 2008년 9월까지만 유지되었다. 조국당이 지역당과 공산당과 손을 잡은 의회가 일련의 법률안을 통과시켜 대통령과 총리 사이의 세력 균형을 무너뜨리면서 새로운 정치 위기가 찾아왔다. 유셴코는 자신의 정당을 연정에서 이탈시키는 것으로 대응했다. 유셴코는 새로운 연정이 구성되지 않으면 다시 총선을 치러야 한다고 선언했지만, 12월 리트빈 블록이 나샤우크라이나와 조국당과 손을 잡고 연정을 형성했다. 티모셴코는 총리

자리를 지켰고, 볼로디미르 리트빈Volodymyr Lytvyn이 나샤우크라이나당의 아르세니 야체뉴크Arseniy Yatsenyuk를 대신하여 의회 의장이 되었다.

이 세 번째 정치 위기는 러시아와 직접 연결되었다. 2008년 러시아-조지아 전쟁 후, 유셴코는 조지아의 수도 트빌리시Tbilisi를 방문하여 조지아에 대한 지지를 과시했고, 티모셴코는 유셴코가 한쪽 편을 드는 것을 비판했다. 유셴코의 참모 안드리이 키슬린스키Andriy Kyslinskyi는 티모셴코가 다가오는 대선에서 러시아의 지지를 구한다고 비난했고, "국가 반역죄와 정치적 부패 징조"를 언급했다. 2010년 대선이 다가오면서 러시아는 티모셴코를 유셴코의 대안으로 생각하고 있는 듯이 보였고,[v] 티모셴코는 러시아의 지지가 아주 중요하다고 생각했다. 10월 티모셴코는 모스크바를 방문하여 언론에 크게 보도된 대로 푸틴 후임으로 대통령이 된 메드베데프를 만났고, 당시 총리를 맡고 있던 푸틴을 만났다.[9]

우크라이나의 이 국내 갈등은 두 가지 이유에서 당시 시기를 이해하는 데 중요하다. 첫째, 당시 서방의 많은 담론과 다르게, 오렌지 혁명은 야누코비치와 지역당을 결정적으로 패배시키지 못했다. 이들은 오히려 동부 지역 유권자들에 대한 장악력을 높였고, 의회에서 가장 큰 정당을 유지했다. 이것이 2010년 대통령 선거 무대를 만들었다. 두 번째로 서방이 우크라이나와의 통합을 가장 호의적으로 고려하던 시기에 우크라이나 자체는 혼란에서 벗어나지 못했다. 다른 이유보다 이것이 나토 회원국들이 2008년 우크라이나에게 행동계획 회원 자격을 부여하는 데 주저한 중요한 이유였다.

---

v 여기서도 저자는 다시 상황을 잘못 해석하고 있다. 러시아는 티모셴코를 지지하는 듯한 태도를 취하면서 티모셴코가 유셴코에게 더욱 반기를 들게 만들고, 오렌지 세력의 분열을 꾀한 것으로 보는 것이 맞다.

유셴코 집권기의 외교 정책

유셴코는 서방에서 오렌지 혁명의 영웅으로 비쳐졌고, 대통령 취임 후 몇 주 동안 많은 서방 국가들을 방문하고 매우 호의적인 대우를 받았다. 그러나 그는 쿠치마와 동일한 문제에 부딪쳤다. 서방과의 통합은 단순히 좋은 의도만 가지고 되는 것이 아니라 광범위한 국내적 개혁을 필요로 했다. 그러나 유셴코 집권 시기 혼란과 내분은 이러한 개혁을 방해했다.

이에 더해 유셴코가 개혁 목표를 달성하기 위해 얼마나 노력했는가도 미지수다. 쿠치마가 다양한 정파들 사이의 거래를 중재하는 역할을 맡았던 데 반해, 유셴코는 이 분쟁에서 발을 뺐고, 그 결과로 정파들의 힘은 오히려 커졌다. 우크라이나가 의회민주주의로 옮겨가는 듯 보이자, 올리가르히들은 더 많은 돈과 노력을 쏟아부어 정당을 만들며 개혁을 가로막았다. 유셴코 정권 말기 유럽연합 집행위원장(European Commission President) 조제 마누엘 바호주Jose Manuel Barroso는 이렇게 말했다. "대통령님, 솔직하게 말씀드리면 개혁에 대한 의지가 부분적으로만 실행되었고, 말에 늘 행동이 따르지 않는 것처럼 보입니다. 개혁만이 안정을 가져오고, 유럽과 좀더 가까운 관계를 맺는 유일한 방법입니다."[10]

러시아도 유셴코의 정책에 불만이 많았다. 양국 간에 일어난 여러 일 중 하나는 유셴코가 세바스토폴에 주둔하는 러시아 병력 중 러시아 연방보안부(FSB) 요원들을 철수시키도록 요청한 것과 흑해함대 기지 사용 임대 계약을 연장하지 않을 의사를 분명히 한 것이다.[11] 2009년 8월 러시아의 메드베데프 대통령은 우크라이나의 정책에 대한 러시아의 불만을 표현한 편지를 유셴코에게 보냈다. 여기에는 2008년 러시아-조지아 전쟁에서 조지아를 지지한 것, 2006년과 2009년 가스 분쟁, 러시아 흑해함대에 대한 간섭 등이 들어있었다. 이 편지는 우크라이나와 러시아의 관계의 어젠다가 되었고, 러시아와의 관계를 증진시키기 위해서는 방향의 전환이 필요하다는 것을 시사하고 있었다.[12] 메드베데프는 일반적으로 러시아 지도자들 중 상대적으로 자유주의자인 것으로 간주되었지만, 이 편지는 러시아 보수주의자들의 정책을 대부분 반영했다. "러시아-우크라이나 관계는 귀 행정부의 양국의 일반적 역사적 틀의 재해석, 나치 협력자 예찬, 급진 민족주의자들 찬양, 1932-1933년 소련 시대의 기근을 '우크라이나 민족에 대한 인종학살(genocide against the Ukrainian people)'로 보는 민족주의적 해석의 지지로 시험대에 올랐다"라고 그는 비판했다. 나토 가입을 지지하는 사람들을 지목하여 메드베데프는 "이들이 내세우는 '논거'인 우크라이나의 안보에 대한 '러시아의 위협'은, 당신이 잘 알다시피 존재하지도 않고, 존재할 수도 없다"라고 주장했다. 그러면서 그는 "오랫동안, 러시아와 우크라이나는 단순한 이웃 국가가 아니라 항상 최상의 상호 감정을 가진, 공통의 역사, 문화, 종교를 가진 형제국이었다. 두 나라는 밀접한 경제 협력, 강력한 친족관계, 인간적 관계로 결합되었다"라는 자신의 시각을 표현했다. 메드베데프가 이러한 시각을 희망이나 지향이 아니라 사실로 내세운 것은 주목할 만하다. "우크라이나 정부의 반러시아적 정책 때문에 우리는 새 대사의 임명을 연기하기로 했다. 대사 임명의 구체적 날짜는 러시아-우크라이나 관계의 진정한 진전이 있은 후에 결정될 것이다"라고 말했다. 이 편지는 다가오는 선거에 대한 언급으로 끝을 맺었다. "러시아는 우크라이나의 새로운 지도부가 양국 국민의 진정한 바람을 달성하는 관계를 맺고, 이것이 유럽의 안보 강화에 이익이 될 것을 희망한다."[13]

유센코는 일반적으로 친서방 후보라고 알려졌지만(야누코비치에 비하면 실제 그랬다), 그는 동시에 실용주의자였기 때문에 러시아와 건설적 관계를 유지하려고 노력했다. 이와 동시에 야누코비치를 대통령으로 당선시키려는 시도를 망친 러시아는 우크라이나 내에서 입지를 서서히 재구축하려고 시도했다. 지역당이 돈바스 지역을 통제하고, 의회의 제1당을 차지하고, 많은 우크라이나 올리가르히들이 러시아와 같은 이해관계를 가지고 있는 상황에서 우크라이나에서 러시아의 입지는 여전히 희망이 있었다.

오렌지 혁명에 대한 러시아의 대응

오렌지 혁명 직후인 2005년 초 푸틴은 자국 내에서 거리 시위와 맞닥뜨렸다. 이 시위의 직접적 원인은 사회보장 제도의 개혁이었다. 여기에는 소련 시대의 연금, 무료 대중교통 이용권, 공공비용(utilities) 현금 지원 등의 삭감이 포함되었다. 시위는 푸틴을 축출하는 것을 목표로 하지는 않았지만, 그에 대한 직접적 공격이 이루어졌다.[14] 그는 현금 보조금 지급을 크게 늘리는 것으로 사태에 대응했다. 이 시위는 "오렌지 혁명 바이러스가 이제 러시아로 퍼질 것이다. (…) 새로운 러시아의 전체주의가 분해될 날이 멀지 않았다"[15]라고 썼던《코메르산트(Kommersant)》기사가 어느 정도 예측력이 있었던 것처럼 보였다. 2005년 3월 키르기즈스탄의 오랜 지도자 아스카르 아카예프Askar Akayev를 축출시킨 "튤립 혁명(Tulip Revolution)"은 이러한 위협을 고조시키는 듯했고, 2005년 5월 폭압적으로 진압된 우즈베키스탄 안디잔의 소요 사태도 위기감을 부추겼다.

러시아 정부는 이러한 혁명이 러시아와 구소련 기타 국가에서 일어나지 못하게 하는 일련의 조치들을 취했다.[16] 2005년 2월 러시아 국방장관 세르게이 이바노프Sergei Ivanov는 "핑크든, 블루든 뭐라 이름 붙이든 간에, 이런 혁명을 CIS국가에 수출하려는 노력"을 비난하고, 이러한 혁명은 토착적으로 발생한 것이 아니라 수출되었다는 것을 계속 강조했다.[17] 다음 해 그는 "러시아 군대는 일부 포스트-소비에트 지역에서의 쿠데타와 이런 시도로 발생할 수 있는 국경 지대의 불안정 가능성에 대비해야 한다"[18]라고 경고했다. 이와 유사하게 대통령실 부실장인 블라디슬라프 수르코프Vladislav Surkov는 러시아의 주권에 대한 일련의 위협을 나열하며 "외부 영향에 대한 국가적 면역이 약화된 환경에서 현대적 '오렌지 기법'을 이용하여 폭력 없이 권력을 흡수하는 것"을 경고했다. "우리는 이것이 어떻게 수행되는지를 안다. 가치를 훼손하고, 국가가 무능하다고 선언하고, 국내 소요를 선동하는 것이다. (…) 만일 그들이 네 국가에서 이를 성공시켰다면, 다섯 번째 국가에서 같은 일을 벌이지 않을 이유가 있겠는가?"[19]

수르코프는 "민족적 지향을 갖춘 사회적 층위의 형성"을 주장했고, 이것을 시행하는 한 방법으로 '나시(Nashi)' 청년조직을 구성했다. 2005년 5월 모스크바에서 나시는 푸틴에 대한 지지를 표현하기 위해 5만 명이 모인 대회를 벌였다. 얼마 후 나시 집회에서 글렙 파블롭스키는 "혁명은 쿠데타다. 그들[미국]은 전에 이것을 시도했고, 곧 여기에서도 일을 벌일 것이다. 빠르면 이번 가을 두마 선거가 그 대상이 될 것이다. 여러분들이 해야 할 일은 쿠데타가 발생할 조짐이 보이면 헌법적 질서를 수호하는 것이다"[20]라고 연설했다. "만일 푸틴을 전복하려는 시도가 있으면 나시는 거리로 나가 쿠데타를 방지해야 한다."[21] 나시 그룹은 오렌지 혁명 때의 '포라(Pora)' 그룹이나 세르비아의 '오트포르(Otpor)' 같은 청년 그룹에 대항하기 위해서 창설되었다.

정치적 불안정을 막기 위한 또 다른 조치는 정치적 활동에 관련된 NGO 활동을 방해하는 것이었다. 2006년 "단체의 목적이나 목표가 (…) 주권, 정치적 독립, 영토적 통합성, 국가적 단합, (국가의) 독특한 성격, 문화적 유산,

그리고 러시아 연방의 국익에 대한 위협을 제기하는 경우" 이런 단체의 등록을 거부하는 것을 합법화하는 법이 통과되었고, 외국 NGO가 러시아 지부에 자금을 송금하는 것을 금지시켰다.[22] 첫 조치는 정부로 하여금 반대파에 속한다고 간주한 NGO를 폐쇄할 권한을 주는 것이었고, 두 번째 조치는 많은 NGO의 재정적 기반을 파괴하기 위한 것이었다.

러시아 정부는 새로운 민주사회에서 투표의 공정성을 평가하는 선거감시단을 조직하는 서방의 관행을 거부했다. 우크라이나의 2004 대선의 부정을 발견한 것은 주로 우크라이나 국내 행위자들이었지만, 결선투표가 부정 선거였고, 재선거가 공정했다고 선언했던 외부 감시단의 역할은 서방의 간섭이라는 러시아의 담론과 맞아떨어졌다. 외무장관 세르게이 라브로프Sergei Lavrov는 "선거 감시는 더 이상 합리적이지 않고, 정치적 조작의 도구이고 안정을 해치는 요소다"[23]라고 주장했다. 2007년 러시아 총선 때 러시아 정부는 OSCE 옵서버 숫자와 활동을 심하게 제한했고, 그 결과 OSCE 민주기구와 인권위원회(Office for Democratic Institutions and Human Rights)는 선거 참관을 거부했다.

민주주의가 국가의 경계를 넘어 퍼지는 것을 막기 위한 네 번째 전술은 전제정치가 국가 간에 전파되도록 하는 것이었다. 러시아가 "근외 지역"에서의 역할을 강조하고 있었음에도 불구하고 "불간섭(noninterference)" 원칙에 대한 강조가 강화되었다. 러시아 지도자들과 이론가들은 민주주의와 같은 가치들은 보편적으로 타당하다는 개념을 공격했다. 그들은 조지프 나이Joshep Nye의 소프트 파워(soft power)를 비난하면서 새뮤얼 헌팅턴Samuel Huntington의 "문명적 다원주의(civilizational pluralism)"도 비난했다.[24] 중국, 중앙아시아 국가들과 함께 러시아는 이 지역에서 민주주의 확산에 대항하는 요새로서 상하이협력기구(SCO)를 설립했다.

원래 국경 지역의 안보 유지에 초점을 맞추었던 이 기구는 점차적으로 국내 정치 소요 방지와 각기 다른 정부 형태를 존중하는 규범을 증진시키는 데 초점을 맞추었다.[25] 단기적으로 보면, 이러한 사건들은 러시아와 유럽, 우크라이나 관계에 직접적인 영향을 미쳤지만, 미래에 대한 중요한 시사점도 있었다. 이 사건들은 러시아 지도자들이 이번 혁명에 대해 얼마나 불안하게 느끼고 있는지와 이들이 우크라이나 상황을 얼마나 외부 조작 탓으로 돌리고 있는지를 보여주었다. 이것은 러시아도 시위와 반대 시위를 쉽게 조작할 수 있다는 것을 의미했다. NGO 제한법은 러시아에서 전제적 통치가 강화된다는 서방의 우려를 더 깊게 만들었다. 이것은 다양한 이슈에 대한 러시아의 예민한 대응은 국내적 필요에 따른 것이고, 러시아의 외교 정책을 진정으로 반영하는 것으로 볼 필요는 없다는 시각을 강화시켜 준다.

러시아는 파블롭스키가 말한 대로 "세계화 시대에 새로운 혁명의 기술"[26]을 배워야 한다고 결론 내렸다. "우리가 선거가 아니라 예방적 반혁명에 대해 우크라이나 파트너들과 상의할 권한을 가졌더라면, 이러한 불행한 사태는 일어나지 않았을 것이다"[27]라고 파블롭스키는 주장했다. 그 결과는 후에 "게라시모프 독트린(Gerasimov doctrine)"이라고 불린 하이브리드 전쟁(hybrid war)으로 나타났다. "북아프리카와 중동에서 일어난 소위 색깔 혁명을 포함한 군사 충돌의 경험은 번영하는 국가도 불과 몇 달 만에 심지어 격렬한 무장 투쟁의 무대로 바뀔 수 있고, 외국 간섭의 희생양이 되고, 무질서, 인도적 재앙과 내전 상태로 빠질 수 있다는 것을 확인시켜 주었다."[28] 이와 유사하게 러시아 분석가들에게는 조지프 나이가 서술한 "소프트 파워"를 매력이 아니라 강압이나 전복의 수단으로 보는 경향이 생겼다.[29] 이러한 노력은 2014년에 전개된 전술로 이어졌다.

우크라이나와 EU

유럽연합에 가입하는 것은 쿠치마 시대부터 우크라이나가 천명해 온 목표였고, 많은 사람은 지도부의 변화와 함께 이 과정에 극적인 진전이 있을 수 있다고 보았다. 2005년 1월 스트라스부르의 유럽 의회에서 행한 연설에서 유셴코는 유럽연합 가입 목표를 다시 한번 강조하고, 자신의 정부는 "유럽연합과의 통합 과정에 수사가 아닌 실질적인 차원과 내용을 추가한 것으로 인정받을"[30] 것이라고 언명했다. 그는 유럽통합 담당 부총리직을 신설하고, 자신의 측근인 올레흐 리바추크Oleh Rybachuk를 그 자리에 임명했다. EU 집행위원장 하비에르 솔라나는 유셴코 정권에 "새로운 가능성이 열려있으며, 우리는 이러한 선택을 지원할 올바른 행동을 찾아야 한다"라고 강조했지만, 일부 회원국들이 주저하는 바람에 유럽연합은 이의를 제기했다.[31]

2005년 EU-우크라이나 행동계획은 "유럽연합과 우크라이나는 관계를 증진하고, 안정, 안보, 복지를 증진하기로 결정했다. 이러한 접근은 상호 공유된 가치, 공동으로 소유한 것과 차별성에 바탕을 두고 있다. 이것은 우리의 전략적 동반자 관계를 더욱 증진시킬 것이다"[32]라고 선언했다. 그러나 여기에는 EU 회원국 언급은 전혀 없었다. 잠재적 문제 중 하나는, EU는 어떠한 유럽 국가도 회원국 자격이 있다고 보지만, 우크라이나가 "유럽 국가"인지는 결정되지 않은 데 있었다.[33]

이렇게 해서 유럽연합과 우크라이나는 다시 악순환의 고리에 갇히게 되었다. 우크라이나는 회원국 지위가 약속되지 않으면 광범위한 개혁의 필요성에 수반하는 희생을 치를 수 없다고 한 반면, 유럽연합은 그렇게 많은 개혁이 필요한 나라에 회원국 지위를 약속할 수 없었다. 이런 역학뿐만 아니라 양측은 각각 내부의 제약이 있었다. 우크라이나에서는 EU 스타일의 개혁을 원하지 않는 강력한 이해관계가 있었고, 유권자들이 회원국 지위가 약속된다 하더라도 필요한 행동을 지지할 것인지가 분명하지 않았다. EU 입장에서는 "확대 피곤증," 거대한 우크라이나의 크기, 러시아의 우려가 일부 국가들을 더욱 주저하게 만들었다.

유셴코는 쿠치마보다 훨씬 더 일을 잘할 수 있다고 기대하고, 2005년 유럽연합이 협력협정과 "회원국 가능성(membership perspective)"[34]에 대한 협상을 시작할 것을 요청했다. 그러나 유럽연합은 의견이 갈렸다. 중부 유럽의 새 회원국들, 특히 폴란드는 (나토 문제에서도 그런 것과 같이) 우크라이나 가입 문제에 대해 적극적이었으나, 다른 회원국들은 유럽연합의 전통적인 단계적 접근법을 취하고, 앞서 서술한 우려를 내세워 좀더 조심스런 입장을 취했다. 유럽연합의 정치 지도자들은 정책 변화에 의견을 모을 수는 없었지만, 관료들은 좀더 쉽게 의견을 모았다. 그 결과 2005년 2월 유럽근린정책(ENP) 아래서의 "행동계획"은 "행동계획"이 완료되면 좀더 "향상된" 합의를 이룰 수 있을 것으로 보였다.[35]

그러나 진전은 매우 더뎠다. 그 이유 중 하나는 우크라이나의 국내 혼란의 지속이었고, 다른 하나는 우크라이나가 세계무역기구(WTO) 가입을 서두르고 있었기 때문이었다. 몇 년간의 협상 끝에 우크라이나는 2008년 1월 WTO에 가입했다. 그 결과 우크라이나는 세계 시장에 더욱 폭넓게 접근할 수 있었고, 우크라이나 시장도 더 개방되었다. 러시아보다 먼저 우크라이나가 WTO에 가입한 것은 의미가 컸다. 우크라이나는 최소한 이론적으로는 러시아의 WTO가입을 비토할 수 있는 입장에 있었다.[36] 그런 상황은 발생하기 어려웠지만, 우크라이나는 약간의 지렛대를 갖게 될 수 있었고, 러시아보다 앞서 WTO에 가입했다는 것은 상징적으로 큰 의미가 있었다. 유셴코는 러시아의 가입을 "전적으로 지지하겠다"고 밝혔다.[37]

야누코비치가 2006년 다시 총리로 취임하면서 EU 통합에 대한 정부의 집중은 감소되었다. 2006년 9월 브뤼셀을 방문하기 직전 야누코비치는 유럽과 러시아과의 관계에서 좀더 균형을 잡아야 한다고 주장하며 "유럽에 대한 낭만주의(European Romanticism)"를 비판하고, "지난 1년 반 동안의 불균형이 계속되도록 허용해서는 안 된다"[38]고 주장했다.[vi] 그는 자신은 EU와의 통합을 지지하지만, "우리는 유럽 실용주의(Europragmatism)에 좀더 가까이 있다"[39]라고 발언했다.

2007년 초, 유럽연합 이사회(European Council)는 "유럽연합과 우크라이나 간의 향상된 새로운 합의를 위한 지침의 협상"을 채택했다. 이 문서는 "(아직 협상이 완료되지는 않았지만) 이 합의를 통해 유럽연합은 우크라이나와 좀더 밀접한 관계를 건설하고, 단계적인 경제 통합과 정치적 협력의 심화를 목표로 한다"라고 언명했지만, 이와 동시에 "향상된 새로운 합의는 EU-우크라이나 관계의 앞으로의 발전에 대해 예단하지 않는다"[40]라고 밝혔다. 정식 회원국 지위는 차치하고 협력협정(Association Agreement)도 어젠다에 올라있지 않았다.

2009년 유럽연합이 동방파트너십(Eastern Partnership)을 설정한 다음에야 우크라이나-EU 통합 과정은 속도를 내기 시작했다. 동방파트너십 프로그램은 스웨덴의 지지를 얻어 폴란드가 제안했다.

> 동방파트너십은 동방 파트너 국가들에 대한 EU의 정책을 한층 강화할 것이다. 이것은 유럽근린정책의 구체적인 동방 차원의 발전을 통해 유럽연합과 동방 파트너 국가들 간의 정치적 연대와 나아가 경제적 통합에 필요한 조건을 만들고자 할 것이다. 이

---

vi 당시 야누코비치의 이러한 행동은 우크라이나 헌법상 대통령은 외교, 국방, 총리와 내각은 내정을 맡기로 한 원칙에 크게 위배되는 것으로 비판받았다.

를 달성하기 위해 동방파트너십은 유럽연합으로의 접근(approximatization)과 수렴(convergence)을 촉진하여 정치적, 사회-경제적 개혁을 지지하기 위해 노력한다.[41]

이 문서는 "민주주의, 법의 지배, 인권에 대한 존중을 포함한 공유된 가치와, 시장 경제, 지속적 발전, 선한 거버넌스(good governance) 원칙이 중심을 이룬다"[42]고 강조했다. 우크라이나로서는, 이 정책이 "동방파트너십하에서의 협력은 유럽연합과 충분한 진전을 달성한 파트너 국가들 간의 새로운 협력협정의 기반을 마련할 것이다"[43]라는 표현은 매우 의미가 컸다. 이와 동시에 가까운 장래에 EU 회원국이 될 가능성 없는 코카서스 3국과 같은 범주에 들어간 것은 우크라이나에게 실망을 안겨주었다.

러시아는 동방파트너십이 자신들의 이익을 침해한다고 보았고, 그런 목적으로 만들어졌다고 간주했다. 유럽연합 이사회는 "동유럽 인접국들에서의 안정, 선한 지배, 경제 발전의 증진은 유럽 연합에 전략적 중요성을 갖는다"라고 언명했다.[44] 드미트리 메드베데프 러시아 대통령은 "파트너십은 갈등보다는 좋은 것이다, 그러나 일부 국가들이 이러한 구조를 러시아에 대항하는 파트너십으로 사용하려고 하는 것은 당황스럽다"[45]라고 말했다. 안드레이 자고르스키Andrei Zagorski는 "동방 인접국에게 상향된 파트너십이나 협력 체계 대신에 EU와의 결합(association)을 제공하려는 동방파트너십의 커진 야망은 이 국가들이 러시아 연방과의 결속을 점차적으로 끊도록 하는 목적을 가진 것으로 보인다"[46]라고 비판했다. 유럽과 "인접국들"의 통합 강화는 인접국들과 러시아 사이의 통상 장벽을 야기할 것으로 예측되었고, 공동체 기득권(*acquis communautaire*)의 채택은 2004년 추가된 회원국들과 러시아 사이에 기존에 존재하던 합의를 무효화시키고, 러시아 경제의 몇 부문에 피해를 입힐 것으로 보았다.[47] 그러나 러시아가 원하는 EU-러시아 경제 통합에는 근본적인 장벽이 있었다. 유럽연합은 러시아의 기분에 맞추기 위해 공동체기득권을 수정할 의향이 없었고, 러시아는 유럽의 법률, 경제 규범을 채택할 의사가 전혀 없었다.

자고르스키는 러시아는 이 합의의 통상 요소가 해당국들과의 교역에 대한 러시아의 주도권을 간섭할 가능성에 대해 우려하고 있다고 지적했다. 그는 특히 우크라이나의 에너지 부문이 EU와 통합되는 것은 러시아의 계획을 간섭할 것이라는 우려를 표하고, 파트너십 국가들과 유럽연합 사이의 이동의 자유는 이 국가들과 러시아 사이의 이동의 자유를 어렵게 만들 것이라고 파악했다. 한 가지 위로가 되는 것은 이러한 일이 벌어지는 것은 아직 먼 앞날의 일이고, 이 계획이 지향하는 목표가 달성될 가능성이 별로 없어 보인다는 것이라고 자고르스키는 말했다.[48] 메드베데프 대통령은 직접 이렇게 말했다. "나는 이 동방파트너십에서 어떤 기적적인 것도 보지 못하겠다. 솔직히 말하면 나는 이로 인한 이익도 전혀 볼 수 없다. 이는 이 프로젝트에 참여한 당사자들과의 대화에서도 확인되었다. 그러나 나는 이것이 직접적으로 러시아를 겨냥하고 있다는 생각도 들지 않는다."[49] 유럽연합 소속 국가 지도자 중 유일하게 앙겔라 메르켈 총리만이 2009년 5월 동방파트너십 개막식에 참석했다는 사실은 이 정책이 EU의 중요 사안이 아니라는 것을 보여주는 상징으로 여겨졌다.[50] 이와 동시에 러시아는 파트너십 프로젝트의 일부 프로그램에 참여할 가능성을 열어두었다.[51]

그러나 러시아도 잠자코 있지는 않았다. "유럽은 가만히 앉아서 자신들의 모델의 '자력(magnetism)'를 믿고 있는 동안, 러시아는 인접 지역에서 자신의 매력을 강화하기 위해 조용히 움직였다. 특히 인센티브의 힘을 알게 되었다. 유럽연합이 관료주의로 주변국들을 짜증나게 한 반면, 러시아는 무비자 입국과 낮은 에너지 가격과 같은 이익을 바로 제공했다."[52] 여기에 더해 러시

아는 "파트너십 참가국" 6개국 모두에 군대가 진주해 있었다.[53]

에너지 정치

러시아가 오랫동안 우크라이나에 영향력을 행사해 온 수단이었던 에너지 관계는 극적으로 변화되어 오렌지 혁명 이전에 존재했던 불안한 휴전 상태는 무너져버렸다. 우크라이나가 러시아에 등을 돌리는 상황에서 러시아는 더 이상 시장 가격 이하로 가스를 공급하거나 에너지 채무를 용인할 수 없었다.[54] "색깔 혁명"의 전염 가능성을 두려워한 러시아는 다른 국가들에게 러시아에 반항하는 대가가 크다는 신호를 보내고자 했다. 이에 대해 세계 에너지 가격이 상승하는 상황에서 특혜적 소비자에게 보조를 제공하는 비용도 커졌다. 그래서 러시아는 2011년까지 모든 가격을 유럽 공급 가격에 맞추기로 목표를 정했다. 라비 압델랄Rawi Abdelal은 이것은 러시아 정책의 중요한 변화라는 것을 강조했다. 러시아 정부는 가스프롬에 정치적 목적을 위해 보조금을 제공하는 대신에 가능한 많은 돈을 벌도록 지시했다.[55] 결과적으로 러시아의 정책 변화는 유럽연합이 러시아-우크라이나 관계에 깊이 관여하도록 만들었다. 왜냐하면 2006년과 2009년의 러시아와 우크라이나 사이의 "가스 전쟁(gas war)"이 EU 국가들에 대한 가스공급의 감소를 가져왔기 때문이다. 이것은 유럽연합이 전례 없이 양국 분쟁에 직접 개입하도록 만들었다.

에너지 부문의 변동성이 심해지자, 러시아는 보조를 감축하거나 중단하려고 나섰고, 자국의 이익에 부합하게 공급 구조를 재편성하려고 했다.[56] 유셴코가 대통령에 당선된 직후인 2005년 1월, 러시아는 우크라이나가 가스 공급 채무를 갚지 않고 있고, 서유럽으로 가스를 공급하는 가스관으로부터 가스를 유용하고 있다고 불평했다. 그런 다음 우크라이나 가스 가격으로 시장 가격 또는 천(千)입방미터당 230달러를 부과하겠다고 선언했다.[57] 유셴코는 인상된 가격을 지급하는 데는 동의했지만, 가격 인상은 단계적으로 이루어져야 하고, 러시아 가스 통과료도 인상하고, 바터제 대신에 현금으로 통과료를 받아야 한다고 주장했다. 전과 마찬가지로 러시아는 우크라이나가 가스에 비용을 치르는 방식으로서 우크라이나 가스관을 장악하려고 시도했다. 이러는 와중에 티모셴코는 가스 중개 회사인 로스우크르에네르고(RosUkrEnergo)의 중개권을 없애려 했고, 티모셴코의 측근인 올렉산드르 투르치노프Oleksandr Turchynov가 수장으로 있는 우크라이나 정보부(Security Service of Ukraine, SBU)는 이 회사에 대한 조사를 시작했다. "2005년 7월 즈음에는 약 1년 전 합의가 되었던 러시아 우크라이나 가스 관계의 사실상 모든 문제 요소는 다시 갈등에 접어들었고, 해결의 기미는 거의 없어 보였다."[58] 양측은 2005년 내내 상대를 비방했고, 2006년 1월 1일 러시아는 우크라이나로 공급되는 가스양을 감축해서 서유럽으로 공급하기로 약속된 양만 공급했다.

이 조치의 즉각적인 여파는 유럽에 대한 가스공급의 감소였다. 우크라이나는 국내 소비자의 손해를 감수하며 계속 서쪽으로 가스를 공급할 수 있었지만, 국내 공급과 가스 통과 모두를 감소시켰다. 1월 2일 헝가리로 공급되는 가스양은 40퍼센트, 프랑스, 오스트리아, 슬로바키아는 30퍼센트, 이탈리아는 24퍼센트가 감소되었다.[59] 가장 큰 영향을 받은 나라는 가스 전량을 러시아로부터 공급받는 슬로바키아였고, 가스공급량의 30퍼센트가 감소했다. 이러한 공급 축소가 우크라이나의 새 정부를 목표로 한 것이라는 것이 일반적 인식이었고 그래서 위기에 대한 책임이 러시아로 돌아갔다.[60] 프랑스의 《르몽드》는 "러시아가 에너지 버튼을 눌렀다"라고 하고, "21세기의 첫 전쟁이 선언되었다"라고 밝혔다. 유럽의 대부분 언론도 같은 반응을 보였다.[61] EU의 외교 정책 책임자 하비에르 솔라나와 독일 경제장관 미카엘 글로스는 우크라이나에 초점을 맞추기보다는 러시아에 우크라이나에 대한 가스공급을 재개하도록 촉구했다.[62] 1월 4일 가스공급을 담당하고 있는 우크라이나의 나프토가스(Naftogaz)와 러시아의 가스프롬(Gazprom)은 새로운 합의를 발표했고, 가스공급은 재개되었다. 내용이 복잡한 새 합의에 의해 가스공급가와 우크라이나 가스 통과료가 모두 인상되었지만, 여전히 시장 가격 수준은 아니었다. 1월 후반 다시 한번의 가스공급 중단사태가 일어난 후(러시아의 혹한에 책임이 돌려졌다), 헝가리는 러시아산 가스에 대한 의존도를 줄이기 위해 동유럽 7개국 회의를 열었다.[63]

이는 분명히 러시아가 의도했던 바가 아니었다. 러시아는 우크라이나와 유럽에 대해 막대한 지렛대를 가지고 있었지만, 의존성은 상호적이었다. 가스프롬은 러시아 정부 재정 수입의 12-13퍼센트, 러시아 GDP의 8퍼센트를 담당하고 있었다.[64] 그리고 이 수입의 대부분은 구소련 지역이 아니라 유럽에서 지불하는 금액이었다. 그래서 정치적 이유뿐만 아니라 경제적 이유에서도 러시아는 서부 유럽의 소비국들을 불안하게 만들거나 이들이 다른 가스공급원을 찾도록 만들기를 원치 않았다. 그렇게 되는 경우 러시아의 협상력과 수입 모두가 축소될 수 있었다.

이 사태의 결과 유럽연합은 가스공급을 안정화시킬 방안을 모색해야 한다는 새로운 결의를 하게 되었다. 라위 압델랄이 말한 것처럼 러시아로부터의 가스공급에 대한 유럽연합의 정책에는 두 가지 긴장이 있었다. 중심에는 대형 가스회사의 목표와 각국 정부의 목표 사이의 긴장이 있었다. 독일의 E.ON, 프랑스의 EDF, 이탈리아의 Eni 같은 대형 가스회사들은 가능한 한 가스를 싸게 구입하고자 했던 반면 국가들은 일정한 범위에서라도 러시아에 대한 의존도를 줄이기 위해 다소 높은 가격을 지불할 용의가 있었다.[65] 이러한 목표 차이는, 유럽 서쪽에 있는 전통적인 국가들과 러시아에 근접해 있는 새로운 회원국인 동부 국가들 사이의 러시아 정책에 대한 좀더 폭넓은 이견과 연결되어 있었다. 동유럽 국가들은 위협으로 다가온 러시아 가스공급 문제에 대한 거대한 단합을 추구하고 있었다. 상업적 이익과 지정학적 이익이 충돌했고, 압델랄의 관점에서, "프랑스, 독일, 이탈리아 가스회사의 소수들이 에너지 전략과 이로 인한 러시아 정책의 수립을, 본질적으로 유럽 전체를 책임지게 되었다".[66]

2006년 위기는 해당 국가들에게 정책에 대한 통제권을 확보하고자 의지를 강화시켰다. 이렇게 하는 한 가지 방법은 추가적 위기 발생을 막기 위해 러시아-우크라이나 관계에 좀더 적극적으로 관여하는 것이었다. 두 번째 방법은 공급선의 다변화였다. 세 번째는 러시아의 이해와도 맞아 떨어지는 것이었는데,[vii] 러시아가 유럽으로 운송되는 가스양을 줄이지 않으면서 우크라이나로부터의 공급은 축소하는 것으로, 그럼으로써 우크라이나의 영향력의 상당 부분을 제거하는 것이었다. 이것을 실현하는 계획이 노르드스트림(Nord Stream) 프로젝트로서, 발틱해 아래를 통과해 러시아와 독일 사이에 어떠한 경유 국가도 피하게 되는 것이었다. 이 합의는 우크라이나와 폴란드, 발트국들의 지위를 약화시키게 되어 이들 모두 반대했다. 노르드스트림은 유럽의 대형 가스회사들의 이익에 맞아떨어졌기 때문에 성공할 수 있었던 부분이 크다. 이 회사들은 가스프롬과 소련 시대 그 전신과 깊은 관계를 유지해 왔다.[67]

그러나 노르드스트림은 러시아가 서방의 주도적 지지자들에 대한 영향

---

vii 당시 유럽으로 공급되는 러시아 가스의 80퍼센트가 우크라이나를 통해 공급되었다. 러시아 가스의 상당 부분은 투르크메니스탄에서 구입하여 체첸지역을 거쳐 우크라이나를 동서로 관통하는 가스관을 타고 유럽으로 공급되었다.

력을 행사할 수 있게 된 초기 사례이기도 했다. 1998년부터 2005년까지 독일 총리를 역임한 게르하르트 슈뢰더는 노르드스트림의 강력한 지지자였다. 그는 총리직에서 물러나기 2주 전, 러시아와 이 가스관을 건설하는 계약에 서명했다. 총리직에서 물러난 직후 슈뢰더는 노르드스트림 컨소시움의 고액의 연봉의 일자리를 받았고, 2017년에는 러시아 정부가 관리하는, 미국 제재 대상인 석유회사인 로스네프트(RosNeft)의 이사회 의장이 되었다.[68]

서방에서는 가스프롬을 상업적 이익을 추구하고 가스값을 제대로 받으려는 "정상적인" 회사이지만 러시아 정부 통제하에 있다고 보는 사람들과, 이 회사를 국가의 외교 정책 목표를 수행하는 러시아 정부의 수단으로 보는 사람들 사이에 논쟁이 발생했다. 이와 유사하게, 우크라이나를 방정식에서 제외하여 높이 평가되었던 가스프롬의 상업적 논리와, 우크라이나를 제외함으로써 우크라이나의 독립에 강한 타격을 가하는 것으로 보는 국가들의 정치적 논리 사이에 충돌이 있었다. 2006년 4월 폴란드 국방장관 라도슬라프 시코르스키Radoslaw Sikorski는 노르드스트림을 "몰로토프-리벤트로프 가스관"[69]이라고 지칭했다. 흑해에 해저 가스관을 건설하여 우크라이나를 우회해 발칸 국가들과 이탈리아에 가스를 공급하는 유사한 프로젝트인 사우스스트림(South Stream)[viii]은 좀더 천천히 진행되었고, 2014년 러시아에 대한 경제 제재 부과 이후 포기되었다. 결과적으로 유럽연합은 혼합 전략을 취하게 되었다. 단기적으로는 러시아가 중요한 가스공급 국가라는 점을 인정하면서 각 EU 국가와 회사가 가스공급을 안정화하는 전략을 취하고, 유럽연합 전체가 우크라이나를 러시아의 영향력 아래 두지 않으면서 유럽에 대한 가스공급을 보장하기 위해 러시아와 우크라이나 사이의 분쟁을 예방하

---

viii 러시아가 우크라이나 가스관의 대안으로 흑해를 통해 불가리아, 세르비아, 헝가리, 슬로베니아 최종적으로 오스트리아까지 가스를 공급하는 가스관으로 계획했지만, 아직 만들어지지는 않았다.

는 외교정책을 폈다. 장기적으로는 러시아로부터의 공급을 다변화하고, 노르드스트림처럼 우크라이나를 우회하는 공급로를 찾는 방향으로 움직였다. 우크라이나, 유럽 전략 모두의 근본적인 문제점은 가장 싼 가스의 공급자는 러시아라는 점이고, 이 가스를 공급받는 가장 믿음직스러운 방법은 우크라이나를 가스 통과국에서 제외하는 것이었다.

2007년 우크라이나는 러시아가 시장 가격보다 낮은 가스 가격 제공을 대가로 탐을 내왔던 자국의 가스 통과 시설을 매매하는 것을 금지시키는 법안을 통과시켰다.[70] 그러나 우크라이나는 러시아로부터 공급받은 가스 대금을 제대로 지불하지 못해 어려움을 겪었고, 몇 번에 걸쳐 대금이 밀리는 상황이 발생했다. 2008년 새로 총리가 된 티모셴코와 푸틴은 가스 공급가를 추가로 인상하고(서유럽 국가들에게 공급되는 가격보다는 여전히 낮은 가격), 이 가격을 2010년까지 유지하기로 합의했다.[71] [ix]

2009년 두 번째 가스 위기가 발생했다. 이번 위기는 좀더 심각했고, 더 큰 여파를 가져왔다. 위기는 상승하는 에너지 가격이 모든 당사자로 하여금 에너지 교역을 통제하고자 하는 동기를 강화시킨 것이 원인으로 작용하기도 했고, 우크라이나의 국내적 정치 혼란으로 서로 경쟁하는 올리가르히와 정치인들 사이에 지속적인 합의가 만들어지지 못한 것도 원인이 되었다. 전과 마찬가지로 가스 차단의 직접적 원인은 우크라이나가 가스 대금을 지불하지 못했다는 것이다. 1월 1일 러시아는 우크라이나의 가스관으로 가는 가스 공급을 다시 한번 유럽으로 운송되어야 하는 수준으로 감축했다. 유럽 소비국들에게 공급되는 가스양은 다시 한번 큰 타격을 받았고, 러시아와 우크라

---

ix 티모셴코 반역죄 행위 – 적절한 가스값 협상보다 대통령 당선을 중시한 티모셴코는 러시아의 지원을 기대하고 우크라이나에 불리하게 가스값을 책정해서 유셴코 대통령은 티모셴코를 국가 반역죄로 기소하겠다고 위협했고, 결국 이 문제로 야누코비치 정권에서 재판을 받아 7년 형을 선고받았고, 이후 정치적 영향력을 크게 잃어 대통령 선거에서 계속 패배했다.

이나는 서로에게 책임을 전가했다. 1월 7일 러시아는 한 발 더 나가, 우크라이나로의 가스공급을 전면 중단했다.

이 분쟁은 1월 말 티모셴코와 러시아 지도자 사이의 거래로 종식되었는데, 우크라이나는 유럽 수준에 가까운 가격을 지불하기로 했다. 이 거래로 우크라이나가 얻은 이익은 국가 수입으로부터 돈을 훔치는 통로가 되어온 로스우크르에네르고(RosUkrEnergo) 같은 중간거래자를 퇴출시킨 것이었다.[72] 우크라이나와 유럽의 가격 차이를 줄이는 것은 부패의 규모를 줄이기 위한 것이었다. 티모셴코의 경쟁자들(유셴코와 야누코비치)은 이 거래를 강력히 비난했고, 야누코비치는 후에 이 거래를 티모셴코를 배임 혐의로 기소하는 데 이용했다(그러나 가스 거래 자체는 무효화하지 않았다). 이 거래는 우크라이나에게 크게 불리한 세 가지 조항을 담고 있었다. 가격 공식은 우크라이나가 실질적으로 다른 나라보다 더 높은 가격을 지불하게 만들어졌고, "수입하거나 지불해야 하는 조항(take or pay clause)"은 우크라이나가 가스를 소비하든 하지 않든 (필요한 이상으로) 일정 수준의 가스를 구매하도록 규정했다. 그리고 수입한 가스를 다른 나라에 판매하는 것을 금지했다. 이 세 가지 조항은 결국 2017년 국제상사중재법원에 의해 무효 판결을 받았다.[73]

2009년 우크라이나와 유럽연합은 우크라이나 가스 수송과 체계를 현대화하는 데 합의했다. 이 합의는 "우크라이나 가스 수송 체계의 확장과 현대화는 유럽 에너지 공동 인프라의 핵심적 기둥이고, 우크라이나가 EU 가스 부문의 전략적 파트너라는 것을 인정했다".[74] 러시아는 이 협상에 포함되지 않았고, 러시아는 이 합의를 러시아-우크라이나 협력을 저해하고 가스프롬에 해를 입히는 것으로 간주했다.[75] 우크라이나는 다시 한번 위기를 딛고 살아남았지만, EU에서 많은 정치적 자산을 잃었다. 2009년 말 유럽 정상회의 의장(EU President)를 맡고 있던 스웨덴의 프레데리크 라인펠트Frederick

Reinfeldt는 최근의 가스 분쟁으로 "인내심을 잃었다"라고 말했다.[76]

서방, 러시아, 우크라이나

유셴코는 2005년 4월 나토 가입 목표를 다시 설정하고 나토의 행동계획 회원국 지위(MAP) 획득을 추구했다. 이후 수 개월, 수 년 동안 수사적으로나 제도적으로 우크라이나가 나토 회원국 지위에 다다르기 위한 노력이 전개되었다. 2007년 우크라이나 "국방백서"에서 우크라이나군의 군 현대화 계획은 "유럽과 나토 군대 기준"에 맞추는 것을 최우선 과제로 내세웠다.[77]

나토 행동계획 회원국 지위를 추구하면서 유셴코의 의욕은 나토 회원국 대부분보다 앞서 나갔을 뿐만 아니라, 우크라이나 유권자들보다 앞서 나갔다. 2008년 이후 나토 가입을 위한 홍보 활동에도 불구하고 여론 조사에서 나토 가입에 대한 지지는 늘 과반수를 넘지 못했다.[78] 2006년 브뤼셀을 방문한 야누코비치 총리가 "우크라이나 국민은 나토 회원국이 되는 가능성을 받아들일 준비가 되어 있지 못하다"라고 말했을 때 그는 유셴코보다 진실에 더 가까이 있었던 것으로 보인다.[79] 유셴코 자신은 나토 가입에 대한 조금의 의구심도 없었다. 후에 행동계획 회원국 자격이 거부된 후 그는 우크라이나는 "나토 동맹국 지위 획득(NATO Alliance)을 위해 앞으로 나아가야 한다. (…) 이것이 우리의 국가안보와 주권을 지키는 유일한 방법이다. (…) 나는 중립 유지 가능성을 외치는 우리 나라의 모든 정치 세력에게, 중립은 아주 높은 대가를 치르고 얻을 수 있다는 것을 상기시키고 싶다"[80]라고 말했다. 지역당은 우크라이나가 이 문제에 대한 국민투표를 실시하지 않고 나토에 가입해서는 안 된다고 주장했다. 유셴코는 2006년 "국가 단합을 위한 우니베르살"을 서명하면서 이에 동의했다.[81] 국민투표는 2008년 티모셴코의 정강 정책이 되었고, 그해 의회에서 법안으로 통과되었다.[82] 유셴코와 나토 가입 지지자들은 시간이 지나면 국민들로부터 필요한 지지를 확보할 수 있다고 생각했지만, 여론 조사는 이들이 아직 갈 길이 멀다는 것을 보여주었다. 반대파들은 국민투표가 성공하지 못하리라 확신했기 때문에 국민투표를 주장했다. 이런 면에서 기존 회원국들의 주저는 나토 회원국이 되는 데 단지 하나의 장애에 지나지 않았다. 우크라이나가 필요한 개혁을 하지 못하는 것이 두 번째 장애이고 우크라이나 내의 정치적 반대가 세 번째 장애가 되었다.

당시에는 사소한 문제처럼 보였지만, 2008년 초반 코소보 독립 인정은 러시아 지도자들을 격노하게 만들었고, 2014년 크림 합병을 정당화시키는 구실로 이용되었다. 이것은 1990년대 유고슬라비아 붕괴가 가져온 또 다른 결과이다. 라브로프 외무장관은 그 결과에 대해 다음과 같이 경고했다. "솔직히 말해 그들[서방 국가들] 중 다수는 코소보의 일방적 독립 선언과 관련된 리스크, 위험, 위협을 제대로 이해하지 못한다. 그들은 이것이 불가피하게 유럽과 다른 지역을 포함은 세계 많은 지역에서 연쇄 반응을 초래할 것이라는 점을 이해하지 못하고 있다."[83]

부카레스트 정상회담

2008년 1월 유셴코는 티모셴코 총리, 의회 의장 야체뉴크와 함께 나토 사무총장 야프 드 후브 셰퍼Jaap de Hoop Scheffer에게 4월 부카레스트에서 열리는 나토 정상회담에서 우크라이나에게 행동계획 회원국 자격을 부여해 줄 것을 요청하는 공식 서한을 보냈다. 서방이나 러시아가 우크라이나가 원하지 않는 선택을 강요하는 다른 경우와 대조되게, 이번에는 우크라이나가 나토 회원국들에게 원하지 않는 선택을 하도록 만들었다. 많은 회원국들은 우크라이나의 회원 자격에 대해 진지하게 생각하지 않았지만, 이들은 유셴코에 대한 지지를 과시하고, 나토가 우크라이나와 조지아의 독립을 지지한다는 것을 보여주고 싶었다. 미 국방장관 로버트 게이츠Robert Gates의 즉각적인 반응은 우크라이나 준회원 자격은 이번 정상회담의 의제가 아니라는 것이었지만, 부시 행정부 내에 이견이 존재했었다. 딕 체니Dick Cheney 부통령은 우크라이나를 특히 강하게 지지했다. 3월이 되자 미국은 우크라이나와 조지아의 행동계획 회원 지위를 지지하기로 의견을 모았다. 정상회담 직전 부시 대통령은 "나토 회원 자격은 이를 원하고, 나토 회원국의 의무를 공유할 준비가 된 모든 유럽의 민주국가에게 개방되어야 한다"[84]라고 말했다. 보통 때와 다르게 이 문제는 사전 합의가 이루어지지 않아서 정상회담에서 직접 결정하기로 되었다.[85]

러시아의 입장은 2008년 1월 발표된 "외교 정책 개념(Foreign Policy Concept)"에 분명히 명시되었다. "러시아는 나토 확장에 부정적 입장을 견지하고, 특히 우크라이나와 조지아를 준회원으로 받아들이는 것에 더욱 그러하다. 이와 더불어 전체적으로 나토의 군사 인프라를 러시아 국경에 밀착시키는 것은 동등한 안보 원칙을 위반하고, 유럽의 새로운 분할선을 형성하는 것으로 이어지게 된다."[86] 푸틴은 그달 유셴코와 같이 가진 기자회견에서 한 발언으로 서방 언론의 상당한 주목을 받았다. "러시아가 우크라이나에 배치된 미사일에 대응하여 우크라이나를 목표로 미사일 체제를 배치할 수 있다는 것은 말하기 무섭고, 생각하기 끔찍한 것이다. 잠시라도 상상해 보라. 이것이 우리가 우려하는 바이다." 그러나 이것을 자세히 읽어보면, 푸틴은 우크라이나가 나토에 가입하는 것이 아니라, 나토 미사일이 우크라이나에 배치되면 우크라이나를 목표로 하겠다고 위협하는 것처럼 보였다. 같은 기자회견에서 푸틴은 러시아는 우크라이나의 외교 정책에 대해 "간섭할 권한이 없지만", "만일 우크라이나가 주권이 제약되기를 바란다면 그것은 그들의 문제다"[87]라고 말했다. 이러한 계산된 발언 외에도 라브로프 외무장관은 이렇게 말했다. "러시아는 우크라이나와 조지아가 나토에 들어가는 것을 막기 위해 무슨 일이든 할 수 있다."[88] 이와 유사하게 푸틴의 참모인 세르게이 마르코프Sergei Markov는 "우크라이나가 나토에 들어가는 것을 많은 러시아인들은 자신들의 조국의 일부가 점령당하는 것으로 인식할 것이다. 우크라이나인들은 어쨌든 러시아인들이다."[89] 당시 러시아 지도자들의 서로 상반되는 발언은 서방 지도자들로 하여금 자신들이 선호하는 메시지만 듣게 만들었고, 훗날 분석가들로 하여금 러시아는 우크라이나의 나토 가입을 절대절명의 위험으로 받아들인다고 했다거나, 혹은 그런 암시를 전혀 제시한 적이 없다고 말하게 만들었다.

유셴코는 나름대로 러시아를 안심시키려고 노력했다. 그는 "세바스토폴에 나토 기지가 설치된다는 것을 믿을 사람이 있겠는가? 당연히 없고, 앞으로도 없을 것이다. (…) 우리는 러시아에 위협이 되는 어떠한 조치도 취하지 않을 것이다"[90]라고 말했다. 1990년 독일 통일 과정 논의에서 약속된 것에 대한 오해가 발생한 후 러시아 지도자들은 다시는 서방의 발언에 안심할 수 없었다.

미국이 얼마나 강하게 행동계획 회원 문제를 밀어붙였는지는 불분명하지만, 프랑스와 독일은 이에 강하게 반대했고, 이들이 부카레스트 회담을 주도하며 영국도 이들을 지지하게 만들었다. 활발한 토론이 벌어져 폴란드 대표는 독일이 "당신들의 동맹보다 모스크바를 더 걱정하고 있다"[91]고 비난하기도 했다. 우크라이나와 조지아에게 행동계획 회원국 지위는 부여되지 않았지만, 회의가 종결되면서 발표된 선언문에는 두 회원 희망국에 대한 격려가 담겼다. "나토는 우크라이나와 조지아의 나토 회원국 지위를 위한 유로-대서양 지향을 환영한다. 오늘 우리는 이 국가들이 나토 회원국이 될 것이라는 데 동의했다."[92] 행동계획 지위 부여에 반대했던 메르켈은 "나토의 동반자가 되는 것은 이 국가들의 운명이고 소명이다. 그러나 기준에 맞아야 하고, 다른 단계의 집중적 의무 이행이 필요하다"[93]라고 말했다. 독일 외무차관 게르노트 에를러는 "일례로 미사일 방어 문제로 모스크바와는 충분한 긴장이 지속되어 왔다"[94]라고 말했다.

부카레스트에서 취해진 입장은 나토 회원국 사이의 타협의 필요성을 반영한 것이지만, 동시에 우크라이나, 조지아의 이익과 러시아 이익의 타협안이었다. 채러프Samuel Charap와 콜튼Timothy Colton은 이것을 "가장 나쁜 선언"이라고 불렀다. "부카레스트 선언은 우크라이나와 조지아에 확대된 안보는 제공하지 않으면서 나토는 무슨 대가를 치르고라도 이 국가들을 받아들일 것이라는 모스크바의 시각을 강화시켰다."[95]

러시아 상원 부의장 알렉산드르 토르신Aleksandr Torshin은 이 결과에 만족을 표했다. "나토는 우크라이나와 조지아에 행동계획 회원 자격을 부여하지 않는 합리적인 결정을 내렸다. 이 결정은 러시아의 강력하고 계산된 입지에 영향을 받았다."[96] 이와 유사하게 일부 서방 관측가들은 이 결정을 러시아와 푸틴의 "주요한 외교적 쿠데타"라고 보았고, 일부는 러시아가 너무 많은 영향력을 행사하도록 방치하고 모든 유럽 민주국가들이 나토 회원 자격이 있다는 원칙을 포기한 것이라고 비판했다.[97] 다른 사람들은 더 부정적이었다. 라브로프 외무장관은 이렇게 말했다. "우리는 우크라이나와 조지아가 나토에 가입하는 것을 막고, 나토와 인접국들과의 관계가 악화되는 것을 피하기 위해 무슨 일이든 할 것이다."[98]

나토 정상회담 다음 날 푸틴은 나토와의 회담에서 이렇게 말했다. "우리의 국경에 강력한 군사 블록이 나타나는 것은 러시아 안보에 직접적인 위협이다."[99] 푸틴은 미국과의 정상회담에서 이렇게 말한 것으로 전해졌다. "조지, 당신은 우크라이나가 하나의 국가도 아니라는 것을 알고 있는가? 우크라이나는 무엇인가? 그 영토의 일부는 동유럽에 속하고, 다른 부분, 중요한 부분은 우리로부터 받은 것이다!"[100] 2008년 6월 두마는 우크라이나에게 행동계획 회원 자격이 주어지는 경우 푸틴으로 하여금 1997년 양국 우호조약을 파기하도록 촉구하는 결의안을 통과시켰다. 이것은 우크라이나의 영토적 통합성 인정이 무조건적이 아니라는 의심을 분명히 확인시켜 주는 것이었다.《로시스카야 가제타》는 행동을 촉구했다.

> 러시아는 반(反)나토 입장을 취하는 모든 우크라이나 정치인과 사회적 세력에 광범위한 지원을 제공해야 한다. 재정 자원을 비롯해 모든 지원을 아끼지 말아야 한다. (…) "우크라이나의 내정 간섭"이라는 불만을 두려워하는 것을 멈출 때가 되었다. (…) 키이우의 민족주의자들에게 러시아는 나토의 회원국 후보인 우크라이나의 영토적 통합성을 지지할 동기와 의무가 전혀 없다는 것을 분명히 경고해야 한다.[101]

당시에는 행동계획에서 한발 물러선 것으로 보인 부카레스트 확약은 서방의 정책이 2014년과 2022년 러시아의 침공의 원인이 되었다고 주장하는 사람들이 후에 많이 이용하는 사건이 되었다. 이것이 진실인지는 말할 수 없다. 러시아에게 양보를 의도했던 행동이 러시아를 더욱 적대화시켰다는 사실은 양측의 목표들이 얼마나 양립할 수 없는지와 안보 딜레마가 얼마나 강화될 수 있는지를 시사해 준다. 즈비그뉴 브레진스키가 이 정상회담의 결과를 우크라이나에게 "전략적인 승리이고 단지 전술적인 패배"라고 평가했을 때, 러시아에서는 이것을 전술적 승리이면서 전략적 패배라고 보았을 것이다. 러시아인들은 조지아 대통령 미하일 사카슈빌리Mikhail Saakashvili가 "이것은 지정학적 쿠데타다"[102]라고 말했을 때 이와 비슷하게 느꼈을 것이다. 2011년 세르게이 카르가노프는 러시아의 입장을 다음과 같이 직접적으로 표현했다. "우크라이나로 나토가 확장되는 것은 러시아가 절대 받아들일 수 없다. 그 이유는 이것은 생명에 직결되는 위협이 되기 때문이다. 정치적 수사를 쓰면, 이런 위협은 전쟁을 의미한다."[103]

러시아의 조지아 침공

2008년 조지아 침공은 러시아 정책의 중요한 전환점을 기록했다.[104] 러시아가 조지아나 다른 구소련 국가들에 관여한 것은 이번이 처음이 아니지만, 다른 관여는 러시아군이 평화유지군이라는 명목하에 진행되었다. 2008년 조지아 침공에서 러시아 탱크들은 조지아의 국경을 넘었고, 러시아 군용기들이 조지아 도시들을 폭격했다. 러시아는 분쟁을 위한 정지작업으로 조지아의 분리주의 지역 주민들에게 러시아 여권을 발급하고, 전쟁 발발 전 몇 주 동안 러시아가 지지하는 압하스와 남오세티아 분리주의 정권의 심각한 도발이 이어졌다. 당시에 이 침공은 조지아 대통령 미하일 사카슈빌리를 흔들고, 러시아의 힘을 과시하고(이 지역에서의 서방의 무기력도), 나토 확장에 대한 러시아의 반대를 분명히 보여주기 위한 것으로 해석되었다. 이것은 또한 서방의 코소보 독립 지지에 대한 "보복(tit-for-tat)"으로 여겨졌다. 러시아 두마의 한 의원은 "오늘 이 분쟁에 누가 참여하고 있는지는 분명하다. 조지아군을 훈련시킨 미국, 영국, 이스라엘, 조지아에 무기를 공급한 우크라이나이다. 우리는 그곳에서 우리를 목표로 한 나토의 공격이 진행되는 상황에 처했다"[105]라고 주장했다. 조지아는 군사 충돌을 촉발시킨 것에 대한 비난을 받았지만 러시아가 그것을 조장했다. 러시아의 대응은 분쟁을 종식시키거나 현상유지 상태를 회복하는 것 이상을 의도했다는 것이 분명히 드러났다. 2008년 3월 러시아 두마는 러시아 정부가 압하스와 남오세티아의 독립 인정을 고려할 것을 촉구하는 결의안을 통과시켰고, 조지아는 "독립 국가를 서서히 잠식하는 병합"[106]에 불만을 표현했다. 이런 상황으로 인해 조지아 정부는 현상유지를 위해서는 극단적인 조치가 필요하다는 생각을 갖게 되었지만, 러시아가 지원하는 영토에 대해 군사력을 동원한 것은 필연적으로 재앙적인 결과를 가져올 수밖에 없었다.

조지아 전쟁이 러시아와 서방 관계에 미친 타격은 심각하면서도 제한적이었다. 한편으로는 조지아 대통령 사카슈빌리가 분리주의 지역의 도발에 과잉 대응하여 러시아에게 침공의 명분을 제공한 것에 대해 비난했지만, 이 전쟁은 러시아가 냉전 종식 후 질서를 적극적으로 전복하려고 하고, 이를 달성하기 위해 무력도 기꺼이 사용한다는 인식을 강화시켰다. 그러나 구체적 조치 면에서 보면 사후적으로 시행된 것은 거의 없었다. 부카레스트에서와 마찬가지로 프랑스, 독일, 이탈리아를 비롯한 전통적인 서방 강대국들은 약소 인접국의 이익을 지키기 위해 러시아를 소외시키기를 원하지 않았다. 이들은 결연하게 대응해야 한다는 미국과 포스트-공산주의 EU 국가들의 의사를 거부했다. 코카서스 지역에서 러시아에 군사적으로 도전하기 위해 할 수 있는 일이 많지 않다는 인식도 있었고, 제재에 대한 의욕도 많지 않았다. 침공에 대한 격노에도 불구하고 대부분의 지도자들이 계속 추구하기를 바라는 중요한 공동 이익이 있었다. 러시아는 아프가니스탄으로 가는 수송로를 계속 제공해 왔고, 2009년 차드(Chad)의 EU 평화유지군에 부대를 파견하

고 있었다.[107]

"리셋"과 "과부하"

2008년 6월 러시아의 새 대통령 드미트리 메드베데프는 베를린에서 행한 연설에서 러시아와 서방의 관계를 좀더 나은 발판에 놓기 위한 중요한 구상(initiative)을 제안했다. 메드베데프는 냉전 종식 후 필요한 것으로 많은 사람들이 생각해 온 유럽의 새로운 안보 구조를 만들고 성문화할 새로운 "유럽 안보조약(European Security Treaty)"을 제안했다.[108] 제1차 세계대전 후 우드로 윌슨의 제안을 상기시키는 14개항으로 구성된 이 제안에서 메드베데프는 유럽이 나토 회원국과 비나토 국가로 나뉜 분열을 넘어서서 앞으로 나갈 것을 제안했다. 러시아가 유럽 안보를 지배하는 가장 중요한 조직의 일부가 되어야 한다는 것은 러시아인들에게 자명한 사실이었고, 서방의 많은 사람들에게도 마찬가지였다. 러시아가 나토 회원국이 될 가능성은 실제적으로 없다는 것을 인정한 러시아는 유럽안보의 가장 중요한 기구로 나토를 넘어서는 새로운 방식을 원했다. 이 제안은 1989년 이후 달성되지 않고 있는, 러시아를 포함한 유럽 안보체제의 새로운 구축을 의도하고 있었다.

메드베데프는 기저 원리로서 "안보의 불가분성(indivisibility of security)"을 제안했다. 러시아가 제안한 초안은 다음과 같은 포괄적이면서 애매한 문장들을 담고 있었다. "국제기구의 틀이나 군사 동맹, 또는 연합을 포함해서, 조약에 가입한 한 당사국이 단독으로 취하거나, 다른 당사국과 함께 취한 모든 안보 조치는 모든 당사국들의 안보 이익을 고려해서 실행되어야 한다"(1조), "조약의 한 당사국은 조약의 다른 당사국이나 집단의 안보에 심각한 영향을 주는 행동이나 행위를 취하거나, 참가하거나 지원해서는 안 된다"(2조 1항).[109] 무력 충돌에 관해 조약 초안은 유엔헌장 51조와 나토헌장 5조를 결합했다. 핵심 사항은 "(모든) 당사국은 자국에 대한 무력 공격에 대항해서 무력 공격을 고려할 자격을 갖는다"(7조 2항). 이것은 사실상 러시아를 나토 헌장 5조의 의무에 끌어들이면서 해외에 간섭할 수 있는 상당한 재량권을 주는 것이었다.

메드베데프의 제안은 세 가지 이유 때문에 진척이 되지 않았다. 첫째, 이것은 실질적 내용이 결여된 것으로 간주되었다. 조약 초안에 사용된 언어는 모두 좋았으나, 이것이 유고슬라비아의 분쟁은 차지하고라도, 이 지역이 당면한 이견을 해결하는 데 실제적으로 어떻게 적용될 수 있는지 상상하는 것은 어려웠다. 다른 집단 안보 제안과 마찬가지로, 이것은 필요하지 않을 때만 작동할 수 있을 것처럼 보였다. 베를린 연설에서 평화 유지에 철저하게 실패한 국제연맹이나 켈로그-브리앙 조약을 언급하면서, 메드베데프는 "아무도 유럽에서의 전쟁을 원하지 않고, 20세기의 경험에서 얻은 교훈으로 모두가 좀더 현명해진 오늘날 세계에서 이러한 조약은 성공할 가능성에 대해 좀더 큰 희망을 갖게 한다"[110]라고 주장했다. 두 번째로 이 제안은 나토를 약화시키려는 전술로 간주되었다. 러시아는 자국이 제외된 기구의 역할을 축소시키기를 원하는 것이 이치에 맞았지만, 나토 지도자들은 모든 문제점에도 불구하고, 나토가 냉전 종식 후 유럽이 당면한 안보 도전을 해결하는 데 현재로서는 가장 좋은 수단이라고 생각했다. 셋째, 메드베데프의 제안 직후 러시아는 조지아와 전쟁을 시작했다. 이것은 많은 사람들로 하여금 유럽 안보의 가장 큰 문제는 러시아이고, 러시아의 공격성을 제한하는 것이 안보를 증진하는 가장 좋은 방법이라고 생각하게 만들었다. 메드베데프의 제안이 제대로 된 지지를 받지 못하자 세계 문제에서 미국과 분리되는 유럽-

러시아의 "극(pole)"을 만들어보려는 러시아의 노력은 끝이 났다. 미국의 행위에 대한 서유럽 국가들의 불만에도 불구하고 대부분의 사람들은 유럽에서의 미국의 역할을 러시아로 대체하려는 생각을 하지 않았다.

조지아 전쟁 후에도 시방은 긴장 완화의 길을 모색했다. 이러한 열망은 2009년 오바마 행정부가 시작되면서 "리셋(reset)" 정책으로 나타났다. 오바마는 조지아 전쟁과, 자신이 당선된 다음 날 러시아가 리투아니아와 폴란드 사이 발트해에 있는 역외 영토(enclave)인 칼리닌그라드에 이스칸디르 미사일을 배치하겠다고 발표한 것에 아랑곳하지 않았다. 러시아가 완전히 이탈하는 것을 막기 위해 오바마는 미국 정책을 덜 공세적이고, 덜 간섭주의적이고, 더 실용적인 방향으로 수정하고자 하는 의도에 러시아를 끌어들였다. 냉전 종식 후의 시대에서 처음으로 미국은 새로운 현실주의를 앞세워 민주화에 대한 지지를 자제할 의사가 있는 것처럼 보였다.

냉전 종식 후의 시대의 좀더 상징적인(진정으로 실질적이지는 않은) 에피소드 중 하나로 미국의 힐러리 클린턴Hillary Clinton 국무장관은 2009년 제네바에서의 회동에서 러시아의 라브로프 외무장관에게 커다란 붉은 "리셋 버튼"을 선물했다. 불행하게도 사진 촬영을 위해 미국 측이 준비한 버튼은 "페레자그루즈카(*perezagruzka*, reset, reboot)"라는 단어 대신에 "페레그루즈카(*peregruzka*, overload. "과부하"라는 의미—옮긴이)"라는 단어가 새겨져 있었다.[111] "리부팅(rebooting)"하려는 의도는 진정이었고, 미국의 오바마 행정부는 이를 추구하기 위해 상당한 노력을 기울였다. 오바마 행정부는 아프가니스탄으로의 "북부 공급로(northern corridor)"를 유지하는 것, 이란의 핵프로그램을 봉쇄하는 것과 같은 많은 이슈에서 러시아의 도움을 원했다. 이란을 겨냥하고 있지만, 러시아는 위협으로 간주한, 유럽의 미사일 방어체계 예산을 줄이면서 오바마는 안보 문제에서 러시아의 중요한 희망에 양보를 했다. 이런 정책으로 오바마는 국내에서 많은 비판을 받았다. 이것은 지도자가 미-러 관계의 긴장을 완화하려고 시도할 때 국내적으로 큰 대가를 치러야 한다는 것을 보여주는 대표적인 사례였다.[112]

이와 동시에 양국은 중요한 사안에 대해 서로 큰 시각 차이를 유지하고 있었다. 미국 정책의 기조 원칙은 바뀌지 않았고, 러시아는 주변의 작은 국가들을 이기적으로 침공하는 국가라는 시각은 계속 유지되었다. 러시아에 실권이 없는 대통령이 정치를 하고 있다는 사실도 푸틴과 메드베데프 모두에 대한 존중을 방해했다. 중요한 결정은 여전히 푸틴이 내린다는 것을 모든 사람이 알고 있었다. 메드베데프는 근외지역에 러시아가 간섭할 권한이 있다는 것을 다시 한번 강조했다. 2008년 8월 말 러시아 TV에서 연설하면서 그는 러시아 외교 정책의 다섯 가지 원칙을 강조했다.

1. 국제법 원칙 우선주의
2. 세계는 다극적이 되어야 한다
3. 유럽, 미국, 다른 국가들과 가능한 우호적 관계를 발전시켜야 한다
4. 어디에 살건 우리 시민들의 생명과 위엄을 보호하는 것은 의문의 여지가 없는 최우선적 과제이다. (…)
5. 러시아가 특권적 이익을 가지고 있는 지역들이 있다[113]

이러한 원칙들은 1992년부터 러시아의 외교 정책을 이끌어온 것과 기본적으로 같은 것이고, 네 번째와 다섯 번째 원칙은 특히 러시아 인접국들의 우려를 자아냈고, 러시아가 해외에 간섭하려고 한다는 좀더 확대된 시각을 갖게 만들었다.

2010년 우크라이나 대통령 선거운동

2009년이 지나면서 우크라이나는 2010년 1월과 2월에 치러지는 대통령 선거에 점점 더 집중했다.[114] 유셴코 정권 시기 우크라이나가 당면했던 모든 문제들에 더해서 우크라이나는 2007년 시작된 세계 경제 위기로 큰 타격을 받았다. 2009년 우크라이나의 GDP는 15퍼센트나 감소했다. 이것만으로도 현직 대통령의 재선 가능성은 거의 사라졌다고 볼 수 있다. 유셴코 대통령의 인기는 크게 추락했다. 그가 전술적으로 야누코비치와 연정을 택한 것은 그의 핵심 지지자들을 이탈시켰고, 수그러들지 않는 부패는 많은 사람들을 소외시켰다. 2009년 여론조사에서 유셴코의 지지율은 한자리 수에 머물렀다.

대통령 선거의 선두 주자는 익숙한 두 얼굴인 율리야 티모셴코와 빅토르 야누코비치였다. 두 사람 다 최근에 총리로 일했고 오렌지 혁명에서는 서로 반대 진영에 섰었다. 그러나 경제 침체는 야누코비치에게 정치적으로 이득이 되었다. 2007년 총리에서 물러난 그는 현재의 경제 문제에 책임이 없는 국외자로 선거에 나설 수 있었다. 현직 총리인 티모셴코는 경제 문제에 대한 책임이 큰 것처럼 보일 수밖에 없었다.

티모셴코의 도전은 우크라이나 정부가 가스 보조금을 계속 삭감하도록 강요한 IMF의 정책(수년간 이어져 왔다)으로 더 타격을 받았다. 이 조치가 얼마나 인기가 없는 것인지를 잘 아는 티모셴코는 저항했고, 이로 인해 2009년에는 전해에 협상된 38억 달러의 IMF 지원금의 분할 지급이 잠시 중단되기도 했다. 유셴코가 지역당의 지원을 받아 연금과 공무원 월급을 인상하는 법률안에 서명하자 IMF는 지원금 지급을 전면 중단했다.[115] 우크라이나 엘리트들이 선거에서 승리하기 위해 필요하다고 본 것과 서방이 주도하는 지원 기관의 지지를 유지하는 것 사이에는 기본적인 모순이 있었다. 그러는 동안 야누코비치는 미국 정치 컨설턴트 폴 매너포트의 도움을 받아 우크라이나가 필요로 하는 능력 있는 경영자로 자신의 모습을 재창출했다.

관측가들은 선거운동에서 유럽 통합을 강력히 지지하는 경쟁력 있는 후보자가 없는 상태로 진행되고 있다고 보았다. 아르세니 야체뉴크는 이 정책을 최후까지 고수한 후보였지만, 우크라이나가 교역 블록의 외부에 있어야 한다는 애매한 주장을 내세웠다. 2006년 야누코비치가 유셴코를 겨냥해 사용한 "유럽 낭만주의(Euro-Romanticism)"라는 용어는 다시 한번 힘을 발휘해서, 실질적 개혁을 내놓는 데 유셴코와 여러 총리들이 실패했다는 것은 2004년 이후 유럽 통합에 대한 언급이 유권자들의 기대에 부응하는 바를 거의 주지 못했다는 의미였다.[116]

대통령 1차 선거에서 야누코비치가 35.3퍼센트를 득표해 1위를 차지했고, 티모셴코는 25.1퍼센트를 얻어 2위가 되었다. 다른 후보들은 훨씬 뒤에 처졌다(유셴코는 5.5퍼센트를 득표했다). 결선투표에서는 2004년의 연합이 거꾸로 뒤집혔다. 유셴코는 옛 협력자 티모셴코 대신에 구 정적인 야누코비치를 지지했다. 최종 선거 결과는 박빙이었다. 야누코비치는 49퍼센트를 득표했고, 티모셴코는 45.5퍼센트를 득표했다.

2004년 선거 부정이 반복될 것이라는 일반적 우려에도 불구하고, 2010년 선거는 대체적으로 "자유롭고 공정하게" 치러진 것으로 간주되었다. OSCE의 선거 최종 보고는 "대통령 선거는 민주적 선거에 필요한 OSCE의 모든 의무와 다른 국제적 기준을 충족했고, 2004년 이후 성취된 것을 강화했다. 선거 과정은 투명했고 유권자들에게 다양한 정치적 관점을 대표한 후보들 사이에서 진정한 선택을 할 수 있도록 했다. 그러나 대규모 선거 부정에 대한 근거 없는 비난은 선거 분위기와 선거 과정에 대한 유권자들의 신뢰에 부정적으로 작용했다"[117]고 평가했다.

이전의 선거에서와 마찬가지로 투표 결과는 지역별로 양극화되어 나타났다. 야누코비치는 동부와 남부 우크라이나, 크림 대부분 지역에서 80퍼센트 이상을 득표했고, 티모셴코는 서부 대부분 지역에서 80퍼센트 이상을 득표했다. 우크라이나의 모든 지역에 걸쳐 2010년 투표 패턴은 2004년 선거의 반복이었다.[118] 티모셴코는 대부분 중부 지역에서 앞섰지만, 야누코비치가 인구가 많은 동부 지역에서 큰 차이를 벌린 것이 승리의 결정적 요인이 되었다. 이에 못지 않게 중요한 것은 투표율이었다. 야누코비치는 2004년 2위로 선거를 마쳤을 때보다 36만 표가 적은 1,250만 표를 득표했으나, 티모셴코는 유셴코가 2004년 득표한 표보다 350만 표 적은 1,160만 표를 득표했다. 동부 지역 유권자들을 동원할 수 있었던 지역당의 능력이 결정적이었다.

유셴코가 대통령으로 한 마지막 행위 중에 제2차 세계대전 당시 인물로서 우크라이나 민족주의기구(Organization of Ukrainian Nationalists, OUN) 지도자였던 스테판 반데라Stepan Bandera를 "우크라이나의 영웅(Hero of Ukraine)" 칭호를 수여한 게 있었다. 이것보다 더 분열적인 조치는 생각하기 힘들었다. 우크라이나 민족주의자들 사이에서 반데라는 막강한 소련의 힘에 대항해서 우크라이나의 독립을 위해 끈질긴 투쟁을 벌인 우크라이나인들을 상징했다. 그러나 그가 나치에 협력하고 유대인과 폴란드인들을 살해하는 데 협력했기에 많은 사람들 눈에 그는 단순히 파시스트와 살인자였다. 많은 사람들에게 그를 "우크라이나의 영웅"을 만드는 것을 차치하고, 단순히 그를 찬양하는 것조차도 생각할 수 없는 일이었다.[119] 반데라와 우크라이나저항군(Ukrainian Insurgent Army)에 대한 역사 기록은 우크라이나에서 가장 논란이 많은 주제였고, 우크라이나 독립을 위해 헌신한 사람들을 파시스트나 파시스트에 관대한 사람이라는 러시아와 서방의 관념에 일조하는 것이었다. 유셴코의 결정은 야누코비치와 러시아 정부처럼 친서방 정치인들을 극단주의자로 몰아붙이려고 하는 사람들에게는 하늘이 내려준 선물이나 마찬가지였다.

결론

2004년 명백한 선거부정과 대통령 결선투표 재선거 패배로 체면을 망친 빅토르 야누코비치는 5년 후 자유롭고 공정한 선거를 통해 대통령에 당선되었다. 역설적이게도 야누코비치는 부정선거로 달성하지 못한 것을 민주적인 방법으로 성취했다. 2004년부터 2010년까지 우크라이나는 선거가 보여준 것처럼 민주주의가 훨씬 더 공고화되었고, 유럽과의 통합이 좀더 진전된 것이 그 일부 이유였다. 우크라이나와 서방의 많은 사람들은 야누코비치가 우크라이나의 민주적 전환을 받아들이고 "정상적인" 민주 지도자로 통치할 것으로 믿었다. 오렌지 연정의 비능률성과 대비되게 야누코비치는 통합 과정을 더 진전시키고, 우크라이나의 지역적 갈등을 완화하는 구체적인 조치들을 취할 수 있을 것으로 보았다.[120]

이 5년의 기간 동안 우크라이나에서는 2004년의 위기가 2014년의 위기로 옮아가는 세 가지 폭넓은 발전이 있었다. 첫째는 우크라이나 내부에서 진보의 기록은 일정하지 않았다. 한편으로는 쿠치마 시대의 권위주의 경향이 전복되고, 다원주의와 정치적 경쟁이 살아났다. 다른 한편으로는 이러한 민주주의의 확장이 많은 우크라이나 사람들을 분노하게 만든 부패를 감소시키거나 경제적 개혁을 진척시키는 것으로 연결되지 못했다. 이와 반대로 많은 사람들은 오렌지 혁명의 분열성이 개혁을 훼손했고, 좀더 강력하고 최소한 통합된 리더십이 필요하다고 보았다. 우크라이나가 서방에 빠르게 접근할 것이라고 2004년 많은 사람들이 가졌던 희망은 실현되지 않았고, 이러한 기회를 낭비한 대가는 막대했다. 2010년 이후 우크라이나는 오렌지 혁명의 원인이 되었던 수많은 싸움을 다시 치러야 했다.

둘째, 러시아와 서방 사이에서의 우크라이나의 입지는 우크라이나 내부와 우크라이나-러시아 사이, 러시아와 서방 사이에 긴장을 계속 만들어냈다. 오렌지 혁명은 우크라이나를 서방으로 이동시키지 못했고, 오히려 현재 위치가 우크라이나가 차지할 자연스러운 자리라는 믿음을 서방에서 증가시켰다. 이것은 나토 가입에 대한 애매한 결의로도 잘 드러났다. 그러나 러시아는 우크라이나에 대한 자국의 권한을 포기하지 않았고, 우크라이나의 서방 지향성에 대해 점점 더 노골적인 반대를 표현했다. 조지아 침공은 러시아의 진지한 의도를 보여주기 위한 것일 수 있었지만, 이것은 서방에서 러시아에 대한 존중을 증가시킨 것이 아니라 러시아에 결연히 맞서야 할 이유를 재확인시켜 주었다. 서방과 러시아는 무엇이 현상유지인가에 대한 이견이 점점 커졌고, 이와 연관되어 어떤 변화가 합법적이고, 어떤 것이 공격의 신호인지에 대한 이견도 커졌다. 이 시기에 일어난 큰 변화는 2008년 유럽연합의 유럽근린정책 시행 이후 우크라이나가 서방 제도에 통합되는 주된 방향으로서의 나토 회원국 지위 추구가 무색해지기 시작했다는 것이다.

마지막으로 민주주의의 문제는 현상유지에 대한 이해에 계속 문젯거리가 되었다. 푸틴을 총리로 만들고, 메드베데프를 대통령으로 만든 러시아의 "정권 주고받기(castling)" 수는 명백한 정치적 조작이었고, 우크라이나의 경쟁적 대통령 선거와 극명하게 대비되었다. 우크라이나와 조지아 모두에서 거리 시위를 통해 집권한 정부는 정치적으로 서방에 결합하기를 원했고, 이것은 러시아가 보기에는 불길한 상관관계였다. 전제정치의 강화는 러시아가 선언한 영향권을 유지하려는 러시아 전략의 분명한 일부였다.

2010년이 되자 러시아는 냉전 종식 이후 어느 때보다 갈등적 상황에 처했다. 오렌지 혁명, 조지아 전쟁, 러시아의 전제정치, 코소보를 둘러싼 이견은 양측의 간극을 더욱 벌리는 데 큰 작용을 했다. 더욱이 우크라이나가 러시아와 서방의 전장이라는 데는 이견의 여지가 없었다. 부카레스트 정상회담에서 이런 간극을 해소하는 타협안을 마련하는 데 실패한 것은 이런 갈등을 피하는 것이 얼마나 어려운지를 보여주었다. 그러나 아마도 좋은 소식이 하나 있다면, 야누코비치가 대통령으로 선출된 것은 러시아로 하여금 우크라이나에 대해 좀더 안전하게 느끼게 해주었고, 서방의 많은 사람들은 우크라이나가 좀더 실용적이고 능력 있는 지도부를 갖게 되었다고 믿게 만들었다. 그러나 이와 반대로 빅토르 야누코비치는 불안정과 갈등의 새로운 요인이 되었다.

6장 빅토르 야누코비치와 대결로 치닫는 상황, 2010-2013

2010년 2월 25일 빅토르 야누코비치는 우크라이나의 네 번째 대통령으로 취임했다. 그는 의회에서 행한 취임연설에서 국내적으로나 국제적으로 중도와 균형을 강조했다. 국내의 반대자들에게 그는 의회 반대파와 같이 일하는 것이 중요하다고 강조했다. "성서는 이렇게 말합니다. '같이 길을 가는 동안 너의 적과 화평을 빨리 이루라. (…)' 생은 이 단순하고 명백한 진실을 확증했습니다. 사람들은 빈주먹을 내보이고 싶어하지 않습니다. 사람들은 화평의 신호로 손을 내미는 사람을 신뢰할 가능성이 더 많습니다."[1]

외교 정책에서는 그의 연설은 유셴코의 친서방 정책 후 레오니트 쿠치마의 "전방위" 외교를 다시 강조했다.

> 대통령으로서 나는 어떠한 외교 정책이 오늘날 우크라이나의 국익에 맞는지에 대해 분명히 이해하고 있습니다. 동방과 서방의 다리가 되고, 이와 동시에 유럽과 구소련의 구성 부분이 되면서 우크라이나는 우리 국가가 러시아 연방, 유럽연합, 미국, 세계 상황에 영향을 주는 다른 국가들과의 동등하고 호혜적인 관계의 발전에서 최대한의 이익을 얻는 방식의 외교정책을 선택할 것입니다.

이 두 선언은 두 가지 다른 종류의 희망적 사고에 작용을 했다. 첫 번째는 중도적이고, 개혁 지향의 실용주의자인 2010년의 야누코비치가 부정선거를 통해 권력을 장악하려고 시도했던 2004년의 야누코비치를 대체했다는 희망이었다. 두 번째는 외교 정책에서 유럽연합과 러시아를 서로 경쟁시키면서 양측을 어느 정도 통합할 수 있다는 양가적 외교정책에 대한 야누코비치 자신의 희망이었다. 두 희망은 모두 잘못된 것으로 드러났고, 2013년의 결과는 서로 연결된 두 이슈를 둘러싼 거리에서의 대결이었다. 하나는 우크라이나가 민주적이 될 것인가 아니면 야누코비치는 반대파를 제거할 것인가였고, 또 다른 하나는 우크라이나는 러시아에 가담할 것인가 서방에 가담할 것인가였다.

야누코비치의 권력 공고화

야누코비치는 취임 연설문에서 반대파에 대한 존중을 언급했지만, 의회의 다수파 형성의 필요를 강조했고, 이를 위한 작업을 시작했다. 그러나 그는 불법적 수단을 동원하여 이를 달성했고, 그다음 이 다수파를 이용하여 자신의 권력을 공고화했다. 많은 사람들은 이러한 행위가 우크라이나의 사실상의(de facto) 다원주의와 민주적 지향을 훼손하는 것으로 보았다. 그는 근소한 차의 승리로 대통령에 당선되었고, 나라는 아직 분열된 상태였다. 다른 어떤 국내적, 국제적 원인보다도 권력을 집중하고 정치적 경쟁을 제거하려는 야누코비치의 시도가 유로마이단(Euromaidan) 혁명의 장을 마련했다. 왜냐하면 이것은 야누코비치를 반대하거나 민주주의를 지지하는 사람들로 하여금 2004년과 같은 딜레마에 직면하게 만들었기 때문이다. 그것은 거리 시위 외에 다원주의를 회복할 다른 방법이 있는가였다.

권력을 집중하기 위한 야누코비치의 다양한 갈래의 노력은 쿠치마가 전에 사용한 전술에 바탕을 두었다. 의회 같은 공식 기관을 통제하기 위해 그는 의원을 매수하는 등의 비공식 방법을 동원했다. 그런 다음 그는 의회 통제를 이용하여 자신의 권력을 제약하는 법률을 바꾸고 의회가 여러 가지 위헌적 조치에 대응하지 못하도록 했다. 그가 헌법재판소를 통제할 능력을 확보한 것이 이 과정에서 핵심적 역할을 했다. 정치 권력을 집중하는 노력은 경제 권력을 집중하는 것과 병행하여 진행되었다. 이것은 그 자체가 목적이기도 했지만, 더 많은 정치 권력을 얻는 수단을 제공했다.[2]

야누코비치가 취한 세 가지 조치가 그의 권력을 극적으로 강화시켰다. 첫째는 의회에서 다수파를 형성하고 이를 통제한 것이다. 헨리 해일이 보여준 것처럼 "후원(patronal)" 제도에는 반대파조차 권력을 잡은 사람 움직임에 "편승하는 것(bandwagon)"에 대한 인센티브가 있었다. 이것은 후원자로부터 이익을 얻고, 선별적인 법집행에 의한 징벌을 피하는 것이다.[3] 야누코비치는 취임한 직후 야당의 몇 의원을 바로 자신의 당으로 끌어들여 다수파를 형성했다. 그러나 선거법에 의하면 의원은 정당명부 비례대표제에 의해 선출되었기 때문에, 당적을 바꾸는 순간 의석을 잃게 된다.[4] 당적을 바꾸고도 의석을 유지함으로써 이 의원들은 법률을 위반했다. 야당은 이에 강력하게 항의했지만, 다수파는 이를 무시했다. 헌법재판소는 이것이 합법이라고 판결하여 헌법재판관들이 이미 야누코비치의 손 안에 들어간 것을 보여주었다.

의회를 장악한 야누코비치는 자신이 선호하는 측근인 니콜라이 아자로프Nikolai Azarov를 총리로 임명했다. 아자로프는 쿠치마 정권에서 국세청장을 맡았었고, 쿠치마가 세무조사를 이용하여 정적을 탄압하는 것을 도왔다. 야누코비치는 전임자들이 하지 못한 것을 달성했다. 그것은 의회, 총리, 대통령을 단일 정파가 차지한 것이다. 추상적으로 말하면, 이것은 우크라이나 정치를 종종 마비시켰던 분열을 극복하는 것을 도왔다. 실제적인 면에서 야누코비치는 이 권력 집중을 이용하여 더 큰 권력을 추구했다.

다음 조치는 헌법의 개정이었다. 야누코비치는 이것을 헌법 개정 절차를 통해서가 아니라 헌법재판소가 오렌지 혁명의 결과로 만들어진 개정헌법을 무효화하게 하는 방법으로 이루었다. 2004년 헌법 개정에서는 쿠치마가 남용했던 대통령의 권력을 제한하고, 의회가 총리를 선출하고, 총리가 내무장관을 비롯한 몇 핵심 각료를 임명할 수 있게 권력 분산을 했다. 내무장관은 경찰 통제를 통해 정치적, 경제적 목적을 달성하는 데 선별적 법집행을 이용할 수 있는 핵심 요직이었다. 오렌지 혁명 협상 과정에서 유셴코가 대통령이 되더라도 막강한 대통령이 되지 못하도록 지역당은 이러한 헌법개정안을 제안하였다. 2010년 야누코비치가 대통령이 되자 지역당은 이를 완전히 뒤집어 권력 균형의 중요한 요소가 사라지게 되었다. 의회에서 헌법 개정을 발의하는 데 필요한 300석을 확보하지 못한 야누코비치는 헌법재판소로 하여금 2004년 헌법 개정을 절차상의 하자를 이유로 무효로 선언하게 만들었다. 야누코비치가 어떻게 헌법재판소가 이런 결정을 내리게 압박하였는지는 정확하게 알려지지 않았지만(헌법재판소는 전에는 이러한 조치에 반대했었다), 헌법재판관 개개인에 대한 뇌물 공여를 통해 이를 이루었을 것이라는 것이 일반적인 추측이었다.

이러한 변화로 야누코비치가 행정부 인사의 임명에 대한 무제한적 권한을 갖게 되었고, 이것은 여러 문제에 직접적, 간접적 영향을 미쳤다. 직접적 결과로 야누코비치는 자신에게 충성하는 사람들을 핵심 요직, 특히 보안과 치안 기관에 임명할 수 있게 되었다. 오렌지 혁명 당시 군대와 내무부를 포함한 우크라이나의 보안 기관은 시위대를 향하여 무력을 사용하지 않았다. 야누코비치는 앞으로 이러한 대결 사태가 발생하면 보안 기관이 자신에게 충성하도록 만들었다.[5][i] 간접적으로는 모든 우크라이나 사람들이 정치적으로 움직이는 법집행기관의 관리를 받게 되었다는 것을 알게 되었다. 이것은 정부 어느 부서와도 일을 하려는 사람은 야누코비치와 일을 해야 한다는 것을 의미했다.[6] 이러한 변화의 결과로 2010년 말이 되자, 야누코비치는 러시아에서와 같은 헌법에 보장된 대통령 권력을 확보하게 되었고, 지역당을 기반으로 한 강력한 후원 제도를 운영하게 되었다. 이를 이용하여 친구에게 보상을 하고, 적을 징벌하고, 돈을 거두어들일 수 있었다. 1996년 헌법으로 회귀함으로써 야누코비치는 주지사 임명권도 갖게 되었고, 그는 이를 이용하여 지방 지도자를 모두 지역당 충성 인물로 교체했다.[7]

야누코비치는 경제 자원에 대한 통제력을 확보하기 위해서도 움직였다. 이것은 결과적으로 그에 대한 반대 세력을 강화하는 데 중요한 역할을 하였다. 법집행기관을 장악한 야누코비치는 우크라이나 사업계에 러시아에서 푸틴이 한 것과 같은 압력을 행사할 수 있었다. 푸틴의 암묵적 정책이 "정치에서 손을 떼라, 그러면 네 재산을 지킬 수 있다"인 데 반해, 야누코비치는 탐욕이 더 많았다. 그는 점점 더 많은 경제 자산이 "패밀리(family, *semia*)"라고 알려진 그룹의 수중에 들어오게 만들었다.[8] 이 그룹은 치과의사 출신인 야누코비치 아들 올렉산드르가 이끌고 있었고, 그가 운영하는 지주회사는 우크라이나에서 가장 빠르게 성장하는 재벌이 되었다.[9]

이러한 모델은 야누코비치가 자신의 가족이 부를 축적하게 만들고, 자신에게 깊이 충성하는 집단을 만드는 데 도움이 된 것은 분명하다. 그러나 부가 집중되면서 야누코비치에게 충성하는 집단은 축소되고, 공개적은 아니더라도 개인적으로 그에게 반대하는 집단이 우크라이나 사업계에 커졌다. "지대추구로 부를 축적할 수 있는 집단을 축소시킴으로써 야누코비치는 이

i 이것이 유로마이단 혁명에 큰 유혈사태가 벌어진 원인이 된다.

너서클의 충성도는 강화시킬 수 있었지만, 많은 사람들을 소외시키고 분노하게 만들었다. 이것은 사업가들을 좀더 중요한 정권의 우선순위에 복종하도록 강압할 수 있게 만든 능력의 결과였다."[10] 안데르스 오슬룬드Anders Åslund에 따르면 야누코비치는 처음에는 자신의 내각에 9개의 재벌(business group)의 대리인을 참여시켰지만, 2013년 이 숫자는 2개로 줄어들었다.[11] 이런 면에서 보면 우크라이나 사업계에 사용한 야누코비치의 전술은 쿠치마와 유사했지만, 그의 목표는 훨씬 더 공격적이었다. 궁극적으로 많은 우크라이나 올리가르히들은 야누코비치를 자신들의 동맹으로 보다가 이제 위협으로 보게 되었다. 하나의 좋은 예는 2012년 2월 야누코비치 정권의 통상 및 경제개발 장관에 임명되었던 페트로 포로셴코이다. 장관으로 임명된 바로 그날 그의 회사에는 국세청 조사단이 들이닥쳐 세무조사를 벌였다. 이것은 일종의 경고였던 것으로 보인다.[12] 후에 포로셴코는 총선에 출마해 의원이 된 후 2014년 유로마이단 혁명을 지원했다.[ii]

정부를 구성하면서 야누코비치는 에너지 부문과 연관된 인물들을 등용했다. 가장 눈에 띄는 예는 유리 보이코Yuriy Boyko를 에너지연료부 장관으로 임명한 것이다. 보이코는 가스 중개회사를 운영하다가 폐쇄했고, 로스우크르에네르고 소유자인 드미트로 피르타쉬Dmitro Firtash와 밀접한 관련이 있었다. 피르타쉬의 측근인 세르히 료보츠킨Serhiy Lyovochkin은 대통령 비서실장에 임명되었다.[13] 리나트 아흐메토프Rinat Akhmetov[iii]는 자신의 측근들을 정부에 들여보냈는데, 가장 대표적인 인물은 부총리에 임명된 보리스 콜레

---

ii 포로셴코는 유로마이단 혁명 당시 다른 야당 인사들과 함께 야누코비치와 협상을 벌이는 대신, 시위대를 구호지원하고, 폭력 자제를 호소하는 등 국민에게 직접 다가가는 전술을 써서 2014년 5월 대통령에 당선되었다.

iii 리나트 아흐메토프 – 동부 올리가르히로 우크라이나의 가장 부유한 재벌이다. 철강, 에너지, 금융 분야에 여러 회사를 소유하고 있고, 야누코비치와 지역당의 가장 큰 후원자이다. 지역당 국회의원을 지냈고, 야누코비치 정권 시절 아흐메토프 그룹에 속하는 의원이 80명이 넘는 것으로 추정되었다.

스니코프Boris Kolesnikov였다. 안드리이 클류예프Andriy Klyuyev는 원자력산업의 수장이 되었다. 드미트로 타바츠니크Dmitro Tabachnyk를 과학교육장관에 임명한 것은 민족주의 성향의 우크라이나인들을 소외시키기 위한 포석으로 해석되었다. 타바츠니크는 우크라이나의 독립에 의문을 제기하고 러시아어의 지위 고양을 주장했다.

권력 집중의 마지막 조치는 야누코비치의 가장 큰 정적인 율리야 티모셴코를 기소한 것이었다. 티모셴코는 오렌지 혁명과 유셴코 정권 시기에 야누코비치에 대항해 싸웠고(5장을 볼 것), 대선에서는 야누코비치를 거의 패배시킬 뻔했다. 그녀는 야누코비치에 대한 도전을 멈추지 않을 것이 분명했다. 야누코비치가 의회를 장악한 한 가지 방법은 하급 법원의 판결에 대한 항소를 판결하는 권한을 축소하고 법관 임명 제도를 변경해 야누코비치가 간접적으로 이를 통제한 것이었다.[14] 법집행기관에 대한 통제와 함께 이러한 변화는 정적에 대한 징벌을 상대적으로 손쉽게 만들었다. 쿠치마는 10년 전 티모셴코에 대한 정치적 기소에 실패한 데 반해, 야누코비치는 신속하게 이를 성공시켰다. 티모셴코와 측근 유리 루첸코Yuriy Luchenko는 2009년 러시아와의 가스 협상에서 배임혐의로 유죄판결을 받았다(야누코비치는 이 협상을 무효화하지 않고, 이를 준수했다). 이 재판을 담당했던 판사들은 승진하고 재정적 보상을 받았다.[15]

2012년 의회 선거

2012년 우크라이나 의회 선거는 야누코비치의 새로운 권위주의 정치에 중요한 시험대였다. 야누코비치는 푸틴이 러시아에서 한 것처럼 반대파를 무력화시거나 회유할 수 있을 것인가? 그 답은 분명히 "아니오"였다. 선거 결과는 야누코비치에게 양면적 결과로 나왔다. 지역당과 연립 정당은 많은 의석을 확보하기는 했지만, 그에게 반대하는 정당들도 상당히 선전했다.

2012년 의회선거에 맞추어 선거법이 개정되어, 전체 의석의 절반은 비례대표로 선출되고, 나머지 절반은 소선거구제 직접투표로 선출되었다. 소선거 지역 선거는 "행정적 자원"의 영향을 크게 받고, 많은 후보들이 난립하기 때문에, 작은 투표 선회가 각 선거구에서 결정적인 차이를 가져올 수 있었다. 이것은 공장, 병원, 학교 고용원들에 대한 강압 능력이 선거구의 선거 결과를 좌지우지할 수 있다는 것을 의미했다. 2002년 쿠치마 시기 선거와 마찬가지로 야누코비치가 보유한 후원 능력과 경제적 자원은 큰 이득을 제공했다. 그러나 비례대표 선거에서 야누코비치는 자신에게 반대하거나, 단순히 자신을 지지하지 않는 우크라이나의 거대한 정치성향을 바꿀 수 없었다.

새로운 야당들이 선거에서 경쟁하기 위해 등장했다. 이들 중 가장 눈에 띄는 것은 "개혁을 위한 우크라이나민주연합"이었고, 그 약자인 "UDAR"는 우크라이나어로 "펀치"를 뜻했다. 이 정당은 전 헤비급권투 세계 챔피언인 비탈리 클리츠코Vitaliy Klitschko가 이끌었다. 이 정당은 티모센코의 조국당(바트키시나)(이 당은 다른 여러 당과 연합하였다)과 연합하였고, 민족주의 정당인 "스바보다당"과도 연합하여 반야누코비치 전선을 형성했다.

2012년 총선은 2010년의 자유롭고 공정했던 대통령 선거에서 한 발 퇴보했다. 우크라이나 내외부 인사들은 투표를 왜곡하기 위해 다양한 수단이 동원되었다고 불만을 토로했다. 우크라이나 내에서 야당들(바트키시나, 우다르, 스바보다)은 선거 결과를 인정하지 않는다고 선언하고, 공동으로 야누코비치 탄핵을 추진하겠다고 선언했다(이들은 이를 추진할 충분한 의석을 확보하지 못했다).

OSCE의 선거 최종 보고는 다음과 같이 결론 내렸다.

> 유권자들이 여러 정당에 대한 선택권을 가지고 있었고, 선거 당일은 전체적으로 조용하고 평온했지만, 선거운동 기간 중 일부는 최근의 전국 선거에 비해 한발 퇴보한 모습을 보여주었다. 특히 이번 선거는 행정 자원의 남용, 선거운동과 정당 재정의 불투명성, 균형 잡힌 언론 보도의 부재로 인해 기울어진 운동장으로 특징지울 수 있다. 선거 당일 투표와 현장 투표 집계는 전체적으로 긍정적으로 평가할 수 있지만, 투표 결과 통계 작성은 관찰된 전체 선거구 거의 절반에서 부정적으로 평가된다. 선거 다음날 일부 선거구에서 결과의 신뢰성은 결과 조작과 다른 부정행위로 손상되었고, 이것은 중앙선거관리위원회나 법원에 의해 바로 잡혀지지 않았다.[16]

지역당이 의회 내 다수파 연정을 형성하는 데는 성공했지만, 선거는 정권심판의 성격이 강했다. 대통령직 장악, 선거법 개정, 상당한 "행정적 자원"의 적용에도 불구하고 지역당은 단지 10석을 추가해 185석을 얻는 데 그쳐서 절대 다수를 형성하는 데는 한참 모자랐다(전체 의석수 450 — 옮긴이). 비례대표제에서 지역당이 얻은 득표율은 극적으로 감소하여 지지도의 한계를 드러냈다. 티모셴코의 조국당은 그녀의 투옥에도 불구하고 이전과 같이 선전을 했다(표 6.1을 보라).

비례대표 투표에서 10.5퍼센트를 얻은 민족주의 정당 스바보다의 선전은 많은 주의를 끌었다. 이 정당의 부상은 야누코비치가 추구한 양극화 정책 탓으로 간주되기도 했지만, 많은 분석가들은 이 정당은 야당표를 분열시키고, 이것을 극단주의를 비난하는 데 이용하려는 야누코비치의 올리가르히들의 암묵적 지원을 받은 것으로 보았다. 이 정당은 이미지를 중도화하려는 노력을 보였고, 조국당과 같은 지역구에서 경쟁하지 않기로 합의를 했다.

표 6.1 2012년 의회 선거 결과

정당	비례대표 득표율	비례대표 의석	직접선거 의석	전체 의석
지역당	30.0%	72	113	185
조국당(바트키쉬나)	25.6%	62	32	101
우다르(UDAR)	14.0%	34	6	40
공산당	13.2%	32	0	32
자유당(스바보다)	10.5%	25	12	37
기타	6.7%	0	7	7
무소속	해당 없음	0	43	43

지역당의 평범한 선거 결과 후 야누코비치는 내각을 개편하였는데, 이 개각은 이익 수혜자의 범위를 줄이고 "패밀리"의 역할을 강화시켜 주었다. 2013년 올렉산드르 야누코비치의 회사는 국영 철도회사 계약의 70퍼센트인 총 8억 7,500만 달러의 계약을 따냈고, 다른 올리가르히들이 이 이익을 "공유"할 기회를 박탈했다.[17] 사람들은 2025년 대선을 이미 생각하기 시작했고, 정부와 2012년 선거에서 나타난 조짐은 야누코비치가 공정하게 경쟁할 의사가 없는 것을 보여준다고 받아들였다. 이러한 인상은 야누코비치 지지율의 극적인 하락과 클리츠코와 일대일 가상 대결을 했을 때 패배한다는 여론조사에 의해 잘 드러났다.[18] 이것은 우크라이나에 민주주의의 문이 닫히고 있다는 느낌을 불러일으켰고, 2013년 대결의 맥락을 만들었다.

러시아로의 회귀

국내 문제에 직면한 야누코비치는 자신의 지지도를 높이기 위해 해외 문제에 눈을 돌릴 수밖에 없었다. 집권 초기에 그의 전략은 온통 러시아에 맞춰진 것 같았다. 2010년 의회 장악을 끝낸 야누코비치는 러시아가 원하던 양보를 제공하는 쪽으로 신속히 움직였다.

외교 정책이 국내 문제에 영향을 미칠 수 있는 가장 분명한 방법은 에너지 가격 부문이었다. 세계 경제 침체로 국제 가스값이 하락하는 시기에도, 우크라이나는 티모셴코가 2009년 합의한 조건을 계속 지키고 있었다. 새로운 협상이 없는 상황에서 우크라이나가 지불하는 가스 가격은 계속 크게 상승하고 있었다(2007년 천 입방미터당 170달러, 2010년 전반기에는 305달러, 후반기 310달러를 지불했다).[19] 2010년 아자로프 우크라이나 총리와 푸틴 러시아 총리[iv]는 모스크바에서 만나 일련의 의제를 논의했고, 그 결과로 4월 21일 하르키우 협약이 체결되었다. 이것은 알려진 바와 같이 흑해함대와 크림에 대한 양보를 대가로 인하된 가격으로 가스를 공급받는 협약이었다.[20]

러시아가 가스 부문에서 시장 가격에 가깝게 움직이는 것을 선호하고, 가스프롬이 지정학보다 이익에 초점을 맞추도록 하던 추세가 뒤바뀌었거나, 아니면 단지 더 중요한 목표에 의해 뒤로 물러났다. 가스 가격에 대한 보조는 우크라이나를 좀더 러시아에 가까이 끌어당기는 유인책으로 사용되었다. 늘어난 보조금은 당연히 우크라이나 가스 소비자들의 인기를 끌었고, 우크라이나의 지대 추구 엘리트들에게 많은 기회를 제공했다.

야누코비치는 2019년까지 가스 가격 30퍼센트 할인을 주장해 타결시켰다. 이것은 좋은 뉴스이자 동시에 나쁜 뉴스였다. 이 거래로 우크라이나는 매년 40억 달러를 절약할 수 있을 것으로 전망되었지만,[21] 우크라이나는 여전히 서유럽국가보다 높은 가격을 지불해야 했다.[22] 이에 대해 독소조항인 "공급받거나 지불해야 하는(take or pay)" 규정은 계속 적용되었다. 이에 대한

---

iv 러시아 헌법의 3연임 제한 규정으로 푸틴은 2008-2012년 총리를 맡았다.

보상으로 새로운 협약은 1997년 양국 우호조약을 개정하여 러시아의 흑해 함대 기지 임차권을 2042년까지 25년 늘렸다.[23]

러시아로서는 세바스토폴 기지 임차기간의 연장은 상징적으로나 실질적으로나 매우 중요한 사건이었다. 상징적으로는 크림에 계속 러시아군이 주둔할 수 있게 되었고, 우크라이나 정부로부터 이것이 임시적이 아니라 장기적이라는 인정을 받아낸 것이었다. 실질적인 면에서는 세바스토폴에서 기지를 이전하는 준비를 하는 대신 기존 임차계약의 연장으로 러시아는 크림에 더 강한 입지를 구축할 수 있게 되었다. 협약 체결과 함께 러시아는 해군 기지를 개선하는 공사를 시작하고, 좀더 현대적인 무기들을 배치했다.[24]

야누코비치로서는 이 협약으로 선거 당시 적극적이지 않았던 러시아 정부의 지원을 받아내는 데 성공했고, 우크라이나 국내 정치의 가장 어려운 문제인 가스값 인상 문제를 해결할 수 있었다. 그는 우크라이나와 러시아의 관계가 "대결적이고 반러시아적인 수사"에서 "평등하고 우호적인 선린 관계"로 변했다고 말하며 안도의 숨을 쉬었다. "모든 문명 세계가 나와 메드베데프 대통령의 회담 결과를 환영했다. 워싱턴, 브뤼셀, 유럽국가 수도에서는 이것을 부정할 수 없는 우크라이나의 승리로 간주한다."[25] 러시아와의 밀접한 관계를 지지한 야누코비치의 표밭인 동부 우크라이나에서는 이것은 긍정적인 움직임이었다.

1997년 양국 우호조약과 다르게 이 협약은 양국 의회에서 신속하게 비준되었다. 그러나 우크라이나에서는 비준 과정은 큰 우여곡절을 겪었다. 협약에 대한 반대가 거셌지만, 야누코비치는 비준 통과 의석을 확보하고 있었다. 야당 의원들은 달걀과 최루탄을 던지며 의사일정을 방해했다. 비판자들은 비준 과정에 많은 절차상 하자가 있었다고 주장했다.[26] 우크라이나의 독립을 주창하는 사람들은 하르키우 협약이 야누코비치에 대한 최악의 우려를 현실화시켰다고 격분했다. 야당 성향 신문인 《우크라인스카 프라우다(Ukrain'ska Pravda)》는 "라다(의회)가 우크라이나를 팔아넘겼다"[27]라는 제하의 비판 기사를 실었다. 영국의 《가디언(The Guardian)》은 "이 거래는 2월 대선에서 야누코비치가 승리한 후 우크라이나가 러시아의 영향 아래 들어갔다는 것을 보여주는 가장 구체적인 신호다. 이것은 2004년 오렌지 혁명의 관에 마지막 못을 박은 것으로 보인다"[28]라고 썼다. 5월 러시아의 메드베데프 대통령을 옆에 앉히고, 야누코비치는 우크라이나가 1990년 주권 선언 당시에 언급되었던 비동맹(non-bloc) 지위로 돌아가고 있다고 말했고, 이것은 우크라이나가 나토에 가입하지 않을 것이라는 것을 강조하는 것으로 보였다.[29]

그러나 전임자와 마찬가지로 야누코비치는 초국가적 통합을 증진시키고, 가스 인프라를 장악하려는 러시아의 노력에 반발했다. 지역당 내의 올리가르히 연합은 러시아의 좀더 밀접한 연계와 유럽연합과의 협력협정 모두를 지지했다. 야누코비치 행정부는 러시아와의 거래는 EU 통합 노력을 저해하지 않는다고 주장했다. 외무부 대변인은 "우리는 서쪽으로 움직이고 싶다. 그러나 그렇게 하는 가장 좋은 방법은 동쪽에서 가스를 얻는 것이다"[30]라고 말했다. 그러나 내각에 설치된 '유로-대서양과 유럽통합국'의 철폐 같은 조치들은 이러한 주장에 의문을 제기하게 만들었다. 유럽연합과 CIS관세동맹과의 경제 통합을 주제로 한 협상이 분명하게 보여주는 것처럼, 야누코비치는 냉소적 게임을 하거나 아니면 도저히 불가능한 시소타기 게임을 하고 있었다. 그는 러시아가 주도하는 블록에 가담하거나 EU 통합 시도를 훼손하지 않으면서 값싼 가스를 얻으려고 시도했다.

하르키우 협약은 실제적으로 우크라이나에 저렴한 가스를 공급하지 못했고, 야누코비치는 속았다는 느낌을 받았을 수 있다. 하르키우 협약이 체결된 지 불과 닷새 후에 메드베데프는 러시아가 우크라이나의 가스 생산과 운송 시스템을 장악하는 새로운 제안을 내놓았다.[31] 2011년 야누코비치는 우크라이나가 독일보다 천 입방미터당 200달러나 더 높은 가격을 지불하고 있기 때문에 "우리는 이것에 동의할 수 없다"라고 말했다. 그는 우크라이나가 지불하는 가격이 독일 가격에서 우크라이나와 독일 사이의 운송비용을 차감한 가격인 70달러가 되어야 한다고 주장했다. 그는 러시아의 협상 전술을 비판하며 "마치 적을 상대하는 것과 같은 상황이 벌어졌다"[32]라고 말했다.

의도를 했건 그렇지 않았건 하르키우 협약은 야누코비치를 세바스토폴 해군기지를 보유하는 러시아의 우선순위에 묶어버렸다. 그래서 2014년 야누코비치의 실각은 특히 이 목표가 위협을 받는 것처럼 보이게 했다.

2012년 언어법

러시아가 오랫동안 원했던 것 중 야누코비치가 취한 또 하나의 조치는 우크라이나 언어법을 개정해 각 지역들이 러시아어를 우크라이나어와 함께 공식 언어로 인정할 수 있게 허용한 것이다. 우크라이나어가 유일한 공식언어가 되어야 하는가 아니면 러시아어도(아마도 다른 소수민족 언어도) 공식언어 지위를 가져야 하는가의 문제는 독립 당시부터 논의되어 왔고, 1996년 헌법 개정 때에도 논의되었다.[33] 실제적으로는 이 정책은 큰 의미가 없었다. 러시아어 언론이 우크라이나의 대부분 지역을 장악하고, 러시아어가 특히 서부 지역 외의 지역에서는 광범위하게 사용되고, 러시아어로 교육을 받는 것이 대부분 지역에서 가능한 상황에서는 언어법이 큰 문제가 되지 않았다. 우크라이나 정치인들 사이에서는 이 문제는 쉽게 조정되었다. 레오니트 쿠치마와 율리야 티모셴코같이 러시아어를 제1언어로 사용하는 정치인들은 공식적인 상황에서는 무난한 우크라이나어를 사용할 정도로 우크라이나어를 배웠지만, 사적인 영역에서는 러시아어를 사용했다.

그러나 이 문제는 상징적으로는 대단한 의미를 가지고 있었다. 왜냐하면 이것은 우크라이나의 정체성을 확립하는 문제였기 때문이다. 이것은 대부분 민족주의자들이 주장하는 것처럼 우크라이나는 우크라이나적(*Ukrainian*) 국가인가 아니면 우크라이나의 일부와 러시아 정부가 주장하는 것처럼 우크라이나는 러시아적(*Russian*) 국가인가라는 상징성을 좌우했다. 러시아로서는 우크라이나의 러시아성을 주장하는 것이 두 국가가 완전히 구별되지 않는다는 주장을 뒷받침한다. 2012년 총선 전 야누코비치와 지역당의 인기는 하락했기 때문에 언어법 통과는 자신을 지지하는 유권자들을 자극하는 하나의 방법이었다.[34] 이것은 또한 메드베데프가 2009년 우크라이나 지도부에 보낸 편지에서 제기한 불평 중 하나였다.[35] "지역당은 이것을 친러 성향 유권자들을 동원하는 도구로 사용하고, 유권자들의 주의를 사회, 경제적 이슈로부터 서부 우크라이나와의 문화 정책으로 돌리는 데 사용했다. 민족주의자들은 이에 환호했다. 이것은 자신들의 이슈였고, 이들은 민족어를 위해 싸웠다."[36] 이러한 양극화는 야누코비치 전략의 일환이었고, 이것은 그의 몰락에 이바지했다.

야누코비치와 지역당은 언어법을 통과시킬 의석을 확보하기는 했지만, 야당 의원들은 이에 적극 반대했다. 법안 표결이 다가오자 야당 의원들은 의장석을 둘러싸고 의사 진행을 방해하고, 우크라이나가 해외 뉴스 시간에 종종 중계되는 주먹싸움을 벌였다. 이 법안이 1차 통과된 후 의사당 밖에서는 작은 소요가 일어났다. 현상유지를 원하는 사람들에게 이 새로운 조치가 분명히 취소시켜야 하는 중요한 정책 전환이 되었다. 수감되어 있는 티모셴코는 이 조치를 "우크라이나, 국가, 역사, 국민에 대한 범죄"[37]라고 비난했다. 2014년 야누코비치의 몰락 이후 이 법을 번복하려는 시도는 러시아의 간섭을 정당화하는 데 도움을 준 공격적인 민족주의의 발현으로 보였다. 2017년 통과된 새로운 언어법은 더 많은 분란을 일으켰다. 이 문제는 양측이 현상유지에 대한 인식이 너무 달라서 상대가 공격적이라고 주장할 수 있게 만든 것을 보여주는 분명한 예가 된다.

러시아, 미국, 유럽

2010년부터 2013년까지 일어난 일은 러시아와 서방 사이의 신뢰를 더욱 훼손시켰고, 2014년 완전한 균열을 위한 조건을 만들었다. 러시아와 서방은 수많은 사안에 대해 이견이 표출되었고, 양측을 다시 가깝게 할 이슈는 거의 없었다. 2010년 이후 "아랍의 봄"과 그 파장은 양측의 간극을 더욱 벌려놓았고, 민주화에 대한 서방의 지속적 지원은 푸틴을 더욱 위협했다. 이 두 요인이 결합되어 민주적 혁명은 모스크바에서 그 어느 때보다 위험하게 보였다.

2010년 6월 메드베데프-오바마의 워싱턴 회담과 오타와 회담 기간 사이에 미국은 오랜 기간 동안 미국 시민 행세를 하던 10명의 "동면 중인(sleeper)" 스파이를 적발했다. 이 사건은 미국에서 뉴스에 대서특필되었다(인기 있는 TV드라마도 만들어졌다). 미국은 러시아에서 스파이 혐의로 체포된 4명과 이들을 교환했다. 이러한 상호 추방은 당시에는 더 이상의 여파는 없었다.[38] 이 사건이 1994년 에임스 사건처럼 부정적인 영향이 없었던 것은 그 사이 양국의 관계가 훨씬 악화되었기 때문이다.

“아랍의 봄”은 양국의 관계를 더욱 소원하게 만들었다. 서방 정부는 2010년 12월 튀니지에서 시작된 혁명의 물결을 폭넓게 후원했다. 2012년까지 리비아, 이집트, 예멘의 전제적 정권들이 전복되었다. 시리아는 내전에 휘말렸고, 다른 몇몇 구가들은 지속적인 거리 시위를 겪고 있었다. 이러한 사건들은 혁명에 의한 민주화에 대한 러시아의 두려움을 증폭시켰다. 시리아 내전은 양국을 민주화와 지정학이 결합된 분쟁의 반대편에 서게 했다.

리비아 내전과 관련해서 러시아와·서방은 처음에는 군사 공격으로부터 민간인을 보호해야 한다는 데 동의했다. 2011년 2월 26일 유엔안보리는 무암마르 카다피의 재산을 동결하는 결의안 1970을 통과시켰고, 그의 행위를 국제형사재판소에 회부했다. 카다피 세력이 벵가지의 반대 세력을 제압할 상황이 되자, 유엔안보리는 러시아가 기권한 가운데 리비아 상공에 “비행금지구역”을 설치하고, 회원국들이 민간인들을 보호하기 위해 “모든 필요한 수단”을 사용할 수 있도록 하는 새로운 결의안을 통과시켰다.

이 두 번째 결의안은 나토의 공습을 재가했고, 러시아는 처음에는 이에 동의했다. 메드베데프는 결의안을 비토해야 한다는 외무부의 주장을 여러 번 묵살한 것으로 알려졌다. 그는 민주주의의 지지자로서 자신의 신뢰를 형성하고 싶어 했다.[39] 푸틴은 얼마 후 이에 대해 비판적으로 말했다. “내가 가장 우려하는 것은 무력 개입 자체가 아니다. 무력 충돌은 새로운 것이 아니고, 불행하게도 오랜 기간 동안 지속될 것이다. 내가 가장 우려하는 것은 요즘 국제문제에서 무력을 사용하는 결정이 너무 쉽게 내려진다는 사실이다.”[40]

그러나 이 분쟁이 질질 끌고, 나토의 공습작전은 민간을 보호하는 것에서 카다피를 권좌에서 끌어내리기 위해 반군을 돕는 것으로 “임무가 변질”되었다. 그 결과로 일어난 일은 2011년 10월 카다피의 즉결 처형이었다. 러시아와 푸틴은 이에 격노했고, 메드베데프의 입지도 크게 훼손했다. 러시아는 지도자를 전복하는 이러한 작전을 반대했을 뿐만 아니라, 러시아는 자신들이 보기에 "유인 전술"에 기만당했다고 생각했다. 러시아는 카다피의 실각으로 상당한 경제적 손실을 입었다. 30억 달러의 철도 프로젝트, 35억 달러의 에너지 프로젝트, 40억 달러의 무기판매 대금이 날아갔다.[41] 이 사태의 결과로 리비아에 내전이 지속되고 ISIS가 발흥하게 된 것도 미국과 서방은 지정학적 이익을 위해 혼란을 조장한다는 러시아의 시각을 정당화시켜 주었다.

2011년 12월 푸틴은 다음 해 대선에 나선다는 연설을 하면서, 카다피의 운명과 이에 관여한 미국의 역할을 혹평했다. "누가 이런 짓을 했는가? 드론이다. 미국 드론이다. 드론은 그의 행렬을 공격했다. 그리고 나서 그 자리에 있지 않아야 할 특수부대가 소위 반대파와 전사들을 불러들여 재판이나 조사 없이 그를 죽였다." "어떤 때 나는 미국이 동맹을 필요로 하지 않고 가신국만 필요로 한다는 생각이 든다. 사람들은 한 나라의 독재에 지쳤다."[42]

2011년 연말 거리 시위로 인한 푸틴과 러시아 정부에 대한 위험이 점점 증가하는 것처럼 보였다. 12월 4일 치러진 의회선거는 부정선거로 간주되었다. 이를 인정하지 않는 수 천 명의 시민들이 12월 10일 가두시위에 나섰고, 2주 뒤에 시위가 반복되었다. 이 시위의 지도자인 알렉세이 나발니는 은근한 위협을 가했다. "나는 여기 크렘린과 정부 청사를 바로 점령할 수 있는 충분한 사람이 모인 것을 본다. 그러나 우리는 평화로운 시민들이고, 바로 그런 일을 하지는 않을 것이다."[43]

푸틴은 이 시위에 대해 미국을 직접적으로 비난했다. 그는 반대파 지도자들이 "신호를 들었고, 미국무부의 지원하에 적극적 활동을 시작했다. 우리는 모두 다 성인들이다. 우리는 시위 조직자들이 잘 알려진 시나리오에 따라 행동하고 자신들의 용병적 정치적 이익에서 움직인다는 것을 잘 안다"[44]라고 말했다. 푸틴이 실제 미국이 책임이 있다고 믿었는지, 아니면 이러한 비난이 국내적으로 도움이 된다고 생각했는지는 잘 알 수 없다. 그러나 미국이 공개적으로 시위를 지지한 것은 그를 격분하게 만든 것 같다.

전례에 의한 위험이 푸틴에게 어떤 영향을 미쳤는지는 불분명했지만, 2011년 카다피 사망 후 미국 상원의원 존 매케인은 BBC와의 인터뷰에서 이를 분명히 했다. "나는 러시아를 비롯해 세계 모든 곳의 독재자들 (…) 아마도 미스터 푸틴이 (…) 아마 조금은 예민해졌을 것이라고 생각한다"라고 말했다. 그런 다음 12월 모스크바에서 첫 시위가 일어난 후 "친애하는 블라드(푸틴의 이름 블라미디르의 축약), 아랍의 봄이 당신 바로 이웃까지 가고 있다"[45] 라고 트위터에 올렸다.

2012년 1월 마이클 맥폴이 러시아 주재 미국대사로 임명되자 러시아 정부는 더 초조해졌다. 두마 의원인 안드레이 이사예프Andrei Isayev는 "'오렌지 혁명'이 전공인 맥폴을 러시아 대사로 임명했다"[46]라고 불만을 토했다. 맥폴이 반정부 인사들을 만나고 소셜미디어에 자주 등장한 것도 러시아 정부를 자극했고, 당국은 맥폴을 자주 비판했고 심지어 위협하기도 했다.[47] 이것도 인식이 충돌한 또 다른 사례이다. 미국에서 맥폴은 "몇 년간의 긴장 시기 이후 러시아와의 관계를 개선하려는 행정부의 노력을 시작한 주설계자"로 간주되었고, 관행을 벗어나 직업외교관이 아닌 그를 대사로 임명한 것은 러시아와의 관계를 재설정하려는 오바마의 진지한 의도로 볼 수 있었다.[48] 일부 러시아인들은 이에 동의했다. 러시아의 전략문제연구소(Institute of Strategic Studies and Analysis)의 알렉산드르 코노발레프는 "맥폴은 젊고, 오바마의 측근이며 오바마 정책의 충실한 신봉자다. 그는 또한 러시아 전문가다. 맥폴이 대통령 보좌진 출신이기 때문에 그의 임명은 워싱턴이 러시아 정치에 진지한 관심을 보인다는 것을 의미한다"[49]라고 말했다. 러시아에 좀더 널리 퍼진 견해는 미국이 "색깔 혁명"의 선전가를 대사라는 직함으로 파견했다는 것이었다.[50] 2013년이 되자 미국-러시아 관계는 냉전 종식 후 최악의 상태로 떨어졌다.

유럽 통합 — 우크라이나를 둘러싼 유럽연합과 러시아의 경쟁

포스트-소비에트 시기 내내 우크라이나의 대 러시아 관계와 대 유럽연합 관계에는 근본적인 불균형이 있었다. 러시아는 항상 우크라이나가 주려고 하는 것보다 더 많은 것을 원했고, 유럽연합은 항상 우크라이나가 원하는 것보다 적은 것을 주었다. 이것은 2010년부터 변하기 시작했고, 2013년이 되자 유럽연합은 다소의 유보는 있었지만, 우크라이나와의 통합을 발전시키는 것을 적극 추진했다. 유럽연합과 러시아를 상대로 한 우크라이나의 교섭은 동시에 진행되었고, 서로에게 영향을 주었다.[51]

1991년 이후 우크라이나는 자신의 주권을 제한하는 형식의 공식 통합은 피하면서 경제 이익은 극대화하는 방향으로 러시아와 상호의존성을 관리하려고 했다. 러시아는 상호의존성을 자국이 관리하는 초국가적 기구로 이전시키려고 시도했고, 1990년대에는 CIS가 그 대상이었다. 2010년 이후 야누코비치가 "전방위" 외교 정책을 추구하는 동안 러시아는 다시 한번 심도 있는 통합을 추구했고, 이를 달성하기 위해 당근과 채찍을 모두 사용했다. 러시아의 자기주장 재현은 외교 정책에서 진행되는 좀더 넓은 공세에 의해 추진되었지만, 야누코비치가 제공하는 것처럼 보인 기회를 활용하려고 했다. 야누코비치가 유럽연합과 벌이는 협상은 우크라이나를 영구히 러시아의 궤도에서 이탈하게 만든다는 인식도 그 동인이 되었다.

야누코비치는 우크라이나의 외교정책 방향을 러시아로 향하도록 했지만, 서방 "지향(vector)"을 포기하지는 않았다. 유셴코 정권에서 총리를 하면서 그는 지역당과 함께 협력협정 추진을 지지했다. 리나트 아흐메토프, 세르히 료보치킨을 비롯한 지역당의 가장 중요한 올리가르히들은 자신들의 비즈니스 이익 때문에 이를 지지하는 것으로 보였고, 야누코비치는 자신의 측근인 안드리이 클류예프 국가안보회의 의장에게 협력협정 협상 책임을 맡도록 했다.

유럽연합은 동방 인접국들과 좀더 밀접한 관계를 맺기 위해 노력하면서 자신이 지정학이나 "지경학(geo-economics)" 게임을 하고 있다는 생각을 하지 못했다. 그것보다는 유럽연합에 참여하는 것을 다른 모든 나라들이 참여하는 좋은 일로만 보았다. 이런 이유로, 협상에 대한 "현실주의적" 접근을 하지 못했고(후에 이에 대한 비판을 받았다), 그 결과 러시아가 우크라이나의 EU 통합으로 위협을 받는다는 것을 심각하게 받아들이지 않았다.[52] 의도했건 아니면 이해를 했건을 떠나 이로 인해 발생한 일은 안보 딜레마의 경제판 재연이었다. 유럽연합이나 러시아가 방어적이고 유순하게 취한 행동은 상대측으로 하여금 대응을 해야 하는 위협으로 느끼도록 만들었다.

2010년 러시아는 벨라루스, 카자흐스탄과 함께 유라시아관세동맹(Eurasian Customs Union)을 결성했다. 이 기구의 목표는 2015년까지 완전한 관세동맹을 형성하는 것이었다.[53] 2013년 4월 푸틴은 "우크라이나가 여기에 가담하는 경우 우크라이나가 얻는 경제적 이익은 (…) 우리의 추산에 따르면 연간 90-100억 달러이다"[54]라고 말했다.

2010-2011년 러시아의 입장의 핵심적 변화는 EU와 유사한 관세동맹에서 러시아도 기구 내부에 있는 것과 외부에 있는 것이 분명히 다른 기구

를 만들기로 한 것이다. 합의의 어느 부분을 준수해야 할지를 골라서 선택하는 우크라이나의 정책은 더 이상 수용될 수 없었다. 2011년 관세동맹위원회(Customs Union Commission) 대표 세르게이 글라지예프Sergei Glazyev는 "유일한 선택은 우크라이나가 관세동맹의 모든 규정에 완전히 참가하는 것이다"라고 말했다. 그는 우크라이나 헌법이 부과한 제약에 따라 협약을 조건화하는 우크라이나의 관행은 더 이상 받아들여질 수 없다고 천명했다.[55] 2012년 야누코비치는 관세동맹에 참여하라는 러시아의 초청을 여전히 거부하고, 이것은 "헌법 개정을 필요로 한다. 현재의 헌법은 초국가적 기구를 만드는 것을 금지하고 있다"[56]라고 말했다.

관세동맹 회원국은 내부적인 자유무역 지대와 외부 국가들에 대한 공동의 무역 장벽(관세와 기타 규정들)을 갖는다. 내부적 자유무역지대와 공동의 대외정책은 합의가 이루어져야 했다. 유럽연합과 유라시아관세동맹의 경우 많은 의제에 대한 거버넌스는 초국가적인 정책결정 기구에 위임되었다. 러시아의 크기와 힘을 고려할 때(2010년 기준 러시아의 GDP는 벨라루스, 카자흐스탄, 우크라이나를 합친 것보다 4배 반 컸다[57]), 러시아가 유라시아관세동맹의 정책결정을 주도할 것은 분명했고, 관세동맹에 가입하기로 결정하는 것은 사실상 자국의 통상정책의 많은 부분을 러시아에 넘겨주는 것을 의미했다. 이와 대비되게 유럽연합에서는 독일과 같은 큰 국가도 만장일치를 요구하지 않는 정책에 대해 1/5에 못 미치는 투표권을 행사할 수 있었다.

리처드 사크와Richard Sakwa는 이 계획 뒤에 숨어있는 "패권적 충동(hegemonic impulse)"을 인정하며, 러시아는 잠재적인 유라시아연합을 EU와 같이 서는 두 번째 기둥으로 생각했고, 이 위에 고르바초프가 희망한 "유럽 공동의 집"을 건설할 수 있다고 보았다.[58] 안데르스 오슬룬드는 "크렘린의 교역 정책이 합리적인 것으로 보기 위한 유일한 방법은 이것이 정치와 과거

소련의 경제적 사고를 혼합한 것이라고 보는 것이다"라고 말했다.[59]

러시아는 왜 우크라이나가 관세동맹에 가입해야 하는가에 대해 세 가지 논리를 만들어냈다. 첫째는 우크라이나는 러시아와 다른 회원국 시장에 대해 향상된 접근권을 갖게 된다는 것이다. 둘째, 에너지는 관세동맹에 포함되지는 않았지만, 러시아는 가스 가격에 대한 우호적 고려를 할 수 있다. 셋째는 우크라이나는 유럽연합에서 불이익을 받을 것이라는 것이었다. 사실 두 가지 제안에 대해 적용된 표준적 경제 모델에 따르면, 장기적으로 EU와 심층포괄적 자유무역협정(Deep and Comprehensive Free Trade Agreement, DCFTA)을 체결하는 것은 우크라이나 GDP에 11.8퍼센트의 증가를 가져오지만, 유라시아관세동맹에 가입하는 것은 3.7퍼센트의 감소를 가져왔다.[60] 이와 다소 모순되게 푸틴은 "유라시아관세동맹에 가입하는 것은 국가들이 좀더 빠르고, 강한 입장에서 유럽에 가입하는 것을 도울 것이다"[61]라고 말했다. 러시아는 우크라이나가 DCFTA에 서명하는 경우 보복할 것이라고 위협하기도 했다. 이것은 러시아의 우크라이나 시장 접근권을 감소시킬 것이 분명했다.

2013년 발다이회의(Valdai Conference) 연설에서 푸틴은 이 프로젝트를 왜 강조하는지를 설명했다. "유라시아동맹은 새 세기와 새 세계를 맞아 역사적인 유라시아 공간의 국가들의 정체성을 유지하기 위한 프로젝트이다. 유라시아 통합은 포스트-소비에트 공간 전체가 유럽이나 아시아의 변방에 머무는 것이 아니라 전세계적인 발전의 독립적 중심이 되는 것이다."[62] 우크라이나를 통합하는 것은 러시아의 국가적 정체성 개념과 경제, 정치적 이익에 부합했다.

이러한 수사는 러시아를 다민족 문명 세력으로 보는 "유라시아주의"가 푸틴의 사고를 점점 더 형성하고 있다는 것을 보여주었다. 이러한 프로젝트는 러시아인과 우크라이나인의 단일성에 기초하고 있다. 2013년 7월 푸틴은 키이우 루스(Kyiv Rus) 기독교 수용 1025주년 기념식 참석을 위해 키이우를 방문했다. 러시아 총대주교 키릴이 집전하는 예배에 참석한 후 그는 야누코비치와 친러시아 올리가르히인 빅토르 메드베드추크Viktor Medvedchuk가 조직한 "정교회 슬라브 가치—우크라이나의 문명적 선택의 기초"라는 이름의 학술회의에 참석했다. 그가 강조한 핵심은 전통적인 정교회 가치가 유럽에서 자리를 잡고 있는 새로운 자유주의적 사상보다 우월하다는 점이다. 푸틴은 이렇게 말했다.

> 여러분들은 우크라이나의 문명적 선택에 대해 토론하기 위해 이 자리에 모였습니다. 이것은 단순히 우크라이나의 문명적 선택이 아닙니다. (…) 루스의 세례는 이후 오랜 세월 동안 러시아와 우크라이나의 영적 문화적 발전을 정의한 위대한 사건이었습니다. 우리는 이러한 형제애를 기억하고 우리 조상들의 전통을 보존해야 합니다. (…) 나는 우리의 우크라이나 파트너, 친구, 형제들이 하는 선택을 존중할 것이라는 것을 다시 한번 강조하고 싶습니다. 유일한 문제는 우리가 절대적으로 동등하고 투명하고 분명한 조건하에서 어떻게 같이 일하는 길을 찾을 것인가입니다.[63]

이와 동시에 관세동맹에 참여하지 않은 나라들과 자유무역지대를 창설하는 것을 고려했다. 이것은 우크라이나가 유럽의 경제연합에 완전히 가입하지 않으면서 유럽연합과 FTA를 체결하는 것과 비슷한 것이었다. 우크라이나는 이러한 협약을 선호한 반면, 러시아는 이 계획을 포기했다. 그 이유는 이것이 우크라이나가 EU 협력협정 체결을 막지 못한다고 보았기 때문인 것 같다. 그 대신에 러시아는 우크라이나가 관세동맹에 가담해야 한다고 주장했다. 이 정책은 야누코비치가 러시아에 좀더 화해적인 접근을 하는 상황에서도 러시아와 우크라이나의 근본적 입장 차이를 더욱 선명하게 보여주는 예이다. 러시아는 우크라이나가 EU와 협력협정이나 심층포괄적 자유무역협정(DCFTA)을 체결하는 것을 막는 거래를 원했다. 우크라이나는 EU와의 통합을 배제하지 않는 선에서 러시아와의 통합에 응할 용의가 있었다.

이 시점에 러시아와 우크라이나는 교착상태에 봉착했고, 2011년 러시아가 부과한 일련의 무역 제한 조치는 우크라이나가 관세동맹에 가입하도록 강요하는 압력으로 작용했다. 그러나 유럽연합이 티모셴코가 수감되어 있는 한은 협력협정 체결을 거절하면서 상황은 더 발전되지 않았다. 당분간 협력협정을 유보한 상태가 되자 러시아는 다소 안도하였고, 2011년 10월 CIS 자유무역협정이 체결되었다. 이 협정은 만일 회원국 중 하나가 무역을 외부로 전환하는 기구에 가입하는 경우 이 회원국에 대해 다른 회원국들이 이전 수준의 관세를 부과하는 조항이 포함되었다. 우크라이나는 EU와의 협력협정 체결 가능성을 배제하지 않는 거래를 러시아와 진행할 수 있지만, 이 협정은 우크라이나가 그렇게 하는 경우 러시아가 무역 징벌을 할 수 있는 기제를 만들어 놓았다.[64]

그러는 동안 EU와 우크라이나는 협력협정에 대한 협상을 계속 진행했다. 이 협상은 2011년 10월 마무리되었고, 2012년 3월 초안이 만들어졌다. 포괄적 자유무역협정 초안도 2012년 7월 만들어졌다. 두 문서는 합쳐서 1,200쪽에 달했다.[65]

그러나 EU는 티모센코 석방으로 상징화되는 우크라이나의 법의 지배가 실현될 때까지 이 협정 체결을 미루었다. 유럽 지도자들은 2012년 유로컵 축구대회 결승전 참석을 거부하는 것으로 자신들의 불만을 표현하고, 홍보 전략에 찬물을 끼얹음으로써 우크라이나 정부를 크게 당황시켰다.[66] 2012년 우크라이나 총선에 불법 행위가 자행된 것은 EU로 하여금 협정 체결을 더욱 경계하게 만들었다. 2012년 6월 EU 의회는 유럽의회의장 패트 콕스

Pat Cox와 전 폴란드 대통령 알렉산데르 크바스니엡스키를 우크라이나 담당 "특별 대표"로 임명하여 티모셴코 문제를 해결하고 협력협정을 다시 제 자리로 돌려놓는 임무를 맡겼다. 두 사람은 이후 1년 반 동안 브뤼셀과 키이우를 여러 번 오가며 협상을 벌였다.[67] EU 내부에서 지도자들은 유럽연합이 야누코비치 정부를 고립시켜야 할 것인지, 포용해야 할 것인지를 놓고 토론을 벌였다. 크바스니엡스키는 포용 정책을 내세우며, 우크라이나를 고립시키는 것은 또 다른 벨라루스를 만드는 것이라고 주장했고, 그의 의견이 결국 주도권을 잡았다.[68]

야누코비치 자신도 앞으로 빨리 나가는 것에 관심을 잃은 듯이 보였고, 그가 다시 친러시아로 기울고 있다는 인식을 강화시켰다. 특히 우크라이나 법률체계를 유럽연합의 법체계에 맞도록 개정하는 임무를 맡은 행정부서들이 축소되거나 완전히 철폐되었다.[69] 야누코비치의 동지인 리나트 아흐메토프 같은 일부 올리가르히들은 유럽 시장 접근으로 많은 것을 얻을 수 있었으나 자신들의 우크라이나 시장 통제권을 저해하는 법률의 입안으로 잃을 것도 많았다. 전임 대통령들과 마찬가지로 야누코비치는 통합의 실질보다 상징성에 관심이 더 많았다. 그리고 실질이 자신이나 강력한 올리가르히들의 이익과 충돌하자 게임을 포기했다. 이것은 유럽연합으로서는 되풀이된 문제였지만, EU가 우크라이나와의 통합에 더 관심을 갖게 되면서 이 문제는 더욱 시급해졌다. 우크라이나 지도자들은 EU와의 통합 실패 책임을 EU의 무관심 탓으로 돌리는 것이 점점 더 어려워졌다.

2012년 12월, 유럽연합 이사회(EU Council)는 우크라이나의 협상 진전이 없는 것과 일부 이슈에서는 후퇴하는 것에 대한 불만을 분명하게 적시하는 우크라이나에 대한 "결론(Conclusions)"을 발표했다. "이사회는 10월 28일 치러진 총선 시행이 (…) 몇 가지 영역에서 상황 악화에 이른 것에 우려를 표명한다"라고 밝혔다. 보고서는 계속해서 "국제적 기준을 존중하지 않는 재판 후에 정치적 동기에 의해 전 정부 인사들을 탄압하는 것"을 비판하고, 새로운 형법과 다른 사법적 개혁의 실제적 시행 필요성을 강조했다. "가장 열성적이고 개혁적인 정부도 의미 있고, 실질적인 방법으로 이러한 조건들을 시행하는 것은 커다란 도전이 되었다"[70]라고 이전 정부의 노력과 비교했다. 야누코비치 정권은 그렇게 열성적이지 않았다. 유럽연합은 중요한 당근을 손에 들고 있었는데, 그것은 "정당한 절차를 거쳐 무비자 여행을 실행하는 공동의 목표에 대한 약속"[71]을 다시 한번 확인했다.

이 동일한 "결론" 보고서는 2013년 빌니우스에서 개최 예정인 EU 정상회담에서 협력협정 체결을 하기 위한 지속적인 준비를 언급했다. 관료적인 관점에서는 임시적인 날짜를 정하는 것이 필요하기도 했지만, 이것은 아직 미해결의 문제를 풀어야 하는 긴급성을 야누코비치에게 일깨우기 위한 의도도 있었다. 그러나 그 효과는 우크라이나 러시아와 EU 사이에서 선택을 해야 하는 데드라인이 정해짐으로써 서서히 위기를 발전시키는 화약의 심지에 불을 붙이는 역할을 하였다. 빌니우스 정상회담이 다가오면서 이후 11개월 동안 협상의 강화와 위협이 고조가 진행되었다. 당시에는 아무도 예측하지 못한 위기의 마지막 고조 단계에서 러시아는 우크라이나가 유라시아 경제연합에 가입하고 협력협정을 포기하도록 압력을 가중하였고, 유럽연합은 러시아의 압력에 대응하고 나섰다. 야누코비치는 러시아와 EU 모두를 거부하지 않을 수 있는 방법을 찾으려고 애를 썼다. 둘 중에 하나를 선택하는 것은 그에게 정치적으로 재앙이 될 수 있었다. 만일 러시아를 거부하면, 러시아는 그를 징벌할 것이 분명했다. 만일 EU를 거부하면, 우크라이나 유권자들이 그를 징벌할 가능성이 컸다.

2013년 2월 유럽연합과 우크라이나가 전년도 12월에 열리기로 했다가

연기된 정상회담을 열었을 때 EU 정상회의 의장 헤르만 반 롬푀이Herman Van Rompuy는 티모셴코 석방에 필요한 형사적 정의에 대한 결의 있는 행동과 가시적 결과에 대한 데드라인을 5월로 못박았다. 유럽연합은 티모셴코의 석방을 공식으로 요구하지는 않고, 대신에 "선별적 정의(selective justice)"라는 말을 썼지만, 티모셴코 문제를 해결하는 것이 최종 합의안 서명의 전제조건이 된다는 것은 분명했다. 그는 EU의 협력협정 체결 희망을 다시 강조하였지만, 이것은 "공유한 가치에 대한 의무를 필요로 한다"는 점을 지적했다.[72] 2013년 얄타에서 열린 회담에서 당시 유럽연합 순환 의장을 맡고 있던 리투아니아의 달리아 그리바우스카이테Dalia Grybauskaitė 대통령은 "티모셴코 사건에 대한 유럽연합의 요청은 여전히 유효하며, 나는 이 문제의 해결 없이 서명이 이루어질 것으로 생각하지 않는다"라고 말했다.[73] 야누코비치는 이에 대해 전향적으로 답하며, "우크라이나 법은 EU 통합이 우크라이나가 앞으로 전진하는 데 가장 중요한 방향이며 이것은 오늘 바뀔 수 없는 상황이다"[74]라고 말했다.

EU 통합과 CIS 통합 모두를 통해 경제적, 정치적 이익을 얻으려는 야누코비치의 전략은 어느 정도 작동하는 것 같았지만, 한숨을 돌릴 수 있는 기간은 짧았다. 유럽연합이 협력협정에 대한 협상을 계속 진행하고, 러시아는 CIS 자유무역협정 체결이 심화된 통합의 첫 단계로 보는 동안, 야누코비치에게는 둘 중 하나를 택해야 하는 압력이 가중되었다. 야누코비치 팀도 의견이 나누어져 있었다. 일부는 우크라이나와 자신들의 이익이 유럽에서 좀더 잘 실현될 것이라고 본 반면, 다른 일파는 러시아를 선호했다.[75]

2013년 5월 31일 우크라이나의 아자로프 총리는 유라시아관세동맹의 집행기구인 유라시아경제공동위원회(Eurasian Economic Commission)의 "옵저버" 지위를 얻는 의향서(MOU)에 서명했다. 이로써 우크라이나는 제안을 할 수 있는 자격은 얻었지만, 비토권은 갖지 못한 채로 경제공동위원회에 참여할 수 있게 되었다. 러시아는 이것이 관세동맹의 정회원이 되는 첫 단계로 보았지만, 야누코비치는 유럽집행위원장(European Commission President) 조세 마누엘 바호주에게 "우크라이나와 유라시아경제공동위의 새 협력 모델은 우크라이나의 WTO 멤버십과 EU와의 협력협정과 DCFTA 체결의 완결을 포함한 유럽통합을 위한 전략적 노선과 상반되지 않는다"[76]라고 말했다. 러시아의 메드베데프 총리는 우크라이나가 관세동맹의 정회원국이 되지 않으면 관세동맹의 완전한 이익을 누리지 못할 것이라는 것을 다시 한번 강조하며, "그런 국가들은 우리에게 외부 국가가 될 것이다"[77]라고 말했다. 5월 말 "옵서버" 지위 협약이 체결되자 메드베데프는 "이것은 첫걸음이며 중요한 걸음이고 필요한 걸음이다. 우리는 이것에 만족한다. 그러나 더 이상 아무 일이 진행되지 않으면 이것은 마지막 걸음이 될 것이다"라고 경고했다. 우크라이나가 EU와 계속 협상을 벌이는 것에 대한 우려를 표명하며 그는 다음과 같이 말했다.

> 그러나 만일 우리의 파트너들이 새로 만들어진 다른 통합기구, 즉 유라시아경제공동체에 진정으로 참여하기를 원한다면, 이 국가들은 일련의 매우 복잡하고, 때로는 인기가 없는 결정을 내려야 한다는 것을 잘 안다. 이에 더해, 일부가 아니라 모든 결정들은 유라시아 경제공간과 공동체에의 참여를 배제하는 의무를 전제하지는 말아야 한다는 것을 전제하지 말아야 한다. 이것은 모두에게 명약관화한 일이 되어야 한다.[78]

티모셴코 석방 요구는 협력 서명의 장애로 계속 남아 있었다. 야누코비치는 티모셴코를 석방할 수 없다고 생각했고, 여기에는 최소한 두 가지 이유가 있었다. 첫째 그는 티모셴코를 정치적 경쟁자로 생각했다. 2015년 선거의 대항마가 되거나 아니면 수많은 군중을 거리로 나오게 만들 수 있는 그녀는 야누코비치 통치를 위협했다. 그는 티모셴코가 친서방 "색깔 혁명"을 이끌 가능성을 두려워했을 뿐 아니라 그녀가 자신과 긴장 관계에 있는 푸틴과 공모할 수도 있다고 보았다.[79] 이에 못지 않게 중요한 것은 유럽연합의 의사에 반해 티모셴코를 투옥함으로써 다른 정치 엘리트들에게 강력한 메시지를 보낸 것이다. 이런 면에서 유럽의 압박은 득보다 실이 많았다. 야누코비치는 그녀를 계속 투옥하는 대가를 치르면서 자신을 위협하는 다른 사람들도 징벌할 수 있다는 강력한 신호를 다른 정치 엘리트들에게 보내고 있었다.[80]

2013년 4월 야누코비치는 티모셴코는 석방하지 않은 상태에서 그녀의 정치적 동지인 유리 루첸코와 몇 사람을 석방함으로써 EU의 우려에 대해 작은 양보를 했다. 그러나 EU는 티모셴코의 석방에 집중하기 있었기 때문에 이러한 계책은 원하는 결과를 만들어내지 못했다. 비탈리 클리츠코가 대선에 출마하겠다고 선언하자, 야누코비치는 외국에서 거주하고 세금을 낸 사람의 출마를 금지하는 법안을 의회에서 통과시키도록 만들어서, 클리츠코의 출마를 사실상 막았다. 어느 누구보다 강력한 후보인 티모셴코가 야누코비치에게 도전자가 되고, 정치적 경쟁의 유지는 티모셴코의 운명에 달렸다고 생각하는 면에서는 외부 사람들도 야누코비치의 생각에 동의할 수 있었다. 유럽연합은 야누코비치가 거절한 바로 그 이유 때문에 티모셴코의 석방을 요구했다. 그러나 많은 우크라이나 사람들은 자신들이 보기에 또 한 명의 올리가르히인 티모셴코에게 그렇게 집착하는 이유를 이해하지 못했다.

2013년 중반 유럽연합과 야누코비치는 자신들이 짜놓은 그물망에 제약을 받고 얽매이게 되었다. 빌니우스 정상회담과 예정된 협력협정 체결 시간이 다가오면서 양측은 치킨게임을 벌였다. 어느 쪽도 먼저 양보할 생각을 하지 않았지만, 어느 쪽도 충돌을 원하지도 않았다. 유럽과의 심도 있는 통합이 국민들에게 인기가 있다는 것을 아는 야누코비치는 우크라이나 국민들의 기대감을 계속 높였다. 유럽연합의 협력협정을 지연시키는 한 야누코비치는 실제 결과를 보여줄 필요가 없었다. 이런 면에서 보면 티모셴코가 감옥에 있는 동안은 앞으로 나가기를 거부한 유럽연합은 야누코비치가 당면한 문제를 해결해 준 셈이었다. 협력협정은 러시아를 격분시킬 뿐만 아니라, 자신과 측근들이 즐겨온 지대추구 기회를 침식할 수 있었다. 티모셴코 문제에 대한 EU의 최후통첩은 야누코비치로 하여금 교착상태의 책임을 유럽연합 탓으로 돌릴 수 있게 해주면서 러시아나 일부 올리가르히와의 문제도 피할 수 있게 해주었다.

유럽연합은 스스로 내세운 티모셴코 석방에 대한 약속의 덫에 갇히게 되었다. 선결 조건이 해결되지 않는 상황에서는 앞으로 나가는 것이 불가능했다. 이전 시기에 유럽연합은 우크라이나를 꼭 필요로 했던 것이 아니었기 때문에 이런 문제에 초연할 수 있었다. 그러나 야누코비치가 다원적인 국가를 전제적으로 만들고, 잠재적인 유럽 국가를 러시아의 궤도 안에 집어넣고 있다는 인식이 생기면서 유럽연합은 협정을 체결해야 한다는 관심이 증대했다. 일부 사람들은 유럽연합의 티모셴코 석방과 무관하게 협력협정을 체결해야 한다고 주장하기 시작했다. 왜냐하면 우크라이나의 민주주의와 개혁의 성공 가능성은 유럽연합 밖에 있을 때보다 준회원적 위치에 있을 때 더 높기 때문이었다.

양측은 타협안을 모색했다. 6월 티모셴코가 척추 문제를 치료하기 위해 독일로 이송되는 것이 허용될 것이라는 관측이 돌았다. 단기적으로 보면 이렇게 되면 그녀는 감옥에서 나올 수 있지만, 독일이 그녀의 이동을 제한하지 않을 것이 분명하기 때문에 그녀는 우크라이나로 돌아와 야누코비치에 대한 도전을 시작할 가능성이 컸다. 10월 우크라이나 부총리 올렉산드르 빌쿨

Oleksandr Vilkul은 독일 외무장관 구이도 베스테르벨르Guido Westerwelle에게 "해결책이 마련될 것을 확신한다"고 말했다. 그러나 그런 일은 일어나지 않았고, 니콜라이 아자로프 총리는 10월 진정으로 화난 모습을 보이며 영국 신문과의 인터뷰에서 "한 사람 때문에 개혁을 위한 우리의 모든 노력이 허사가 된다면 이것은 완전한 정치적 무책임이다"[81]라고 말했다.

2013년 8월 러시아는 우크라이나-러시아 국경을 통과하는 상품의 통관을 지연시키기 시작했고, 이것은 우크라이나에게 협력협정에 서명하지 말라는 압력으로 해석되었다. 이 움직임은 만일 우크라이나가 협력협정을 체결하면 어떤 일이 일어날 것인지를 보여주려는 의도에서 나온 것 같았다. 푸틴의 참모인 세르게이 글라지예프는 "우리는 우크라이나가 EU와 협력협정을 체결하는 자살적 행위를 하면 세관 통관절차를 엄격히 할 것이다"[82]라고 경고했다. 그는 우크라이나 비즈니스계가 아직 협력협정 논의에 영향력을 발휘하지 못하고 있지만, 통관 지연으로 인해 이들이 협력협정에 반대하는 데 나설 것으로 기대했다. 10월 그는 좀더 단도직입적으로 경고했다. 만일 협력협정이 우크라이나의 대러시아 수출을 늘리는 상황이 오면 러시아는 관세장벽을 높일 것이라고 말했다. "우크라이나가 EU와 수입 관세를 제거하는 만큼 우리는 우크라이나에 대한 수입관세를 높일 것이다"[83]라고 경고했다. 이러한 압박은 곧 완화되었지만, EU집행위원장은 그 대응으로 이렇게 말했다. "우리는 이 국가들의 주권적 선택을 제약하는 어떠한 시도도 용인하지 않는다. 우리는 이 국가들에게 등을 돌릴 수 없다."[84]

우크라이나 내에서 러시아의 고압적 자세는 역효과를 가져와서, 러시아와의 통합은 러시아에 의한 지배를 뜻한다는 인식이 높아졌다.[85] 9월 야누코비치는 "파트너십과 신뢰에 바탕을 둔 북쪽 이웃 국가와의 관계에 대한 희망은 헛된 것으로 보인다"[86]라고 불평했다. 9월 말 우크라이나 정부는 협력협정 최종안을 승인했고, 이제 티모셴코 문제만이 남게 되었다. 역설적으로 야누코비치는 티모셴코를 석방하지 않을 더 큰 동기가 생겼다. 만일 그 일을 하면, 협력협정은 체결될 것이고, 러시아는 보복할 것이 분명했다.

야누코비치는 정치적으로뿐만 아니라 경제적으로도 제약을 받았다. 개혁의 부재로 경제는 계속 하락했고, "패밀리"의 탐욕은 정부 재정을 더욱 악화시켰다. 새로운 국채 차입 없이는 우크라이나가 대외채무에 대해 디폴트 상황에 처할 수 있다는 우려가 나왔고, 2013년 8월 우크라이나의 외환보유액은 3개월분의 수입 상품 금액만을 변제할 수 있을 정도로 떨어졌다.[87] 야누코비치는 IMF와 새로운 차관에 대한 협상을 벌이려고 노력했지만, IMF의 조건은 그가 원하지 않는 개혁을 요구했다. 2015년 2월 대선까지 2년도 채 남아 있지 않은 상황에서 그는 채무 이행 디폴트와 경제 붕괴(IMF의 지원을 받지 못하면 일어나게 되어 있는)는 물론 사회보장 지출을 줄이는 것(IMF가 요구하는 바)을 피하는 것이 절대적으로 필요했다. 그래서 유럽과 또는 러시아와의 경제적 통합이라는 장기적 문제는 2015년 재선에 필요한 경제 원조를 받아야 하는 필요에 묻혀버렸다. 2013년 10월 글라지예프는 자신이 생각하기에 왜 경제적 현실이 관세동맹 가입을 필요로 하며 "정치"가 그 발목을 잡고 있는지를 설명했다.

> 우크라이나가 우리와 함께 관세동맹에 가입하면, 우크라이나는 교역에서 100억 달러 이상의 이익을 본다. 이것이 우크라이나가 재정 균형을 이루는 데 필요한 것이다. 우크라이나는 만성적이고 거대한 경상수지 적자를 겪고 있다. (…) 만일 우크라이나가 지금 재정 상태를 균형으로 만들지 않으면 디폴트는 먼 장래의 일이 아니다. 이것은 두세 달 만에 발생할 수 있고, 반년 후에 발생할 수도 있다. 이것은 무역수지 균형과 교역 조건에 크게 달려 있다.[88]

11월에 가진 언론 인터뷰에서 글라지에프는 똑같은 경제 논리를 좀더 상세하게 편 다음 우크라이나가 유럽을 우선시하는 "문명적 선택"을 하려고 한다는 인식을 반박했다. 글라지예프는 다음과 같이 주장했다.

> 러시아와 우크라이나의 역사에서 현대 러시아는 사실상 키예프 루스의 연속이라는 기본적 사실은 아무도 부정할 수 없다. 천 년도 전에 문명의 선택은 이루어졌다. (…) 이 선택 덕분에 우리나라는 강대국이 되었고, 세계에서 가장 넓고 강력한 국가가 되었다. (…) 우리가 이것을 심각하게 분석하면 유럽 문명 선택과 우리의 선택의 주된 차이는 기독교 가치를 벗어났다는 것이다. 유럽의 탈기독교화와 소돔의 명백한 조짐을 축하하는 것, 악을 축하하는 것이 그 차이이다. (…) 이것은 신의 선택이 아니라 악마의 선택이다. 문제는 이들이 우크라이나를 끌어당기고 있다는 것이다. 영적 언어로 말하면 적그리스도의 왕국으로 끌어들이고 있는 중이다. (…) 우크라이나의 유럽 통합 주장자들이 하는 모든 말은 모두 거짓이다.[89]

다양한 러시아 사람들이 협력협정으로 인한 경제적, 지정학적, 문명적 신학적 위협을 평가하는지를 평가하기 어렵다.

디폴트의 위협은 우크라이나의 현실적 문제였다. 야누코비치는 유럽연합과 러시아 모두로부터 재정지원을 구했고, 러시아가 훨씬 많은 것을 제공했다. 러시아로서는 야누코비치를 재정적으로 지원하는 것은 일석이조였다. 이것은 우크라이나가 유럽연합 대신에 러시아를 선택하게 만들고, 러시아가 같이 일할 수 있는 우크라이나 정치인을 강화시켜 주는 것이었다. 야누코비치는 EU에게 협력협정 가입 대가를 상쇄할 수 있을 정도의 상당한 경제원조 패키지를 원했다. 그러나 그가 원하는 160억 달러는 신뢰할 만한 것으로 여겨지지 않았고(이것은 러시아에서 나온 추정치인 것 같다), 유럽연합에게는 거대한 뇌물을 요구하는 것처럼 보였다. 우크라이나 지도자들은 거꾸로 화를 냈다. 아자로프 총리는 그리스와 다른 국가들에 대한 구제금융을 예로 들며 "EU는 이 나라들이 디폴트에 처하는 것을 막기 위해 400억 유로를 쏟아부었다. 유럽에서 면적과 인구로 유럽에서 가장 큰 나라 중 하나인 우크라이나에게는 160억 달러가 지나치게 큰 액수라는 말을 들었다."[90]

야누코비치 진영에서도 일부 인사들은 가장 좋은 해결 방법은 IMF와 새로운 협상을 하는 것이라고 생각했다.[v] 지역당 의원이며 전 우크라이나 국립은행장 세르히 티힙코Serhi Tyhypko는 "IMF 지원은 지금 훨씬 더 필요하다. 나는 우리 외환보유액이 있기는 하지만, IMF 지원을 받지 못하면 굉장히 어려운 시기를 맞게 될 것으로 생각한다"[91]라고 말했다. 우크라이나와의 통합 협상을 담당한 푸틴 참모 세르게이 글라지예프는 9월과 10월 반복해서 야누코비치 정권의 전복을 가져올 수 있는 디폴트를 피하는 유일한 방법은 협력협정을 거부하는 것이라고 주장했다. "다시 한번 강조하거니와, 협력협정은 러시아의 차관 공여를 중단시키기 때문에 우크라이나의 디폴트를 불러온다. 현재 우크라이나의 재정 수지는 러시아의 차관과 투자를 바탕으로 하고 있다. (…) 디폴트는 피할 수 없고, 이것은 정권 교체를 가져온다."[92] 이것이 다른 무엇보다 야누코비치가 두려워하는 것이었고, 러시아는 만일 협력협정을 체결하는 경우, 이런 일이 일어날 것이라는 것을 확신시키려고 노력했다. 협력협정 체결을 포기하기로 결정한 후이지만, 최악의 시위가 발생하기 전인 12월 아자로프 총리는 협력협정 체결을 거부하는 결정을 내리기 위해서는 100억 달러의 차관 공여가 필수적이고, EU는 6억 1천만 유로만 제공하려 한다고 말했다.[93]

---

v 2008년 세계 금융위기 직후인 2009년 IMF는 160억 달러 지원을 약속했고, 야누코비치 정권 출범 이후 두 번에 걸쳐 각각 20억 달러를 지원했으나, 우크라이나가 약속한 개혁 약속이 지켜지지 않은 것을 이유로 더 이상의 지원을 중단했다. 2011년 티모센코의 재판과 투옥도 이 결정에 큰 영향을 미친 것으로 보인다.

9월 얄타에서 열린 회의에서 글라지예프는 우크라이나가 협력협정에 서명하는 경우에 일어날 무서운 결과를 공개적으로 협박했다. "우리는 어떤 종류의 협박도 하려고 하지 않는다. 그러나 EU와 협력협정을 체결하는 것은 우크라이나 정부가 전략적 동반자관계와 러시아와의 우호조약을 위반하는 것이다." 이렇게 되면 러시아는 우크라이나의 국가성을 더 이상 보장하지 않을 것이고, 친러시아 지역이 러시아의 도움을 원하면 간섭할 것이라고 경고했다.[94] 그는 계속해서 "누가 우크라이나의 디폴트 비용을 지불할 것인가? 유럽이 그런 책임을 질 것 같은가?"[95]라고 경고했다. 우크라이나의 디폴트가 피할 수 없는 일이라고 말하는 것은 러시아가 그런 일이 분명히 일어나게 한다고 말하는 것이나 마찬가지였다. "이 협정을 체결하면 정치적, 사회적 동요가 일어날 것이다. 생활수준은 급격하게 떨어질 것이다. (…) 혼란이 일어날 것이다."

세계 여러 나라에서 모인 외교관과 정치엘리트들은 이 발언에 야유를 보냈다. 그 자리에 있던 유럽 지도자들은 그의 전술에 강하게 반발했다. 리투아니아의 달리아 그리바이스카이테Dalia Grybauskaite는 "우크라이나는 너무 크고, 너무 강하고, 너무 중요하기 때문에 다른 나라가 그 운명을 결정할 수 없다. 유럽연합과 같이 갈 것인가 아닌가를 결정하는 것은 우크라이나 자신이다"라고 대응했다. 폴란드 외무장관 라도슬라우 시코르스키Radoslaw Sikorski는 러시아의 "인접국에 대한 19세기식 공작"을 비난했다. 우크라이나의 친러 성향의 올리가르히인 빅토르 핀추크Viktor Pinchuk[vi]는 러시아의 전술이 "완전히 바보같다"[96]고 비판했다. 이러한 것들이 우크라이나가 유럽에 가담하는 것을 막기 위해 기존의 "게임 규칙"을 넘어설 수 있다는 것을

---

vi 핀추크(Victor Pinchuk, 1960 -) - 올리가르히로 우크라이나 두 번째 부자였으며 쿠치마 대통령의 사위였다. 철강, 알루미늄, 금융, 언론 분야 회사를 소유하고 있고, 2004년부터 얄타전략회의(Yalta Strategic Conference)를 조직해 운영하고 있다.

명백히 보여주는 신호들이었지만, 위협은 용납할 수 없는 것으로 간주되었고, 진지하게 받아들여지기보다는 거부되었다.

가을이 지나면서 야누코비치는 누가 더 가장 큰 원조 패키지를 제공하는지에만 집중하는 것 같아 보였다. 이와 약간 다른 해석은 야누코비치는 티모셴코를 석방할 의사가 전혀 없었고, 단지 이것을 이용하여 유럽과의 논의를 계속하고, 궁극적으로 러시아로부터 받을 원조 규모를 키우려고 했다는 것이다. 그러나 협력협정 포기 선언으로 야누코비치 측근들이 받은 충격은 그가 협정 체결을 계획했었다가 마음을 바꾸었다는 것을 보여준다. 후에 우크라이나 언론인 소냐 코시키나와 가진 회고 토론에서 야누코비치의 측근 몇 명은 결정 번복에 대한 야누코비치의 설명은 경제적 요인에 초점이 맞추어졌었다고 말했다.[97]

야누코비치가 아무리 냉소적이었다 해도, 그는 큰 딜레마에 봉착했다. 그의 경제 실정으로 누군가에게 큰 원조를 받아야 하는 상황에 처했는데, 러시아만이 광범위한 개혁을 요구하지 않으면서 상당한 구제금융을 제공할 수 있었다. 그러나 EU와 협력협정을 체결한다고 국민들의 기대를 높여놓은 상태에서 그것을 포기하는 것은 그를 정치적으로 위험하게 만들 수 있었다. 야누코비치가 잘 알고 있듯이, 관세동맹에 가입하는 것은 우크라이나 국민들의 지지를 받을 수 없었다. 2013년 라줌코프 센터(Razumkov Centre)가 실시한 여론조사에 나타난 것처럼 유럽연합 가입을 지지하는 비율은 42퍼센트였고, 관세동맹 가입을 지지하는 비율은 31퍼센트였다. 야누코비치의 참모들은 2015년 선거에서 당선되려면 협력협정을 체결하는가에 달려있다고 조언했다.[98] 그러나 러시아는 그가 협정에 서명하는 경우 러시아는 그의 재선을 막을 조치를 취할 수 있다는 것을 암시했다.

유럽연합과 러시아와 동시에 통합하는 것이 양립할 수 없는 것은 몇 가지 이유에서 분명했다. 가장 중요한 것은 우크라이나는 유럽연합의 DCFTA의 멤버가 되고, 동시에 유라시아 경제연합의 FTA 멤버가 될 수 없다는 사실이었다. 스테판 풀레Stephan Fule는 이것을 다음과 같이 설명했다.

> 관세동맹이 우리가 우크라이나, 몰도바, 조지아, 아르메니아와 협상하고 있는 DCFTA와 양립할 수 없다는 것은 사실이다. 이것은 이념적 차이 때문이 아니고, 경제 블록의 충돌이나 제로섬 게임 때문도 아니다. 이것은 법체계적 불가능성 때문이다. 일례로 한 나라는 DCFTA에 맞추어 관세를 인하하면서 관세동맹 멤버십 때문에 이것을 높일 수 없다.[99]

유럽연합은 규칙에 따라 WTO에 가입하지 않은 나라와 특혜적 무역 협정을 맺을 수 없었다. 그래서 카자흐스탄과 벨라루스는 제외될 수밖에 없었다. 여기에다가 러시아가 EU 회사들에게 자국 시장에 대한 더 열린 접근을 허락하거나 EU의 다른 규칙들을 채택할 가능성은 없었다.

11월과 빌니우스 정상회담이 다가오면서 협상의 속도는 더욱 빨라졌다. 크바스니엡스키와 콕스는 브뤼셀과 키이우를 더 분주히 오가며 합의를 유도하려고 노력했다. EU 집행위원회가 11월 13일로 예정되어 있어, 두 사람은 티모셴코 문제를 11월 13일까지 해결할 필요가 있었다. 그래야 11월 28-29일에 열리는 빌니우스 정상회담에서 협력협정 체결을 공식으로 인정할 수 있었다. 11월 첫째 주 회담에서 야누코비치는 이들에게 티모셴코가 독일에서 치료를 받기 위해 우크라이나를 떠날 수 있도록 허용하는 입법을 지지하겠다고 말했다. 교착상태가 돌파되고 야누코비치는 모든 친러시아 정책에도 불구하고 우크라이나를 협력협정으로 끌고 가기로 결정한 것처럼 보였다.

그러나 그는 유럽연합 협상팀에게 협정 체결을 승인한다고 말하고 나서, 자신이 통제하는 지역당 의회 지도부가 이것을 거부하도록 만든 것으로 보인다. 의회의 지역당 원내 대표인 예프레모프Yefremov는 콱스와 크바스니옙스키에게 자신이 지역당 의원들의 투표를 통제할 수 없다고 말하고, 자신과 미리 상의하지 않은 것에 대해 화를 냈다.[100] 11월 13일 법안이 의회에 제출되자, 그 다음 주까지 표결이 연기되었다. 다음 주가 되자 지역당 의원들은 야당이 제출한 여섯 가지 법안을 부결시키면서 자신들의 법안은 제출하지 않았다.[101] 이때가 되자 정부는 협력협정 작업을 중단한다고 발표했다. 야누코비치가 여전히 티모셴코를 석방하지 않은 상태에서 협력협정에 서명하기를 원하는지, 아니면 러시아로부터 재정 지원을 받기 위해 서명을 하지 않기로 결정했는지는 분명하지 않았다.[102]

티모셴코를 석방하는 야누코비치의 결정과 이의 번복 사이에 진행된 야누코비치와 푸틴의 대화는 시간을 끌고 치열했던 것으로 보인다. 두 사람은 11월 셋째 주 비밀리에 회동했고, 그런 다음 그 다음 주에 양국 총리들이 만났다. 이 회동은 "비밀"이었고(발표되지는 않았지만 언론에 보도되었다), 그래서 무슨 말이 오갔는지는 정확히 알 수 없다. 그러나 리투아니아 대통령 달리아 그리바우스카이테의 한 보좌관은 협력협정 서명을 거부하기 직전 모스크바가 글라지예프가 말한 방식으로 야누코비치에게 엄청난 압력을 가했다고 야누코비치가 그녀에게 말했다고 전했다.[103] 빌니우스 정상회담에서 야누코비치는 그리바우스카이테와 앙겔라 메르켈에게 "내 얘기를 들어보라. 지난 3년 반 동안 나는 외로웠다. 나는 기울어진 운동장에서 아주 강한 러시아를 일대일로 상대해야 했다"라고 말했다.[104] 야누코비치는 주로 자신이 취한 행동으로 인해 자신이 진퇴양난에 빠졌다는 것을 알게 되었다.

러시아는 야누코비치가 당면한 문제를 훨씬 더 어렵게 만들거나 개선시킬(디폴트를 막기 위한 재정지원을 함으로써) 능력이 있었다. 유럽연합은 단지 장기적 이익을 제공할 수 있는 것으로 보였다. 여기에는 치명적인 단기적 대가가 있었고, 디폴트를 막을 수 있는 분명한 길은 없었다. "야누코비치가 철면피하게 국가를 강탈하고 민주주의를 공격한 것은 그가 크렘린만이 그의 문제를 해결할 수 있는 코너로 스스로를 몰고 간 꼴이 되었다. 러시아 지도부는 지역적 목표를 추구하는 데 있어서 그의 취약성을 이용하는 것을 주저하지 않았다."[105]

11월 21일 우크라이나 정부는 빌니우스 정상회담에서 협력협정 서명을 준비하는 작업을 중단한다고 발표했다. 이것은 "우크라이나의 국가적 안보를 보장하기 위한 것"이라고 이유를 달았는데, 그것은 러시아의 위협을 지칭하는 것으로 보였다.

유럽연합은 실망과 분노의 반응을 보였고, 러시아의 강압에 책임을 돌렸다. 협상안을 중재하기 위해 노력한 알렉산데르 크바스니옙스키 전 폴란드 대통령은 "우리의 임무는 끝났다"라고 말했다. 스웨덴의 칼 빌트Carl Bildt 외무장관은 트위터에 "우크라이나 정부는 갑자기 크렘린에 깊은 절을 했다. 무자비한 압박의 정치가 작동한 것이 분명해 보인다"[106]라고 썼다. 협력협정 협상에 많은 노력을 쏟은 확대 담당 EU 집행위원(Commisioner) 스테판 퓔레 Štephan Füle는 "오늘 결정은 러시아의 부당한 경제 및 교역 조치의 영향으로 추론되는 것을 간과하기 어렵다"[107]라고 말했다. 푸틴은 협박이라는 비난에 대해 이렇게 응수했다. "우리는 우리 유럽 파트너들이 우크라이나를 위협한다는 얘기를 들었다. 여기에는 군중 시위를 조장하는 것도 포함되었다. 이것이 압박이고 이것이 협박이다."[108]

《도이치벨레(Deutsche Welle)》는 키이우발 기사에서 "마이단에는 수천 명의 군중이 야누코비치에 대항하는 시위를 하고 있고, '혁명의 승리'를 외치고 있다. 그러나 이 와중에도 수백만 명의 키이우 시민들은 일상생활을 영위하고 있다"[109]고 보도했다. 그러나 이것은 곧 바뀌게 되었다.

야누코비치, 전제정치, 혁명

2004년 선거를 훔치려고 한 빅토르 야누코비치가 2010년 선거에서 정정당당하게 승리한 것에 많은 사람들은 놀랐다. 이 선거를 이긴 그가 2004년 시위를 연상케 하는 거리 시위를 촉발시키는 방법으로 통치를 하고, 자신에게 더욱 나쁜 결과를 가져오게 한 것도 이에 못지않게 놀랄만한 일이었다. 많은 존경받는 분석가들이 그가 좀더 중도적으로 통치하리라고 예상한 상황에서 그가 그렇게 한 것은 야누코비치와 우크라이나에 대해 많은 것을 말해주고 있다.

2010년 중반에 이미 야누코비치는 "정상적인" 민주 지도자가 아니라는 것이 분명해졌다. 그는 모든 경쟁의 요소를 모두 제거할 생각을 했다. 이것은 러시아나 중앙아시아처럼 좀더 동쪽 지역을 지배한 모델을 따른 것이었다. 이곳에서는 패권적 지도자가 자신의 통치가 위협받지 않는 선에서만 반대파를 용인한다. 러시아식 모델에서 반대파의 역할은 정부가 민주적이라고 주장할 수 있도록 명분을 만들어주는 것이지 실제로 정권에 도전하는 것은 아니다. 2004년 경험에서 야누코비치가 배운 것은 이러한 모델이 맞지 않는다는 것이 아니라, 오히려 자신이 불공정하게 자리를 빼앗겼고, 다음에 성공하기 위해서는 좀더 강인한 결의를 다져야 한다는 것이었다. 이러한 결의는 두 부문에 초점이 맞춰졌는데, 그것은 보안 기관과 경제였다. 야누코비치는 보안 기관의 간부들을 자신에게 충성하는 인물들로 채웠다. 이렇게 한 목적은 앞으로 시위가 발생하는 경우 보안 기관이 2004년 오렌지 혁명 때처럼 방관만 하는 게 아니라(그의 명령을 거슬려서 그런 것처럼 보인다) 시위대를 진압할 것으로 믿을 수 있게 만들기 위해서였다. 그는 경제에서도 정치와 마찬가지로 단일 주도 세력을 만들려고 했다. 그 방법은 패밀리라고 알려진 작은 고도의 충성그룹에 경제 자산을 집중하는 것이었다. 요약해서 말하면 이 모델은 권력을 집중하는 것이었다.

레오니트 쿠치마는 저 유명한 "우크라이나는 러시아가 아니다"라는 말을 했고, 야누코비치의 통치도 이를 잘 증명했다. 우크라이나는 권력 집중을 어렵게 만들고, 그렇게 하려는 사람들에게 반발을 야기하는 최소한 세 가지 중요한 특징이 있다. 첫째 특징은 지역적 다양성이다. 우크라이나의 지역적 다양성은 많은 면에서 국가적 약점(liabilities)이지만, 전국에 걸쳐 단일 정치 세력을 형성하는 것을 극도로 어렵게 만든다. 이것은 유셴코에게도 적용되고, 야누코비치에게도 적용되었다. 2010년부터 2013년 사이 우크라이나의 지역적 다양성은 중부와 서부 우크라이나의 많은 사람들이 지지한 협력 협정에 가입할 것인가 아니면 동부와 남부 사람들이 지지한 유라시아경제연합에 가입할 것인가를 놓고 나타난 긴장 관계에 잘 드러났다. 어느 한쪽을 택하는 것은 위험했고, 이것이 쿠치마의 전방위 접근의 사회적 배경을 강조했다.

두 번째 특징은 우크라이나의 민주주의에 대한 강력한 규범적 기반이다. 권력 집중에 대해 항의를 할 사람은 굉장히 많은 것으로 나타났고, 오렌지 혁명 후 많은 사람들이 공유한 생각인 우크라이나인들은 냉소적이 되고 거리 시위에 가담하지 않을 것으로 예상한 것은 잘못된 것으로 드러났다.

아마도 가장 중요할 수 있는 세 번째 특징은 우크라이나의 올리가르히 그룹은 국제정치에서 세력 균형이 자주 강해지듯이 스스로 강해지는(self-reinforcing) 경향이 있다는 것이다. 올리가르히들은 민주주의자들이 아니고, 이들은 야누코비치 정권에서 부패한 비즈니스를 기꺼이 벌였다. 그러나 우크라이나의 올리가르히들은 질투심을 가지고 자신의 이익을 지켰고, 이것은 러시아에서 푸틴이 호도르콥스키Khodorkovsky의 재산을 빼앗은 것처럼 누군가 자신들의 재산을 빼앗을 만큼 강해지는 것을 막는 것을 의미했다. 야누코비치의 권력이 강해질수록, 그의 권력이 다른 올리가르히들을 위협할수록 그들도 점점 더 그의 날개를 꺾어야 한다고 생각했다. 이에 더해 그의 개인적 탐욕은 그들의 이익을 직접적으로 위협했다. 2004년과 마찬가지로 야누코비치는 친유럽적이고, 민주적 활동가들의 이익을 올리가르히의 이익과 결합하게 해주었다. 두 그룹은 나름의 동기에 의해 우크라이나가 러시아 스타일의 전제정이 되는 것을 막으려고 투쟁했다. 이상주의적이고, 민주적인 거리 시위자들과 냉소적이고 강력한 올리가르히들의 이러한 의도치 않은(accidental) 동맹은 2004년과 마찬가지로 2013-2014년에도 강력한 힘을 발휘했다.

이런 식으로 협력협정 체결 거부로 촉발된 위기가 2013년 11월 시작되었을 때 오렌지 혁명이 일어난 전제조건은 우크라이나에서 다시 반복해서 형성되었다. 야누코비치의 통치는 우크라이나 일부 지역에서는 인기가 있었지만, 여타 다른 곳에서는 극명한 반대를 받았다. 그의 권력, 부패, 법의 유린은 그가 민주주의에 위협이라는 인식을 증대시켰다. 특히 무언가 변하지 않으면 우크라이나는 2015년 자유롭고 공정한 대선을 치를 수 없다는 공유된 인식이 있었다. 이와 유사하게 올리가르히들은 야누코비치가 없는 것이 자신들에게 유리한 상황에 놓이게 되었다. 그러나 시위를 촉발할 사건이 없이는 야누코비치에 반대하는 상이한 세력들이 운동을 서로 조율하기는 아주 어려웠다. 그리고 야누코비치가 다르게 대응했다면, 시위는 야누코비치가 여전히 권력을 유지한 상태에서 끝났을 가능성이 높았다. 2001년 시작된 "쿠치마 없는 우크라이나" 운동의 경우가 그랬다. 그러면 왜 2013년 시위는 덜 극적으로 진행되지 않고 두 번째로 정부를 전복하는 데까지 이르렀는가가 7장에서 살펴볼 질문이다.

결론

빅토르 야누코비치 재임 기간 동안 우크라이나의 내부적 모순과, 우크라이나-러시아, 러시아-서방 관계의 모순이 첨예해졌다. 야누코비치가 리더십을 행사한 방법이 이에 많은 책임이 있다. 그는 기존의 다원주의를 뒤집고 이것을 단일 엘리트 그룹(자신의 "패밀리"와 지역당)으로 대체하기로 작정했다. 이 지역에서 민주주의는 지정학과 너무나 밀접하게 연결되어 있었기 때문에 국내적으로 권력을 집중하려는 야누코비치의 노력은 필연적으로 국제적 파장을 가져왔다. 부패와 야누코비치의 인기를 유지하는 데 필요한 지출은 그로 하여금 외부의 지원을 찾도록 만들고, 그를 러시아로 향하게 했다.

만일 야누코비치가 우크라이나의 현상유지를 파괴한 것이 의도적이었다면, 국제적 현상유지와 우크라이나의 균형유지 노력은 의도하지 않은 원인 때문에 불안해졌다. 유럽연합이 우크라이나-폴란드 국경으로 확장된 것은 우크라이나와 가장 가까운 서방 파트너 사이에 새로운 장벽을 만들었다. 유럽연합은 우크라이나의 고립 가능성을 우려했고, 계획된 협력협정은 이에 대한 응답이었다. 그러나 이 협정은 야누코비치의 어젠다와 완전히 상반되는 국제적 조치를 요구했고, 율리아 티모셴코 문제를 둘러싼 교착상태는 이를 상징적으로 보여주었다. "유럽연합은 기본적으로 야누코비치에게 그의 권력 체계를 해체하도록 요구했다."[110]

이런 상황에서 러시아는 협력협정을 중요한 위협으로 받아들였다. 이것은 안보 딜레마와 우크라이나를 러시아의 영향권 아래 묶어두려는 러시아의 주장 모두의 영향이었다. 이 경우 안보 딜레마는 주로 경제적 성격이 강했지만, 이것은 현실이었다. 협력협정은 러시아를 목표로 한 것은 아니었지만, 최소한 DCFTA는 러시아 기업들이 우크라이나 시장에 접근하는 데 부정적인 효과를 미칠 수 있었다. 그러나 러시아는 협력협정으로 우크라이나가 영구히 러시아의 영향권을 떠나게 될 것이라는 믿음을 가지고 크게 우려했다. 러시아가 우크라이나의 상실을 자신의 이익에 대한 근본적인 위협이라고 보는 한, 협력협정은 우크라이나나 서방이 의도했건 그렇지 않았건 위협이었다. 러시아는 이러한 예상되는 상실을 막기 위해 우크라이나와 야누코비치 개인에게 점증하는 일련의 위협을 가하는 것으로 대응했다. 해석상 하나의 중요한 질문은 유럽연합과 러시아 모두와 협력하는 것이 근본적으로 불가능했는지 아니면 야누코비치가 좀더 능란한 전술을 쓸 수 없었는지, 즉 협력협정을 체결하고, 그런 다음 러시아와 추가적 협정을 체결할 수 없었는지이다.

러시아와 서방의 관계도 동시에 악화되었다. 2012년 블라디미르 푸틴은 메드베데프를 대체하고 다시 대통령이 되면서 러시아의 전제정치를 다시 한번 확인시켜 주었고, 모스크바로부터의 수사는 강경해지기 시작했다. 무아마르 카다피의 제거는 푸틴이 보기에 자신이 선호하는 국제 질서와 푸틴 개인에게 위협이었다. 심화되는 러시아-서방 갈등은 러시아로 하여금 우크라이나에서 전략적 상실을 감내하지 않겠다는 결의를 강화시켰다. 이것은 빌니우스 정상회담으로 이어지는 정책을 강화시키고, 우크라이나가 위기에 빠진 후의 정책에도 영향을 주었다. 이러한 환경은 2014년 사건이 일어날 가능성을 높여주었을 뿐만 아니라, 많은 사람들이 신냉전이라고 서술하는 상황으로 이끌었다.

7장 혁명에서 전쟁으로, 2013-2015

2013년 11월 21일 저녁, 우크라이나가 EU 협력협정 체결을 위한 논의를 중단한다는 발표가 나자, 수천 명의 시위대가 마이단 네잘레즈노스치(*Maidan Nezalishnosti*, 독립광장)에 모였다. 이 광장은 1990년부터 대중 집회 광장이 되었다. 사회관계망(Social media)을 통해 다가오는 일요일인 11월 24일 더 큰 집회를 열자는 호소가 나갔고, 약 10만여 명의 시민이 항의시위에 참여하였다. 소수의 시위대 그룹이 경찰이 둘러싸고 있는 정부 건물들을 돌파하려고 하자 경찰은 최루탄을 쏘고 이들 중 몇 명을 체포했다.[1] 며칠간 상황은 진정되었고, 니콜라이 아자로프 총리는 유럽연합과의 협상은 계속될 것이라고 발표했다. 그러나 빌니우스에서 열린 유럽연합 회의는 아무 진전 없이 11월 29일 종료되었다. 그날 저녁 10만여 명의 시민들이 키이우 거리로 나섰다. 날이 저물자 대부분의 시위대는 집으로 돌아갔으나, 일부는 밤을 세웠다. 다음 날 새벽 4시 내무부의 엘리트 진압부대인 베르쿠트(*Berkut*) 병력이 진압봉을 들고 섬광 수류탄을 쏘며 시위대를 공격하여 시위대 몇 명을 체포했다. 이 공격은 특별한 사안에 한정된 시위를 야누코비치 정권의 미래에 대한 도전으로 변모시켰고, 결국 석 달 후 야누코비치는 우크라이나에서 도망쳤다. 이것은 러시아로 하여금 크림을 장악하고 동부 우크라이나에 간섭을 하는 기회와 구실을 제공했다.

만일 우크라이나가 협력협정 체결에 그렇게 근접하지 않았더라면, 체결 실패가 이러한 반응을 촉발시켰을 가능성은 적었다. 그러나 오래 끌던 티모셴코 석방 문제는 거의 해결된 듯 보였고, 협력협정은 거의 서명될 것으로 보였었다. 그러나 여기서 한 발 물러난 것은 손실로 받아들여졌고, 앞에 강조한 대로 사람들은 손실에 대해서는 매우 강하게 반응을 하게 된다. 이에 더해 지금까지 문제가 많았던 야누코비치의 행동은 협력협정 협상 과정에서 중화된 듯 했으나, 협정 체결 가능성이 사라진 상태에서는 그는 아무 제약도 받지 않을 것으로 예상되었다.[2] 11월 30일의 강경한 진압은 우크라이나가 되돌릴 수 없는 전제정치로 가고 있고, 유럽에서 멀어지고 있다는 인식을 유발시켰다. 이런 상황에서도 초기 시위는 작은 규모로 시작되었다.

협력협정에 대한 항의시위가 어떻게 선출된 정부의 붕괴와 이에 따른 전쟁으로 이어질 수 있었는가? 이 질문에 대해 대체적으로 두 가지 답이 있을 수 있다. 첫 번째는 지난 22년의 기간 동안의 맥락과 특히 야누코비치가 대통령이 된 이후 우크라이나 정치, 우크라이나-러시아 관계, 러시아와 서방의 관계는 제로섬 게임이 되어서 상호 수용할 수 있는 타협의 여지가 점점 좁아졌다. 폴란드 총리인 도날드 투스크Donal Tusk는 위기가 절정이었을 때 "우크라이나에서의 사태 발전은 이 지역 전체의 역사와 미래를 결정할 것이다"[3]라고 말했다. 두 번째는 시위에 대한 야누코비치의 대응이다. 시위대를 격분시킨 강경 진압과 이들에게 힘을 준 관용의 혼합은 시위가 지속되도록 만들고 시위대의 요구가 확산되게 하는 데 기여한 더할 나위 없이 어리석은 대응방법이었다. 야누코비치는 2004년 오렌지 혁명의 교훈을 배우려고 했지만, 소규모 시위를 어떻게 대규모로 키울 수 있는지에 대한 매뉴얼을 만드는 데 끝났다.

야누코비치 정권의 번복은 러시아에게 위협과 기회를 동시에 만들어주었다. 위협으로 꼽을 수 있는 것은 우크라이나를 통제해야 한다는 뿌리 깊은 의지와 나토가 더 이상 동쪽으로 전진하는 것을 막는 것과 러시아에서 푸틴이 시위로부터 자유롭게 되는 것을 좌절시킨 것이었다. 그러나 이것은 러시아에게 돌 하나로 네 마리의 새를 잡는 기회도 만들어주었다. 크림을 병합하고 돈바스에 개입하여 러시아가 늘 원해왔던 영토를 다시 획득한 것, 러시아는 처벌받지 않고 서방에 대항할 수 있다는 것을 보여준 것, 블라디미르 푸틴의 국내 인기를 상승시킨 것, 우크라이나의 새 정부의 발목을 잡은 것은 러시아에게 기회로 작용했다. 이 장에서는 시위가 "혁명"으로 발전된 과정과, 푸틴이 크림을 장악하기로 결정한 것이 변환점이 되는 사건이 되면서 러시아의 간섭이 부분적으로 동결된 분쟁(frozen conflict)으로 진행된 과정 모두를 시간대별로 정리하고 이에 대한 설명을 한다. 이전 시기에 일어난 모든 문제에도 불구하고 2013년에는 이런 일이 일어날 것이라고 예측한 사람은 아무도 없었다. 되돌아보면 그런 결과가 불가피했다고 말하고 싶은 유혹이 있지만, 그 시기에는 분명히 그런 예측을 할 수 없었다.

시위의 발생 — 2013년 11월-12월

11월 30일 이른 새벽 베르쿠트(Berkut) 특수부대가 시위대를 공격하자 수십 명의 시위대는 언덕 위의 성미하일 수도원으로 피신했다.[4] 11월 30일 저녁이 되자 약 10만 명으로 추산되는 시위대가 성미하일 광장에 모였고, 더 많은 사람들이 집결하고 있었다. 시위대는 앞으로 점점 더 큰 역할을 하게 되는 "자위대"를 조직했다.

11월 30일 진압 경찰의 폭력은 시위운동을 가열시키는 데 중요한 역할을 했다. 경찰의 잔학성에 대한 항의와 전제적 통치에 대한 시위는 협력협정 중지에 대한 항의보다 훨씬 더 폭넓은 지지를 받았다. 학자인 볼로디미르 이셴코Volodymyr Ishchenko는 다음과 같이 회고했다.

> 처음에 나는 아주 회의적이었다. 특히 순수한 "유로마이단" 시위 때는 그랬다. 나는 유럽연합에 대해 의구심이 없던 것은 아니었다. (…) 그러나 11월 30일 강제 진압이 시도되자 시위의 성격은 바뀌었다. 이제는 경찰의 잔학성과 정부에 대항하는 운동이 되었다.[5]

당국이 강제진압과 관용을 혼합해 사용한 것은 시위대를 격앙시켰고, 이들을 저지하거나 시위 장소로의 접근을 차단하지 못한 채 시위대의 수가 불어나게 만들었다. 내무장관 비탈리 자하르첸코는 처음에는 베르쿠트가 직권을 남용했다고 비난했으나 "대규모 소요가 일어나는 경우 우리는 이를 엄하게 다스릴 것이다"[6]라고 발언했다. 마이단에서 시위대를 쫓아내서 이들이 성미하일 광장(지도 7.1)으로 이동하도록 만든 경찰은 후에 다시 시위대가 마이단을 점거하도록 방치했다. 마이단으로의 접근로는 정부가 아니라 시위대가 통제했고, 경찰은 인근의 정부 건물 보호에 주력했다. 전기가 계속 마이단에 공급되었고, 보급품이 들어오고 쓰레기가 반출되었다. 모바일폰 연결망도 그대로 작동했고, 시내 지하철도 그대로 운행되어 시위 지역 안에 두 지하철역이 계속 운영되었다. 진압과 관용의 결합된 상태에서 시위는 점점 대규모로 확산되었다.

마이단에 모인 시위대 그룹 간에만 분열이 있는 것이 아니라, 마이단 전체와 야당인 조국당, 우다르당, 스바보다당 사이에도 균열이 발생했다. 많은 시위자들은 야당도 자신들이 종식시키려고 하는 부패한 제도권 정치의 일부라고 보았다. 극단주의적 민족주의자들이 시위대 전체에서 차지하는 숫자가 적었지만, 이들의 꾸준한 참여와 진압 경찰의 폭력에 맞서는 의지, 스

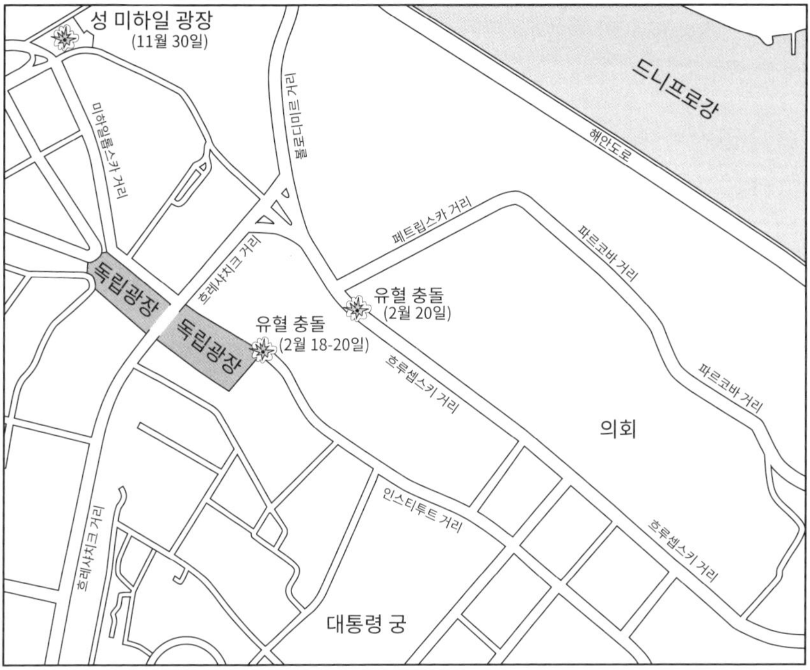

지도 7. 1　2013년 11월 - 2014년 2월 키이우 중심부

스로 직접 행동을 취하는 자세로 숫자에 비교되지 않는 영향력을 행사하게 되었다. 시위대 주류 세력과 정당들은 극단주의적 민족주의자들을 비난하고 이들과의 협력을 거부했다. 민족주의자들의 주요한 승리 중 하나는 2차대전 때 논란의 대상이 된 우크라이나 민족주의기구(Organization of Ukrainina Nationalists)와 우크라이나저항군(Ukrainian Insurgent Army)의 전통적 민족주의적 구호인 '영웅들에게 영광을(*Heroyam Slava!*)'이 시위운동의 구호로 채택되어 보다 일상적이고 논란이 덜한 "우크라이나에 영광을(*Slava Ukrainyi!*)"로 변형되어 사용된 것이었다.[7] 이것은 극단적 민족주의자들이 마이단을 주도하고 있다는 인식을 강화시킨 것이 분명하다.

시위자들이 가진 목표는 다양했고, 시간이 지나면서 발전되었다. 이것은 시위가 발생한 후의 격변을 표현하는 용어에도 잘 나타났다. 일부 시위자들은 유럽연합 협력협정을 강조하며 "유로마이단(Euromaidan)"이란 명칭을 섰고, 다른 시위자들은 부패와 야누코비치의 잔혹한 진압에 대한 불만에 초점을 맞춰 "존엄을 위한 혁명(Revolution for Dignity)"이란 명칭을 썼다. 2014년 1월 중순까지 대부분의 시위자들은 야누코비치를 실각시키는 것을 목표로 하지 않았고, 협력협정의 체결, 부패에 대한 항의, 우크라이나의 민주주의 회복, 2015년 대선이 공정하게 치러진다는 보장 등을 투쟁 목표로 삼았다. 대부분이 사람들이 동의한 구체적 목표는 야누코비치가 불법적으로 변형시킨 2004년 헌법의 부활이었다.[8]

러시아의 지원을 바라는 야누코비치

유럽연합에서 돌아선 야누코비치는 러시아가 제공하는 것을 수용하고 승리를 선언하는 길밖에 남아있지 않았다. 2013년 12월 17일, 그는 모스크바를 방문하여 협력협정을 포기한 데 대한 보상을 받았다. 야누코비치와 푸틴은 러시아 공급 가스 가격을 거의 50퍼센트 할인하고, 150억 달러에 달하는 융자를 해주는 데 합의했다. 이렇게 되면 우크라이나는 IMF가 요구하는 개혁을 추진하지 않고도 파산을 면할 수 있었다. 키이우에서 소요가 확산되면서 폭락하는 흐리브나 가치로 우크라이나 재정 문제는 더욱 악화될 수 있는 상황이어서 이러한 재정지원은 중요했다.[9] 아자로프 총리는 "야누코비치 대통령은 예외적으로 좋은 조건으로 우크라이나에 대한 재정지원을 받아냈다. 이것으로 우리는 경제 현대화를 위한 광범위한 계획을 수행할 수 있게 되었다"라고 말했다.[10] 1월 우크라이나 내각은 "2020년까지 관세동맹 회원국들

과 협력을 위한 프로그램" 계획을 채택했다.[11]

2013년 12월 중순부터 2014년 1월 중순까지 갈등은 가라앉았다. 이것은 연말연초 연휴 덕분이었다. 기다리는 게임은 야누코비치의 인내와 추운 날씨를 무릅쓰고 야외에서 야영을 하는 시위대의 인내의 대결이 되었다. 1월 중순 마이단에 남아 있는 시위대는 수백 명에 불과했다. 당시의 일반적 의견은 "시위가 야누코비치의 권력 장악을 위협할 것으로는 보이지 않는다"[12]였다.

그러나 우크라이나 정부는 다시 한 번 광범위한 분노를 유발시키고 시위를 재점화하는 악수를 두었다. 1월 16일 의회의 야누코비치 다수파는 일정한 시위 방법과 외국 NGO의 활동을 불법화하는 일련의 법안들을 통과시켰다. 이 법안들은 의회 규정에 어긋나게 거수투표로 통과되었고, 회의에 불참한 의원들의 표도 찬성으로 계산되어서 일부 인사들은 이것을 "쿠데타"로 불렀다.[13] 내무장관 자하르첸코는 위기 발생 초기에 한 말을 다시 강조하며 "법률의 범위 안에서 우리 측은 어떠한 공격도 강력하게 대응할 것이다"[14]라고 발언했다. 이 법안들은 즉각 "독재법(dictatorship laws)"이라고 불렸다. 우크라이나의 민주주의가 위기에 처한 것으로 보였다.

1월 19일 "독재법"에 격분한 수천 명의 시위대가 정부 건물을 보호하는 경찰과 대치했다.[15] 이어 벌어진 폭력사태로 시위대는 더 과격해졌다. "독재법"과 1월 19일의 폭력사태로 시위대는 일련의 새로운 요구를 내세웠다. 이것은 체포된 시위대의 사면, 1월 16일 "독재법"의 취소와 2004년 헌법으로의 복귀를 요구했다. 많은 시위자들은 야누코비치의 사임을 요구하기 시작했다.

다음 주 야누코비치는 야당 지도자인 아르세니이 야체뉴크[i]를 만나서, 야

---

i 야체뉴크(Arseniy Yatsenyuk, 1974 -) - 유센코 후임으로 국립은행장을 역임한 후 유센코 정권에서 경제장관,

체뉴크에게는 총리 자리, 비탈리 클리츠코에게는 인도주의 문제 담당 부총리 자리를 제안했다. 그는 "독재법"을 재고할 것도 제안했다. 야체뉴크는 협상을 지속할 용의가 있지만, EU 협력협정 체결을 요구사항으로 내걸었다. 이 시점에는 아무 합의도 이루어지지 않았지만, 후에 드러난 것처럼 야체뉴크가 시위대를 대신해 협상을 진행할 권한이 있었는지는 분명하지 않았다. 야체뉴크는 야당을 어려운 상황에 처하게 만들었다. 위기를 종식시키기 위해서는 합의가 필요하지만, 야누코비치 정부에 가담하는 것은 그의 신뢰도를 떨어뜨릴 게 분명했다.

1월 28일 야누코비치는 아자로프 총리를 해임하고 의회는 몇 가지 "독재법안"을 취소했다. 이러한 양보 조치는 마이단 시위대의 환영을 받았지만, 시위 자체를 약화시키지는 못했다.[16] 시위대는 "독재법"의 취소뿐만 아니라 2004년 헌법의 복귀와 협력협정의 체결을 요구했다. 시위대는 점차적으로 야누코비치와의 타협을 거부하면서, 과격한 시위로 그에게 압력을 가하는 방법 외에는 없다고 생각했지만, 많은 시위자들은 아직 이에 반대했다.

1월 말과 2월 초 서로 상반되는 것처럼 보이는 두 가지 경향이 공존했다. 한편에서는 야누코비치 정권과 야당 지도자들 사이의 협상이 진전을 이루는 것처럼 보였다. 다른 한편에서는 폭력적 충돌 가능성이 점점 증대되었다. 폭력 가능성으로 인해 야누코비치 정권은 타협안을 택했지만 이것은 극단적 시위대들의 영향력을 강화시켜 주었다.[17] 1월 21-22일 세 명의 시위자가 경찰의 총탄에 사망했다.[18] 2월 2일 약 5만 명의 시위대가 마이단에 집결했다. 12월의 수십만 명의 시위대에 비해서는 줄어든 숫자였다. 이것은 야누코비치를 대담하게 만들었고, 시위대 중 공격적인 세력의 무력화에 집중하도록 만들었다.

외무장관을 역임했고, 국회 의장, 국무총리(2회)를 역임했다.

러시아 정부는 무력으로 시위를 진압하는 방안을 선호했다. 푸틴의 우크라이나 문제 참모인 세르게이 글라지예프는 한 인터뷰에서 "정부가 쿠데타 시도에 직면한 상황에서는 (강경 대응 외에는) 다른 선택의 여지가 없다. 그렇지 않으면 나라는 대혼란에 빠질 것이다"라고 말했다. 미국이 시위대를 무장시키고, 미국 대사관에서 이들을 훈련시킨다고 공격한 글라지예프는, 1994년 부다페스트 의정서에 의하면 러시아는 우크라이나의 주권이 위협받는 것을 막기 위해 간섭할 수 있다고까지 나갔다.[19] 로이터통신은 시위대가 마이단을 떠날 때까지 20억 달러의 차관 제공을 보류할 것이라고 보도했다.[20]

2월 초 야당 지도자인 아르세니 야체뉴크는 야누코비치와 협상을 재개하여, 2004년 헌법이 복구되고 정부에 기용되는 야당인사들이 곧 해임되지 않는다는 보장을 받는다면 야누코비치 밑에서 총리로 일하겠다는 의사를 밝혔다. "우리는 단기 계획과 장기 계획을 가지고 있다. 장기 계획은 새로운 헌법안을 만들어 9월에 채택되도록 하는 것이다. 우리의 단기 계획은 새로운 헌법이 제정될 때까지 일시적으로 2004년 헌법을 복귀시키는 것이다."[21] 이 시점에는 야누코비치의 축출이 아니라 헌법 개정과 상황을 변화시키는 것이 시위대 지도부의 목표였지만, 야누코비치의 사임을 요구하는 소리가 점점 커지고 있었다.

체포된 시위자들의 석방에 대한 시위대의 요구에도 진전이 있었다. 2월 14일-16일 타협안이 타결되어 정부는 12월 이후 체포된 234명의 시위자를 석방하고, 그 대신 시위대는 점거 중인 시청과 다른 정부 건물에서 철수하고, 마이단 주변의 바리케이드 일부를 철거하기로 합의하였다.

그러나 2월 18일 평화적 사태 해결을 위한 과정은 중단되었다. 약 2만 명의 시위대가 의회 건물로 행진하여 2004년 헌법의 복귀를 요구했다. 실탄,

고무탄, 최루탄, 섬광수류탄으로 무장한 보안 병력이 이들을 막아섰다. 시위대 일부도 총기를 소지하고 있었다.[ii] 오후 4시 내무부와 정보부는 "만일 오후 6시까지 소요 사태가 중단되지 않으면, 법에 보장된 모든 수단을 사용하지 않을 수 없다"[22]라고 발표했다. 이어 시작된 경찰의 공격으로 시위대는 다시 마이단으로 후퇴하여 바리케이드를 쳤다. 그날 최소한 18명이 사망자가 발생했다. 이중에는 보안 병력의 사상자도 있었다. 18일의 무력 충돌로 양측은 더욱 강경해졌고, 정부와 야당은 더 이상의 유혈사태를 막기 위해 서둘러 타협책을 찾았다.

우크라이나 서부의 몇 도시에서 시위대는 지역 행정 거물을 장악하고 경찰서를 습격하여 무기를 탈취했다. 우크라이나는 시위대와 정부 진압병력 모두 무기를 사용할 수 있는 상황으로 다가가고 있었다. 여기서 중요한 것은 우크라이나 전역에서 행정 건물과 지역 경찰서를 장악하는 전술은 야누코비치 축출 직후 친러시아 세력이 그대로 답습했다는 것이다.

2월 19일 저녁 프랑스 외무장관(로랑 파비위스Laurent Fabius), 독일 외무장관(프랑크-발터 슈타인마이어Frank-Walter Steinmeier), 폴란드 외무장관(라도슬라프 시코르스키Radoslaw Sikorski)이 폭력사태를 방지하기 위한 타협책을 찾기 위해 몇 시간에 걸쳐 야누코비치와 협상을 진행했다. 그러나 야누코비치는 시위대가 즉각 사임 요구 대신에 타협안으로 제시한 조기 대선 요구를 받아들이지 않았다. 대선을 1년 남겨놓은 시점에서 시위대는 야누코비치가 일단 한숨을 돌린 다음 대선에서 부정을 저지를 것을 염려했다.

2월 20일 이른 시간 시위대는 마이단 남동쪽의 경찰 저지선을 공격했다.

ii 시위대의 총기 소지 – 서부 지역에서 온 시위대는 경찰서 등에서 탈취한 무기를 소지하고 있었다. 시위대 피격자들 몸에서 시위대 소지 총에 사용되는 총탄이 나오면서 급진파 시위대가 혼란을 격화시키기 위해 시위대에 총을 쏜 것이 아니냐는 의심이 잠시 생겼지만, 보안기관 저격대가 위장 작전으로 시위대가 소지한 총에 사용되는 총탄을 사용한 것으로 드러났다. 베르쿠프 등에 소속된 저격대 사수와 지휘관 일부는 체포되었고, 고위 지휘관들은 크림과 러시아로 도주했다.

내무장관 자하르첸코는 보안 병력이 시위대에 실탄을 사용할 권한을 주는 명령에 서명했다고 발표했다.[23] 시위대가 경찰 저지선을 돌파하자 경찰은 지상과 저격수들의 거점에서 실탄을 발포했다. 그날 70명 이상의 시위대가 사망하고 500명 이상이 부상당했다. 몇 명의 보안 병력도 사망했다.[24] UN은 후에 11월부터 2월까지 총 108명의 시위대와 13명의 보안 병력이 사망했다고 보고했다.[25]

충돌을 격화시키기 위해 "제3의 세력"이 양측에 사격을 가했가는 주장이 나왔었다. 당시의 혼란 상황과 가짜 정보의 난무로 이러한 이론을 부정하는 것은 불가능했지만, 이러한 주장의 증거는 추론을 넘어서지 못했다. 이 문제를 다룬 가장 섬세한 노력인 카네기멜론대학의 연구는 인스티투츠카야 거리에서 총격을 받고 사망한 시위대의 일부는 지상의 베르쿠트 병력에 의해 살해되었다는 것을 결정적으로 밝혀냈다.[26]

2월 20일의 폭력사태는 많은 우크라이나 사람의 눈에 정부의 정당성을 파괴시켰다. 그때까지는 야누코비치가 정권을 유지하는 상태에서 해결 방법을 중재하던 서방에서도 마찬가지 효과를 가져왔다. 더욱 중요한 것은 야누코비치가 실각할 가능성이 커지자, 그의 지지자들은 자신을 보호하는 행동을 취하거나 단순히 그를 저버렸다. 키이우 시장 볼로디미르 마카옌코 Volodymyr Makayenko를 시작으로 집권당인 지역당 인사들이 탈당을 선언했다. 이들은 폭력사태에 크게 놀랐을 수도 있고, 권력이 바뀐 후 자신들의 지위를 보존하려는 의도로 그렇게 했을 수도 있다. 자신들을 보호할 보안 병력 없이 시위대와 맞닥뜨릴 수 있다는 두려움이 이들의 결정을 재촉했다.

2월 20일-21일 밤 야누코비치는 마지못해 세 야당 지도자와 합의를 도출했다. 이 합의는 프랑스, 독일, 폴란드 외무장관이 러시아 측과 같이 중재했다. 러시아는 추측컨대 야누코비치의 청원에 따라 인권 감독관(human rights ombudsman) 블라디미르 루킨Vladimir Lukin을 대표로 파견했다. 이 타협안은 2004년 헌법의 회복, 야당 인사가 참여하는 "통합 정부(unity government)" 수립, 조기 대선 실시를 내세웠고, 그 대가로 시위대는 점거 중인 거리와 건물에서 철수하는 것으로 결정했다. 야당 지도자들과 야누코비치가 세 명의 외무장관과 함께 합의안에 서명하고 서로 악수를 나누는 의식이 진행되었다. 푸틴은 후에 서방이 이 합의를 어겼다고 불평을 했지만, 러시아는 이 타협안에 서명하지 않았다.

협상에 포함된 조건은 며칠 전만 같아도 시위대의 지지를 받았을 것이다(야누코비치는 이 협상안을 거부했다). 그러나 2월 20일 유혈사태 이후 야누코비치의 사임은 많은 사람들에게 협상할 수 없는 요구가 되었다. 마이단 시위평의회와의 회담에서 폴란드 외무장관 시코르스키는 시위대가 합의안을 받아들일 것을 촉구했다. "만일 이 타협안을 받아들이지 않으면 계엄령이 선포될 것이고, 그러면 당신들 모두 죽을 수 있다"[27]라고 그는 시위대에게 말했다. 시위평의회는 마지못해 34 대 2 표결로 합의안을 받아들였다.[28]

다음 날인 2월 21일 비탈리 클리츠코가 마이단의 연단에 올라와 합의안을 선언하자 시위대는 큰 소리로 이에 반대했다. 전날 유혈 충돌에 가담한 "자위대"의 리더인 26세의 볼로디미르 파라슈크Volodymyr Parasiuk가 연단에 올라와 합의안을 비난하고 최후통첩을 제기했다. 야누코비치가 다음 날 오전 10시까지 사임하지 않으면, 시위대는 무력으로 정부 건물들을 점거하겠다고 선언했다.[29] 이 제안에 군중들은 호응했다. 2월 20일의 유혈사태는 시위대에게 겁을 주지 않았고, 오히려 이들을 격앙시켜 끝까지 승부를 보겠다는 의지를 강화시켜 주었다. 보안 병력이 뒤로 물러나자 시위대는 통제구역을 넓히고 바리케이드를 강화했다.

2월 21일 우크라이나 의회가 소집되었을 때 많은 지역당 의원들과 공산당 의원들은 회의에 모습을 나타내지 않았다. 의회는 2004년 헌법을 회복시키고, 율리야 티모셴코를 기소한 근거가 되는 법안을 무효화시키고 시위 중 체포된 사람들을 사면하는 절차를 밟았다. 의회는 내무장관 자하르첸코를 해임하고 무장 병력이 시위대를 공격하는 것을 금지시켰다. 야누코비치는 이 조치 중 일부에 찬성했지만, 지역당 의원들이 연이어 탈당을 선언하는 가운데 의회는 기본적으로 야누코비치에게 반기를 들었다. 이 의원들 중 많은 수가 다른 지역당 지도자들과 함께 키이우를 떠난 것으로 보도되었다. 야누코비치 자신도 야당 지도자들과 합의안에 서명한 후 키이우를 떠났다.

야누코비치에 대한 정치적 지지가 급격히 무너지자 보안 병력들은 대규모로 자신의 근무위치를 이탈했다. 몇 천 명의 병력은 시위대들에 이끌리어 근무지를 벗어났고, 많은 수는 단순히 자리를 떠났다. 시위대에게 유혈적 진압을 경고했던 폴란드 외무장관 시코르스키는 이러한 변화를 보고 "경이롭다"고 말했다.[30] 그날 밤 야누코비치는 키이우를 떠나 하르키우로 향했다. 그러나 잠시 동안 그가 정확히 어디에 있는지를 알 수 없었다.

다음 날인 2월 22일 의회의장 리바크Rybak가 칭병하며 사임을 했다. 의회는 야누코비치가 대통령직을 포기했다고 선언했다.[31] 이를 바탕으로 조국당의 올렉산드르 투르치노프Oleksandr Turchynov를 대통령 서리로 선출하고, 5월 25일을 대통령 선거일로 정했다. 야누코비치는 사실상 실각했지만, 그는 헌법에 규정된 탄핵 절차를 통해 쫓겨나지는 않았다. 탄핵은 몇 단계의 절차를 밟아야 하고, 의회 3/4의 찬성이 있어야 했다. 이때 취해진 신속한 조치는 절차상 결함이 있거나, 불법적인 것으로 간주되었고 푸틴과 일부 서방 비판가들이 2월 21일의 조치가 "쿠데타"라고 지적하는 근거가 되었다.[32]

2월 22일 야누코비치는 하르키우에서 미리 녹음된 연설을 통해 자신을 제거하는 조치를 비난하고 자신은 사임하지 않을 것이라고 밝혔다.[33] 그는 하르키우에서 항공편으로 러시아로 이동하려고 하였지만, 항공기 이륙 허가를 받지 못했다. 그 대신 그는 차로 도네츠크로 이동한 다음 이어서 크림으로 갔고, 이곳에서 그날 저녁 러시아군에 의해 러시아로 이송되었다.[34] 후에 밝혀진 바에 의하면 그는 최악의 사태가 벌어지기 전이고, 합의안에 서명하기 전이며, 마이단에서 최후통첩이 발해지기 전인 2월 19일 키이우를 떠나려고 했다.[35] 합의안이 효력을 발하면 그는 최소한 새로 대통령 선거가 치러지기 전까지 권력을 유지할 수 있었다.

총리직을 포함하여 정부의 가장 중요한 요직은 티모셴코의 조국당 의원들이 맡고 있었지만, 극우집단이 야누코비치를 실각시키는 데 중심적 역할을 했기 때문에 이들은 새 정부에서 몇 직책을 요구했다. 주류 정당들이 극우 집단과 손을 잡자 러시아와 서방 비판가들은 이것을 새 정부의 불법성과 우크라이나 내 러시아인들에 대한 위협의 증거로 이용했다.

야누코비치 실각 이후 처음 모인 의회가 첫 조치 중 하나는 2012년의 언어법을 무효화한 것이었다. 논란을 피하기 위해 대통령 서리 올렉산드르 투르치노프는 새 법안에 서명하지 않아서 2012년 언어법은 계속 효력을 유지했지만, 이는 널리 알려지지 않았다. 그 대신 이러한 시도는 공격적인 민족주의 어젠다를 밀어부친다는 신호로 보도되었다. 이러한 시각은 러시아 언론에 의해 널리 유포되었고, 우크라이나가 우파 극단주의자들에 의해 점거되었다는 담론에 맞아 떨어졌다. 법의 번복은 실질적으로 큰 파급효과가 없었지만, 상징적으로 시위를 지지한 많은 사람들에게 이것은 아주 중요한 조치였다. 이것은 러시아와 야누코비치(당시 러시아에 있는)가 퍼뜨리는 담론을 정당화시켜 주는 전술적 실책이었다.[36]

러시아와 서방의 대응

러시아와 서방은 우크라이나 위기에 대해 정반대의 입장을 취했다. 미국과 서방은 서로 행동을 조정해 보려고 노력하였지만, 양측의 접근은 대체적으로 서로 크게 빗나가지 않았다. 미국과 대부분의 유럽 국가들은 야누코비치보다는 시위대에 동정적이었고, 어느 한쪽이라도 폭력을 사용하는 것을 강하게 반대했다. 양측은 폭력을 중지시키기 위해 타협안을 중재했고, 야누코비치의 양보를 얻어내어 시위를 종식시키려고 했다. 접근법에 차이가 있었다면 미국 정치인들은 야누코비치 정권의 제거를 지지하는 태도를 좀더 분명히 했고, 러시아의 입장은 크게 신경 쓰지 않았다.

시위 초기 단계인 2013년 12월 서방 지도자들은 시위를 지지했다. 리투아니아 국회의장 로레타 그라우지니에네Loreta Grauziniene와 폴란드 국회의장 마르친 시비엥치츠키Marcin Święcicki는 11월 26일과 27일 시위군중에게 연설을 했고, 유럽연합 몇 국가의 대사들은 11월 30일 성 미하일 광장의 시위대를 만났다. 버락 오바마 대통령은 2014년 2월 말 러시아의 크림 작전이 시작될 때까지 침묵을 지켰지만, 미 행정부는 시위대를 분명히 지지했다. 12월 10일 미 국무장관 존 케리는 "평화적 시위에 대해 (…) 민주적 권리와 인권의 존엄성이 아니라 폭동진압 경찰, 불도저, 진압봉으로 맞서기로 결정한 우크라이나 정부에 대해 혐오감"을 느낀다고 말했다. "미국은 우크라이나 국민 편에 서 있고, 우크라이나 국민들은 더 나은 대접을 받아야 한다."[37] 다음 날 미 국무부 유럽-유라시아 담당 차관보 빅토리아 눌란드Victoria Nuland는 마이단에 나타나 시위대를 만났다. 이 방문은 시위에 대한 미국의 지지를 보여주는 큰 상징적 제스처였다. 이것은 그 주말에 두 명의 미국 상원의원이 시위대를 방문한 것으로 더 확실해졌다. 공화당의 존 매케인John McCain 상원의원과 민주당의 크리스 머피Chris Murphy 상원의원이 시위대를 찾아 이렇게 말했다. "우리는 여러분들의 정당한 이상, 스스로의 운명을 자유롭고 독립적으로 결정할 수 있는 우크라이나의 주권을 위해 여기에 왔습니다. 그리고 당신들이 찾는 운명은 유럽에 있습니다."[38]

유럽연합은 우크라이나 정부의 태도에 실망하고 있었지만, 협력협정을 위한 협상을 마무리하려고 계속 노력했으나 12월 중순 이를 포기했다. 영국의《가디언》지는 "고위 EU 관리"의 말을 인용해 "나는 야누코비치가 협정에 서명하리라고 생각하지 않는다. 이것은 사실상 협박이다. 그는 많은 돈을 주면 그때야 서명하겠다고 말하고 있다. (…) 그는 (EU와 러시아) 사이에서 좀 더 많은 돈과 양보를 얻어내기 위해 술책을 부리고 있다. 그는 개혁을 피하려고 하고 있지만, EU협정은 모두 개혁에 관한 것이다."[39]

2014년 1월 야누코비치가 야당 지도자들을 의회로 불러들이는 타협안을 찾고 있는 동안 미국은 야당 지도자들이 계속 투쟁을 이어가고, UN을 포함한 국제적 관여를 모색하고 있었다. 미국은 비탈리 클리츠코보다는 경제 지식이 많은 아르세니 야체뉴크가 총리가 되기를 희망했다. 또한 미국은 극우파인 스바보다 그룹의 올레흐 탸흐니보크Oleh Tyahnybok가 정부에 발을 들여놓지 않기를 바랐다.[40] 이것은 2월 18일 유혈사태 이후 유럽연합 외무장관들이 야누코비치와 벌이던 협상과 거의 같은 내용이었다. EU에 대한 눌란드의 불평에도 불구하고, EU와 미국은 거의 비슷한 입장을 취했다. 2월 18일-20일의 유혈사태에 대해 후에 유럽 지도자들도 시위대가 아니라 야누코비치를 비판하는 데 가세했다. 2월 18일 사태 후 앙겔라 메르켈 독일 총리와 프랑스와 올랑드 프랑스 대통령은 유혈사태에 대한 책임을 야누코비치에게 돌렸고, 타협안을 지지하지 않는 그를 비판했다.[41] 유럽연합과 미국은 2월 18일 유혈 진압에 책임이 있는 "지휘체계 안의 모든 정부 관리들"에 대해 비

자 발급 중지와 자산 동결을 시행했다.[42]

러시아는 정반대의 입장을 취했다. 푸틴의 대변인은 "(푸틴) 대통령은 우크라이나에서 일어나는 일에 대한 모든 책임은 극단주의자들에게 있다고 생각한다"[43]라고 발표했다. 이 발표는 시위는 불법적이고, 시위자들은 파시스트이며, 우크라이나의 안정을 해치는 것은 위험한 일이라고 주장하며, 시위에 대해 서방을 비난했다. 러시아는 야누코비치와의 밀접한 관계를 이용해 그에게 조언을 해주고, 협력협정 무산 이후 강해진 경제적 지렛대를 사용해 우크라이나에 압박을 가했다. 러시아 정부가 강제적으로 시위를 진압하도록 야누코비치 정부를 압박했다는 일부 증거도 있지만, 이 압박이 얼마나 강했는지 또는 얼마나 영향을 미쳤는지는 분명하지 않다. 전반적인 러시아의 입장은 야누코비치와 의회는 합법적으로 선출되었고, 시위대는 정당한 절차로 선출된 대통령은 제거하거나 그의 정책을 번복할 수 없다는 것이었다. 그러나 러시아도 우크라이나에서의 법의 지배를 주장할 때와 그렇지 않을 때의 입장이 수시로 바뀌었다. 그러나 2월 22일 야누코비치가 도망가기 전까지만 해도 유럽연합과 미국은 헌법이 준수되어야 한다는 데 러시아와 같은 의견을 가지고 있었다. 그러한 이유 때문에 서방 정부들은 야누코비치를 축출하는 것이 아니라 야당을 정부에 참여시키고, 헌법을 개정하는 안을 지지했던 것이다.

야누코비치의 실각으로 러시아와 서방의 사이는 더 벌어졌다. 2월 20일 합의안에 서명하지 않은 러시아는 서방이 그것을 실행하지 않은 것을 배신이라고 비난했지만, 합의안에 서명한 서방 정부들은 야누코비치가 우크라이나에서 도망침으로써 2월 20일 합의는 의미가 없어졌다고 했다. 러시아 총리 메드베데프는 이렇게 말했다.

> 검은 마스크를 쓰고 칼라쉬니코프 소총을 든 채 키이우를 배회하는 사람들이 정부라고 간주하면, 우리는 그런 정부와 같이 일할 수 없다. 일부 외국 정부, 서방 정부는 이들을 합법적인 당국으로 간주하며 우리와 다르게 생각하고 있다. 나는 이 사람들이 어떤 헌법, 어떤 법률을 보고 있는지 모르지만, 이것은 정상에서의 일탈이 분명해 보인다. (…) 폭동의 결과로 일어난 상황을 합법적이라고 부르고 있다.[44]

이와 대조적으로 미국 정부는 의회의 "건설적 과업"을 지지하는 성명을 발표하고 "국가적 통합을 위한 광범위하고, 전문관료적인 정부의 신속한 구성"[45]을 촉구했다.

러시아의 크림 장악

키이우에서 최악의 유혈사태가 벌어진 2월 20일 모스크바를 방문 중인 크림 의회의장 블라디미르 콘스탄티노프Vladimir Konstantinov는 크림이 우크라이나에서 분리될 가능성을 언급했다.[46] 후에 러시아 의회가 크림 병합에 기여한 사람들에게 수여한 훈장에 의하면, 병합 작전은 이날 시작되었다. 대니엘 트라이스만Daniel Treisman은 모스크바의 지도자들과 행한 인터뷰를 바탕으로 러시아 노보로시스크(Novorossiysk)와 세바스토폴의 러시아 병력[iii]에게 2월 18일 비상이 발동되었고, 2월 20일 "평화 유지(peacekeeping)" 작전을 개시하도록 명령이 하달되었다고 주장했다.[47] 이것은 야누코비치가 도주하기 이틀 전이다.

iii 우크라이나와 러시아의 합의에 의해 러시아가 임차한 세바스토폴항과 인근에 러시아는 25,000명 이내의 병력을 유지할 수 있었고, 이 병력은 세바스토폴 지역을 벗어나는 경우 우크라이나 정부의 허가를 받아야 했다. 당시 크림에는 약 35,000명의 우크라이나 병사가 주둔하고 있었으나, 지역 징병제로 인해 친러 성향 병사들이 많았다.

크림에서는 마이단 시위를 지지하거나 반대하는 시위가 열렸다. 2월 22일 야누코비치가 러시아로 도주한 후 일부 시위자들은 크림의 분리를 요구했다. 2월 26일 친러시아 시위대와 친마이단 시위대가 세바스토폴에서 서로 대치했다. 그날 콘스탄티노프는 크림은 러시아의 일부로 남을 것이라고 선언했고, 이에 상반되는 발표는 "도발"이라고 못박았다.[48]

2월 27일 이른 시각 중무장을 한 60명의 병력이 크림 의회가 내각 건물을 장악하고 러시아 깃발을 게양했다. 그런 다음 일부 의원들이 모여 회의를 열고, 크림 내각수반 아나톨리 모길레프Anatoly Mogilev를 친러 인사인 세르게이 악쇼노프Sergei Aksyonov로 교체하기로 결정한 것으로 알려졌다. 총을 든 사람들이 건물 접근을 막았고, 의원들의 핸드폰을 압수했기 때문에 의사 정족수가 채워졌는지, 표결이 어떻게 진행되었는지는 알려지지 않았다. 모길레프도 건물 입장이 거부되었고, 최소한 한 의원은 당시 자신이 심페로폴에 있지 않았는데, 찬성투표를 한 것으로 집계되었다고 말했다.[49] "고블린(Goblin)"이란 별명을 가진 악쇼노프는 조직범죄단체와 연관이 있었고,[50] 선거에서 불과 몇 퍼센트밖에 득표하지 못한 러시아통합당(Russian Unity Party)을 이끌고 있었다.[iv] 이 회의에서는 5월 25일 크림의 자치를 확대하는 안을 주민투표에 부칠 것이라는 것도 선언되었다.

그날 아침 2월 25일자로 우크라이나 의회에 의해 해산된 베르쿠트부대가 크림반도를 우크라이나 본토와 연결하는 페레코프 지협의 거점을 장악했다. 장갑차가 포함된 중무장 병력이 포함된 이 작전을 누가 명령하고, 이러한 움직임을 누가 조정했는지는 알려지지 않았다.

2월 28일에는 크림을 장악하는 작전이 훨씬 더 눈에 띄게 전개되었다. 이날 후에 "작은 녹색 병사들(littel green men)"으로 알려진, 아무 표식이 없는 전

---

iv 통합당은 크림 의회 100석 중 4석만 차지할 정도로 인기가 낮았다.

투복을 한 병력이 심페로폴 공항과 세바스토폴 공항을 장악했다. 이 병사들의 정체는 불분명했지만, 우크라이나 해안경비대 사령부인 발라클라바항을 봉쇄한 러시아 해군 함정의 정체는 분명히 드러났다.

3월 1일 악쇼노프가 러시아 정부의 간섭을 요청하면서 그를 내각수반으로 임명한 의미가 드러났다. "나는 러시아연방 대통령 블라디미르 푸틴에게 우리 영토의 평화와 평정을 유지하는 데 도움을 제공해 달라고 청원한다"라고 그는 발표했다.[51] 이 청원은 러시아가 좀더 공개적으로 간섭할 수 있는 구실을 만들어주었다. 후에 푸틴은 러시아의 간섭을 정당화시키는 데 이 청원을 이용했다. 그날 푸틴은 러시아 상원에 "우크라이나의 사회-정치 상황이 정상화될 때까지 이 나라에서 러시아 연방의 병력을 사용할 수 있는" 허가를 해줄 것을 요청했다.[52] 이 조치는 단지 크림뿐만 아니라 "우크라이나 영역"이라고 특정하고 있어서 만일 우크라이나가 크림의 합병에 저항하면 크림 이외의 우크라이나 다른 지역을 침공할 수 있다는 위협을 함의했다.

이후 며칠 동안 러시아 병력의 크림 장악은 매우 빠르게 진행되었다.[53] 이 작전은 사전에 잘 기획된 것으로 보였고, 우크라이나군의 방어는 붕괴되었다. 두 요인이 군사적 방어를 불가능하게 만들었다. 하나의 요인은 작전의 속도와 기습성이 우크라이나 군대가 대응을 할 수 없게 만들었고, 싸울 준비가 된 병사들도 자신보다 훨씬 강력한 부대에 맞닥뜨렸다. 두 번째 요인은 대부분의 현지 병사들이 싸울 의지가 없었다는 것이다. 크림에 있는 많은 우크라이나 부대가 자발적으로 항복하거나 러시아로 충성을 바꾸었다. 크림에 있는 부대는 크림 출신의 병사들로 구성되었다. 이 부대의 많은 장교들은 처음부터 우크라이나의 독립에 회의적이었던 소련군 퇴역군인이었다.

야누코비치 축출의 위헌성에 대한 논란은 법적으로는 허울만 그럴듯했지만, 정치적으로는 효과가 있어서 우크라이나 영토의 침공과 합병이 합법적이라고 주장하는 데 도움이 되었다. 우크라이나 정부는 극심한 혼란에 빠졌고, 러시아의 움직임에 효과적으로 대응할 수 없었다. 2월 22일 투르치노프Oleksandr Turchynov가 대통령 서리로 임명되었지만, 정부의 요직은 여전히 야누코비치가 임명한 인물들이 장악하고 있었고, 이들은 도주하거나 축출되거나 해임되거나 러시아를 지지했다. 3월 1일 투르치노프는 데니스 베레좁스키를 우크라이나 해군사령관으로 임명했다. 다음 날 베레좁스키는 크림 정부에 충성을 맹세했고, 며칠 후 러시아 흑해함대 부사령관이 되었다.[54]

3월 4일 푸틴은 기자회견을 열고 우크라이나에 진출한 병력들은 러시아군이 아니고, 지역 크림 병력(local Crimean forces)이라고 말했다. 그는 러시아는 이웃 국가의 "무정부 상태"에 대응하기 위해 "모든 수단"을 사용할 권리를 가지고 있다고 말했다. 3월 6일 크림 의회는 러시아 연방으로의 병합을 원하는 안을 통과시키고 주민투표 날짜를 3월 16일로 잡았다.

이러한 상황 전개에 놀란 세계는 사태를 관찰하면서 불만을 표출했지만 실제 할 수 있는 일은 거의 없었다. OSCE, UN, EU 대표들은 임무를 수행하기 위해 크림에 들어가려고 했지만 불가능했다. G7 국가 정부들은 주민투표 결과를 인정하지 않을 것이라고 선언하고, 이것을 막기 위해 러시아가 할 수 있는 조치를 취하도록 촉구했다. 러시아는 오히려 하르키우 인근 우크라이나와의 국경 지역에서 사전에 통보된 적 없는 군사훈련을 시작했다. 우크라이나 정책 결정자들은 후에 자신들이 크림의 병합을 막지 않은 이유 중 하나는 자신들이 방어할 준비가 되어 있지 않은 상태에서 국경이 침범당할 것을 두려워했기 때문이라고 말했다.[55]

3월 16일 크림의 주민투표가 실시되었다. 투표자들에게는 두 가지 선택 문항이 주어졌는데, 둘 다 현재 상황을 유지할 수 없는 것이었다.

1. 당신은 크림이 러시아 연방의 일부로 러시아와 다시 통합되는 것에 찬성합니까?
2. 당신은 1992년 헌법을 복귀시키고 우크라이나 일부로서 크림의 지위를 찬성합니까?[56]

주민투표를 감시할 국제참관단이 전혀 없고, 주민투표 진행 상황을 보도할 기자들도 극히 적은 상태에서, 83퍼센트의 투표 참여율에 95.5퍼센트의 투표자가 러시아와의 합병에 찬성한 것으로 나온 투표참여율과 찬성률은 조작된 것이 거의 분명하다. 시민사회와 인권 발전을 위한 러시아 대통령 위원장인 예브게니 보브로프Yevgeny Bobrov는 실제 숫자는 훨씬 낮았다고 기고했다. "인터뷰를 한 모든 전문가들과 시민들의 의견을 종합해 보면 세바스토폴 주민들의 대다수는 러시아의 합병에 찬성했고(투표율 50-80%), (세바스토폴 지역 이외의) 크림에서의 여러 자료에 따르면 전체 투표율이 30-50%인 가운데 러시아와의 합병 찬성률은 50-60%이다."[57]

대부분의 크림 주민들이 러시아와의 합병에 찬성했다는 일반적인 시각에 비추어보면, 왜 러시아가 좀더 질서 있는 주민투표와 국제참관단과 기자들의 참관을 허용하지 않았는지는 알 수 없다. 국제 조사기구들이 진행한 여론조사에 의하면 크림 주민 대부분은 주민투표 결과에 동의하는 것으로 나왔다. 그러나 야누코비치 실각 직전 키이우 사회학국제연구소가 실시한 조사한 결과를 보면 러시아와의 합병에 대한 지지는 훨씬 낮았다. 크림에서는 41퍼센트, 도네츠크 주에서는 33퍼센트, 루한스크와 오데사 주에서는 24퍼센트, 우크라이나 전체로는 13퍼센트로 나왔다.[58][v] 하나의 가능한 해석은 크

v 우크라이나의 민족 구성은 우크라이나인 77.3퍼센트, 러시아계 17.3퍼센트, 벨라루스계와 몰도바계 등 기타 민족 약 5퍼센트이다.

림 합병 이후 주민들은 이에 반대한다고 밝히는 것을 꺼렸다고 볼 수 있다. 다른 해석은 야누코비치의 실각이 러시아와의 합병에 대한 크림 주민들의 찬성률을 높였다는 것이다.

3월 17일 크림 의회는 러시아 연방에 합병을 요청했고, 3월 18일 합병 협정이 체결되어 크림과 세바스토폴은 각각 러시아 연방의 새로운 행정구역이 되었다. 3월 21일 러시아 상원은 이를 비준했고, 푸틴 대통령은 합병 법안에 서명하여 효력을 발생시켰다. 이렇게 크림은 러시아에 합병되었다. 심페로폴 공항에 "작은 녹색 병사들"의 출현에서부터 이 모든 과정이 3주 만에 끝났고, 야누코비치가 키이우에서 떠난 지 4주가 채 되지 않았다.

작전이 수행된 조직, 속도, 효율성을 보면 이 작전이 훨씬 이전에 이미 계획되었다는 결론을 내릴 수밖에 없다. 그러나 이러한 관측에서 많은 질문이 미해결로 남는다. 첫째, 실제로 언제 크림을 병합하기로 한 결정이 내려졌는가? 2014년 2월-3월에 실행된 계획은 많은 군사작전이 여러 결과를 만들어 내는 것에서 보듯이 단순히 임시비상 계획(contingency plans)이었는가 아니면 크림 병합 계획은 훨씬 이전에 만들어졌지만 단지 가장 좋은 기회가 오기를 기다려 실행된 것인가?

트라이스만은 작전의 군사적 부문은 준비가 잘 되고 순탄하게 진행되었지만, 누가 크림을 이끌 것인지, 크림이 자치를 추구할 것인지 아니면 러시아와 합병할 것인지를 포함한 정치적 계획은 혼란스럽고 즉흥적으로 만들어진 것처럼 보인다고 지적했다. 이러한 사실로부터 그는 침공은 세바스토폴 해군기지의 운영권을 유지한다는 목표에서 시작되었다고 추론했다.[59] 키이우의 많은 전문가들은 이러한 군사적 효율성과 정치적 즉흥성이 혼합된 것을, 야누코비치에 대한 저항운동이 2015년 대통령 선거까지는 일어나지 않을 것이라는 러시아의 전제 탓으로 돌렸다. 그래서 러시아는 발생한 사태에 대해 일부만 준비된 상태였다. 이러한 시각은 동부 우크라이나에서 이어서 일어난 즉흥적 사건들과도 맞아 떨어진다.

합병에 기여한 사람들에게 수여한 훈장에 표시된 날짜로 보면 야누코비치가 아직 권력을 장악하고 있던 2월 20일 작전이 시작되었다. 후에 크림 합병 과정을 다룬 다큐멘타리 프로그램에서 푸틴은 소치 동계올림픽 폐막일(2월 23일)에 극소수의 참모와 함께 합병 결정을 내렸다고 밝혔다. 만일 2월 20일 결정을 진지하게 받아들이면, 우리는 두 가지 서로 크게 다른 결론을 내릴 수 있다. 하나의 가능성은 푸틴은 2월 20일 이미 야누코비치가 우크라이나에서 도망칠 것을 알았다는 것이다. 이것은 야누코비치 관저를 녹화한 비디오와도 맞아 떨어진다. 이미 이때 그의 보좌진들은 짐을 싸고 있었지만 이것은 단지 하나의 사전 준비로 볼 수도 있다. 다른 하나의 가능성은 크림 합병 결정은 야누코비치 실각 전에 내려졌고, 그의 실각에 의해 촉발된 것이 아니라는 것이다. 그러나 세 번째 대안적 가능성도 고려되어야 한다. 훈장에 새겨진 날짜는 다른 이유 때문에 그렇게 된 것이고, 결정과는 아무 관련이 없다는 것이다. 그러나 분명한 것은 크림 합병 결정이 야누코비치의 실각에 대한 대응이었다는 결론은 작전이 개시된 시점과 작전이 수행된 물흐르듯한 과정과 맞아떨어지기 어렵다는 것이다. 우리가 내릴 수 있는 최소한의 결론은 러시아는 크림 병합 계획을 훨씬 이전에 만들어놓았다는 것이다.

러시아의 크림 합병에 대한 서방의 대응

러시아의 행동에 깜짝 놀란 서방 지도자들은 한목소리로 러시아의 침공을 비난했다. 3월 1일 오바마 대통령은 푸틴과 직접 통화를 했다. 이 통화에 대한 백악관의 발표는 다음과 같다.

> 오늘 오후 오바마 대통령은 90분 동안 러시아 푸틴 대통령과 우크라이나 상황에 대해 통화를 했다. 오바마 대통령은 러시아의 명백한 우크라이나 주권과 영토적 통합성 침해에 대한 우려를 표명했다. 이것은 UN헌장하의 러시아의 의무와 1997년 군사기지에 대한 우크라이나와의 협약을 포한한 러시아의 국제법 위반이다. 또한 1994년 부다페스트 의정서와 헬싱키 최종협약에 대한 위반이다. 미국은 우크라이나 영토에 대한 러시아의 군사적 개입을 비난한다.[60]

러시아는 오바마-푸틴 통화에 대한 자국의 입장을 밝혔다.

> 블라디미르 푸틴 대통령은, 현재의 키예프 당국의 지원을 받고 있는 것이 분명한 극우주의자들의 도발적이고 범죄적인 행동에 주의를 촉구했다. 러시아 대통령은 현재 우크라이나 영토 내에 있는 러시아 시민들의 생명과 건강에 대한 진정한 위협에 대해 언급했다. 블라디미르 푸틴 대통령은 동부 우크라이나와 크림에서 폭력사태가 확산되는 경우, 러시아는 자국의 이익과 이 지역의 러시아어 사용자들을 보호할 권리를 강조했다.[61]

이 위협은 효과가 있었다. 서방 정부들은 분노를 표현하면서도 2008년 조지아에 일어난 것처럼 러시아의 추가적 침공의 구실이 될 행동을 하지 말 것을 우크라이나에 요청했다. 우크라이나가 할 수 있는 일은 거의 없었지만, 미국무장관 존 케리는 우크라이나 대통령 서리 투르치노프가 "극도의 자제심을 발휘한 것"을 높이 평가했다.[62] 우크라이나 총리 서리 아르세니 야체뉴크는 3월 4일 러시아 지도자들과 통화를 하면서, 크림에 대한 간섭을 항의하면서 러시아가 야누코비치에게 약속한 150억 달러의 융자를 제공할 의지가 여전히 있는지를 묻는 불편한 상황에 처했다. 우크라이나는 이 자금이 여전히 필요했다. 그러나 푸틴은 임시정부의 합법성을 부정했다.[63]

서방은 러시아가 노선을 바꾸도록 설득하는 데 주력했다. 첫 조치는 6월에 소치에서 열릴 예정이던 G8 정상회담을 보이콧하는 것이었다. 경제 제재에 대한 논의도 바로 시작되었다. 크림의 러시아 합병 주민투표가 실시된 다음 날인 3월 17일 유럽연합과 미국은 "우크라이나의 영토적 통합성을 위협하는 행위를 한 것"으로 간주되는 21명의 러시아, 우크라이나 관리에 대한 제재를 발표했다.[64] 이 명단에는 크림의 새 내각수반 악쇼노프와 크림의회 의장 블라디미르 콘스탄티노프, 푸틴의 우크라이나 문제 보좌관 세르게이 글라지예프가 포함되었다. 대부분의 관측가들은 제재로 인해 러시아가 크림을 포기하지는 않을 것이라는 것을 인정했지만, 이 조치들은 서방의 단합 의지와, 이후의 어떤 침략 행위도 대가를 치른다는 것을 보여주는 수단으로는 가치가 있다고 주장했다.[65]

나토의 대응

크림 장악 작전이 전개되고 있던 3월 2일 나토는 브뤼셀에서 회의를 열고 대응방안을 논의했다. 나토 사무총장 앤더스 포그 라스무센Anders Fogh Rasmussen은 "러시아가 지금 우크라이나에서 벌이고 있는 일은 UN헌장 위반이다. 이것은 유럽의 평화와 안전을 위협한다. 러시아는 군사 행동과 위협을 중단해야 한다"라고 말했다.[66] 3월 5일 나토-러시아 평의회가 열렸고 그 직후 라스무센은 처음으로 계획된 나토-러시아 임무와 나토와 러시아의 지휘부 회담과 "나토-러시아 협력의 전체 범위"에 대한 검토를 중단한다고 밝혔다. "이와 동시에 우리는 정치 대화의 문을 열어놓을 것이다, 우리는 오늘 한 것처럼 나토-러시아평의회의 대사 회동을 지속할 것이다"[67]라고 발표했다.

이후 몇 달 동안 나토는 러시아의 크림반도 침공으로 야기된 위협에 대응하기 위해 몇 개의 병력 배치 작전을 수행했다. 나토는 러시아와 국경을 접하고 있는 새 회원국들에 대한 침공을 격퇴할 수 없을 것으로 오랫동안 관측되어 왔다. 그러나 그러한 침공은 일어날 것 같지 않았고, 이에 대한 준비를 하는 것은 러시아를 소외시킬 것으로 예상했다. 그러나 크림 사태는 그러한 계산법을 바꾸게 했고, 안보 딜레마를 최고조 긴장 상태로 몰아넣었다. 나토와 그 회원국들은 침공만 걱정하는 것이 아니라 러시아에게 양보를 해야 하는 잠재적 취약성을 염려하게 되었다.

그래서 2014년 웨일스에서 열린 나토 정상회담에서는 동맹국들을 안심시키는 일련의 "보장(Assurance)"과 "적응 가능한(Adaptive)" 조치를 취하고, 나토가 이러한 보장을 지원하도록 하는 기회를 제공하는 데 주력했다. 이러한 조치로서 에스토니아, 라트비아, 리투아니아, 폴란드에 대한 순환 병력 배치를 강화하고, 국경 지역에 대한 항공 정찰을 강화하고, "대응군(Response Force)" 병력을 4만 명으로 늘리고, 며칠 만에 배치할 수 있는 5천 명 병력의 "긴급비상대응군(Very High Readiness Force)"을 창설하기로 했다.[68] 이렇게 해서 우크라이나에서 분쟁의 여파로 러시아가 오랫동안 반대해 왔고, 나토가 오랫동안 자제해 왔던, 러시아 국경 지역에서의 나토의 활동이 증가했다.

러시아의 동부 우크라이나 개입

크림에서의 러시아의 성공에 이어 바로 동부 우크라이나에서의 좀더 느리게 전개된 작전이 시작되었다. 동부지역에서의 시위가 어느 정도까지 키이우에서 일어난 일에 대한 지역적 불만으로 시작되었는지, 어느 정도까지 러시아에 의해 조직되고 지원되었는지는 불분명하다. 그리고 발생한 충돌이 "내전"인지 아니면 "침공"인지도 학자와 분석가들을 예측할 수 있는 선을 따라 분열시켰다.[69] 지역적 분리주의와 러시아의 지원 요소 모두 있었던 것은 분명하다. 그리고 두 가지가 혼합된 성격은 지역마다 달랐다. 이를 양분한 것은 적어도 부분적으로 잘못된 것이다.[70] 러시아는 러시아와의 밀접한 관계를 원하는 사람들을 지속적으로 지원하고 고무했기 때문에 우크라이나에서 "내부적인" 것과 "러시아가 지원한" 것은 언제나 불분명했다. 동부지역의 좀더 확장된 자치를 원하고 러시아와의 좀더 밀접한 관계를 원한 사람들은 자연스럽게 러시아의 지원을 기대했고, 러시아는 이러한 지원을 기꺼이 제공했다.

시간이 지나면서 러시아의 직접적 개입은 점점 더 부정하기 어려워졌고, 반(反)키이우 세력을 유지하는 데 점점 더 큰 역할을 맡았다. 분리주의에 대한 지역적 지지가 적은 곳에서는 러시아의 지원이 지속적인 운동을 촉발시키지 못했다.[71] 그러나 내부적 지지가 강한 곳에서는 러시아는 조직, 정보, 독려, 돈, 무기를 공급하여 상대적으로 소규모 집단들이 우크라이나 정부에 심각한 도전을 제기하도록 도왔다. 그리고 2014년 8월 우크라이나 정부가 전열을 재정비하여 분리주의 운동을 분쇄시킬 위협을 제기하자, 러시아 정규군 부대가 우크라이나 정부군을 패퇴시키고, 도네츠크와 루한스크에 분리주의 정부를 유지시키는 데 결정적 역할을 했다.

크림 작전이 한창 진행 중이던 3월 1일 친러시아 활동가들이 동부와 남부 일부 지역의 행정 건물을 장악했지만, 친정부 병력이 재빨리 이를 진압하고 상황을 장악했다. 4월 7일 도네츠크와 하르키우의 정부 건물을 점가한 병력들은 "도네츠크 인민공화국"과 "하르키우(Kharkov)[72] 인민공화국" 수립을 선언했다("루한스크 인민공화국"은 4월 27일 루한스크 주청사 건물 밖에 모인 군중들이 처음 선언한 것으로 보인다). 우크라이나 정부는 이에 강경 대응을 선언했고, 신임 내무장관 아르센 아바코프Arsen Avakov는 4월 11일을 시한으로 못박아 분리주의자들이 정부 건물에서 철수할 것을 요구했다. 그러나 우크라이나 정부 내에서는 분리주의자들을 쫓아낼 수 있는 사람이 아무도 없었기 때문에 이 데드라인은 아무 사건 없이 지나갔다. 하르키우의 정부 건물은 바로 반환되었다. 이와 대조적으로 도네츠크에서는 무장 괴한들이 몇 번의 공조 작전을 통해 도네츠크 주청사 건물을 포위했다. 도네츠크 경찰청장 코스탄틴 포지다예프는 시위자들의 요구에 의해 사임했다.[73]

4월 13일 우크라이나 정부는 동부지역에서의 "반테러작전(Anti-Terrorist Operation, ATO)"을 선언했다. 동부 우크라이나늬 주민이 아니라 "테러리스트"만을 선별적 목표로 하는 작전이 성격을 부각시키기 위해 이러한 용어가 사용되었다. 대통령 서리 투르치노프는 상황의 복잡성을 잘 이해했다. 우크라이나 정부는 일반 주민들을 소외시키지 않으면서 분리주의자들의 점거 시도를 좌절시키려고 했다. 이 지역 주민 대부분은 분리주의자들을 지지하지 않지만, 강경한 군사적 간섭이 있으면 정부에 비우호적으로 돌아설 수 있었다. "돈바스 지역은 지금 엄청난 위험에 처해 있다. 러시아 특수부대, 테러리스트 외에 돈바스에는 러시아의 프로파간다에 넘어간 수백 명의 사람들이 있다. 그러나 이들 외에 수십만 명의 순수한 우크라이나인들이 있다. 이것이 반테러리스트 작전이 상황을 신중히 고려하여 진행되어야 하는 이유이다."[74] 그러는 와중에 UN은 "러시아인 집중 거주지역에 몇 개의 공격이 있기는 했지만, 이것은 체계적이거나 일반적인 것은 아니다"라고 언급하고, "왜곡된 보도"와 "우크라이나 민족주의 극단주의자들에 의한 지역 러시아인의 학대에 대한 엄청나게 과장된 이야기"를 지적하는 보고서를 발표했다.[75]

우크라이나 정부는 다음 세 가지 이유로 동부지역에서의 도전에 제대로 대응하지 못했다. 첫째, 국가 안보기관의 지휘부가 공백상태가 되어 아직 재구성되지 않았다. 둘째, 안보기관 하위조직들은 키이우의 신정부에 동조하지 않았고, 급격하게 바뀐 지휘체계에 혼란을 겪었다. 셋째로 일부 동부지역 엘리트들은 분리주의자들의 정당성을 인정하며 분리주의 운동을 지지하여 점거된 정부 건물을 탈환하는 데 병력이 더 필요하게 만들었다. 만일 키이우 정부가 분리주의자들에게 무력을 행사하면 이것은 야누코비치 정부가 키이우의 시위대들에게 무력을 사용했을 때와 마찬가지로 충돌을 확대시킬 수 있었다. 마지막으로 우크라이나군은 당시의 상황을 처리하기에 전혀 준비가 되어 있지 않았다. 충돌이 시작되었을 때, 우크라이나군은 분리주의자들이 교두보를 확보하기 전에 이들과 전투를 벌일 수 있는 부대가 드니프로강 이동 지역에 전혀 없었다.[76]

우크라이나 정부가 러시아가 지원하는 분리주의자들의 도전에 제대로 대응하지 못하자, "자원병 대대(voluteer battalions)"라고 알려진 비정규군이 신속이 그 공백을 메웠다. 이러한 자원병들은 우크라이나의 가장 강력한 올리가르히인 드니프로페트롭스키 주지자 이호르 콜로모이스키Ihor Kolomoisky 같은 지역 엘리트들의 지원을 받았다. 아조프연대 같은 일부 무장집단 지도자들의 "인종차별적" 발언은 우크라이나와 서방의 우려를 자아냈고, 러시아 프로파간다의 좋은 먹잇감이 되었다. 일부 사람들은 마이단 혁명 이후 인종차별주의자와 파시스트의 준동에 대해 우려하였지만, 대부분의 자원병은 급진주의자가 아니었고, 군대가 제 역할을 하지 못하는 상황에서 침공에 대항해 싸우려고 나선 사람들이었다.[77] 민족주의 정당들은 선거에서 참패를 거두었다. 이 자원병 부대들은 후에 우크라이나 정규군으로 통합되었다.

러시아의 외교 공세

우크라이나에서 벌어지고 있는 사태와 관련하여 러시아 정부는 우크라이나 내의 간섭을 정당화하는 대규모 외교, 홍보 공세를 폈다. 이 공세의 주 내용은 네 가지였다. 첫째는 크림과 동부 우크라이나에서의 러시아군의 역할을 부정하는 정보왜곡(misinformation) 공작이었다. 두 번째는 우크라이나 임시 정부를 비합법적 정부로 폄하하려는 노력이었다. 이것은 이 정부가 권력을 잡은 과정의 비합법성과 마이단 시위에서 소위 "파시스트들"의 역할을 반복적으로 과장하는 방식으로 진행되었다. 이것은 우크라이나에서의 전쟁을 제2차 세계대전과 연계시키는 러시아의 폭넓은 선전 공세의 일환이었다.[78] 세 번째는 크림과 우크라이나 동부 지역은 "정말로(really)" 러시아 땅이라는 주장이었다. 러시아 민족주의자들이 오랫동안 내세워 온 이 주장은 이제 러시아 정부가 통제하는 언론과 러시아 지도자들에 의해 널리 선전되었다. 네 번째는 서방이 수세에 몰리게 하고, 명백한 국제법 위반을 역공하기 위해 서방의 위선에 대한 일련의 비난의 제기되었다. 이 전략의 중심에는 러시아가 우크라이나 영토를 장악한 것은 서방이 코소보의 독립을 지원한 것과 전혀 다르지 않다는 주장이 있었다.

이 모든 주장은 4월 18일 푸틴이 장시간 가진 대국민 기자회견에서 정교하게 제기되었다.[79] 그는 키이우에서 일어난 사건들을 "비합헌적인 쿠데타이고, 무장 권력 탈취"라고 불렀다. 그런 다음 그는 새 정부가 "러시아인들의 권리를 비롯한 일부 소수민족의 권리를 무력화하려고 한다"고 비난했다. 크림 병합 결정에 대한 질문을 받자 그는 "러시아어 사용 주민들이 위협을 받았기 때문"이라고 말을 시작한 다음 "이것이 크림 주민들, 그곳에 사는 사람들이 자신들의 미래를 생각하고, 러시아에 도움을 요청하게 된 이유이다. 이것이 우리가 결정을 내리게 된 배경이다"라고 설명했다. 그는 "동부 우크라이나에는 러시아 군부대가 없다, 특수부대, 전술 자문단도 없다. 이 모든 일은 현지 주민들이 한 일이다"라고 주장했다. 그는 크림에서는 "세바스토폴은 분명히 러시아 해군의 영광이 배어있는 도시다. 모든 러시아 국민은 이를 잘 안다. 우리는 이러한 이해를 바탕으로 행동했다"라고 말했다. 그는 "크림의 주민들은 기본적으로 러시아 사람들이며, 주민투표의 결과로 우리는 '다른 선택의 여지가 없었다'"라고 주장했다. 그는 미국과 관계가 악화된 것은 러시아 잘못이 아니며, 미국의 "이중적 기준" 때문에 일어난 일이라고도 주장했다.

> 우리는 미국이 유고슬라비아, 이라크, 아프가니스탄, 리비아에서 취한 미국의 행동을 정당화시키는 상황을 안다. 그러나 러시아가 스스로의 국익을 지키는 것은 부적절하다고 한다. 나는 코소보를 예로 들겠다. 이것은 정치에 관여하지 않은 평범한 사람 누가 보아도 명백하고 분명한 일이다. 모든 일이 엉망이었다. 이러한 입장은 어떤 논리도 갖추지 못하고 있다.

전체적 주장에서 하나의 예외는 크림의 "작은 녹색 병사들"은 사실상 러시아 병사들이라는 것을 인정한 것이다.

3월에 행한 연설에서도 푸틴은 거의 같은 주장을 내세우며 크림을 장악한 것을 아주 체계적이고 상세한 설명으로 정당화했고, 그는 2022년 이것을 반복해 주장했다.[80] 그는 역사적 연관성, 러시아군대의 전투, 주민의 인종적, 언어적 구성 등을 지적했다. 그는 크림의 영유권 변경과 "역사적으로 남부 러시아였던 넓은 지역"이 우크라이나에 귀속된 것은 불법적인 결정이었다고 주장했다. "불행하게도 불가능한 일이 현실이 되었다. 크림은 다른 나라의 일부가 되었고, 러시아 사람들은 이것이 단순히 도적질 당한 것이 아니라 탈취되었다는 것을 잘 안다." 그런 다음 그는 시위와 야누코비치 축출로 공격의 화살을 돌렸다. 그는 우크라이나의 새 정부는 "2차 세계대전 중 히틀러의 공모자였던 반데라[vi]의 이념적 후계자들"이라고 맹비난했다. 푸틴은 2009년 코소보 사태에 관련해 미국이 발표한 성명을 기꺼이 인용했다. "'독립의 선언은 종종 국내의 법체계를 위반한다. 그러나 이것은 국제법의 위반을 의미하지는 않는다' 이들은 이런 성명을 쓰고 전 세계에 이를 배포했다. 만일 모든 사람이 이에 동의했다면 지금 격앙하는 이유가 무엇인가? 무엇 때문에 격앙하는가?" 그런 다음 그는 크림이 러시아에 합병된 것을 미국이 영국으로부터 독립한 것과 독일 통일에 비교했다. 이 모든 주장이 크림 병합이 국제법의 명백한 위반이 아니라는 사실과 모순되지는 않는다. 그러나 이것은 논점을 벗어난 주장이었다. 이러한 일련의 주장은 나름대로 영향력이 강해서 일부 서방 분석가들, 나토의 팽창, 미국의 이라크 전쟁, 유고슬라비아 폭격을 반대한 사람들의 논리와 결합되었다. 많은 사람들은 서방에서 일

---

vi 스테판 반데라(Stepan Bandera, 1909-1959) - 우크라이나 우익 정치인이자, 우크라이나 저항군 지도자로 2차 세계대전 때 나치 독일군을 1차 세계대전 때의 독일군과 동일시하여 독일군과 손을 잡고 우크라이나 해방을 꾀했으나, 독일군에 체포되었다. 2차 세계대전 후 석방되어 독일에 거주하였으나 1959년 뮌헨에서 KGB에 의해 암살당했다. 러시아에는 외국과 손을 잡은 반역자를 "반데리스트"라고 부른다.

어나는 분쟁도 푸틴이 사용한 것과 유사한 논리로 비난했었다.

분쟁 해결을 위한 노력

4월 동부 우크라이나의 위기를 해결하기 위한 첫 국제적 노력으로 우크라이나, 러시아, 유럽연합, 미국의 외교관들이 제네바에 모여 회의를 열었다. 네 당사국은 분쟁의 악화를 막기 위해 취할 조치들을 나열한 "공동 성명"을 발표했다. 아래 그 주요 내용이 있다.

- 모든 당사자는 폭력, 위협, 도발 행위를 자제한다.
- 모든 불법적인 무장집단은 무장을 해제하나. 불법적으로 점거한 건물들은 합법적 주인에게 반환되어야 한다. 불법적으로 점거된 우크라이나 도시와 소도시의 거리, 광장과 다른 공공장소는 비워야 한다.
- 시위자와 건물과 다른 공공장소를 버리고 나온 사람들과 무기를 반환한 사람들은, 중범죄자를 제외하고 사면을 받아야 한다.
- 발표된 헌법적 과정은 포괄적이고, 투명하고 책임 있게 진행되어야 한다.
- OSCE의 특별감시팀이 우크라이나 당국과 지방 공동체가 빠른 시일 안에 가장 필요로 하는 분쟁 완화 조치의 즉각적 실행을 돕는 데 주도적 역할을 한다. 미국, 유럽연합, 러시아는 진행과정의 모니터를 포함해 이 임무를 지원할 의무를 진다.
- 미국, 유럽연합, 러시아는 감시단을 제공하는 것을 포함하여 이 임무를 지원한다.[81]

러시아는 제네바협정으로 세 가지 중요한 목표를 달성했다. 첫째, 러시아의 해석에 의하면 이 협정은 우크라이나 정부가 분리주의자들에게 무력을 행사하는 것을 자제해야 한다. 둘째, 이 협정은 우크라이나의 헌법 개정 과정에 개입했다. 러시아는 탈중앙화를 강력히 지지했다. 셋째 이 협정은 위기를 우크라이나 내부의 분쟁으로 다루었고, 러시아는 이에 아무 의무도 지지 않는다.[82] 여기에다가 크림에 대한 아무 언급이 없었던 것도 러시아에 추가적 이익이 되었다. 우크라이나도 일부 이익을 얻었다고 간주했다. 이 협정에 서명함으로써 러시아는 사실상 우크라이나의 새 정부를 인정한 셈이었다. 그리고 우크라이나는 분쟁을 평화적으로 해결하는 데 진지한 자세를 가지고 있다는 것을 보여줄 수 있었다.

우크라이나 임시정부는 신속히 "각 지역의 권력을 보장하는 포괄적인 헌법 개정"을 약속하고 나섰고,[83] 제네바 합의가 효과를 발휘하도록 휴전을 서둘렀다. 그러나 제네바 합의 과정에 참여하지 않은 분리주의 지도자들은 이 합의를 거부했다. 분리주의자 지도자 데니스 푸실린Denis Pushilin은 점거한 건물을 비우라는 제네바 합의의 규정은 새 정부가 일하고 있는 키이우의 정부 건물에 해당한다고 주장했다. "이들은 새 정부가 업무를 보고 있는 (키이우에) 장악한 건물들을 비우고, 불법적인 무장 조직과 국가방위군, 우파군(the Right Sector)을 해산하고, 정치범들을 석방해야 한다"라고 주장했다. 이것은 협상에 대한 러시아의 자의적인 해석을 보여주는 사태였다. 러시아는 협상 과정에서는 건설적인 역할을 하는 것처럼 보이고, 자신들이 지지하는 우크라이나 내 세력에게는 합의된 내용을 거부하도록 만들 수 있었다. 4월 21일 러시아 외무장관 라브로프는 우크라이나가 제네바 합의를 위반하고 있다고 비난했다. "제네바 합의가 제대로 이행되지 않고 있을 뿐만 아니라, 그 과정이 위반되고 있다. 키이우에서 권력을 잡은 사람들이 주로 위반하고 있고, 제네바에서 합의된 사항이 중대하게 위반되게 있다"고 주장했다.[84] 당사자들의 다른 입장은 서로 양립할 수 없었고, 교전 지역에서는 러시아의 동맹 세력이 점점 더 승기를 잡고 있었기 때문에 양보를 할 동기가 없었다. 이러는 사이 우크라이나 정부는 보안 기관을 이용해 반격을 가하려고 노력했다.

우크라이나의 선거

전쟁이 가열되는 가운데 우크라이나는 임시 대통령을 대체할 인물을 뽑기 위해 5월 25일 대통령 선거를 실시하고, 10월에는 2012년 야누코비치 정권 하에서 구성된 의회를 대체하기 위한 의회 선거를 실시했다. 크림 지역에서는 선거를 치르는 것이 불가능했다. 정부는 돈바스 지역에서 선거를 치르려고 시도하였으나, 일부 지역에서는 선거 진행이 어려웠고, 동부 지역에서의 투표율은 극히 낮았다.[85] 2004년 대선에서 유셴코를 지지했고, 야누코비치 밑에서 장관을 역임했으나 시위 초기부터 반야누코비치 시위를 지지한 초콜릿 재벌 페트로 포로셴코가 1차 투표에서 54.7퍼센트의 표를 얻어 대통령에 당선되었다. 1991년 독립 이래 결선투표 없이 대통령이 결정된 것은 이번이 처음이었다. 포로셴코의 승리는 다른 야당 지도자 비탈리 클리츠코가 키이우 시장으로 당선된 것에 도움을 받았다.

포로셴코는 자신의 정치적 지지를 강화하기 위해 10월 조기 총선을 실시했다. 포로셴코 블록(Poroshenko bloc)은 가장 많은 의석을 차지했다. 소선거구제 직접 선거에서는 1위를 차지했고, 비례대표 선거에서는 간발의 차이로 2위를 차지했다. 총리인 아르세니 야체뉴크의 "시민전선(People's Front)"

표 7.1 2014년 의회 선거 결과

정당	비례대표 득표율	비례대표 의석	지역선거 의석	총 의석
포로셴코 블럭	21.8	63	69	132
시민전선	22.1	64	18	82
자조당	11.0	32	1	33
야당 블럭	9.4	27	2	29
급진당	7.4	22	0	22
조국당	5.7	0	2	19
기타 정당	22.52	0	해당 없음	0
무소속	해당 없음	0	96	96

은 22퍼센트의 득표로 비례대표 의석에서 포로셴코 블록을 앞섰지만 전체 의석은 크게 뒤졌다. 이러한 선거 결과는 우크라이나 의회를 크게 변모시켰다. 지난 총선에 압승을 거두었고, 2002년 이후 주도적 역할을 해 온 지역당(Party of Regions)을 급하게 변형시킨 야당 블록(Opposition bloc)은 단지 29석을 얻는 데 그쳤다. 지역당은 2012년 총선에서 185석을 차지했었다. 132석을 차지한 포로셴코 블록은 다수파를 형성하기 위해 연정을 필요로 했지만 포로셴코의 권력은 강화되었다. 연정은 포로셴코 블록, 시민전선(Narodnyi Front), 자조당(Samopomich), 조국당(Batkivshchyna), 급진당(Radical Party)과 일부 무소속 의원으로 구성되었다.

포로셴코는 연정 정부를 완전히 통제하지는 못했지만, 새로운 다수당은 러시아가 우려하는 친서방 세력의 승리를 보여주었다. 연정은 공약으로 EU 통합, 비동맹(non-bloc) 지위 취소, 나토 회원 가입을 내세웠다.[86]

새 정부가 취한 조치 중 가장 중요한 것은 지방정부 자치에 대한 새 법률이다. 새 법률은 수십 년간 지속되어 온 상하복명식 행정을 중단하고 지역

공동체에 많은 기초 서비스에 대한 행정 방식을 선택할 권한을 부여했다. 이 조치의 효과는 아주 커서 지역 민주주의를 강화하고, 서비스의 질을 개선하고, 2022년 러시아가 침공했을 때 큰 힘을 발휘한 지역 수준에서 국가의 능력을 강화했다. 역설적으로 많은 권한을 지방에 위임함으로써 우크라이나 국가는 스스로를 크게 강화했다.[87]

분쟁의 확대

2014년 4월과 5월 동안 러시아의 지원을 받은 분리주의자들은 우크라이나 동부지역의 도시와 소도시에서 준군사조직(paramilitary group)의 지원을 받아 우크라이나 정부를 상대로 전투를 벌였다. 분리주의 세력은 점차로 인접지역으로 거점을 확장시켜서 장악 지역을 늘리려고 하였다. 그러나 몇몇 도시에서는 지역 저항 세력이 이들의 공세를 성공적으로 물리치고 권력을 장악했다. 흑해 연안의 항구도시 마리우폴에서는 분리주의 세력이 도시를 장악했으나 준군사조직의 지원을 받은 우크라이나 정부군이 도시를 탈환했다. 하르키우에서는 주청사를 장악한 세력이 며칠 만에 철수했다. 키이우에서 정부 지지와 반대 시위가 계속되고 분리주의 운동이 2014년 여름과 가을 동안 지속되었지만, 하르키우는 분리주의 세력에 떨어지지 않았다. 이곳에서는 엘리트와 일반 주민 사이에 분리주의에 대한 지지가 약했고, 새로운 정부에 대한 지지가 강했던 것으로 보인다.[88]

러시아는 크림과 돈바스 넘어로 분리주의 운동을 확산시키려고 시도했다. 2014년 봄 내내 푸틴은 노보로시아(*Novorossiya*)[vii]라는 용어를 사용하며

---

vii 노보로시아(Novorossiya) – 예카체리나 여제가 우크라이나 남부와 크림반도를 점령한 후 세운 새로운 행정 구역

이를 정당화했다. 이 명칭은 19세기 우크라이나 동남부의 넓은 지역을 지칭하던 용어였다. 여기에는 크림과 함께 1780년대 러시아에 병합되고 러시아어 사용 인구가 많은 흑해의 주요 항구 오데사도 포함되었다.[89]

5월 2일 오데사에서 친마이단(pro-Maidan), 반마이단(anti-Maidan) 시위대가 격렬하게 충돌했다. 수에서 밀린 반마이단 시위대는 노동조합 건물로 후퇴했는데, 이 건물에서 불이 나면서 42명의 반마이단 시위대가 사망했다.[viii] 여기에 다른 충돌로 4명의 반마이단 시위자와 2명의 친마이단 시위자가 사망했다.[90] 이상하게도 위기 발생 후 가장 격렬한 충돌이었던 이 사건은 오데사에서의 유혈사태의 확산으로 이어지지 않았고, 곧 오데사는 안정을 찾았다.

5월 11일 도네츠크 인민공화국과 루한스크 인민공화국 지도자들은 자신들이 통제하는 지역에서 주민투표를 실시하였고, 조작된 것이 분명한 결과가 발표되었다. 다음날 분리주의자들은 도네츠크 인민공화국의 독립을 선언하고 러시아 국적의 알렉산드르 보로다이Aleksandr Borodai를 총리로 선출했다. 이고르 기르킨Igor Girkin("저격자"라는 별명을 가진)은 스스로 도네츠크 공화국의 "최고사령관"이라고 자처하고 나섰는데, 그는 러시아군 장교로서 러시아 연방보안부에 근무한 경력이 있었다. 그는 지역에 남아있는 우크라이나군은 분쇄될 것이라고 선언하고 러시아의 군사지원을 요청했다. 보로다이와 기르킨 모두 1990년대 몰도바의 분리주의 운동에 참여했었고, 둘 다 크림 병합에 직접 관여했었다. 당시 기르킨은 병력을 지휘했고, 보로다이는 크림 총리로 선출된 악쇼노프의 자문관 노릇을 했다. 러시아 정부는 이 사람들이 스스로 활동하는 것으로 주장했지만, 분리주의 운동 지도자들이 러시

으로 보론초프 등이 총독을 맡았다. 러시아가 이 지역에 대한 영유권을 주장하는 역사적 근거로 자주 사용된다.

viii 반(反)마이단 시위대원 다수가 사망한 원인은 내부에 모아두었던 화염병들이 폭발했기 때문이다.

아에서 왔다는 사실은 이것이 우크라이나 내부의 반란이라는 주장을 훼손시켰다. 보라다이는 2014년 8월, 마이단 사태 때 내무장관을 맡았었던 알렉산드르 자하르첸코로 대체되었다.

도네츠크 공화국의 독립 선언은 충돌을 더욱 군사화시켜서, 특정 건물을 점거하는 대신 도네츠크와 루한스크 지역 전체를 장악하려는 시도가 이어졌다. 이것은 우크라이나 정부 시설에 대한 분리주의자들의 일련의 공격과 5월에 도네츠크 국제공항을 둘러싼 격렬한 공방전으로 이어졌다. 전투가 격화되고 우크라이나 정부가 초기의 혼란에서 전열을 정비하면서 작전의 규모와 무장의 전개가 증강되었다. 이와 동시에 러시아의 개입도 강화되고, 점점 더 숨기기가 어렵게 되었다. 분리주의자들은 탱크를 비롯한 중화기로 무장했다. 이러한 무기들은 러시아에서 넘어왔고, 일부는 크림에서 올라왔다. 6월 초 분리주의자들이 장악한 건물에 대한 우크라이나 공군의 공습이 시작되었다. 분리주의자들이 보유하고 있지 않은 전투기의 사용으로 우크라이나 정부에게 유리하게 군사적 균형이 기울 듯이 보였다. 폭격과 대공 반격이 격화되다가 루한스크로 접근하던 우크라이나군 수송기가 격추되어 49명이 사망하는 사건이 벌어졌다.

6월 20일 페트로 포로셴코는 25개 항으로 구성된 평화 계획을 제안하고 휴전을 선언했다. 푸틴은 이 계획을 전반적으로 지지했지만, 분리주의자들이 협상 당사자가 되어야 한다고 주장했다. 이 문제로 러시아와 우크라이나의 접근법은 계속 이견을 보였다. 우크라이나는 분리주의자들의 정당성을 부인하고 러시아가 분리주의자들을 지원하고 있기 때문에, 러시아가 협상에 나서야 한다고 생각했다. 러시아는 분리주의자들이 독자적 세력이라는 입장과 러시아는 분쟁 당사자가 아니라는 주장을 계속 폈다.

이 휴전은 7월 1일까지 이어지다가 우크라이나 정부군은 도네츠크 주의

크라마토르스크(Kramatorsk)와 슬로뱐스크(Sloviansk) 지역의 분리주의 거점에 대한 공격을 다시 시작했다. 이로부터 우크라이나군은 연속해서 승리를 거두어 도네츠크에 있는 분리주의 세력 전체가 궤멸될 위협에 처했다. 몇 주 동안 추가적으로 몇 군데 거점이 우크라이나 정부군 수중에 떨어졌다.

동부 우크라이나에서의 전쟁에 대한 서방의 대응

크림 병합과 동부 우크라이나의 분리운동에 대한 러시아의 지원은 서방 세계 모든 사람들을 놀라게 했지만, 어떻게 대응할 것인가에 대해서는 다양한 의견이 있었다. 많은 사람들은 러시아의 행동을 도덕적 모욕이자 공격행위로 보고 단호하게 대응해야 한다고 생각했다. 이러한 생각을 하는 사람들은 2014년의 사건을 1938년의 맥락에서 이해하고,[ix] 공격적인 독재자들에게는 단호하게 대결해야 한다고 생각했다. 그러나 다른 많은 사람들은 러시아의 입장을 이해하는 입장을 보였다. 러시아가 크림에 대한 영유권을 주장할만한 이유가 있다고 생각하거나 러시아는 중요한 교역 상대국이고, 그 주장을 무시할 수 없는 강대국이라고 생각하는 사람들은 분쟁을 악화시킴으로써 얻을 수 있는 것이 많지 않다고 보았다.

폴란드, 영국, 미국은 결연한 대응을 선호한 반면, 독일 내의 의견은 많이 갈렸다. 푸틴의 오랜 친구인 앙겔라 메르켈 총리는 푸틴에 대한 인내에 한계를 보였지만, 다른 많은 독일 엘리트들은 우크라이나를 대가로 에너지 분야 협력 등 러시아와의 이익이 나는 교역 관계를 희생하고 싶어 하지 않았다. 7월《슈피겔》지에 실린 장문의 기사는 독일이 왜 러시아와 "특수한 관계"를

ix 히틀러의 요구에 영국, 프랑스가 굴복한 뮌헨 회담을 의미한다.

유지해야 하는지에 대해 설명을 하려고 했다. 이 기사는 미국 국가정보국이 메르켈 총리의 모바일 전화기를 도청했다는 최근 폭로가 미국에 대한 여론의 약화를 가져와서, 이미 조지 W. 부시 정권 때 악화된 반미국주의를 강화시켰다고 주장했다.[91] 러시아에 대한 제재는 러시아와의 교역 관계에 따라 여러 나라에 극적으로 다양한 영향을 미칠 것으로 기대되었다. 5월 유럽연합 집행위원회(European Commission)에서 누출된 보고서는 러시아에 대한 제재는 2014년 독일의 GDP 성장을 1퍼센트 감소시킬 것이라고 경고했다.[92]

미국에서는 여론이 크게 갈라지지 않았다. 일부 영향력 있는 몇 명의 지식인은 충돌에 대한 책임이 서방에 있다고 비난하고 러시아와의 새로운 관계 수립을 옹호했지만, 민주, 공화 양당의 대부분의 정치인은 강력한 제재를 주장하고 나섰다.

그러나 이러한 이견에도 불구하고 유럽연합과 미국은 동부 우크라이나 사태에 대응하여 제재 강도를 높이기로 거듭 합의했다. 6월 26일 유럽연합 집행위원회는 그 전해 11월, 초기 위기를 촉발시킨 원인이 된 우크라이나와의 협력협정을 체결했다. 7월 초 유럽연합과 미국은 러시아 에너지, 석유, 무기 회사들이 서방 자본시장에의 접근권을 차단하는 일련의 새로운 제재를 부가했다. 이러한 제재는 1차 제재에 대상이 된 개인들의 범위를 넘어서서 일부 핵심 분야와 우크라이나 개입에 연관된 지도자들을 새로운 목표로 했다.

러시아는 제재에 강력히 반발했다. 7월의 오바마 행정부의 제재 강화에 대응하여 러시아 메드베데프 총리는 "제재는 악마다"라고 말하고, 이것은 상황을 호전시키는 것이 아니라 악화시킬 것이라 경고했다. 부총리 드미트리 로고진Dmitry Rogozin은 자신의 트위터에 "러시아 방위산업에 워싱턴이 부가한 제재는 불법적이고, 미국이 무기 시장에서 불공정한 경쟁을 하는 것을 보여준다. 그러나 미국은 현재 진행 중인 러시아군의 무장 강화를 저지하고 우리 무기 산업의 수출 잠재력을 흔들 수 없다"라며 항의를 제기했다. 푸틴은 제재는 "일반적으로 부메랑 효과를 가져오고, 이 경우에는 틀림없이 러시아-미국 관계를 교착상태에 빠지게 하고, 심각하게 훼손할 것이다"[93]라고 직접 말했다. 분석가들은 제재가 푸틴과 다른 대상에게 얼마나 타격을 입힐 것인가와 이것이 역효과를 낼 것인가에 대해 논쟁을 벌였다.[94] 러시아가 대응적으로 부가한 제재[x]는 러시아 생산자들을 외국 경쟁으로부터 보호했지만, 러시아 소비자들이 좀더 높은 가격을 지불해야 하는 결과를 가져왔다.

말레이시아 여객기(MH17) 격추 사건과 분쟁 방향의 변화

7월 17일 러시아 부크(Buk) 지대공미사일이 암스테르담에서 쿠알라룸푸르로 향하던 말레이시아항공 17 여객기를 격추했다.[95] 여객기 격추는 아마도 민간기를 우크라이나 군용기로 오인한 우발적 사고임이 틀림없었다. 사고 당시 여객기는 3만 피트 고도로 비행하고 있었다.

걷잡을 수 없는 격분과 화해 정책 지지자들의 입장을 훼손시킨 말레이시아 여객기 격추는 러시아와 서방의 전반적 갈등 방향을 극적으로 바꾸었다. 서방 사람들은 수많은 무고한 민간인의 사망에 분노했을 뿐만 아니라 책임을 부인하는 러시아의 냉소주의와 현장 조사를 방해하는 반군들에 대해서도 격분했다. 그 결과 더 많은 사람들이 러시아에 대한 제재에 찬성을 하고, 이에 대해 공개적으로 반대하는 사람들은 줄어들었다. 사고 일주일 뒤 새로

x 서방 제재에 대한 대응으로 러시아는 서방으로부터 농산물 수입 금지 등의 조치를 취했다.

운 제재가 발표되었다.

비극적 사건에 대한 책을 놓고 외교 전쟁이 가열되는 동안 우크라이나 동부의 교전은 격화되었다. 7월 후반 여객기 참사에 대한 책임을 둘러싼 외교적 공방이 이어지는 동안, 우크라이나 정부군은 반군이 장악한 지역을 축소시켰다. 아직 결함이 많기는 하지만 우크라이나 정부군은 재정비되었고, 마이단 시위 때 자위대로 조직된 준군사조직에 의해 전력이 보강되었다. 이 준군사조직은 높은 사기와 대단한 용맹성을 보여주기는 했지만, 무장이 잘 되거나 훈련을 제대로 받지는 못했고, 지휘와 통제도 약했다. 분리주의자들도 상대적으로 무장과 훈련이 허술했고, 상황은 바뀌기 시작했다.

8월 20일 우크라이나 정부군과 준군사조직은 도네츠크와 루한스크의 분리주의 병력을 분리시키고, 보급선을 차단하기 위해 도네츠크시와 러시아 국경 사이에 있는 일로바이스크(Ilovaisk)를 점령했다. 우크라이나 정부는 결정적 승리를 눈앞에 두고 있다고 생각했고, 러시아 정부도 그렇게 생각하는 듯 했다. 그러나 잘 무장되고 훈련받은 러시아군이 동부에 진입하면서 반군의 반격은 강화되었다. 뛰어난 지휘와 통제, 정보를 갖춘 러시아군은 대규모 우크라이나 병력을 포위했다. 이들을 포위에서 벗어나게 하려는 시도는 러시아군에 의해 좌절되었고, 우크라이나군은 섬멸되어 많은 수의 병사가 포로로 잡혔다.[96]

일로바이스크에서의 승리로 러시아는 결단을 내려야만 하는 상황에 처했다. 러시아 정규군 부대가 우크라이나에 있는 상황에서(러시아는 계속 이를 부인했지만), 다양한 전략 목표를 세울 수 있었다. 가장 크게 생각할 수 있는 것은 우크라이나 남부지역을 점령하여 크림반도와의 육로 연결로(land link)를 만들고 우크라이나의 흑해 연안 전체를 장악하고(우크라이나를 내륙에 갇히게 만들게 됨), 또 다른 중요한 도시인 오데사를 장악하여 몰도바 내에 있는 러시아 괴뢰 정부 트란스니스트리아와 연결시키는 전략이었다. 좀더 평범한 전략은 한때 분리주의자들이 점거했었던 마리우폴(Mariupol)까지 진격하여 크림과의 육로 연결점을 만드는 것이었다. 이러한 전략의 축소는 지역 대리 전쟁을 러시아와 우크라이나 사이의 정규전으로 변화시켜 러시아가 우크라이나 동부에 관여하고 있지 않다는 허구를 파괴할 수 있었다.

이러한 에피소드에서 러시아가 보인 자제는 주목할 필요가 있다. 이것은 푸틴의 위험 감수 욕구에 제한을 보여주었다. 푸틴이 내세운 "노보로시아(Novorossiya)" 재수립 의도가 진지했기 때문에 2014년 봄부터 여름까지의 사건들은 푸틴으로 하여금 이러한 목표 달성이 쉬울 것이라는 착각을 바로잡게 해주었다. 우크라이나 동부, 남부 대부분 지역에서 친러시아 운동은 동력을 받지 못하며, 러시아어를 사용하는 모든 우크라이나 주민들은 러시아에 정체성을 갖고 러시아와 합병하기를 원한다는 일반적 믿음을 약화시켰다. 크림, 도네츠크, 루한스크는 예외였지만, 법칙(rule)은 아니었다. 이 지역에서도 분리주의자들은 러시아의 군사 지원에 크게 의존해야 했다. 9월이 되자 우크라이나의 대부분 지역에서 소규모의 친러시아 활동가 집단들은 광범위한 운동을 촉발할 수 없다는 것이 분명해졌다. 만일 러시아가 "노보러시아"를 수립하기 원한다면 대규모로 우크라이나를 침공해야 했지만, 당시에 러시아는 그런 의사가 없었다.

제네바, 노르망디, 민스크 회담

6월 6일 제2차 세계대전 노르망디 상륙작전 70주년 기념식에 유럽 지도자들이 모였을 때, 우크라이나, 러시아, 독일, 프랑스 지도자들은 우크라이나 위기를 논의하게 위해 한자리에 앉았다. 이 회담은 "노르망디 포맷(Normandy format)"이라고 알려진 과정의 시작이었다. 이것은 분쟁을 다루는 주요한 국제적 논의의 장이 되었다. 제네바에서 노르망디로 논의의 장이 바뀐 것은 미국이 논의에 포함되지 않았다는 점에서 의미가 컸다. 이것은 유럽 국가들 간의 회담이라는 모양을 취했지만, 무게 중심을 러시아에 유리한 쪽으로 옮기고, 유럽연합국가들을 미국과 분리시키고자 하는 러시아의 목표에 더 가깝게 간 회담으로 보였다.

8월 말이 되자 돈바스 지역에 대한 압박을 완화시키고, 우크라이나가 군사적 승리를 거두도록 허용하지 않겠다는 강력한 신호를 보낸 러시아는 자신들이 얻은 것을 안정화시키고자 했다. 이와 대조적으로 고전을 면치 못하고 있는 우크라이나는 군사적 재앙이 확산되지 않도록 무슨 일이든 하려고 했다. 서방 국가들은 좀더 강화된 충돌이 일어나지 않을까 우려했다. 이러한 이익의 합치가 2014년 9월 달성된 1차 민스크 합의의 밑바탕이 되었다.

원래 "민스크 의정서"라고 알려진 "3차 접촉 그룹의 협의 결과에 대한 의정서"가 2014년 9월 8일 서명되었다. 여기에서는 노르망디 포맷이 대체로 유지되었지만, 독일과 프랑스 대표단이 아니라 OSCE가 러시아, 우크라이나와 함께 문서에 서명했다(그래서 "3자 접촉그룹"이라고 불리게 되었다).

이 합의는 12개항으로 구성되어 있었다. 이 중 첫 번째는 "양방의 즉각적인 무기사용 중단"이었다. 제3항은 우크라이나의 "도네츠크와 루한스크의 일정 지역"에 관한 통치권 분산(decentralization)을 다루었다. 제9항은 "'도네츠크와 루한스크 일정 지역의 지역 자치정부의 임시적 지위에 관해' 우크라이나 법률에 의거한 조기 선거"를 규정했다. 제10항은 "불법적인 부대 편성, 군사 무기와 우크라이나에서 활동 중은 무장집단과 용병"의 해체를 주장했다. 중요한 것은 이 협정이 러시아와 우크라이나 대표뿐만 아니라, 도네츠크 인민공화국 대표(알렉산드르 자하르첸코)와 루한스크 인민공화국 대표(이고르 플로트니츠키)에 의해 서명된 것이라는 점이었다. 이것은 우크라이나로 하여금 분리주의 공화국의 대표들을 협상 대표로 인정하게 만드는 러시아의 목표를 달성시켰다.

앞으로 당분간 사태 해결의 참고점(reference)이 되는 이 공식은 모든 당사자에게 무언가를 제공하기는 했지만, 사태를 해결하기보다는 각 측의 입장의 깊은 모순을 반영했다. "조기" 선거 시점은 불분명했고, 이 선거가 "OSCE의 의한 우크라이나-러시아 국경의 항구적인 순찰(제4조)" 같은 조치보다 먼저 시행되는지, 그 후에 시행되는지와 같은 더 큰 문제가 남았다. 우크라이나는 러시아가 10조("불법적 부대 제거")를 준수할 것을 주장했지만, 러시아는 이들의 존재를 부정했다. 러시아는 권력 분산을 주장했지만, 많은 우크라이나인들은 이에 절대적으로 반대했고, 다른 이들은 이것이 첫 조치가 아니라 마지막 조치가 되어야 한다고 보았다.

데발체베 전투와 민스크협정-II

민스크협정은 양측이 일로바이스크 전투 후 추구한 사태 진정의 원인이 아니라 그 결과였다. 그러나 2015년 7월 전략적 고려가 새로운 사태악화를 초래했다. 도네츠크 주 북부의 도시 데발체베(Debaltseve)에서 새로운 대규모 충돌이 일어났다. 이 지역은 우크라이나 정부가 통제하는 핵심거점이었는데, 반군이 통제하는 구역에 둘러싸인 지역이었다. 이 지역은 상징적으로 중요한 도네츠크 국제공항을 포함하고 있었고, 도로와 철도의 교차점이고, 양측 통신선에도 중요한 지점이었다. 1월 28일 반군은 이 핵심거점에 대한 대규모 공격을 재개했다. 포격과 로켓 공격이 몇 주간 이어지며 전투가 격화되었고, 민간인들을 필사적으로 교전지역을 탈출했다. 2월 10일 반군은 핵심 지역으로 통하는 도로를 장악하여 우크라이나 정부군을 거의 고립시켰다. 반군은 제2민스크협정이 새로운 통제선을 확정 짓기 전에 최대한 자신들의 점령 범위를 확대하려고 했다. 2월 12일 새로운 휴전이 선언된 후에도 반군은 공격을 멈추지 않았다. 2월 18일 우크라이나군은 방어가 불가능한 지역에서 철수하기 시작했다. 일로바이스크에서와 마찬가지로 전투의 결과는 우크라이나군에게 재앙이었고, 휴전에도 불구하고 수많은 병사가 전사하거나 반군에 포로로 잡혔다.

데발체베 전투는 2014년 민스크협정이 휴지나 다름없다는 것을 보여주었다. 이러한 실패에도 불구하고 당사자들은 2015년 2월 비슷한 합의를 내놓았다. 2월 7일 독일의 앙겔라 메르켈 총리와 프랑스의 프랑수아 올랑드 대통령은 포로셴코, 푸틴과 협의 후 새로운 안을 제시했다. 미국 정부는 우크라이나에 새로운 무기 공급을 고려했지만, 메르켈과 올랑드는 이것이 충돌의 확대를 가져오지 않을까 우려했다. 전과 마찬가지로 우크라이나는 자국군의 궤멸을 막기 위해 무슨 조치든 취해야 했고, 러시아는 자신들이 얻은 최대의 전과를 합의에서 인정받으려고 했다. 합의안 초안이 마련되는 동안 양측의 경계선에 대한 합의가 불가능했고, 그 결과 데발체베 지역의 경계 확정이 이루어지지 않아 휴전이 임박하면서 양측은 더욱 치열한 전투를 벌였다.

협상 결과 이루어진 합의는 "민스크협정의 수행을 위해 필요한 조치들"이라는 명칭이 붙었지만, 일반적으로 제2민스크협정이라고 불린다. 이 합의는 분쟁을 해결해 줄 것으로 당사자들이 희망하는 일련의 조치를 망라했다. 합의된 13개 항 중에는 "외국 군대 부대"의 철수, 지역 선거 진행, 우크라이나의 "통치권 분산", 우크라이나의 국경에 대한 통제 회복 등이 포함되었다. 그러나 실제적으로는 많은 문제가 있었다. 러시아는 여전히 우크라이나 내에 "외국 부대"가 있다는 것을 부정했기 때문에 핵심 조치들의 실행이 불가능했다. 그리고 제안된 조치의 실행 시점도 문제였다. 만일 일부 지역이 우크라이나에 반환되기 전에 선거가 시행되면 우크라이나는 이 선거가 부정으로 치러졌다고 간주할 것이 분명했다. 우크라이나는 "통치권 분산"을 약속했지만, 이것이 정확히 무엇을 의미하는지, 이것이 우크라이나 헌법 개정을 필요로 하는지 불분명했다. 이러한 조치에 대한 우크라이나 반발이 거셀 것은 틀림없었다.

제1민스크협정과 마찬가지로 제2민스크협정은 여러 당사자의 긴급한 필요에는 도움이 되었지만, 실제적으로는 이행될 수 없는 로드맵을 제시했다. 좀더 확장된 지역 자치는 우크라이나에게 "독약"이나 마찬가지였다. 이 조치는 우크라이나가 이 지역을 재건할 의무를 주면서, 이 지역이(확대하면 러시아가) 우크라이나의 개혁과 국제적 진로를 거부할 권한을 주었다. 러시아와 반군은 러시아군의 철수나 국경 지역에 대한 우크라이나의 통제 회복에 응할 용의가 없었다. 각 당사자는 상대가 준수해야 할 규정은 협상 불가라고 생각했다. 그 결과는 실행이 불가능하지만, 파기할 수 없는 합의만 남게 되었다. 전투가 완화된 것은 좋은 뉴스였지만, 전투를 완전히 종식시킬 길이 없다는 것은 나쁜 뉴스였다. 제2민스크협정 이후 돈바스 지역에서의 충돌을 계속되었고, 각 측의 통제 경계선이 확정되는 동안(지도 7.2를 보라) 전투로 인한 사망자는 계속 늘어났다. 2021년까지, 전체 사망자는 만 3천 명을 넘어섰고, 전면적인 전투 재개의 위협은 상존했다.

지도 7.2 도네츠크주와 루한스크주 통제선, 2015년 2월-2022년 2월

결론

오랜 기간 동안 우크라이나 내, 러시아와 우크라이나 사이, 러시아와 서방 사이에 우크라이나의 지위에 대한 다른 생각이 커가고 있었지만, 2013년 가을까지만 해도 우크라이나가 2014년 초 벌어진 일로 "혁명"을 겪을 것이라고 예측한 사람은 거의 없었다. 이와 유사하게, 2014년 2월 키이우의 시위가

절정에 달했지만, 러시아가 크림을 병합하고 분리주의자들을 지원하며 동부 우크라이나에 개입할 것이라고 예측한 사람도 별로 없었다. 이러한 사건들이 너무 충격적이었다는 사실은 사건이 발생한 시점까지도 충돌을 피할 수 없는 것은 아니었다는 것을 보여준다. 우크라이나 대내적으로 대외적으로 몇 년 간 숙성된 일들이 분출한 것이다. 한쪽이 완전한 승리를 거둘 수 있다는 가능성이 다른 쪽으로 하여금 판돈을 높이게 만들었다. 우크라이나 내부에서 자신의 권력을 도전받지 않을 정도로 확고히 하려고 한 빅토르 야누코비치의 시도는 시위대로 하여금 처음에는 정책을 바꾸도록 나서게 했고, 다음으로는 그를 축출하는 시도를 하게 만들었다. 우크라이나, 러시아, 서방 사이에 야누코비치의 축출이 우크라이나를 항구적으로 서방으로 향하게 만들 것이라는 가능성은 푸틴으로 하여금 더 이상 잃을 것이 없고, 아마도 많은 것을 얻을 수 있다는 생각을 하게 만들고, 러시아가 오랫동안 영유권을 주장하던 영토를 장악하게 만들었다.

2013년 가을이 되자 우크라이나 내부의 분쟁, 우크라이나와 러시아의 분쟁, 러시아와 서방의 분쟁은 서로 얽혔다. 우크라이나의 국내 질서는 러시아에 어떻게 대응하느냐와 밀접히 연관되었다. 좀더 민주적인 우크라이나는 덜 친러시아적이 될 수밖에 없었다. 두 문제는 서방과 러시아 사이 점증하는 긴장과 연계되었다. 2013년 이전에도 일부 관측가는 신냉전을 지적했었다. 이 수사가 정당한 것이었는지 아니었는지를 떠나서 점점 더 전제적이 되어가는 러시아와 EU 규범에 의해 움직이는 서유럽 사이의 긴장은 극적으로 높아졌고, 우크라이나는 곧 한 진영이나 다른 진영에 자리를 잡을 것으로 보였다. 우크라이나 내의 현상유지는 점점 더 불안정해졌고, 러시아와 유럽연합 모두 점점 더 분열되어 가는 유럽의 경계선 한쪽에 귀착하기를 바랐다.

우크라이나 내에서 야누코비치의 권력 강화는 새로운 분쟁의 여건을 만들어냈고, EU 협력 협정 체결을 거부하는 그의 결정은 불꽃을 점화한 셈이었다. 유로마이단 혁명 또는 "존엄을 위한 혁명"이 시작되자 작은 결정들이 크게 확대되어 종종 예측할 수 없는 결과를 만들어냈다. 11월 30일 시위대들을 폭력으로 해산하려는 결정은 시위 운동의 엄청난 확산을 가져왔다. 1월 중순 "독재법"의 통과는 사그러들고 있던 시위 운동을 되살렸다. 2월 18일과 19일 시위대와 보안 경찰 사이의 유혈충돌로 야누코비치 충성 세력은 분열되었다. EU, 러시아 대표, 당 지도자들과 야누코비치 사이에 타결된 협상안을 시위대가 거부하기로 결정하면서 더 무자비한 탄압이 예상되었다. 그러나 그 대신에 정권은 몇 시간 만에 붕괴되었다.

시위의 진행 방향을 예측하기 어려웠지만, 그 결과는 분명했다. 우크라이나는 유럽을 향하고, 푸틴은 우크라이나를 침공하여 크림을 병합하고 동부 우크라이나에 반란을 조성하는 것으로 대응했다. 푸틴으로서는 이에 대한 대안은 우크라이나의 상실을 인정하는 것이었다. 푸틴은 이런 선택을 하고 러시아는 이런 결과를 준수하는 조약을 체결할 수도 있었다. 그러나 푸틴은 그 대신에 이 위기가 가져온 기회를 이용하여 크림을 장악하고 우크라이나의 훨씬 더 큰 지역에 대한 영유권을 추구하고 나섰다.

크림 합병이 진행되던 2014년 3월 브뤼셀에서 우크라이나 총리 서리인 아르세니 야체뉴크를 맞은 나토 사무총장 앤서스 포그Anders Fogh는 "우리는 냉전 종식 후 유럽 안보에 대한 가장 심각한 위협을 맞고 있다." "그리고 이것은 우크라이나만의 문제가 아니다. 이 위기는 유럽-대서양 지역 전체의 안보와 안정에 심각한 함의를 가지고 있다. (…) 그리고 우크라이나의 주권, 독립, 영토적 통합성은 이 지역의 안정과 안보에 핵심 요인이다"라고 말했다.[97] 우크라이나의 위기가 오랜 시간이 지난 후 좀더 넓은 안보에 가장 위험한 위협이라는 것에 동의하지 않는 사람든 거의 없었다.[98]

2014년 침공이 러시아의 큰 승리로 간주될 수 있기는 하지만 이것은 많은 답도 제기하고 의문도 제기했다. 러시아는 남부 우크라이나의 넓은 지역인 "노보로시아"지역에 반란을 조장하고 이것이 트란스니스트리아로 확산되게 만들려고 시도했다. 러시아가 계속 영토 확장을 꾀하는 상황에서 러시아는 또 다른 기회가 발생할 때를 기다리면서 긴 게임을 계획했는가 아니면 좀더 많은 영토를 차지하는 적극적 계획을 가지고 있었는가? 또한 러시아는 스스로 독립을 선언한 도네츠크와 루한스크 공화국들에 대해 어떤 의도를 가지고 있었는가? 러시아는 크림을 합병한 것처럼 이 두 공화국도 결국 합병할 생각을 가지고 있었는가? 러시아는 이 두 지역이 민스크협정에서 규정한 것처럼 다시 우크라이나에 통합되기를 바랐는가" 아니면 저강도 분쟁이 우크라이나를 무한정 불안정하게 만드는 한 현상유지를 계획했는가? 이 의문들을 풀기 위한 노력이 2015년 2월부터 2022년 2월까지 축소된 무력 사용 기간을 정의했다.

8장 격화되는 충돌, 2015-2021

2021년 8월 블라디미르 푸틴은 크렘린 웹사이트에 〈러시아인과 우크라이나인의 역사적 단일성에 대하여〉라는 글을 자신의 이름으로 올렸다. 5,000 단어가 넘는 긴 이 글에서 푸틴은 역사학자를 자처하며 독자들이 현재를 이해하는 것을 돕기 위해 과거 역사를 깊이 팠다. 이 글은 다양한 러시아 민족주의 신화로 구성된 역사관을 제시했다. 푸틴이 초두에 제시한 전체 글의 핵심은 다음과 같다.

> 무엇보다도 최근에 러시아와 우크라이나 사이, 동일한 역사, 영적 공간 사이에 나타난 장벽은 내가 보기에 우리의 가장 큰 공동의 불행이자 비극이다. 이것은 다른 무엇보다도 여러 시기에 걸쳐 우리 스스로 저지른 실책의 결과이다. 그러나 이것은 또한 항상 우리의 통합성을 훼손하려고 획책하는 그런 세력의 의도적 노력의 결과이기도 하다.[1]

관측가들은 이 글을 어떻게 해석해야 할지에 대해 의견이 갈린다. 애너 아펠바움Anne Appelbaum은 이것은 "무장 투쟁 호소(call to arms)"라고 불렀다.[2] 미국 분석가 피터 디킨슨Peter Dickinson은 이것을 "선전 포고"라고 불렀다.[3] 러시아 언론인 미하일 로스톱스키는 이것은 "우크라이나에 대한 최후통첩"이라고 불렀다.[4] 미국 학자 알렉산더 모틸Aleksander Motyl은 "이 글은 아무것도 새로운 얘기를 하고 있지 않기 때문에 푸틴의 외교 정책에 새로운 것을 아무것도 없다"라고 말했다.[5] 우크라이나 대통령 볼로디미르 젤렌스키는 "그렇게 큰 나라의 대통령이 그렇게 많은 시간을 쏟아부어 이렇게 대단한 작업을 상세하게 저술한 것에 대해 부러움을 느낀다"라고 푸틴을 비꼬았다.[6] 이 글은 역사가 아니라 미래에 대한 글이라는 것을 내세우며 다음 말로 끝을 맺는다. "나는 우크라이나의 진정한 주권은 오직 러시아와의 동반자 관계(partnership)에 의해서만 가능하다고 확신한다." 이것은 희망인가 아니면 경고인가? 이것은 핵심 질문으로 남아 있었다. 러시아는 우크라이나의 상황에 대해 큰 불만을 가지고 있는 것이 분명했다. 그러나 푸틴은 이에 대해 어떤 행동을 취할 것인가?

2015년 민스크-II 협정이 서명되면서 동부 우크라이나의 전쟁은 안정화되었다. 당분간 양측이 통제하는 전선에서 변화는 크지 않았고, 사상자 수는 계속 늘어났지만, 상대적으로 증가 속도는 느렸다(2014-2015년 수천 명이던 사상자는 수십-수백 명으로 줄어들었다). 전장을 넘어서서 러시아와 우크라이나는 유리한 고지를 얻기 위해 노력했고, 장기적 현상유지(status quo) 변경을 자신에게 유리하게 만들기를 바랐다.

이 장에서 제기하는 기본적 문제는 무엇이 변했는가이다. 2015년 러시아가 수용할 수 있었던 것처럼 보인 민스크협정 체결 이후 현상유지는 왜 2022년에는 수용할 수 없게 되었는가? 이 질문에 대한 한 대답은 러시아의 야망이 바뀌었기 때문이라는 말로 할 수 있다. 2015년에 무난해 보였던 것이 2022년에는 부족하게 보였다는 것이다. 두 번째 답은 러시아의 능력에 초점을 맞춘 것이다. 아마도 2015년에 러시아는 대규모 침공을 감행할 군사력을 보유했다고 느끼지 못했지만, 2022년에는 좀더 확신이 섰다. 세 번째 답은 교착 상태가 계속될 가능성에 초점을 맞출 수 있다. 아마도 러시아는 2015년에게 유리하게 보였던 전망이 사라지고 있다고 믿게 되었을 수 있다. 이러한 설명들은 상호 배타적이 아니다. 이 장에서 우리는 2015년 초부터 2021년 중반까지의 상황을 검토하여 표면적으로는 고요해 보였지만 어떻게 지반이 움직이고 있었는지를 보여주려고 한다. 돈바스의 상황은 민스크-II 협정으로 안정적으로 보였지만 근본적인 문제는 그대로 남아 있었다.

전장의 교착 상태

2015년 2월 15일 민스크-II 협정이 서명된 후 양측은 영토를 더 장악하려는 노력을 멈추고, 대신에 약 500킬로미터(300마일)에 이르는 "대치선(contact line)"을 구축했다. 저격병의 사격과 박격포와 야포 포격으로 사상자가 발생했고, 때로 정찰대가 취약 구역을 넘나들었지만, 군사 작전은 소규모에 머물렀고(기껏해야 대대 규모,[7] 통상은 그 이하) 2015년 2월부터 2022년 2월까지 큰 영토 변화는 없었다.

교착 상태가 발생한 논리적 이유가 있어 보였다. 우크라이나와 러시아 양측 모두 희생이 큰 전면전을 재개하는 것보다 잠재적으로 더 나은 장래를 기다리는 것을 선호하는 것처럼 보였다. 우크라이나는 전력이 훨씬 강한 러시아군을 상대로 상실한 영토를 되찾을 가능성은 거의 없어 보였다, 러시아는 시간은 자신들 편이라고 믿고, 병력 투입을 제한하는 것처럼 보였다. 아마도 전쟁 비용을 줄이고, 아마도 저강도 충돌이 전면전보다 자신들의 전략에 더 도움이 된다고 판단한 듯했다. 2015년 이후 현상 유지는 러시아의 이익에 부합되는 것처럼 보였다. 우크라이나는 분쟁에 휘말려 있는 동안 나토에 가입할 수 없었다. 러시아는 위성국과 함께 도네츠크와 루한스크 일부를 장악하고 있었다. 러시아는 원하기만 하면 어느 순간이건 확전을 할 수 있었다.

여기에다가 전쟁은 우크라이나 경제를 계속 잠식했다. 현상 유지는 우크라이나가 앞으로 나가는 것을 막는다는 러시아의 최소한의 목표를 상대적으로 저비용으로 이루는 방법처럼 보였다.

그러나 후에 분명해진 것처럼 우크라이나 군대는 이 기간 가만히 있었던 것은 아니고 최소한 네 방향으로 힘을 키우고 있었다. 첫째, 과거에는 병력이 계속 감소했지만, 이 기간에 병력을 크게 증강했다. 전쟁 첫 해 우크라이나는 병력수를 13만 명에서 25만 명으로 증강했다.[8] 이것은 러시아와 위성국의 군대를 퇴치하기에는 부족했지만, 앞으로 러시아가 추가적으로 공격하려면 상당한 규모의 러시아 정규군 투입을 필요로 하게 만들었다. 핀란드와 발트 3국의 모델을 차용한 영토 방어력의 발전은 이후의 하이브리드 공격을 방어하는 것을 목표로 했다.

두 번째로 우크라이나 지도자들은 그간 지지부진하고 부패에 얼룩졌던 군사 개혁을 2014년 영토 상실 후에는 과감히 개선하여 진지하게 개혁을 추진했다.[9] 2014년 자원병들로 전력을 강화한 후 활동가들은 군사 개혁을 과감히 밀어붙였다.[10] 군대는 우크라이나의 온라인 도달 제도인 프로조로(*Prozzoro* "투명"이라는 뜻 — 옮긴이) 체계를 제일 먼저 채택했다. 이것은 조달을 신속하게 처리하고 입찰을 경쟁적이고 투명하게 하는 것 두 가지를 의도했다. 이에 못지않게 중요한 것은 우크라이나군은 서방 국가들의 지원을 받아 부대 단위 훈련부터 군사 교리 개정에 이르는 훈련을 실시했다는 점이다. 이것은 2015년 새로운 "국가안보전략"(2020년에 개정됨) 채택을 포함하여 우크라이나군을 나토 기준에 좀더 부합하도록 만드는 새로운 정책 개발을 도와주었다.[11]

세 번째로 우크라이나군은 돈바스에서 전투를 치르면서 값진 경험을 쌓았다. 수천 명의 병력이 전투 경험을 쌓았고, 장교들은 지휘 경험을 축적했다. 군은 전통적 무기와 전술 외에도 크고 작은 드론을 창의적 방식으로 사용하는 법을 배웠다.

네 번째로 진지한 재무장 프로그램이 실시되었다. 이것은 러시아가 돈바스 전투을 확전하는 경우 맞게 될 구체적 도전에 초점을 맞춘 프로그램이었다. 확전을 경계하는 미국의 오바마 정부는 처음에는 정찰 드론, 야간투시경, 군용 지프 같은 "치명적이지 않은(non-lethal)" 무기만을 공급했다. 오바마가 좀더 공격적인 무기 공급을 자제한 것은 2015년 2월 독일 앙겔라 메르켈 수상과의 합의에 의한 것이었다.[12] 2017년 트럼프 정부는 노선을 바꾸어서 미국의 군사 지원 범위가 확대되었다. 우크라이나는 양적으로나 질적으로 원하는 것을 다 얻지는 못했지만, 저격용 소총, 통신 장비, 신형 레이더(counter-batterry radar system) 공급으로 돈바스의 대치선을 방어하는 능력이 향상되었다. 2018년 미국은 재블린 미사일을 공급하기 시작했지만, 이것을 전장에서 멀리 떨어진 서부 우크라이나 지역에 보관하도록 만들었다. 다른 국가들도 군사적 지원을 했지만 미국이 가장 큰 지원국이었다.[13] 방어력의 가장 큰 약점은 러시아의 항공 우위를 극복할 능력을 갖추지 못한 것이어서 우크라이나는 높은 상실 가능성과 위험 부담을 감내하지 않고는 항공기와 헬리콥터를 배치할 수 없는 상태였다.[14]

돈바스를 봉쇄한 우크라이나

2015년 대치선이 안정화된 후 전쟁의 전선은 긴장은 줄어들지 않았지만, 침투성이 제한되지 않아 점령된 지역의 상태는 애매해졌다. 이 지역은 경제와 행정적으로는 우크라이나 영토의 일부였지만, 러시아와 친러시아 세력이 장악했다. 사람과 물자가 수시로 대치선을 넘어 이동했다. 무엇보다도 점령 지역에서 채굴된 석탄은 우크라이나 다른 지역의 에너지 생산에 사용되었다. 이 지역은 러시아가 통제하고 러시아와의 연계가 점점 더 강해졌지만, 경제적으로는 우크라이나에 연결되었다.

2017년 1월 우크라이나 퇴역병 자원군 대대는 분리주의자들이 전쟁 포로를 석방하게 만들고, 점령 지역을 점령하는 비용을 높이기 위해 통로 몇 군데를 봉쇄했다.[15] 우크라이나의 포로셴코 대통령과 흐로이스만 총리는 경제에 미치는 영향과 점령된 지역의 우크라이나에 대한 충성에 미칠 영향을 우려하여 처음에는 봉쇄에 반대했다. 이에 대한 대응으로 러시아는 도네츠크 인민공화국(DNR)과 루한스크 인민공화국(LNR) 당국이 발행한 신분증을 인정하기 시작했고, 두 공화국 당국은 점령 지역에 위치한 165개의 대형 산업 기업을 국유화했다.[16] 이 조치는 리나트 아흐메토프 같은 우크라이나 재벌을 징벌하고, 이들이 영향력을 발휘하여 키이우 당국이 봉쇄를 풀도록 압박하기 위한 것으로 추정되었다. 정치적 여건을 인정하고 자산 국유화에 대한 대응으로 포로셴코는 봉쇄를 반대하기보다는 그것을 수용하기로 결정했고, 이런 방식으로 우크라이나는 소위 인민공화국들에 대해 새롭고 좀더 호전적인 입장을 취했다.

이 사건은 우크라이나 정부가 가지고 있는 두 가지 제약을 상기시켜 주었다. 첫째, 우크라이나 정부는 자국 군대 사용에 대한 독점적 통제권을 가지고 있지 못했다. 다른 행위자들이 높은 수준의 합법성을 가지고 군대를 배치할 수 있었다. 둘째, 우크라이나인들은 점점 더 전쟁에 지치기는 했지만, 그들은 전체적으로 전쟁을 끝내기 위해 중대한 양보를 하는 것에 반대했다. 그들은 전쟁이 끝나기를 바랐지만, 우크라이나가 제시하는 조건으로 종전되기를 바랐다. 이 감정은 우크라이나 지도자들이 협상 테이블에서 할 수 있는 일에 상당한 제약을 가하였다.

점령 지역 봉쇄와 두 공화국의 신분증 발행, 산업 시설 압류는 모두 민스크-II 협정 위반이었다. 이러한 것들은 작은 사건이기는 했지만, 민스크-II 협정이 제대로 준수될 수도 없고, 그렇게 되지도 않을 것이라는 인식을 강화시켰다. 우크라이나로서는 점령 지역 봉쇄는 전략의 변경을 의미했다. 이것은 점령지역 주민들에 대한 지원, 연계 유지, 주민 소외를 피하는 정책에서 분리주의 당국과 러시아가 자신들이 입장을 바꾸도록 강압하는 정책으로 변화된 것을 의미했다. 새로운 정책은 가시적인 이익을 가져오지 않았고 경제적으로 대가가 컸지만, 우크라이나의 분위기에 영합했다.

토모스(Tomos) — 우크라이나의 종교 독립 선언

오랜 기간 동안 러시아는 러시아 총대주교총 산하 우크라이나 정교회를 우크라이나에서 이익을 증진하는 데 이용했다. 2016년 우크라이나는 이에 반격을 가해 중요한 교회 분리가 일어났다. 1992년 이후 우크라이나에는 세 개의 경쟁하는 정교회가 있었다. 가장 오래되고 교구와 신도수가 가장 많은 교회는 모스크바총주교청 관할 우크라이나 정교회(Ukrainian Orthodox Church-Moscow Patriarchate, UOC-MP)였다. 이 교회는 키이우의 유명한 동굴수도원(페체르스카야 라브라)을 관할했다. 이 교회는 소련 당국에 의해서도 용인되었고, 세계 다른 정교회들이 인정하는 유일한 우크라이나 정교회였다. 두 번째 분파인 우크라이나 자치정교회(Ukrainina Autocephalous Orthodox Church, UAOC)는 우크라이나가 독립을 추구하던 제1차 세계대전 이후 설립되었으나 소련 통치 기간 탄압을 받았다. 키이우총주교청 관할 우크라이나

교회(Ukrainian Orthodox Church-Kyiv Patriarchate, UOC-KP)는 우크라이나 독립 후인 1992년 설립되었다.

정교회의 단합은 러시아, 우크라이나, 벨라루스가 하나의 민족이라는 주장의 한 부분을 이루었다.[17] 우크라이나 지도자들은 우크라이나의 주도적인 정교회가 러시아 정부와 밀접하게 같이 일하는 모스크바총주교청의 관할을 받는다는 것에 대해 불만을 느꼈다. 여러 해 전 세르게이 라브로프 러시아 외무장관은 "교회의 수장이 세계에서 우리 조국의 입지를 강화하고 러시아의 국제적 위상을 고양하는 데 기여하는 것은 절대 과소평가할 수 없다"라고 말했다.[18] 러시아 정교회는 러시아 국경을 초월하는 "러시아 세계"에 대한 푸틴의 주장을 적극 지지할 뿐 아니라 러시아의 군사주의와 밀접한 관계를 유지했다. 이러한 관계는 2020년 모스크바 외곽에 건설된 새로운 "군인대성당(Cathedral of Armed Forces)"의 기념 초석에도 강조되었다.[19] 일부 모스크바총주교청 소속 사제들은 동부 우크라이나에서 전사한 우크라이나 병사들의 장례 집전을 거부하면서 교회가 내부의 적 역할을 하고 있다는 인식을 촉발시켰다.

포로셴코 우크라이나 대통령은 2016년 콘스탄티노플 총대주교이자 동방 정교회의 영적 지도자인 바돌로메오Bartholomew에게 우크라이나 정교회가 러시아 정교회로부터 독립하는 "인가장(tomos)"을 부여해 줄 것을 호소했다. 러시아 정부와 모스크바총대주교청은 이에 큰 분노를 나타냈지만, 콘스탄티노플은 이 청원을 검토하는 위원회를 설치했다. 2018년 포로셴코는 이 청원을 재차 제기했고, 역사적으로 서로 대립하던 우크라이나자치정교회와 키이우총대주교청 관할 우크라이나정교회는 이를 함께 지지했다. 2018년 10월 러시아 정교회는 콘스탄티노플총주교청과의 조합(communion)을 단절했다. 이것은 오랜 기간 러시아 신화의 정수였던 "제3로마"가 "제2

로마"와의 연계를 단절한 것을 의미했다.

2019년 바돌로메오는 인가장을 발부하여 우크라이나에 대한 러시아의 영유권 주장에 기반이 된 러시아 정교회와 우크라이나 정교회의 종교적 통합성을 단절했다. 우크라이나자치정교회와 키이우총주교청 관할 우크라이나교회는 새로운 우크라이나정교회를 구성하고, 이것은 콘스탄티노플총주교청의 인가를 받았다. 모스크바총주교청 관할 우크라이나정교회는 여전히 우크라이나의 많은 교구를 관할했지만 새로운 우크라이나정교회가 교구들을 끌어들이는 노력을 시작했고, 모스크바총대주교청 정교회는 이를 보존하기 위한 노력을 벌였다.

푸틴은 이 문제에 대한 공식 발언에서 "이것의 핵심 목적은 러시아와 우크라이나 주민을 분리하고, 인종과 종교적 불화의 씨앗을 뿌리기 위한 것이다. 키이우가 모스크바로부터 완전한 독립을 얻었다고 선언한 것은 전혀 이상한 일이 아니다. (…) 우크라이나 지도자들은 신도들이 다른 교회에 들어가도록 강요하는 것은 중대한 결과를 가져올 것이라는 것을 인식해야 한다"라고 경고했다.[20] 푸틴의 대변인인 드미트리 페스코프는 러시아는 "러시아인과 러시아어 사용자, 그리고 푸틴이 반복적으로 언급한 대로 러시아 정교회에 대한" 러시아의 보호를 다시 한번 위협하듯이 강조했고, 라브로프 외무장관은 인가장을 "워싱턴의 직접적 공식 지원을 받은 도발"이라고 비난했다.[21]

제임스 세르James Sherr는 인가장 발부를 "모스크바 공국 교회가 1589년 콘스탄티노플로부 독립을 선언하고 자체 총주교청 지위를 선언한 이후 정교회에서 일어난 가장 큰 교회분열이다"라고 평했다.[22] 그러나 신도들의 "일상적 종교성"과 교회 소속이라는 고위 정치 사이의 단절로 인해 단기적으로 이 여파는 제한되었다.[23] 포로셴코는 2019년 재선을 위한 선거운동에서 교회 독립을 중요한 성취로 내세웠지만, 이 문제는 큰 반향을 일으키지 못했고 그는 선거에서 패배했다.

우크라이나의 역사 교육 및 언어 정책

러시아와 소련 식민주의의 잔재를 없애기 위한 두 번째 노력은 2015년 통과된 일련의 "탈공산화(decommunization)" 법률이다.[24] 새로운 입법의 동기는 우크라이나를 계속 지배하는 러시아의 역사적 담론이 우크라이나에 해악을 끼치는 무기로 사용된다는 점이었다. "공산주의와 국가사회주의(나치) 정권 비난과 그것들의 상징 선전 금지에" 대한 법률은 공산당의 해악을 나치의 해악과 동일시했다. 이 법으로 우크라이나 내의 공산당이 불법화되었는데, 이것은 정치 경쟁에 대한 간섭으로 비쳐졌다. 이 법은 공산주의와 관련된 기념비와 지명의 제거를 요구해서 수천 개의 도시, 소도시, 거리 이름이 개명되었다.

이 법과 관련해 가장 논란이 컸던 것은 "20세기 우크라이나 독립전사들에 대한 기억을 추모하는" 것이었다.[25] 이 법에 의해 기념된 인물 중 스테판 반데라Stepan Bandera를 포함한 일부 인물들은 많은 사람들이 파시스트로 간주하고 인종학살에 참여한 것으로 여겼다. 이것은 이후 우크라이나가 나치로 가득 찼다는 러시아의 선전에 좋은 구실을 제공했다. 이 법률들은 언론의 자유를 간섭하고 역사에 대한 논의를 통제하는 것으로 간주되었다. "우크라이나의 탈공산화 과정의 근본적인 딜레마는 어떻게 과거를 "올바르게" 해석하는 것을 강제한 소련 시대 접근법과 이견의 공개적 표현을 징벌하는 것을 반복하지 않으면서 소련 시대의 법적, 제도적, 역사적 유산을 척결하는가이다."[26] 마지막으로 이것들은 분열적으로 여겨졌다. "우크라이나의 많은 사람들, 특히 돈바스 지역의 주민들에게 전달되는 메시지는 그들의 시각은 존중되지 않고 변화되어야 한다는 것이었다."[27]

2017년 통과된 새 교육법은 언어 정책에 대한 새로운 논란을 불러일으켰다. 교육 개혁은 진작에 실시되었어야 하는 과제였고, 교육 언어 문제를 피해 가는 것은 불가능했다. 새교육법은 소수민족어로 교육받는 학생들을 포함한 모든 학생들은 우크라이나어를 구사할 줄 알아야 한다고 규정했다. 당시 약 305,000명의 우크라이나 학생들이 우크라이나어가 아닌 다른 언어로 교육을 받고 있었고, 이들의 대다수(91퍼센트)는 러시아어로 교육을 받고 있었다.[28] 일부 사람들은 소수민족어 교육을 완전히 종식시키기를 원했기 때문에 우크라이나에서 이 법은 타협안으로 받아들여졌다. 우크라이나 내에 자국 디아스포라가 있는 러시아, 헝가리, 루마니아는 이 새 법에 강력하게 반발했다. 민족주의 옹호로 인기를 높이고 싶어했던 빅토르 오르반이 집권한 헝가리에서는 반발이 특히 컸다.

아조프해에서 러시아의 압박

러시아는 점진적으로 아조프해에 대한 통제를 장악했다. 마리우폴 같은 항구들에 접근할 수 있는 아조프해는 돈바스 지역의 중요한 외부 출구였다.[29] 크림반도 합병으로 러시아는 아조프해 접근로를 통제하는 케르치 해협 양안을 통제하게 되었다. 러시아는 러시아 본토와 크림반도를 연결하는 도로 철도 다리를 케르치 해협 위에 건설했다. 이 다리는 통행 선박의 20퍼센트를 차지하는 대형 선박의 통행을 가로막으면서 아조프해 접근로를 틀어막기 위한 목적도 있었다.[30] 2018년 봄 러시아는 우크라이나의 아조프해 연안 항구로 향하는 선박을 정선시켜 검사하기 시작했다. 2018년 11월 러시아는 두 척의 우크라이나 경비정과 한 척의 예인선을 공격하여 선박과 선원들을 억류했다. 러시아의 행동은 국제법상으로는 공격 행위였지만 우크라이나가 이에 대응할 수 있는 일은 별로 없었다. 일부 분석가들은 서방이 아조프해와 흑해의 러시아 항구에서 출항하는 러시아 선박이 서방 국가 항구에 기항하는 것을 금지하도록 제안했다. 다른 분석가들은 노르드스트림-II 건설 공사 중단을 제안했다. 최종적으로 서방 정부들은 우려를 표명하는 것 외에 다른 조치를 취하지 않았다.[31] 유럽 이사회(Council of Europe), UN 총회, 국제해양법회의는 이 선박들의 나포를 비난하는 결의안을 통과했지만, 실질적인 효력은 없었다.[32]

에너지 정책

해묵은 우크라이나를 통과하는 러시아 가스 공급 문제가 다시 불거졌고, 양국은 이번에는 스톡홀름의 법정에서 다툼을 벌였다. 러시아의 가스프롬(Gazprom)은 우크라이나의 나프토하스(Naftohaz)사가 2009년 가스 거래 합의의 "의무구매 조항"에 의해 구매해야 할 가스값 560억 달러가 밀려있다고 주장했다. 상사중재법원은 2017년 12월 가스프롬의 주장을 기각하고 의무구매 양을 축소했다. 2018년 우크라이나 측이 제기한 반대 소송에 대한 판결로 중재법원은 가스프롬이 인도 약속을 지키지 않은 보상으로 나프토하스에게 26억 달러를 배상해야 한다는 판결을 내렸다.

2월 이 판결 이후 중부 유럽이 혹한에 시달리는 상황에서 가스프롬은 계약 파기를 선언하고 유럽에 우크라이나를 통과하는 가스 공급을 중단한다고 발표했다. 유럽으로부터 역으로 가스를 공급받는 기술적 조정 덕에 우크라이나는 이전의 가스 공급 중단 때보다 덜 피해를 입었지만, 현물 시장에서 가스를 구입하면서 가스 구입 비용이 크게 높아졌다.[33]

러시아와 우크라이나 가스 거래 합의는 2019년 종료될 예정이었다. 그 사이에 두 가지 변화가 가스 관계에서 힘의 균형을 변화시켰다. 하나는 우크라이나에 유리했고, 다른 하나는 러시아에 유리했다. 우크라이나는 이론적으로는 2015년에 러시아 가스에서 독립해서 서유럽에서 가스를 구입했다. 이것은 우크라이나의 가스는 실제적으로 러시아산(産)이지만, 명목적으로 유럽의 중개 국가를 거쳐 공급되면서 가스 거래를 탈정치화시키려는 의도였다.

그러는 동안 노르드스트림-II는 거의 완성 단계에 이르러서 러시아는 중간 국가를 거치지 않고 독일에 직접 가스를 공급할 수 있게 되었다. 러시아는 또한 튀르키예로 이어지는 투르크스트림(Trukstream) 가스관을 건설하고 있었다. 2018년 러시아는 870억 입방미터(bcm)의 가스를 공급했는데, 약 1/3를 우크라이나를 통해서 공급했다. 노르드스트림-II가 건설되면 550억 입방미터는 이 가스관을 통해 공급하고, 투르크스트림을 통해서는 160억 입방미터를 공급할 수 있었다. 두 가스관이 완공되면 러시아가 우크라이나를 통과해 공급하는 가스는 극적으로 줄어들고, 우크라이나는 수십억 달러의 통과료 수입을 상실했다.[34]

2009-2019년 가스 협정이 종료되는 시점이 다가오면서 러시아는 새로운 가스관으로 유리한 입지를 차지하게 되었다. 러시아는 노르드스트림과 투르크스트림이 완공될 때까지만 유효한 1년 계약을 우크라이나에 제안했다. 노르드스트림이 완공되면 우크라이나 통과 루트는 쓸모가 없어지지만

EU의 지원을 받은 우크라이나는 계약 10년 연장을 추진했다.[35]

2019년 우크라이나 의회 선거가 다가오면서 푸틴은 당근과 채찍을 모두 사용했다. 그는 우크라이나는 러시아 가스에 훨씬 적은 비용을 낼 수 있지만, 새로운 가스관이 건설되면 러시아는 우크라이나를 통과하는 가스관 운송을 완전히 중지할 수 있다고 위협했다. 최종적으로 기존 가스 계약이 완전히 종료되기 직전인 2018년 12월 양측은 합의에 도달했다. 양측의 이견을 좁혀서 2024년에 종료되는 가스 합의가 이루어졌다. 노르드스트림과 투르크스트림 건설 지연이 러시아의 입장 완화에 큰 역할을 한 것으로 보였다.

2021년 완공이 가까워지자 노르드스트림 가스관 자체가 다면적 논쟁의 주제가 되었다. 4월 미국은 이 가스관 공사에 가스관을 설치하는 네 척의 러시아 선박에 제재를 가했다. 그러나 노르드스트림-II는 앙겔라 메르켈 수상이 가장 우선시하는 사업이었고, 바이든 정부는 트럼프 시기 이후 유럽 동맹국과 관계를 재건하기를 바랐다. 그래서 미 국무부는 2021년 5월 국익을 위해 이 제재를 해제할 것이라고 발표했다. 블링컨 국무장관은 "오늘의 조치는 유럽 에너지 안보에 대한 우리 정부의 책임을 보여주며 유럽의 우리 동맹국들과 파트너들과의 관계를 재건한다는 바이든 대통령에 상응한다"고 발표했다.[36]

이 조치에 대한 여러 지도자들의 반응은 노르드스트림이 얼마나 복잡한 현안인지를 보여주었다. 우크라이나의 나프토하스 회장 유리 비트렌코Yuri Vitrenko는 노르드스트림을 "러시아의 가장 위험한 지정학적 프로젝트"라고 불렀다.[37] 미국 의회 의원들은 여야를 막론하고 제재 해제를 비난했다. 다른 한편으로 독일 외무장관 하이코 마스Heiko Mass는 이 결정을 "독일이 미국의 중요한 파트너이자 장래에 신뢰할 수 있는 파트너라는 사실을 나타낸 것"이라고 칭송했다.[38] 푸틴의 대변인 드미트리 페스코프는 "이러한 발표가 나온 것은 그것 자체로 아주 긍정적이다. 이것은 새로운 제재가 준비 중이라는 추측보다 훨씬 낫다"라고 말했다.[39]

우크라이나와 유럽

유럽 정부들은 우크라이나를 얼마나 강력히 지원할 것인지에 대해 다양한 시각이 있었지만, EU 기구들은 좀더 발전된 협력을 추진했다. '존엄을 위한 혁명'의 도화선이 된, EU와 우크라이나가 맺은 협력 협정은 2017년 9월 1일부터 본격적 효력을 발휘했다. 기술과 재정 지원 프로그램은 권력 분산, 반부패/법의 제재 지원과 우크라이나의 교역 규칙을 식물위생 규정, 지적 재산권, 경쟁 정책, 세관 통과제도 같은 분야에서 EU의 규칙과 맞추는 것에 초점이 맞추어졌다.[40] 포괄적자유무역협정의 실제적 적용 사례로는 우크라이나가 농산물을 무관세로 EU에 수출하고, 다양한 공산품을 인하된 관세로 수출한 것을 들 수 있었다. 2014년 존엄을 위한 혁명 이후 2021년 중반까지 EU와 우크라이나의 교역 규모는 연간 150억 달러에 달했고,[41] 2016년부터 2019년까지 우크라이나의 대EU 수출과 수입은 49퍼센트 증가했다.[42] 우크라이나 국민들에게 엄청난 실질적 중요성은 2017년 5월부터 발효된 무비자 유럽 여행이다.

이러한 교역 방향의 재조정은 러시아의 희생을 수반했고, 러시아의 침공도 여기에 영향을 미쳤다. 2012년부터 2018년 사이 러시아가 우크라이나 수출에서 차지하는 비중은 25.7퍼센트에서 7.7퍼센드로 낮아진 반면, 대EU 수출 비중은 24.9퍼센트에서 42.6퍼센트로 증가했다. 다른 말로 하면 러시아 수출 시장은 EU와 같은 비중이었다가 6년 만에 EU의 1/5 이하로 중요성이 감소되었다. 러시아의 입장에서 보면 이러한 변화는 러시아가 EU와 우크라이나의 협력협정을 우려한 것이 정당했다는 것을 보여줄 수도 있다. 아니면 이것은 2014년 우크라이나 침공이 역효과를 가져왔다는 사실을 보여주는 것일 수도 있다.[43]

우크라이나와 NATO의 협력도 늘어났다. 2016년 우크라이나와 NATO는 새로운 우크라이나가 좀더 강하게 저항하고, 자신의 안보를 더 강화하고, 특히 안보와 방위 부문에서 기본적 개혁을 수행하는 것을 목적으로 하는 "포괄적 지원 패키지"에 합의했다.[44] 계획된 많은 일은 반부패, 민주적 통제 등 군사 작전 수준을 넘어서지만, 이 조치들은 우크라이나의 4C(지휘Command, 통제Control, 통신Communications, 전산Computers), 보급, 사이버 전쟁 수행 능력과 나토와의 정보처리 상호운영(interoperability)에 초점이 맞추어져서 이것은 전투를 좀더 효과적으로 수행하는 데 직접적으로 기여했다. 군사 작전 수준에서 우크라이나는 매년 흑해에서 수행되는 해풍(Sea Breeze) 해상 훈련과 리비우 인근 야보리우의 전 소련군 훈련장에서 실시된 신속 지상 훈련(Rapid Trident land exercises)을 공동 주관했다. 2020년 우크라이나는 오스트레일리아, 핀란드, 조지아, 요르단. 스웨덴과 함께 "고양된 기회 파트너(enhanced opportunity partner)"가 되었다.[45] 러시아는 공개적 반발을 하지는 않았지만, 크렘린 대변인 드미트리 페스코프는 "우리는 NATO의 군사 인프라가 우리 국경에 접근하는 것을 예의 주시하고 있고, 우리는 이런 면에서 우리의 안보를 보장하기 위해 필요한 적절한 조치를 취할 수밖에 없다"라고 논평했다.[46]

NATO 가입은 우크라이나에서는 지지가 점점 커졌어도 본격적 논의의 대상은 아니었다. 2017년 우크라이나 의회는 나토 가입이 자국의 외교 정책 목표라는 것을 명시하는 법안을 통과시켰고, 2019년에 우크라이나는 나토 가입 목표를 헌법에 명시했다. 이러한 조치는 페트로 포로셴코 대통령의 재선 운동의 일부로 볼 수 있지만, 이것이 의회에서 다수 지지를 받았다는 사실은 여론이 보여주는 바와 마찬가지로 나토 가입 지지가 2014년 이후 꾸준히 증가했다는 것을 보여주었다. 이와 동시에 나토는 우크라이나는 나토에 가입하지 말아야 한다는 러시아와 서방 일부 여론의 주장을 거부하며 나토와 우크라이나만이 우크라이나의 나토 가입을 결정할 수 있다고 강하게 주장했다. 2017년 7월 키이우를 방문한 나토 사무총장 옌스 스톨텐베르크Jens Stoltenberg는 우크라이나는 "자국의 안보 체제를 선택할 권리"를 갖고 있다고 다시 강조하고, "나토의 문은 열려있다"라고 말했다.[47]

우크라이나에 대한 유럽의 지원에는 중요한 한계가 있었고, 이 중 가장 눈에 띄는 것은 현재 진행 중인 전쟁에 무기를 지원하는 문제였다. 이러한 주저는 장기 집권 중인 독일 앙겔라 메르켈 총리의 입장을 대변한 것이었다. 메르켈은 러시아에 대해 "이웃 국가들을 파트너가 아니라 영향권으로 인식하는 구식 사고"를 비판하면서도 "분쟁은 군사적으로 해결해서는 안 된다"는 넓은 공감대가 있는 의견을 대변했다.[48]

우크라이나 유권자 구조의 변화

우크라이나 영토 일부를 러시아가 점령한 것은 우크라이나 정치에 의도하지 않은 큰 결과를 가져왔다. 이것은 자신을 ("러시아인"이 아니라) "우크라이나인"이라고 내세우는 우크라이나인의 비율을 크게 높였고, 우크라이나 유권자층에서 친러시아 유권자의 상당수를 제거하는 결과를 가져왔다(이들은 주로 크림과 돈바스에 집중되어 있다).

여론 조사에 의하면 우크라이나 국민들은 점점 더 자신의 정체성을 "러시아인"이 아니라 "우크라이나인"으로 정의했다. 볼로디미르 쿨리크Volodymyr Kulyk는 "러시아에서 점점 더 거리가 멀어지고, 세계관으로 우크라이나 민족주의를 포용하는 것"을 발견했다.[49] 쿨리크는 응답자들이 우크라이나성(Ukrainianness)을 재정의하고 있다는 것을 발견했다. 이들은 (선천적인) 인종적(ethnic ascriptive) 요인이 아니라 시민적(civic) 요인에 좀더 초점을 맞추었다. 여기서 중요한 점은 인종적 정체성의 재정의 비율의 기반은 작게 시작되었지만 동부 우크라이나 지역이 다른 지역보다 더 높았다.[50] 좀더 구체적으로 보면 타라스 쿠지오Taras Kuzio는 러시아와의 전투에서 전사한 사람 중 가장 큰 비율은 전통적으로 민족주의가 강한 서부 우크라이나 출신보다 동부 지역이나 남부인 드니프로페트롭스크 주 출신이라는 점을 지적했다.[51] 그렇게 2014년 러시아의 침공은 단순히 러시아, EU, NATO에 대한 우크라이나인들의 시각을 바꾸었을 뿐만 아니라, 자신들에 대한 시각도 바꾸었다.

아마도 가장 중요한 점은 크림과 도네츠크 주, 루한스크 주 일부를 러시아가 점령함으로써 우크라이나에서 가장 친러시아적인 유권자들의 상당 부분을 제거해 버렸다는 것이다(여기서 "친러시아pro-Russian"는 영토 합병이 아니라 러시아와의 밀접한 관계를 지지하는 것으로 정의된다). 러시아의 우크라이나 점령은 러시아의 이익에 반하게 우크라이나 선거구를 재획정하는 결과를 가져왔다.[52] 크림과 도네츠크에 점령 지역에는 2010년 대통령 선거에서 370만 명의 유권자(전체 유권자의 12퍼센트)가 거주했고, 이들 중 87퍼센트가 빅토르 야누코비치에게 투표했었다. 2010년 야누코비치가 얻은 표 중 30퍼센트에 해당되는 유권자는 2019년 선거에서 투표를 하지 못했다. 이런 변화의 구체적 함의는 만일 야누코비치가 2015년 이후 국경 변경 상태에서 2010년 선거를 치렀다면 그는 패배했을 것이 분명했다는 점이다. 의회 선거 결과도 비슷했다. 친러시아 정강을 내세운 정당들은 더 이상 2012년 지역당(Party of Regions) 같이 다수당이 될 수 없게 되었다.[i][53] 2019년 대선과 총선 결과는 이러한 결과를 그대로 확인했다. 2014년 이전에 특징이었던 지역적 선거 패턴은 그대로 유지되었지만, 친러시아표는 크게 잘려나갔다.[54]

친러시아 유권자층의 재조정과 상실은 러시아의 2014년 간섭은 우크라이나 내 러시아의 정치적 영향력을 증가시킨 것이 아니라 감소시켰다는 것을 의미했다. 평화 협상 과정의 결과는 잠재적으로 여파가 매우 컸다. 역설적으로 러시아는 친러 성향 유권자들을 다시 우크라이나로 되돌려 보내는 것을 원하지만, 우크라이나는 이를 원하지 않고 있다.[ii] 기미타가 마쓰자토 Kimitaka Matsuzato는 "장래의 선거 지리학은 재건된 우크라이나가 민스크 평화 협정 과정의 가장 영향력 있는 참가자가 되게 만들 것이다"라고 말했다.[55] 여기에다가 "상실된" 표 대부분은 크림이 아니라 돈바스에서 나왔다는 점도 중요하다. 마쓰자토는 "돈바스는 러시아를 필요로 하지만, 우크라이나는 이를 상실할 수 없다는 점에서 크림과 다르다"라고 말했다.[56]

우리는 러시아 지도자들이 친러 유권자들을 우크라이나 유권자층에서 이탈시킨 손실을 인식했다는 직접적 증거는 가지고 있지 않지만, 그들이 이것을 인지하지 못했을 것으로 상상하기는 어렵다. 이것이 2022년까지 러시아는 점령한 지역을 합병하거나 그들의 독립을 인정하는 대신에 민스크협정을 이행하도록 압력을 넣은 이유라고 볼 수 있다. 러시아는 이 지역과 유

---

i 의회 선거 결과를 보면 2014년 침공 이후 친러시아 대 친서방-중도 정당 득표 비율은 대략 40퍼센트 대 60퍼센트였지만, 2014년 이후 이 비율은 거의 20퍼센트 대 80퍼센트로 바뀌었다.

ii 러시아가 우크라이나의 친러 지역 유권자를 상실하지 않고 정치적 지렛대를 유지하기 위해서는 크림을 러시아에 합병하는 방식보다 실질적 독립은 유지하되 우크라이나 내에 계속 남아서 선거에 영향을 행사하도록 만드는 방안도 고려했어야 한다.

권자들을 우크라이나에 다시 되돌려 놓을 필요가 있었다. 우크라이나 선거를 통해 통제력을 확보하는 것이 더 이상 불가능하다는 인식이 침공과 무력을 통한 친러 정부 수립만이 유일한 선택지로 남았다는 결론을 강화시켰을 가능성이 크다.

2019년 우크라이나 대선

2019년 우크라이나 대선은 우크라이나 동부에서 전쟁이 지속되고, 인종적, 정치적 재정의, 점령으로 인한 유권자 구도 변화, 최근의 우크라이나 정교회의 독립 획득이라는 상황이 발생한 가운데 치러졌다. 대통령 선거는 2019년 3월과 4월 1차 선거와 결선 투표가 치러지기로 예정되었다. 선거운동 초기에는 현직 대통령 페트로 포로셴코와 1990년대 이후 우크라이나 정치에 존재감이 분명한 율리야 티모셴코 사이의 경쟁이 될 것으로 보였다. 여론조사에서 티모셴코는 포로셴코를 앞서 나갔다. 포로셴코의 지지율은 한자리 수로 떨어진 상태였다. 그러나 2018년 말 정치 신인인 코미디언 볼로디미르 젤렌스키Volodymyr Zelensky가 강력한 도전자로 부상하기 시작했고, 그의 인기는 티모셴코의 지지율을 침식했다.

포로셴코는 자신을 우크라이나 민족주의 수호 후보자로 내세우며 "군대, 언어, 신앙"을 선거 구호로 내세우며, 전쟁 수행, 우크라이나어에 대한 입법, 모스크바로부터 정교회 분리 성취를 자신의 업적으로 내세웠다. 젤렌스키는 공개 토론과 TV 인터뷰를 피하고 사회관계망을 통한 선거운동에 집중했고, 특정 정책 제안을 피하면서 단지 부패 척결과 평화 협상 추진을 정책을 내세웠다. 올리가르히 출신인 포로셴코는 자신의 사업 자산 투자를 회수하겠다는 지난 선거의 약속을 위반한 것으로 의심받은 반면, 젤렌스키는 또 다른 올리가르히인 이호르 콜로모이스키Ihor Kolomoisky가 만들어낸 정치 "프로젝트"라는 의심을 받았다.

친러시아 후보는 당선 가능성이 거의 없었지만, 푸틴은 우크라이나 대선에 상당한 공개적 관심을 보였다. 2018년 10월 푸틴은 현재의 우크라이나 정부와는 아무런 진전을 이룰 수 없었다고 말했다. "그래서, 우리는 국내 정치 사이클이 제 노선을 찾아갈 때까지 기다릴 수밖에 없다. 그리고 나는 우리가 최소한 일부 관계를 수립할 수 있고, 그 나라의 새 지도부와 무언가를 협상할 수 있기를 바란다"라고 말했다.[57]

대선 전 인터뷰를 한 러시아 엘리트들은 티모셴코보다는 젤렌스키를 선호했고, 세 후보 중 포로셴코를 최악으로 여겼다(그들은 친러 후보인 유리 보이코Yuri Boyko를 선호했지만, 그가 승리할 가능성은 없는 것으로 보았다).[58] 러시아 총리 드미트리 메드베데프는 조심스런 낙관주의를 표명하며 "우리나라와 관계를 개선할 가능성이 있다"라고 말했다.[59] 그러나 푸틴은 2004년과 2010년 대선 때와 마찬가지로 특정 후보를 지지하거나 옹호하지 않았다.

모스크바의 라디오방송 〈에호 모스크비(Ekho Moskvy)〉의 책임자 알렉세이 베네디코프Alexei Venedikov에 따르면 푸틴의 입장은 "만일 우리가 우크라이나의 러시아 후보자에 대해 말한다면 미스터 혼란(Mister Chaos)이 우리 후보일 것이다. 더 많은 혼란이 오고, 후보들이 약할수록 ... 러시아에 더 도움이 된다"일 것이라고 논평했다.[60] 우크라이나 대선을 방해하는 도발로 러시아 연방정보부가 꾸민 것으로 추정되는 하르키우 기차역 폭발 시도와 모스크바 총주교청 관할 정교회들에 대한 일련의 공격이 있었다. 이 공격에는 나치 또는 극우파 상징물들이 사용되어, 우크라이나를 나치가 러시아인들을 공격하는 나라로 만들려는 러시아의 오랜 전략이 사용되었다.[61] 2018년 말

표 8.1 2019년 대통령 선거 결과

후보	1차 선거	2차 선거
볼로디미르 젤렌스키	30	73.2
페트로 포로셴코	16.0	24.5
율리아 티모셴코	13.4	해당 없음
유리 보이코	11.7	해당 없음
기타 후보/무효표	28.9	2.3

11월 케르치 해협에서 발생한 군사적 사건은 선거를 혼란에 빠뜨릴 위협을 제공했다. 많은 사람들은 지지율이 극히 낮은 포로셴코가 이 사건을 빌미로 대선을 취소하거나 연기할 수 있다고 보았다. 그러나 30일 비상사태 기간이 지나자 포로셴코는 비상사태를 연장하지 않았지만, 많은 사람들은 이 사건을 우크라이나 대선을 방해하거나 신뢰를 떨어뜨리기 위해 러시아가 일으킨 것으로 보았다.

젤렌스키는 1차 선거에서 포로셴코를 크게 앞서며 1위를 차지했지만, 과반 득표는 하지 못했다. 티모셴코가 3위를 차지했다. 4위를 차지한 유리 보이코는 무소속으로 출마했지만 지역당을 이어받은 야당연합-'생명을 위하여'당(Opposition Platform-For Life)과 관련이 있었다. 보이코는 11.7퍼센트를 득표했고, 지역당의 또 다른 후계 정당인 야당블록(Opposition Bloc)의 올렉산드르 빌쿨Oleksandr Vilkul이 4.2퍼센트를 득표했다(표 8.1 참조). 두 친러 후보의 득표율을 합친 16퍼센트가 앞에 서술한 요인들을 부분적으로 반영했다고 볼 수 있다. 즉 러시아 침공에 대한 반대 여론과 지역당의 지역적 근거지가 크게 상실된 것을 반영했다. 크리비리흐 출신이고, 배우로 활동할 때는 러시아어를 사용했던 젤렌스키는 동부와 남부에서 많은 표를 얻었다.

결선 투표에서 젤렌스키는 73퍼센트 이상을 득표했고, 이것은 우크라이나 역대 대통령 선거에서 가장 많은 득표였다. 그는 대단한 정치적 위임을 가지고 대통령에 취임했고, 이것을 이용해 의회를 강제 해산하고 조기 총선을 실시했다. 젤렌스키와 그의 선거팀은 "국민의 종(*Sluha Narodu*)"이라고 불리는 새 정당을 창당했다. 이 명칭은 그가 학교 교사에서 갑자기 대통령이 된 주인공이 부패를 척결하는 내용의 TV 드라마 제목이었다. 7월 21일 치러진 총선에서 국민의 종은 43퍼센트를 득표하여 비례대표제에서 124석을 얻었고, 소선거구제에서 130석을 얻었다(표 8.2 참조). 총 254석을 얻은 젤렌스키는 450석으로 구성된 의회에서 다수당을 차지했고, 이것은 우크라이나 의회 역사상 단일당이 다수파를 이룬 최초의 사례였다

이 총선은 젤렌스키 당의 압도적 우위뿐만 아니라 여타 표의 분산이 특징적이었다. 야당 정파는 야당플랫폼과 야당블럭 두 정당으로 나뉘어서 많은 표를 사표로 만들었다. 대통령 후보 유리 보이코의 야당플랫폼과 바딤 라비노비치와 친푸틴 올리가르흐인 빅토르 메드베드추크의 생명당(*Za Zhizn'*)이 연합한 야당플랫폼-생명당은 선거에서 2위를 차지했다. 이 당은 공식 제1야당이 되어서 상임위원회 배정과 가시성에서 효과를 가져왔다. 친러시아 당에 대한 지지는 완전히 사라지지는 않았다. 이전 선거와 마찬가지로 밴드웨건 효과(bandwagon effects)[iii]가 "국민의 종"당의 높은 득표율뿐만 아니라 포로셴코의 유럽연대(European Solidarity)당의 붕괴를 가져왔다. 이 당은 2014년 다수당에서 2019년 4위 정당으로 밀려났고, 132석 중 107석을 잃었다.

선거 결과를 떠나서 이번 총선은 전쟁 상황 속에서도 무난하게 진행되었고, 우크라이나에서 또 한번의 평화적 권력 이양을 가져왔다는 점만으로 매우 중요한 정치적 사건으로 볼 수 있다. 야누코비치 대통령의 러시아 도주 후 비상 상황에서 권력 이양이 이루어진 다음 러시아는 물론 우크라이나의

iii 선거에서 유권자와 후보들이 우세를 보이는 다수의 선택에 편승하는 것을 의미한다.

표 8.2 2019년 총선 결과

정당	득표율	비례대표 의석 수	소선거구제 의석 수	전체 의석 수
국민의 종	43.2	124	130	254
야당플랫폼-생명당	13.1	37	6	43
조국당[iv]	8.2	24	2	26
유럽연대	8.1	23	2	25
홀로스	5.8	17	3	20
야당블록	3.0	0	6	6
기타 정당과 무소속[v]	18.6	해당 없음	50	50
전체	100	225	199[vi]	424

* 러시아에 점령된 크림과 도네츠크, 루한스크에 있는 26석의 소선거구 의석은 채워지지 않았다.

일부 사람들은 포로셴코 정부와 2014년 선거는 불법이라는 주장을 했었다. 포로셴코를 물러나게 한 자유롭고 공정한 선거와 2014년 총선은 우크라이나 정치 체제의 정당성을 강화하는 데 큰 역할을 했다. 젤렌스키는 당선 당시 41세였고, 의원들의 평균 연령도 48세에서 41세로 낮아졌다. 의원의 80퍼센트는 처음으로 의회에 진출한 정치인들이었고, 여성 의원이 차지하는 비율도 두 배로 늘어나 20퍼센트가 되었다.[62] 푸틴은 젤렌스키의 당선에 특히 큰 우려를 할 만했다. 그는 젊고, 유머가 넘치고, 러시아어를 제1언어로 구사하는 정치인이고, 러시아에도 잘 알려져 있고, 인기가 많았고, 푸틴이 러시아와 같은 나라라고 주장하는 우크라이나에서 민주적으로 대통령에 당선되었다.

---

iv 조국당(Batkivshchyna)는 율리아 티모셴코가 이끄는 당이다.

v 2024년 총선에서 우파 급진당인 프라비아 섹토르는 25석을 얻었지만, 이번 선거에서 극우파인 올레그 라시코의 민족급진당은 4.01퍼센트 득표에 그쳐서 5퍼센트 비례대표 진입선을 넘지 못했고, 이것은 극우파에 대한 급격한 지지 감소를 의미한다.

vi 지역구 선출 의석 225석에서 26석이 모자라는 것은 동부 러시아 점령 지역에서 선출하지 못한 의원 숫자이다.

러시아와 극명한 대조는 푸틴이 편하게 받아들일 수 있는 현상이 아니었다. 2018년 러시아 대선에서 푸틴은 78퍼센트를 득표하여 4선 대통령으로 당선되었다. 푸틴 다음 자리는 공산당 후보인 파벨 그루디닌Pavel Grudinin과 신파시스트인 블라디미르 지리놉스키가 차지했다. 러시아 대선에 앞서 국가 통제하에 있는 언론의 적극적 선거운동이 전개되었다. 당국과 언론은 푸틴이 당선되는 것뿐만 아니라 투표율 65퍼센트 목표를 달성하기 위해 필사적 노력을 기울였다.[63] 선거 조작과 부정이 광범위하게 저질러졌다는 보도가 많이 나왔다. 투표소에서 찍은 영상에는 한 사람이 복수의 투표지를 투표함에 넣는 것이 나타났다.[64] 여러 지역의 투표율은 모두 합치면 통계적으로 도저히 나올 수 없는 숫자를 보였다.[65] 이후 벨라루스, 러시아, 카자흐스탄에서 일어난 반정부 시위는 푸틴에 대한 민주주의 위협을 강화했다.

젤렌스키가 추진한 개혁

젤렌스키는 확고한 지지율을 바탕으로 의회에서 극적인 개혁 조치를 밀어붙일 수 있었지만, 이전 대통령들과 마찬가지로 그 결과는 전혀 감동을 주지 못했다. 유셴코 정권 때와 마찬가지로 젤렌스키 측근들 중 많은 수는 새로 얻은 직책으로 재정적 이익을 얻는 데 노력을 집중하는 것처럼 보였다. 젤렌스키는 권력이 막강한 내무장관 아르센 아바코프Arsen Avakov를 유임시켰는데, 아바코프가 의회에서 상당한 세력을 구축했기 때문에 그를 해임하는 것을 주저한 것으로 보인다. 그는 선거에서 자신을 도와준 콜로모이스키를 포함한 주요 올리가르히들의 이익을 침해하는 개혁을 밀어붙이기 위해 애를 썼다. 일부 주요 개혁 법안들은 의회에서 콜로모이스키가 통제하는 정파가 지지하지 않아서 입법에 실패했다. 이런 가운데 IMF가 지속적인 재정 지원의 전제조건으로 제시한 한 가지 조치만이 야당의 지지를 얻어 통과되었다.

2020년 COVID-19가 발생하면서 이미 동부 지역 전쟁과 오랜 기간 만성적으로 지속된 문제들로 큰 타격을 받고 있던 우크라이나 경제에 또 하나의 어두운 그림자를 드리웠다. 팬데믹은 러시아-우크라이나 관계에는 직접적 영향을 미치지는 않았다. 우크라이나는 서방 국가들과 보조를 맞추어 러시아의 스푸트니크(Sputnik) 백신 사용을 승인하기로 결정했지만, 일부 사람들은 공중 보건에 정치문제가 끼어든 것을 비판했다. 우크라이나에서 백신 접종률은 상대적으로 낮았고, 그래서 코로나 감염율은 상당히 높았다.

젤렌스키의 평화 프로세스 추구

자신을 러시아의 숙적으로 내세운 포로셴코와 대조되게 젤렌스키는 평화를 가져올 수 있는 실용주의자 이미지를 보여주어서, (크림은 아니더라도) 우크라이나 동부 전투에 돌파구를 마련할 수 있을 것이라는 기대를 높였다. 선거에서 당선되기 전까지 젤렌스키는 "우리는 민스크 평화 협상 방향으로 계속 움직이며 휴전 협정 체결을 향해 나갈 것이다"라고 말했었다. 그는 러시아가 지원하는 분리주의자들과의 관계를 "다시 살릴" 것을 약속했다. 그러나 그의 희망은 결국 무너졌다. 블라디미르 푸틴은 관행적인 당선 축하 메시지를 보내지 않았고, 2019년 4월 러시아는 점령된 도네츠크와 루한스크 지역 주민들에게 러시아 여권을 배포하겠다고 발표했다. 러시아는 바로 젤렌스키의 패기를 시험하고 그를 뒷걸음치도록 만들기를 원한 것 같았다.

젤렌스키는 여전히 푸틴에게 돈바스 문제 해결을 설득할 수 있다고 믿는 것처럼 보이며 자신이 입장을 계속 주장했고, 일부 협상 진전의 기미도 보였다. 2019년 9월에 약 70명의 전쟁 포로가 교환되었다, 젤렌스키는 노르망디 그룹(러시아, 우크라이나, 프랑스, 독일)의 후원하에 푸틴과 조속히 만나기를 희망했지만 푸틴은 이에 응하지 않았고, 두 사람 사이의 회동의 전제조건으로 젤렌스키가 소위 "슈타인마이머 공식(Steinmeimer formula)"에 동의하는 것을 내걸었다. 독일 외무장관 프랑크 발터 슈타인마이머Frank Walter Steinmeimer가 제기한 이 "공식"은 돈바스 점령 지역의 새 선거의 규칙에 대한 이견을 해소하고, 이 지역에 "조건적 자치"를 제공함으로써 자치를 부여하는 것을 내용으로 했다. 자치의 조건은 OSCE가 이후 치러지는 선거가 자유롭고 공정하다는 것을 확인하는 것이었다. 우크라이나의 많은 사람들은 이 공식에 격렬히 반대했다. 그들은 일단 자치가 부여되면 선거는 자유롭고 공정하게 치러질 수 없고, 이미 부여한 자치를 다시 취소할 방법도 없다는 것을 반대 이유로 내세웠다.

결국 젤렌스키가 푸틴의 조건에 동의하자, 키이우에서는 격렬한 시위가 일어났다. 이 타협에 반대하는 사람들은 "굴복에 반대하는 운동(*Rukh Opory Kapitulaitsii*)"을 결성하여, 슈타인마이머 공식뿐만 아니라 대치선에서 전투 중지에도 반대했다. 그들은 이것을 러시아가 얻은 영토를 동결하는 조치로 보았다. 젤렌스키는 슈타인마이머 공식에 대한 지지를 철회하는 방식으로 자신의 입장을 정리했다.[66]

젤렌스키와 푸틴은 2019년 12월 9일 만났지만, 젤렌스키는 국내적으로나 국제적으로 많은 제약을 받았다. 그가 앞서 제안한 양보는 격렬한 항위 시위를 불러일으켰고, 우크라이나 야당으로부터 그 이상의 양보는 허용하지 않을 것이라는 통보를 받은 상태였다. 친서방 정당인 홀로스(*Holos*, '소리'라는 뜻) 지도자 스뱌토슬라우 바카르추크Svaytoslav Vakarchuk는 "우크라이나 사회, 특히 우크라이나 사회의 대부분이 넘을 수 없고, 국가 지도자들과 대통령을 포함한 다른 사람들도 넘도록 허용할 수 없는 분명한 레드라인이 있다"고 말했다.[67] 도널드 트럼프 미국 대통령은 젤렌스키에게 "당신과 푸틴 대통령이 같이 앉아서 당신들의 문제를 풀기를 진정으로 희망한다"는 말만 했다.[68] 회동에서 양측은 몇 가지 잠재적으로 중요한 조치에 합의했다. 여기에는 연말까지 완전한 휴전 달성, 지뢰 제거 계획, 병력이 철수할 수 있는 새 지역 확정, 추가적 포로 교환 등이 포함되었다.[69] 그러나 이것 중 어느 것도 실행에 옮겨지지는 않았다.

벨라루스, 러시아, 카자흐스탄의 반정부 시위

젊은 젤렌스키를 대통령으로 선출한 우크라이나의 민주적 선거는 구소련 지역의 나이 많은 알렉산드르 루카셴코 벨라루스 대통령(1954년 생)과 블라디미르 푸틴(1952년 생)에게 위험한 사례가 되었다. 두 사람은 2020년과 2021년 시위가 발생하자 이를 무자비하게 진압했다.

2020년 벨라루스에서 치러진 대통령 선거는 러시아에게 또 하나의 손실이 될 뻔했으나 중요한 승리로 끝났다. 8월 9일 믿기 어려운 루카셴코의 선거 승리 발표 후 시위대는 루카셴코를 실각시키겠다고 위협했다. 이것이 러시아에 무엇을 의미하는지 불분명했다면, 루카셴코가 9월 러시아 국영 TV에 나와 "만일 벨라루스가 오늘 무너지면, 다음은 러시아다"라고 분명히 말했다.[70] 푸틴은 이미 8월에 벨라루스에 파견할 "상당한 경찰 예비 병력"을 준비해 놓고, "사태가 통제 불능이 되기 전에는 사용하지 않을 것이다"라고 말했었다.[71] 최종적으로 27,000명의 시위 가담자가 체포되고, 선거 항의 시위는 진압되었다.

이것이 러시아-벨라루스 관계에 미친 영향은 아주 컸다. 루카셴코가 자신의 생존을 위해 러시아 힘에 의존하게 하면서 러시아의 장기판 졸이 되지 않기 위해 오랫동안 저항한 것은 헛수고가 되었다. 러시아는 2021년 벨라루스에서 대규모 군사 훈련을 실시했고, 이 병력 중 상당수를 벨라루스에 남겨 놓았다. 이 병력 중 일부는 후에 우크라이나 침공에 투입되었지만, 이 병력은 벨라루스 자체에 대한 강압에 큰 무기가 되었다. 폴란드의 한 나토 관리는 이 병력 배치로 "벨라루스는 사실상 새로운 러시아 군관구가 되었다"고 평가했다.[72]

2021년 1월 러시아 반정부 인사 알렉세이 나발니가 귀국해서 바로 수감되면서 러시아에서도 시위가 일어났다. 그는 러시아 정보요원이 신경 물질로 암살을 시도한 후 독일에서 치료를 받아왔었다. 수천 명의 시위대가 체포된 후 나발니는 벨라루스식의 탄압을 피하고 싶다며 지지자들에게 가두 시위를 중단할 것을 요청했다.[73]

2021년 동안 러시아에서는 더 많은 조직들이 여러 이유로 해산되었고, 12월 28일 "기억(Memorial) 그룹"이 대법원 판결에 의해 "척결"되었다. "러시아의 가장 핵심적인 포스트-소비에트 시민 단체"[74]인 "기억"은 고르바초프의 개혁이 시작된 1980년대에 설립되었고, 소련 정권의 수많은 범죄행위를 밝혀냈다. 이 사건을 담당한 검사들은 이 사건을 정치 사건으로 만들고, "기억"이 "소련을 테러 국가로 허위적으로 그리고 있다"고 기소했다.[75]

구소련 지역이 독재자들에 대한 위협과, 그 연장으로 러시아 영향권에 대한 위협은 점점 커졌다. 2022년 1월 카자흐스탄에서 대규모 시위가 발생해 모든 사람을 놀라게 만들었다. 이 시위의 결과로 누르술탄 나자르바예프 대통령이 사임했지만, 여전히 상당한 권력을 누렸다. 이 시위가 완전히 지역적인 것이 아니라 "전염성이 있는" 결과를 가져오는 정도에 대해서는 논란이 있을 수 있지만, 러시아 지도자들은 민주화를 우크라이나를 주요 투사 방향으로 삼은 서방이 확산시키는 음모로 계속 보았다.

우크라이나의 러시아 영향력 제한 움직임

러시아가 정보 작전부터 체제 전복에 이르기까지 "소프트파워"를 적극 활용한 것은 2014년 큰 보상을 가져와서 흑해 함대의 지휘관 상당수는 충성 대상을 바꾸었고, 러시아가 지원하는 활동가들은 크림의 분리를 지원했다. 2016년 푸틴은 "러시아연방의 신외교정책 개념"을 승인했고, 여기에서는 "소프트파워" 사용에 상당한 주의가 기울여졌다. 소프트파워를 한 나라의 문화와 외교 정책을 수동적으로 매력적으로 만든다고 본 조지프 나이Joseph Nye와 대조되게 러시아의 정책보고서는 이것을 "민간 사회가 제공하는 수단들과 다양한 방법과 기술"의 집합으로 보았다.[76] 이후 우크라이나는 이러한 영향력과 싸우기 위해 일련의 조치를 취했다. 이 전투의 전선에는 사회언론, 신문, TV뿐 아니라 우크라이나 내 푸틴의 가장 가까운 지지자이자 숭앙자인 빅토르 메드베드추크도 포함되었다. 2015년 이전 러시아는 우크라이나인들이 이용하는 언론. 특히 동보 지역 언론의 상당 부분을 통제했고, 메드베드추크는 자유롭게 푸틴을 지지하는 활동을 벌였다. 2021년까지 메드베드추크의 영향력 상당 부분은 사라졌다. 이것이 푸틴의 생각에 어떤 영향을 미쳤는지를 알기는 어렵지만, 우크라이나에서 러시아의 영향력은 약화되고 있었다.

2017년 5월 포로셴코 정부는 우크라이나에서 가장 인기 있는 10대 사회관계망 사이트에 들어가는 브콘탁테Vkontakte와 오드노클라스니키Odnoklassniki를 폐쇄했다. 이와 동시에 10여 개의 러시아 TV 채널이 수신 금지되었다.[77] 러시아는 친러시아 올리가르히들이 통제하는 방식을 통해 언론에 여전히 상당한 영향력을 미치고 있었지만, 이러한 조치는 여파가 커서, 일부 사람들은 이것은 우크라이나를 보호하는 것을 넘어서서 국내 비판 여론을 잠재우는 것이라고 생각했다.[78] 러시아는 친러시아 올리가르히들의 주요 언론 방송 매입을 지원하는 것으로 여기에 대응했다. 야당 블록 소속 국회의원 타라스 코자크Taras Koazk는 세 개의 인기 있는 방송, 즉 112우크라이나, 뉴스원, 지크(ZIK)를 사들였지만, 112우크라이나의 실제 소유주(독일 중간 관리인을 통해)는 빅토르 메드베드추크로 추정되었다.[79] 세 방송을 합친 시청자 수는 우크라이나의 주요 TV 뉴스방송국의 시청자의 50퍼센트를 넘는 것으로 추정되었다.[80]

우크라이나에서 푸틴의 전략은 빅토르 메드베드추크의 영향력을 확대하는 것에 초점이 맞추어졌다.[81] 친(親)쿠치마 정치인으로 권력을 얻는 메드베드추크는 우크라이나 정치 권력의 정점에 있는 것으로 오랫동안 소문이 났었다. 그는 개인적으로 푸틴에게 아주 가까워서 푸틴은 메드베드추크 딸의 대부였다. 러시아 방송인 릴리야 셰브초바Liliya Shevtsova는 "만일 크렘린이 우크라이나에 대해 생각하는 바를 이해하기를 원한다면, 빅토르 메드베드추크의 말에 귀를 기울여야 한다"라고 말했다.[82] 메드베드추크는 또한 돈바스 전투 협상에서 중요한 인물이 되었다. 그가 그러한 자리에 오르게 된 것 자체가 많은 것을 얘기해 준다. 블라디미르 푸틴은 협상에 그를 포함시킬 것을 앙겔라 메르켈에게 제안했고, 그녀는 이것을 포로셴코에게 전달했다. 포로셴코는 "메드베드추크가 푸틴에게 정보를 전달하는 유일한 소스가 된 것"을 한탄했다.[83]

우크라이나의 2019년 의회 선거 직전 메드베드추크와 푸틴이 나오는 다큐멘터리 영화가 미국 영화감독 올리버 스톤에 의해 만들어져서 유투브에 방송되었다. 스톤의 영화는 푸틴과 메드베드추크를 찬양했고, 우크라이나의 2014년 혁명을 미국이 지원한 쿠데타로 그렸다. 이 영화 말미에 메드베드추크가 우크라이나 의회 선거에서 승리를 거두고 우크라이나에 평화를 가져오겠다고 말하고, 그 뒤를 이어 푸틴은 러시아와 우크라이나의 우호 관계가 불가피하다고 말하고 메드베드추크의 성격을 칭찬했다.[84] 저명한 영화감독이 이런 역할을 한 것도 기괴하지만, 이 프로젝트는 경제적 압박, 더 나은 선택지의 약속, 가짜정보, 친러시아 정치인의 선전을 결합한 러시아의 전략의 비군사적 양상의 다양한 줄기를 잘 보여주었다.

2021년 젤렌스키는 국가안보회의의 건의를 받아들여 112우크라이나, 뉴스원, 지크에 대한 제재를 실행하여 5년 방송금지 처분을 내리고 코자크 개인에 대한 제재조치도 취했다. 이 방송국들이 러시아의 재정 지원을 받는다는 점을 내세운 젤렌스키의 대변인은 "이 방송국들은 우크라이나에 대한 전쟁의 수단이 되었다. 그래서 그들은 국가안보를 위해 폐쇄되었다"라고 발표했다.[85] 그런 다음 5월 우크라이나 당국은 타라스 코자크와 빅토르 메드베드추크를 체포했다. 두 사람은 반역 행위로 기소되었고, 이것은 푸틴의 지원으로 메드베드추크는 "건드릴 수 없다"는 믿음을 깼다.[86] 며칠 후 러시아는 우크라이나 국경으로 병력을 이동시켰다. 우리는 왜 그렇게 오랫동안 마음대로 활동하던 코자크와 메드베드추크가 그 시점에 체포되었는지를 정확히 알 수 없다. 또한 우리는 이 사건이 푸틴으로 하여금 우크라이나는 군사적으로 정복하지 않으면 러시아의 통제하에 돌아올 수 없다는 확신을 갖게 했는지도 알 수 없다. "아마도 메드베드추크 체포가 푸틴에게는 우크라이나는 절대로 민스크협정을 이행하지 않을 것이고, 친러시아 정치인은 우크라이나의 정부 연정에 참여할 수 없고, 우크라이나 정부는 러시아의 이익에 신경을 쓰지 않을 것이라고 확신하게 만든 마지막 장면이 될 수도 있었다."[87]

러시아의 서방 국가 선거 간섭

2016년에는 지난 30년 만에 서방 선거에 가장 중요한 일이 일어났다. 영국에서 유권자들은 유럽연합에서 탈퇴하는 "브렉시트(Brexit)"를 근소한 차이로 결정하여 44년 동안의 영국 회원국 지위를 끝냈다. 미국에서는 우파 포퓰리스트인 도널드 트럼프가 2개 주에서 수천 표 차이로 승부가 결정된 선거에서 정치 기득권층을 뒤집고 대통령에 당선되었다. 두 경우 모두 러시아가 영향을 미쳤다는 것은 분명했지만, 이것이 결과를 바꿀 만큼 충분한 것이었는지는 분명하지 않았다.

브렉시트는 EU에서 경제적으로 가장 크고, 가장 강력한 군사 세력을 제거했고, EU와 영국 사이에 계속된 불화를 만들어냈으며, 영국의 내부적 단합을 위협했다. 영국 의회 조사에 의하면 "영국에 대한 러시아의 영향은 이제 새로운 정상(normal)이 되었다"라고 언급했지만, 영국 보수당이 이 사건을 조사하는 것을 거부했기 때문에 러시아의 영향력의 효과를 정확히 알아내는 것은 불가능했다.[88]

미국 대선에 러시아가 개입했다는 것은 미 법무부 보고서(뮐러 보고서)와 상원 정보위원회의 조사를 통해 드러났다.[89] 러시아는 도널드 트럼프가 힐러리 클린턴을 패배시키는 것을 돕기 위해 대규모로 은밀한 운동을 벌였다. 이 운동에는 트럼프 선거팀 관계자와 러시아 정보요원의 직접 접촉, 힐러리 클린턴의 신뢰를 떨어뜨리기 위해 탈취한 자료의 공표, 사회관계망을 이용한 도널드 트럼프 지원과 힐러리 클린턴 이미지 훼손 등이 포함되었다. 아마도 가장 중요한 것은 초당적 상원 정보위원회가 "가장 심각한 방첩 위협"[90]이라고 부른 폴 매너포트Paul Manafort의 개입이었다. 오랜 기간 공화당 선거 전략가로 일해온 매너포트는 트럼프의 선거운동책임자로 일하기 전 빅토르 야누코비치를 위해 일했었다. 트럼프 선거팀이 러시아와 협업했는지에 아니면 러시아의 도움을 수동적으로 받아들이는 데 그쳤는지에 대한 통일된 결론은 결코 나오지 않았다.

트럼프의 선거 승리는 러시아로서는 이중의 승리로 보였다. 트럼프는 푸틴에 대한 존경을 숨기지 않았을 뿐 아니라 힐러리 클린턴은 푸틴에 적대적인 것으로 보였다. 그러나 일부가 주장하는 것처럼 만일 도널드 트럼프가 러시아에 "약점이 잡혔다면", 이것은 트럼프 대통령 재임 시 분명하게 드러나지는 않았다. 2018년 트럼프 정부는 러시아가 위반해 오고 있던 INF협정에서 탈퇴했다. 트럼프는 또한 2011년 체결된 새 START 조약을 연장하는 것을 거부했다(이 시기의 긍정적인 에피소드 중 하나는 조 바이든 대통령은 2021년 이 조약을 5년 연장하는 데 동의했다는 사실이다). 미국의 혼란과 우유부단이 러시아에게 이익을 주는 범위에서 도널드 트럼프의 당선은 도움이 되었지만, 러시아가 얼마나 이 선거 결과에 영향을 미쳤는지를 정확히 아는 것은 쉽지 않다. 러시아 간섭의 가장 구체적인 효과는 반러시아 입장에 대한 초당적 지지를 공고하게 만들었다는 것이다. 러시아가 선거 결과를 뒤집으려고 시도했다는 사실은 극단적 미국 정치인들을 제외한 모든 사람들로 하여금 러시아와 거리를 두게 만들었다.

궁극적으로 트럼프는 우크라이나의 입지를 훼손하기보다는 우크라이나와 관련된 문제가 트럼프 정부를 거의 파멸로 몰고 갈 뻔했다. 2019년 7월 초 젤렌스키와의 통화에서 트럼프는 젤렌스키가 트럼프의 정적인 조 바이든에 대한 수사를 개시하지 않으면 군사 원조 프로그램을 중단하고 젤렌스키의 워싱턴 방문을 막겠다고 위협했다. 이로 인해 트럼프 첫 탄핵 절차가 시작되었다. 이 사건은 우크라이나에서는 미국보다 정치적 파장이 적었지만, 이것은 젤렌스키 정부가 두 미국 정당 어느 곳과도 충돌하지 않으려고 노력하면서 젤렌스키 정부의 힘을 엄청나게 분산시켰다.

탄핵 소동과 극적으로 대비되게 공화, 민주 양당은 트럼프가 일방적으로 러시아에 대한 제재를 해제하는 것을 막는 법안을 통과시켰다. 대 우크라이나 정책에 대한 합의는 2017년 10월《뉴욕타임스》에 실린 기고문에서 앞으로 바이든 행정부의 국무장관이 되는 앤서니 블링컨Anthony Blinken이 트럼프 정부 관리인 마이크 펜스Mike Pence, 렉스 틸러슨Rex Tillerson, 제임스 매티스James Mattis, H. R. 맥마스터MaMaster가 취하는 입장을 찬양한 데서도 드러났다.[91] 민주당과 공화당이 아무것에도 합의할 수 없는 시대에 양당은 우크라이나와 러시아 문제에 대해서는 의견 일치를 보였다. 트럼프는 개인적으로 푸틴에게 약점을 드러냈지만, 트럼프의 정부는 좀더 강경한 노선을 취했고, 2017년 12월 트럼프는 결국 국무부와 국방부의 추천에 동의해서 우크라이나에 오바마 정부는 공급을 거부했던 재블린 미사일 같은 치명적 무기를 공급하는 것을 승인했다.

민스크 프로세스의 실패와 전쟁에 이르는 길

소위 "민스크 합의"는 양측이 이 합의의 내용과 실행 과정에 대해 상충하는 인식을 가졌기 때문에 실행될 수 없었다. 우크라이나는 극도의 위협 상황에서 이 합의에 서명해서 이것을 실행하는 것, 특히 러시아가 원하는 대로 실행하는 것을 주저했다. 처음부터 우크라이나의 여론은 이 타협에 강하게 반대했다. 우크라이나의 주된 여론은 민스크-II는 도네츠크와 루한스크를 러시아의 완전한 국가 합병 목표를 지원하는 우크라이나 내의 트로이목마라는 것이었다. 우크라이나가 민스크-II를 실행하고자 하는 의지의 정도와 이 협정이 의미하는 바에 대한 해석은 러시아의 입장과 극적으로 달랐다. 2021년이 되자 젤렌스키는 민스크협정의 개정을 요구하고나섰다. "나는 내가 대통령이 되기 전에 서명된 과정에 참여하는 상황에 처했다. 민스크 프로세스는 이런 상황에서는 좀더 유연하게 적용되어야 한다. 이것은 과거가 아니라 현재의 목적에 이바지해야 한다"라고 말했다.[92]

푸틴은 반복적으로 우크라이나가 민스크-II 협정을 이행해야 한다고 주장하고, 서방이 우크라이나가 이를 위반하도록 부추기고 있다고 비난했다. 2021년 러시아 외무장관 라브로프는 우크라이나의 의도에 대한 불만을 표시했다. "우크라이나는 민스크 합의가 존재하지 않게 되기를 바라고 있다"라고 그는 말했다. 그는 EU 국가들이 러시아는 민스크협정 당사자가 아님에도 불구하고 민스크 합의 이행을 경제 제재 해제의 조건으로 내세우고 있다고 주장했다.[93]

설사 양측이 민스크 합의 이행에 진지한 의도를 가졌더라도 다양한 단계의 절차가 진행되는 순서에 대해서는 심각한 이견이 있었다. 양측은 서로 상대에 의해 이용당할 것을 우려했다. 만일 우크라이나가 두 지역에 대한 자치를 먼저 실행했는데 러시아가 병력을 철수하고 자유롭고 공정한 선거를 허용하지 않으면 우크라이나는 자국 내에 적대국이 통제하며 자국의 정책을 비토하는 권한을 가진 두 개의 지역을 안게 되는 것과 마찬가지였다. 러시아가 국경 통제를 포기했는데 우크라이나가 자치를 부여하거나 이전의 자치

약속을 취소할 수도 있었다(러시아가 1999년 체첸에게 한 것처럼).

푸틴의 선언은 어느 정도 효과를 가져와 서방의 분석가들과 지도자들은 문제의 해결을 위해 우크라이나가 민스크 합의를 좀더 적극적으로 실행해야 할 필요가 있다고 주장했다. 전쟁 발발 직전인 2022년 2월까지도 에마뉘엘 마크롱 프랑스 대통령은 "우크라이나 문제의 해결은 정치적으로만 달성될 수 있고, 민스크 합의만이 해결의 기초가 될 수 있다"라고 말했다.[94] 저명한 전 정부 관리와 분석가들의 모임인 유럽대서양안보지도자그룹(Euro Atlantic Security Leadership Group)은 2020년 2월 폭넓은 토론을 거쳐 "좀더 분명한 안보를 위한 12단계(Twelve Steps Toward Greater Security)"를 지지하는 계획을 만들어냈다.[95] "되돌릴 수 없는 휴전(an irreversible cease fire)"을 확립하는 것과 돈바스 지역의 지뢰를 제거하기 위한 국제적으로 지원하는 프로그램을 시작하는 것 등 일부 조항은 논란의 여지가 없었지만, 다른 조항들, 특히 러시아에 대한 구체적 조건 제안 없이 러시아에 대한 제재 철폐로 가는 길을 전제한 "제재에 대한 로드맵(roadmap on sanctions)"은 논란의 여지가 많았다. 이 계획은 대서양위원회(Atlanctic Council)의 강력한 반발을 불러일으켰다. 반발의 핵심은 문제를 러시아의 침공보다는 "우크라이나를 둘러싼 분쟁"으로 공식화하고, 제안의 일부는 "크렘린의 전술적 제안이나 프로파간다 내용을 그대로 반영했다"는 것이었다. 민스크협정 일부 이행에 대한 보상으로 러시아에 대한 제재를 철폐하는 것에 대해서 대서양위원회는 "민스크 합의의 가장 핵심적 요소는 진정한 휴전이고, 이것은 모스크바가 돈바스에 있는 관리들과 대리인들에게 지시를 하면 내일이라도 실행될 수 있는 것이다"라고 주장했다.[96]

양측의 상호 모순되는 입장은 2021년 초 EU 외교정책 수장인 조세프 보렐Josep Borrell이 트위터에 올린 메시지에도 드러났다. "(우크라이나) 외무장관 드미트로 쿨레바Dmytro Kuleba에게 나의 러시아 출장에 대해 통화를 했음. 나는 우크라이나의 영토적 통합성과 주권에 대한 EU의 변함 없는 입장과 민스크 합의의 완전한 이행을 요구할 것이라고 전함"라고 그는 트위터에 썼다.[97] 민스크 합의가 우크라이나 주권과 어떻게 부합될 수 있는지 알기는 쉽지 않으며, 이것은 러시아가 이 공식 이행을 그렇게 강력히 주장한 이유를 정확히 반영한 것으로 보인다.

결론

2015년 2월 민스크-II 협정 서명 이후 우크라이나 동부 "대치선"에서 전투는 줄어들었지만 완전히 중단되지는 않았다. 양측은 전투가 완전히 "동결되는" 것을 막을 이유가 있었다. 러시아는 우크라이나를 지속적인 전쟁 상태로 유지시키고 유럽을 더 큰 충돌을 피하게 만드는 것에서 이익을 얻을 수 있었다. 우크라이나로서는 상실한 영토를 회복하기 위한 노력을 계속하는 것이 중요했다.

양측은 돈바스에서 전투를 확전하는 것보다는 다른 곳에서 이익을 차지하려고 노력했다. 러시아는 크림에 대한 통제를 더욱 강화하고, 아조프해 통제권을 확보하고 우크라이나 언론에 대한 영향력을 확대하고, 푸틴이 신임하는 빅토르 메드베드추크를 우크라이나 동부의 가장 큰 정당의 지도자로 앉혔다. 그러나 러시아는 우크라이나로 하여금 민스크협정을 러시아가 원하는 대로 이행하도록 만드는 데는 실패했다.

몇 가지 장기적 요인인 러시아에 유리하게 작용하는 듯이 보였다. 첫째, 러시아의 헌법 개정으로 푸틴은 건강만 하다면 2036년까지 권좌를 지킬 길을 열어놓았다. 둘째, 임박한 노르드스트림-II 완공은 유럽의 러시아 가스 의존도를 심화시키고, 러시아가 우크라이나 가스관에 의존할 필요를 제거했다. 셋째, 2020년 벨라루스의 민주화 혁명은 오히려 러시아에 기회로 작용해서 루카셴코는 결국 러시아 군대의 주둔을 포함해서 러시아가 벨라루스에서 더 큰 역할을 하도록 허용할 수밖에 없었다. 마지막으로 러시아에 대한 제재를 유지하려는 유럽의 정치적 의지는 줄어드는 것처럼 보였다. 2014년 이후 대 러시아 제재를 이끌었던 높은 지지를 받는 독일의 앙겔라 메르켈 총리는 올라프 숄츠Olaf Scholz 총리로 대체되었고, 그의 사민당은 오랫동안 러시아와의 교역과 협상을 중요시했다. 미국이 아프가니스탄에서 무질서하게 철수한 것도 서방이 집단적으로 신뢰를 상실하고 있고, 러시아의 공격성을 저지하는 데 필요한 의지를 상실하고 있다는 인식을 강화시켰다.

다른 면에서 러시아의 입지는 축소되었고, 푸틴은 기회가 사라지고 있다는 우려를 했을 수 있다. 우크라이나는 EU와의 연계와 NATO와 군사 협력을 강화하고 있었다. 우크라이나 정교회의 독립을 위한 포로셴코의 운동은 양국 간의 핵심인 상징적 연계를 단절해 버렸다. 2022년까지 민스크 체제는 우크라이나의 괴뢰정부 장악 지역의 자치를 만들어내지 못하고 있었다. 러시아의 점령으로 친러시아 정당의 지지기반은 축소되었다. 이것은 점령된 지역 주민들이 친러시아계였기 때문이기도 하고 우크라이나 다른 지역 주민들이 자신의 정체성을 우크라이나로 다시 잡았기 때문이기도 했다. 친러시아 방송에 대한 젤렌스키의 제재는 러시아 선전의 효과를 감소시켰다. 이 과정에서 최종적 타격은 빅토르 메드베드추크의 체포였다.

이 책의 초판 결론에 "러시아가 중심이 되는 통합 프로젝트에 우크라이나를 포함하는 것은 (…) 이제는 군사적 공격이 없으면 달성될 수 없는 것처럼 보인다"라는 언급이 있었다. 2021년 어느 시점에 블라디미르 푸틴은 똑

같은 결론에 도달한 것 같아 보인다. 그러나 대부분의 관측가들은 우크라이나에서 제한적 역할에 만족해야 할 것이라고 가정한 반면, 푸틴은 군사적 정복을 선택했다. 그 결정의 맥락과 결과는 9장에 서술될 것이다.

9장 전쟁

2022년 2월 24일 러시아는 우크라이나를 침공했다. 서방 정보기관이 여러 주 동안 경고하고, 탱크 대열과 미사일 사진이 놀란 관찰자들에게 충격을 주었다. 이들은 이런 종류의 전쟁은 유럽 대륙에서 사라졌다고 생각해 왔었다. 이후 일어난 일에 분석가들도 마찬가지로 놀랐다. 우크라이나군은 붕괴하거나 항복하지 않았다. 대신에 그들은 러시아군을 물리치고 침략군에 큰 피해를 입혔다. 전쟁은 누가 더 잘 버티는가의 싸움이 되었다. 8년간의 교착 상태 후에 왜 블라디미르 푸틴은 새로운 확대된 전쟁을 시작했는가? 우크라이나는 이에 어떻게 대응했고, 전쟁은 왜 대부분의 사람들이 예상한 대로 진행되지 않았는가? 세계 여러나라는 전쟁에 어떤 반응을 보였는가?

전주곡 — 병력 증강 및 수사 전쟁 격화

2021년 2월 러시아는 수천 명의 러시아 병력이 "대규모 훈련"을 수행하기 위해 우크라이나 국경으로 이동한다고 발표했다. 러시아 장비가 러시아 전역에서 우크라이나와의 접경 지역으로 이동한다는 보도가 잇따랐다. 양국의 대치선을 감시하고 있던 유럽안보협력회의는 2021년 매일 수백 건의 휴전 협정 위반 사례를 보고했다. 3월 26일 도네츠크에서만 493건의 위반 사

례가 보도되었다.[1]

4월 러시아 TV는 러시아 병력이 국경 지역을 떠나는 모습을 보여주었다.[2] 그러나 미 국방부는 80,000명이 러시아 병력이 많은 무기와 함께 국경 지역에 남아 있어서, 러시아는 이전보다 훨씬 짧은 경고 시간에 전쟁에 돌입할 준비가 되었다고 평가했다. 우크라이나군에 자문 역할을 하던 미군 퇴역 장성인 마이클 레패스Michael Repass는 "이것은 시점과 상황이 러시아에 더 유리해지면 후에 그들이 돌아올 수 있다는 것을 나에게 말해준다. 그 일은 다시 일어날 것이다"라고 말했다.[3]

러시아와 유럽이 얼마나 서로 다른 얘기를 하고 있었는지는 독일 수상 메르켈과 4월 8일 푸틴과의 통화에서 잘 나타났다. 독일 당국은 메르켈이 다음과 같은 말을 했다는 통화 기록을 공개했다. 메르켈은 "상황의 완화를 가져오기 위해 병력 증강의 축소를 요구했다."[4] 러시아는 메르켈의 요구에 대해서는 아무 언급 없이 "블라디미르 푸틴은 대치선에서 상황을 의도적으로 악화시키는 키예프 당국의 도발적 행동에 주의를 촉구했다."[5] 새로 미국 대통령에 취임한 조 바이든과 푸틴은 2021년 6월 제네바에서 만났다. 두 사람은 논의가 차분했다고 말했지만, 두 사람이 이견을 보인 것은 분명했다. 푸틴은 "우리의 입장의 많은 부분은 서로 달랐다. 그럼에도 불구하고 나는 양측이 서로를 이해하려고 노력하고 우리의 입장을 좁히려는 의지를 표명했다고 생각한다"라고 말했다.[6]

위기는 12월에 재연되었다. 12월 1일 푸틴은 "우리 서부 국경에 대한 위협은 우리가 여러 번 말한 대로 정말 증가되고 있다"라고 말했다. 그는 "나토의 더 이상의 동진과 러시아 영토 인근에 무기 체제를 배치하는 것을 금지하기 위한 구체적 합의"를 제안했다.[7] 푸틴은 이러한 약속은 나토 국가 정부들이 "애당초 할 수 없는 일"이라는 것을 이미 잘 알고 있었지만, 서방에 나토 확장이 러시아의 공격을 부추겼다는 인상이 서방에 널리 퍼진 것을 고려할 때 이것은 영민한 책략이었다. 나토 사무총장 옌스 스톨텐베르크 Jens Stoltenberg는 이에 대해 표준적인 답을 내놓았다. "우크라이나가 언제 나토에 가입할지는 우크라이나와 30개 나토 회원국만이 결정할 수 있는 일이다." 그는 계속해서 "러시아는 거부권이 없다. 러시아는 부결권이 없다. 러시아는 자신의 이웃 국가들을 통제하는 영향권을 형성할 권리가 전혀 없다"고 주장했다.[8] 이것이야말로 푸틴을 화나게 만든 일이었다.

12월 3일《워싱턴포스트》는 미국 정보 보고는 러시아가 2022년 초 우크라이나를 침공하는 것을 계획하고 있는 것으로 판단하고 있다고 보도했다. 이 신문은 익명의 미국 관리가 "러시아는 지난 봄 우크라이나 국경에서 러시아가 진행한 군사 훈련 때보다 두 배 더 큰 규모의 전력으로 빠르면 2022년 초 우크라이나에 대한 군사 공격을 계획하고 있다. 이 계획에는 175,000명의 병력과 기갑 부대, 야포, 기타 장비를 가진 100개의 전술 대대 집단의 광범위한 움직임이 들어있다"고 말한 것으로 보도했다.[9] 이후 몇 주 동안 서방 정부들은 러시아의 병력 배치와 의도에 대한 구체적 정보를 쏟아냈다. 이러한 움직임의 목표는 러시아를 억제하고 우크라이나, 유럽, 미국 국민이 앞으로 일어날 일에 준비하도록 만들기 위한 것으로 보였다.

러시아의 공격 계획에 대한 뉴스는 수십 년 만에 가장 위험한 유럽의 위기를 촉발했다. 12월 7일 바이든과 푸틴은 "화상 정상회담"을 가졌고, 여기서 푸틴은 나토는 자신이 말하는 "우크라이나 영토를 확대시키고, 우리 국경에서 우크라이나의 잠재력을 증가시려는 위험한 시도"를 중단할 것을 요구했다. 바이든은 추가적 협상을 지지한다고 답했지만, 우크라이나와 나토만이 양자 간의 관계에 대해 결정할 수 있다는 표준적 대답에서 물러나지 않았다.[10] 다른 미국 관리들은 만일 러시아가 우크라이나를 다시 침공하면 미국과 동맹국들이 가할 제재를 공개적으로 논의하기 시작했다.

푸틴이 나토와 우크라이나에서 대해서 요구하는 바를 보면 2014년 우크라이나 침공은 나토-우크라이나 협력을 막기보다는 강화했다는 그의 인식을 보여주었다. 푸틴과 러시아가 진정으로 침략받을 것을 두려워했는지에 대해서는 의구심이 드는 반면, EU, NATO와 우크라이나의 협력 강화는 러시아가 우크라이나를 다시 차지할 수 있는 가능성을 약화시킨다는 점을 우려했던 것으로 보인다. 러시아는 우크라이나로 하여금 민스크-II를 러시아가 원하는 방식으로 이행하도록 미국이 도와줄 것을 기대한 것으로 보인다. 세르게이 라브로프 외무장관은 "키예프 당국은 미국 외에는 아무 말도 듣지 않는 것처럼 보인다"라고 말했다.[11] 나토와 좀더 넓은 유럽의 안보 우려가 중요했지만, 푸틴과 러시아에게 핵심적 문제는 1991년 이후와 동일했다. 즉 러시아는 우크라이나를 다시 차지할 필요가 있고, 서방은 이에 순응해야 한다는 것이다.

전쟁이 임박했는가에 대한 강력한 이견과 여러 논란이 있었다. 세 가지 가능성이 논의되었다. 하나는 러시아가 이미 침공을 결정했다는 것이었다. 두 번째는 군사력 강화는 우크라이나와 서방으로 하여금 중요한 양보를 하게 만들기 위한 의도적인 공갈이라는 것이었다. 세 번째는 러시아는 아직 결정을 내리지 않았고, 양보를 얻어내지 못하는 경우에만 공격할 것이라는 것이었다. 문제는 임박한 침공에 대한 모든 증거는 훌륭한 공갈의 증거로 해석될 수 있었다는 것이었다.

이후 몇 주 동안 세계는 1914년과 1938년을 연상시키는 위기 대응 외교가 난무하는 것을 보게 되었다. 유럽은 전쟁 일촉즉발의 상황에 처했는가? 아니면 새로운 유화(appeasement)가 이루어질 것인가? 아니면 단순히 위기는 지나갈 것인가? 12월 17일 러시아는 위기를 끝낼 수 있다고 주장하는 안보 조약 문안을 만들었다.[12] “러시아연방과 북대서양조약기구 국가들의 안보를 보장하기 위한 조치에 대한 합의”라는 제목이 붙은 이 문건은 나토 확장 중지, 나토에 1997년 5월 이후 나토에 가입한 어떤 국가에도 병력을 배치하지 않는다는 약속을 요구했다. 사실을 따져보면 2014년 러시아의 우크라이나 침공 이전 나토는 신규 나토 회원국 어디에도 상주 병력을 배치한 적은 없었다.[13] 러시아는 서면으로 된 답을 요구했다. 서방은 나토-러시아 핫라인 설치와 중거리 미사일 관련 새로운 조약 협상 같은 요구는 협상할 여지가 있다고 생각했지만, 나토의 후퇴와 동맹의 개방 정책(open-dood policy)을 포기하는 것은 애초에 협상이 불가능한 일이라고 보았다. 많은 사람들은 러시아의 제안이 진지한 것인지, 아니면 단지 임박한 침공에 앞선 프로파간다 작전인지에 대해 확신하지 못했다.

러시아는 자신들이 제안이 모두 받아들여져야 한다고 요구했지만, 나토 회원국들은 이것을 협상 개시를 위한 기반으로 보았고, 미국과 러시아 외교관들은 2022년 1월 10일 제네바에서 협상을 시작했다. 8시간에 걸친 협상 후 다소 진전이 보이기는 했지만, 러시아 대표단장인 세르게이 랴브코프Sergei Ryabkov 외무차관은 협상을 긍정적으로 평가하며 미국은 “러시아의 제안을 매우 진지하게 받아들였고”, 러시아는 “대화의 지속”을 원한다고 말했다. 그는 또한 “우리는 우크라이나를 공격할 계획이나 의도를 전혀 가지고 있지 않다”고 말하며 기자들을 안심시켰다. 랴브코프는 진지하게 말했지만, 그는 푸틴의 계획을 제대로 알고 있지 못했던 것으로 보인다.

미국은 1월 26일 러시아의 요구에 대한 서면 답변을 보냈다. 여기에서는 일부 제안을 거부하고 다른 문제에 대해 계속 협상할 것을 제안했다. 이 시점에 미국은 우크라이나 주재 미국대사관 직원 가족들에게 키이우를 떠나도록 지시하고, 추가적으로 8,500명의 병력을 비상 대기시켰다. 이것은 나토 동맹국들에게 필요한 경우 미국이 그들을 보호한다는 신호를 보낸 것이었다. 1월 28일 푸틴과 마크롱 프랑스 대통령 사이의 통화 기록은 "미국과 나토의 응답은 나토 확장 금지, 러시아 국경에 선제공격 무기 배치 중지 또는 유럽의 나토 군사적 잠재력과 인프라를 1997년 시점 이전으로 되돌리는 것과 같은 러시아의 핵심 우려 사항을 고려에 넣지 않았다"고 기록했고, 푸틴은 이후 취할 행동을 결정하기 전에 이 제안을 검토할 것이라고 덧붙였다.[14]

1월 31일 위기를 논의하기 위해 UN 안전보장이사회가 소집되었다. UN 주재 미국 대사 린다 그린필드-톰슨Linda Greenfield-Thomson은 러시아의 병력 증강을 지적하고, 러시아가 "공격의 빌미를 만들기 위해 우크라이나와 서방 국가들은 공격자로 몰아세우고 있다"고 비난했다. UN 주재 러시아 대사 바실리 네벤지아Vasily Nebenzia는 러시아가 공격을 계획하고 있다는 지적을 부인하고 "당신들이 이것을 거의 불러들이고 있다. 당신들은 이 일이 일어나기를 바란다"라고 주장했다.[15] 네벤지아는 UN 주재 우크라이나 대사 세르히 키슬리차Serhiy Kyslytsa가 발언을 시작하기 전 회의장을 나갔다.

서방 지도자들은 러시아의 병력 증강에 대한 대응을 준비하고 내부의 이견과 국가 간의 이견을 조정하려고 노력했다. 우크라이나 정부는 러시아에 대한 선제적 제재를 주장했고, 서방의 일부 사람들은 이러한 조치를 지지했지만, 서방 정부들은 만일 더 큰 제재가 시행되면 푸틴은 전쟁을 시작해서 잃을 것이 별로 없게 된다는 이유로 이에 반대했다. 서방 지도자들은 푸틴과 자국 국민들에게 나토는 우크라이나를 위해 간섭에 나서지 않을 것이라고 약속했다. 러시아를 억제하는 핵심 전술은 추가적 경제 제재는 "핵무기와 같은 선택(nuclear option)"인 국제 결제 제도인 SWIFT에서 배제시키는 것을 포함하여 즉각적이고 대규모라는 점을 미리 알리는 것이었다.[16]

이 기간 미국은 전쟁 준비와 이미 고통을 겪고 있는 우크라이나 경제에 엄청난 영향을 미칠 공포 사이에 균형을 잡으려고 노력했다. 젤렌스키는 러시아의 침공이 임박했다는 주장을 부인하고 이러한 주장을 하는 서방 정부들을 비판했지만, 이와 동시에 서방 국가들로부터 지원을 필사적으로 구했다. 젤렌스키는 미국이 좀더 깊이 관여하기를 원했다. 젤렌스키는 바이든에게 미국의 지원과 외교적 지원에 사의를 표하며 "우리는 이것이 다른 무엇보다도 공포의 확산을 막는 데 도움을 주기를 바란다"고 말하고, 이와 동시에 "우리는 싸울 준비가 절대적으로 되어 있다"고 항전 의지를 밝혔다.[17] 2월 10일 시작된 러시아-벨라루스 합동 군사 훈련에 대한 움직임으로 우크라이나는 약 10,000명의 병력을 동원하여 자체 군사 훈련을 벌였다. 우크라이나 지상군 사령관인 올렉산드르 시르스키Oleksand Syrski는 "우리는 특히 적의 공격으로 가능한 한 가장 위험한 지점으로 우리 군대를 이동시켜 훈련을 진행했다"고 말했다.[18]

유럽 지도자들은 긴급히 해결책을 찾아 나섰지만, 미국의 노선이 너무 완강한 것을 발견한 것 같았다. 2월 8일 마크롱 프랑스 대통령과 푸틴은 20피트 길이의 테이블 양쪽 끝에 앉아서 6시간 동안 회담을 진행했다. 후에 기자들과 만난 마크롱은 푸틴이 위기를 증폭하지 않을 것이라고 자신에게 분명히 말했다고 밝혔다. 마크롱은 푸틴의 핵심 주장을 그대로 전달하며 유럽에서 새로운 안보를 구축해야 할 필요성을 강조했다. 마크롱은 푸틴이 나토에 모든 신경을 쏟지 않도록 설득했다고 주장했다. "문제는 나토가 아니라 우리가 안보 분야를 어떻게 건설한 것인가이다. 우리는 어떻게 해야 이 지역의 평화가 유지되도록 할 수 있을 것인가?"라고 그는 말했다.[19] 그날 여섯 척의 러시아 상륙함과 잠수함 한 척이 튀르키예가 관할하는 해협을 통해 흑해에 진입했다. 이 사건은 EU 외교 수장 보렐로 하여금 마크롱의 방문은 중요했

지만 "기적을 만들어내지는 못했다"라고 말하게 했다.[20]

2월 10일 영국 외무장관 리즈 트러스Liz Truss는 러시아의 라브로프 외무장관을 만났다. 두 사람만의 대화에서 라브로프는 트러스가 이 우크라이나와 러시아의 지리를 잘 알지 못하는 것을 이용해 그녀에게 덫을 놓았다. 영국은 로스토프와 보로네즈 지역에 대한 러시아의 주권을 인정할 것인가? 트러스는 미끼를 물었다. 이 지역이 오랫동안 러시아 땅이었다는 것을 모르는 그녀는 영국은 이것을 인정하지 않을 것이라고 말했다. 이 대화는 언론에 누출되어서 트러스의 무지를 폭로하고 영국이 러시아 영토에 대한 영유권을 주장하는 듯한 인상을 주었다. 라브로프가 이런 게임을 하기로 결정했다는 것 자체가 당시 외교 상태가 어땠는지를 잘 보여주었다. 후에 가진 기자회견에서 라브로프는 "그 대화는 바보와 귀머거리 사이의 대화였다. 우리는 서로 귀를 기울이는 것 같았지만, 상대방의 말을 듣지 않았다"라고 말했다. 이 회견은 라브로프가 자리를 박차고 나가고 트러스는 혼자 서 있는 상태로 끝났다.[21]

2월 12일 바이든과 푸틴은 다시 화상으로 회담을 했고, 바이든 미국과 동맹국들은 "결단력 있게 대응하고, 러시아에게 신속하고도 심각한 대가를 치르게 만들 것이다"라고 말했다. 백악관은 "바이든 대통령은 미국은 동맹국과 파트너들과 완전히 공조하여 외교를 수행할 준비가 되어 있지만, 이에 못지않게 다른 시나리오에도 준비가 되어 있다고 푸틴 대통령에게 말했다"고 밝혔다.[22] 이러는 동안 미국은 자국민에게 우크라이나를 떠나도록 권고하고 미국 대사관직원들도 철수하기 시작했다. 러시아와 벨라루스는 2월 10일 시작된 군사 훈련을 계속 했고, 30,000명의 러시아 병력이 벨라루스에서 훈련에 참여했다. 이 시점에 많은 러시아 엘리트는 우크라이나 국경 지역의 병력 증강은 협상 과정의 일부이지 침공의 전주곡은 아니라고 주장했다. 우크

라이나를 침공한다는 것은 이치에 닿지 않았다.[23]

2월 15일 이번에는 새로 독일 총리가 된 올라프 숄츠가 푸틴을 방문했다. 마크롱과 트러스 회담 이후 기대치는 낮았지만 숄츠가 도착하기 직전 러시아는 우크라이나 국경에서 병력 일부를 철수한다고 발표했다. 숄츠는 전쟁을 막는 것이 자신들의 "지상과제"라고 말했고, 숄츠와 푸틴은 차분한 공동 기자회견을 가졌다. 숄츠는 우크라이나가 나토에 가입하는 것은 자신들이 임기에 있는 동안 의제가 되지 않을 것이라고 말하며 푸틴을 빗댄 농담까지 했다. "나는 푸틴 대통령이 얼마나 오래 그 자리에 남아 있으려고 하는지 알 수는 없지만, 나는 이것은 영원히는 아니더라도 상당히 오랜 기간이 될 것이라는 느낌을 가지고 있다"라고 숄츠는 말했다.[24] 같은 날 러시아 하원은 러시아 공산당이 발의한 결의안을 통과시켜서, 푸틴에게 도네츠크 인민공화국과 루한스크 인민공화국을 승인하도록 요청했다. 긴박한 외교 속에서도 러시아의 계획은 계속 실행되었지만, 이러한 움직임이 정확히 무엇을 의미하는지는 불분명했다.

2월 20일 마크롱은 돌파구로 보이는 것을 발표했다. 그는 푸틴과 바이든이 조만간 만나는 데 동의했다고 밝히고, 24일 회담에서 논의될 자세한 사항은 블링컨 미 국무장관과 라브로프 러시아 외무장관이 협의할 것이라고 발표했다. 미국의 반응은 조심스러웠다. 바이든이 푸틴을 만날 준비가 되어 있다는 것을 강조하면서도 러시아가 우크라이나 침공을 준비하고 있다는 증거도 지적하고 이에 따른 "결과"는 엄중할 것이라는 것을 반복해서 강조했다.[25]

2월 21일 푸틴은 TV로 중계된 "돈바스의 현 상황"을 논의하기 위한 국가안보회의를 주재했다.[26] 이러한 회의를 세계가 볼 수 있도록 TV로 중계한다는 것은 아주 기이한 일이었지만, 충격적인 장면이 연출되었다. 푸틴은 커다란 책상 뒤에 앉았고, 보좌진은 반원형 홀의 반대편에 앉았다. 서두 발언에서 푸틴은 이 회의의 목적이 도네츠크공화국과 루한스크공화국 지도자들이 자신들의 주권을 인정해 달라는 청원을 논의하기 위한 것이라고 밝혔다. 이것은 민스크 프로세스를 포기하는 것을 의미하지만, 꼭 확전을 의미하는 것은 아니었다. 이 드라마는 푸틴이 해외정보부장인 세르게이 나리시킨Sergei Naryshkin의 대답을 문제 삼아 그를 몰아세우면서 절정에 달했다. 나리쉬킨은 푸틴이 자신이 무슨 말을 하고 싶어하는 지를 알아차리지 못한 듯 대답을 머뭇거렸다. 푸틴은 그의 우유부단한 대답을 질책했다. "자네는 우리가 협상을 시작해야 한다는 것을 제안하는 것인가. (…) 아니면 주권을 인정해야 한다고 말하는 것인가. (…) 직접적으로 말하라!"[27]

이 장면은 충격적이었다. 나리쉬킨은 자신이 무슨 말을 하기를 푸틴이 바라는지 알지 못한 것 같았다. 그는 처음에는 추가적 협상을 옹호했지만, 이것이 푸틴이 듣고 싶어 하는 말이 아니라는 것을 깨닫고 말을 번복했다. 이것은 해외정보부 수장조차도 어떤 계획이 세워졌는지를 모른다는 것을 뜻했다. 이것은 전쟁 계획 자체에 대한 시사점을 던져줄 수 있다. 푸틴은 자신의 최측근 중 한 사람을 공개적으로 모욕을 주면서, 모든 세상이 자신이 단독으로 결정을 내린다는 것을 보기를 바랐다. 그는 회의 말미에 "동료 여러분, 나는 당신들의 의견을 들었다. 결정은 오늘 늦게 내려질 것이다"라고 말했다. 숄츠와 마크롱 모두 푸틴과 통화하여 뒤로 물러날 것을 권고했다.

그날 늦게 푸틴은 약속한 대로 결정을 내렸다. 러시아는 도네츠크 공화국과 루한스크 공화국의 독립과 주권을 인정하기로 했다. 푸틴은 우크라이나 영토에 대한 러시아의 주장을 정당화하기 위해 다시 한번 역사가의 역할을 맡아 일련의 불만, 민족주의적 신화, 우크라이나의 공격에 대한 반쪽 진실(half-truths)과 거짓 사실(falsehood)을 늘어놓았다. 관측가들이 가장 놀란

것은 다음과 같은 푸틴의 주장이었다. "현대 우크라이나는 완전히 러시아의, 더 정확히는, 볼셰비키, 공산주의 러시아의 창조물이다. (…) 레닌과 동료들은 러시아에게 극도로 가혹한 일을 했다. 즉 역사적으로 러시아 땅인 곳을 분리하고 절단한 것이다."[28] 푸틴의 창의적 역사는 논외로 하더라도, 소련 정권에 대한 혹독한 비판은 많은 사람들로 하여금 푸틴은 소련을 복원하려는 것이 아니라, 발트3국, 핀란드, 현재의 폴란드의 상당 부분을 차지한 1914년의 러시아제국을 되찾으려고 하는 것이 아닌가 생각하게 만들었다.[29]

푸틴은 이 연설에서 우크라이나가 러시아인들을 인종학살하는 극우 민족주의자들과 신나치들이 이끌고 있다는 주장을 내세웠다. 이 주장은 전쟁이 진행되면서 러시아 프로파간다의 핵심이 되었다. 푸틴은 러시아를 공격하는 것은 우크라이나라고 주장했다. "그들은 공격적 행동을 선택하여, 극단적인 이슬람 조직을 포함하여 극단주의 세포를 활성화하여 파괴공작자들을 파견하여 중요한 인프라 시설에 대해 테러 공격을 가하고 러시아 국민들을 납치했다"고 주장했다. 그는 나토와 우크라이나의 협력을 궁극적인 러시아 공격을 준비하는 것이라고 몰아세웠다. 푸틴은 우크라이나에 대한 훨씬 대규모 전쟁을 합리화하는 근거를 마련했다.

그러나 이 중요한 순간에 그의 발표는 중요한 문제에 대한 답을 제시하지 않았다. 푸틴의 발언은 돈바스 지역의 공화국들은 러시아가 현재 통제하고 있는 영토에 한정되는 것인지, 아니면 2014년 이전 우크라이나의 공식 행정구역의 경계를 의미하는 것인지에 대해 명확한 언급을 하지 않았다. 만일 후자라면 러시아는 우크라이나 영토 상당 부분을 추가적으로 점령해야 했다.[30] 러시아 외무부는 처음에는 러시아는 현재의 경계선 안의 공화국들을 인정한다고 발표했으나, 후에 이것은 불분명하다고 발표하여 이 결정이 아주 기밀이 유지된 채 내려졌다는 것을 보여주었다. 2월 22일 푸틴은 러시아는 현재 장악하고 있지 않은 넓은 지역에 대한 두 공화국의 영유권 주장을 인정한다고 분명히 밝혔다. 그 시점에도 러시아는 공격을 하지 않고도 더 많은 영토에 대한 영유권 주장을 할 수 있었다. 그러나 2월 24일 이른 새벽 시간 러시아 병력은 우크라이나로 진격해 들어왔고, 푸틴은 "특별군사작전(special military operation)"을 선언했다.

전쟁 결정은 어떻게 내려졌는가?

우리는 러시아의 우크라이나 침공 결정의 근거와 이 결정이 내려진 과정에 대해 알고 싶은 것보다 훨씬 적은 것을 알고 있을 뿐이다. 우리는 침공 결정을 이해하는 두 가지 아주 다른 방식을 대략 생각해 볼 수 있다. 하나의 해석은 러시아의 결정은 합리적 과정에 의해서 내려졌다는 것이다. 다시 말해 러시아 지도부는 일련의 목표를 가지고 있었고, 전쟁이 평화보다 자신들이 원하는 것을 성취하는 데 유리하고, 수용할 수 있는 대가를 치르고 전쟁을 치를 수 있다고 판단했다는 것이다. 합리적인 결정이라고 해서 결정이 완벽한 평가와 완벽한 정보를 바탕으로 내려졌다거나 이것이 주어진 상황에서 최선의 선택이었다는 것을 의미하지는 않는다. 우리는 단지 정책 결정자들이 분명하게 정의된 목표를 가지고 있고, 이것을 성취하는 가장 좋은 방법을 찾으려고 노력했다는 것을 의미한다. 완전히 다른 해석은 침공 결정은 근본적으로 합리적이지 않았고, 이것은 푸틴의 개인적 특성과 푸틴이 자신 주변에 만들어 놓은 결정이 내려지는 환경에 의해서만 가장 잘 이해되는 착각이나 감정에 의해 내려진 것이라고 보는 것이다. 두 과정이 모두 관여되었을 가능성이 크다.

2022년 러시아의 침공 결정이 합리적 과정이라는 주장은 8장에서 이미 어느 정도 논의가 되었다. 그 담론에서 러시아는 2014년 돈바스 침공과 민스크협정 강요가 역효과를 냈다는 것을 인식하게 되었다. 민스크협정은 우크라이나를 다시 러시아의 통제 밑에 들어오게 하지 못했을 뿐 아니라 러시아의 영향력을 감소시키고 우크라이나가 더 서방을 지향하게 만들었다는 결론을 내렸을 수 있다.

러시아 지도자들은 우크라이나로 하여금 민스크-II 협정에 서명하게 만들면서 도네츠크 주와 루한스크 주에 자치를 부여하도록 만들면 러시아는 우크라이나 전체를 통제하는 교두보를 마련할 수 있다고 믿었던 것 같다. 우크라이나 정부를 전복하려는 지속적인 노력과 함께 이것은 그럴듯한 전략으로 보였고, 당시 러시아는 좀더 큰 침공에 대한 준비가 되어있지 않았을 수도 있다. 2021년이 되자 러시아 지도자들은 자신들의 돈바스 전략이 실패한 것을 깨달았다. 그러는 사이 러시아의 군사력은 점차 증강되었다. 2016년 러시아는 침공에 이용한 복합 전투부대인 전술 대대를 66개 보유했었다. 2021년이 되자 전술 대대 수는 168개로 늘어난 것으로 보도되었다.[31] 러시아가 우크라이나를 통제하기로 마음먹고, 민스크 전략이 실패하고, 러시아가 훨씬 전력이 강화된 상태에서 전쟁은 러시아의 목표를 달성하는 것을 보장하는 전략으로 보였을 것이다. 여기에다가 조지아, 우크라이나, 시리아에서 얻은 경험은 군사적 관점에서 보면 우크라이나 침공 비용이 적게 보이게 만들었다.

다른 사고를 하는 사람들은 전쟁을 개시하기로 한 결정은 합리적이었지만, 국제적 문제가 아니라 국내 문제를 해결하기 위한 것이 목적이었다고 본다. 보리스 카갈리츠키는Boris Kagalitsky는 "서방 분석에서 일반화되었지만, 이해할 만한 실수"를 언급했다. 그것은 "전쟁이 지정학에서 비롯되었다고 보는 것이다." 카갈리츠키는 이번 전쟁은 국내적 경제 문제와 푸틴이 앞으로 있을 후계 구도를 결정하기 위해 권력을 더 집중해야 필요에 의해 시작되었다고 본다.[32] 2014년 푸틴이 크림을 합병하고 돈바스를 침공하기로 결정한 것은 푸틴의 지지율을 엄청나게 상승시켰지만, 그 효과는 2022년 시점에는 거의 사라졌다.[33] 안데르스 오슬룬드는 "푸틴이 러시아의 국익을 신경 쓰지 않고, 그 대신에 자신의 권력과 부에만 관심이 있는 독재적 도둑정치인(kleptocrat)"라고 주장한다. 푸틴은 "자신의 이기적 이익을 자신의 범죄적 통치를 대중이 지지하도록 만드는 데 도움이 되는 수정주의적 러시아 민족주의의 이면에 감추고 있다"고 그는 주장했다.[34] 이런 시각에서 보면, 2022년 확전은 푸틴의 국내 정치적 필요에 의해 시작된 "주의 분산용 전쟁(diversionary war)"이 된다.

국내 요인 중심 설명과 국제 요인 중심 설명은 서로 배타적이지 않다. 만일 침공이 국내적으로 부담(liability)으로 여겨졌다면 이것은 덜 매력적인 선택지가 되었을 것이다. 국내적 이익이 결정을 내리는 결정적 요인이거나 기여한 요인인지는 분명히 말할 수 없다. 이 분석은 국제적 요인을 우선적으로 고려한다.

2014년 침공이 많은 사람으로 하여금 푸틴을 영민한 전술가로 여기게 만든 데 반해, 2022년 침공과 이에 수반한 수사는 그가 "불안정하다"는 추측을 낳았다.[35] 침공 결정은 우크라이나 군대와 러시아 군대 모두의 전투력뿐만 아니라 서방의 대응에 대한 그릇된 평가를 바탕으로 이루진 것 같아 보인다. 합리주의 설명은 불완전한 정보와 양립할 수 없을 뿐 아니라, 정보의 잘못된 해석은 집단 역학(group dynamics)이나 개별 지도자의 불합리성(irrationality) 같은 합리적으로 간주할 수 없는 요인들의 결과이다. 전쟁에 대한 다양한 잠재력으로 비합리주의적 설명이 제시되었다. 여기에서는 이 중 두 가지를 설명하도록 한다. 하나는 러시아 지도부 내의 "집단사고(group think)"이고 다른 하나는 블라디미르 푸틴의 심리이다.

"집단사고"는 고도의 응집성을 지닌 소규모 집단이 중요한 결정을 내릴 때 일어나는 역학이다. 합리성은 다양한 선택지에 대한 냉정한 판단을 필요로 하지만, 일부 경우 "집단 구성원들은 대안적 행동 노선을 현실적으로 평가하려는 동기를 눌러버리는 만장일치를 추구하게 된다."[36] 이러한 경향은 참모들이 강력한 지도자가 듣기 원하는 것에 순응하려고 할 때에 더 강화된다.

푸틴이 자신에게 전적으로 의존하는 소수의 참모 집단에 의존한 것은 집단사고가 발생할 수 있는 완벽한 조건이나 마찬가지였다. 가장 강력한 증거로는 전쟁에 대한 전단계로서 러시아가 내린 결정과 관련된 2월 21일 열린 국가안보회의를 들 수 있다. 이 회의에서 푸틴의 참모들은 그가 자신들이 무슨 말을 하기를 원하는지를 알아내기 위해 진땀을 흘렸고, 그런 다음에야 의견을 말했다. 우리는 카메라가 꺼진 다음 일어난 일은 알 수 없지만, TV로 본 것은 선택지에 대한 냉정한 평가가 아니었다. 아무도 반대 의견을 개진하거나 다른 행동 노선의 장점을 얘기하지 않았다. 오랜 기간 푸틴은 실질적인 전문성이나 자신의 계획에 반대할 용기를 가졌는가보다는 자신에 대한 충성을 기준으로 참모들을 선택했다, 그 결과는 참모들은 푸틴은 확전으로써 우크라이나의 문제를 해결한다는 방향으로 기울었다고 인식하자마자, 이것이 큰 대가를 치를 수 있다는 이유를 지적하기 보다는 이것이 좋은 아이디어라고 앞다투어 말했을 가능성이 크다. 반대 의견을 제기할 가능성이 있는 사람은 논의에서 제외했을 것이다. 니나 흐루쇼바Nina Khrushcheva는 "이웃 국가 침공 같은 중대한 결정을 내렸는데도 얼마나 많은 국가 기관이 이에 깜짝 놀랐는지를 보는 것은 놀라운 일이다"라고 주장했다. 러시아 엘리트들은 푸틴이 우크라이나를 침공하지 않을 것이라고 확신했기 때문에 그들은 그가 듣고 싶어 하는 대로 우크라이나는 러시아에 의해 해방되기를 원하고 있다고 말했다고 흐루쇼바는 주장했다.[37] 이와 유사하게 2014년 돈바스에서 러시아가 지원하는 병력을 이끌었던 이고르 기르킨은 2022년 침공 전 "이곳에는 동원할만하거나 동원할 충분한 병력이 있지 않다"고 말했지만, 이러한 우려가 심각하게 고려된 징조는 없었다.[38]

설사 푸틴의 참모들이 푸틴이 듣기 원하는 말을 한 것이 사실이었다고 해도, 푸틴은 왜 전쟁을 최선의 선택지라고 생각했는지에 대한 의문은 남는다. 이에 대한 대답은 비합리성에 초점을 맞출 필요가 없다. 만일 푸틴이 러시아가 우크라이나를 통제하기로 마음먹었다면, 군사적 침공, 괴뢰 정부 수립, 우크라이나 반체제 세력을 척결하는 것이 이것을 달성하는 방법이었을 수 있다. 역설적으로 이것은 우크라이나 국민들은 러시아와 함께 하는 미래를 선택하도록 회유할 수 있다고 믿은 자기 착각의 끝이다. 푸틴이 침공하도록 부추긴 환상은 존재하지 않았었다.

푸틴의 의사 결정에 결정적 영향을 미친 푸틴의 심리 상태를 지적하는 몇 가지 관련된 요인이 지적되었다.[39] 첫째, 푸틴은 러시아 국경을 확장하는 것을 요구하는 자신의 역사적 역할로 의식했던 것으로 보인다. 2002년대 푸틴이 러시아 국가의 재건에 초점을 맞춘 국가주의자(*derzhavnik*)로 보였다면, 2010년대에 그의 수사는 점점 더 유라시아라는 주제를 강조했다. 러시아의 영토를 확장하는 것에 대한 푸틴의 관심은 2022년 6월 그가 자신의 역할을 표트르 대제의 역할과 비교하면서 정교하게 지시되었다. 푸틴은 표트르 대제가 스웨덴과의 전쟁에서 승리해서 (오늘날 우크라이나의 상당 부분을 포함한) 정복한 땅은 당연히 러시아 소유라고 주장했다.

표면적으로 그는 스웨덴과 전쟁을 하면서 무언가를 빼앗은 것으로 보였다. (…) 그는 무엇을 빼앗은 것이 아니라 다시 회복한 것이다. 이것이 실제 일어난 일이다. (…) 왜 그는 그곳으로 가야 했는가? 그는 그것을 회복하고 강화한 것이다. (…) 이와 마찬가지로 회복하고 강화하는 것은 우리의 책무이다.[40]

푸틴은 역사에 대한 좀더 극단적인 해석을 내놓아서, 항상 우크라이나인들은 러시아 민족의 일부이고, 우크라이나 영토는 1920년대 볼셰비키에 의해서건, 1991년 소련의 붕괴에 의해서건 부당하게 러시아에서 탈취된 것이라는 식의 말을 했다.[41] 일부 분석가들은 COVID-19 팬데믹이 푸틴의 이러한 경향을 강화했고, 고립된 상태에 있던 푸틴은 러시아 역사에 대한 민족주의적 해석에 더 천착하게 되었다고 보았다. 러시아 언론인인 미하일 지가르Mikhail Zygar는 푸틴과 그의 친구이자 참모인 유리 코발추크Yuri Kovalchuk는 팬데믹 기간 동안 러시아가 현재 당면한 문제에 집중하기보다는 "과거에 집착했다"고 말했다.[42] 푸틴이 20세기 초 러시아 파시스트인 이반 일린Ivan Ilyin(아래 논의됨)에게 점점 더 관심을 가진 것은 그가 러시아의 이익을 냉정하게 평가하기보다는 러시아의 국내적, 국제적 적, 즉 러시아 자유주의자, 우크라이나, 서방을 패배시키는 데 관심이 집중되었다는 것을 보여주는 또 다른 증거이다.

푸틴이 만성적이거나 일시적인 질병에 시달리고 있다는 추정이 많이 제기되었다. 이것은 그의 합리성을 훼손하고 자신의 역사적 사명을 완성해야 한다는 긴박함을 재촉했다.[43] 이에 대한 증거는 아주 상황적이고, 미국 CIA의 윌리엄 번스Willaim Burns 국장은 2022년 7월 자신의 정보기관은 이러한 평가를 하지 않는다고 말하고, 푸틴은 "완전히 지나칠 정도로 건강하다"고 농담했다.[44] 푸틴의 적지 않은 나이(그는 2022년 10월 70세가 되었다)는 자신의 역사적 임무를 완수할 시간이 얼마 남지 않았다는 느낌을 갖게 했을 수도 있다.

푸틴의 결정이 여러 요인, 즉 러시아군과 우크라이나군의 전쟁 수행 능력, 우크라이나 국민의 항전 의지를 포함한 틀린 전제에 바탕을 두고 있었다 해도 이 결정이 비합리적이라는 것을 의미하지는 않는다. 만일 그러나 평가가 당시 최선의 결론이었다면, 이것에 바탕을 둔 행위는 합리적인 것이다. 여기에다가 초기 전쟁 계획은 실패하기는 했지만, 성공에 아주 근접했었고, 계획한 대로 전쟁이 진행될 뻔했다. 예를 들어 미국 자문관들이 권유한 대로 젤렌스키가 도망을 갔다면, 우크라이나 정부는 붕괴했을 것이다. 키이우 외곽 호스토멜 공항에 대한 초기 공격이 성공했더라면, 키이우는 전쟁 초기 점령당했을 가능성이 컸다.[45] 계획이 실패하기는 했지만 러시아는 러시아와 크림반도를 육로로 연결하고 흑해 연안의 넓은 지역을 장악했고, 크림 수자원 공급로도 장악했다. 키이우와 우크라이나 대부분을 점령한다는 계획의 맥락에서만 보면 이러한 영토 장악은 실패로 보일 수 있다.

이러한 다양한 시각을 하나의 일관된 설명으로 묶을 것인가? 모든 그럴듯한 설명의 조합은 러시아가 우크라이나를 통제한다는 근본적인 생각을 가지고 있다는 것에서 출발해야 하고, 이것은 시간이 지나면서 약해지기보다는 강해졌다. 2014년 이후 돈바스 분쟁으로 우크라이나를 다시 차지할 수 없다는 것을 인식한 것은 이보다 더 큰 무언가를 해야 한다는 것을 의미했다. 러시아 군사력은 이제 신속한 승리를 거둘 수 있는 능력을 갖춘 것처럼 보였지만, 우크라이나와 나토의 협력 강화는 기회의 창이 닫혀가고 있다는 것을 의미했다(되돌아보면 이것은 이미 닫혔다). "단기전을 통한 전쟁 승리"가 러시아의 일부 국내 문제도 해결할 수 있다는 전망은 핵심 동기는 아니더라도 추가적인 이익이었다. 푸틴은 우크라이나를 상대로 전쟁을 벌이고, 서방과의 새로운 분쟁을 촉발하는 것 외에 국내 문제를 다룰 다른 방법을 가지고 있었다. 서방에 대한 불만, 푸틴 참모들의 집단사고와 역사에 족적을 남기려는 푸틴이 욕망과 같은 비합리적인 요인들은 전쟁을 시작하는 욕구를 강화했고, 전망을 왜곡하게 만들었지만 이것만으로 전쟁이 시작된 이유를 설명할 수는 없다.

전쟁의 첫 국면 — 2022년 2월과 3월

2022년 2월 24일 모스크바 시간으로 오전 6시가 조금 안 된 시각 블라디미르 푸틴은 러시아는 "우크라이나를 탈군사화하고 탈나치화하기 위해" "특별군사작전"을 시작한다고 발표했다.[46] "우리는 누구에게 무엇을 힘으로 강요하려는 의도는 없다"고 푸틴이 주장한 것은 더 이상한 말로 들렸다. 그는 우크라이나 국민들에게 "이 비극적 페이지를 가능한 빨리 넘기기 위해서 우리와 함께 일할 것"을 촉구하고, 우크라이나군에게는 "즉각 무기를 내려놓고 집으로 가라"고 촉구했다. "이렇게 하는 우크라이나 군인들은 적대적 행위 지역을 자유롭게 떠나서 가족에게로 돌아갈 수 있다"고 그는 말했다.

그는 서방을 위협하는 말로 연설을 마쳤다. "누구를 막론하고 우리의 길을 가로막거나 우리 나라와 국민을 겨냥한 위협을 만들어내는 사람은 러시아는 즉각적으로 대응하고, 그 결과는 당신들의 역사 전체에서 경험하지 못한 것이 될 것이라는 것을 알아야 한다"라고 위협했다. 이 위협은 이후 계속 반복되어서 서방 정부들이 러시아가 핵무기를 사용할 가능성과 그렇게 될 상황을 파악하려고 노력했다.

러시아의 애초 공격은 키이우, 하르키우, 돈바스, 흑해 북부 연안을 목표

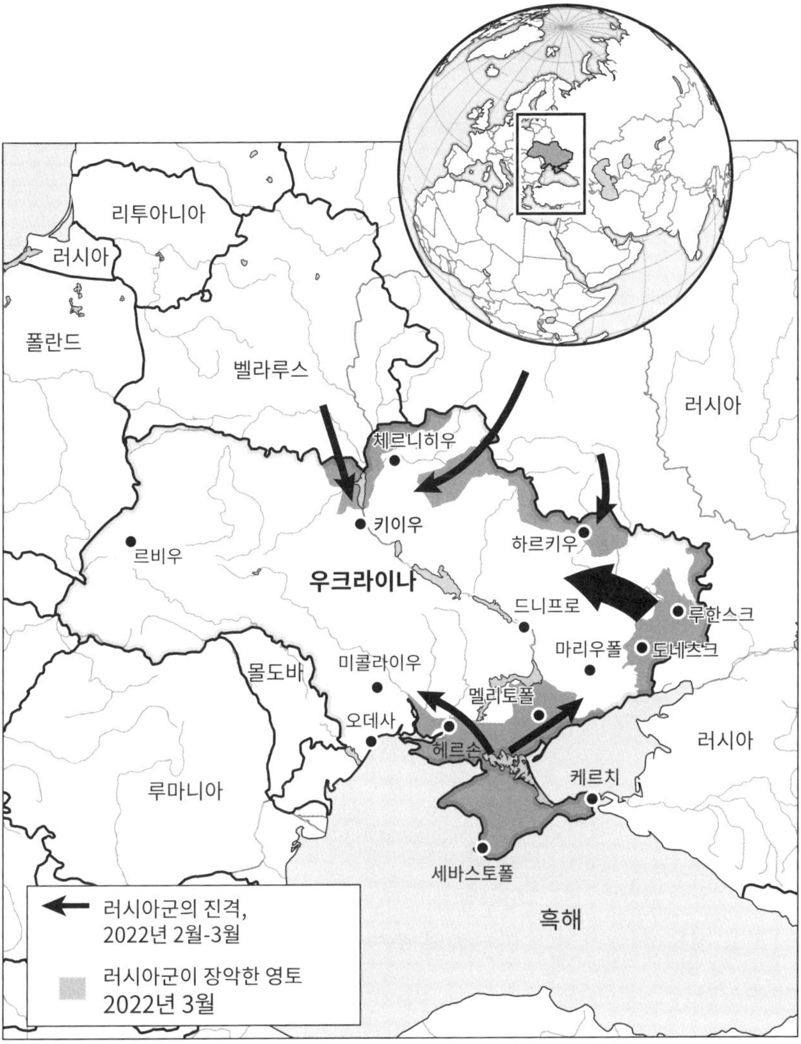

지도 9.1　러시아군의 공격, 2022년 2월-3월

로 네 주요 축(axes)을 따라 시작되었다(지도 9.1 참조). 벨라루스에 대규모 러시아 병력을 배치하는 것으로 전조를 보인 키이우에 대한 공격은 이전에 발표된 것보다 훨씬 큰 전쟁 목표를 보여주는 듯 보였다. 그 목표는 젤렌스키

정부를 전복하고, 그 자리에 괴뢰정부를 수립하는 것으로 보였다(키이우에 대한 공격은 우크라이나군이 다른 지역에 배치되는 것을 막는 효과도 있었다). 하르키우에 대한 공격은 러시아에게 우크라이나에서 두 번째로 큰 도시를 장악하고, 북서부로부터 돈바스를 공격하는 길을 열기 위한 것이었다. 대치선에서 서쪽 방향으로의 공격은 우크라이나가 여전히 장악하고 있는 도네츠크와 루한스크 지역에 초첨이 맞추어졌다. 크림에서 북동, 북서 방면으로 진격하는 흑해 함대의 지원을 받은 흑해 연안에 대한 공격은 서방 언론의 관심을 가장 적게 받았지만, 가장 성공적인 공격이었고, 러시아 시각에서는 가장 중요했다.

공격 개시 직후 우크라이나 지도부는 매우 어려운 선택을 해야 했다. 침공을 정확히 예측한 서방 정보기관들은 키이우가 며칠 내로 함락될 것으로 보았다. 문제는 젤렌스키 대통령과 우크라이나 정부가 키이우를 떠나서 망명 정부를 세우고 장기적인 항전을 해야 하는가였다. 이 시점에 볼로디미르 젤렌스키는 그를 단번에 영웅으로 만든 역할을 시작했다. 키이우에서 철수하라는 미국의 권고를 받은 그는 "나는 이곳에서 싸울 것이다. 나는 탄약이 필요하지 타고 갈 차가 필요한 것이 아니다"라고 단호하게 말했다.[47] 젤렌스키와 마찬가지로 우크라이나 군대도 강력한 항전 의지를 보였다. 우크라이나군은 바로 패배할 것이라는 예측이 틀린 것임을 보여주었다.

전쟁 첫날 흑해상의 즈미니섬의 우크라이나 국경수비대는 항복하라는 러시아 전함 '모스크바'의 요구에 "러시아놈들 배는 지옥으로 가라"고 답신했다.[i] 이러한 항전 정신은 우크라이나 국민들의 사기를 높였고, 세계 각국에서 우크라이나 정부를 높이 평가하게 만들었다. 이것은 전장에서의 끈질긴 항전으로 이어졌다. 가장 중요한 것은 우크라이나군이 호스토멜(안토노

---

i 이러한 초기 보도는 후에 사실이 아니었던 것으로 드러났다. 경비대 전원은 러시아군에 포로가 되어 구타와 고문을 받은 것으로 보도되었다. https://www.pravda.com.ua/eng/news/2023/02/14/7389337/.

우) 공항에서 러시아군을 격퇴한 것이었다. 키이우에서 불과 10킬로미터 떨어진 곳에 있는 이 공항은 세계에서 가장 큰 비행기가 착륙할 수 있는 활주로를 갖추고 있어서 키이우를 점령하려는 러시아 공수부대가 거점으로 이용하기에 안성맞춤이었다.

그러는 동안 러시아군의 키이우 공격은 시 북쪽에서 멈춰버렸다. 단일 대열로 전진하던 기갑 부대가 왜 그 자리에 멈춰 섰는지는 분명히 할 수 없지만, 이것은 주변 숲에 은폐한 러시아군의 영리한 공격과 선도 차량에 대한 드론 공격과 러시아군 행렬의 보급 문제 자체가 결합되어 일어난 일 같았다. 키이우를 장악하려는 군대는 길에 멈춰 서 있으면서 자체 방어도 힘들어했다. 3월 말 이 행렬은 벨라루스로 철수했다.

하르키우에 대한 공격은 전쟁 초기 가장 격렬한 양상으로 전개되었다.[48] 러시아군의 포격은 시내에 엄청난 피해를 입혔고, 수십만 명의 주민들은 황급히 피난길에 올랐다. 러시아의 벨고로드에서 출발한 중기갑 부대는 우크라이나 방어선을 돌파할 수 없었다. 4월 초가 되자 러시아는 돈바스 지역에 병력을 집중하는 좀더 큰 작전의 일부로 하르키우에서 병력을 철수하기 시작했다. 5월 초 우크라이나군은 하르키우 외곽 지역을 탈환하기 시작했고, 러시아군을 포사격 거리 너머로 밀어냈다.

전쟁 초기 러시아가 거둔 큰 성공은 흑해 연안 우크라이나 남부에서 영토 장악이었다. 크림에서 북쪽으로 진격한 러시아군은 동쪽으로는 베르댠스카와 마리우폴을 향해 전진했고, 북쪽으로는 자포리자와 드니프로, 서쪽으로는 헤르손과 미콜라이우, 오데사를 향해 진격했다. 동쪽으로 진격 작전이 가장 성공적이어서 3월 초 러시아군은 크림반도와 러시아 사이의 해안 지역 전체를 장악하여 러시아와 크림 사이에 육로를 확보한다는 전략적 목표를 달성했다. 여기서 예외는 마리우폴에 있는 거대한 아조우스탈(Azovstal)

공장이었다. 이곳에서는 포위된 우크라이나군이 끈질지게 저항하여 러시아군에 큰 손실을 입혔지만, 5월 중순 이 공장은 러시아군에 점령되었다.[49] 러시아는 크림반도 서북쪽에 있는 헤르손시와 헤르손주를 점령하면서 드니프로 강물을 크림에 공급하는 운하를 장악하여 또 다른 전략 목표를 달성했다. 드니프로, 미콜라이우, 오데사 같은 도시는 러시아군이 장악하지 못한 상태였다.

이렇게 해서 전쟁의 첫 단계에서 러시아는 몇 가지 전술적 실패를 겪었다. 키이우 점령 실패와 하르키우 점령 실패, 도네츠크에서 더 전진하지 못한 것은 러시아 공세에 대항하여 서방국가들이 단합하게 만들었고, 그때까지 두려움의 대상이었던 러시아군의 취약성을 노출시켰다. 그러나 러시아는 남부 우크라이나에서 전략적 목표를 성취했다. 러시아의 훨씬 야심 찬 전쟁 목표와 군사, 외교적으로 치른 큰 대가라는 맥락에서 보면 전쟁의 첫 단계에서는 러시아가 패배한 것으로 보였다.

러시아군은 왜 그렇게 엉망으로 싸웠는가?

전쟁의 첫 국면에서 떠오른 핵심 의문은 러시아군이 왜 그렇게 형편없이 싸웠는가이다. 많은 것은 러시아군의 문제점으로 설명되지만, 우크라이나의 끈질긴 항전이 결정적 역할을 하였다. 2021년 12월 우크라이나 군 정보부장인 키릴로 부다노프Kyrylo Budanov 장군은 "서방 세력의 지원이 없는 상태로 전쟁이 시작되었다면 러시아군의 전면 공세를 격퇴할 충분한 군사 자원이 없었을 것이다"라고 말했다.[50] 그러나 이것은 사실이 아닌 것으로 드러났다. 러시아는 전쟁 초기 몇 가지 군사 목표를 포기해야 했고, 이중 가장 중요한 것은 키이우 점령 포기였다. 러시아군이 개전 첫 주에 입은 병력 손실은 이후 전쟁을 수행하는 러시아군의 능력에 큰 타격을 입혔다. 이뿐 아니라 불에 탄 러시아 탱크들의 모습은 당시까지 공포의 대상이었던 군대의 명성을 극적으로 훼손시켰다. 몇 가지 다른 요인이 러시아의 문제를 악화시켰다.[51]

첫째 러시아군의 명성은 우크라이나 전쟁보다 훨씬 규모가 작은 전장에서 얻어진 것이었다.[52] 푸틴 시기에 러시아군은 체첸, 조지아, 시리아와 우크라이나 동부에서 전투를 치렀다. 이 전쟁 중 어느 것도 2022년 우크라이나 침공 당시의 규모, 병력 숫자, 작전의 복잡성, 지리적 영역 또는 방어자의 전력에는 도달하지 못했다. 2014년 하이브리드 전쟁과 다르게 2022년 침공은 2차 세계 대전 당시의 작전과 닮은 점이 많았다. 설사 이 전쟁 계획이 적절했다고 하더라도 러시아군은 최근에 이러한 대규모 군사 작전을 전개한 경험이 없었다.

둘째, 작전의 범위가 너무 애매했다.[53] 최대 250,000명의 병력이 네 방향에서 1,000마일이 넘는 우크라이나 국경을 넘어 진격했다. 그 결과 어느 공격 축으로건 충분한 병력을 집중할 수 없게 되었다. 이러한 분산된 전쟁 계획은 우크라이나의 반격 능력에 대한 평가절하를 그대로 반영한 것이었다. 러시아군은 우크라이나군의 항전이 거의 없었던 남부에서만 성공을 거두었다(이것은 아마도 부역에 의해 약화되었다). 키이우에서의 교착 상태가 너무 극명히 보여주었듯이 병력은 적은 대신에 사용해야 할 보급품은 너무 많았다.[ii]

셋째, 전쟁 계획을 제대로 아는 사람이 너무 적었다. 결정이 내려진 기밀적인 과정은 잘못된 결정과 이것을 수행하는 불충분한 준비 모두를 가져왔다. 러시아의 계획 수립과 실행에서 가장 큰 결점은 모바일폰과 같은 공개

---

ii 제2차 세계대전 당시 독일군이 점령한 영토를 탈환하던 소련군은 1,400킬로미터에 이르는 드니프로강 전선에 250만 명의 병력을 투입했고, 상당한 어려움을 겪고 큰 사상자를 낸 후 드니프로강을 도하해 서진할 수 있었다.

통신망의 의존이었다. 우크라이나는 통화 내용을 감청하여 러시아 부대와 지휘부 위치를 알아내거나 아니면 단순히 통신을 방해할 수 있었다.

넷째, 러시아는 항공 우위를 장악하는 데 실패했다. 서방이 러시아의 빠른 승리를 예측한 것은 러시아군이 신속하게 우크라이나 영공을 통제할 것이라는 예측에 바탕을 둔 것이었다. 그렇게 되면 러시아의 공군력은 합동 군사 작전에서 결정적 역할을 수행할 수 있었다. 그러나 러시아는 많은 항공기를 위험에 노출시키고 싶지 않았던 듯하다. 문제의 일부는 조종사들의 훈련 부족이었고, 이로 인해 더 많은 항공기들이 격추되었다. 또한 문제의 일부는 우크라이나 공군과 대공망의 기술이었다. 이 덕분에 우크라이나는 러시아 항공기들을 파괴하는 데 혁혁한 전과를 올릴 수 있었다. 항공 우위가 없는 상태에서 러시아군의 전력은 취약해졌다.

이 모든 원인들을 종합하면 러시아는 기본적으로 평화 시 운영하는 군대를 가지고 야심 찬 전쟁 계획을 실행하려고 했다고 결론 내릴 수 있다. 문제는 전체 전투 병력 수가 아니라 전투 부대의 전투 준비 상태 조직이었다. 러시아의 기본 전투 단위는 700-800명의 병사로 구성된 "전술 대대(battalion tactical group, BTG)"이다. 이 전술 대대의 대부분은 필요 병력의 70-90퍼센트로만 편제되어 있고, 나머지 병력은 전쟁 개시 후 추가된다.[54] 미편제 병력은 불균형적으로 보병 위주로 채워지게 되어 있었다. 보병은 지상 전투의 상당 부분을 수행하며 근거리 대전차 미사일로부터 장갑차와 탱크를 보호하는 데 필수적 병력이다.[55] 러시아는 많은 장갑 차량을 가지고 공격을 시작했으나 장갑 차량들은 보병에 의해 충분한 보호를 받지 못했다. 보병이 많은 사상자를 내면서 상황은 더 악화되었다. 항공 지원의 부족과 보병의 부족은 제병협동작전 모델에서 "협동(combined)"이라는 말을 무색하게 만들었다.

전쟁 첫 국면에서 러시아의 실패를 초래한 가장 중요한 요인은 우크라이나가 항전을 하면서 보여준 단합, 불굴의 의지, 전술적 영리함이었다. 우크라이나가 항전에서 기대하지 않은 성공을 한 것은 몇 가지 요인으로 설명할 수 있다. 우크라이나인들은 자신들의 영토를 방어하는 데 단합했고 헌신했다. 우크라이나 애국주의 수준과 헌신에 대한 잘못된 이해는 러시아의 가장 큰 실책이었을 것이다. 2014년 우크라이나군이 제대로 항전하지 못한 것은 이러한 잘못된 인식을 강화했을 것이다. 그러나 2014년 전쟁이 보여준 것처럼 우크라이나인들은 싸우겠다는 의지가 단단했고, 국민들은 군대를 지원했다. 2014년 이후 병사들과 장교 한 세대가 전투 경험을 쌓았고, 우크라이나군은 전술을 완숙하게 만들었다.

우크라이나의 항전 의지와 관련된 중요한 요소는 국민들과 이전에는 친러시아적이었던 엘리트들이 러시아의 공격을 지지할 의사가 없었다는 것이다. 2014년 우크라이나 군인, 특히 크림에 주둔하던 병사 중 많은 수는 우크라이나군에서 이탈했다. 일부 우크라이나인들의 부역으로 헤르손이 신속히 점령되기는 했지만,[56] 2022년에는 이런 이탈이 적었다. 가장 대표적인 사례는 남부 우크라이나에서 가장 중요한 친러시아 정치인이고, 야누코비치 정부에서 봉직했으며, 2014년 이후 야당블록을 이끈 올렉산드르 빌쿨의 행동이다. 침공이 시작되자 빌쿨을 러시아로 망명한 야누코비치 정권의 전 장관이 접촉했다. 빌쿨은 만일 러시아의 전쟁 노력에 동참하면 "당신은 새 우크라이나에서 중요한 사람이 될 것이다"라는 회유를 받았다.[57] 그러나 그는 회유를 물리치고 크리비리흐의 우크라이나 군사 당국 책임자가 되었다.

마지막으로 나토 회원국들이 제공한 무기도 우크라이나군에 큰 도움이 되었다. 미국이 제공한 재블린 미사일과 영국제 NLAW 미사일, 튀르키예의 바이락타르 드론과 기타 첨단 무기들이 보병과 항공기의 보호를 제대로 받지 못한 러시아 장갑 부대에 치명적 무기가 되었다. 정보 역시 아주 중요했다. 일부 전술 정보는 우크라이나가 개발한 자체 드론이 수집했고, 다른 정부들은 서방 국가들이 제공했다. 그 결과 우크라이나는 주요 러시아 자산의 존재를 알아내어 고위 지휘관들을 여러 명 살상했다. 4월 14일 흑해함대 기함인 '모스크바'함의 침몰은 이러 자산들의 합동 작전으로 이루어진 듯하다.

전쟁이 진행되면서 우크라이나에 무기를 공급하기를 주저한 서방 국가들의 태도는 변했다. 그 이유 중 하나는 우크라이나의 영웅적 항전이고, 다른 하나는 러시아군이 저지른 잔학행위였다. 초기 논쟁은 나토가 우크라이나 상공에 "비행금지구역"을 설정하는 문제에 집중되었다. 우크라이나는 이러한 지원을 요청했지만 서방 정부들은 직접적 관여를 피하려고 했다. 좀 더 뜨거운 논쟁의 대상이 된 것은 나토 회원국들이 보유한 소련 시대 제작된 항공기를 우크라이나에 제공할 것인가였다. 우크라이나 조종사들은 이런 항공기에 대한 훈련이 되어있었다. 이 중 한 계획은 폴란드가 보유한 미그기들을 우크라이나에 보내고 대신에 미국의 F-16으로 대체한다는 것이었다. 폴란드가 미국이 독일에 보유한 람슈타인 공군기지를 통해 이 전투기들을 우크라이나로 보낼 의사를 가지고 있는 것이 분명해지면서 이 계획은 수포로 돌아갔다. 이것은 이 전투기들이 미군 기지에서 바로 우크라이나로 날아가는 것을 의미했다. 폴란드나 미국 모두 이 비행기들이 자국 기지에서 바로 우크라이나 영공으로 들어가는 것을 원하지 않았다. 점차적으로 우크라이나는 점점 다양한 무기 체계를 여러 나라에서 받았지만, 원하는 것보다는 늦게 공급받았다. 돈바스에서 전투가 격화되면서 이것 못지않게 중요한 문제가 된 것은 우크라이나에 탄약, 특히 포탄을 추가적으로 지원하는 것이었다.

전쟁의 두 번째 국면 — 돈바스 소모전

2022년 4월이 되자 러시아는 키이우나 하르키우를 점령할 수 없다는 것이 분명해졌다. 러시아는 흑해 연안에서는 상당한 영토를 장악했지만 그것을 확장하지는 못했다. 돈바스 전선은 교착 상태에 빠졌다. 러시아군의 전술대대 상당수는 병력 손실이나 장비 손실로 전투력을 상실했다. 5월 9일 승전 기념일 연설에서 푸틴은 승리를 선언하거나, 전쟁에서 조기 출구를 선언하거나 총동원령을 내릴 것으로 기대되었지만, 그는 이 중 아무것도 하지 않았다. 푸틴은 좀더 조심스런 조치를 취해서 군 징집 연령을 상향하고, 계약 병사로 입대하는 징집병들에게 큰 보너스를 약속했다. 그는 가능한 총동원령 발동을 피하고, 징집병을 우크라이나 전선에 배치하는 것을 피하기 위해 애를 쓰는 것처럼 보였다. 시리아에서 용병들이 올 것이라는 널리 확산된 보도에도 불구하고 실제 온 숫자는 극히 적어 보였다.[58] 러시아 국민들을 전쟁 상태에서 탈동원 하기(de-mobilize) 위해 몇 년을 노력한 푸틴은 국민들을 전쟁에 동원하는 것의 잠재적 위험을 피하려고 하는 것 같아 보였다. 시간이 한참 지난 후인 9월에 푸틴은 수십만 명의 추가 병사들을 징집하다고 발표했다.

러시아 지도부는 전쟁의 현실을 깨닫고 키이우와 하르키우를 점령하려는 시도를 포기하고, 대신 돈바스 지역 장악과 흑해 연안에 장악한 영토를 확고하게 방어하는 데 집중했다. 러시아는 또한 전쟁 노력을 재정비하여 단일 지휘관으로 알렉산드르 드보르니코프Aleksandr Dvornikov를 임명하여 우크라이나에 있는 모든 병력을 지휘하도록 만들었다. 체첸 전쟁에 참여했던 드보르니코프는 시리아의 러시아군을 지휘했고 잔인함으로 악명을 얻었다.[59] 이후 드보르니코프도 사령관직에서 해임되었다는 보도가 6월에 나

왔다.[60]

도네츠크 인민공화국과 루한스크 인민공화국이 영유권을 주장한 영토 이외에 돈바스 지역에서 가장 중요한 목표는 전선에 배치된 우크라이나 주력 병력 파괴였다. 8년 간 러시아군과 싸우고 돈바스에 주둔한 이 병력은 북쪽으로는 하르키우에서 남동쪽으로 세베로도네츠크와 홀리우카로 이어지고, 다음으로는 남서쪽으로 멜리토폴로 이어지는 곡선 전선의 돌출부에 배치되어 있었다. 우크라이나는 러시아군의 포위를 피하려면 상당한 영토를 내놓아야 하는 딜레마에 빠졌다. 핵심 문제는 러시아군이 어떻게 이렇게 큰 돌출부를 포위할 수 있는가였다. 러시아군이 더 많이 밀고 들어갈수록 더 많은 우크라이나 병력과 영토를 차지할 수 있었지만, 그럴수록 작전은 더 어려워졌다. 돈바스에만 집중함으로써 러시아는 병력이 모자라는 보병 의존도를 줄이고, 넉넉하게 보유한 포병에 더 의존할 수 있었다. 5월 하반기 세베로도네츠크에서 벌어진 전투는 제2차 세계대전과 체첸 전쟁 때 사용된 전술로 되돌아간 것 같았다. 엄청난 포격 후 보강된 보병의 진격이 이어졌고, 이 과정은 반복되었다. 이 전술은 나름대로 효과가 있었지만, 양측의 많은 사상자와 점령한 도시들의 엄청난 파괴와 주민 이탈을 가져왔다.

5월과 6월 러시아는 세베로도네츠크 지역을 점점 더 점령하면서 우크라이나 병력을 협공작전(pincer movement)으로 분리시킬 위협을 가했다. 우크라이나의 전반적 전략은 러시아군의 사상자가 많이 나오는 시가전으로 유도하는 것이었다, 이 전략의 목표는 우크라이나군이 영토를 탈환할 수 있을 정도로 러시아군을 약화시키는 것이었다. 우크라이나의 전략은 서방으로부터 무기 지원에 크게 의존하게 되었다.[61] 포병에서 러시아가 차지하는 우위 때문에 우크라이나는 6월 말 결국 세베로도네츠크를 포기했다. 이후 돈바스에서 러시아의 공세는 이후 주로 병력 부족으로 인해 약화되었다. 8월 서방 정

지도 9.2 통제 지역 경계선, 2022년 8월

부들은 ("불확실한 전쟁 상황fog of war"으로 인한 사상자 추정 곤란 문제를 감안하여) 약 19만 명에 이르는 침공군 중 7만-8만 명의 사상자가 발생한 것으로 추정했다.[62] 이 시점에 러시아는 대략 우크라이나 영토의 1/5을 장악했다(지도 9.2

참조). 우크라이나도 상당한 병력을 잃었고, 가장 경험이 많은 부대도 전투력을 상실했다.

우크라이나의 반격

러시아의 침공은 우크라이나를 하루아침에 교전 국가로 만들었다. 많은 우크라이나인들이 서둘러 전쟁 노력에 동참했다. 그렇지 않은 사람들은 지원 역할을 수행했다. 수백만 명의 여성과 아동들은 서부로 피난을 가서 우크라이나 내 국내 피난민(internally displaced persons, IDPs) 문제를 만들어냈다. 그들이 우크라이나를 떠나면서 제2차 세계대전 후 최대의 난민 위기가 발생했다.

러시아가 도네츠크 공화국과 루한스크 공화국을 인정한다고 푸틴이 발표하고 나서 젤렌스키는 비상계엄을 선포했고, 의회는 이를 승인했다. 이어서 러시아의 하이브리드 전술로 쓰일 수 있는 정치 시위 금지 조치를 취했다. 우크라이나 정부는 18-60세의 모든 남성은 군복무 의무가 있고, 우크라이나를 떠날 수 없다고 발표했다. 젤렌스키는 예비군 동원령도 내렸다.

서방의 철수 권고를 거부한 우크라이나 정부는 키이우에 계속 남아서 업무를 지속했다. 정치인들은 상습적인 분열을 중지했고 우크라이나의 민주주의가 위기에 처했고, 특히 러시아의 수사가 점점 더 인종학살적이 되어 가면서 국가 존재 자체가 위기에 처했다는 것을 인정했다, 젤렌스키는 전임자이자 정적인 페트로 포로셴코와 일시적 화해를 했다. 그는 국가 반역죄로 고소된 상태였다. 의회는 보호가 된 벙커에서 일을 하기 시작했고, 전쟁을 돕기 위한 법안들을 통과시켰다.

영토방위군(Territorial Defense Forces)의 편성과 주민들의 신속한 무장화는 우크라이나의 저항력을 강화시켰다. 2014-2015년 지역방위대가 자발적으로 구성되었고, 2021년에는 정규군으로 편성되었다. 이 부대들은 활동을 시작해 전투에 가담하려는 우크라이나 시민들의 출발점이 되었다. 개전 3일 후인 2월 27일 이 부대에 자원한 사람 수는 37,000명에 달했고 3월에는 100,000명으로 늘어났다.[63] 러시아 침공군 규모가 200,000명에서 250,000명 규모로 추정되는 상황에서 이것은 상당히 큰 병력 증강이었다. 많은 신병들은 제대로 된 군사 훈련을 받지 못했지만, 다른 자원병들은 퇴역 군인들이었고, 이들이 자신들의 지역을 잘 알고 있는 것은 소중한 무기가 되었다. 키이우와 기타 여러 곳에서 수천 정의 소총이 주민들에게 배분되어, 앞으로 저항군 활동을 준비했다.

우크라이나 항전의 많은 부분은 정부보다는 시민 집단이 자발적으로 조직했다. 우크라이나 국가(state)의 취약성은 항상 큰 약점이었기는 했지만, 이것은 우크라이나 사회(society)가 자체 조직의 건강한 능력을 발전시키도록 만들었고, 이것은 부패 정권에 대항한 시위운동과, 국가의 비효율성을 보충하려는 시민들의 매일 매일의 노력으로 나타났다. 수백만 명의 우크라이나인들은 정부로부터의 아무런 지시나 조직 없이 전쟁 노력을 돕거나 피난민들을 돕기 위한 방법을 찾아냈다. 이뿐 아니라 2014년 지역 정부 자체 개혁으로 자신들의 공동체들을 더욱 단단하게 결합시키고 강화시킨 지방 정부 기구들은 중앙 정부에 의존하지 않는 저항에 필요한 조직 능력을 제공했다.[iii] [64]

---

iii 대표적인 예가 미콜라이우 주지사인 고려인 혼혈 비탈리 김이다. 그는 중앙에서 파견된 지역 사령관 미트로 마르첸코와 협력하여 러시아군의 공세를 막는 데 큰 역할을 했다.

서방의 대응

러시아의 우크라이나 침공은 서방에서 분노를 야기했고, 새로운 수준의 결의가 맺어졌다. 러시아에 대한 사전 제재를 거부한 많은 국가들은 2월 21일 러시아의 도네츠크공화국과 루한스크공화국 승인 후 새로운 제재를 가했다. 독일은 이제까지의 정책을 변경하여 노르드스트림-II 가스관 승인 과정을 중단한다고 발표했고, 바이든 정부는 미국은 노르드스트림-II를 건설하는 회사들에게 제재를 가할 것이라고 발표했다. EU는 러시아 하원의 모든 의원들의 자산을 동결했고, 이들이 EU 국가로 여행하는 것을 금지했다.

2월 24일 침공이 시작된 후 서방 국가들은 더 광범위한 제재 부과를 조정하고 실행하기 위해 서둘렀다. 러시아 침공의 규모는 제재가 푸틴을 소외시키는 것을 피하기 위해 조정되어야 하고, 앞으로의 협상을 위해 추가적 제재를 남겨놓아야 한다는 생각을 없애버렸다. 그 대신에 제재의 목표는 러시아 내부에서 전쟁을 중지해야 한다는 압박이 커지도록 러시아 경제와 올리가르히들에게 심각한 타격을 가하는 것이 되었다. 이것에 실패하면 러시아가 초래한 우크라이나인들의 인명 살상과 파괴에 대해 징벌을 가하는 것이 제재의 목적이 될 수 있었다. 결국 다양한 제재가 시작되었고, 그 중 일부를 소개하면 아래와 같다.[65]

- 러시아의 6,300억 달러 외화 보유금을 동결하여 러시아가 달러로 외채를 지불하는 것을 더 어렵게 만드는 것
- 러시아의 많은(전부는 아니고) 은행들을 국제 결재 수행에 사용되는 SWIFT 송금체제에서 제외시키는 것
- 러시아 은행들을 다양한 나라들이 재정 체제에서 제외시키는 것

• 독일이 노르드스트림-II 사업을 동결한 것
• 많은 수의 러시아 관리와 푸틴의 정식, 혼외 자녀들을 포함한 올리가르히들에게 개인 제재를 가하는 것. 여기에는 이들의 자산 동결, 호화요트 몰수, 푸틴 측근인 로만 아브라모비치Roman Abramovich가 런던에 소유한 첼시 축구단 강제 매각
• 민간 및 군수 물자 제조에 사용될 수 있는 "이중 사용(dual-use)" 기술의 수출 금지
• 미국, 캐나다, EU, 영국 영공으로부터 러시아로 항공기 운항 금지

제재에 포함되지 않은 것들도 이에 못지않게 중요했다. 유럽은 러시아로부터 계속 천연가스와 석유를 구입했지만, 러시아 에너지에 대한 의존도를 줄이기 위한 계획을 만들었다. 러시아는 여전히 세계 여러 지역에 우회적으로 석유를 판매할 수 있었다. 러시아 석유는 송유관보다는 유조선에 의해 수송되었으므로 이것은 제재를 시행하지 않는 나라를 통해 쉽게 우회 운송될 수 있었다. 세계 에너지 가격의 급등으로 인해 러시아는 전쟁 중 전보다 더 많은 에너지 수출 수입을 올릴 수 있었고, 미국과 EU의 에너지 가격은 급등했다. 이 면에서 제재는 역효과를 가져왔다. 제재의 단기 효과는 러시아 중앙은행의 뛰어난 대응 정책에 의해 둔화되었다. 러시아 중앙은행은 루블의 가치를 유지하기 위해 영민하게 통화를 통제했다.

제재 체제는 몇 가지 의문을 제기하게 했다. 제재가 러시아 경제에 미치는 장기적 영향은 무엇일까? 특히 중요 상품의 도입, 인플레이션, 무기 생산에 어떤 영향을 미칠 것인가? 미국은 러시아의 가장 큰 두 개의 탱크 제조 공장이 외국에서 들여와야 하는 부품 부족으로 생산을 중단했다고 주장했다.[66] 제재는 러시아 정치에 어떤 영향을 미칠 것인가? 전쟁 초기 일부 관측가들

은 경제적 어려움으로 러시아 주민들에 의한 시위가 촉발되거나 러시아 올리가르히에 의한 쿠데타가 일어날 것이라는 희망을 표현하기도 했었다.

유럽 자신은 러시아 에너지를 끊을 수 있을 것인가? 노르드스트림-II 사업을 중단한다는 독일의 발표는 가스프롬의 상업적 프로젝트와 유럽을 러시아 가스에 좀더 의존하게 만들려는 러시아의 노력 모두에 큰 타격이 되었다. 좀더 중요한 질문은 유럽은 러시아 에너지를 완전히 포기할 의향이 있거나 그럴 수 있는가였다. 북미, 북아프리카, 중동에서 수입하는 액화천연가스(LNG)를 탈액화하는 데 필요한 시설을 건설하는 데는 시간이 필요했다. 이뿐 아니라 이런 대안적 수입은 가격이 더 높을 수 있었다.

전쟁으로 가장 큰 경제적 피해자는 "통상을 통한 변화(*Wandel durch Handel*)"라는 널리 퍼진 믿음이었을 것이다 이 용어는 독일어에서 나왔지만, 통상이 국제적 분쟁을 감소시킬 것이라는 사고는 자유주의적 국제 이론에 깊은 뿌리를 두고 있고, 포스트-냉전 시기 세계에서 폭넓은 지지를 받아왔었다.[67] 포스트-냉전 시기에 진행된 세계화에 중요한 기반이 된 이 믿음은 크게 훼손되었다.

서방은 러시아와의 전쟁을 피하기를 원했기 때문에 (직접적 군사지원보다는) 제재에 초점을 맞추었다. 푸틴의 은근한 핵 위협은 원하던 효과를 가져와서 서방 국가들은 전쟁의 양상을 바꿀 수 있는 무기들을 우크라이나에 공급하려던 생각을 거두었다. 독일 주재 우크라이나 대사 안드리이 멜니크Andriy Melnyk는 독일 수상 숄츠가 독일은 우크라이나가 간절히 바라는 팬저하우비체(Panzerhaubitzes) 자주포 체제 대신에 재정 지원을 하겠다고 발표하자 "대단한 실망과 비통함"을 느꼈다고 말했다. 독일은 후에 팬저하우비체 자주포 10문을 우크라이나에 제공했다.[68] 2022년 5월 우크라이나에서 인기를 끌었던 밈(meme)은 "독일의 군사 원조가 오고 있다"라는 제목이 붙은, 등에 테이프로 총알이 붙은 달팽이를 보여주는 것이었다.

전쟁 초기 젤렌스키 우크라이나 대통령이 매일 밤 방영한 비디오 영상은 널리 시청되었고, 젤렌스키는 서방 여러나라 지도자들과 화상통화를 가졌고, 거의 모든 경우 큰 환호를 받았다. 그는 몇 가지 기본 주제를 계속 강조했다. "러시아는 단순히 우리만 공격하는 것이 아니다. (…) 러시아는 우리의 가치, 기본적 인본적 가치를 무자비하게 공격하는 것이다. (…)" "사람들을 구하기 위해 우크라이나 영공에 비행금지구역을 설정해 달라는 것이 과도한 요구인가?" "당신들은 우리가 어떤 방어 무기를 필요로 하는지 잘 안다. (…) 당신들은 그것이 존재하고, 당신들이 가지고 있다는 것을 알지만, 이것은 우크라이나 하늘이 아니라 땅에 있다. 그것들은 우리 국민들을 방어하지 못한다."[69] 그는 자신의 연설을 청중의 입맛에 능숙하게 맞추었다. 그는 영국 의회에 연설을 할 때 처칠이 말한 "가장 암울한 시간(darkest hour)"을 인용했고, 미국 상하원 합동회의에 연설할 때는 9·11과 진주만을 인용했다.

일부 서방 국가들이 한 중요한 기여는 우크라이나 난민들을 받아들이고 수용한 것이었다. UN에 의하면 2022년 5월 24일 당시 660만 명의 우크라이나인들이 조국을 떠났다(전쟁 전 약 4천만 명의 인구). 폴란드는 이 중 350만 명을 받아들였고, 루마니아는 거의 100만 명, 헝가리는 654,000명을 받아들였다.[70] 독일은 700,000명의 피난민을 받아들인 것으로 보도되었다.[71] 다른 나라들은 훨씬 적은 수를 받아들였다. 영국은 3월 초 기준 300명의 피난민에게만 입국 비자를 발부했다.[72] 우크라이나에 많은 무기를 제공한 미국은 우크라이나를 떠난 사람들이 쉽게 입국할 수 없는 상호모순적인 경계망을 만들었다.[73] 2022년 여름이 되자 일부 피난민들은 우크라이나로 되돌아왔다.

러시아의 파시즘 접근

2022년 러시아의 우크라이나 침공과 이에 따른 국내적 조치와 수사는 러시아의 전제주의 수준을 극적으로 높여놓았고, 여러 해 동안 진행되어 온, 푸틴의 러시아는 과연 파시스트 국가인가에 대한 논란을 가속시켰다.[74] "파시즘"을 정의하는 것은 어렵다. 이념으로서 결정적인 정의는 없고, 몇 개의 역사적 사례들도 서로 상당히 달랐다. "파시스트"라는 낙인을 지지하는 증거로는 러시아 사회의 "청소(cleansing)" 같은 수사, 인종적 적대감, 인종학살(genocide) 요구, 파시스트처럼 보이는 "Z" 문양 사용, 국내 탄압의 증가, 보도된 대로 이반 일린 같은 파시스트 작가들에 대한 푸틴의 애착 등을 들 수 있다.[75] 그러나 역사적 파시즘의 중요한 증거는 보이지 않는다. 즉 푸틴은 영광스런 미래를 약속하는 대신에 영광스런 과거를 주로 언급했다. 주민들을 동원하는 대신에 푸틴은 탈동원(de-mobilization)하려고 노력하는 것처럼 보였다. 과거 파시스트 정권과 다르게 러시아는 반파시스트라고 주장하며 이러한 낙인을 거부했다. 1998년 스테판 셴필드Stephen Shenfield는 "현대 러시아에서 파시스트 조직은 독일 침략자들과 관련되어 있다는 낙인을 피하려고 애를 쓰기 때문에 "파시스트"라는 단어의 사용을 피하는 것으로 충분하고 자신들의 아이디어와 상징이 러시아에 뿌리를 두고있다는 것을 강조한다"고 정확하게 지적했었다.[76] 우리가 "파시스트"라는 용어를 쓰건 아니건을 떠나서, 2002년 봄 러시아는 불과 몇 년 전과도 아주 다른 전제적 국가가 되었다. 이러한 변형(metastasis)은 전쟁의 원인이자 결과 모두였다.

러시아는 2022년 침공 이전에도 완전히 자유롭지는 않았지만, 정부가 좋아하지 않는 방식으로 사건을 보도할 공간은 있었다. 되돌아보면 2021년 러시아가 "기억"이라는 NGO를 폐쇄한 것은 러시아에서 정치적 언론을 극단적으로 제한하려는 푸틴의 시도의 첫 단계로 볼 수 있다. 사람들은 그가 전쟁에 돌입할 것을 이미 알았고, 이 단체가 제기할 비판을 용인할 수 없었기 때문에 "기억"을 폐쇄한 것인지 궁금해할 수 있다. 3월 초 푸틴은 자신이 "특별군사작전"이라고 규정지은 것에 "전쟁"이라는 단어를 쓰는 것을 포함해서 군사 문제에 대한 가짜뉴스로 간주되는 모든 것을 범죄로 규정짓는 법안에 서명했다. 이 조치로 인해 러시아에 남아 있던《에호 모스크비(Ekho Moskvy)》,《도즈지(Dozhd')》,《노바야 가제타(Novaya Gazeta)》같은 독립적 언론들이 폐쇄되었다.

푸틴은 단순히 언론을 공격만 한 게 아니라, "사회의 자체 정화(self-cleansing of society)"도 시도했다.[77] 그는 러시아인들에게 "진짜 애국주의자를 반역자와 쓰레기 같은 인간들과 구분하고, 우리 사회에 잘못 들어온 파리와 같이 그들을 뱉어내라"고 촉구했다. 15,000명 이상의 시민이 전쟁에 반대했다는 이유로 체포되었다. 이 "청소"는 전쟁을 수행하는 데 단순히 필요한 것이 아니라 핵심 목표에 부가적 이익을 가져오는 것으로 간주할 수 있다.

대중적 지지를 얻기 위해서는 전장에서 긍정적 발전에 대한 보도뿐만 아니라 우크라이나인들의 파시스트 추종, 전장에서 그들이 저지른 잔학 행위, 서방의 배신에 대한 거짓 보도가 필요했다. 푸틴은 우크라이나에 대한 공격을 기본적으로 제2차 세계대전과 유사한 것으로 제시했다. 이를 위해서는 그는 제2차 세계대전 역사를 새로 쓰고, 우크라이나인들을 파시즘의 희생자가 아니라 파시스트로 그려야 했다. 그리고 푸틴은 우크라이나 현 정부가 파시스트 정부라고 주장하기 위해 우크라이나의 현재 상태도 다시 써야 했다. 이러한 프로그램을 위한 기초 작업은 수십 년 동안 진행되어 왔다. 소련 프로파간다는 오랫동안 우크라이나 민족주의를 파시즘과 연계시켰고, 최소한 2004년 오렌지 혁명과 대선 이후 친서방 우크라이나 정치인들을 파시스트라고 몰아세웠다.

이를 추종하는(이 작업에 뛰어든) 사람들도 급격히 늘어났다. 2022년 3월 정부 뉴스에이전시 리아노보스치(RIA Novosti)는 크렘린 인사인 티모페이 세르게이체프Timofey Sergeytsev의 글을 실었다. 글의 제목은 "러시아는 우크라이나를 어떻게 해야 하는가"였다. 기본적으로 인종학살을 요구한 이 글은 우크라이나 정부뿐만 아니라 많은 우크라이나인들은 나치 이념을 추종한 죄에서 벗어날 수 없다고 주장했다. 그런 다음 세르게이체프는 "탈우크라이나화(de-ukrainianization)"를 옹호했다.

> 탈나치화(denazification)는 승자에 의해서만 수행될 수 있고, 이것은 (1) 그들이 탈나치화 과정을 무조건적으로 통제해야 하고 (2) 이러한 통제를 확실하게 할 수 있는 힘을 가져야 한다. 이런 면에서 탈나치화 과정을 통과하는 나라는 주권국이 될 수 없다. (…) 탈나치화는 불가피하게 탈우크라이나화(deukrainization)이다. 이것은 소련 시대부터 시작된, 소러시아와 노보로시아 주민들의 자기 정의라는 인종적 요소의 대규모 확대를 거부하는 것이다.[78]

푸틴과 마찬가지로 세르게이체프는 우크라이나 정체성을 말소하는 것을 정당화하고, 이것을 만들어낸 소비에트를 비난했다.

인기 있는 TV쇼 진행자 블라디미르 솔로비예프Vladimir Solovyev는 우크라이나인들을 기생충에 비유했다. 그는 "수의사가 고양이를 살충할 때 의사로서 이것은 특별작전이지만, 기생충에게는 전쟁이고, 고양이에게는 청소다"라고 말했다.[79] 한때 러시아의 "법의 통치"의 희망이었던 드미트리 메드베데프 전 대통령은 트위터에 다음 말을 올렸다. "나는 그들을 미워한다. 그들은 악당이고 타락자들이다. 그들은 우리 러시아가 죽기를 바란다. 내가 살아 있는 동안 그들이 사라지게 만들기 위해 나는 할 수 있는 일을 다 할 것이다."[80] 점점 모든 곳에 나타나는 "Z" 상징(러시아의 키릴 문자에는 이런 글자가 없다)이 나치 문양을 닮은 면이 있다는 것을 러시아 선동선전가들이 놓쳤거나 아니면 의도적으로 이런 문양을 사용했을 수도 있다(일부 사람은 이것을 절반의 나치 문양half-swastika이라고 하고 다른 사람들은 즈와스티카Zwastika라고 부른다).

2022년 4월 푸틴은 모스크바의 루즈니키 운동장에서 대형 집회를 열었다. 이것은 크림 합병 8주년을 기념하는 행사라고 선전되었다. 그는 "나치즘이 없는 세계" "우리 대통령을 위하여"라는 대형 슬로건으로 장식된 무대에 올라가서 연설을 했다. 청중 중 많은 사람들은 강제로 동원된 것처럼 보였고, 이들은 "Z" 상징이 새겨진 깃발을 흔들었다.[81] 푸틴은 우크라이나가 돈바스에서 인종학살을 저지르고 있다고 부당하게 비난하고, 다음과 같이 말했다. "우리가 돈바스와 우크라이나에서 시작한 군사 작전의 핵심 목표는 주민들을 고통과 이 인종학살에서 해방시키기 위한 것이다." 전쟁의 동기에 대한 하나의 암시로서 푸틴은 "우리가 이런 단합을 보인 것은 오랜만이다"라고 말했다.[82] 러시아 국가는 파시스트라고 부당하게 주장한 우크라이나인들에 대항해서 파시스트적 수사를 포용하고, 자신은 반파시스트로 내세웠다.

전쟁 범죄, 인류 범죄, 인종학살

러시아 지도자들이 옹호한 잔학성을 러시아 병사들이 현장에서 저질렀다. 모든 전쟁에서 개인적 차원의 전쟁 범죄가 저질러지는 것은 부인할 수 없는 사실이지만, 민간인 대규모 학살이 광범위하게 저질러지는 것은 정상은 아니다. 러시아군이 키이우 북부 부차(Bucha)와 이르핀(Irpin)에서 패퇴한 후 이런 일이 저질러졌다는 것이 분명해졌다. 부차에서는 손이 뒤로 묶이고 이마에 총탄을 맞은 민간인 시신들이 발견되었다. 손이 뒤로 묶인 채로 열을 지어 러시아 병사들에게 끌려간 포로들이 잠시 후 살해당하는 끔찍한 장면이 방영되었다.[83] 전쟁 범죄와 대규모 무덤에 대한 보도가 우크라이나 여기저기서(여러 곳에서) 나왔지만, 러시아 통제 아래 있는 지역이 대부분이라서 이것을 확인하는 것은 어려웠다.

전쟁 범죄가 "민간인을 대상으로 한 광범위한 또는 체계적 공격의 일부로 이루어지고, 이 공격을 인지했다면" 이것은 국제형사재판소가 정의한 대로 "인류에 대한 범죄(crimes against humanity)"로 규정된다.[84] 이러한 행위가(그리고 다른 행위도) "국가적 인종 집단, 종족 집단, 종교 집단의 전체 또는 일부를 파괴할 목적으로"[85] 수행되었다면 이 행위는 인종학살(genocide)로 규정된다. 인종학살로 분류되기 위해서는 한 집단의 구성원 모두를 살해하려고 시도할 필요 없이 집단이 집단으로 존재하는 것을 종식시키기 위한 것이면 충분하고, 이것이 러시아의 프로파간다가 옹호한 바로 그것이다.[86] 부차 학살에 책임이 있는 러시아군 부대가 후에 푸틴으로부터 상훈을 받았다는 사실은 전쟁 범죄가 우연히 저질러졌거나 징벌을 받지 않았다는 것을 추가적으로 증명하는 증거이다.[87] 2022년 5월 두 NGO가 "러시아가 (i) 인종학살을 저질렀다는 직접적이고 공개적인 고소에 책임이 있고, (ii) 우크라이나 민족 집단을 부분적으로 파괴할 의도를 추론하게 하는 정형화된 잔학행위를 저질렀다는 결론을 내릴 수 있는 합리적 근거가 있다"고 결론을 내렸다.[88]

전쟁에 대한 러시아 여론

러시아의 프로파간다와, 자발적이라고 주장된 전쟁 지지는 많은 사람으로 하여금 러시아 국민들 대부분이 진정으로 이 전쟁을 지지하는지에 대해 의문을 갖게 만들었다. 이에 대한 대답은 세 가지에 함의를 가지고 있다. 첫째, 러시아 국민들이 전쟁에 항의를 하고 전쟁을 멈출 수 있는 가능성이 조금이라도 있었는가? 둘째, 러시아 국민은 자신들의 이름으로 저질러진 범죄에 어느 정도 책임이 있는가? 셋째, 푸틴이 떠난 다음에 극적으로 다른 러시아가 부상할 가능성은 어느 정도인가?

전쟁에 대한 러시아의 여론을 측정하는 것은 어려운 일이다. 그 이유는 러시아의 주도적 여론조사 기관인 레바다센터(Levada Center)는 "외국 에이전트(foreign agent)"로 선언되었고, 러시아인들은 반대 의견을 내는 것을 두려워하기 때문이다. 이번 전쟁을 전쟁이라고 부르는 것조차 위법이었기 때문에 여론 조사원들이 전쟁에 대해 직접적으로 질문을 할 수조차 없었다. 대신에 레바다센터는 "러시아 군대의 행동에 대한 지지에 대해 물었다. 레바다센터의 데니스 볼고프Denis Volkov 소장은 응답자의 약 80퍼센트가 어떤 식으로건 지지를 나타냈지만, 그는 2022년 국민들의 반응은 2014년 크림합병 때와는 결정적으로 달라서, 당시의 환희는 불안감으로 대체되었다고 말했다.[89] 2021년 11월부터 2022년 3월 사이 푸틴에 대한 지지율은 20퍼센트 상승해서 83퍼센트가 되었고, 전쟁 개시 다섯 달이 지난 7월에도 83퍼센트에 머물렀다.[90]

그러나 이러한 조사 어느 것도 예측하지 못한 것은 만약 시작된 전쟁이 형편없이 진행되었다면 러시아 대중 여론은 어떻게 되었을 것인가이다. 푸틴은 이러한 위험을 우려한 것이 분명하고, 이것은 그가 정보를 엄격하게 통제한 것을 설명해 준다. 2022년 9월 하순까지 러시아는 징집병을 전투에 보내는 것을 피해 왔다.[91] 실패한 전쟁 첫 국면 이후 총동원령을 내리기보다는 푸틴은 돈바스로 전쟁 목표를 축소했고, 외국 용병을 모집하거나 징집 연령을 상향하는 것과 같은 단편적인 조치를 취했다.[92] 이러한 결정들은 여론에 대한 예민한 우려가 전쟁 수행을 제한하고 있다는 증거이다. 이와 동시에, 푸틴이 전쟁에서 결정적인 승리를 거두기 위해 더 많은 병력을 보내지 않은 것을 비판하는 호전적인 친(親)전쟁 운동도 일어났다.[93] 푸틴은 보안 기관의 "강경파 참모들"에게 점점 의존하고 있지만, 전쟁이 오래 끌고 그 여파가 커질수록 대중과 보안기관 엘리트들을 동시에 만족시키는 것은 점점 더 어려워질 것이다.[94]

협상

전쟁 개전 날부터 다양한 행위자들은 평화나 최소한 휴전에 이르는 길을 찾기 시작했다. 우크라이나의 협상 입장은 전쟁 전망에 따라 달라졌다. 러시아는 협상에 참여하기는 했지만, 전쟁을 수행하는 데 만족한 듯했고, 협상이 본격적으로 시작되기 전에 전쟁 목표를 달성하기를 꾀하는 것 같았다. 서방에서는 초기부터 전쟁 목표와 수용할 만한 타협 조건에 대해 이견이 발생했다.

젤렌스키는 처음에는 평화를 얻기 위해 양보할 의향이 있었다. 전쟁 발발 전에도 그는 우크라이나의 나토 지향을 "꿈"이라고 말했었다.[95] 2022년 3월 전쟁이 격화되자 그는 우크라이나는 나토에 가입하지 않을 것이라는 것을 인정했다. "나는 이미 오래 전에 이 문제와 관련해서 흥분을 가라앉혔다"라고 그는 말했다. 동일한 인터뷰에서는 그는 도네츠크와 루한스크 주권을 인정하는 문제를 논의할 의향이 있다고 말하고, "우리는 이 영토들이 앞으로 어떻게 살아가게 될 것인지에 대해 논의하고 타협책을 찾을 수 있다. 나에게 중요한 것은 이 영토의 주민들이 어떻게 살아갈 것이며, 누가 우크라이나의 일부가 될 것인가이다"라고 말했다.[96]

3월 말 러시아와 우크라이나 대표단 사이에 평화회담이 튀르키예에서 시작되었다. 러시아군이 키이우에서 퇴각한 상태에서 러시아는 대화를 나눌 용의가 더 커진 것으로 보였다. 그러나 러시아 대표단이 푸틴으로부터 협상권을 위임받았는지는 불분명했다. 우크라이나 대표단은 중요한 양보를 하여 우크라이나는 영구적 중립을 선언할 용의가 있다고 말했다. 러시아는 "상호 신뢰를 증진하기 위해" 키이우 인근에서 군사 활동을 축소하겠다고 말했지만, 이 군대들은 이미 우크라이나에 의해 격퇴당한 상태여서 이것을 양보로 보기는 어려웠다.[97] 러시아는 우크라이나의 중립 약속뿐만 아니라 크림과 돈바스의 포기, 우크라이나군 병력 수를 5만 명으로 줄일 것을 요구했다. 이렇게 되는 경우 우크라이나는 방위력을 상실하는 것과 마찬가지였다.[98] 우크라이나는 이러한 요구를 거절했지만 협상을 계속 하는 것에는 관심을 나타냈고, 협상은 결렬되었다.

3월과 4월 초 전황이 바뀌면서 젤렌스키는 이전에 제안한 양보를 철회하는 것으로 보였고, 대신 승리에 대해 얘기했다. "우리는 점령자들에게 그들이 우크라이나를 떠날 수밖에 없는 날이 다가오고 있다는 것을 보여줄 수 있을 것이다."[99] 수사에 이런 변화가 일어난 것은 미국 정부의 태도 변화와도 일치했다. 4월 말 미 국방장관 로이드 오스틴Lloyd Austin은 "우크라이나는 자신들이 승리할 수 있다고 분명히 믿고 있다"라고 말했다.[100] 우크라이나가 "승리한다"는 것이 무엇을 의미하는지에 대한 논의는 별로 없었지만, 양보할 필요성은 일시적으로 줄어들었다.

5월이 되자 서방에서는 전쟁 피곤증이 분명히 나타났다. 3월에는 "미국과 동맹국들이 우크라이나와 러시아에 보내는 메시지는 다음과 같아야 한다. 아무리 오래 걸리더라도 우크라이나는 자유로워야 한다는 것이다"[101] 라고 주장했던 《뉴욕타임스》 편집진은 입장을 바꿔 다음과 같이 주장했다. "바이든은 볼로디미르 젤렌스키 대통령과 그의 국민들에게 미국과 나토가 얼마나 러시아와 대결할 수 있을지에는 한계가 있다는 것을 분명히 밝혀야 한다."[102] 같은 논설에서는 "결국 어려운 최종 결정을 내려야 하는 것은 우크라이나인들이다. 그들이 지금 러시아의 침공에 대항하여 싸우고, 목숨을 잃고, 집을 파괴당하고 있는 사람들이다. 그리고 전쟁이 어떤 식으로 끝나야 할지를 결정해야 하는 것도 그들이다." 이러한 자체 모순적인 말은 서방의 많은 사람들이 가지고 있는 양립할 수 없는 목표를 그대로 보여준다. 즉 그들은 우크라이나를 지원하면서 동시에 전쟁이 빨리 끝나기를 바라고 있고, 이것은 우크라이나가 양보하는 것을 의미한다.

우크라이나 밖에서 평화안을 제안하는 많은 사람들은 2월 24일 이전의 현상유지로 돌아갈 것을 요구한다. 즉 크림과 2015년 이후 러시아가 점령한 돈바스 지역을 러시아에 양도하는 안이다. 5월 세계 다보스포럼에서 연설한 헨리 키신저는 우크라이나는 평화에 도달하기 위해 2월 24일 이전의 현상유지(status quo ante)를 수용해야 한다고 주장했다.[103] 이 말이 야기한 격분은 젤렌스키 자신이 5월 21일 한 "추가적 상실을 필요로 하지 않는 2월 21일 국경으로으로 돌아가는 것은 '승리'로 간주할 수 있다"[104]는 말이 허위임을 보여주는 것이다.

그러나 러시아가 2022년 점령한 영토 모두를 내주는 이러한 결과를 수용할 것이라는 조짐은 전혀 없다. 키이우 점령에 실패한 후 러시아는 공개적으로 전쟁 목표를 다시 설정해도 자신들이 독립을 인정한 도네츠크 주와 루한스크 주 영토 전체를 장악하는 것에 초점을 맞추었다.[105] 세르게이 라브로프 외무장관은 2022년 7월 "이것은 도네츠크와 루한스크뿐만 아니라, 헤르손, 자포리자, 기타 많은 다른 영토들이다"라고 말했다.[106] 그래서 2022년 이전으로 돌아가자는 제안에는 희망적 사고가 많이 들어었고, 이것은 키신저처럼 현실주의를 내세우는 사람들도 마찬가지이다. 우크라이나를 나토 회원국으로 받아들이지 않고도 이 나라의 안보를 지킬 방법이 있는지도 또한 불분명하지만, 많은 사람들은 이 해결책을 옹호한다[107]

많은 서방 논평가들은 수용할 만한 타협책에 대한 질문은 우크라이나인들이 제시해야 한다는 립서비스를 하고 있지만, 현실은 우크라이나가 서방에 의존하고 있기 때문에 서방이 결정적 지렛대를 쥐고 있다는 것이다. 서방은 우크라이나를 NATO와 EU에 받아들이는 것을 논외로 할 수도 있고, 이를 약속할 수도 있다. 서방은 러시아에 대한 제재를 축소할 수도 있고, 강화할 수도 있다. 가장 중요한 것은 협상 테이블에서 일어나는 일은 전장에서 일어나는 일에 의해 결정되고, 우크라이나의 항전 잠재력은 무기 지원에 대한 서방의 결정과 함수관계에 있다는 것이다.

러시아의 목표가 분명하지 않고, 일부 서방 지도자들은 확전에 대한 우려로 우크라이나는 "승리"를 추구하지 말아야 한다고 주장하지만, 우크라이나와 서방은 우선 서로 협상해야 하는 상황이다. 우크라이나 국방장관 올렉시 레즈니코프Oleksii Reznikov는 다음과 같이 한탄했다.

> 우크라이나로 하여금 협상에 임하도록 설득하는 노력이 현재 진행되고 있다. 이 협상은 러시아의 배상금 액수를 결정하거나, 우크라이나 어느 도시가 앞으로 진행될 러시아 전쟁범죄재판소가 될 것인지를 논의하는 것이 아니다. 그 대신에 우크라이나는 "푸틴에게 모욕을 주지 않기 위해" 우리의 땅을 얼마나 모스크바에 선물로 줄 것인지를

생각하도록 종용받고 있다. 이러한 사고는 지속적인 평화를 가져오지 않는다. 사실은 그와 정반대의 결과를 가져올 뿐이다.[108]

젤렌스키는 여러 번에 걸쳐 중립을 받아들이거나, 2014년의 국경을 통제선으로 받아들일 수 있다고 말했지만, 우크라이나 국민 여론은 훨씬 더 많은 것을 요구하고 있다. 민주구상재단이 2022년 조사한 바에 따르면 78퍼센트의 우크라이나인은 평화를 추구하기 위해 양보를 전혀 하지 않아야 한다고 응답했다. 응답자 단 7퍼센트만이 나토 가입을 선호하지 않고, 단 2퍼센트만이 크림을 러시아 영토로 인정하는 데 동의했다. 같은 질문이 러시아 침공 전인 2월에 제시되었을 때 응답자 43퍼센트만 양보를 전혀 하지 말아야 한다고 밝혀서, 이 전쟁이 우크라이나 국민들의 결의를 얼마나 철저히 바꾸어 놓았는지를 잘 보여주었다.[109]

결론

전쟁이 시작된 후 6개월이 지난 시점, 러시아와 우크라이나 모두 병력과 전쟁 물자 부족을 점점 더 느끼고 있지만, 양측의 전쟁 수행 의지는 아직 소진되려면 멀었다. 러시아의 침공을 저지하고 성공적으로 서방 무기를 배치한 우크라이나는 헤르손을 다시 장악할 계획을 세웠다. 재앙적인 전쟁 초기와 가혹한 제재를 견뎌 낸 러시아는 비록 느리고, 대가가 크더라도 영토를 계속 장악하려고 노력해 왔다. 러시아는 이러한 대가를 감내할 자신들의 의지가 우크라이나에 대한 서방의 지지보다 더 오래 갈 것이고, 특히 2022-2023년 겨울 동안 심각해질 가스 부족 문제는 서유럽에 큰 타격을 입힐 것이라고 보았다.

러시아의 침공은 널리 예견되었지만, 세계 모든 곳의 사람들은 이 일이 실제로 일어났을 때 큰 충격을 받았다. 러시아는 생각할 수 없는 일을 일으켰고, 제2차 세계대전 후 유럽에서 가장 큰 전쟁을 의도적으로 일으켰다. 장래의 많은 일은 앞으로 몇 달 또는 몇 년 동안 전장에서 일어나는 일에 달려 있지만, 우리는 포스트-냉전 타협이 왜 무너졌는지, 러시아는 왜 전쟁을 시작했는지, 미래에 대한 중요한 함의 일부는 무엇인지를 알아내려고 시도할 수는 있었다. 이 질문들은 결론에 논의될 것이다.

10장

결론
—냉전에서 격렬한 전쟁으로

2022년 6월 블라디미르 푸틴은 "어떤 형태로건 지도력을 주장하기 위해서는 (…) 어느 나라나 어느 국민, 어느 인종 집단도 자신들의 주권을 확실히 가져야 한다. 중간은 절대 있을 수 없고, 어중간한 국가도 있을 수 없다. 한 국가는 주권 국가이거나, 아니면 식민지의 의미가 어떠하건 식민지이다"라고 주장했다.[1] 푸틴의 주장은 수십 년 전 미국의 외교관이었던 조지 케넌이 한 말의 메아리이다. "러시아의 힘에는 경계 지역이 없다. 크렘린의 시기심 많고 관용이 없는 눈에는 최종적으로 피보호국과 적국, 그리고 러시아의 이웃을 구별할 뿐이다. 만일 한 가지 범주에 들어가는 것이 싫다면 다른 범주에 들어가야 한다"라고 말했었다.[2]

이 말은 1991년 이후 단 두 가지의 선택만이 가능하다는 것을 의미한다. 그것은 우크라이나가 주권국이면서 적국이 되거나, 아니면 식민지이면서 피보호국이 되는 것이다. 2022년 관점에서 되돌아보면, 전쟁은 결국 피할 수 없었다고 쉽게 결론 내릴 수 있다. 그러나 냉전이 보여주듯이 지속적인 경쟁은 때로 전쟁 없이 끝나기도 한다. 대부분의 사람들은 러시아-우크라이나 분쟁, 러시아와 서방의 싸움은 아무리 심각하다 할지라도 시간이 지나면 완화될 것이라고 생각했다. 그래서 거의 아무도 2014년의 제한적 전쟁과 (임박할 때까지는) 이보다 훨씬 큰 2022년 전쟁을 예측하지 못했다. 전쟁은 피할 수 없는 것으로 여겨지지는 않았다.

2022년 2월 시작된 러시아의 대규모 우크라이나 침공은 2014년에 시작된 전쟁의 지속을 의미하는 것인가 아니면 전략의 번복을 의미하는 것인가라는 질문을 제기할 수 있다. 이 질문을 다른 방식으로 제기한다면 2022년 러시아 침공의 원인은 2014년 침공을 설명하는 동일한 장기적 요인이 포함되어 있었는가, 아니면 2014년과 2022년 사이에 무언가가 근본적으로 바뀐 것인가라고 물을 수도 있다.

이 질문들은 학술적인 것처럼 보이지만 전쟁의 원인을 이해하는 것은 이 전쟁이 어떻게 끝날지, 전쟁 후 세계 안보는 어떻게 달성될 것인지에 대한 우리의 사고를 형성한다. 지속적 평화를 가져오는 평화 합의와 새로운 전쟁으로 이어지는 민스크 합의 사이에는 큰 차이가 있다. 이 결론 부분이 지향하는 것은 이 책에서 발견한 사실을 요약하고 전쟁의 함의를 분석하는 것이다.

2014년 침공과 2022년 침공은 근본적인 원인을 공유하고 있다. 이 책에서 분석한 요인들, 즉 러시아가 우크라이나에 통제권을 되찾으려고 하는 것, 자신을 강대국으로 인식하는 것, 유럽의 안보 딜레마, 민주화의 영향은 2014년과 2022년 모두 러시아로서는 전쟁이 얼마든지 취할 수 있는 선택이었다는 근본적 조건을 마련해 준다. 그러나 2022년 침공의 두 가지 양상은 적절한 설명을 제공하는 데 더 큰 도전을 제기한다. 첫째, 2014년에는 러시아의 침공 시점을 설명할 수 있는 분명한 발화물이 있었던 반면, 2022년의 공격 시점은 이해하기가 더 어렵다. 둘째, 2014년 침공과 2022년 침공 모두가 합리적 관점에서 그럴듯하게 설명될 수 있지만, 우리는 2022년 침공은 집단사고, 오판, 블라디미르 푸틴의 개인적 성향의 혼합으로 더 잘 설명될 수 있는 과정을 반영한다는 9장에서 제기된 주장을 진지하게 받아들여야 한다.

처음부터 존재한 이견

모든 전쟁은 근본적인 이견(disagreement)으로 시작되어 적대 행위 개시 결정에 이르는 과정까지 일련의 단계를 거쳐 시작된다.[3] 근본적인 이견이 없다면 싸울 일도 없기 마련이다. 그러나 전쟁에 대한 합리성 이론이 보여주는 것처럼, 전쟁보다는 협상을 통해 최종 단계에 이르는 것이 항상 비용이 덜 든다.[4] 그렇기 때문에 어떤 특정 전쟁을 설명하기 위해서는 근본적 원인을 분석하고, 시간이 지나면서 왜 이견이 다른 결과가 아닌 전쟁으로 귀결되었는지를 보여주는 것이 필요하다. 러시아-우크라이나 전쟁의 경우에 2014년에는 제한적 전쟁으로 이어졌고, 그런 다음 2022년의 훨씬 덜 제한된 전쟁으로 이어졌다. 이 책에서 적용된 시계열적 접근은 이 많은 단계를 밝혀내는 데 필요한 것이었다.

러시아-우크라이나 전쟁에 대한 모든 설명은 우크라이나 통제권을 되찾으려는 러시아의 욕구에서 시작해야 한다. 1991년에 나타난 이러한 욕구는 이후 감소되기는커녕 점점 더 커졌다. 이익과 힘 또는 러시아의 불만에 입각한 간단한 설명은 러시아는 항상 우크라이나를 되찾으려고 하였지만, 2022년까지는 전면전을 벌이기에는 너무 힘이 약했다는 사실을 강조하게 될 것이다. 그러나 러시아의 목표에만 초점을 맞추는 것은 왜 전쟁이 일어났는지를 설명하지 못한다. 만일 우크라이나가 독립 국가를 이루고 유지하겠다는 결의가 없었다면 전쟁으로 이르는 길은 우크라이나가 러시아나, 벨라루스나 카자흐스탄처럼 러시아 영향권으로 평화롭게 재통합되는 것으로 대체되었을 것이다. 이것이 러시아 엘리트들이 의도하고 기대했던 것이다. 이와 유사하게 러시아의 목표와 힘에 초점을 맞추는 것은 일부 타협이 이루어질 수 없었는지를 우리에게 설명하지 못한다. 국가 간에 영토를 둘러싼 분쟁은 국제정치에서 자주 눈에 띄는 일이다. 영토 분쟁 백과사전은 1,200쪽이 넘게 그 사례를 제시하고 있지만, 이 중 전쟁으로 발전한 예는 극히 드물다.[5] 그렇다면 러시아와 우크라이나 사이에 분쟁은, 과거 경험으로 장래를 추론한다면 왜 최소한 1991년부터 2014년까지 전쟁이 없었던 것처럼 평화적으로 해결되지 못했는가? 이 책은 이 질문에 대해 역사적으로 그리고 개념적으로(conceptionally) 대답했다. 역사적으로 우리는 이견에서부터 전쟁에 이르는 과정을 탐색하며 다른 과정을 택할 수 있었던 기회가 있었던 핵심 사건들을 찾아냈다. 개념적으로 우리는 양측을 가깝게 하기보다는 더 멀어지게 한 힘을 찾아냈다.

소련이 해체되던 1990년-1991년부터 러시아 엘리트는 우크라이나의 독립에 반대했고, 그 독립이 일시적이거나 부분적일 것이라고 생각했다. 이 바람이 민족주의적 관점이나 지정학적 관점에서 설명되는가를 떠나서 전쟁은 우크라이나를 되찾겠다는 러시아의 목표와 분리되어 설명할 수 없다. 이것은 러시아의 대(對)우크라이나, 서방 관계의 장기적 동인이었고, 2022년 공격의 직접적 목표였다. 초기 시기를 정의한 핵심 사건은 2장에 서술된 1991년 12월 벨라베자 숲 회동으로, 여기에서 소련이 공식적으로 해체되고 독립국가연합이 창설되었다. 옐친은 독립국가연합 틀 내에서 우크라이나가 국방, 경제 문제에 러시아와 결합하게 되고, 그래서 부분적으로만 독립할 것으로 보았다.

유사한 이견은 러시아와 서방 사이에도 존재했다. 베를린 장벽이 무너지기 전에도 소련과 서방 지도자들은 자신들이 만들어내려고 하는 포스트-냉전 세계에 대한 아주 다른 생각을 가지고 있었다. 서방은 자유민주주의, 자유 시장, 국제법이 지배하는 "통합되고 자유로운 유럽(Europe whole and free)"를 꿈꾸었다. 미하일 고르바초프는 개혁되고 좀더 역동적인 소련이 세계와 유럽 대륙에서 계속 강대국의 역할을 수행하는 "공동의 집 유럽(Europe as a common home)"을 꿈꾸었다. 보리스 옐친이 14개 구소련 공화국이 이탈한 러시아 권좌에 오르자 그는 포스트-소비에트 지역에 대한 러시아의 통제권과 유럽과 세계 안보 문제에 대한 거부권을 박탈하기보다는 이를 재확인해 주는 서방과의 강화된 관계를 꿈꾸었다. 2016년 시점에서 되돌아보면서 표도르 루키아노프는 "러시아 지도자들 모두는 한 가지에는 동의했다. 그것은 1991년 이후 등장한 '신세계 질서'는 미하일 고르바초프와 기타 개혁 지향 소련 지도자들이 꿈꾸었던 것과는 전혀 다르다는 것이었다"라고 회고했다.[6]

독립 국가가 되고, 계속 독립을 유지하겠다는 우크라이나의 결의가 없었다면 싸울 일도 없었다. 새로 독립한 우크라이나에서는 러시아와의 관계를 어떻게 유지할 것인가에 대한 많은 논쟁이 있었다. 일부는 러시아를 핵심적 경제 파트너이자 문화적 친족 국가로 여긴 반면, 다른 사람들은 러시아가 경제, 문화를 이용하여 우크라이나를 다시 복속시킬 의도를 가진 식민 종주국으로 인식했다. 러시아의 목표와 우크라이나의 내부 논쟁을 고려하면 러시아로서는 우크라이나의 정치에 관여하려는 유혹에 저항할 수 없었다.

우크라이나는 여러 면에서 분열이 심했지만 독립에 대한 합의는 분명했다. (크림은 분열이 더 심했지만) 심지어 동부 우크라이나에서도 마찬가지였다. 우크라이나에서 "친러시아 성향"으로 낙인찍힌 레오니트 쿠치마 대통령(재임 1994-2004)과 빅토르 야누코비치(재임 2010-2014)도 러시아와의 공식적 통합은 강하게 반대했다. 쿠치마의 "전방위주의(multivectorism)"는 러시아와의 교역 관계에 추가해서 나토와의 관계 확장을 목표로 했고, 야누코비치도 러시아의 압력으로 포기하기 전까지 진지하게 EU 협력협정을 추구했다.

많은 사람들은 1991년 나타난 우크라이나 독립 열기는 금방 사라질 것으로 생각했지만, 정반대의 일이 일어났고, 많은 경우 러시아의 강압에 대한 대응으로 이런 현상이 일어났다. 만일 러시아가 포스트-소비에트 초기부터 강압 대신에 화해 정책을 추구했더라면 어떤 일이 있어났을지를 많은 사람이 궁금해한다.

우크라이나가 핵무기를 포기하는 데 동의한 것은 국가 건설 초기에 큰 예외적 조치였다. 이러한 타협은 우크라이나에 대한 미국과 러시아의 공동 압력의 결과였고, 양국이 협력하고 긴장이 고조되지 않고 완화된 중요한 사례였다. 핵무기 포기 합의 결과로 나온 우크라이나에 대한 안보 보장은 우크라이나에게는 후에 큰 유감이 되었지만, 이 타협으로 나토를 포함해서 서방과의 좀더 밀접한 관계를 추구할 수 있게 되었다. 평화동반자 프로그램(Partnership for Peace)에 우크라이나가 참여하면서 러시아에서는 블라디미르 지리놉스키 같은 정치인이 부상했을 뿐만 아니라 러시아를 초조하게 만들었다. 이것은 나토에 대한 우크라이나의 관계가 러시아로 하여금 나토가 러시아로 향해 다가오고 있고, 우크라이나는 러시아에서 멀어지고 있다는 우려를 하게 만든 오랜 기간 발생한 여러 사건 중의 첫 사건이었다.

쐐기를 박은 사건들

소련 붕괴의 먼지가 가라앉으면서 새로운 문제들이 발생했다. 우리는 분석을 위해 이 사건들을 세 범주로 분류할 수 있다. 첫째는 우크라이나와 러시아 사이에 일어난 사건들, 둘째는 유럽에서 러시아와 서방 사이에 일어난 사건들, 셋째는 상호 불신을 키운 세계 다른 곳에서 일어난 사건들이다.

우크라이나와 러시아 사이에는 같은 종류의 문제들이 반복적으로 일어났다. 러시아는 크림, 특히 세바스토폴에 대한 영유권을 주장하며 우크라이나의 우려를 증폭시켰고, 우크라이나로 하여금 서방으로부터 지원을 갈구하게 만들었다. 러시아는 또한 우크라이나가 러시아가 이끄는 경제 블록에 가담할 것을 주장했지만, 우크라이나의 모든 지도자는 이를 거부했다. 서방으로 향한 우크라이나의 대외 정책은 러시아를 자극했고, 우크라이나가 소비하는 러시아 에너지 대금을 변제하지 않는 것도 러시아에 빌미를 제공했다. 러시아는 가스 공급을 우크라이나에 대한 강압에 이용하면서 우크라이나의 안보 불안을 확대시켰다.

한편으로 러시아에서 겨우 시작된 민주주의가 무너진 것은 다른 나라들과의 관계에 심각한 영향을 미쳤다. 보수파 쿠데타 발생 후 겨우 2년, 푸틴의 등장 7년 전인 1993년 가을 옐친은 의회를 해산하기 위해 군대를 동원했다. 그런 다음 그는 대통령에게 막강한 권한을 부여한 헌법을 채택했고 후에 푸틴은 그 혜택을 누렸다.

우크라이나에 대한 적대적 태도는 러시아의 민주주의 와해의 결과이기도 했지만 그 원인이기도 했다. 반옐친 "적갈색(red-brown)" 보수연합의 핵심 불만 중 하나는 옐친이 우크라이나가 제 길을 가도록 방치하고, 우크라이나를 되찾기 위한 노력을 거의 하지 않은 것이었다. 1993년 12월 러시아 의회 선거에서 지리놉스키의 자유민주당이 1위를 차지하고, 공산당이 3위를 차지했다. 우크라이나와 다른 국가들은 이에 대응하여 러시아의 선의에 의존하지 않는 안보 구상을 모색했다.

러시아와 서방 사이에도 이견이 계속 일어났다. 유고슬라비아의 붕괴는 1994-1995년 보스니아, 1999년 코소보, 2007년 코소보 승인을 둘러싼 분쟁을 촉발시켰다. 많은 서방 지도자들은 러시아가 경제 개혁을 충분히 추진하지 않는다고 생각한 반면, 많은 러시아인들은 그 반대로 생각했다. 1998년 발생한 러시아의 재정 위기는 러시아의 많은 사람들로 하여금 서구 모델이 러시아에 해악을 끼치고 있다고 확신하게 만들었다. 2000년 블라디미르 푸틴이 권좌에 오르면서 러시아에서 민주주의의 생존 가능성에 대한 서방의 우려가 증폭되었다. 체첸 전쟁의 재발, 독립 언론 탄압, 선별적인 정적 탄압 모두 유럽에서 강한 비판을 불러일으켰지만 이러한 조치들은 푸틴의 권력과 러시아 국가 권력을 강화했다.[7] 1994년 나토를 확장하기로 한 첫 결정에서부터 2008년 부카레스트 정상회담에 이른 과정은 러시아의 반발을 초래했다. 조지 W. 부시 정권이 ABM조약에서 탈퇴하고 탄도미사일방어체계를 배치하기로 결정한 것은 안보와 상징적 이유로 러시아를 분노하게 만들었다.

세계 다른 곳에서 일어난 사건들도 관계를 더욱 악화시켰다. 2003년 미국의 이라크 침공은 큰 우려를 자아냈다. 이것은 러시아가 보기에 UN의 권위와 "정당방위"를 위해서만 타국을 공격을 할 수 있다는 국제법의 원칙을 공공연히 어긴 사건이었다. "아랍의 봄"과 그 여파는 러시아의 불만을 더욱 증폭시켰고, 러시아의 시리아 내전 간섭은 러시아의 새로운 팽창주의에 대한 우려를 증폭시켰다.

모든 당사자들이 관계를 개선하려는 노력을 기울이기는 했지만, 이러한 노력은 무산되거나 좀더 부정적인 일들로 인해 무색해졌다. 러시아에 대한 서방의 지원은 진행되었지만, 이것은 러시아가 희망한 것보다 훨씬 적었고, 감사와 함께 불만도 야기했다. 우크라이나가 핵무기를 폐기하기로 동의한 것은 러시아, 미국과 더 큰 갈등을 피하도록 만들었지만, 이미 당시에도 우크라이나에 대한 허술한 안보 보장은 많은 사람들의 불만을 야기했다. 러시아와 미국은 오히려 핵무기를 놓고 거래를 하려는 우크라이나에 대해 불만을 가졌다. 이와 유사하게 1997년 맺어진 러시아-우크라이나 우호조약을 많은 러시아 엘리트들은 반대했다. 이 조약은 우크라이나-러시아 관계에서 큰 실질적 영향을 미치지 못했다.

2000-2001년 러시아와 미국의 지도자 교체로 만들어진 기회도 제대로 활용되지 못했다. 조지 W. 부시는 푸틴의 영혼을 들여다보았다는 유명한 말을 했지만, 이것은 탄도미사일방어체계에 대한 부시의 정책을 바꾸지는 못했다. 미국의 외교 정책을 근본적으로 변화시킨 2001년 9·11 테러 공격도 미국-러시아 관계에 큰 영향을 미치지 못했다. 세계 지도자 중 부시에게 처음으로 전화를 걸어 위로의 뜻을 전한 푸틴에 대해 많은 기대가 생겼고, 양국은 탈레반과 아프가니스탄에 대항하는 데 협력하였지만, 미국은 이라크 침공에 반대하는 러시아(몇몇 동맹국을 포함하여)를 무시했다. 2004년 우크라이나에서 발생한 오렌지 혁명은 러시아-우크라이나 사이의 갈등과 러시아-서방 갈등을 중첩시켰고, 러시아는 우크라이나 선거 부정을 막은 서방의 간섭을 비난했다. 2007년 뮌헨 안보회의에서 푸틴이 행한 연설은 서방의 우려를 자극했고, 새로운 대결의 시대의 전조가 되었다.

상대방의 이익을 고려하려는 진지한 노력도 분쟁으로 이어졌다. 미국과 서방은 러시아에 대한 큰 양보로 생각한 우크라이나와 조지아의 NATO 준회원국(NATO Membership Action Plan) 가입 연기도 러시아는 도발로 받아들였다. 러시아는 몇 달 후 조지아를 침공하여 러시아가 안보 위협이라는 서방의 시각을 강화시켰다. 조지 W. 부시와 푸틴이 오바마와 드미트리 메드베데프로 바뀌면서 양국 관계의 새로운 문이 열린 것으로 보였다. 미국은 "리셋(reset)" 정책을 추구하며 러시아의 조지아 침공을 역사에 묻고 러시아의 관계를 개선하려고 했지만, "리셋" 정책은 아무 결과를 가져오지 못했고, 푸틴은 2012년 다시 러시아 대통령이 되었다.

2014년 러시아가 우크라이나를 침공한 것은 러시아가 우크라이나가 자신으로부터 멀어지는 것을 무력을 사용하지 않고 용인할 것이라는 환상을 깨뜨렸다. 우크라이나에서 러시아와의 우호 관계를 지지하는 사람들의 비율은 크게 줄어들었다. 일부 유럽 지도자들이 중재에 나섰지만, 러시아는 시리아에서 전쟁 범죄를 저질렀고, 영국에서 스파이들을 독살하려 했고, 미국과 유럽 국가 선거에 개입했다. 서방은 러시아에 대한 제재를 계속 유지했고, 푸틴의 실각을 공개적으로 희망했다. 그러는 사이 우크라이나에서 분쟁은 관리할 수 있는 수준으로 억제되어 상당 기간 그 상태가 지속될 수 있을 것처럼 보였다. 새로운 표준(new normal)은 국토 일부를 상실한 우크라이나가 점진적으로 서방에 접근하고, 러시아는 2014년 얻은 것에 만족하는 것이라고 간주되었다. 점점 호전적이 되어가는 푸틴의 연설과 글은 프로파간다 강화로 여겨졌지 70년 만에 유럽에서 가장 격렬한 공격의 전주곡으로 여겨지지는 않았다.

사건과 설명

냉전 종식이 가져온 개선된 정치적 조건을 고려할 때 우크라이나, 러시아, 서방은 상호 간의 이견을 관리하지 못했는가? 오바마의 "리셋" 정책이 거의 아무런 효과를 가져오지 못한 것처럼 왜 작은 이견은 좁혀지기보다는 확대되었는가? 무엇이 그간 일어난 사건들을 연결하는가? 냉전 종식의 결과에 대한 러시아의 불만을 출발점으로 잡으면, 세 가지 제약 조건, 즉 안보 딜레마, 민주화, 국내 정치가 이익과 원칙의 충돌을 관리하려는 노력을 방해했다고 볼 수 있다.

첫째, 자국의 안보를 증진하려고 한 국가가 취하는 조치는 자연적으로 이웃 국가들의 안보를 불안하게 만든다. 냉전 종식에도 불구하고 관련 국가들 모두는 자신들의 안보를 증진시키는 조치를 취했고, 자국의 의도에 대해 다른 국가들을 안심시키려는 노력을 시도하지만 다른 국가들은 이로 인해 안보 불안을 느끼게 된다. 가장 극명한 예는 나토 확장이다. 이것은 동유럽의 새 나토 회원국들의 안보 딜레마를 개선하고, 러시아의 영향력 회복 정책(revanchism)에 대응하여 이 국가들의 안심시켜는 의도로 시작되었다.

그러나 러시아가 나토가 자국을 침공할 것이라고 심각하게 우려하지 않았더라도, 나토 확장은 유럽을 점점 더 러시아가 아무 발언권이 없는 기구에 포함되는 결과를 가져왔다. 우크라이나를 통제하려는 러시아의 노력은 우크라이나와 더 서쪽에 있는 나라들을 위협하는 것으로 보였다. 우크라이나와 서유럽은 이에 대응하기 위해 서로 더 가까이 밀착했고, 이것은 러시아의 고립감을 강화시켰다. 러시아의 제국주의가 진정한 문제라고 주장하는 사람도 있을 수 있지만, 안보 딜레마는 러시아의 제국주의와 관계없는 문제들을 만들어냈다. 만일 러시아가 재개한 공격에 대응하는 모든 노력이 러시아로 하여금 더 불안하고, 더 모욕을 느끼지 않게 경주되었다면 러시아의 불만을 완화하는 것은 더 쉬웠을 것이다.

만일 우크라이나가 EU와 자유무역을 공유하되 NATO 가입을 자제하는 것을 러시아가 받아들였다면 평화가 가능했을 수도 있었지만, 러시아는 2013년 가을 우크라이나가 EU 협력협정에 서명하기 직전 몇 달 동안 이러한 선택지를 거부했다. 2013년 말 가능했던 하나의 시나리오는 우크라이나가 EU 협력협정에 서명하되, NATO 가입을 반대하는 친러파인 빅토르 야누코비치가 계속 집권하는 것이었지만, 러시아는 이 가능성도 거부했다. 시간이 지나면서 우크라이나, 러시아, 유럽은 모두 우크라이나가 "중간 지대(grey zone)"에 남아 있는 것에 대해 만족할 수 없게 되었다. 러시아가 크림과 돈바스 일부를 점령한 후 우크라이나는 EU 및 NATO와의 연계를 강화하는 노력을 배가했다. 그러나 두 기구에 가입하는 것은 시기상조였다.

두 번째로 민주화는 포스트-냉전 유럽에서 강력한 교란자로 작용해 현상유지를 반복적으로 위협했고, 러시아는 상실이 점점 확대된다고 느끼게 되었다. 탈공산화 국가들이 민주주의를 건설하고 정착시키려고 노력하면서, 민주주의를 지탱하고 자국의 유럽 정체성을 확인하고 안보를 강화하기 위해 서방 국제 조직에 가담하면서 노력했다. 이러한 과정은 EU 및 NATO가 "확장하는" 결과로 나타났지만, 이 방식은 이 기구에 가입을 신청하고 가입 조건을 충족하는 어려운 과정을 밟아온 새 회원국의 주도권(agency)을 등한시했다. 서방이 보기에 이러한 기구들은 민주주의를 지탱하고, 민주주의는 안보를 증진했다. 그래서 많은 당사자들이 러시아의 반대를 가볍게 치부했다.

러시아에서 민주주의의 후퇴는 현상유지를 더욱 훼손하고 러시아의 보복 행동 방지책은 신중해야 한다는 주장을 뒷받침했다. 러시아가 전제주의로 후퇴하면, 유럽에는 민주주의 지역과 비민주주의 지역 사이의 경계선이 생기는 것이 불가피했다. 서방 기구들이 서(西)에서 동(東)으로 이동하고, 러시아는 자국의 서쪽에 있는 국가들에 대한 권리를 주장하는 상황에서 어디가 새로운 경계선이 되어야 하는가라는 질문은 피할 수 없게 되었다. 러시아는 점점 더 서구의 규범을 자국을 향한 무기로 보기 시작하여 러시아는 이러한 규범이 무언가 목적을 가진 것이라고 보고 거부하는 상황에까지 이르렀다. 이렇게 민주주의와 지정학이 합쳐졌다. 이러한 갈등에는 분명한 불가피성이 있었다. 전제적인 러시아와 맞닥뜨린 민주화된 우크라이나는 계속 서방으로 이동하려고 하였다. 이것은 우크라이나 민주주의를 러시아에 대한 위협으로 만들었고, 러시아의 영향력은 우크라이나 민주주주에 대한 위협이 되었다.

세 번째로 당사국 모두에서 국내 정치는 정치 지도자들이 안보 딜레마를 완화시키는 정책을 추진하는 것을 반복적으로 막았다. 이론적으로 보면 민주주의는 국가 안보를 증진시켜야 하지만 여론은 반복적으로 지도자들이 좀더 협조적인 노선을 취하는 것을 제약했다. 미국에서는 유권자 여론이 조지 H. W. 부시와 빌 클린턴이 1990년대 러시아의 경제 개혁을 돕는 상당한 재정 지원을 하는 것을 막았다. 좀더 많은 재정 지원이 도움이 되었을지, 또는 경제 개혁의 성공이 러시아의 민주주의를 구했을지 알 수는 없다. 그러나 미국 지도자들은 이런 인과 사슬은 존재한다고 믿었지만, 좀더 큰 지원을 적극 추진하게 되면 다음 선거에서 패배할 수 있는 위험에 빠질 수 있다는 것을 깨달았다. 이와 대조적으로 나토 확장에 대해서는 초당적 지원이 있었다.

러시아에서는 국내 정치가 더 중요했다. 보리스 옐친은 취임 초기부터 공산주의, 민족주의 영향력 회복주의자들의 압력에 시달렸다. 그들은 옐친이 서방과의 전투에서 지고 있고, 우크라이나를 되찾는 데 실패했다고 비판했다. 1994년 러시아 외무장관 안드레이 코지레프는 정곡을 찌르는 말을 했다. "러시아의 외교 정책은 불가피하게 독립적이고 공세적인 성격을 띨 수밖에 없다. 만일 러시아 민주주의자들이 그렇게 하지 못하면 그들은 민족적, 국가적 자기주장의 필요를 이용하는 공격적인 민족주의 물결에 쓸려나갈 것이다"라고 말했다.[8] 민주주의가 살아남기 위해서는 러시아는 공세적 외교 정책을 취해야 한다는 코지레프의 주장은 "민주평화론(democratic peace)" 개념을 망쳐놓았다. 블라디미르 푸틴은 서방에 대해 강경 노선을 취하고 러시아의 강대국 지위를 다시 주장하고 크림을 획득하면서 자신의 지지율을 높였다.

우크라이나에서만 국내 정치는 화해를 부추겼다. 유권자 다수가 러시아, 서방 모두와의 밀접한 관계를 지지하면서 "전방위주의(multivectorism)"가 주도적 정책이 되었고, 우크라이나의 "친러" 또는 "친서방" 대통령들은 정치적으로 실용적인 정책에서 크게 벗어나지 않았다. 빅토르 야누코비치는 러시아와 대규모 가스 수입 협정을 체결하고, EU 협력협정도 추진했다. 그러나 우크라이나의 분열적 정치와 정치 부패는 국가를 러시아의 간섭에 취약하게 만들고, 외부 재정 지원에 의존하는 국가로 만들었다.

이 세 가지 역학, 즉 애매한 현상유지로 악화된 안보 딜레마, 민주주의와 지정학의 결합, 국내 정치 제약은 두 가지 면에서 분쟁을 이해하는 데 중요하다. 첫째, 이것들은 냉전 종식 이후 관계가 크게 개선된 것처럼 보이는 상황에서 왜 여러 나라들이 자신들의 이견을 극복하는 데 성공하지 못했는지를 설명하는 것을 도와준다. 다른 말로 하면 안보 딜레마가 때로 해결될 수도 있다면 이러한 요인들은 러시아-우크라이나 갈등의 경우 왜 그렇게 되는 것이 그처럼 어려웠는지를 설명해 준다.

특히 이 요인들은 우크라이나를 서방과 러시아 사이의 "중간 지대"에 묶어놓는 것이 왜 어려운지를 보여준다. 우크라이나가 나토에 가입하지 않는 것에 우크라이나와 서방이 동의하고, 러시아는 우크라이나의 독립을 지지하는 데 동의하는 타협을 상상할 수도 있다. 그러나 그러한 타결이 러시아의 최소 목표와 부합할 수 있는지 분명하지 않지만, 만일 그렇다면 러시아의 국내 정치는 어떠한 러시아 지도자라 할지라도 우크라이나가 제 갈 길을 가도록 허용하는 경우 매우 큰 대가를 치르게 만들 것이다. 러시아는 우크라이나 정치에 영향을 미치는 노력을 하는 데 저항하기 힘들고, 이것은 우크라이나로 하여금 서방의 보호를 구하게 만든다. 우크라이나의 민주화는 영향력을 유지하려는 러시아에 의존하는 현상유지를 파괴할 것이다. 여기에다가 안보적 조건에서 중간 지위 설정이 가능하더라도 이것은 경제적으로는 작동하지 않을 것이다. 우크라이나는 EU와 러시아 양쪽 모두의 자유무역 지대에 포함될 수 있지만, 양쪽 모두와 자유무역을 확보하지 못하는 경우 경제적 고립을 피할 수 없게 된다. 정치와 마찬가지로 경제도 선택을 강요한다.

두 번째로 여러 나라의 지도자들이 자신의 행동에 의해서건 유권자에 의해서건 제약을 당하는 경우 그들은 갈등을 설명하는 것과 이것을 누군가의 책임으로 돌리는 것을 구별하는 것이 중요하다는 점을 강조한다. 지도자들은 자신이 통제할 수 없는 힘에 제약을 받으며, 현실적인 선택이 제한된 상황에 자주 처하게 된다. 이러한 근본적 요인들은 2014년 침공과 2022년 침공 결정을 설명하지는 못하지만, 이것들은 전쟁으로 향하는 길에서 출구로 나가지 못한 이유는 보여준다.

전쟁은 불가피했는가

근본적 이견과 그것을 통제하려는 노력을 방해한 역학을 고려하더라도 전쟁은 피할 수 없었는가? 분명히 그렇지 않았다. 이것을 이해하는 한 가지 방법은 냉전 자체를 되돌아보는 것이다. 냉전 상황은 훨씬 긴장이 강했지만 근본적 갈등이 사라질 때까지 40년간 잘 관리되어 왔다. 이와 유사하게 포스트-냉전 시기 우크라이나에 대한 이견도 좀더 해결이 쉬워질 때까지 관리될 수 있었다.

전쟁이 피할 수 없었던 것은 아니라는 것을 보여주는 다른 방법은 2022년 침공에 이르기까지 과정을 자세히 살펴보는 것이다. 전 세계의 많은 분석가들은 러시아가 침공하지 않을 것이라고 주장했다. 그 이유는 그렇게 하는 것은 전혀 이치에 맞지 않았기 때문이다. 러시아는 우크라이나에 대한 통제권을 더 확보하기 위해 2014년에 얻은 것을 더 축적해 나갈 것이라는 것이 일반적 기대였다. 시간은 러시아 편인 것처럼 보였다. 유럽은 러시아 제재에 피곤증을 느끼고 있었고, 노르드스트림-II 가스관은 곧 개통될 예정이었고, 돈바스와 크림에 대한 러시아의 장악은 확고해지고 있었고, 우크라이나의 나토 가입은 아직 먼 얘기였다. 러시아는 우크라이나를 침공하는 것 외에 다양한 선택지를 가지고 있었고, 2014년처럼 기회를 잡을 것인지 놓칠 것인지를 결정해야 할 만큼 다급하지도 않았다.

이것은 선택에 의한 전쟁이었고, 그래서 우크라이나를 침공하기로 한 푸틴과 러시아의 결정은 이 전쟁을 완전히 이해하는 데 중요한 요소이다. 극적인 차이를 가져오는 모든 정책은 누군가 자신이 중요하게 가치를 두고 있는 것을 포기하는 것을 요구한다. 러시아는 우크라이나의 상실을 받아들일 수도 있었다. 우크라이나는 독립과 민주주의에 대한 꿈을 포기할 수도 있었다. 나토는 우크라이나에 대한 러시아의 지배를 용인할 수도 있었다. 그러나 각 당사자가 이 어려운 희생을 피하려고 노력하고 대신에 상대편이 이에 맞게 입장을 조절할 것이라고 전제한 것은 놀라운 일이 아니다. 1990년대 지도자들이 2022년에 일어날 일을 알았더라면 그들은 유럽의 새로운 안보 틀을 마련하기 위해 더 열심히 노력했을 것이다. 그러나 그들은 시간이 지나면 문제는 악화되기보다는 점차 사라질 것이라고 가정하는 쪽으로 기울었다. 시간이 지나면 러시아는 우크라이나 상실에 적응할 것이라고 믿는 것이 합리적으로 보였지만, 실제로는 그 반대 상황이 일어났다.

어떻게 하면 전쟁을 피할 수 있었을 것인가에 대한 이 논의는 일어난 사실만을 바로 보는 것으로 누군가의 책임을 물을 수 없다는 것을 보여준다. 전쟁이 일어날 가능성을 줄이기 위해서는 누군가가 자신에게 매우 중요한 것을 포기해야만 했다. 누가 꼭 필요한 이 양보를 할 것인가, 다른 말로 하면 그렇게 하지 않은 것에 대해 누가 비난을 받아야 하는가는 사실적 질문이 아니라 규범적 질문이다. 여러 면에서 책임을 묻는 것은 우크라이나에 대한 러시아의 권리 주장을 심판하는 것으로 귀결될 것이다. 이 주장이 정당하지 않은 범위에서만 러시아는 그런 정책을 추구한 것에 대한 비난을 받을 수 있다. 이 주장이 정당하다면 이에 순응하지 않은 우크라이나가 비난을 받아야 하고 우크라이나를 지원한 서방도 비난을 받아야 한다. 이와 유사하게 서방이 강대국 특권을 요구하는 러시아의 주장을 인정하고, 러시아의 지역적 군사 우월권을 인정할 것인지, 아니면 러시아가 민주적 규범에 대한 러시아의 주장에 순응할 것인지는 가치의 문제이다.

이러한 규범적 질문에 대한 답은 추가적으로 강대국의 권리에 대한 전제, 주권의 불가침성, 국제법, 현실정치(realpolitik)의 경계에 달려 있다. 좀더 힘이 센 국가에 굴복함으로써 국민들 생명을 구하는 것이 자국의 자유를 유지하기 위해 싸우거나, 그것을 지지하거나 그것을 지지하는 사람들을 지지하는 것보다 더 윤리적인가? 이 질문에 답하는 사람들은 어떻게 자신의 주장이 더 큰 무게를 가지고 있고, 그래서 누군가 뒤로 물러나야 하고, 최종적으로 뒤로 물러나지 않는 사람은 비난을 받을 것인가를 어떻게 결정할 수 있는가? 그래서 누구를 비난해야 하는가라는 문제를 푸는 역사나 분석보다도 누구에게 책임을 물을 것인가가 이 분석을 쓰거나 읽는 데 더 많은 영향을 주는 경향이 있다. 모든 비난 대상 찾기는 지도자들이 후에 자신들에게 쏟아진 비난보다 행동의 자유가 훨씬 적었다고 주장할 수 있는 범위를 불분명하게 만든다.

평화 전망

전쟁 발발 시점부터 최종적 평화 합의의 윤곽은 그려지는 듯했다. 핵심 사안에는 양 국가의 경계, 우크라이나가 NATO와 EU에 가입하는 자유의 정도가 포함되었다. 현상에 필요한 주요 사안은 분명했지만, 상세한 내용에 합의하는 데는 극심한 진통이 예상되었다. 일례로 우크라이나는 NATO에 가입하지 않는다고 약속할 수 있지만, 우크라이나가 안보를 확보하기 위해서는, 특히 NATO에 가입하지 않고 그렇게 하기 위해서는 강하게 무장할 수밖에 없다. 이렇게 하기 위해서는 NATO 국가들의 도움이 필요하다. 우크라이나의 비무장화를 전쟁 목표의 하나로 제시한 러시아가 과연 여기에 동의할 수 있을 것인가? 이와 유사하게 2022년 6월 EU가 우크라이나에게 준회원 자격을 부여하기로 결정한 것은 우크라이나에게 강력한 상징적 지원을 한 것이고 우크라이나 EU 가입이 가시화되면 우크라이나를 정복하겠다는 러시아의 결의는 더 강해질 수 있다.

우크라이나는 2014년부터 러시아가 점령한 크림이나 돈바스 지역을 되찾지 않기로 동의할 수도 있다. 그러나 우크라이나는 돈바스에서 추가적으로 상실한 지역과 흑해 북부 연안 지역의 상실을 받아들일 수 있겠는가? 이와 반대로 러시아는 획득한 영토의 일부를 포기할 수 있다고 기대할 수 있더라도 크림에 물을 공급하는 통로인 헤르손 지역에 대한 영유권을 포기할 수 있을 것인가? 양국이 전투로 영토를 획득하거나 탈환할 수 있다고 믿고 있는 한 현재의 영토 분할 상태를 동결하는 것은 어려울 것이다.

우크라이나는 침공 초기 시기에는 협상에 적극 임하려고 했지만, 전쟁 상황이 개선되면서 협상에 대한 관심이 줄어들었다. 러시아의 잔학 행위는 우크라이나의 양보를 더욱 어렵게 만들었다. 최소한 2022년 가을 동안 러시아는 협상을 통한 평화 달성에 거의 관심을 보이지 않았고, 그 이유는 러시아의 전쟁 목적이 아직 달성되지 않았기 때문으로 추정할 수 있다. 2022년 여름에 진지한 협상은 중단되었다. 전쟁이 계속 이어지면서 이 지역에 평화와 안보를 가져올 합의 대신에 항상 확전의 위험이 있는 장기적 충돌이 지속될 가능성이 커졌다.

장기적으로 보면 많은 사람들이 지적한 바와 같이 러시아처럼 강력한 국가가 현상유지에 만족하지 못하는 상태에서 유럽은 높은 수준의 안보를 유지할 수 없다. 일부 사람들은 이것을 러시아를 수용하거나 달래야 하는 이유로 보는 반면, 다른 사람들은 이것을 러시아를 계속 봉쇄해야 하는 증거로 내세운다. 문제는 무엇이 러시아로 하여금 현재 전쟁을 끝내는 협상에 임하도록 만들 것인가가 아니라, 무엇이 러시아로 하여금 유럽의 현상유지를 지지하게 만들 것인가이다. 러시아는 기본적으로 다음 세 가지를 원하는 것으로 보인다. 첫째, 러시아는 과거 소련의 영토 전부는 아니더라도 대부분 지역에 대한 통제권을 다시 갖기를 원하고 있다. 우크라이나, 벨라루스, 몰도바가 특히 그 대상이다. 중앙아시아, 코카서스, 발트 3국은 조금 더 먼 대상이다. 둘째, 러시아는 유럽 안보 문제에 대한 비토권을 원한다. 그것이 정확하게 무엇을 의미하는지는 분명하지 않지만, 이것은 합의에 이르는 것을 좀 쉽게 만들 수는 있지만, 장래에 치열한 설전이 벌어질 가능성이 크다. 셋째, 러시아는 자국 정부가 합법적으로 받아들여지기를 원한다. 다시 말해 다른 국가들은 러시아와 자유롭게 무역을 하되 민주화를 충동하지 말아야 한다. 유럽 대부분 국가가 러시아에 기꺼이 이런 지위를 부여할 것으로 기대하기는 어렵다.

더 복잡한 문제가 여전히 남아있다. 만일 러시아가 이런 것들을 얻게 된다면 러시아는 정말로 현상유지를 지원할 것인가, 아니면 EU, NATO 그리고 이 지역의 민주주의 정부를 약화시키기 위해 계속 노력할 것인가? 러시아 지도자들이 하는 말은 점점 더 서구의 자유주의적 거버넌스 전체를 부정하는 성향을 보이고 있다. 서방 학자들, 언론인들과의 긴밀한 관계로 사실상 이번 전쟁의 대변인이 된 러시아 정치학자 세르게이 카라가노프는《뉴욕타임스》기고문에 "우크라이나는 미국이 강요한 세계 자유주의 제국주의의 구세계의 붕괴와 훨씬 더 공정하고 자유로운 다극성과 문명과 문화의 다양성을 향한 움직임의 붕괴 과정에서 중요하기는 하지만 작은 부분이다"라고 주장했다.[9] 이러한 프레임을 가지면 이 전쟁은 냉전만큼이나 깊은 과정이고, 냉전과 마찬가지로 한쪽의 붕괴나 근본적인 변화에 의해서만 해결될 수 있다.

이 책에서 제시된 전쟁의 근본적 원인에 대한 분석은 우리로 하여금 우크라이나-러시아 전쟁이나 러시아와 서방 간의 더 큰 갈등이 빠른 기간 안에 해결될 가능성에 대해 비관적 전망을 하게 만든다. 앞에 지적한 바와 같이 이 두 가지 갈등은 하나가 되었고, 하나의 갈등은 다른 하나의 갈등을 해결하기 더 어렵게 만든다. 더 깊은 문제는 이 책에 논의된 갈등의 모든 근본 원인이 여전히 그대로 남아있고, 이번 전쟁으로 인해 더욱 악화되어서 상대의 공격성과 악의에 대한 상호 인식을 강화시키고 서방과 러시아로 하여금 서로 대결하겠다는 의지를 극적으로 강화시켰다는 점이다. 전투가 끝나도 무력 사용을 재개하는 것이 가능하고, 그러한 상황에 대비해 모든 당사국이 취하는 조치는 갈등과 불만의 새로운 소용돌이를 촉발할 가능성이 크다. 이것은 실제 전쟁의 인명 살상과 파괴보다는 상황이 개선된 것일 수도 있지만 일반적으로 말하는 "평화"와는 거리가 멀다.

우크라이나와 러시아 사이의 이견은 소련이 해체되던 1991년 12월 당시와 근본적으로 변하지 않았다. 그때와 마찬가지로 우크라이나로서는 경제적 상호 의존성이 상호 이익이 되는 관계보다는 독립의 장애물로 여겨진다. 그때와 마찬가지로 우크라이나에 대한 러시아의 야망은 우크라이나의 독립과 민주화 열망과 서로 상충한다. 그러나 1991년 당시에는 문제를 해결하려는 의지와 높은 수준의 상호 경제 의존성이 존재했지만, 지금 양국은 전쟁을 벌이고 있고, 상호 의존성도 극적으로 축소되었다. 일례로 1991년 우크라이나는 나토 가입을 진지한 목표로 삼지 않았지만, 지금 이 목표는 우크라이나 엘리트들 사이에 점점 더 넓은 공감대가 형성되고 있다. 1990년 우크라이나 여론의 상당 부분은 러시아와의 밀접한 관계를 원했지만, 그런 시각은 지금은 거의 사라졌다. 2022년 러시아의 공격과 이를 정당화하는 수사는 두 나라 목표 사이의 간극이 얼마나 큰가를 보여준다. 러시아의 목표는 단순히 우크라이나가 나토에 가입하지 못하게 하고, 우크라이나를 러시아가 이끄는 블록에 포함시키거나 우크라이나의 중립을 확보하는 것에 그치지 않는다. 러시아의 목표는 키이우에 괴뢰 정부를 수립하고, 우크라이나의 국가성을 파괴하는 것이다.

이와 유사하게 포스트-냉전 시기 초기부터 러시아와 서방은 포스트-냉전 시기의 유럽이 어떤 모습을 해야 하는지에 대해 서로 크게 다른 인식을 가져왔다. 이 근본적 이견은 2014년 이후 더 심화되었고, 지금은 그 간극을 메울 수 없는 것처럼 보인다. 러시아는 지금 경제적 위협이자 군사적 위협으로 간주되고 있다. 가스 교역이 평화를 보장할 것이라는 독일의 믿음은 이것은 러시아가 마음대로 휘두를 수 있는 무기라는 인식으로 바뀌었다. 러시아가 내부 혼란에 빠지고, 경제적 취약성에 고통받던 1990년대와 대비되게 2020년대 푸틴은 국내적으로 막강한 권력을 휘두르고 러시아는 유럽에 대한 경제적 지렛대를 갖게 되었다. 러시아는 서방이 국내적으로 정부를 약화시켜 자신들을 국제적으로 약화시키려고 한다는 확신을 그 어느 때보다 강하게 갖고 있다. 이제 양측 관의 관계는 가치의 충돌과 이익의 충돌 모두를 보여주고 있다.

안보 딜레마와 현상유지에 대한 양립할 수 없는 이견은 2022년 러시아의 침공 후 더 악화되었다. 서방과 러시아는 상대측이 취한 조치에 대한 반응으로 정당화되는 새로운 조치를 취했다. 일례로 우크라이나에 대한 러시아의 전쟁은 핀란드와 스웨덴으로 하여금 나토 가입을 추진하게 만들었고, 이에 대한 대응으로 러시아가 핀란드와의 국경 더 가까운 곳에 핵무기를 배치하면서 새로운 위협이 제기되었다. 이 전쟁은 많은 나라들로 하여금 우크라이나에 군사적 지원을 하게끔 만들었고, 이것은 러시아의 핵무기 사용 위협으로 이어졌다. 안보 딜레마의 심화로 1990년대에는 거의 사라진 우발적 전쟁 발발의 가능성이 높아졌다.

마지막으로 국내 정치는 지도자들이 양보를 하는 것을 계속 제약하고 있다. 여론 조사에 의하면 우크라이나 국민들은 상실한 영토를 탈환해야 한다는 결의가 굳다. 영토를 양보하는 타협을 이루는 것은 너무 파장이 커서 우크라이나에서는 개인적으로는 우크라이나가 영토 일부 상실을 수용하는 것이 더 낫고, 이곳에서부터 해결을 추진해야 한다고 인정하는 사람들조차도 이를 거론하려고 하지 않는다. 전쟁으로 볼로디미르 젤렌스키는 영웅이 되었지만 만일 그가 평화 달성을 위해 영토를 희생하려 한다면 그의 지지율은 급격히 하락할 것이다.[10]

이와 유사하게 많은 사람들은 러시아의 여론의 힘으로 블라디미르 푸틴이 전쟁의 규모를 제한하거나 더 많은 사상자가 나오는 것을 막기 위해 전쟁을 중단하도록 압력을 가하기를 바라지만, 전쟁 초기 이러한 신호는 거의 찾아보기 어려웠다. 여론 때문에 총동원령 발동은 미루어졌다고 볼 수 있지만, 푸틴에게 전쟁을 좀더 공격적으로 수행해야 한다고 압박을 가하는 목소리도 분명히 존재한다.

국내 정치에서 좀더 의미 있는 변화는 서유럽에서 나타났다. 서유럽 지도자들은 2014년 침공의 파장이 러시아와의 관계에 미치는 영향을 가능한 한 제한하려고 노력했다. 2022년 침공 후에 일부 중요한 국가들이 노선을 바꾸었다. 일례로 독일에서 앙겔라 메르켈은 2018년 노르드스트림-II 가스관 건설을 승인했고, 독일 사민당 지도자 크리스티안 린드너는 러시아가 크림을 통치하는 것을 "항구적인 임시 상황"이라고 말하기도 했다.[11] 그러나 2022년 전쟁의 확전 후 동방정책(*ostpolitik*)과 무역을 통한 변화(*Wandel durch Handel*)을 정강으로 내세운 사민당은 정책을 바꾸었다. 독일은 서유럽에서 가장 강력한 국가이고, 이 전쟁이 독일의 외교와 안보 정책을 어떻게 바꿀 것인지는 장래에 가장 핵심적인 문제이다.

이번 전쟁은 우크라이나에 무엇을 의미하는가?

이 책을 쓰는 시점에서 미래에 대한 중요한 문제들을 다루기 위해서는 추정에 의존해야 한다. 거의 모든 것이 아직 예측할 수 없는 전쟁의 결과에 달려 있다. 이 절에서 우리는 질문에 답을 하기보다는 중요한 문제들과 그것들의 함의에 좀더 집중한다.

러시아는 우크라이나의 국가성과 민족성을 끝낸다는 의도를 공표했기 때문에 이 전쟁은 우크라이나와 우크라이나 국민들의 운명이 달린 문제이다. 이 개념은 추상적일 수 있지만, 이 목표를 추구하는 과정에서 많은 인명이 희생될 수 있다. 우크라이나는 해외 동포만이 자유롭게 자신을 우크라이나인이라고 주장할 수 있게 만드는 인종학살의 위험에 처했다. 그러나 만일 러시아가 목표 달성에 실패하면, 그 반대 현상이 일어날 가능성이 크다. 즉 우크라이나 국가성, 민족 정체성, 언어와 문화의 발전이 가능하다. 2022년 5

월 민주구상재단(Democratic Initiative Foundation)이 실시한 여론 조사에 의하면 러시아가 주도하는 "유라시아 경제연합" 가입을 지지하는 국민 비율은 0퍼센트로 떨어진 반면, EU 가입을 지지하는 비율은 89퍼센트에 달했다. 두 기구 모두에 가입을 반대하는 비율은 2021년 2월 조사 당시 19퍼센트에서 5퍼센트로 줄어들었다.[12]

러시아의 침공 몇 주 만에 젤렌스키 대통령은 EU 가입 신청서를 제출했고, 2022년 6월 24일 EU는 우크라이나에 준회원 지위를 부여했다. EU 가입이 보장된 것이 아니고, 가입 기준을 충족하는 데 많은 시간이 필요하지만, EU 가입 로드맵은 다른 회원국들이 경험한 것처럼 전쟁 후 우크라이나의 개혁 전망을 변화시킬 것이다. 이 결정은 또한 EU와 러시아를 우크라이나를 둘러싸고 좀더 대립하게 만들 것이다.

포스트-소비에트 시기 초기와 다르게 이제 우크라이나인들 사이에는 러시아가 숙적(mortal enemy)이라는 것에 대한 이론이 없다. 러시아의 잔학 행위는 러시아인(Russian)과 파시스트(fascist) 단어를 결합한 라시스트(*rashist*)라는 신조어를 만들어냈다. 러시아 병사들은 J. R. R. 톨키엔Tolkien의 공상 소설에 나오는 괴물들과 동일한 "오크(orcs)"라는 별명이 붙었다. 우크라이나인들은 점점 더 전쟁을 멈추려고 노력하지 않은 러시아인들은 모두 동조자라고 주장하며 푸틴과 러시아 엘리트뿐만 아니라 러시아인 전체를 비난한다.[13] 러시아에 대한 우크라이나인들의 적대감은 여러 세대 동안 지속될 가능성이 크다. 우크라이나인 91퍼센트는 러시아인의 우크라이나 입국을 완전히 금지하는 것을 포함해서 러시아연방과 모든 연계를 완전히 끊는 것을 지지하거나 "다소" 지지하는 것으로 나타났다.[14]

우크라이나가 전쟁에서 어느 정도 모양을 갖추고 다시 일어나더라도 엄청난 도전에 직면하게 될 것이다. 우크라이나는 여전히 아주 강력하고 적대적인 이웃 국가를 상대해야 하고, 서방의 지원을 받아야 안전을 유지할 수 있을 것이다. 우크라이나는 엄청난 경제 재건 노력을 기울여야만 한다. 이것은 파괴된 기간시설을 재건하는 것뿐만 아니라, 전쟁이 가져온 변화(한 예로 러시아는 주요 항구들을 장악하고 있다)에 맞게 경제의 방향을 바꾸어야 한다.[15] 우크라이나는 단합이 강조되고 중요한 민주적 원칙이 유보된 전쟁 상황에서 정치적으로 이동하여 경쟁적이고 혼란한 민주주의로 되돌아와야 한다. 우크라이나 의회 선거와 대통령 선거가 2024년에 치러진다. 전쟁으로 인한 인구학적 결과는 우크라이나에 가장 커다란 도전이 될 것이다. 2022년 6월 중순 기준으로 전체 인구의 1/4이 넘는 1,300만 명 이상의 주민이 거주지를 떠나 피난길에 올랐고, 인구의 11.4퍼센트에 해당하는 500만 명은 해외로 피난을 갔다.[16] 나라를 떠난 주민의 대다수는 여성과 아동들이고, 이것은 인구학적 파장을 더욱 크게 했다.[17] 이들은 해외에 오래 거주할수록 다시 돌아올 가능성이 낮아진다. 이렇게 우크라이나는 대규모 인구 상실과 나라 안에서 대규모 인구 이동에 당면하고 있다. 수백만 명의 우크라이나인들은 상실과 트라우마로 고통과 싸워야 한다.

이번 전쟁은 러시아에 무엇을 의미하는가?

이번 전쟁은 러시아에 엄청난 국제적, 국내적 파장을 가져올 것이지만, 많은 것은 전쟁이 어떻게 진행되고 끝나는가에 달려있다. 전쟁이 발발하자마자 러시아의 외교 정책은 조정되었고, 유럽과의 연계는 끊어졌으며, 러시아는 수사적, 경제적 연계를 위해 중국, 인도, 기타 다른 국가들에 손을 내밀었다.

이러한 외교적 조정은 러시아의 지도부와 외교 정책에 극적인 변화가 있지 않는 한 오랫동안 지속될 가능성이 크다.

민족적 정체성 면에서 러시아는 전환점에 처할 수 있다. 오랜 기간 러시아는 자국을 유럽 국가로 간주했지만, 이제 지도적 위치에 있는 러시아인들은 이러한 정체성을 부인하고 있다. 크렘린 이념가 블라디슬라브 수르코프는 2018년, 오랫동안 유럽에 가담하려던 러시아의 노력은 종지부를 찍었다고 주장했다. "서구 문명의 일부와 한 자리를 차지하고, 유럽 국가들의 '좋은 가족(good family)'에 들어가려고 반복적이면서 계속 실패한 시도는 드디어 최종적으로 중단되게 되었다"라고 그는 말했다.[18] 경제적으로 러시아는 서방의 기술, 투입, 시장 없이 경제 성장을 유지하기 위해 큰 도전을 맞게 될 것이고, 러시아는 여러 세대 동안 서방의 혁신 능력을 따라가기 위해 투쟁해야 할 것이다. 중국에 대한 의존은 심화될 것이고, 러시아 시민과 지도자들이 중국과의 관계에서 하위 파트너가 되는 것에 적응하는 것을 보는 것은 흥미로운 일이 될 것이다.

러시아 내부적으로 전쟁의 여파는 더 클 것이다. 침공 전에도 우리가 파시스트라는 단어를 쓰건 말건 러시아는 점점 더 전제적 국가가 되어갔지만, 러시아의 전체주의는 침공 6개월 동안 훨씬 더 강력해졌다.[19] 붉은광장에서 톨스토이의 작품《전쟁과 평화》책을 들고 사진을 찍은 남자는 체포되었다.[20] 이러한 암묵적 항의와 이런 것조차도 체포된다는 것은 러시아가 전체주의 시대로 다시 되돌아갔다는 것을 의미한다.[21] 이러한 수준의 탄압은 푸틴이 대통령으로 있는 기간이나 그 이후 오랫동안 새로운 정상이 될 것이다.

여론 조사 결과를 해석하는 것은 논쟁의 대상이 될 수 있지만, 러시아 국민의 상당 비율은 푸틴과 전쟁을 지지하는 것으로 보인다. 이것은 푸틴이 물러난다 해도 정책 변화가 분명히 일어나지는 않는다는 것을 함의한다. 여기에다가 이웃 국가를 공격하는 것이 정치인의 지지율을 높이는 확실한 방법인 한 분쟁을 조장하려는 유혹은 커질 것이다. 소련 시대 말기 대부분의 러시아인들은 공식 언론을 믿지 않았지만, 러시아뿐만 아니라 사람들이 자신들이 듣기 원하는 것만을 선택하는 시대에 이와 유사한 회의주의가 가능할지는 분명하지 않다. 숫자를 정확히 알 수는 없지만, 전쟁으로 민주주의, 개혁, 유럽 지향적인 러시아인들 상당수는 나라를 떠날 수밖에 없어서 주민 중 개혁과 전쟁에 반대하는 비율은 더욱 줄어들었다. 푸틴과 그의 지지자들 입장에서는 이것은 환영할 만한 결과이다. "우리가 적극 환영하는 호전적인 유럽의 정책은 우리 사회, 엘리트에서 친서방적인 요소, 매판주의자, '유용한 바보들(useful idiots)'을 척결했다"고 말한 사람도 있다.[22] 푸틴, 그의 후계자들, 좀더 넓게는 러시아에 핵심적인 문제는 정부가 석유 수입과 다른 나라와의 갈등에서 벗어난 정당성의 기초를 찾을 수 있을 것인지, 이것을 어떻게 찾을 것인가이다.

이번 전쟁은 유럽에 무엇을 의미하는가?

2014년 침공과 대조되게 2022년 침공은 유럽과 전 세계에 큰 충격파를 던져서, 2014년 침공 후에도 수가 많았던 푸틴을 옹호하던 사람들조차도 러시아의 2022년 침공과 이어진 잔학행위는 정당화하기가 불가능하다고 여겼다. 그 결과는 러시아의 힘과 영향력에 맞서야 한다는 결의로 나타났다. 독일, 스칸디나비아 국가들의 정책과 NATO와 EU에서 정책 전반에 새로운 변화가 나타났다.

2월 27일 긴급히 열린 독일 연방의회와 독일 수상 올라프 숄츠는 GDP의 2퍼센트를 국방비에 지출한다고 발표했다. 미국이 수십 년 동안 위협해도 이루지 못한 일을 푸틴은 단번에 일어나게 했다. 여론 조사에 의하면 독일인 69퍼센트는 이 국방비 증액에 찬성했다. 이 비율은 2018년 조사에서는 39퍼센트였다.[23] 그러나 독일 정부는 실제로는 우크라이나를 지원하는 데 다른 정부보다 적은 일을 했다. 장래에 대한 중요한 질문은 이런 결정의 기초가 된 독일의 재무장에 대한 태도가 계속 유지될 것인지, 아니면 이것은 일시적인 반응에 그칠 것인가이다.

오랜 기간 NATO에 가입하지 않고 있던 유럽의 민주 국가 핀란드와 스웨덴이 갑자기 가입 신청을 하기로 결정했고, 회원국이 되는 신속 과정(fast track)에 들어섰다. 두 국가의 결정은 푸틴의 침공은 그가 원하는 것, 즉 나토 확장 저지와 정반대되는 결과를 가져왔다는 것을 의미한다. 국토 면적과 경제적 잠재력에서 스웨덴과 핀란드는 나토의 힘을 우크라이나보다 훨씬 크게 키워준다. 스웨덴과 핀란드의 연간 GDP는 합치면 8,000억 유로인 반면, 우크라이나는 1,550억 유로이고, 두 국가의 면적은 합치면 780,000평방킬로미터로 603,000평방킬로미터인 우크라이나보다 크다.[24] 핀란드가 나토에 가입하면 나토와 러시아의 경계선은 800마일(1,300킬로미터) 늘어난다. 이에 못지않게 중요한 것은 전쟁이 가져온 여론의 변화 폭이다. 2021년 12월에 나토 가입을 지지하는 핀란드인은 전체 인구의 24퍼센트였지만, 2022년 4월에는 이 비율이 68퍼센트로 늘었다.[25]

다른 유럽 국가들은 이만큼 변하지 않았다는 사실을 주목하는 것도 중요하다. 헝가리에서는 친푸틴 지도자인 빅토르 오르반이 전쟁 발발 직후 재선에 성공했고, 러시아로부터 석유 수입을 줄여나가려는 EU의 조치에 가장 큰 제동을 걸었다. 이탈리아는 우크라이나와 러시아 모두가 거부했지만, 많은 사람이 보기에 러시아에게 너무 많은 것을 제공하는 평화안을 제안했다. 프랑스의 에마뉘엘 마크롱 대통령은 서방은 "러시아를 모욕하지 말아야 한다"고 경고했다.[26] 각국 지도자들은 자국민 여론을 생각하며 정책을 쏟아냈다. 마크롱은 프랑스의 정치적 무게를 과시하고 싶어했고, 영국의 보리스 존슨 전 총리는 영국의 군사력을 보여주려고 했고, 이탈리아의 마리오 드라기는 이탈리아인들의 무관심을 의식했다. 초기에 보여준 인상은 유럽의 대단한 단합과 결의였지만 문제는 이것이 지속될 것인가, 특히 영국의 존슨과 이탈리아의 드라기가 2022년 물러난 후에도 지속될 것인가이다.

이번 전쟁은 세계 나머지 국가들에 무엇을 의미하는가?

전쟁의 여파는 전 세계를 덮쳤고, 러시아와 전쟁에 대한 각국의 입장은 리트머스 시험지와 같았다. 중국은 러시아 편을 확실히 들었고, 나토 확장에 책임이 있다는 러시아의 입장을 그대로 반복했다. 중국과 미국 관계는 이미 많이 악화되었지만, 러시아에 대한 지지로 미국 내에서는 중국과의 교역 관계는 축소되어야 한다는 여론이 강해졌다. 중국과 유럽의 관계도 특히 2022년 7월 타이완을 둘러싼 새로운 갈등 전개 후 더욱 악화되었다. 인도는 좀더 균형적인 정책을 취해서 러시아를 지원하는 것을 자제했지만, 러시아에 대한 제재에 동참하지 않았다.[27] 인도는 중국과 파키스탄의 위협 앞에서 러시아 무기에 의존하고 있었다. 여기에다가 인도는 러시아산 석유를 할인된 가격에 사들이면서 이익을 취할 수 있었다.

이 전쟁은 세계의 여러 국가들을 냉전 시대를 불길하게 그대로 반영하듯이 대략 세 범주로 나누었다. 한 그룹은 유럽, 북아메리카와 일본, 한국, 오스트레일리아, 뉴질랜드를 포함한 민주국가 공동체이다. 이 국가들은 이 새로운 도전 앞에 연대의식을 강화했다. 두 번째 집단은 러시아, 중국, 그리고 러시아 편을 분명히 든 다른 몇몇 국가를 포함한다. 세 번째 집단에는 러시아의 전쟁을 지원하지도 않고, 여기에 대항하지도 않는 남반구의 대부분 국가들이 들어간다. 아프리카와 중동 난민들과 다르게 우크라이나 난민들은 유럽에서 잘 수용되어서 난민에 대한 상반되는 정책은 오랫동안 지속된 인종과 식민주의를 둘러싼 불만을 악화시켰다.[28]

전쟁으로 공급망과 원자재 가격에 일어난 변화는 세계 주민들에게 좀더 직접적인 영향을 미쳤다. 공급망은 COVID-19 팬데믹과 회복으로 큰 영향을 받은 상태에서 전쟁으로 화석 연료 가격이 바로 상승했다. 러시아에 대한 제재는 에너지 수출과 관련된 중요한 범주는 예외로 만들었지만, 공급망 교란은 즉각적으로 나타났고, 물가는 치솟았다. 상승된 석유 가격으로 세계 경제는 큰 혼란에 빠졌고, 높은 가격은 석유 수출 감소로 상쇄되며 러시아 경제의 추락을 가져왔다.

장래에 도사리고 있는 더 큰 문제는 기아이다. 전쟁으로 인한 기아는 우크라이나에 새로운 현상은 아니다. 우크라이나에는 제1차 세계 대전과 러시아 내전, 제2차 세계대전으로 대규모 기아가 발생했었다(홀로도모르라고 불리는 1932-1933년 기아는 전쟁이 아니라 스탈린의 정책으로 인해 발생했다). 러시아와 우크라이나는 세계에서 가장 큰 농산물 수출국가로, 전 세계 밀수출의 29퍼센트, 해바라기유 수출의 80퍼센트를 차지해 왔지만, 전쟁으로 세계 시장에 대한 공급이 바로 차단되었다.[29] 단기적으로는 러시아가 우크라이나의 흑해 항구를 봉쇄해서 우크라이나의 농산물 비축분이 수출되지 못하도록 막은 것이다. 그 결과 농산물 선물 가격은 2022년 3월 최고가를 기록했다. 장기적으로는 전쟁으로 우크라이나의 봄 파종이 중단되어 2023년에는 수출할 농산물은 물론 우크라이나인들이 소비해야 할 곡물도 부족할 수 있다. 2022년 5월 안토니오 구테에스 UN 사무총장은 "몇 년 지속될 수 있는 위기 가운데 영양 부족, 대규모 기아와 기근" 발생에 대해 경고했다.[30] 서방 지도자들은 러시아의 전쟁뿐만 아니라, 서방으로 하여금 경제 제재를 철회하게 만들기 위해 러시아가 기아 가능성을 이용하고 있다고 비난하지만, 러시아는 경제 제재 자체를 비난하고 있다.[31]

전쟁의 원인들과 정책들

우리가 전쟁을 어떻게 설명하는가는 어떻게 전쟁을 끝낼 것인지, 후에 무슨 일을 해야 하는지에 대한 우리의 아이디어를 형성하기 때문에 전쟁의 원인을 찾아내는 것은 매우 중요하다. 만일 푸틴이 주장하고 일부 서구 정치인과 분석가들이 동의한 것처럼 전쟁의 뿌리가 서방의 팽창주의라면, 이에 대한 해결책은 서방이 러시아가 요구하는 것, 즉 포스트-냉전 시기 진행된 나토 확장을 중단하고 우크라이나를 절대 나토에 받아들이지 않겠다고 약속하는 것이다. 러시아가 깊은 불안감을 느낀다고 보는 사람들은 러시아를 좀더 안전하게 느끼게 만드는 것이 러시아가 주변국을 통제할 필요를 줄임으로써 주변국들을 더 안전하게 만들 수 있다고 주장한다. 일부 사람들은 러시아가 우크라이나를 통제하도록 허용하는 것이 유럽의 안보를 위해 지불해야 할 더 적은 대가라고 주장한다.

일반적으로 "현실주의"라고 불린 이러한 믿음은 다소라도 현실적인가? 우크라이나에 대한 러시아의 영향권을 인정하는 현실주의적 해결책은 실제로 문제를 해결할 것인가 아니면 러시아가 서쪽으로 더 진격하도록 만들 것인가? 만일 러시아가 우크라이나를 통제하게 되면 폴란드나 독일은 어떤 주의 조치를 취해야 하고 이것은 어떤 안보 불안의 소용돌이를 촉발할 것인가?

이 질문들은 전쟁의 원인을 서방에게 돌리고 러시아의 우크라이나 통제를 지지하는 현실주의 주장의 더 깊은 문제를 가리킨다.[32] 이러한 질문들은 서방이 우크라이나에 무슨 일이 일어나는지를 신경 쓰지 않고, 유럽연합이나 민주주의 같은 제도들이 유럽에 안보를 가져온다는 것에 대한 회의주의적이며 현실주의적이다. 그러나 이것은 만일 러시아가 요구하는 영토를 제공받으면 러시아는 당연히 만족하고, 영향력을 확대하거나 자유주의의 역할을 훼손하려는 시도를 중단할 것이라는 주장 자체도 결정적으로 비현실주의적이며 아마도 기만적이다.

우크라이나에 대한 통제권 확보가 러시아를 만족하게 만들 것이라는 믿음은 두 가지 전제를 바탕으로 하고 있다. 첫째, 이것은 현실주의의 가장 낙관적 버전("방어적 현실주의defensive realism")이 사실이라는 점에 기초하고 있다. 전통적인("공격적offensive") 현실주의 이론은 안보 딜레마에서는 벗어날 수 없기 때문에 다른 국가들의 요구에 순응하는 노력은 실패할 수 없다고 주장했다. 이러한 시각에서 보면 서방과 러시아는 충돌할 수밖에 없고, 유일한 문제는 유럽에서 어디가 분할선이 될 것인가와 어떻게 대부분의 충돌이 일어날 것인가이다. 방어적 현실주의는 국가들이 현상유지에 만족하는 한 안보 딜레마는 관리할 수 있다고 주장한다. 만일 방어적 현실주의가 맞는다고 해도 현실주의는 우크라이나를 희생하는 것을 전제로 러시아와 타협을 추천하기 위해서는 두 번째 조건이 맞아야 한다. 그 조건은 러시아가 현상유지에 만족하는 것이다. 스스로를 현실주의자라고 부르는 사람들이 주의를 기울이지 않은 핵심 문제는 무엇이 실제로 러시아를 현상유지 국가로 만드는가이다.

우리가 문제를 현실주의의 프레임에 넣고 그렇지 않고를 떠나서 모든 "대타협(gran bargain)" 정책의 핵심 문제는 이것이 실제로 이 책에서 지적된 근본적 문제들을 해결할 수 있는가이다. 즉 러시아는 현상유지에 만족할 것인가? 서방은 민주주의의 확산을 중단할 것인가? "통행 규칙(rules of the road)"에 대한 합의는 이루어질 수 있는가? 2014년 이후에도 낙관주의를 유지할 수 있는 이유가 있기는 했다. 즉 러시아는 전반적으로 우크라이나, 구체적으로는 크림에 모든 관심을 기울이고 있다는 것이다. 당시에는 러시아가 크림과 돈바스 일부 지역을 획득하는 것으로 만족할 것으로 보였다. 그러나 이것은 틀린 것으로 드러났다. 러시아 수사의 상당 부분은 근대 러시아를 형성하는 데 키이우 루스가 수행한 역사적 역할에 초점을 맞추고 있다. 우크라이나가 영토 일부를 양보하는 대가로 상당 수준의 독립을 되찾는다는 타협은 러시아가 1991년 이후 열성적으로 주장해 온 우크라이나에 대한 야심을 포기하지 않는 상황에서는 실패할 수밖에 없다. 좀더 최근에 푸틴은 현재의 우크라이나를 훨씬 넘어서는 1914년의 국경을 주장하는 것처럼 보였다. 러시아의 전 대통령 메드베데프는 "목표는 우크라이나 다음 세대와 화합을 이루고, 리스본에서 블라디보스토크에 이르는 광활한 유라시아를 건설하는 것이다"라고 말했다.[33]

그러나 서방도 현상유지를 받아들일 모든 준비가 되었는지도 의문이다. 현상유지에 대한 상호 인정은 러시아 정권의 합법성을 인정하는 것을 전제로 한다. 이것은 현재 서방의 전략의 받침목인 푸틴 전복을 자제해야 한다는 것을 의미한다. "대타협"에 이른다는 결정은 1989년 이후 서방 접근법의 중심이었던 민주주의 확산 노력을 포기한다는 것을 함의한다. 민주화는 국제적 현상유지를 뒤집는 경향이 있기 때문에 이것은 시간이 지나면서 질서 동결(freezing alignments)을 전제하는 모든 타협과 긴장 관계에 있게 된다. 이것은 19세기 신성동맹(Holy Alliance)을 추구하던 러시아에 의해 인정되었고, 현재도 여전히 상황이 바뀌지 않고 있다.

서방의 규범과 러시아의 강대국 지향 모두를 수용할 수 있는 유럽 질서의 비전은 있는가? 이것은 1989년 이후 마련된 적이 없는 유럽 안보에 대한 근본적인 질문이다. 1989년과 마찬가지로 2022년에도 이 질문에 대한 답은 "없다"로 보인다. 서유럽의 안보는 많은 사람들이 제대로 인지하지 않은 강대국의 자제 위에 건설되어 있다. 러시아가 유럽에 가담하려면 러시아는 (지리적, 역사적 이유로 덜 위협적으로 보이는) 미국의 역할에 자신의 역할을 맞추지 말고, 제2차 세계대전 후와 1989년 후 의도적으로 군사력을 제한하고 경제적 힘을 EU 제도 안에 맞춘 독일의 역할을 본받아야 한다. 독일이 자국의 힘과 역사가 다른 국가들에게 우려를 야기하여 안보 딜레마를 부추기고 독일의 이해를 훼손할 수 있다는 것을 인식한 반면, 러시아는 자국의 역사적 역할을 계속 유지하고 이것이 가져오는 두려움을 즐겼다. 제2차 세계대전에 대한 두 국가의 다른 해석으로부터 다른 접근법이 나왔다고 추론할 수 있다. 전쟁에서 패배한 독일은 자국의 힘이 계속적으로 이웃 국가들을 위협한다는 것을 인정한 반면, 전쟁에서 승리한 소련은 주변국을 통치할 권리를 얻었다고 생각했다.

유럽에서 남아있는 핵심 문제 하나는 러시아가 지배하는 전제정과 EU가 이끄는 민주주의의 경계선을 어디에 설정해야 하는가이다. 이 문제에서 러시아는 거의 동맹국이 없다. 기존의 영향권을 유지하는 것은 너무 비용이 많이 들고, 이번 전쟁이 보여준 것처럼 그것을 확장하는 것은 엄청난 비용이 든다. 러시아는 유럽 민주 국가들 사이의 분열을 이용하는 데 어느 정도 성공을 거두었지만, 2022년 침공은 유럽 국가들을 단단하게 단합시키는 데 크게 기여했다.

세계적으로 보면 핵심 문제는 자유주의적인 서방 질서가 다시 살아날 것인가, 단순히 지속될 것인가 아니면 후퇴할 것인가이다. 이런 면에서는 러시아는 많은 동맹을 가지고 있고, 가장 중요한 동맹국은 중국이다. 미국의 패권이 계속 잠식되는 동안 중국의 영향력은 막강해졌지만, 이것은 전적으로 거래에 의존한 것이었다. 이것은 공유된 가치가 아니라 구체적인 물질적 유인책에 의존한 것이었다. 러시아는 재앙을 만들어내고, 따돌림 받는 정권들을 친구로 만들 수 있는 능력을 보여주었지만, 이것이 러시아가 지향하는 강대국 지위에 의미 있는 기여 요인이 될지는 지켜보아야 한다.

불행하게도 진정한 현실주의는 러시아에게 우크라이나를 통제할 권한을 부여하는 것이 유럽의 안보 상황을 변화시킬 것이라는 것에 회의적이다. 현실주의는 당분간은 이익과 가치의 충돌을 피할 수 없다고 본다. 유럽 질서의 구조에 대한 합의가 없는 상황에서 우리는 경쟁과 대결을 피할 수 없다. 이 경쟁에서 민주주의는 서구의 가치와 전략에 핵심으로 남아있다. 이제 냉전 때와 마찬가지로 서방의 정책은 러시아에 좀더 우호적인 정권이 들어서는 것을 기다리는 것이 되었다. 서방은 러시아 국민들이 민주주의적 정부를 요구할 것이라는 희망을 버리지 않고 있다. 그러나 지난 사반세기가 보여준 것처럼, 만일 민주주의를 수용하는 것이 러시아의 강대국 지위를 포기하는 것을 의미한다면 많은 러시아인들은 이에 반대할 것이다. 더 나은 전략이 존재하지 않는 상황에서 서방은 많은 사람들이 불만을 갖더라도 러시아를 봉쇄하는 정책 이외에 다른 대안은 없다.

결어

이 책의 중요한 결론은 전쟁의 원인이 뿌리가 깊고 계속 존재했었다는 것이다. 그러므로 이 원인을 해결하는 것은 결코 쉽지 않다. 라도슬라우 시코르스키Radoslaw Sikorski가 2013년 러시아의 19세기적 접근법을 비판했을 때,[34] 그는 중요한 점을 지적했다. 러시아는 제1차 세계대전 전에 널리 수용된 강대국들의 지배에 바탕을 둔 질서를 추진한다는 것이다. 서방은 이 아이디어를 거부하고 대신에 민주주의와 국제적 제도의 결합에 기반한 질서를 주장한다. 이러한 이견은 1989년 미하일 고르바초프가 중유럽에 대한 소련의 통제를 완화했을 때 나타났고, 러시아의 우크라이나 침공은 일부 영토를 장악하겠다는 결의일 뿐만 아니라 러시아가 결코 인정하지 않은 일련의 규칙을 뒤집겠다는 결의로 볼 수 있다. 전쟁이 끝나도 안보 질서에 대한 새로운 합의가 이루어질 때까지 분쟁은 계속 이어질 것이다. 러시아가 서방의 유럽 비전을 받아들이거나 유럽이 러시아의 유럽 비전을 받아들일 때까지 분쟁은 계속될 것이고, 우크라이나는 그 중간에서 탈출할 수 없는 상황에 처하게 된다.

이 책의 첫 인용문을 다시 한번 언급하면, "우리의 생각으로는 늑대는 먹이를 주어야 하고, 양은 보호되어야 한다." 우리는 러시아가 만족하고 우크라이나는 독립과 통합성을 유지하기를 바란다. 이 목표 중 하나라도 성취하는 것은 쉽지 않다는 것이 드러났고, 두 가지 모두를 성취하는 것은 이제 불가능해 보인다.

옮긴이 후기

2022년 2월 시작된 러시아-우크라이나 전쟁은 아직 마무리될 기미를 보이지 않고 있다. 이 전쟁으로 러시아, 우크라이나 모두 엄청난 인적 손실을 입었고, 우크라이나의 전쟁 피해는 계속 늘어나고 있다. 이 책의 원서 제목 부제처럼 러시아와 우크라이나의 관계가 "고상한 이혼(civilized divorce)"에서 "야만적 전쟁(uncivil war)"으로 바뀐 것에 대해 많은 사람들이 의아해하고 있고, 전문가들도 그 답을 내놓는 데 어려움을 겪고 있다.

이 책이 소련 붕괴 이후 2022년까지 러시아, 우크라이나, 서방 관계를 다룬 책 중에서 가장 균형 잡히고 내용이 충실하다고 판단해서 국내에 번역 소개할 결심을 하게 되었다. 유사한 접근을 시도한 책으로는 *Everyone Loses*(Samuel Charap, 2017)와 *Who Lost Russia?*(Peter Conradi, 2018)가 있지만, 이 책만큼 내용이 충실하지는 않다. 저자는 러시아의 크림 합병까지를 다루는 책을 2019년 출간했다가, 2022년 2월 전쟁 발발 이후 2014년부터 2022년 8월까지의 상황 분석을 추가한 개정판을 2023년 4월 출간했다. 원본보다 3장이 추가된 개정판은 이 책의 수준을 한 단계 높였다는 평가를 받을 만하다. 원본을 번역하여 출판사에 번역 원고를 넘긴 나는 책의 편집을 기다리다가 다시 개정판을 번역하였다. 이 책의 저자의 분석과 서술에 거의 동의하지만, 야누코비치가 유럽연합 가입을 진지하게 시도하다가, 협상 막판에 이를 포기하고 러시아 원조를 받기로 했다는 설명에는 동의하기가 어렵다. 그간 쓴 논문 등에서 이미 지적했지만, 야누코비치는 유럽 협력협정에 서명하는 순간 차기 대선에서 러시아의 지지를 전혀 받을 수 없어 정권 연장을 할 수 없게 되고, 협정 서명의 전제조건이 되는 티모셴코를 석방할 의사가 없었기 때문에 유럽연합 가입 의사는 처음부터 없었고, 그의 시도는 소위 판돈을 키워 최대한의 원조를 이끌어내려는 노력으로 보는 것이 맞다.

국내에는 러시아-우크라이나 전쟁의 원인, 과정, 전망 등을 다룬 책이 그동안 20여 종 이상 나왔지만, 학술적 기초자료로 쓸 만한 것은 많지 않다. 대부분의 책이 어느 한 당사자의 책임을 강조하는 "프레임"에 갇혀 있어서 진지한 학술적 연구서라고 보기 어렵다. 우리나라의 "좌"와 "우"의 대립이 우크라이나 전쟁 분석에도 그대로 적용되는 상황은 매우 안타깝다. 이 책은 현재 진행되는 전쟁의 원인이 1991년 소련 해체의 불완전성에 있고, 이러한 분쟁의 씨앗은 그때부터 심어졌다고 주장한다. 또한 러시아, 우크라이나, 서방 세 당사자는 새로운 현상유지를 만들어내지 못하고 상황을 계속 악화시켜 오다가 현재의 분쟁 상태를 맞게 되었다고 보고 있다.

나는 다른 책에서 이번 전쟁이 "지연된 독립전쟁"의 성격이 강하다고 지적한 바 있다. 우크라이나로서는 아무런 희생 없이 소련 붕괴라는 하늘의 선물 같은 상황 변화로 거의 천 년 역사에 최초로 진정한 독립국가를 갖게 되었지만, 민족국가 건설 과정은 지지부진했다. 러시아는 아직도 스스로 이해가 되지 않는 소련 붕괴라는 격변의 트라우마에서 벗어나지 못했고, 국력이 신장되면 제국의 일부를 복원한다는 꿈을 버리기 힘들었다. 이번 전쟁으로 러시아, 우크라이나의 정치문화 차이가 극명히 드러나고, 과연 두 나라가 하나의 민족이고, 그래서 하나의 국가 안에 살아야 하는가라는 문제에 대한 답이 상당 부분 드러났다고 볼 수 있다. 천 년 전 키예프루스에서 시작하여 역사의 오랜 기간을 같이 살아온 두 민족의 관계는 이번 전쟁 이후 다시 이전 상태로 돌아가기는 극히 어려울 것으로 보인다. 우크라이나는 큰 희생을 치르고 민족국가 건설 과정을 본격적으로 시작해야 하고, 러시아는 구소련 해체 후 과연 러시아에 맞는 새로운 국가 발전 모델이 무엇인지에 대한 진지한 고민을 해야 할 것이다.

미국 대학 연구소 연구교수 시절부터 우크라이나와 우크라이나-러시아 관계를 30년 이상 관찰해 왔고, 현장에서 외교관으로도 일한 것이 번역 작업에 큰 도움이 되었지만, 유럽 관련 부분에서는 지식이 부족한 것을 느꼈다. 유럽연합의 여러 기관, 제도, 구상 명칭에 대해서는 고려대 국제대학원의 이재승 교수와 임태훈 박사로부터 큰 도움을 받았다. 제자 김한상 군은 마지막 단계에서 원고 교정을 해주었다. 이 책이 나오기까지 도움을 준 모든 분과 고려대학교 출판문화원 편집진에 감사의 뜻을 표한다.

2023년 12월 1일

옮긴이 허승철

주

1장

1 "고상한 이혼"이라는 용어는 소련 붕괴 전에도 소련 해체에 관해 쓰였고, 포스트-소비에트 시기에 반복적으로 사용되었다.

2 러시아와 서방의 이익 충돌에 대해서는 다음 자료를 보라. William C. Wohlforth and Vladislav Zubok, "An Abiding Antagonism: Realism, Idealism, and the Mirage of Western–Russian Partnership after the Cold War," *International Politics* 54, 4 (2017): 405–419.

3 Fyodor Lukyanov, "Putin's Foreign Policy: The Quest to Restore Russia's Rightful Place," *Foreign Affairs* 95, 3 (May/June 2016): 30–37.

4 비난 대상을 찾는 것에 초점을 맞추는 경향은 다음 자료에 서술되어 있다. Paul D'Anieri, "Ukraine, Russia, and the West: The Battle over Blame," *The Russian Review* 75 (July 2016): 498–503. 이 자료에 대한 다른 평가는 다음 자료를 보라. Peter Rutland, "Geopolitics and the Roots of Putin's Foreign Policy," *Russian History* 43, 3–4 (2016): 425–436 and Michael E. Aleprete, Jr., "Minimizing Loss: Explaining Russian Policy: Choices during the Ukrainian Crisis," *Soviet and Post-Soviet Review* 44 (2017): 53–75. 서방과 우크라이나 민족주의자들을 비난하는 학자 중에서는 러시아 정치 전문가인 리처드 사크와와 스티브 코헨과 국제 안보 전문가인 존 미어샤이머, 스테판 왈트와 러시아 외교 정책 전문가 안드리에 치가노프가 있다. 다음 자료를 보라. Richard Sakwa, *Frontline Ukraine: Crisis in the Borderlands* (London: I. B. Tauris, 2014); Katrina Vanden Heuvel and Stephen F. Cohen, "Cold War against Russia – Without Debate," *The Nation*, May 19, 2014; John Mearsheimer, "Why the Ukraine Crisis Is the West's Fault: The Liberal Delusions That Provoked Putin," *Foreign Affairs* 93, 5 (September/October 2014): 77–89; Stephen M. Walt, "What Would a Realist World Have Looked Like," ForeignPolicy.com, January 8, 2016; and Andrei Tsygankov, "Vladimir Putin's Last Stand: The Sources of Russia's Ukraine Policy," *PostSoviet Affairs* 31, 4 (2015): 279–303. 러시아를 비난하는 사람들에 대해서는 다음을 보라. Andrew Wilson, *Ukraine Crisis: What It Means for the West* (New Haven, CT: Yale University Press, 2014); Taras Kuzio, *Putin's War against Ukraine: Revolution, Nationalism, and Crime* (Toronto: Chair of Ukrainian Studies, University of Toronto); Charles Clover, *Black Wind, White Snow: The Rise of Russia's New Nationalism* (New

Haven, CT: Yale University Press, 2016); and Michael McFaul, *From Cold War to Hot Peace: An American Ambassador in Putin's Russia* (New York: Houghton Mifflin Harcourt, 2018), 특히 이 책의 23장을 보라. 보다 공평하게 책임을 돌리는 연구는 다음 자료를 보라. Samuel Charap and Timothy Colton, *Everyone Loses: The Ukraine Crisis and the Ruinous Contest for Post-Soviet Eurasia* (London: Routledge, 2017).

5 Mearsheimer, "Why the Ukraine Crisis Is the West's Fault," 1; Wilson, *Ukraine Crisis*, vii.

6 다음 자료를 보라. Kathryn Stoner and Michael McFaul, "Who Lost Russia (This Time)? Vladimir Putin," *The Washington Quarterly* 38, 2 (2015): 167 – 187.

7 Daniel Treisman, *The New Autocracy: Information, Politics, and Policy in Putin's Russia* (Washington, DC: Brookings Institution, 2018), chapter 11. 트라이스만은 네 가지 설명 모두의 문제점을 지적하면서 가장 주된 목적은 세바스토폴 해군기지를 상실하지 않는 것으로 결론 내리고 있다. 그는 작전의 군사적 부문은 준비가 잘 된 것으로 보이고 순탄하게 진행되었지만, 누가 크림 행정을 책임질 것인지, 크림이 자치를 유지할 것인지, 러시아에 병합될 것인지와 같은 정치적 문제에 대한 결정은 혼란스러웠고 즉흥적으로 보였다는 것을 지적한다.

8 이러한 분류는 대체적으로 다음 자료를 따랐다. Gideon Rose, "Neoclassical Realism and Theories of Foreign Policy," *World Politics* 51 (October 1998): 144 – 172.

9 Wilson, *Ukraine Crisis*, and Stoner and McFaul, "Who Lost Russia"은 이러한 시각을 공유한다. 이 시각에 대한 좀더 깊은 논의는 9장에 전개된다.

10 이러한 주장을 내세우는 저자 모두가 방어적 현실주의에 해당되는 것은 아니다. 미어샤이머의 전체적 학술 연구는 "공격적" 현실주의에 해당한다. 그러나 상황을 잘못 인식한 서방이 우크라이나에서의 전쟁을 촉발했다는 그의 주장은 "방어적" 현실주의와 일치한다.

11 Rudra Sil and Peter J. Katzenstein, "Analytic Eclecticism in the Study of World Politics: Reconfiguring Problems and Mechanisms across Research Traditions," *Perspectives on Politics* 8, 2 (2010): 411 – 431.

12 Joseph Brodsky, "Na nezavisimost' Ukrainy" (1992), www.culture.ru/poems/30468/na-nezavisimost-ukrainy. 이 논의에 대해서는 다음 자료를 보라. Keith Gessen, "A Note on Brodsky and Ukraine," *The New Yorker*, August 21, 2011.

13 OMRI Daily Digest Part I, February 19, 1997, 다음 자료에 인용됨. Paul D'Anieri, *Economic Interdependence in Ukrainian–Russian Relations* (Albany: State University of New York Press, 1999), p. 211.

14 Anna Dolgov, "Navalny Wouldn't Return Crimea, Considers Immigration Bigger Issue than Ukraine," *Moscow Times*, October 16, 2014. 다음 자료도 보라. Marlene Laruelle, "Alexei Navalny and Challenges in Reconciling 'Nationalism' and 'Liberalism'," *Post-Soviet Affairs* 30, 4 (2014): 276 – 297.

15 See Peter J. Potichnyj, Marc Raeff, Jaroslaw Pelenski, and Gleb N. Zekulin, eds., *Ukraine and Russia in Their Historical Encounter* (Edmonton: Canadian Institute of Ukrainian Studies, 1982).

16 "Address by President of the Russian Federation," March 18, 2014, President of Russia website.

17 Gerard Toal, *Near Abroad: Putin, the West, and the Contest over Ukraine and the Caucasus* (Oxford: Oxford University Press, 2017). Toal deliberately takes an "empathetic" approach to understanding Russia's perception of its role in the region. Elizabeth A. Wood, "Introduction," in Elizabeth A. Wood, William E. Pomeranz, E. Wayne Merry, and Maxim Trudolyubov, *Roots of Russia's War in Ukraine* (Washington, DC: Woodrow Wilson Center Press, 2016), pp. 3–6.

18 Daniel S. Kahneman and Amos Tversky, "Prospect Theory: An Analysis of Decision under Risk," *Econometrica* 47, 2 (March 1979): 279. 국제정치에서 prospect 이론의 적용에 대해서는 다음 자료를 보라. Jack S. Levy, "Prospect Theory and International Relations: Theoretical Approaches and Analytical Problems," *Political Psychology* 13, 2 (1992): 283–310; and Jonathan Mercer, "Prospect Theory and Political Science," *Annual Review of Political Science* 8 (2005): 1–21.

19 키신저는 강대국을 현상 유지에 만족하는 "현상유지" 강대국과 현상유지에 만족하지 않아 이를 뒤집으려는 혁명적 강대국으로 나누었다. Henry A. Kissinger, *A World Restored: Metternich, Castlereagh and the Problems of Peace, 1812-22* (Boston: Houghton Mifflin, 1957).

20 Andrei Zagorski, "Russia and the Shared Neighborhood," in Dov Lynch, ed., *What Russia Sees*, Chaillot Paper No. 74, Institute for Security Studies, January 2005, p. 69.

21 Kahneman and Tversky, "Prospect Theory," p. 287. Levy("Prospect Theory and International Relations," p. 286)는 이 점을 국제정치에 적용했다. "A state which perceives itself to be in a deteriorating situation might be willing to take excessively risky actions in order to maintain the status quo."

22 Kissinger, *A World Restored*, p. 2.

23 Aleprete는 상실 혐오(Loss Aversion) 이론을 크림과 동부 우크라이나에 적용했다. "Minimizing Loss."

24 "Putin's Foreign Policy Riddle," BBC News Online, March 28, 2000, http://news.bbc.co.uk/2/hi/europe/693526.stm.

25 안보 딜레마와 그 결과, 잠재적 해결 방안에 대한 연구는 엄청나게 만다. 이를 요약한 자료로는 다음이 있다. Robert Jervis, "Cooperation under the Security Dilemma," *World Politics* 30, 2 (January 1978): 167–214.

26 John J. Mearsheimer, "Back to the Future: Instability in Europe after the Cold War,"

International Security 15, 1 (Summer 1990): 5 – 56.

27 Robert J. Art, "Creating a Disaster: NATO's Open Door Policy," *Political Science Quarterly* 113, 3 (1998): 383.

28 Alfred J. Rieber, "How Persistent Are Persistent Factors?" in Robert Legvold, ed., *Russian Foreign Policy in the Twenty-First Century and the Shadow of the Past* (New York: Columbia University Press, 2007), p. 212.

29 Maxime Henri André Larivé and Roger E. Kanet, "The Return to Europe and the Rise of EU – Russian Ideological Differences," *Whitehead Journal of Diplomacy and International Relations* 14, 1 (Winter/Spring 2013): 125 – 138.

30 이 시각의 요약과 비평에 대해서는 다음 자료를 보라. Philip G. Roeder, "Peoples and States after 1989: The Political Costs of Incomplete National Revolutions," *Slavic Review* 58, 4 (Winter 1999): 854 – 882.

31 미국 외교 정책의 이런 양상을 토알이 비판했다. Toal, *Near Abroad*, pp. 10 – 12 and 291 – 297.

32 국가 경계를 넘는 미국이 주도권을 지지하는 경향에 대해서는 다음 자료를 보라. John M. Owen IV, "Transnational Liberalism and U.S. Primacy," *International Security* 26, 3 (Winter 2001 – 2002): 117 – 152.

33 다음 자료를 보라. Kevin Deegan-Krause, "Slovakia's Second Transition," *Journal of Democracy* 14, 2 (2003): 65 – 79.

34 색깔 혁명 분석 권위자 중 한 사람인 마이클 맥폴이 2011년 러시아 대사로 임명된 것은 푸틴 정부를 크게 짜증나게 했다는 것을 주목할 필요가 있다.

35 다음 자료를 보라. Lucan Way, *Pluralism by Default: Weak Autocrats and the Rise of Competitive Politics* (Baltimore, MD: Johns Hopkins University Press, 2015), especially chapter 3.

36 러시아의 국가적 강점에 대한 분석은 다음 자료를 보라. Andrei P. Tsygankov, *The Strong State in Russia: Development and Crisis* (New York: Oxford University Press, 2014); Stephen E. Hanson, "The Uncertain Future of Russia's Weak State Authoritarianism," *East European Politics and Societies* 21, 1 (2007): 67 – 81; Peter H. Solomon, Jr., "Vladimir Putin's Quest for a Strong State," *International Journal on World Peace* 22, 2 (June 2005): 3 – 12; and Thomas E. Graham, "The Sources of Russian Conduct," *The National Interest*, August 24, 2016.

37 Lester R. Grau and Charles K. Bartles, "Getting to Know the Russian Battalion Tactical Group," RUSI, April 22, 2022, https://rusi.org/explore-our-research/publications/commentary/getting-know-russian-battalion-tactical-group.

38 이 문제에 대해서는 다음 자료를 보라. Kimberly Marten, "Reconsidering NATO

Expansion: A Counterfactual Analysis of Russia and the West in the 1990s," *European Journal of International Security* 3, 2 (November 2017): 135 – 161.

2장

1 James A. Markham, "Gorbachev Spurns the Use of Force in Eastern Europe," *New York Times*, July 7, 1989.

2 브레즈네프의 연설은 다음 자료에서 인용함. *Pravda*, September 25, 1968.

3 푸틴은 이 일화를 다음 사람들과 가진 회고적 인터뷰에서 밝혔다. Vladimir Putin with Nataliya Gevorkyan, Natalya Timakova, and Andrei Kolesnikov, *First Person: An Astonishingly Frank Self-Portrait by Russia's President Vladimir Putin*, trans. Catherine A. Fitzpatrick (New York: PublicAffairs, 2000). 많은 사람들은 이 에피소드가 푸틴의 견해 형성에 중요했으며, 2004년과 2014년 키이우에서 일어난 것과 같은 시위에 대한 그의 반대가 얼마나 강한가를 설명하는 데 도움을 준다고 말한다. 일례로 다음 자료를 보라. Fiona Hill and Clifford Gaddy, "How the 1980s Explains Vladimir Putin," *The Atlantic*, February 14, 2013.

4 "A Europe Whole and Free," Remarks to the Citizens in Mainz, President George Bush, Rheingoldhalle, Mainz, Federal Republic of Germany, May 31, 1989. 냉전이 아직 끝나지 않았음에도 불구하고 부시는 누가 이겼는지에 대해 분명히 확신했다. "우리는 우리 가치와 비전에 충실했기 때문에 서방에서 우리는 승리했습니다. 녹슨 철의 장막 반대편에서 그들의 비전은 실패했습니다."

5 러시아를 포함한 포스트-냉전 틀을 발전시키는 도전에 대한 상세한 연구는 다음 자료를 보라. William H. Hill, *No Place for Russia: European Security Institutions since 1989* (New York: Columbia University Press, 2018). 다음 자료도 보라. Richard Sakwa, "How the Eurasian Elite Envisages the Role of the EEU in Global Perspective," *East European Politics and Society* 17 (2016): 11 – 13.

6 Deklaratsiya Suverenitet Ukrayiny, July 16, 1990, Verkhovna Rada website, https://zakon.rada.gov.ua/laws/show/55-12.

7 Bohdan Nahaylo, *The Ukrainian Resurgence* (London: Hurst, 1999), pp. 364 – 365.

8 Yuri Bondarev et al. "Slovo K Narodu," *Sovietskaya Rossiya*, July 23, 1991.

9 George H. W. Bush, "Remarks to the Supreme Soviet of the Republic of the Ukraine in Kiev, Soviet Union, August 1, 1991," www.presidency.ucsb.edu/documents/remarks-the-supreme-soviet-the-republic-the-ukraine-kiev-soviet-union.

10 Nahaylo, *The Ukrainian Resurgence*, p. 391.

11 Raymond L. Garthoff, *The Great Transition: American–Soviet Relations and the End of the Cold War* (Washington, DC: Brookings Institution, 1994), p. 479.

12 James Sherr, "Security, Democracy, and 'Civil Democratic Control' of Armed Forces in Ukraine," in Jennifer D. P. Moroney, Taras Kuzio, and Mikhail Molchanov, eds., *Ukrainian Foreign and Security Policy: Theoretical and Comparative Perspectives* (Westport, CT: Praeger, 2002), p. 94.

13 Mikhail E. Bezrukov, "The Creation of a Russian Foreign Policy," in James E. Goodby and Benoit Morel, eds., *The Limited Partnership: Building a Russian-US Security Community* (New York: SIPRI/Oxford University Press, 1993), pp. 82 – 83.

14 "Zayavlenie press-sekretarya Presidenta RSFSR," *Rossiiskaya Gazeta*, August 27, 1991, p. 2.

15 가르도프는(*The Great Transition*, p. 481) 쿠데타 주동자 중 한 사람인 바렌니코프가 크라프추크에게 제기한 군사적 위협은 그로 하여금 우크라이나 내의 군사력을 시급히 우크라이나 통제 아래 두어야 할 필요가 있다고 확신하게 만들었다고 주장한다.

16 같은 자료, pp. 481 – 482.

17 우크라이나 독립 인정을 놓고 부시 행정부는 의견이 갈라졌다. 이 논쟁은 대체로 국내 정치 문제로 해결되었다. 동유럽 국가 이민자들이 많은 펜실베니아주 보궐 선거에서 공화당 호보딕 손버그가 패배한 것은 정부가 발트국가 독립을 승인하는 데 시간을 끈 것이 원인이 된 것으로 평가되었다. 1992년 선거가 다가오자 부시는 이 부분을 처리하려고 노력하였다. 다음 자료를 보라. Michael R. Beschloss and Strobe Talbott, *At the Highest Levels: The Inside Story of the End of the Cold War* (New York: Little Brown & Company, 1994), pp. 448 – 449; and Garthoff, *The Great Transition*, p. 494.

18 Garthoff, *The Great Transition*, p. 495.

19 1991년 우크라이나의 대통령 선거와 국민투표에 대해서는 다음 자료를 보라. Sarah Birch, *Elections and Democratization in Ukraine* (London: Palgrave MacMillan, 2000), chapter 5.

20 Bezrukov, "The Creation of a Russian Foreign Policy," p. 88.

21 벨라제바 회담과 여기까지 이른 과정은 다음 자료에 상세히 서술되어 있다. Serhii Plokhy, *The Last Empire: The Final Days of the Soviet Union* (New York: Basic Books, 2014), chapter 15.

22 "Yeltsin's Arrival Statement in Minsk," Radio Moscow, December 7, 1991, in Foreign Broadcast Information Service (FBIS), Soviet Union, December 9, 1991, p. 50, 다음 자료에 인용됨. *The Great Transition*, p. 483.

23 Nahaylo, *The Ukrainian Resurgence*, p. 441.

24 이 조치들의 합법성은 문제가 되지 않았다. 1922년 연방조약 외에도 우크라이나와 벨라루스가 주권을 주장할 수 있게 한 또 하나의 사실은 두 국가 모두 UN의 창립 멤버라는 점이다. 이것은 UN 창설에 따른 정치적 흥정의 결과로 초래된 일이다.

25 가르도프가 지적한 대로(*The Great Transition*, p. 485) 새로운 선택지가 있었다. 그것은 연방조약을 우크라이나 없이 서명하는 것이었다. 그러나 옐친으로서는 우크라이나를 포함하는

것이 필수적이었고, 그래서 그는 우크라이나를 포함하는 "최소 공약수"를 택했다.

26 다음 자료에 인용됨. Fred Hiatt, "Russia, Ukraine See Commonwealth Differently," *Washington Post*, December 13, 1991, p. A1.

27 Garthoff, *The Great Transition*, p. 486.

28 여섯 서명국은 러시아, 아르메니아, 카자흐스탄, 키르기스스탄, 타지키스탄, 우즈베키스탄이었다.

29 Sergei Rogov, "A National Security Policy for Russia," in James E. Goodby and Benoit Morel, eds., *The Limited Partnership: Building a Russian–US Security Community* (Oxford: SIPRI/Oxford University Press, 1993), pp. 77–78.

30 1991년 소련 경제의 붕괴 상황은 다음 책에 생생하게 기록되어 있다. Yegor Gaidar, *Collapse of an Empire: Lessons for Modern Russia*, trans. Antonina W. Bouis (Washington, DC: Brookings Institution, 2007), chapter 8.

31 우크라이나 경제 문제와 정책은 다음 자료가 상세히 다루었다. Anders Åslund, *How Ukraine Became a Market Economy and Democracy* (Washington, DC: Peterson Institute for International Economics, 2009), and Oleh Havyrlyshyn, *The Political Economy of Independent Ukraine: Slow Starts, False Starts, and a Last Chance?* (London: Palgrave MacMillan, 2017).

32 "Warnings from Massandra," *The Economist*, September 11, 1993, p. 52.

33 다음 자료를 보라. Paul R. Magosci, *This Blessed Land: Crimea and the Crimean Tatars* (Toronto: University of Toronto Press, 2014).

34 1954년 결정은 다음 자료에 심층적으로 분석되어 있다. Mark Kramer, "Why Did Russia Give Away Crimea Sixty Years Ago?" Cold War International History Project e-Dossier No. 47, March 19, 2014.

35 Elizabeth A. Wood, "Introduction," in Elizabeth A. Wood, William E. Pomeranz, E. Wayne Merry, and Maxim Trudolyubov, *Roots of Russia's War in Ukraine* (Washington, DC: Woodrow Wilson Center Press, 2016), pp. 3–6.

36 Fyodor Lukyanov, "Putin's Foreign Policy: The Quest to Restore Russia's Rightful Place," *Foreign Affairs* 95, 3 (May/June 2016): 35.

37 다음 자료를 보라. Taras Kuzio, *Ukraine–Crimea–Russia* (Stuttgart: ibidem-Verlag, 2007); and Gwendolyn Sasse, *The Crimea Question: Identity, Transition, and Conflict* (Cambridge, MA: Harvard University Press, 2014).

38 흑해함대와 관련해 우크라이나가 제기한 대안적 원칙은 소련의 군사 자산은 모든 후계국가들의 집단적 소유물이기 때문에 우크라이나는 흑해함대뿐만 아니라 소련 해군 전체의 자산을 비례적으로 받아야 한다는 것이었다. 이것은 최종적으로 받은 것보다 훨씬 많은 지분에 해당되었다. Roman Wolczuk, *Ukraine's Foreign and Security Policy 1991–2000* (London:

RoutledgeCurzon, 2003), p. 36.

39 소브차크와 옐친의 발언은 다음 자료에 인용되었다. John Rettie and James Meek, "Battle for Soviet Navy," *The Guardian*, January 10, 1992, p. 1. On the role of Sevastopol in Russian historical thinking, 다음 자료로 보라 Serhii Plokhy, "The City of Glory: Sevastopol in Russian Historical Mythology," *Journal of Contemporary History* 35, 3 (July 2000): 369–383.

40 소브차크는 "세바스토폴과 흑해함대 문제를 크림 문제와 같이 해결할 것"을 주장했다. Maksym Yusin, "Protivostoyanie Rossii i Ukrainy prinimaet opasnyi oborot," *Izvestiia*, January 9, 1992, p. 5.

41 Interfax, December 7, 1993, 다음 자료에 인용됨. Fiona Hill and Pamela Jewitt, "'Back in the USSR': Russia's Intervention in the Internal Affairs of the Former Soviet Republics and the Implications for United States Policy Toward Russia," John F. Kennedy School of Government, Harvard University, 1994, p. 85.

42 Sergey Tiskora, "Prezident L. Kravchuk: Ukraina Prilagayet Usiliya dlya Snizheniya Politicheskogo Napryazheniya s Rossiyey," *Izvestiia*, June 3, 1992, p. 1.

43 Roman Solchanyk, "Russia, Ukraine, and the Imperial Legacy," *Post-Soviet Affairs* 9, 4 (October–December 1993): 337–365; Maria Drohobycky, ed., *Crimea: Dynamics, Challenges, and Prospects* (Lanham, MD: Rowman & Littlefield, 1995).

44 Wolczuk, *Ukraine's Foreign and Security Policy*, p. 29.

45 같은 자료. pp. 29, 183.

46 Christina Lapychak, "Russia and Ukraine Begin to Close Rifts," *Christian Science Monitor*, June 25, 1992.

47 *Financial Times*, February 19, 1993, 다음 자료에 인용됨. Fiona Hill and Pamela Jewett, "'Back in the USSR': Russia's Intervention in the Internal Affairs of the Former Soviet Republics and the Implications for United States Policy toward Russia," Strengthening Democratic Institutions Project, John F. Kennedy School of Government, Harvard University, January 1994, p. 75.

48 마산드라 정상회담 논의는 다음 자료를 바탕으로 했다. Paul D'Anieri, *Economic Interdependence in Russian–Ukrainian Relations* (Albany: State University of New York Press, 1999), chapter 4.

49 "Kravchuk News Conference, 6 September 1993," translated in FBIS-SOV-93-171, September 7, 1993, p. 72. Boris Yeltsin, interview on Russian Television Network, September 4, 1993, translated in FBIS-SOV-93-171, September 7, 1993, p. 7.

50 Reuters, September 6, 1993, 다음 자료에 인용됨. John Morrison, "Pereyaslav and After: The Russian–Ukrainian Relationship," *International Affairs* 69, 4 (October 1993): 695.

51 Agence France Press, September 3, 1993, translated in FBIS-SOV-93-171, September 7, 1993, p. 61.

52 1991-1992년에 일어난 사건들은 다음 자료에 상세히 서술되어 있다. Events in 1991–1992 are chronicled in detail in Kuzio, *Ukraine–Crimea–Russia*, pp. 122–128, on which this paragraph draws.

53 크림의 자치 문제는 다음 자료에 상세히 서술되어 있다. Gwendolyn Sasse, "Constitution-Making 'from Above': Crimea's Regional Autonomy," in Teofil Kis and Irena Makaryk, eds., *Toward a New Ukraine II: Meeting the New Century* (Ottawa: University of Ottawa Press, 1999), pp. 83–102.

54 이 지역의 에너지 정책을 다룬 연구는 많다. 우크라이나와 러시아에 초점을 맞춘 전체적 분석은 다음 자료들을 보라. Margarita M. Balmaceda, *The Politics of Energy Dependency: Ukraine, Belarus, and Lithuania between Domestic Oligarchs and Russian Pressure* (Toronto: University of Toronto Press, 2013); Margarita M. Balmaceda, *Energy Dependency, Politics and Corruption in the Former Soviet Union: Russia's Power, Oligarchs' Profits and Ukraine's Missing Energy Policy* (London: Routledge, 2008); and D'Anieri, *Economic Interdependence in Ukrainian–Russian Relations*, chapter 4.

55 가장 고전적인 자료로는 다음을 들 수 있다. Anne O. Krueger, "The Political Economy of the Rent-Seeking Society," *The American Economic Review* 64, 3 (June 1974): 291–303.

56 다음 자료를 보라. Alexander Motyl, *Dilemmas of Independence: Ukraine after Totalitarianism* (New York: Council on Foreign Relations, 1993); and Taras Kuzio, "Transition in PostCommunist States: Triple or Quadruple," *Politics* 21, 3 (2001): 168–177.

57 D'Anieri, *Economic Interdependence in Ukrainian–Russian Relations*, pp. 175–177.

58 "Weimar Russia," *The Times* (London), February 8, 1992. 러시아에 파시즘이 부상할 가능성에 대한 1990년대 논의는 다음 자료를 보라. Stephen E. Hanson and Jeffrey S. Kopstein, "The Weimar/Russia Comparison," *Post- Soviet Affairs*, 13, 3: (1997): 252–283 and a rejoinder by Stephen D. Shenfield, "The Weimar/Russia Comparison: Reflections on Hanson and Kopstein," *Post-Soviet Affairs* 14, 4 (1998): 355–368.

59 다음 자료에 인용됨. Mark Frankland, "Bruiser Yeltsin Starts to Rough Up the Enemy Within," *The Observer*, February 21, 1993, p. 16.

60 David Roche, "The CIS Renewal Plan," Memorandum of Information from the Global Strategy Division, Morgan Stanley, January 27, 1992, 다음 자료에 인용됨. Paige Bryan Sullivan, *U.S.-Russia Relations: From Idealism to Realism* (Washington, DC: Center for Strategic and International Studies, 2002). 우연의 일치로 760억 달러는 마셜 플랜에 지원된 130억 달러의 1992년 가치와 거의 비슷하다.

61 James M. Goldgeier and Michael McFaul, *Power and Purpose: U.S. Policy toward Russia after the Cold War* (Washington, DC: Brookings Institution Press, 2003), pp. 82–83.
62 Thomas L. Friedman, "Bush Cites Limits on Aid to Russia," *New York Times*, March 11, 1992, p. A1.
63 Goldgeier and McFaul, *Power and Purpose*, pp. 81–83.
64 Thomas L. Friedman, "Bill to Aid Former Soviet Lands Is Stuck in Capitol Hill Quagmire," *New York Times*, June 5, 1992, p. A1.
65 Robitchnya Hazeta, September 4, 1991, 다음 자료에 인용됨. Bohdan Nahaylo, "The Shaping of Ukrainian Attitudes towards Nuclear Arms," RFE/RL Research Report 2, 8 (February 19, 1993): 23.
66 이 시기의 논쟁은 다음 사료에 상세히 기록되어 있다. Yuri Kostenko, *Ukraine's Nuclear Disarmament, A History* (Cambridge: Harvard University Press/HURI, 2020); Nahaylo, "The Shaping of Ukrainian Attitudes," pp. 21–45; and Mariana Budjeryn, "The Power of the NPT: International Norms and Ukraine's Nuclear Disarmament," *The NonProliferation Review* 22, 2 (2015): 203–237.
67 Filenko and Plyushch는 다음 자료에 인용되어 있다. Jonathan Steele, "Ukraine May Backtrack on Nuclear Arms," *The Guardian*, September 30, 1991.
68 Nahaylo, "The Shaping of Ukrainian Attitudes," p. 27.
69 Paul Quinn-Judge, "Yeltsin Ruled Out 'Preventive Nuclear Strike' against Ukraine on Technical Grounds: Daily," *Montreal Gazette*, October 25, 1991, p. A2.
70 Serge Schmemann, "Ukraine Halting A-Arms Shift to Russia," *New York Times*, March 13, 1992.
71 Budjeryn, "The Power of the NPT." 이 시기 우크라이나의 핵무기 정책은 다음 자료를 보라 Sherman W. Garnett, "The Sources and Conduct of Ukrainian Nuclear Policy," in George Quester, ed., *The Nuclear Challenge in Russia and the New States of Eurasia* (Armonk, NY: M. E. Sharpe, 1995).
72 이 과정에 깊숙이 개입한 미국 외교관이 우크라이나의 비핵화 문제를 서술했다. Steven Pifer, *The Trilateral Process: The United States, Ukraine, Russia and Nuclear Weapons* (Washington, DC, Brookings Institution, 2011).
73 Goldgeier and McFaul, *Power and Purpose*, p. 168.
74 "Buduyemo derzhavu–buduyemo armiyu," *Uryadovyi Kuryer*, December 4, 1992, p. 3.
75 다음 자료에 인용됨. Nahaylo, "The Shaping of Ukrainian Attitudes"; Fred Hiatt, "Russian Legislature Ratifies START Pact; Further Arms Cuts Seen Facing Tougher Road," *Washington Post*, November 5, 1992, p. A3.

76 Andrey Kamorin, "Ukraina Obinyayet Rossiyu v 'Shantazhye i Zapugivanii'," *Izvestiia*, April 2, 1993, p. 3.
77 라다(Rada)에서 벌어진 논쟁에 대해서는 다음 자료가 상세히 서술하고 있다. Kostenko, *Ukraine's Nuclear Disarmament*, Chapter 4. 이 단락의 설명은 다음 자료에도 기초하고 있다. Pavel Felgengauer, "Nuclear Ukraine," *Sevodnya*, June 8, 1993, p. 5, translated in *The Current Digest of the Russian Press*, No. 23, Vol. 45, July 7, 1993, p. 14.
78 Tolubko는 다음 자료에 인용되어 있다. Vladimir Nadein, "Amerika-myt'em, Rossiya-katan'em: dva podkhoda k raketno-yadernoy Ukrainye," *Izvestiia*, June 15, 1993, p. 4. 그이 시각은 다음 자료에 상세히 설명되어 있다. "Turbota Pro Bezpeku Chy Nazad do Falanhy?" *Holos Ukrainy*, November 10, 1992, p. 6 and November 21, 1992, p. 7.
79 *The Economist*, May 15, 1993.
80 Pifer, *The Trilateral Process*, p. 3.
81 John J. Mearsheimer, "The Case for a Ukrainian Nuclear Deterrent," *Foreign Affairs* 72, 3 (Summer 1993): 50.
82 같은 자료. pp. 52–53.
83 Valeriy Izmalkov, "Yaderna Raketa – Ne Kam'yana Sokyra," *Holos Ukrainy*, December 22, 1992, p. 7.
84 RFE/RL Daily Report, September 23, 1993.
85 Steven Pifer, *The Eagle and the Trident: U.S.–Ukraine Relations in Turbulent Times* (Washington, DC: Brookings Institution Press, 2017), p. 53. Pifer는 미국의 비핵화 접근법에 대한 상세한 분석을 제공한다.
86 Anatoly Zlenko, "The Foreign Policy of Ukraine: Principles of Shaping and Problems of Implementing It," *International Affairs* (Moscow) (January 1994): 14–15.
87 Andrew Higgins, "Ukrainians Learn to Love Their Bombs; Despite the Chernobyl Legacy, Kiev now Embraces Nuclear Warheads to Guarantee Its Future," *The Independent* (London), November 20, 1993, p. 12.
88 Dmitrii Zhdannikov, "Anatolii Zlenko raz'yasnyaet prichiny popravok v dogovore SNV1," *Segodnya*, November 23, 1993, p. 5.
89 이 절의 서술은 다음 자료에 기초하고 있다. Goldgeier and McFaul, *Power and Purpose*, pp. 169–170.
90 이 분쟁에 대해서는 다음 자료를 보라. William H. Hill, *Russia, the Near Abroad, and the West: Lessons from the Moldova–Transnistria Conflict* (Baltimore, MD: Johns Hopkins University Press, 2012).
91 다음 자료에 인용됨. Hill and Jewett, "Back in the USSR," p. 1.

92 같은 자료에서 인용됨. p. 5.

93 *Financial Times*, February 25, 1992, 다음 자료에 인용됨. Hill, *Russia, the Near Abroad, and the West*, p. 69.

94 다음 자료에 인용됨. Chrystia Freeland, "Russia 'Trying to Isolate Ukraine': Campaign Suspected to Bring Kiev Back under Moscow's Hegemony," *Financial Times*, March 17, 1993, p. 2.

95 *The Independent*, December 15, 1992.

96 Maksim Yusin, "Shokovaya Terapiya Andreya Kozyreva," *Izvestiia*, December 15, 1992, p. 6. 코지레프는 의도적으로 바부린과 안필로프 같은 좀더 국수적인 민족주의자들의 요구를 포함하지 않았다고 유신은 보도했다. 그렇게 하면 그의 행동의 적절성이 제한되기 때문이었고, 이 연설은 중도 블록인 "Civic Union"이 준비한 외교 정책 초안에서 주로 나왔다.

97 Alexandr Golts, "Seans 'Shokovoi Diplomatii' v Stokgolme," *Krasnaya Zvezda*, December 16, 1992.

98 Norman Kempster, "Just Kidding, Russian Says, after Cold War Blast Stuns Europeans," *Los Angeles Times*, December 15, 1992.

99 다음 자료에서 인용됨. Yusin, "Shokovaya Terapiya Andreya Kozyreva."

100 Thomas L. Friedman, "Summit in Vancouver: Clinton Presents Billion to Yeltsin in US Aid Package," *New York Times*, April 4, 1993.

101 President Bill Clinton, "A Strategic Alliance with Russian Reform," April 1, 1993, in US Department of State Dispatch, Vol. 4, No. 14 (April 5, 1993). 이 문제에 대한 논의는 다음 자료를 보라. Goldgeier and McFaul, *Power and Purpose*, pp. 90 – 92.

102 Friedman, "Summit in Vancouver."

103 Goldgeier and McFaul, *Power and Purpose*, pp. 94, 111.

104 같은 자료. p. 99.

105 Juliet O'Neill, "U.S. Help Ridiculed as '3 Cans of Coke'," *Vancouver Sun*, April 7, 1993, p. A1. 이스라엘 지원자금 7억 달라는 정상회담 전 패트릭 레이히 상원의원이 언급했다. 다음 자료를 보라. Jonathan Steele, "Russian View: Scepticism Grows on Western Aid," *The Guardian*, April 2, 1993, p. 10.

106 Seamus Martin, "US to Aid Russian Soldiers: The US Is Likely to Grant 'Most Favoured Nation' Trade Status to Russia," *The Irish Times*, April 3, 1993, p. 8.

107 Andrey Kamorin, "Ukraina i Belarus' prizyvayut k boleye proportsional'nomu raspredeleniyu zapadnoy pomoshchi," *Izvestiia*, April 21, 1993, pp. 1, 3.

108 "Postanovlenie Verkhovnogo Soveta Rossiiskoi Federatsii O Statusie Goroda Sevastopolia," July 9, 1993.

109 Maksym Yusin, "Ukraina trebuyet srochnogo sozyva Soveta Bezopasnosti OON po Sevastopolyu," *Izvestiia*, July 21, 1993, p. 1.

110 일례로 다음 자료를 보라. Vadim Belotserkovsky, "Zapad i Yeltsin: Itak, demokratiya ne dlya Rossii" ["The West and Yeltsin: So, Democracy Is Not for Russia"], *Nezavisimaya Gazeta*, September 28, 1993, p. 5.

111 러시아의 "초대통령제(superpresidentialism)"에 대해서는 다음 자료를 보라. Timothy J. Colton, "Superpresidentialism and Russia's Backward State," *Post-Soviet Affairs* 11, 2 (1995): 144–148; M. Steven Fish, "The Executive Deception: Superpresidentialism and the Degradation of Russian Politics," in Valerie Sperling, ed., *Building the Russian State* (Boulder: Westview Press, 2000); M. Steven Fish, *Democracy Derailed in Russia* (New York: Cambridge University Press, 2005), chapter 7; Zoltan Barany, "Superpresidentialism and the Military: The Russian Variant," *Presidential Studies Quarterly* 38, 1(March 2008): 14–38; and Eugene Huskey, *Presidential Power in Russia* (Armonk, NY: M.E. Sharpe, 1999).

112 F. Lukyanov, "Vstupit li Vengriya v NATO? Novyi etap otnoshenii," *Izvestiia*, November 26, 1990, p. 5.

113 다음 자료에 인용됨. *The Independent*, March 21, 1991, p. 11.

114 같은 자료. p. 8.

115 상세한 분석에 대해서는 다음 자료를 보라. see Steven Pifer, "Did NATO Promise Not to Enlarge? Gorbachev Says 'No'," Brookings Institution, November 2014; Mark Kramer, "The Myth of a No-NATO-Enlargement Pledge to Russia," *The Washington Quarterly*, April 2009, pp. 39–61; Mary Elise Sarotte, "A Broken Promise? What the West Really Told Moscow about NATO Expansion," *Foreign Affairs* (September/October 2014); and M. E. Sarotte, *Not One Inch: America, Russia, and the Making of Post-Cold War Stalemate* (New Haven: Yale University Press, 2021), pp. 168–169. 문서 기록에 보강된 최근 정보는 다음 자료가 제공한다. "NATO Expansion, What Gorbachev Heard," National Security Archive, December 12, 2017, and "NATO Expansion: What Yeltsin Heard," National Security Archive, March 16, 2018. 이 분석에 대한 부가 자료에는 당시 논의가 상세히 기록되어 있다.

116 상세한 논의에 대해서는 다음 자료를 보라. Garthoff, *The Great Transition*, pp. 416–417. Garthoff는 이 사안을 협상하는 소련 대표단에 내려진 훈령은 다음 자료에 인용했다. "Emphasize that for us the inclusion of a future Germany in NATO is unacceptable – politically and psychologically. We cannot agree to what would in that case inevitably be a destruction of the balance of power and stability in Europe."

117 1990년 5월 31일-6월 3일 워싱턴 정상회담에서 결정적인 신호가 나왔다. 부시가 고르바초프에게 자신의 기자회견 연설문을 미리 보여주었고, 여기에는 부시와 고르바초프가 "나토

멤버십은 (…) 독일이 결정할 문제라는 데 완전히 동의한다"라고 적혀 있었고, 고르바초프는 이에 반대하지 않았다(Garthoff, *The Great Transition*, p. 427).

118 Kramer, "The Myth of a No-NATO-Enlargement Pledge to Russia," p. 42; "NATO Expansion: What Gorbachev Heard." 통일된 독일이 나토에 남아 있는 것에 고르바초프가 순응한 후인 1990년 6월 9일 헝가리 지도자 요세프 안탈은 바르샤바조약기구의 해체를 요구하고 나섰다(*New York Times*, June 7, 1990).

119 "The Atlantic Alliance and European Security in the 1990s," Address by Secretary General, Manfred Woerner to the Bremer Tabaks Collegium, May 17, 1990.

120 Treaty on the Final Settlement with Respect to Germany, September 12, 1990.

121 Y. Grigoryev, "SSSR-FRG: Posle Vstrechi v Verkha Realism and Trust," *Pravda*, July 9, 1990, p. 6.

122 S. Rogov, "Na Zapadnom Frontye Bez Peremen," *Izvestiia*, September 21, 1990, p. 4.

123 이 점은 다음 자료에 강조되었다. "NATO Expansion: What Gorbachev Heard," which quotes Robert Gates, CIA Director at the time, as later saying that "Gorbachev and others were led to believe that [expansion] wouldn't happen."

124 "Mikhail Gorbachev: I Am against All Walls," *Russia beyond the Headlines*, October 16, 2014.

125 Secretary Christopher's meeting with President Yeltsin, 10/22/93, Moscow. U.S. Department of State. Date/Case ID: 08 MAY 2000 200000982. National Security Archive, https://nsarchive.gwu.edu/document/16380-document-08-secretarychristopher-s-meeting. 모든 인용은 국무부 자료에서 나온 것이다. 인용문에 따옴표로 표시된 부분은 화자를 직접 인용한 것이다. 이 회동과 그 의미에 대해서는 다음 자료가 분석하고 있다. James Goldgeier, "Promises Made, Promises Broken? What Yeltsin Was Told about NATO in 1993 and Why It Matters," War on the Rocks, July 12, 2016.

126 Strobe Talbott, *The Russia Hand: A Memoir of Presidential Diplomacy* (New York: Random House, 2002), p. 101; Sarotte, *Not One Inch*, p. 178.

127 Goldgeier and McFaul, *Power and Purpose*, p. 88.

3장

1 The President's News Conference with President Leonid Kravchuk of Ukraine in Kiev, January 12, 1994, www.presidency.ucsb.edu/ws/index.php?pid=49843.

2 The President's News Conference with Visegrad Leaders in Prague, January 12, 1994, www.presidency.ucsb.edu/documents/the-presidents-news-conference-with-visegradleaders-prague.

3 이 주장은 다음 자료에 실렸다. John J. Mearsheimer, "The Case for a Ukrainian Nuclear Deterrent," *Foreign Affairs* 72, 3 (Summer 1993): 50–66.

4 The President's News Conference with President Boris Yeltsin of Russia in Moscow, January 14, 1994, www.presidency.ucsb.edu/ws/index.php?pid=50021.

5 같은 자료.

6 Zbigniew Brzezinski, "The Premature Partnership," *Foreign Affairs* 73 (March/April 1994): 76.

7 같은 자료. p. 79, 강조는 원본에 있는 것임.

8 같은 자료. p. 80.

9 Andrei Kozyrev, "The Lagging Partnership," *Foreign Affairs* 73, 2 (May/June 1994): 60, 강조 추가.

10 마를렌 라우엘이 강조한 것처럼 우리는 이 사상 "학파"의 일관성과 외교 정책에 대한 영향을 과장하지 말아야 한다. 다음 자료를 보라. Marlene Laruelle, "Russia as a 'Divided Nation,' from Compatriots to Crimea," *Problems of Post-Communism* 62 (2015): 63. 여기서 제기된 유형은 포스트-소비에트 시기 러시아 외교 정책에 대한 대부분의 자료와 양립할 수 있다. 이와 다르지만 양립할 수 있는 유형에 대해서는 다음 자료를 보라. Andrei Tsygankov, "Rediscovering National Interests after the 'End of History': Fukuyama, Russian Intellectuals, and a Post-Cold War Order," *International Politics* 39 (December 2002): 423–446; and Stephen White, "Elite Opinion and Foreign Policy in Post-Communist Russia," *Perspectives on European Politics and Society* 8, 2 (June 2007): 147–167. Ted Hopf는 세 가지 분류를 하고 ("liberals," "conservatives," and "centrists"), 나의 "statists"에 상응하는 centrists들이 1992년 말부터 부상했다고 결론 내렸다. Ted Hopf, "Identity, legitimacy, and the use of military force: Russia's Great Power identities and military intervention in Abkhazia," *Review of International Studies* 31 (2005): 225–243. 2016년까지 거슬러 올라가는 분석은 다음 자료를 보라. Mariya Y. Omelicheva and Lidiya Zubytska, "An Unending Quest for Russia's Place in the World: The Discursive Co-evolution of the Study and Practice of International Relations in Russia," *New Perspectives* 24, 1 (2016): 19–51.

11 러시아의 다양한 역사적 민족주의가 어떻게 2022년 전쟁에서 절정에 이르렀는지에 대한 상세한 논의는 다음 자료를 보라. Taras Kuzio, *Russian Nationalism and the Russian–Ukrainian War* (London: Routledge, 2022).

12 Michael E. Aleprete, Jr., "Minimizing Loss: Explaining Russian Policy: Choices during the Ukrainian Crisis," *Soviet and Post-Soviet Review* 44 (2017): 59.

13 Brian D. Taylor, "The Code of Putinism," PONARS Eurasia Policy Memo No. 399, November 2015. "[D]erzhavnost'는 소유 상태를 의미하고, – 그리고 다른 국가들에 의해서

도 소유상태를 인정받는 것 – 이것은 강대국의 분명한 지위이다." Seva Gunitsky and Andrei P. Tsygankov, "The Wilsonian Bias in the Study of Russian Foreign Policy," *Problems of Post-Communism* 65, 6 (2018): 385. 1999년 러시아를 강대국이라고 주장한 연설에서 푸틴은 강력한 국가와 국가성이란 단어를 사용했다.

14 "Strategicheskaia tsel' – sozdat' protsvetaiushchuiu stranu: Vystuplenie Prezidenta Rossii v Federal'nom Sobranii," *Rossiiskaya Gazeta*, February 25, 1994, 다음 자료에 인용됨. Jim Headley, "Sarajevo, February 1994: The First Russia–NATO Crisis of the Post-Cold War Era," *Review of International Studies* 29, 2 (April 2003): 222.

15 "Vladimir Putin Meets with Members the Valdai International Discussion Club. Transcript of the Speech and the Meeting," Valdai Discussion Club, September 20, 2013.

16 Henry E. Hale, "Russian Nationalism and the Logic of the Kremlin's Actions on Ukraine," *The Guardian*, August 29, 2014.

17 Andranik Migranyan, "Russia and the Near Abroad: Setting a New Foreign Policy Course for the Russian Federation," *Nezavisimaya Gazeta*, January 12, 1994, pp. 1, 4; translated in *Current Digest of the Russian Press*, March 9, 1994, pp. 1–4.

18 Vladimir Nadein, "SShA Opasayutsya Vozrozhdeniya Rossiiskogo Imperializma i Obeshchayut Pozabotit'sya ob Ukrainye," *Izvestiia*, February 8, 1994, p. 3.

19 Stanislav Kondrashov, "Ukhod Vernogo Andreya: Pochemu i chto dal'she?" *Izvestiia*, January 10, 1996, p. 3.

20 Vladimir Kuznechevsky and Aleksandr Krasulin, "Yevgenii Primakov Ne Ukhodit ot Ostrykh Voprosov," *Rossiiskaya Gazeta*, January 16, 1996, p. 7.

21 Vladimir Putin, "Rossiya na Rubezhe Tysyacheletii," *Nezavisimaya Gazeta*, December 30, 1999.

22 Andranik Migranyan, "Ukraina Nakanune Presidentskykh Vyborov: Predstoyashchie vybory v Belorussii I na Ukraine kak vyzov dlya Rossii," *Nezavisimaya Gazeta*, June 22, 1994, pp. 1, 3.

23 Taras Kuzio, *Ukrainian Security Policy*, Washington Papers #167 (Westport, CT: Praeger, 1995), p. 37.

24 Taras Kuzio, *Ukraine–Crimea–Russia: Triangle of Conflict* (Stuttgart: ibidem-Verlag, 2007), pp. 40–57.

25 이 현상은 다음 자료에 자세히 서술되어 있다. Paul D'Anieri, "Ethnic Tensions and State Strategies: Understanding the Survival of the Ukrainian State," *Journal of Communist Studies and Transition Politics* 23, 1 (March 2007): 4–29. 이 동부 엘리트들은 우크라이나 정부 통제력을 잃자, 일부(야누코비치를 포함)는 국가 분리를 생각했다. 같은 일이 2014년에도 일어났다.

26 Leonid Kuchma, "Ukrayina Vidkryta dlya Spivrobitnytstva" (speech to the representatives of the diplomatic corps), July 22, 1994, in Leonid Kuchma, *Kroky Stanovlennya Natsional'noyi Ekonomiky 1994–2004 Roky, Knyha Persha, Podolannya Kryzy Radykal'ni Ekonomichni Reformy 1994–1999* (Kyiv: Lybid', 2008), p. 49.

27 Tor Bukkvoll, "Defining a Ukrainian Foreign Policy Identity: Business and Geopolitics in the Formulation of Ukrainian Foreign Policy 1994–1999," in Jennifer D. P. Moroney, Taras Kuzio, and Mikhail Molchanov, eds., *Ukrainian Foreign and Security Policy: Theoretical and Comparative Perspectives* (Westport, CT: Praeger, 2002); Rosaria Puglisi, "Clashing Agendas? Economic Interests, Elite Coalitions and Prospects for Co-operation between Russia and Ukraine," *Europe-Asia Studies* 55, 6 (2003): 827–845; and Hans van Zon, "Political Culture and Neo-Patrimonialism under Leonid Kuchma," *Problems of Post-Communism* 52, 5 (2005): 12–22.

28 Puglisi, "Clashing Agendas?" p. 836.

29 같은 자료. pp. 834–837; 다음 자료를 보라. Taras Kuzio, "Neither East nor West, Ukraine's Security Policy under Kuchma," *Problems of Post-Communism* 52, 2 (September/October 2005): 60.

30 다음 자료에 인용됨. Bukkvoll, "Defining a Ukrainian Foreign Policy Identity," p. 131.

31 다음 자료를 보라. Kuzio, "Neither East nor West."

32 가스 거래에 대한 우크라이나 올리가르히의 역할과 우크라이나-러시아 관계에서 가스 거래의 역할에 대해서는 다음 자료를 보라. Anders Åslund, *How Ukraine Became a Market Economy and Democracy* (Washington, DC: Peterson Institute for International Economics, 2009), 특히 chapter 4; and Margarita Balmaceda, *Energy Dependency, Politics and Corruption in the Former Soviet Union* (Abingdon, Oxon: Routledge, 2009); and Margarita Balmaceda, *The Politics of Energy Dependency: Ukraine, Belarus, and Lithuania between Domestic Oligarchs and Russian Pressure* (Toronto: University of Toronto Press, 2013).

33 Balmaceda, *Energy Dependency, Politics and Corruption*, p. 34.

34 Puglisi, "Clashing Agendas?" p. 840.

35 Roman Wolczuk, *Ukraine's Foreign and Security Policy 1991–2000* (London: RoutledgeCurzon, 2003), p. 66에서는 1992년부터 1997년까지 786개의 문서가 CIS에 의해 서명되었지만, 우크라이나는 이 중 558개 문서에만 서명했고, 그중 81개 문서에는 단서를 달았다. 서명된 558개 문서 중 65개는 의회 비준을 필요로 했고, 단지 15개 문서만이 비준을 받았다.

36 Anatoly Zlenko, "The Foreign Policy of Ukraine: Principles of Shaping and Problems of Implementing It," *International Affairs* (Moscow) (January 1994): 12–18.

37 같은 자료. p. 17.

38 Kozyrev, "The Lagging Partnership," p. 69.

39 "Nuzhdaetsya Li v Korrectirovkye Pozitsiya Zapada?" *Rossiiskaya Gazeta*, September 22, 1994, p. 1.

40 David Hearst, "Russia Directs Salvo at the West: Yeltsin's Intelligence Chief Gets Blunt about 'Double Standards'," *The Guardian*, September 22, 1994, p. 13.

41 프리마코프는, 다른 정부들의 동의 없이 간섭을 하는 미국과 대비해서, 러시아는 해당 정부들의 초청을 받은 상태에서만 평화유지 활동에 참여했다고 주장했다.

42 John M. Goshko, "Yeltsin Claims Russian Sphere of Influence: Regional Peacekeeping Role Asserted," *Washington Post*, September 27, 1994, p. A10.

43 Sergei Kortunov, "Russia in Search of Allies," *International Affairs* (Moscow) 42, 3 (1996): 148.

44 Wolczuk, *Ukraine's Foreign and Security Policy*, p. 63.

45 Tatyana Ivzhenko, "Solana Na Ukraine i v Pribaltike," *Nezavisimaya Gazeta*, April 17, 1996, p. 1.

46 이 에피소드는 다음 자료에 자세히 서술되어 있다. Kuzio, *Ukraine–Crimea–Russia*, pp. 129 – 140.

47 Kuzio, *Ukrainian Security Policy*, p. 38.

48 이 인용은 다음 자료에서 나온 것이다. AP, February 25, 1994 and *Holos Ukrainy*, March 1, 1994, 두 가지 모두 다음 자료에 인용되어 있다. Kuzio, *Ukraine–Crimea–Russia*, p. 135.

49 다음 자료에 인용됨. Kuzio, *Ukrainian Security Policy*, p. 39.

50 Vladimir Gavrilenko and Anatolii Polyakov, "Sobytiya i Kommentarii: Led Vokrug Kryma, Pokhozhe, Tronulsya," *Krasnaya Zvezda*, May 26, 1994, p. 3.

51 Nikolay Semenov, "Meshkov Stremitsyak 'Nulyevomu' Variantu, Parlament Kryma Eto ne Ustraivaet," *Izvestiia*, September 24, 1994, p. 2.

52 Yanina Sokolovskaya, "… A Kiev Daet Krymskim Vlastyam 40 Dney na Razmyshleniya," *Izvestiia*, September 24, 1994, p. 2.

53 Reuters, February 19, 1994, 다음 자료에 인용됨. Kuzio, *Ukrainian Security Policy*, p. 38.

54 Dmitry Kuznets, "Russian Politicians Don't Intend to Take Sevastopol: An Official in the Russian President's Administration Supports Leonid Kuchma's Position," *Sevodnya*, August 25, 1994, p. 2, in *Current Digest of the Russian Press*, No. 34, Vol. 46, September 21, 1994, p. 22.

55 다음 자료에 인용됨. Viktor Yadukha and Konstantin Parishkura, "'Zero Option' Remains Up in the Air: Both Sides Assert They Are Ready for Talks," *Sevodnya*, September 14, 1994, p. 1, in *Current Digest of the Russian Press*, No. 37, Vol. 46, October 12, 1994, pp. 6 – 7.

56 Kuzio, *Ukrainian Security Policy*, p. 38.

57 Wolczuk, *Ukraine's Foreign and Security Policy*, pp. 30 – 31, 37.

58 Georgy Bovt and Natalya Kalashnikova, "Russian – Ukrainian Talks: Agreements with Ukraine Might Be Reconsidered," *Kommersant-Daily*, April 20, 1995, p. 1, translated in *Current Digest of the Russian Press*, No. 16, Vol. 47, May 17, 1995, p. 24.

59 같은 자료. p. 24.

60 Stanislav Kondrashov, "Diplomaticheskoe Evangelie ot Yevgeniya v Kanun Vtorogo Votsareniya Boryisa," *Izvestiia*, August 9, 1996, p. 3.

61 Wolczuk, *Ukraine's Foreign and Security Policy*, p. 31.

62 Kuzio, *Ukraine–Crimea–Russia*, p. 76.

63 같은 자료에서 인용됨. pp. 75 – 76.

64 *Kommersant*, October 13, 1996, p. 3.

65 Kuzio, *Ukraine–Crimea–Russia*, p. 110.

66 같은 자료. p. 112.

67 다음 자료를 보라. James Sherr, "Russia – Ukraine Rapprochement? The Black Sea Fleet Accords," *Survival* 39, 3 (Autumn 1997): 28.

68 Ukrainian Constitution, Chapter XV, Paragraph 14.

69 Kuzio, *Ukraine–Crimea–Russia*, p. 33.

70 Vseukrainskiye Vedomosti, January 15, 1997, 다음 자료에 인용됨. Kuzio, *Ukraine–Crimea–Russia*, p. 34.

71 Mike Bowker, "The Wars in Yugoslavia: Russia and the International Community," *Europe–Asia Studies* 50, 7 (1998): 1245 – 1261.

72 Evgeniy Fadeev, "Stervyatniki," *Pravda*, August 11, 1993, p. 7.

73 Maksym Yusin, "Posle tragedii v Saraevo NATO skloniaetsia k reshitel'nym deistviiam protiv serbov: Moskva prizyvaet k sderzhannosti," *Izvestiia*, February 8, 1994, pp. 1, 3.

74 Sergei Sidorov, "Vzryv v Sarayevo: Provokatsiya Musul'manskikh Ekstremistov," *Krasnaya Zvezda*, February 10, 1994. 후에 간행된 논문에서 같은 저자는 슬로보단 밀로세비치를 인용하며 다음 자료를 분석할 필요성을 강조했다. "which of the belligerents in Bosnia has extracted political benefits from the crime." Sergei Sidorov, "Iz Belgrada: Serby Prizyvayut Moskvu Dovesti do Kontsa Rassledovanie Vzryva v Sarayevo," *Krasnaya Zvezda*, February 16, 1994.

75 Vasiliy Kononenko, "V Moskvye Meidzhoru Prishlos' Opravdyvat'sya za Neterpenie Zapada v Bosniiskom Konfliktye," *Izvestiia*, February 16, 1994, p. 3.

76 Headley, "Sarajevo, February 1994," pp. 213 – 215.

77 같은 자료. p. 220; Kozyrev, "The Lagging Partnership," p. 66.

78 Douglas Jehl, "A Question of Espionage: Clinton Cautious in Rebuking Russia," *New York Times*, February 24, 1994, p. B8; Daniel Williams, "U.S. Calls End to Spy Incident: Administration Shifts to 'Basics' on Russia," *Washington Post*, March 1, 1994, p. A12.
79 "Clinton Warns Russia on Spying but Won't Freeze Aid," *St. Louis Post-Dispatch*, February 24, 1994, p. 1A.
80 Raymond L. Garthoff, *The Great Transition: American–Soviet Relations and the End of the Cold War* (Washington, DC: Brookings Institution, 1994), p. 790.
81 *Rossiiskaya Gazeta*, September 14, 1995, 다음 자료에 인용됨. Bowker, "The Wars in Yugoslavia," p. 1254.
82 Nikolay Krivomazov, "Segodnya – Serbiya, Zavtra – Rossiya," *Pravda*, September 14, 1995.
83 A. Pushkov, "Golos Rossii Dolzhen Zvuchat' Na Balkanakh" [interview with Churkin], *Moskovskie Novosti*, March 21, 1993, p. 15. 다음 자료에 인용됨. in Headley, "Sarajevo, February 1994," p. 212.
84 Konstantin Eggert, "'Derzhavnaya' Vneshnaya Politika Stoit Slishkom Dorogo," *Izvestiia*, December 16, 1995, p. 3.
85 James M. Goldgeier, "NATO Expansion: Anatomy of a Decision," *The Washington Quarterly* 21 (Winter 1998):
86 다음 자료도 볼 것. James M. Goldgeier, *Not Whether but When: The US Decision to Enlarge NATO* (Washington, DC: Brookings Institution Press, 1999).
86 클린턴의 발언은 다음 자료에 인용되었다. Vladimir Skachko, "Kiev Nadeetsya Na Poddershku Vashingtona," *Nezavisimaya Gazeta*, May 12, 1995, p. 1.
87 Vitaly Panov, "Amerikanskii Zhuravl' Protiv Iranskoi Sinitsy," *Rossiiskaya Gazeta*, March 11, 1998, p. 7.
88 Ukrainian Ambassador to Belgium Volodymyr Vasylenko, 다음 자료에 인용됨. Kuzio, *Ukrainian Security Policy*, p. 57. 스티븐 파이퍼는 1994년 10월 워싱턴을 방문한 우크라이나 외무차관 보리스 타라슈크가 "우크라이나는 안보에서 무인 지대나 회색지대가 될 수 있다는 우려를 강조했다"고 보고했다. Steven Pifer, *The Eagle and the Trident: US–Ukraine Relations in Turbulent Times* (Washington, DC: Brookings Institution Press, 2017), p. 92.
89 Zlenko, "The Foreign Policy of Ukraine," p. 16.
90 Kuzio, *Ukraine–Crimea–Russia*, pp. 81 – 82.
91 Arkadiy Moshes, "Zybkii neutralitet Ukrainy," *Moskovskiye Novosti*, No. 26, June 30 – July 7, 1996, p. 10.
92 Aleksandr Koretsky, "NATO Border Could Come Up to Belgorod: Kiev Wants into NATO Despite Older Brother's Wishes," *Sevodnya*, March 22, 1997, pp. 1, 4, in *Current Digest of the*

Russian Press, No. 12, Vol. 49, April 23, 1997, pp. 17–18.

93 Pifer, *The Eagle and the Trident*, pp. 94–95.

94 Mikhail Tretyakov, "So Stratigicheskim Sotrudnichestvom Pridetsya Podolzhdat'," *Pravda*, March 24, 1994, p. 3.

95 Roman Wolczuk, "Polish–Ukrainian Relations: A Strategic Partnership Conditioned by Externalities," in David H. Dunn and Marcin Zaborowski, eds., *Poland: A New Power in Transatlantic Security* (London: Frank Cass, 2003), p. 146.

96 Elizabeth Pond, "Poland and Ukraine Learn to Be Friends," *Wall Street Journal*, Europe, June 26, 1996, p. 8.

97 The text of the Ukraine–NATO Charter는 다음 웹사이트에서 볼 수 있다. https://www.nato.int/cps/en/natohq/official_texts_25457.htm. 이 헌장의 유산에 대해서는 다음 자료를 보라. James Greene, "NATO–Ukraine Distinctive Partnership Turns Twenty: Lessons to Take Forward," *NATO Review*, April 2017.

98 Sergey Il'chenko, "Rossiya–NATO–Ukrayina: Kuchma Shantazhiruyet Moskvu," *Pravda-5*, May 30, 1998. 일첸코는 쿠치마가 러시아 지도부를 협박했다고 주장했다. 만일 훨씬 더 많은 경제 원조를 받지 않으면, 우크라이나는 나토에 가입할 것이며, "스몰렌스크 지역에 나토 탱크들이 나타날 것이다"라고 말했다고 인용했다.

99 Greene, "NATO–Ukraine."

100 Vitaly Portnikov, "Partnerstvo Radi Ukrainy: Vpustyat li Kiev v evropeiskuyu gostinuyu?" *Nezavisimaya Gazeta*, February 12, 1994, p. 1.

101 나토 확장에 대한 러시아의 견해에 대한 상세한 분석은 다음 자료를 참고하라. J. L. Black, *Russia Faces NATO Expansion: Bearing Gifts or Bearing Arms* (Lanham, MD: Rowman & Littlefield, 2000).

102 Alexei Pushkov, "Vneshnyaya Politika Rossii," *Nezavisimaya Gazeta*, November 16, 1995, pp. 1, 5.

103 Robert J. Art, "Creating a Disaster: NATO's Open Door Policy," *Political Science Quarterly* 113, 3 (1998): 383–384. Art (pp. 399ff)는 새로운 "concert of Europe" 개념을 나토 확장의 대안으로 제시했다.

104 Stephen M. Walt, "NATO Owes Putin a Big Thank-You," ForeignPolicy.com, September 4, 2014.

105 다음 자료에 인용됨. Roman Solchanyk, *Ukraine and Russia: The Post-Soviet Transition* (Lanham, MD: Rowman & Littlefield, 2001), p. 92.

106 같은 자료에 인용됨. pp. 92–93.

107 Leonid Kuchma, "Ukrayina i Maibutnye Yevropy," February 8, 1996, reprinted in Leonid

Kuchma, *Kroky Stanovlennya Natsional'noyi Ekonomiky 1994–2004 Roky, Knyha Persha, Podolannya Kryzy Radykal'ni Ekonomichni Reformy 1994–1999* (Kyiv: Lybid', 2008), p. 196.

108 Lynch, *Misperceptions and Divergences*, pp. 10 – 11.

109 Solchanyk, *Ukraine and Russia*, p. 94.

110 같은 자료. p. 93.

111 Mikhail Melnik, "Kuchma Confident and Hopes to Win in First Round – Ukraine," *Itar-Tass Weekly News*, October 29, 1999.

112 Andrew Wilson, *Virtual Politics: Faking Democracy in the Post-Soviet World* (New Haven, CT: Yale University Press, 2005).

113 다음 자료를 보라. Paul J. Kubicek, "The European Union and Ukraine: Real Partners or Relationship of Convenience?" in Paul J. Kubicek, ed., *The European Union and Democratization* (London: Routledge, 2004), pp. 150 – 173.

114 *Ukrainian Weekly*, December 27, 1998, No. 52, Vol. LXVI.

115 Wolczuk, *Ukraine's Foreign and Security Policy*, p. 112.

116 "Zmishchnennya derzhavnosti ta Natsional'noyi Bezpeky – Osnova Ekonomichnoyi Stratehiyi," March 3, 1999, in Kuchma, *Kroky Stanovlennya*, p. 396.

117 다음 자료를 보라. Andrey Vavilov, *The Russian Public Debt and Financial Meltdowns* (London: Palgrave Macmillan, 2010), chapter 5.

118 서방이 비난을 받아야 하는지에 대해서는 뜨거운 논쟁이 있었다. 일부는 서방의 조언을 비난했고, 다른 사람들이 이것이 특히 재정 정책에서 완전히 적용되지 않은 것을 비난했다.

119 Andrei Illarionov, "The Roots of the Economic Crisis," *Journal of Democracy* 10 (Spring 1999): 68 – 69.

120 Bill Clinton, "Transcript: Clinton Justifies U.S. Involvement in Kosovo," CNN, May 13, 1999.

121 "Die Ukraine im Labilen Gleichgewicht; Einsicht folgt hysterischen Reaktionen auf Kosovo-Konflikt," *Neue Zuercher Zeitung*, May 5, 1999.

122 "Ukraine's Parliament Fails to Approve Anti-NATO Measures," Associated Press, April 6, 1999.

123 G. A. Zyuganov, N. I. Ryzhkov, and N. M. Kharitonov, "Usherb Neismernim Zayavlenie ob Ocherednom Predatl'stvye Interesov Mezhdunarodnoi Bezopasnosti," *Sovietskaya Rossiya*, June 10, 1999, p. 1.

124 이 에피소드는 다음 자료에 서술되어 있다. Strobe Talbott, *The Russia Hand: A Memoir of Presidential Diplomacy* (New York: Random House 2002), p. 336.

125 Fyodor Lukyanov, "Putin's Foreign Policy: The Quest to Restore Russia's Rightful Place,"

Foreign Affairs 95, 3 (May/June 2016): 32–33.

126 Garthoff, *The Great Transition*, p. 792.

4장

1 Yanina Sokolovskaya, "Leonid Kuchma Delivers 'Coronation Speech' Intended to Please Everyone," *Izvestiia*, December 1, 1999, p. 3, in *The Current Digest of the Russian Press*, No. 48, Vol. 51, December 29, 1999, p. 22.

2 Gennady Sysoyev, "Premier Turns Ukraine to West," *Kommersant*, December 12, 1999, p. 3, in *Russian Press Digest*, December 23, 1999; Hans Van Zon, "Political Culture and Neo-Patrimonialism under Leonid Kuchma," *Problems of Post-Communism* 52, 5 (2005): 12–22.

3 See Keith Darden, "The Integrity of Corrupt States: Graft as an Informal State Institution," *Politics and Society* 36, 1 (March 2008): 35–60.

4 이것과 곤가제 사건에 대한 다른 조사 기록은 다음 자료에 들어 있다. "Transcript: What Do Melnychenko's Tapes Say about Gongadze Case," RFE/RL, March 3, 2005, www.rferl.org/a/1057789.html.

5 두 시위의 비교는 다음 자료에 서술되어 있다. Paul D'Anieri, "Explaining the Success and Failure of Post-Communist Revolutions," *Communist and Post-Communist Studies* 39, 3 (2006): 331–350.

6 Agence France Presse, February 27, 2001.

7 D'Anieri, "Explaining the Success and Failure," p. 343.

8 "자 에디누 우크라이누(Za Yedinu Ukrainu)"는 "단합된 우크라이나를 위하여"란 뜻이고, 러시아 집권당인 "통합 러시아당"과 비슷하게 들린다. 많은 사람들은 유권자를 끌어들이기 위한 선심 정책을 비꼬며 이 명칭을 "자 예두(Za Yedu)", 즉 "먹을 것을 위하여"로 불렀다."

9 나는 이 점에 대해 Serhiy Kudelia에게 감사한다.

10 Van Zon, "Political Culture and Neo-Patrimonialism," p. 15.

11 Rosaria Puglisi, "Clashing Agendas? Economic Interests, Elite Coalitions and Prospects for Co-operation between Russia and Ukraine," *Europe–Asia Studies* 55, 6 (2003): 837.

12 다음 자료를 보라. Sherr, "The Dismissal of Borys Tarasiuk," Occasional Brief 79, Conflict Studies Research Centre, October 6, 2000. 쿠치마는 타라슈크가 "유럽 통합 실현에 오판을 했다"고 비판했다(인용. p. 2).

13 "Roundup: Ukraine's Kuchma Sends Firm Offer of 'Partnership' with Europe," Deutsche Presse-Agentur, June 28, 2001.

14 Olexiy Haran and Rostyslav Pavlenko, "The Paradoxes of Kuchma's Russian Policy," PONARS Policy Memo 291, September 2003, p. 1.

15 Haran and Pavlenko, "The Paradoxes of Kuchma's Russian Policy," p. 4.

16 Olexiy Haran and Maria Zolkina, "Ukraine's Long Road to European Integration," PONARS Eurasia Policy Memo No. 311, February 2014, p. 2.

17 Jim Mannion, "Rumsfeld Meets Kuchma, Cites Promises on Democracy, Dead Journalist," Agence France Presse, June 5, 2001.

18 같은 자료.

19 Transcript of Press Briefing on Ukraine, Iraq and Kolchuga Radar, US State Department, September 25, 2002.

20 몇 가지 예가 다음 자료에 서술되어 있다. Marten Malek, "The 'Western Vector' of the Foreign and Security Policy of Ukraine," *Journal of Slavic Military Studies* 22, 4 (2009): 520.

21 James Greene, "NATO – Ukraine Distinctive Partnership Turns Twenty: Lessons to Take Forward," *NATO Review*, April 7, 2017.

22 Bertil Nygren, *The Rebuilding of Greater Russia: Putin's Foreign Policy Toward the CIS* (Abingdon, Oxon: Routledge, 2008), p. 55.

23 Anna Melnichuk, "Ukrainian Official: NATO, EU Give no Timetable for Ukraine's Accession, Prompting Changes in Defense Doctrine," Associated Press, July 27, 2004.

24 "Leonid Kuchma Amends Ukraine's Military Doctrine on Accession to NATO, EU," *RIA Novosti*, July 26, 2004.

25 Melnichuk, "Ukrainian Official."

26 Puglisi, "Clashing Agendas?" p. 840.

27 *Vremya Novostei*, 다음 자료에 인용됨. *Russian Press Digest*, December 22, 2000.

28 Ariel Cohen, "Analysis: Ukraine Scandals," UPI, February 23, 2001.

29 Craig Nelson, "Kuchma's Guest Fails to Notice the Stench," *Sydney Morning Herald*, February 17, 2001, p. 18.

30 다음 자료에 인용됨. Andrei Zagorski, "Russia and the Shared Neighborhood," in Dov Lynch, ed., *What Russia Sees*, Chaillot Paper No. 74 (Paris: Institute for Security Studies, 2005) p. 68.

31 Haran and Pavlenko, "The Paradoxes of Kuchma's Russian Policy," p. 4.

32 Fred Weir, "Putin Woos Ukraine with a Russian Common Market," *Christian Science Monitor*, November 18, 2004, p. 7.

33 이 프로젝트들은 다음 자료에 상세히 서술되어 있다. Rilke Dragneva-Lewers and Kataryna Wolczuk, *Ukraine between the EU and Russia: The Integration Challenge* (Houndmills, Basingstoke: Palgrave MacMillan, 2015), pp. 20 – 23, 이 책의 논의도 이 자료를 바탕으로 했다.

34 Haran and Pavlenko, "The Paradoxes of Kuchma's Russian Policy," p. 4.

35 Dragneva-Lewers and Wolczuk, *Ukraine between the EU and Russia*, p. 22. Hans Van Zon ("Political Culture and Neo-Patrimonialism," p. 13)는 대통령 행정실의 단합을 유지하기 위해 이 협정은 각료들의 참여 없이 비밀리에 이루어졌고, 야누코비치는 서명을 강요당했다고 보고했다.

36 Van Zon, "Political Culture and Neo-Patrimonialism," p. 15.

37 다음 자료에 인용됨. Dragneva-Lewers and Wolczuk, *Ukraine between the EU and Russia*, p. 23.

38 "Putin and Kuchma Review Black Sea Fleet together in Sevastopol," Deutsche PresseAgentur, July 29, 2001.

39 RIA Novosti, August 12, 2003.

40 경계선 문제에 대해서는 다음 자료를 보라. Taras Kuzio, *Ukraine–Crimea–Russia* (Stuttgart: ibidemVerlag, 2007), pp. 85 – 93.

41 2014년 이후 이 섬은 러시아 본토와 크림반도를 잇는 다리의 통과지점이 되었다.

42 *Izvestiia*, 다음 자료에 인용됨. Valerie Mason, "Ukrainian President Denounces Russian 'Imperialism' in Kerch Strait Row," *IHS Global Insight*, October 28, 1993.

43 Commission of the European Communities, "Wider Europe – Neighbourhood: A New Framework for Relations with our Eastern and Southern Neighbours," COM (2003) 104 final, March 11, 2003, pp. 3 – 4.

44 See Gwendolyn Sasse, "The European Neighbourhood Policy: Conditionality Revisited for the EU's Eastern Neighbours," *Europe–Asia Studies* 60, 2 (March 2008): 295 – 316.

45 Zagorski, "Russia and the Shared Neighborhood," p. 77.

46 같은 자료. p. 75.

47 L. Karabeshkin, "Vostochnoye izmerenie politiki ES i Rossia," in Filip Kazin and Vladimir Kuznetzov, eds., *Vostochnoye izmerenie Evropeiskogo Soyuza i Rossia. Mezhdunarodnaya konferentsia. Veliky Novgorod, November 14, 2003. Sbornik dokladov.* (St. Petersburg: BITS, 2004), pp. 34 – 45, 다음 자료에 인용됨. Igor Gretskiy, Evgeny Treshchenkov, and Konstantin Golubev, "Russia's Perceptions and Misperceptions of the EU Eastern Partnership," *Communist and Post-Communist Studies* 47, 3 – 4 (2014): 376.

48 Gretskiy et al., "Russia's Perceptions and Misperceptions," p. 376.

49 Hiski Haukkala, "Russian Reactions to the European Neighborhood Policy," *Problems of Post-Communism* 55, 5 (September/October 2008): 40 – 48.

50 Hauklala가 지적한 것처럼(같은 자료. p. 41) 이 과정은 잠재적 새 회원국을 위한 1993년 코펜하겐 기준에 뿌리를 두고 있다.

51 Common Strategy of the European Union of 4 June 1999 on Russia (1999/414/CFSP), p. 1.

52 같은 자료. p. 2.

53 Dov Lynch, "Misperceptions and Divergences," in Dov Lynch, ed., *What Russia Sees*, Chaillott Paper No. 74 (Paris: Institute for Security Studies, 2005), p. 16. 러시아는 분리주의 공화국인 압하지아와 남오세티아를 계속 지원할 뿐만 아니라 조지아가 체첸 전사들을 보호하고 있다고 비난하고, 2002년 조지아의 체첸 반군을 공격한다는 구실로 판키시 계곡 지역을 폭격했다.

54 다음 자료에 인용됨. Gretskiy et al., "Russia's Perceptions and Misperceptions," p. 377.

55 같은 자료. p. 376.

56 Chizhov는 다음 자료에 인용됨. Dmitry Danilov, "Russia and European Security," in Lynch, ed., What Russia Sees, p. 89.

57 Commission of the European Communities, Communication from the Commission to the Council and to the European Parliament, on Relations with Russia, COM(2004) 106 final, February 2, 2004.

58 Chris Patten, *Cousins and Strangers: America, Britain, and Europe in a New Century* (New York: Henry Holt, 2006), p. 158.

59 Judith Kelley, "New Wine in Old Wineskins: Promoting Political Reforms through the New European Neighbourhood Policy," *Journal of Common Market Studies* 44, 1 (2006): 29–55.

60 Margareta M. Balmaceda, *Energy Dependency, Politics and Corruption in the Former Soviet Union: Russia's Power, Oligarchs' Profits and Ukraine's Missing Energy Policy, 1995–2006* (Abingdon, Oxon: Routledge, 2009), pp. 1–2.

61 같은 자료. pp. 54–55.

62 같은 자료. pp. 60–61.

63 이것은 같은 자료(pp. 29–32)에 서술되어 있다.

64 두 인용은 다음에서 나온 것이다. Press Conference by President Bush and Russian Federation President Putin Brdo Castle, Brdo Pri Kranju, Slovenia, June 16, 2001, https://georgewbush-whitehouse.archives.gov/news/releases/2001/06/20010618.html.

65 같은 자료.

66 "BBC Breakfast with Frost Interview: Vladimir Putin," March 5, 2000. 이 인터뷰에서 푸틴은 "나로서는 나토를 적으로 상상하기가 어렵다"라고 말했다.

67 Peter Baker, "Putin Offers West Reassurances and Ideas on NATO," *Washington Post*, July 18, 2001.

68 "Press Conference with Political Studies Institute Director Sergei Markov," Official Kremlin International News Broadcast, June 26, 2001.

69 Vladimir Putin, "Press Statement and Answers to Questions at a Joint News Conference with

Ukrainian President Leonid Kuchma," May 17, 2002, at President of Russia website, http://en.kremlin.ru/events/president/transcripts/21598. 후에 푸틴은 빌 클린턴과의 마지막 회동에서 나토 가입 생각을 철회했다고 밝혔다. 푸틴에 의하면 "'클린턴은 '반대하지 않는다'라고 말했지만, 미국 대표단 전체는 매우 불안해했다." Radio Free Europe Radio Liberty, "Putin Says He Discussed Russia's Possible NATO Membership with Bill Clinton," June 3, 2017. 클린턴은 푸틴의 설명을 부인하지 않은 것처럼 보인다.

70 골드가이어와 맥폴은 "푸틴은 자신이 중지시킬 수 없는 것에 대해 불평을 하는 것(옐친이 한 것처럼)은 러시아를 약하게 보이기만 한다는 것을 오래전에 깨달았다"고 말했다. James M. Goldgeier and Michael McFaul, *Power and Purpose: U.S. Policy toward Russia after the Cold War* (Washington, DC: Brookings Institution Press, 2003), p. 323.

71 같은 자료. pp. 316–317.

72 다음 자료를 보라. John O'Loughlin, Gearóid Ó Tuathail, and Vladimir Kolossov, "A 'Risky Westward Turn'? Putin's 9–11 Script and Ordinary Russians," *Europe–Asia Studies* 56, 1 (January 2004): 3–34.

73 President Bush Delivers Graduation Speech at West Point, United States Military Academy, West Point, New York, June 1, 2002, https://georgewbush-whitehouse.archives.gov/news/releases/2002/06/20020601-3.html.

74 US State Department, "Nov. 5: U.S. Ambassador to Moscow at World Affairs Council of Philadelphia," Press Release, November 10, 2003.

75 Sergei Karaganov, "Russia and the International Order," in Lynch, ed., *What Russia Sees*, p. 33. 카라가노프는(p. 40)는 계속해서 "이 이견은 유럽과 더 컸고, (…) 미국과는 다소 적었다"라고 지적한다.

76 다음 자료를 보라. "The Truth on Russia," *The Washington Post*, October 2, 2004, p. A20. 서명자는 다음과 같다. former Czech President Václav Havel, former Secretary of State Madeleine Albright, Senator John McCain, as well as former Italian Prime Ministers Giuliano Amato and Massimo D'Alema, former Swedish Prime Minister Carl Bildt, and Chair of the German Green Party Reinhard Bütikofer.

77 Alexei Pushkov, "Putin at the Helm," in Lynch, ed., *What Russia Sees*, p. 46. 당시 러시아 중도파의 의견을 대변하는 Pushkov의 글은 푸틴의 변화를 분명히 보여주고 있다.

78 Karaganov, "Russia and the International Order," p. 24. 세계의 많은 지도자들은 UN의 세계 문제를 해결하는 것은 현실이기보다는 희망에 가깝다고 생각하는 반면, 러시아의 지도자들은 자주 국제 체제를 관리하는 UN의 중요성을 강조했다.

79 다음 자료를 보라. Andrei Tsygankov, "Rediscovering National Interests after the 'End of History': Fukuyama, Russian Intellectuals, and a Post-Cold War Order," *International Politics*

39 (December 2002): 423–446.

80 같은 자료. p. 325.

81 Pushkov, "Putin at the Helm," p. 56.

82 Megan Twohey, "Putin Says Russia Was Ready to Alter ABM," *Moscow Times*, December 18, 2001.

83 같은 자료.

84 일례로 다음 자료를 보라. Jim Heintz, "Two Years after Putin's Rise, Russia has Veered to Unexpected Western-Oriented Course," Associated Press, December 30, 2001.

85 Pushkov, "Putin at the Helm," p. 56.

86 "NATO–Russia Relations: A New Quality. Declaration by Heads of State and Government of NATO Member States and the Russian Federation," Rome, May 28, 2002, www.nato.int/cps/en/natohq/official_texts_19572.htm.

87 Dmitry Danilov, "Russia and European Security," in Lynch, ed., *What Russia Sees*, p. 80.

88 같은 자료. p. 81.

89 이라크와 전쟁을 벌이는 부시 행정부 주장의 명분은 러시아 이외 국가에서도 도전을 받았다. 다양한 시각에 대해서는 다음 자료를 참고하라. Brian C. Schmidt and Michael C. Williams, "The Bush Doctrine and the Iraq War: Neoconservatives versus Realists," *Security Studies* 17 (2008): 191–220.

90 Quoted in Goldgeier and McFaul, *Power and Purpose*, p. 327.

91 Carolynne Wheeler, "Weight of War Strains U.S.–Russia Relations: Putin and Bush Exchange Accusations on Iraq, Antitank Missiles and Spy Planes," *Toronto Globe and Mail*, March 29, 2003, p. A8.

92 Karaganov, "Russia and the International Order," p. 31.

93 Pushkov, "Putin at the Helm," p. 57.

94 오렌지 혁명의 뿌리 깊은 근원에 대해서는 Serhiy Kudelia가 강조하고 있고, 그는 위기가 2000-2001년에 시작되었다고 본다. 다음 자료를 보라 Serhiy Kudelia, "Revolutionary Bargain: The Unmaking of Ukraine's Autocracy through Pacting," *Journal of Communist Studies and Transition Politics* 23, 1 (2007): 77–100.

95 Pora에 대해서는 다음 자료를 보라. Oleksandr Sushko and Olena Prystayko, "Pora – 'It's Time' for Democracy in Ukraine," in Anders Åslund and Michael McFaul, eds., *Revolution in Orange: The Origins of Ukraine's Democratic Breakthrough* (Washington, DC: Carnegie Endowment for International Peace, 2006), pp. 85–102.

96 관련 금액에 대한 상세한 서술은 다음 자료를 보라. Andrew Wilson, *Ukraine's Orange Revolution* (New Haven, CT: Yale University Press, 2005), pp. 184–186. 윌슨은 콜추가 미사

일 사건에 대한 미국의 분노로 우크라이나 민주화에 대한 미국의 지지는 2003년 줄어들었다고 지적한다.

97 Van Zon, "Political Culture and Neo-Patrimonialism under Leonid Kuchma," p. 21; see also Taras Kuzio, "From Kuchma to Yushchenko: Ukraine's 2004 Presidential Elections and the Orange Revolution," *Problems of Post-Communism* 52, 2 (March/April 2005): 33–35.

98 우크라이나 선거에 대한 러시아의 관여는 다음 자료에 상세히 서술되어 있다. Nikolai Petrov and Andrei Ryabov, "Russia's Role in the Orange Revolution," in Åslund and McFaul, eds., *Revolution in Orange*, pp. 145–164.

99 같은 자료. p. 153.

100 같은 자료. pp. 148–149.

101 이 사건에 대한 당시 서술은 다음 자료를 보라. Nick Paton Walsh, "Putin's Kiev Visit 'Timed to Influence Ukraine Poll': President's Remarks Helpful to Pro-Moscow Candidate, but Aides Deny any Attempt to Help Ally," *The Guardian*, October 27, 2004, p. 14.

102 "Putin's Intense Interest in Elections," *RIA Novosti*, November 17, 2004.

103 On the Orange Revolution as an example of "pacting," 다음 자료를 보라. Serhiy Kudelia, "Revolutionary Bargain": 77–100.

104 윌슨은 포로셴코 외에 다비드 즈바니아와 예브헨 체르보넨코를 유셴코를 지지한 중요한 사업가로 꼽고 있다.

105 C. J. Chivers, "How Top Spies in Ukraine Changed the Nation's Path," *The New York Times*, January 17, 2005. 다음 자료도 보라. Wilson, *Ukraine's Orange Revolution*, pp. 137–138. 그는 우크라이나 정보부가 시위대와 협력한 범위에 대해서는 다소 의구심을 가지고 있다.

106 Haran and Pavlenko, "The Paradoxes of Kuchma's Russian Policy," p. 2.

107 "우크라이나 대통령 선거 결과를 번복하는 것을 유럽연합의 제기하는 것은 당혹스런 일이다"라며 러시아 외무부는 네덜란드 외무장관의 Bernard Bot의 발언에 유감을 표했다." RIA Novosti, November 23, 2004.

108 Wilson, *Ukraine's Orange Revolution*, p. 138. 윌슨은 크바니셉스키와 솔라나가 키이우에 오면서 시위에 신뢰가 더해졌고, 당국의 행동을 지연시키면서 시간을 벌어주었다고 지적했다.

109 Kudelia, "Revolutionary Bargain," pp. 94–97는 이 협상 과정을 상세히 서술했다.

110 Anders Åslund and Michael McFaul, "Introduction: Perspectives on the Orange Revolution," in Åslund and McFaul, eds., *Revolution in Orange*, p. 3.

111 C. J. Chivers and Steven Lee Myers, "Premier's Camp Signals a Threat to Ukraine Unity," *New York Times*, November 29, 2004, p. 1.

112 "Pro-Russia Ukraine Regions Threaten Split after Disputed Vote," Agence France Presse,

November 28, 2004.

113 "Ukrainian President Should Have Acted Differently, Says Kuchma Spokesman," BBC Summary of World Broadcasts, December 24, 2004.

114 다음 자료에 인용됨. Ben Judah, *Fragile Empire: How Russia Fell In and Out of Love with Vladimir Putin* (New Haven, CT: Yale University Press, 2013), p. 85.

115 Tor Bukkvoll, "Why Putin Went to War: Ideology, Interests, and Decision-Making in the Russian Use of Force in Crimea and the Donbas," *Contemporary Politics* 22, 3 (2016): 268.

116 "푸틴은 우크라이나가 유럽연합에 가입하는 것에 전혀 반대하지 않는다고 말한다," *Associated Press International*, December 10, 2004. 푸틴은 우크라이나가 유럽연합에 가입할 가능성이 거의 없다고 생각했기 때문에 여기에 반대할 이유를 찾지 못했을 수도 있다.

117 Anna Melnichuk, "Ukraine President Asks Opposition to Stop Blockades; Scheduled Meeting of Rivals Not Held," *Associated Press*, November 28, 2004.

118 Mark R. Beissinger, "Structure and Example in Modular Political Phenomena: The Diffusion of the Bulldozer/Rose/Orange/Tulip Revolutions." *Perspectives on Politics* 5, 2 (2007): 259–276.

119 TV Interview with Presidential Special Representative for European Union Sergei Yastrzhembsky, Zerkalo RTR Saturday Program with Nikolai Svanidze, 20:20, November 27, 2004, Official Kremlin International News Broadcast, November 29, 2004.

120 See, for example, Stephen F. Cohen, "The Media's New Cold War," *The Nation*, January 31, 2005.

121 Anders Åslund and Michael McFaul, "Introduction: Perspectives on the Orange Revolution," in Anders Åslund and Michael McFaul, eds., *Revolution in Orange: The Origins of Ukraine's Democratic Breakthrough* (Washington, D. C.: Carnegie Endowment for International Peace, 2006), pp. 6–7.

122 Adrian Karatnycky, "Ukraine's Orange Revolution," *Foreign Affairs* 84, 2 (March–April 2005): 50. 123 같은 자료. p. 35.

5장

1 다음 자료에 인용됨. Adrian Karatnycky, "Ukraine's Orange Revolution," *Foreign Affairs* 84, 2 (March–April 2005): 47.

2 Vladimir Putin, "Speech and the Following Discussion at the Munich Conference on Security Policy," February 10, 2007, Kremlin website, http://en.kremlin.ru/events/president/transcripts/24034.

3 Roman Kupchinsky, "Ukraine: Corruption Allegations Abound," RFE/RL, September 8,

2005. 티모셴코와 포로셴코는 처음부터 오렌지 연정 세력에서 경쟁자였던 것으로 보인다. 앤드루 윌슨은 유셴코가 대통령에 취임하기 전에 두 사람 관계가 틀어진 것을 보여준다. Andrew Wilson, *Ukraine's Orange Revolution* (New Haven, CT: Yale University Press, 2006), pp. 159–161.

4 "Ukraine Leader's Team 'Corrupt,'" BBC, September 5, 2005.

5 Wilson, *Ukraine's Orange Revolution*, p. 171은 티모셴코도 지역당과 타협을 이루려고 시도한 것으로 보도했다.

6 "Universal Natsional'noyi Yednosti: Tekst, pidpysanyi na kruglomu stoli," *Ukrayins'ka Pravda*, August 3, 2006, www.pravda.com.ua/articles/2006/08/3/3139284/.

7 2007년 상황에 정통한 키이우의 내부자는 정당을 바꾸는 대가로 받는 뇌물은 30만 달러라고 나에게 말한 바 있다.

8 Taras Kuzio, "The Tymoshenko Government's Domestic and Foreign Policies: The First 100 Days," Institute for European, Russian and Eurasian Studies, George Washington University, April 17, 2008, p. 2.

9 Christian Lowe, "Russia Finds Unlikely Ally in Ukraine's Tymoshenko," Reuters, October 5, 2008. 조지아 전쟁에 대한 우크라이나 지도자와 정당들의 반응에 대한 상세한 설명은 다음 자료를 참고하라. Dominique Arel, "Ukraine since the War in Georgia," *Survival* 50, 6 (2008): 15–25.

10 다음 자료에 인용됨. Taras Kuzio, "Viktor Yushchenko's Foreign Policy Agenda," *Eurasia Daily Monitor* 6, 230, December 16, 2009.

11 Elizabeth A. Wood, "Introduction," in Elizabeth A. Wood, William E. Pomeranz, E. Wayne Merry, and Maxim Trudolyubov, *Roots of Russia's War in Ukraine* (Washington, DC: Woodrow Wilson Center Press, 2016), pp. 11–12.

12 Eugene B. Rumer and David J. Kramer, "Medvedev's Message," *New York Times*, August 20, 2009. 루머와 크래머는 러시아가 극적인 행동 – 일례로 러시아계 주민이 다수를 차지하는 크림을 되찾는 것 – 을 준비하고 있다는 데 의구심을 보였다.

13 메드베데프 편지의 영문 번역본은 다음 자료에 실렸다. Taras Kuzio, *Ukraine: Democratization, Corruption and the New Russian Imperialism* (Santa Barbara, CA: Praeger, 2015), pp. 438–439. The Russian original is at "Poslaniye Presidentu Ukrainy Viktoru Yushchenko," August 11, 2009, Kremlin website.

14 Claire Bigg, "Protests across Russia Force Putin to Double Increase in Pension Payments," *The Guardian*, January 19, 2005.

15 Quoted in Steven Eke, "Russians Rush to Rethink Ukraine," BBC News, December 27, 2004.

16 다음 자료를 보라. Thomas Ambrosio, "Insulating Russia from a Colour Revolution: How the Kremlin Resists Regional Democratic Trends," *Democratization* 14, 2 (April 2007): 232 – 252; Vitali Silitski, "Contagion Deterred: Preemptive Authoritarianism in the Former Soviet Union (the Case of Belarus)," in Valerie J. Bunce, Michael McFaul, and Kathryn Stoner-Weiss, eds., *Democracy and Authoritarianism in the Post-Communist World* (New York: Cambridge University Press, 2010), pp. 274 – 299; and Jeanne L. Wilson, "The Legacy of the Color Revolutions for Russian Politics and Foreign Policy," *Problems of Post-Communism* 57, 2 (March/April 2010): 21 – 36.

17 Council on Foreign Relations, "The World in the 21st Century: Addressing New Threats and Challenges," January 13, 2005, www.cfr.org/event/world-21st-century-addressingnew-threats-and-challenges.

18 Sergei Ivanov, "Russia Must Be Strong," *Defense and Security*, January 13, 2006.

19 "Putin's Aide on Main Threats to Russia's Sovereignty," BBC Monitoring Former Soviet Union, March 4, 2006.

20 Julia Evans, "How Putin Youth is Indoctrinated to Foil Revolution," *The Times*, July 18, 2005.

21 "Counter-Revolution and Fun at Pro-Putin Youth Summer Camp," Agence France Presse, July 19, 2005.

22 Freedom House, "Factsheet: Russia's NGO Laws" (n.d.). 2006년 법은 메드베데프 통치기인 2009년 완화되었고, 좀더 엄격한 법이 푸틴이 재집권한 2012년 시행되었다.

23 다음 자료에 인용됨. C. J. Chivers, "Russia Proposes Steps to Weaken Election Watchdogs," *The New York Times*, October 25, 2007, p. A14.

24 일례로 다음 자료를 보라. Boris Nezhuyev, "'Island Russia' and Russia's Identity Politics," *Russia in Global Affairs*, June 6, 2017; Andrei P. Tsygankov, "Pluralism or Isolation of Civilizations? Russia's Foreign Policy Discourse and the Reception of Huntington's Paradigm of the Post-Cold War World," *Geopolitics* 4, 3 (December 1999): 47 – 72.

25 민주주의 확산을 상대로 싸우고 국내 지배에 대한 중요한 담론을 펼치는 국제기구 역할을 하는 SCO의 역할에 대한 서술은 다음 자료에 있다. Paul D'Anieri, "Autocratic Diffusion and the Pluralization of Democracy," in Bruce Jentleson and Louis Pauly, eds., *Power in a Complex Global System* (London: Routledge, 2014), pp. 80 – 96.

26 다음 자료에 인용됨. Wilson, *Ukraine's Orange Revolution*, p. 175.

27 같은 자료.

28 다음 자료를 보라. Valerii Gerasimov, "Tsennost' Nauki v Predvidennii," Boenno-*Promyshlennyi Kur'er*, No. 8, February 27 – March 5, 2013, pp. 1 – 2. "게라시모프 독트린"이

란 용어를 만들어낸 마크 갈레오티는 게라시모프의 논문은 "독트린"를 표현했다기보다는 색깔 혁명과 아랍의 봄을 해석한 것이라고 강조했다. Mark Galeotti, "The Mythical 'Gerasimov Doctrine' and the Language of Threat," *Critical Studies on Security* 7, 2 (2019): 1–5, https://doi.org/10.1080/21624887.2018.1441623.

29 다음 자료를 보라. Alexander Sergunin and Leonid Karabeshkin, "Understanding Russia's Soft Power Strategy," *Politics* 35, 3–5 (2015): 347–363.

30 "Yushchenko Seeks EU Membership," BBC News, January 25, 2005.

31 같은 자료.

32 Commission of the European Communities, Proposal for a Council Decision, COM(2004) 791 final, December 9, 2004, p. 7.

33 "EU: Updated 'Action Plan' for Ukraine Wards off Talk of Membership," RFE/RL, January 24, 2005.

34 Rilka Dragneva-Lewers and Kataryna Wolczuk, *Ukraine between the EU and Russia: The Integration Challenge* (Houndmills, Basingstoke: Palgrave MacMillan, 2015), p. 41.

35 같은 자료. p. 42.

36 "Ukraine, Georgia May Put Forward New Demands to Russia in WTO Accession Process – Shokhin," *Ukraine Business Weekly*, February 6, 2008.

37 "Ukraine to Give Full Support to Russia's Accession to WTO, Yushchenko Says," *Ukraine Business Weekly*, February 11, 2008.

38 "Ukraine's PM Speaks against 'Euro-romanticism' ahead of Visit to Brussels," BBC Monitoring Kiev Unit, September 13, 2006.

39 "PM: Ukraine to Stay on European Course," Interfax Russia & CIS General Newswire, September 6, 2006.

40 Council of the European Union, Press Release 5463/07, 2776th Council Meeting, General Affairs and External Relations, External Relations, Brussels, January 22, 2007.

41 Council of the European Union, "Declaration by the European Council on the Eastern Partnership," Annex 2, Press Release 5463/07, 2776th Council Meeting, General Affairs and External Relations, External Relations, Brussels, January 22, 2009, p. 19.

42 같은 자료. p. 19.

43 같은 자료. p. 20.

44 Council of the European Union, "Presidency Conclusions – Brussels, 19/20 March 2009," 7880/1/09, April 29, 2009, p. 11.

45 Sergey Tumanov, Alexander Gasparishvili, and Ekaterina Romanova, "Russia–EU Relations, or How the Russians Really View the EU," *Journal of Communist Studies and*

Transition Politics 27, 1 (March 2011): 131.

46 Andrei Zagorski, "Eastern Partnership from the Russian Perspective," *International Politics and Society* 3 (2011): 41.

47 같은 자료.

48 Zagorski, "Eastern Partnership from the Russian Perspective," pp. 41 – 44.

49 "Kremlin website transcript of Medvedev interview with Belarusian media," BBC Monitoring Former Soviet Union, November 27, 2009.

50 Nico Popescu and Andrew Wilson, "The Limits of Enlargement-Lite: European and Russian Power in the Troubled Neighborhood," European Council on Foreign Relations, 2009, p. 2.

51 "Russia Could Join EU Eastern Partnership: Lavrov," Agence France Presse, November 25, 2009.

52 Popescu and Wilson, "The Limits of Enlargement-Lite," p. 3.

53 같은 자료. p. 4.

54 로버트 오르퉁과 인드라 오버랜드가 지적한 것처럼 오렌지 혁명 이후 시기는 러시아의 전략, 경제 이익이 중첩된 희귀한 사례였다. "A Limited Toolbox: Explaining the Constraints on Russia's Foreign Energy Policy," *Journal of Eurasian Studies* 2 (2011): 75, 82.

55 같은 자료. pp. 78 – 79; Rawi Abdelal, "The Profits of Power: Commerce and Realpolitik in Eurasia," *Review of International Political Economy* 20, 3 (2013): 433.

56 Simon Pirani, "Ukraine's Gas Sector," Oxford Institute for Energy Studies, June 2007, p. 23.

57 러시아가 우크라이나에 얼마나 가스 보조를 하고 있는지를 정확히 아는 것은 불가능하다. 그 이유는 이 거래가 서방으로 향하는 우크라이나 통과비용과 저장 비용과 묶여 있기 때문이다. 가격 투명성의 부재는 지대추구를 조장하기 때문에 문제점(bug)이라기보다는 의도적인 양상(feature)이다. 같은 자료. p. 24.

58 Jonathan Stern, "The Russian – Ukrainian Gas Crisis of January 2006," Oxford Institute for Energy Studies, January 2006, www.oxfordenergy.org/wpcms/wp-content/uploads/2011/01/Jan2006-RussiaUkraineGasCrisis-JonathanStern.pdf, p. 6.

59 Abdelal, "The Profits of Power," p. 432.

60 Orttung and Overland, "A Limited Toolbox," p. 83. 러시아가 가스를 공급하지 않더라도 우크라이나는 서방으로 공급되는 가스를 사용할 수 있었다. 계약상 이 가스를 사용할 수 있는 권리가 있다는 우크라이나의 주장은 신빙성이 떨어진다.

61 르몽드와 다른 유럽 신문의 기사는 다음 자료에 인용됨. "Press Shivers from Gas Woes," BBC, January 3, 2006. 다음 자료도 보라. Abdelal, "The Profits of Power," p. 432.

62 Andrew E. Kramer, "Russia Restores Most of Gas Cut to Ukraine Line," *New York Times*, January 3, 2006, p. A1. 우크라이나 서쪽의 소비 국가들과 가스프롬의 계약은 러시아가 우크

라이나-EU국경까지 가스공급을 책임지는 것으로 명시하고 있고, 이것은 우크라이나에게 큰 권력을 주는 조건이었다.

63 Neil Buckley, "Europe Seeks to Cut Reliance on Russian Gas Supply," *Financial Times*, January 20, 2006, p. 10.

64 Abdelal, "The Profits of Power," p. 434.

65 같은 자료.

66 같은 자료. p. 422.

67 같은 자료. p. 437.

68 Rick Loack, "He Used to Rule Germany: Now, He Oversees Russian Energy Companies and Lashes Out at the U.S.," *Washington Post*, August 12, 2017. On Schroeder and Nord Stream (and Nord Stream 2), 다음 자료를 보라. Judy Dempsey, "The (German) Politics of Nord Stream 2," Carnegie Europe, November 3, 2016; and Andrey Gurkov and Markian Ostaptschuk, "Nord Stream: A Commercial Project with a Political Vision," *Deutsche Welle*, July 7, 2011.

69 다음 자료에 인용됨. Abdelal, "The Profits of Power," p. 441.

70 Dominic Fean, "A Return to Multi-Vectoral Balancing? Viktor Yanukovych's Government and Ukrainian Foreign Policy," *Politique étrangère* 2 (Summer 2010): 5.

71 Abdelal, "The Profits of Power," p. 434.

72 Fean, "A Return to Multi-Vectoral Balancing?" p. 4.

73 Anders Åslund, "Ukraine Beats Russia in Epic Gas Battle," Atlantic Council, June 1, 2017.

74 "Joint Declaration Signed on Modernization of Ukrainian Gas," *Russia & CIS Business & Investment Weekly*, March 27, 2009.

75 Tumanov et al., "Russia–EU Relations," p. 126.

76 Volodymyr Yermolenko, "Mutual Distrust Blurs EU-Ukraine Summit," euobserver.com, December 7, 2009.

77 Marten Malek, "The 'Western Vector' of the Foreign and Security Policy of Ukraine," *Journal of Slavic Military Studies* 22, 4 (2009): 528.

78 같은 자료. p. 520.

79 같은 자료에 인용됨. pp. 530–531.

80 August 23, 2008, 같은 자료에 인용됨. p. 521.

81 같은 자료. p. 533.

82 같은 자료. pp. 534–535.

83 Rosalind Ryan, "'Join Nato and We'll Target Missiles at Kiev,' Putin Warns Ukraine," *The Guardian*, February 12, 2008.

84 Paul Ames, "Bush Support Unlikely to Win NATO Membership Track for Georgia,

Ukraine," Associated Press International, April 3, 2008.

85 Samuel Charap and Timothy Colton, *Everyone Loses: The Ukraine Crisis and the Ruinous Contest for Post-Soviet Eurasia* (London: Routledge, 2017), p. 88.

86 "Foreign Policy Concept of the Russian Federation," January 12, 2008, http://en.kremlin.ru/supplement/4116.

87 Vladimir Socor, "Putin Warns Ukraine against Seeking NATO Membership," *Eurasia Daily Monitor* 5, 29, February 14, 2008.

88 다음 자료에 인용됨. Mark Kramer, "Russian Policy toward the Commonwealth of Independent States: Recent Trends and Future Prospects," *Problems of Post-Communism* 55, 6 (2008): 9. 89 Malek, "The 'Western Vector,'" p. 536.

90 다음 자료에 인용됨. Socor, "Putin Warns Ukraine."

91 다음 자료에 인용됨. Charap and Colton, *Everyone Loses*, p. 88.

92 "Bucharest Summit Declaration," April 3, 2008, NATO Press Release (2008) 049.

93 다음 자료에 인용됨. Paul Ames, "Under Pressure from Russia, NATO Delays Membership Offers to Ukraine, Georgia," Associated Press International, April 4, 2008.

94 Paul Ames, "NATO Summit Set to Reject Bush Drive for Early Membership for Ukraine, Georgia, Macedonia," Associated Press International, April 3, 2008.

95 Charap and Colton, *Everyone Loses*, p. 88.

96 다음 자료에 인용됨. Malek, "The 'Western Vector,'" p. 532.

97 Andrew Blomfield, "Not Yet, NATO Tells Ukraine, Georgia; Denial of Membership Seen as Major Diplomatic Coup for Russia, Putin," *Ottawa Citizen*, April 4, 2008, p. A8.

98 "Russia FM: Moscow Will Do All It Can to Prevent NATO Membership for Ukraine, Georgia," Associated Press, April 8, 2008.

99 다음 자료에 인용됨. Adrian Blomfield and James Kirkup, "Stay Away, Vladimir Putin Tells NATO," *The Telegraph*, April 5, 2008.

100 다음 자료에 인용됨. Malek, "The 'Western Vector,'" p. 539.

101 같은 자료에 인용됨. p. 540.

102 다음 자료에 인용됨. Ames, "Under Pressure from Russia."

103 Sergei Karaganov, "An Iron Fist to Keep NATO at Bay," *Russia in Global Affairs*, March 4, 2011. 카라가노프는 우크라이나와 조지아로 나토 확장은 "철의 주먹(iron fist)"으로 불린 러시아의 조지아 침공으로 차단되었다고 지적했다.

104 전쟁과 그 결과에 대한 논의에 대해서는 다음 자료를 보라. Ronald Asmus, *A Little War that Shook the World: Georgia, Russia, and the Future of the West* (New York: St. Martin's, 2010); and Gerard Toal, *Near Abroad: Putin, the West and the Contest over Ukraine and the Caucasus* (New

York: Oxford University Press, 2017). 이 자료들은 조지아와 우크라이나에 대한 러시아 간섭의 유사성을 강조한다.

105 "A Scripted War," *The Economist*, August 14, 2008.

106 "Russia FM: Moscow Will Do All It Can to Prevent NATO Membership for Ukraine, Georgia," Associated Press, April 8, 2008.

107 Tumanov et al., "Russia–EU Relations," p. 128.

108 이 제안은 다음 자료에 논의되었다. Nikita Lomagin and Roger E. Kanet, "Medvedev's 'Fourteen Points': Russia's Proposal for a New European Security Architecture," in Roger E. Kanet, ed., *Russian Foreign Policy in the 21st Century* (Basingstoke: Palgrave Macmillan, 2011), pp. 181–203; and Richard Weitz, "The Rise and Fall of Medvedev's European Security Treaty," German Marshall Fund of the United States, May 2012.

109 "The Draft of the European Security Treaty," President of Russia website, November 29, 2009.

110 Dmitry Medvedev, "Speech at Meeting with German Political, Parliamentary and Civic Leaders," June 5, 2008, President of Russia website, http://en.kremlin.ru/events/president/transcripts/320.

111 Mikhail Zygar, "The Russian Reset That Never Was," ForeignPolicy.com, December 9, 2016.

112 존 매케인 상원의원은 이 결정을 "크게 잘못된 결정"이라고 말했고, 전 UN대사 존 볼튼은 "러시아와 이란이 큰 승리자"라고 표현했다. "Obama Scraps Bush-era Europe Missile Shield," nbcnews.com, September 17, 2009.

113 Dmitry Medvedev, "Interview Given by Dmitry Medvedev to Television Channels Channel One, Rossia, NTV," August 31, 2008, President of Russia website.

114 2010년 선거에 대해서는 다음 자료를 보라. Nathaniel Copsey and Natalia Shapovalova, "The Ukrainian Presidential Election of 2010," *Representation* 46, 2 (2010): 211–225.

115 Fean, "A Return to Multi-Vectoral Balancing?" p. 7.

116 다음 자료를 보라. Elena Gnedina, "EU Running on Empty in Ukraine," euobserver.com, November 16, 2009; and Volodymyr Yermolenko, "Mutual Distrust Blurs EU-Ukraine Summit," euobserver.com, December 7, 2009.

117 OSCE Office for Democratic Institutions and Human Rights, "Ukraine Presidential Election 17 January and 7 February 2010: OSCE/ODIHR Election Observation Mission Final Report," April 28, 2010.

118 Timothy J. Colton, "An Aligning Election and the Ukrainian Political Community," *East European Politics and Societies* 25, 1 (February 2011): 12.

119 이 시기 경험한 극단주의적 폭력을 깊이 연구한 학자가 반데라와 그의 유산에 대한 균형 잡힌 평가를 하려는 시도로는 다음 자료가 있다. Timothy Snyder, "A Fascist Hero in Democratic Kiev," *New York Review of Books*, February 24, 2010. 스나이더는 "유셴코는 대통령직을 마치면서 반데라를 포용함으로써 자신의 정치 유산에 그림자를 남겼다"고 결론내렸다.
120 이러한 낙관적인 평가로는 다음 자료를 들 수 있다. Samuel Charap, "Seeing Orange," Foreignpolicy.com, January 8, 2010. 야누코비치에 대해 낙관적 견해를 표현한 미 국무부를 포함한 사람들에 대한 자세한 논의는 다음 자료를 참고하라. Taras Kuzio, "Viktor Yanukovych Two Years On: Why Many Got Him Wrong," *Eurasia Daily Monitor* 9, 39, February 24, 2012.

6장

1 "President Viktor Yanukovych's Feb. 25 Inaugural Speech in Parliament," *Kyiv Post*, February 25, 2010.
2 야누코비치의 권력 집중에 대해서는 다음 자료를 보라. Serhiy Kudelia, "The House That Yanukovych Built," *Journal of Democracy* 25, 3 (July 2014): 19–34; and Stephen G. F. Hall, "Learning from Past Experience: Yanukovych's Implementation of Authoritarianism after 2004," *Journal of Eurasian Studies* 8 (2017): 161–171.
3 Henry E. Hale, *Patronal Politics: Eurasian Regime Dynamics in Comparative Perspective* (New York: Cambridge University Press, 2014).
4 이런 "강제적 위임(imperative mandate)"은 당시 큰 비판의 대상이었고, 쿠치마와 야누코비치 정권하에서 시도된 의원 빼오기를 막기 위한 의도가 있었다.
5 다음 자료를 보라. Taras Kuzio, "Russianization of Ukrainian National Security Policy under Viktor Yanukovych," *Journal of Slavic Military Studies* 25, 4 (2012): 558–581.
6 전 우크라이나 관리들과의 인터뷰에서 나는 정부 계약 리베이트 수수는 아주 일반적인 관행이었고, 어느 관리의 표현을 빌자면 "매 계약 단계(every pencil)"에서 부과했다고 한다.
7 Kudelia, "The House That Yanukovych Built," p. 22.
8 일례로 다음 자료를 보라. Anders Åslund, *Ukraine: What Went Wrong and How to Fix It* (Washington, DC: Peterson Institute for International Economics, 2015), p. 91. Åslund called the Yanukovych regime "the ultimate predation."
9 Kudelia, "The House That Yanukovych Built," p. 22.
10 같은 자료. p. 22.
11 Anders Åslund, "Ukraine Crisis: Yanukovych and the Tycoons," BBC News, December 13, 2013.
12 "The Chocolate King Rises," Spiegel Online, May 22, 2014. 포로셴코의 기회주의적 행보는 주목할 만하다. 그는 1998년 쿠치마 정당인 사회민주당에 가담했고, 다음에 자신의 정당인

단합당(Solidarnist')를 창당했다. 그는 오렌지 혁명을 지원하고 유셴코 정부에서 요직을 맡은 다음 의회를 떠났다가, 야누코비치를 축출시킨 혁명을 지원했다.

13 Dominic Fean, "A Return to Multi-Vectoral Balancing? Viktor Yanukovych's Government and Ukrainian Foreign Policy," *Politique étrangère*, 2 (Summer 2010): 12.

14 Kudelia, "The House That Yanukovych Built," p. 23.

15 같은 자료. p. 23.

16 OSCE Office for Democratic Institutions and Human Rights, "Ukraine Parliamentary Elections 28 October 2012 OSCE/ODIHR Election Observation Mission Final Report," January 3, 2013, p. 1.

17 Kudelia, "The House That Yanukovych Built," pp. 25–26.

18 같은 자료. p. 26.

19 Fean, "A Return to Multi-Vectoral Balancing?," p. 5; "Russia, Ukraine Voice Optimism at New Gas Deal," *Kyiv Post*, April 20, 2010.

20 Rawi Abdelal, "The Profits of Power: Commerce and Realpolitik in Eurasia," *Review of International Political Economy* 20, 3 (2013): 434.

21 Sergey Tumanov, Alexander Gasparishvili, and Ekaterina Romanova, "Russia–EU Relations, or How the Russians, Really View the EU," *Journal of Communist Studies and Transition Politics* 27, 1 (March 2011): 126.

22 Robert Orttung and Indra Overland, "A Limited Toolbox: Explaining the Constraints on Russia's Foreign Energy Policy," *Journal of Eurasian Studies* 2 (2011): 81.

23 이 합의는 한 당사자가 반대하지 않는 경우 자동으로 효력이 5년 연장된다고 규정했다. 2014년 러시아의 크림 합병 후 러시아는 이 합의를 무효화했다.

24 Taras Kuzio, *The Crimea: Europe's Next Flashpoint?* (Washington, DC: Jamestown Foundation, 2010), p. 15.

25 같은 자료에 인용됨. p. 14. 쿠지오는 러시아의 크림 합병을 위한 한 움직임을 예측한 소수의 학자 중 한 명이다. 그는 하르키우 협약 후 루슈코프 모스크바 시장이 계속해서 세바스토폴은 러시아 도시라고 주장하는 것을 지적했다.

26 같은 자료. pp. 19–20.

27 "Rada Zdala Ukrainu," *Ukrains'ka Pravda*, April 27, 2010.

28 Luke Harding, "Ukraine Extends Lease for Russia's Black Sea Fleet," *The Guardian*, April 21, 2010.

29 Vladimir Socor, "Non-Bloc Status Covers Ukraine's Shift to Russian-Vector Orientation," *Eurasia Daily Monitor*, May 21, 2010.

30 다음 자료에 인용됨. Harding, "Ukraine Extends Lease."

31 Rilka Dragneva-Lewers and Kataryna Wolczuk, *Ukraine between the EU and Russia: The Integration Challenge* (Houndmills, Basingstoke: Palgrave MacMillan, 2015), p. 6.
32 "Usloviya vypisany kak budto dlya vraga," Kommersant.ru, June 9, 2011.
33 우크라이나의 언어 정책에 대한 연구 자료는 아주 많다. 다양한 논문을 모은 자료로는 다음이 있다. Michael S. Flier and Andrea Graziosi, eds., *The Battle for Ukrainian: A Comparative Perspective* (Cambridge, MA: Harvard University Press/ Harvard Ukrainian Research Institute, 2017).
34 다음 자료를 보라. Steven Pifer and Hannah Thoburn, "What Ukraine's New Language Law Means for National Unity," Brookings Institution, August 21, 2012, www.brookings.edu/blog/up-front/2012/08/21/what-ukraines-new-language-law-means-for-national-unity/.
35 메드베데프는 "공적 생활, 과학, 교육, 문화, 언론, 사법 과정에서 러시아어에 대한 탄압"에 대해 불만을 토로했다. 메드베데프 편지 영문판은 다음 자료에 실렸다. Taras Kuzio, *Ukraine: Democratization, Corruption and the New Russian Imperialism* (Santa Barbara, CA: Praeger, 2015), pp. 438-439. 러시아어 원 제목은 "Poslaniye Presidentu Ukrainy Viktoru Yushchenko,"이다. August 11, 2009, Kremlin website.
36 Volodymyr Ishchenko, "Ukraine's Fractures," *New Left Review* 87 (May/June 2014): 27.
37 Howard Amos, "Ukraine Language Bill Prompts Clashes between Police and Protesters," *The Guardian*, June 5, 2012.
38 이 사안은 2018년 러시아와 스파이와 교환된 세르게이 스키리팔이 영국에서 노비촉 독살 시도로 중태에 빠졌을 때 다시 한번 큰 파장을 일으켰다.
39 Mikhail Zygar, "The Russian Reset That Never Was," ForeignPolicy.com, December 9, 2016.
40 같은 자료에 인용됨. 지가르는 푸틴이 발언은 메드베데프로 하여금 그것을 직접적이고 공개적으로 반박하도록 만들었다고 지적했다. 특히 푸틴이 사용한 "십자군"이란 단어를 지적했다. "문명이 충돌을 지칭하는 것과 같은 표현을 사용하는 것은 받아들일 수 없다. 일례로 '십자군'이란 단어가 그렇다. 우리는 이런 언어가 상황을 더 악화시킬 수 있다는 것을 기억해야 한다."
41 Lincoln Pigman and Kyle Orton, "Inside Putin's Libyan Power Play," Foreignpolicy. com, September 14, 2017. 피그만과 오르톤이 자세히 설명한 것처럼 러시아는 최종적으로 유엔이 인정한 리비아 정부를 전복하려는 리비아민족군과 그 지도자 할리파 하피아르를 지지했다.
42 다음 자료에 인용됨. Andrew Osborn, "Vladimir Putin Lashes Out at America for Killing Gaddafi and Backing Protests," *The Telegraph*, December 15, 2011.
43 다음 자료에 인용됨 "Moscow Protest: Thousands Rally against Vladimir Putin," BBC News, December 25, 2011.
44 다음 자료에 인용됨. Miriam Elder, "Vladimir Putin Accuses Hillary Clinton of Encouraging

Russian Protests," *The Guardian*, December 8, 2011.

45 "McCain Warns Putin of 'Arab Spring,'" *Moscow News*, December 6, 2011.

46 Quoted in Fred Weir, "Moscow Ambassador McFaul's 'Reset' with Kremlin Stumbles," *Christian Science Monitor*, April 4, 2012.

47 맥폴에 대한 러시아의 괴롭힘에 대한 상세한 회고는 다음 자료를 보라. Michael McFaul, "Putin Hazed Me: How I Was Stalked, Harassed and Surveilled by Kremlin Stooges," *Politico*, May 19, 2018.

48 Joby Warrick, "Obama to Pick Non-Diplomat as Next Ambassador to Russia," *Washington Post*, May 30, 2011, p. A4.

49 "McFaul's Appointment May Boost Trust between U.S., Russia – Expert," RIA Novosti, May 29, 2011.

50 맥폴은 자신의 대사 재직 기간을 다음 자료에 회고했다. Michael McFaul, *From Cold War to Hot Peace: An American Ambassador in Putin's Russia* (New York: Houghton Mifflin Harcourt, 2018).

51 이 시기 통합과 관련한 우크라이나-EU, 우크라이나-러시아 협상에 대한 상세한 서술을 다음 자료를 보라. Dragneva-Lewers and Wolczuk, *Ukraine between the EU and Russia*. 나는 이 시간표를 만드는 데 이 자료를 이용했다.

52 Cornelius Adebahr, "Reconciling European Values and Western Interests in Ukraine," European Leadership Network, July 4, 2014.

53 벨라루스와 카자흐스탄도 이 계획에 저항했다. 왜냐하면 이것은 회원국의 이익 제공 없이 러시아의 WTO 회원국 의무를 부과하기 때문이다. 지역적 경제 블록 구성을 추구하는 러시아의 정치, 경제적 이유에 대해서는 다음 자료를 보라. Chris Miller, *Putinomics: Power and Money in Resurgent Russia* (Chapel Hill: University of North Carolina Press, 2018) pp. 140–144.

54 "Putin sulit Ukrainye $10 mlrd ot Vstupleniya v TC," LB.ua, April 25, 2013. "우리는 우리 파트너들의 선택을 존중할 것이다"라고 말하면서 푸틴은 우크라이나가 가담하지 않으면 다른 세 나라가 피해를 입을 것이다"라고 주장했다.

55 다음 자료에 인용됨. Dragneva-Lewers and Wolczuk, *Ukraine between the EU and Russia*, p. 67.

56 "Usloviya Vypisany kak budto dlya vraga," Kommersant, June 9, 2011.

57 이 GDP 통계는 다음 자료를 이용함. World Bank; author's calculations.

58 Richard Sakwa, "How the Eurasian Elites Envisage the Role of the EEU in Global Perspective," *European Politics and Society* 17 (2016): 4–22.

59 Anders Åslund, "Ukraine's Choice: European Association Agreement or Eurasian Union?"

Peterson Institute for International Economics Policy Brief, September 2013, p. 6.

60 Veronika Movchan and Ricardo Giucci, "Quantitative Assessment of Ukraine's Regional Integration Options: DCFTA with European Union vs. Customs Union with Russia, Belarus and Kazakhstan," German Advisory Group, Institute for Economic Research and Policy Consulting, Policy Paper PP/05/2011, November 2011, p. 11. 관세동맹에 가입하면 국민소득이 감소하는 이유는 우크라이나의 관세가 높아지고, 교역 방향 전환(trade diversion) 때문이다. 이에 반해 DCFTA는 EU와의 교역을 크게 증진시킨다.

61 다음 자료에 인용됨. Dragneva-Lewers and Wolczuk, *Ukraine between the EU and Russia*, p. 69.

62 "Vladimir Putin Meets with Members of the Valdai International Discussion Club. Transcript of the Speech and the Meeting," Valdai Discussion Club, September 20, 2013.

63 Vladimir Putin, "Orthodox-Slavic Values: The Foundation of Ukraine's Civilisational Choice Conference," President of Russia website, July 27, 2013 http://en.kremlin .ru/events/president/news/18961. See also David R. Marples, *Ukraine in Conflict: An Analytical Chronicle* (Bristol: E-International Relations, 2017), pp. 9–11.

64 Dragneva-Lewers and Wolczuk, *Ukraine between the EU and Russia*, p. 76.

65 Åslund, "Ukraine's Choice," p. 1.

66 Svitlana Dorosh, "Ukraine Fights Euro 2012 Boycott," BBC.com, May 9, 2012.

67 콕스-크바니셉스키 특사 활동은 다음 자료에 상세히 서술되어 있다. Shawn Donnan, Neil Buckley, and James Polity, "Manafort Charges Entangle Former European Leaders," *Financial Times*, February 25, 2018. 우크라이나의 EU 통합과 서방에서의 야누코비치의 평가를 개선하기 위해 고용된 미국 자문관인 폴 매너포트의 조언에 의해 만들어진 '현대 우크라이나를 위한 유럽 센터'에 크바니셉스키가 고용된 상태였던 것이 후에 드러났다.

68 Olchawa, *Mission Ukraine*, p. 50.

69 Dragneva-Lewers and Wolczuk, *Ukraine between the EU and Russia*, p. 56.

70 같은 자료. p. 60.

71 Council of the European Union, "Council Conclusions on Ukraine," 3209th Foreign Affairs Council Meeting, Brussels, December 10, 2012.

72 Agence France Presse, February 25, 2013.

73 Daniel McLaughlin, "EU Warns Ukraine that Key Deals Depend on Tymoshenko's Release from Prison," *The Irish Times*, September 21, 2013.

74 EUObserver.com, February 25, 2013.

75 Olchawa, *Mission Ukraine*, p. 44.

76 Yanukovych's press service, 다음 자료에 인용됨. "Yanukovych Zaveril Glavu Evrokomissii v priverzhennosti evrointegratsii," LB.ua, June 1, 2013.

77 "Medvedev: Ukraina budyet 'nyukhat' vozdukh' v TC," LB.ua, March 21 2013.

78 "Medvedev: Ukraina sdelal shag k integratsii v TC," LB.ua, May 31, 2013, emphasis added.

79 다음 자료를 보라. Mikhail Zygar, *All the Kremlin's Men: Inside the Court of Vladimir Putin* (New York: Public Affairs, 2016), p. 259.

80 다음 자료를 보라. Serhiy Kudelia, "When External Leverage Fails: The Case of Yulia Tymoshenko's Trial," *Problems of Post-Communism* 60, 1 (January – February 2013): 29 – 42.

81 Matthew Day, "Ukraine Warns EU that Tymoshenko's Fate Should Not Block Historic Trade Deal," *The Telegraph*, October 10, 2013.

82 Filipp Sterkin, Maksim Tovkailo, and Maksim Glikin, "Prichina tomozhennoi voiny s Ukrainoi – bol'shaya politika," *Vedomosti*, August 19, 2013, 다음 자료에 인용됨. Åslund, "Ukraine's Choice," p. 1.

83 Sergei Glazyev, "Ukraina vo vlasti samoobmana," Izborskii Klub website, https://izborsk-club.ru/1901, October 3, 2013.

84 Dan McLaughlin, "Russia Riled as EU Woos Ex-Soviet States," *Irish Times*, September 17, 2013.

85 Dragneva-Lewers and Wolczuk, *Ukraine between the EU and Russia*, p. 80.

86 같은 자료에 인용됨. p. 81.

87 Åslund, "Ukraine's Choice," p. 7.

88 Sergei Glazyev, "Ukraina vo vlasti samoobmana,"

89 Sergei Glazyev, "Iskusstvenno Sozdannoe Navzhdenie," Izborskii Klub website, November 7, 2013.

90 다음 자료에 인용됨. Dragneva-Lewers and Wolczuk, *Ukraine between the EU and Russia*, p. 86.

91 "New IMF Program to Remove Ukraine Default Issue from Agenda, Say Experts," Ukraine General Newswire, September 24, 2013.

92 "Ukraine Can Face Default in 2014 after Signing AA with EU – Presidential Adviser," ITAR-TASS, October 4, 2013.

93 "Ukraine Needs $10 bln to Avoid Default – Deputy PM," Interfax Ukraine General Newswire, December 7, 2013.

94 Shaun Walker, "Ukraine's EU Trade Deal Will Be Catastrophic, Says Russia," *The Guardian*, September 22, 2013.

95 "Ukraine and EU Ridicule Russian Threats," euobserver.com, September 23, 2013. 글라지예프가 다른 곳에서도 분명히 밝힌 것처럼, 협력협정 서명은 양국은 "상대에게 경제적

타격을 입힐 수 있는 행동을 피한다"라고 약속한 1997년 우호조약 13조에 비추어 볼 때 이 조약을 위반하는 것이라고 주장했다. "Ukraine's Signing EU Deal Violates Friendship Accord with Russia – Putin's Aide," BBC Monitoring, September 6, 2013.

96 "Ukraine and EU Ridicule Russian Threats," euobserver.com, September 23, 2013.

97 Sonya Koshkina, *Maidan: Nerasskazannaya istoriya* (Kyiv: Brait Star, 2015), pp. 51–54.

98 Åslund, "Ukraine's Choice," p. 10; Marples, *Ukraine in Conflict*, p. 19.

99 "Štefan Füle: We Have Seen Enormous Pressure Being Brought to Bear upon Some of Our Partners," ARMINFO, September 12, 2013.

100 콕스와 크바니셉스키의 대화와, 야누코비치, 의회의장 볼로디미르 리바크, 지역당 리서 올렉산드르 예프레모프의 대화에 대해서는 다음 자료를 참고하라. see Mustafa Nayem, "Partiya Rehioniv hotuye zryv Samitu u Vil'nyusi," *Ukrayinska Pravda*, November 8, 2013; and Olchawa, Mission Ukraine, pp. 65–66.

101 "Ukraine Suspends Preparations for EU Trade Agreement," BBC News, November 21, 2013.

102 Nayem, "Partiya Rehioniv."

103 Ian Traynor, "Russia 'Blackmailed' Ukraine to Ditch EU Pact," *The Guardian*, November 22, 2013.

104 야누코비치 발언 영상은 다음 웹사이트에서 볼 수 있다. www.youtube.com/watch?v=1QNFD PcPm3U. 번역문은 다음 자료에 실려있다. Zygar, *All the Kremlin's Men*, p. 260.

105 Dragneva-Lewers and Wolczuk, *Ukraine between the EU and Russia*, p. 98.

106 다음 자료에 인용됨. "EU Trade Deal Deadlocked over Tymoshenko Release," *France 24*, November 24, 2013.

107 "Ukraine Suspends Preparations for EU Trade Agreement."

108 다음 자료에 인용됨. Traynor, "Russia 'Blackmailed' Ukraine to Ditch EU Pact."

109 "'Putin's Presents' Split Opinion in Kyiv," *Deutsche Welle* World, December 18, 2013.

110 Wilson, *Ukraine Crisis*, p. 63.

7장

1 BBC, "Huge Rally over EU Agreement Delay," November 24, 2013.

2 Andrew Wilson, *Ukraine Crisis: What It Means for the West* (New Haven, CT: Yale University Press, 2014), p. 68.

3 Steven Lee Myers, "Violence in Ukraine Creates Deepening Clash between East and West," *New York Times*, February 19, 2014.

4 "존엄을 위한 혁명"과 "유로마이단"에 대한 단행본 길이의 연구가 여러 개 있다. 핵심 행위자들과 주요 인물들과의 인터뷰에 기반한 자세한 시계열적 서술은 다음 자료를 참고하라. Sonya Koshkina, *Maidan: Nerasskazannaya Istoriya* (Kyiv: Bright Star Publishing, 2015). See also Marci Shore, *The Ukrainian Night: An Intimate History of Revolution* (New Haven, CT: Yale University Press, 2018); David Marples and Frederick V. Mills, eds., *Ukraine's Euromaidan: Analyses of a Civil Revolution* (Stuttgart: ibidem, 2015); and David R. Marples, *Ukraine in Conflict: An Analytical Chronicle* (Bristol: E-International Relations, 2017).

5 Volodymyr Ischenko, "Ukraine's Fractures," *New Left Review* 87 (May/June 2014): 12.

6 Marie-Louise Gumuchian and Victoria Butenko, "Ukraine Protests Grow as President Responds," CNN.com, December 3, 2013.

7 이셴코는 마이단에서 민족주의자들이 행한 역할에 대한 좀더 섬세한 서술을 제공하고 있다. Volodymyr Ishchenko, "Far Right Participation in the Ukrainian Maidan Protests: An Attempt of Systematic Estimation," *European Politics and Society* 17, 4 (2016): 453–472.

8 Olga Onuch, "Who Were the Protesters?" *Journal of Democracy* 25, 3 (July 2014): 44–51.

9 "Protests in Ukraine Deepen Economic Crisis," Agence France Presse, December 8, 2013.

10 Shaun Walker, "Vladimir Putin Offers Ukraine Financial Incentives to Stick with Russia," *The Guardian*, December 18, 2013.

11 "Kabmin prinyal programmu sotrudnichestva s Tamozhennym soyuzom," LB.ua, January 15, 2014.

12 "Ukrainian President Approves Strict Anti-protest Laws," *The Guardian*, January 17, 2014.

13 "Ukraine's President Signs Anti-protest Bill into Law," BBC.com, January 17, 2014.

14 "Zakharchenko obitsyaye zhorstko reahuvaty na kozhnoho, khto ne khoche 'myru i spokoyu,'" *Ukrayinska Pravda*, January 18, 2014.

15 Ishchenko, "Far Right Participation," p. 18.

16 "Ukraine Crisis: Parliament Abolishes Anti-protest Law," BBC.com, January 28, 2014.

17 Serhiy Kudelia, "When Numbers Are Not Enough: The Strategic Use of Violence in Ukraine's 2014 Revolution," *Comparative Politics* 50, 4 (July 2018): 501–521.

18 Oksana Grytsenko and Shaun Walker, "Kiev Becomes a Battle Zone as Ukraine Protests Turn Fatal," *The Guardian*, January 22, 2014.

19 "Ukraine Crisis: Putin Adviser Accuses US of Meddling," BBC.com, February 6, 2014.

20 Pavel Polityuk and Marcin Goettig, "Ukraine Police Charge Protesters after Nation's Bloodiest Day," Reuters, February 18, 2014.

21 "Yatseniuk Ready to Head Cabinet of Ministers, but Only if It Consists of Opposition," Interfax-Ukraine, February 6, 2014.

22 Polityuk and Goettig, "Ukraine Police Charge Protesters."

23 "Ukrainian Police Authorized to Use Live Ammo as Battle Rages," RIA Novosti, February 20, 2014.

24 Ian Traynor, "Ukraine's Bloodiest Day: Dozens Dead as Kiev Protesters Regain Territory from Police," *The Guardian*, February 21, 2014.

25 Office of the United Nations High Commissioner for Human Rights, "Accountability for Killings in Ukraine from January 2014 to May 2016," May 25, 2016.

26 Mattathias Schwartz, "Who Killed the Kiev Protesters? A 3-D Model Holds the Clues," *New York Times*, May 30, 2018.

27 Roland Oliphant and Shannon Strange, "Ukraine Protest Leaders Warned: 'Sign Deal or You Will All Die'," *The Telegraph*, February 21, 2013.

28 Wilson, *Ukraine Crisis*, p. 93.

29 같은 자료. p. 93.

30 "Poland's Crucial Role as Yanukovych's Rule Crumbled," BBC.com, February 25, 2014.

31 이 결의안에는 다음 명칭이 붙여졌다. "On the Self-Removal of the President of Ukraine from the Exercise of Constitutional Powers and the Holding of Extraordinary Elections of the President of Ukraine."

32 다음 자료를 보라. Daisy Sindelar, "Was Yanukovych's Ouster Constitutional?" RFE/RL, February 23, 2014.

33 Shaun Walker, "Ukraine's Former PM Rallies Protesters after Yanukovych Flees Kiev," *The Guardian*, February 23, 2014.

34 다음 자료를 보라. "Tropamy Yanukovycha. Poslednye dny eks-presydenta v Ukraine glazamy ego okhrannykov. Rekonstruktsyya," Strana.ua, January 18, 2018.

35 Ishchenko, "Far Right Participation," p. 21.

36 논란의 여지가 많은 새로운 언어법이 2019년 통과되었다.

37 "Top U.S. Official Visits Protesters in Kiev as Obama Admin. Ups Pressure on Ukraine President Yanukovich," CBSNews.com, December 11, 2013.

38 "John McCain Tells Ukraine Protesters: 'We Are Here to Support Your Just Cause,'" *The Guardian*, December 15, 2013.

39 Ian Traynor, "Ukraine Integration Pact on Hold as Brussels Vents Frustration," *The Guardian*, December 15, 2013.

40 다음 자료를 보라. "Ukraine Crisis: Transcript of Leaked Nuland-Pyatt Call," BBC.com, February 7, 2014.

41 Myers, "Violence in Ukraine Creates Deepening Clash between East and West."

42 같은 자료.

43 같은 자료.

44 Ian Traynor, "Russia Denounces Ukraine 'Terrorists' and West over Yanukovich Ousting," *The Guardian*, February 24, 2014.

45 William Booth, "Ukraine's Parliament Votes to Oust President; Former Prime Minister Is Freed from Prison," *Washington Post*, February 22, 2014.

46 "Spiker VR ARK vvazshaye, shcho Krym mozhe vidokremytysya vid Ukrayiny," *Ukrayinska Pravda*, February 20, 2014.

47 Daniel Treisman, *The New Autocracy: Information, Politics, and Policy in Putin's Russia* (Washington, DC: Brookings Institution, 2018), pp. 287–288.

48 Laura Smith-Spark, Phil Black, and Frederik Pleitgen, "Russia Flexes Military Muscle as Tensions Rise in Ukraine's Crimea Region," CNN.com, February 26, 2014.

49 Alissa de Carbonnel, "How the Separatists Delivered Crimea to Moscow," Reuters, March 12, 2014.

50 Paul Rexton Kan, *Drug Trafficking and International Security* (Lanham, MD: Rowman & Littlefield, 2016), pp. 125–126.

51 "Ukraine Crisis: Crimea Leader Appeals to Putin for Help," BBC.com, March 1, 2014.

52 "Putin: Russian Citizens, Troops Threatened in Ukraine, Need Armed Forces' Protection," RT.com, March 1, 2014.

53 크림반도 장악의 군사적 과정은 다음 자료에 상세히 서술되어 있다. Roger N. McDermott, *Brothers Disunited: Russia's Use of Military Power in Ukraine* (Leavenworth, KS: Foreign Military Studies Office, 2015); and Michael Kofman, Katya Migacheva, Brian Nichiporuk, Andrew Radin, Olesya Tkacheva, and Jenny Oberholtzer, *Lessons from Russia's Operations in Crimea and Eastern Ukraine* (Santa Monica, CA: RAND, 2017).

54 "New Head of Ukraine's Navy Defects in Crimea," BBC.com, March 2, 2014.

55 이러한 시각은 2018년 5월 키이우에서 진행된 우크라이나 지도자들과의 몇 차례 인터뷰에 나타났다.

56 Noah Sneider, "2 Choices in Crimea Referendum, but Neither Is 'No'," *New York Times*, March 14, 2014. 1992년 헌법은 크림의회가 통과시켰지만 키이우 당국은 이를 거부했다. 이것을 실행하는 것은 크림을 우크라이나의 독립적 부분으로 만들고, 분리를 위한 추가적 움직임을 유발할 것으로 예측되었다.

57 Yevgeny Bobrov, "Problemy Zhitelei Kryma," Blogi Chlenov Sovieta, Sovyet pri Prezidente Rossiiskoi Federatsii po razvitiyu grazhdanskogo obshchestva I pravam cheloveka, April 24, 2014, www.president-sovet.ru/members/blogs/bobrov_e_a/roblemy-zhiteley-kryma-/.

58 Kyiv International Institute of Sociology, "How Relations between Ukraine and Russia Should Look Like? Public Opinion Polls' Results," March 3, 2014.

59 Treisman, *The New Autocracy: Information*, chapter 11.

60 Steve Wilson, Peter Foster, and Katie Grant, "Ukraine as It Happened," *The Telegraph*, March 2, 2014.

61 같은 자료.

62 같은 자료.

63 "Ukraine Makes First Contacts with Russia to Avert War," Agence France Presse, March 4, 2014.

64 European Council, "*Foreign Affairs* Council, 17/03/2014."

65 다음 자료를 보라. Daniel W. Drezner, "Bringing the Pain, Can Sanctions Hurt Putin Enough to Make Him Give Up Crimea?" Foreignpolicy.com, March 7, 2014.

66 CNN, March 2, 2014.

67 "Remarks by the NATO Secretary General, Anders Fogh Rasmussen, at the Press Conference Held Following the Meeting of the NATO–Russia Council at NATO HQ, Brussels," States News Service, March 5, 2014.

68 Louisa Brooke-Holland, "NATO's Military Response to Russia: November 2016 Update," House of Commons Briefing Paper Number 07276, November 2016.

69 이 전쟁이 내전이라는 시각은 다음 자료가 제시하고 있다. Serhiy Kudelia, "Domestic Sources of the Donbas Insurgency," PONARS Eurasia Policy Memo No. 351, September 2014. 반대 주장은 다음 자료가 제기했다. Taras Kuzio and Paul D'Anieri, *The Sources of Russia's Great Power Politics: Ukraine and the Challenge to the European Order* (Bristol, UK: E-International Relations Publishing, 2018), pp. 86–92. 다음 자료도 보라. Andreas Umland, "In Defense of Conspirology: A Rejoinder to Serhiy Kudelia's Anti-Political Analysis of the Hybrid War in Eastern Ukraine," PONARS Eurasia, September 30, 2014; and Andrew Wilson, "The Donbas in 2014: Explaining Civil Conflict Perhaps, but not Civil War," *Europe–Asia Studies* 68, 4 (2016): 631–652.

70 일례로 다음 자료를 보라. David A. Lake, "International Relations Theory and Internal Conflict: Insights from the Interstices," *International Studies Review* 5, 4, December 1, 2003, pp. 81–89.

71 2014년 돈바스의 분리주의에 대해서는 다음 자료를 보라. Elise Giuliano, "Who Supported Separatism in Donbas?" *Post-Soviet Affairs*, 34, 2–3 (2019): 158–178. 기울리아노는 분리주의 열의가 전체적으로 비교적 낮았고, 이것은 인종 문제보다 지역 문제와 관련이 크다고 지적했다.

72 "하르코프(Kharkov)"는 우크라이나 지역/도시 하르키우(Kharkiv)의 러시아어식 표기이다.

73 Mark Rachkevych, "Armed Pro-Russian Extremists Launch Coordinated Attacks in Donetsk Oblast, Seize Regional Policy Headquarters, Set Up Checkpoints (UPDATE)," *Kyiv Post*, April 12, 2014.

74 Roland Oliphant, "Ukraine Launches 'Anti-Terrorist Operation' in the East; Ukrainian Forces Set Up Checkpoints as Acting President Announces Operation to Root Out 'Separatists' in Pro-Russian East," *The Telegraph*, April 15, 2014.

75 Office of the United Nations High Commissioner for Human Rights, "Report on the Human Rights Situation in Ukraine, 15 April 2014," pp. 4, 21.

76 Interviews with Leonid Polyakov, and Viktor Hvozd, Kyiv, May 2018. 폴랴코프는 임시정부의 국방차관이었고(2015년 3월-5월), 호보즈드는 임시정부 해외정보부장 서리를 맡은 전 군사정보 전문가였다. 소련 붕괴 후 70만 명의 병력과 막강한 무기를 보유했었던 우크라이나 군대의 대응 능력 부재는 이 이야기에서 충분한 주의가 기울여지지 않은 부분이다.

77 다음 자료를 보라. Andreas Umland, "Irregular Militias and Radical Nationalism in Post-Euromaydan Ukraine: The Prehistory and Emergence of the "Azov" Battalion in 2014," *Terrorism and Political Violence* 31:1 (2019): 105–131.

78 Jade McGlynn, "Historical Framing of the Ukraine Crisis through the Great Patriotic War: Performativity, Cultural Consciousness and Shared Remembering," *Memory Studies* 13, 6 (2018): 1058–1080. 다음 자료도 보라. Elizabeth A. Wood, "Performing Memory: Vladimir Putin and the Celebration of WWII in Russia," *The Soviet and Post-Soviet Review* 38 (2011): 172–200.

79 이 단락에 인용된 내용은 다음 자료에서 나왔다. "Kremlin Text of Russian Leader Vladimir Putin's Phone-in," BBC Monitoring Former Soviet Union, April 18, 2014.

80 "Address by President of the Russian Federation, Moscow," March 18, 2014, President of Russia website.

81 "Joint Geneva Statement on Ukraine from April 17: The Full Text," *Washington Post*, April 17, 2014.

82 Agata Wierzbowska-Miazga and Wojciech Konończuk, "The Geneva (Dis)agreement on Ukraine," *Ośrodek Studiów Wschodnich*, April 24, 2014.

83 Sergei L. Loiko and Carol J. Williams, "Pro-Russia Gunmen Defy Geneva Pact in Ukraine; Separatists Refuse to Disarm and Say the Accord Means the Interim Government and Army Must Retreat," *Los Angeles Times*, April 19, 2014, p. A3.

84 "Ukraine Crisis: Russia Accuses Kiev of Violating Geneva Accord; Russian Foreign Minister

Accuses the Ukrainian Authorities of Breaking Last Week's Geneva Accord on Resolving the Crisis," *The Telegraph*, April 21, 2014.

85 다음 자료를 보라. Erik S. Herron, Michael E. Thunberg, and Nazar Boyko, "Crisis Management and Adaptation in Wartime Elections: Ukraine's 2014 Snap Parliamentary and Presidential Elections," *Electoral Studies* 40 (2015): 419–429.

86 Tadeusz A. Olszański, "The Ukrainian Coalition Agreement," *Ośrodek Studiów Wschodnich*, November 14, 2014.

87 Tymofii Brik and Jennifer Brick Murtazishvili, "The Source of Ukraine's Resilience: How Decentralized Government Brought the Country Together," *Foreign Affairs*, July 28, 2022. 나는 이 점에 주목하게 한 유리 트레차크에게 감사한다.

88 하르키우와 도네츠크에서 다른 결과가 나온 것에 대한 분석은 다음 자료를 보라. Daria Platonova, *The Donbas Conflict in Ukraine: Elites, Protest, and Partition* (Abingdon, Oxon: Routledge, 2022). 하르키우와 드니프로페트롭스크의 비교는 다음 자료를 보라. Quenton Buckholz, "The Dogs that Didn't Bark: Elite Preferences and the Failure of Separatism in Kharkiv and Dnipropetrovsk," *Problems of Post-Communism* 66, 3 (2019): 151–160.

89 다음 자료를 보라. John O'Loughlin, Gerard Toal, and Vladimir Kolosov, "The Rise and Fall of 'Novorossiya': Examining Support for a Separatist Geopolitical Imaginary in Southeast Ukraine," *Post-Soviet Affairs* 33, 2 (2017): 124–144.

90 Henry E. Hale, Oxana Shevel, and Olga Onuch, "Believing Facts in the Fog of War: Identity, Media and Hot Cognition in Ukraine's 2014 Odesa Tragedy," *Geopolitics* 23, 4 (2018): 852.

91 Markus Feldenkirchen, Christiane Hoffmann, and René Pfister, "Will It Be America or Russia?" *Spiegel* Online, July 10, 2014.

92 Justin Huggler and Bruno Waterfield, "Ukraine Crisis: Russia Sanctions Would Hurt Germany's Growth; Europe's Biggest Economy Could Be Severely Affected by Future Sanctions against Russia," *The Telegraph*, May 9, 2014.

93 CNN, July 17, 2014.

94 제재의 영향은 다음 자료가 평가하고 있다. Mikhail Alexseev and Henry Hale, "Crimea Come What May: Do Economic Sanctions Backfire Politically," unpublished paper, 2018.

95 러시아는 책임을 부인했다. 2018년 국제 "합동조사팀"은 이 비행기를 격추시킨 부크 미사일 부대는 쿠르스크에 주둔한 53방공미사일 여단 소속이라는 것을 "법적으로 확실하게 법원에서 증명할" 자료를 가지고 있다고 밝혔다. Shaun Walker, "MH17 Downed by Russian Military Missile System, Say Investigators," *The Guardian*, May 24, 2018. The Joint Investigation Team update from May 2018, 비디오 자료는 다음 웹사이트에 제시되었다. www.om.nl/onderwerpen/mh17-crash/@103196/update-criminal-0/. 여객기 격추 책임에

대한 상반되는 시각에 대해서는 다음 자료를 보라. Gerard Toal and John O'Loughlin, "'Why Did MH17 Crash?' Blame Attribution, Television News and Public Opinion in Southeastern Ukraine, Crimea and the De Facto States of Abkhazia, South Ossetia and Transnistria," *Geopolitics* 23, 4 (2018): 882–916.

96 이 전투는 다음 자료에 서술되어 있다. Tim Judah, "Ukraine: A Catastrophic Defeat," *The New York Review of Books*, September 5, 2014.

97 "Joint press point with NATO Secretary General Anders Fogh Rasmussen and the Prime Minister of Ukraine, Arsenii Yatseniuk," March 6, 2014. 98.

98 2014년 일어난 사건들이 신냉전으로 이어졌다는 시각에 대해서는 다음 자료를 보라. Robert Legvold, *Return to Cold War* (Cambridge: Polity, 2016).

8장

1 Vladimir Putin, "On the Historical Unity of Russians and Ukrainians," President of Russia Website, July 12, 2021.

2 https://twitter.com/anneapplebaum/status/1421480489748254723?s=20.

3 Peter Dickinson, "Putin's New Ukraine Essay Reveals Imperial Ambitions," Atlantic Council UkraineAlert, July 15, 2021.

4 Quoted in Steve Gutterman, "The Week in Russia: Putin, Ukraine, And 'Phantom Pain,'" RFE/RL, July 16, 2021.

5 Quoted in Dickinson, "Putin's new essay."

6 Quoted in Gutterman, "The Week in Russia: Putin, Ukraine, And 'Phantom Pain.'"

7 Leonid Polyakov, "Defense Institution Building in Ukraine at Peace and at War," *Connections* 17, 3 (2018): 103.

8 같은 자료. p. 101.

9 Polyakov, "Defense Institution Building in Ukraine." See also Maksym Bugriy, "Ukraine's Security Sector Reform," Connections 17, 3 (2018): 72–91; and Taras Kuzio, "The Long and Arduous Road: Ukraine Updates Its National Security Strategy," Royal United Services Institute, October 16, 2020.

10 Kateryna Zarembo, "Substituting for the State: The Role of Volunteers in Defense Reform in Post-Euromaidan Ukraine," *Kyiv-Mohyla Law and Politics Journal*, no. 3 (2017): 47–70.

11 Ukaz Presydenta Ukrainy no. 287/2015, Pro rishennya Rady natsional'noyi bezpeky I oborony Ukrayiny vid 6 travnya 2015 roku "Pro Strategiyu natsional'noyi bezpeky Ukrayiny," May 26, 2015; Ukaz Presydenta Ukrainy Pro rishennya Rady natsional'noyi bezpeky I oborony Ukrayiny vid 14 beresnya 2020 roku "Pro Strategiyu natsional'noyi bezpeky Ukrayiny."

12 Jeremy Herb, "Obama Pressed on Many Fronts to Arm Ukraine," *Politico*, March 11, 2015.
13 Elias Yousif, "U.S. Military Assitance to Ukraine," Stimson Center, January 26, 2022.
14 Polyakov, "Defense Institution Building in Ukraine," p. 102.
15 Hrant Kostanyan and Artem Remizov, "The Donbas Blockade: Another Blow to the Minsk Peace Process," CEPS Working Document No 2017/08, June 2017.
16 Brian Milakovsky, "Cut Off: What Does the Economic Blockade of the Separatist Territories Mean for Ukraine?" Wilson Center Focus Ukraine Blog, January 9, 2018.
17 Valentina Feklyunina, "Soft Power and Identity: Russia Ukraine and the 'Russian World(s)'" *European Journal of International Relations* 22, 4 (2016): 783.
18 Sergey Lavrov, "The Message of Sergey Lavrov, Minister of *Foreign Affairs* of Russia, to the Holy Synod of the Russian Orthodox Church Over the Death of Patriarch Alexy II of Moscow and All Russia," quoted in Daniel P. Payne, "Spiritual Security, the Russian Orthodox Church, and the Russian Foreign Ministry: Collaboration or Cooptation?" *Journal of Church and State* 52, 4 (Autumn 2010): 712.
19 Shaun Walker, "Angels and Artillery: A Cathedral to Russia's New National Identity," *The Guardian*, October 20, 2020.
20 Vladimir Putin, "Interviews to Serbian periodicals Politika and Večernje Novosti," January 16, 2019, President of Russia Website.
21 Peskov and Lavrov are quoted in James Sherr, "A Tomos for Ukraine's Orthodox Church: the Final Schism?" International Centre for Defence and Security, Estonia, January 10, 2019.
22 Sherr, "A Tomos for Ukraine's Orthodox Church."
23 Catherine Wanner, *Everyday Religiosity and the Politics of Belonging in Ukraine* (Ithaca: Cornell University Press, 2022).
24 이 법과 이에 대한 논의의 전체적 평가는 다음 자료를 보라. Oxana Shevel, "The Battle for Historical Memory in Postrevolutionary Ukraine," *Current History* (October 2016): 258–263; and Lina Klymenko, "Cutting the Umbilical Cord: The Narrative of the National Past and Future in Ukrainian Decommunization Policy," in Uladzislau Belavusau and Aleksandra Gliszczyńska-Grabias, *Law and Memory Towards Legal Governance of History* (Cambridge: Cambridge University Press, 2017).
25 다음 자료를 보라. David R. Marples, Decommunization, Memory Laws, and "Builders of Ukraine in the 20th Century" *Acta Slavica Iaponica*, 39 (2018): 1–22.
26 Shevel, "The Battle for Historical Memory," p. 263.
27 Halya Coynash, "'Decommunization' Laws: Deeply Divisive and Destined for Strasbourg," *Krytyka*, April 2015.

28 Volodymyr Kulyk, "Ukraine's 2017 Education Law Incites International Controversy Over Language Stipulation," PONARS Eurasia, April 19, 2018.

29 다음 자료를 보라. Ihor Hurak and Paul D'Anieri, "The Evolution of Russian Political Tactics in Ukraine," *Problems of Post-Communism* 69, 2 (2020): 121–132.

30 European Parliament resolution of 25 October 2018 on the situation in the Sea of Azov 2018/2870 (RSP), October 25, 2018.

31 Steven Pifer, "The battle for Azov: Round 1 Goes to Russia," Brookings Institution, December 3, 2018.

32 Hurak and D'Anieri, "The Evolution of Russian Political Tactics in Ukraine," p. 123.

33 Economist Intelligence Unit Viewswire, March 15, 2018.

34 Steven Pifer, "Heading for (another) Ukraine–Russia gas fight?" Brookings Institution, August 30, 2019.

35 Pifer, "Heading for (another) Ukraine–Russia gas fight?"

36 Andrea Shalal, Timothy Gardner and Steve Holland, "U.S. Waives Sanctions on Nord Stream 2 as Biden Seeks to Mend Europe Ties," Reuters, May 19, 2021.

37 "Nord Stream 2: Biden waives US sanctions on Russian pipeline," BBC, May 20, 2021.

38 "Nord Stream 2: Biden waives US sanctions on Russian pipeline."

39 다음 자료에 인용됨. "Nord Stream 2 sanctions waivers could aid Russia–U.S. ties, Moscow says," Reuters, May 19, 2021.

40 European Commission, "Ukraine: EU Trade relations with Ukraine. Facts, figures and latest developments," n.d.

41 European Union Delegation to Ukraine, "The European Union and Ukraine," August 6, 2021.

42 European Commission, "Ukraine: EU Trade relations with Ukraine. Facts, figures and latest developments."

43 Marek Dabrowski, Marta Domínguez-Jiménez and Georg Zachmann, "Six Years after Ukraine's Euromaidan: Reforms and Challenges Ahead," Policy Contribution 2020/14, Bruegel, pp. 9–10.

44 North Atlantic Treaty Organization, Comprehensive Assistance Package for Ukraine, July 2016.

45 북대서양조약기구(NATO)는 2020년 6월 12일 우크라이나를 고양된 기회 파트너(Enhanced Opportunity Partner)로 인정했다. recognizes Ukraine as , June 12, 2020.

46 Andolu Agency, June 16, 2020.

47 NATO Chief Calls On Russia To Remove 'Thousands Of Troops' From Ukraine, RFE/RL,

July 10, 2017.

48 Alison Smale, "German Chancellor Rules Out Weapons Aid to Ukraine," *New York Times*, February 2, 2015.

49 Volodymyr Kulyk, "National Identity in Ukraine: Impact of Euromaidan and the War," *Europe–Asia Studies* 68, 4 (2016): 588 – 607.

50 Volodymyr Kulyk, "Shedding Russianness, Recasting Ukrainianness: The PostEuromaidan Dynamics of Ethnonational Identifications in Ukraine," *Post-Soviet Affairs*, 34, 2 – 3 (2018): 127. 다음 자료도 보라. Olexiy Haran and Maksym Yakovlev, eds., *Constructing a Political Nation: Changes in the Attitudes of Ukrainians during the War in the Donbas* (Kyiv: Stylos, 2017).

51 Taras Kuzio, "'Eastern Ukraine' is No More: War and Identity in Post-Euromaidan Dnipropetrovsk," in Taras Kuzio, Sergei I. Zhuk, and Paul D'Anieri, eds., *Ukraine's Outpost: Dnipropetrovsk and the Russian–Ukrainian War* (Bristol, UK: E-IR, 2022) p. 42.

52 Paul D'Anieri, "Gerrymandering Ukraine? Electoral Consequences of Occupation," *East European Politics and Societies and Cultures* 33, 1 (February 2019): 89 – 108.

53 D'Anieri, "Gerrymandering Ukraine."

54 Paul D'Anieri, "Ukraine's 2019 Elections: Pro-Russian Parties and The Impact of Occupation," *Europe–Asia Studies*, forthcoming 2022.

55 Kimitaka Matsuzato, "The Donbass War: Outbreak and Deadlock," *Demokratizatsiya* 25: 2 (2017): 201.

56 Matsuzato, p. 178.

57 Vladimir Putin, "Meeting of the Valdai International Discussion Club," President of Russia Website, October 18, 2018.

58 "Ch'ya pobeda na vyborakh presidenta Ukrainy vygodna Rossii. Mneniya politologov," *Vedomosti*, March 30, 2019.

59 "Ukraine election: Comedian Zelenskyy wins presidency by landslide, BBC, April 22, 2019.

60 Quoted in Ukraine Election Task Force, "Foreign Interference in Ukraine's Democracy," May 2019, p. 3.

61 Ukraine Election Task Force, "Foreign Interference in Ukraine's Democracy," pp. 6 – 7.

62 Orysia Lutsevych and Alyona Getmanchuk. 'What to Know about Ukraine's Parliamentary Elections', Chatham House Expert Comment, August 2, 2019; "Novyy parlament pomolodshaye seredn'omu na 7.4 roky – 'Opora'" Mediaport, July 24, 2019.

63 Alina Polyakova, "How Russia Meddled in its Own Elections," *The Atlantic*, March 18, 2018.

64 Andrew Roth, "Vladimir Putin Secures Record Win in Russian Presidential Election," *The Guardian*, March 19, 2018.

65 Dmitry Kobak, Sergey Shpilkin, Maxim S. Pshenichnikov, "Putin's Peaks: Russian Election Data Revisited," Royal Statistical Society, May 29, 2018.

66 Christopher Miller, "Explainer: What Is The Steinmeier Formula – And Did Zelenskiy Just Capitulate To Moscow?" Radio Free Europe/Radio Liberty, October 2, 2019.

67 Andrew W. Kramer, "Zelensky's Opponents Fear He Is Ready to Capitulate to Russia," *New York Times*, December 5, 2019.

68 다음 자료에 인용됨. "Zelensky's Opponents Fear He Is Ready to Capitulate to Russia."

69 Economist Intelligence Unit, Russia–Ukraine Politics: Unprecedented Thaw in Russia–Ukraine Relations, December 17, 2019.

70 다음 자료에 인용됨. Andrew Higgins, "As Both Sides Dig in, What's the Endgame for Belarus?" *New York Times*, September 12, 2020.

71 "Putin says he could send police to Belarus if necessary," BBC, August 27, 2020.

72 Dominik P. Jankowski, "Judy Asks: Is Belarus's Sovereignty Over?" Carnegie Europe, February 24, 2022.

73 Nataliya Chernyshova, "The Belarus Protests and Russia: Lessons for Big Brother," PONARS Policy Memos, March 1, 2021.

74 "Russia Bans Memorial, a Seminal Human-Rights Group," *The Economist*, January 1, 2022.

75 다음 자료에 인용됨. Andrew Roth, "Rights Group's Closure is Part of Rapid Dismantling of Russian Civil Society," *The Guardian*, December 28, 2021.

76 Foreign Policy Concept of the Russian Federation, December 1, 2016.

77 이 논의는 다음 자료를 바탕으로 하고 있다. Hurak and D'Anieri, "The Evolution of Russian Political Tactics in Ukraine."

78 "Ukraine Bans its Top Social Networks Because they are Russian," *The Economist*, May 17, 2017.

79 Maksym Savchuk and Nataliya Sedlets'ka, "Khto kupyv telekanal '112 Ukrayina'? (Rozsliduvannya)" Radio Svoboda, August 20, 2018.

80 Hurak and D'Anieri, p. 126.

81 On Medvedchuk and Putin, see Simon Shuster, "The Untold Story of the Ukraine Crisis," *Time*, February 2, 2022.

82 Liliya Shevtsova, "Ukraina – tse uliublenyi proekt Putina", Zbruc, March 2, 2014, 다음 자료에 인용됨. Hurak and D'Anieri, p. 126.

83 "Medvedchuk ye predstavnykom Putina i z travnia ne bere uchasti u perehovorakh v Minsku – Poroshenko," TSN.ua, December 16, 2018, 다음 자료에 인용됨. Hurak and D'Anieri, p. 126.

84 Oliver Stone, "Revealing Ukraine," 2019, www.youtube.com/watch?v=lRivDlc_hz4.

85 "Ukraine: Zelenskiy bans three opposition TV stations," DW.Com, February 3, 2021.

86 Peter Dickinson, "Putin's Key Ally Charged with Treason," Atlantic Council UkraineAlert, May 13, 2021.

87 Volodymyr Ishchenko, "Towards the Abyss," *New Left Review*, 133/134 (January/April 2022.

88 Intelligence and Security Committee of Parliament, "Russia", HC 632 July 21, 2020.

89 Select Committee on Intelligence, United States Senate, *Russian Active Measures Campaigns and Interference in the 2016 U.S. Election*, 5 Volumes, August 18, 2020; Robert S. Mueller, III, *Report On The Investigation Into Russian Interference In The 2016 Presidential Election*, 2 vols. (Washington, D.C., March 2019).

90 Select Committee on Intelligence, United States Senate, *Russian Active Measures Campaigns and Interference in the 2016 U.S. Election*, Volume 5: Counterintelligence Threats and Capabilities, August 18, 2020, p. vii.

91 Anthony J. Blinken, "Time for the Trump Administration to Arm Ukraine," *New York Times*, October 4, 2017.

92 Ben Hall, "Ukraine Leader Calls for Revamp of Peace Process to End Donbas War," *Financial Times*, April 25, 2021.

93 TASS, February 12, 2021.

94 Shaun Walker, "Can Ukraine and Russia be Persuaded to Abide by Minsk Accords?" *The Guardian*, February 9, 2022.

95 Euro-Atlantic Security Leadership Group, "Twelve Steps Toward Greater Security in Ukraine and the Euro-Atlantic Region," February 2020.

96 Atlantic Council Eurasia Center, "Flawed peace plan for Ukraine repeats Kremlin talking points," February 14, 2020.

97 Interfax, February 2, 2021.

9장

1 "Could Ukraine–Russia border tension escalate into a fresh conflict?" Euronews, April 2, 2021.

2 Anton Troianovski, "After Testing the World's Limits, Putin Steps Back From the Brink," *New York Times*, April 23, 2021.

3 Quoted in Helene Cooper and Julian E. Barnes, "80,000 Russian Troops Remain at Ukraine Border as U.S. and NATO Hold Exercises," *New York Times*, May 5, 2021.

4 Die Bundesregierung [German Chancellery], "Telefonat von Bundeskanzlerin Merkel mit dem russischen Präsidenten Putin, "8 April 2021, www.bundesregierung.de/bregde/aktuelles/telefonat-von-bundeskanzlerin-merkel-mit-dem-russischen-praesidentenputin-1886540.

5 President of Russia, Telephone conversation with Federal Chancellor of Germany Angela Merkel, April 8, 2021.

6 다음 자료에 인용됨. Anita Kumar and Quint Forgey, "Biden sums up his meeting with Putin: 'This is not about trust,'" *Politico*, June 16, 2021.

7 다음 자료에 인용됨. Anton Troianovski, "Putin and West Spar Over NATO's Military Ties to Ukraine," *New York Times*, December 1, 2021.

8 다음 자료에 인용됨. Troianovski, "Putin and West Spar Over NATO's Military Ties to Ukraine."

9 Shane Harris and Paul Sonne, "Russia Planning Massive Military Offensive against Ukraine Involving 175,000 troops, U.S. Intelligence Warn," *Washington Post*, December 3, 2021.

10 Julian Borger and Andrew Roth, "Biden and Putin Make Little Apparent Headway on Ukraine in Virtual Summit," *The Guardian*, December 7, 2021.

11 Quoted in Julian Borger and Andrew Roth, "Biden and Putin make little apparent headway on Ukraine in virtual summit."

12 Russia, Ministry of Foreign Affairs, "O rossiiskikh proektakh dokumentov po obespecheniyu pravovykh garantii bezopasnosti so storony SShA I NATO," December 17, 2021.

13 다음 자료를 보라. Steven Pifer, "Russia's Draft Agreements with NATO and the United States: Intended for Rejection?" Brookings Institution, December 21, 2021.

14 "Ukraine Crisis: US Ignored Russia's Security Concerns, Putin Says," BBC, January 28, 2022.

15 Michele Kelemen, "U.S. and Russia Share Tense Exchange at U.N. Security Council Meeting," National Public Radio, January 31, 2022.

16 Todd Prince, "The 'Nuclear Option': What Is SWIFT And What Happens If Russia Is Cut Off From It?" RFE/RL, December 9, 2021.

17 Andrew E. Kramer, "Ukraine's President Tries to Avert Panic as Pressure Mounts," *New York Times*, February 13, 2022.

18 Shaun Walker, "Russia and Belarus begin Military Drills Near Belarusian Border with Ukraine," *The Guardian*, February 10, 2022.

19 다음 자료에 인용됨. Roger Cohen, "Emmanuel Macron in His Labyrinth," *New York Times*, February 12, 2022.

20 다음 자료에 인용됨. Luke Harding, et. al., "Macron claims Putin gave him personal assurances on Ukraine," *The Guardian*, February 8, 2022.

21 Christina Gallardo, "British diplomacy gets a frosty reception in Moscow," Politico. eu, February 10, 2022, www.politico.eu/article/liz-truss-sergey-lavrov-moscow-ukraineputin-johnson-diplomacy/.

22 Natasha Bertrand, et. al., "Biden warns Putin US will react 'decisively and impose swift and severe costs' if Russia invades Ukraine," CNN, February 13, 2022.

23 "Chem vyzvano obostreniye situatsii vokrug Ukrainy. Mneniya ekspertov," RBC.ru, February 12, 2022.

24 다음 자료에 인용됨. Constanze Stelzenmüller, "Scholz Holds His Ground in Putin's Den," Brookings Institution, February 16, 2022.

25 Patrick Wintour, John Henley, and Julian Berger, "Macron Paves Way for Potential Putin–Biden Summit on Ukraine Crisis" *The Guardian*, February 21, 2022.

26 "Security Council Meeting," February 21, 2022, President of Russia website.

27 이 회담의 이 부분은 다음 웹사이트에서 볼 수 있다. www.youtube.com/watch?v=o9Au8EoWcI. 공식 기록은 푸틴과 나리슈킨 사이에 오간 말의 일부를 생략했다.

28 "Address by the President of the Russian Federation," February 21, 2022, President of Russia website.

29 일례로 다음 자료를 보라. Keir Giles, "Putin's Speech Harked Back to Russia's Empire – the Threat Doesn't Stop at Ukraine," *The Guardian*, February 22, 2022.

30 Robert Coalson, "Putin's Recognition of Separatist Formations In Eastern Ukraine Embraces All Their Territorial Claims Against Kyiv," RFE/RL, February 22, 2022.

31 Lester R. Grau and Charles K. Bartles, "Getting to Know the Russian Battalion Tactical Group," Royal United Services Institute, April 22, 2022

32 Boris Kagarlitsky and Loren Balhorn, "A Russian Sociologist Explains Why Putin's War is Going Even Worse That It Looks," *Jacobin*, July 22, 2022. 카갈리츠키의 경제에 입각한 설명은 레닌의 전쟁 이론을 반향하고 있다. 즉 "과도한 자본 축적"은 과도한 자본을 배출할 필요를 만들어내고, 이것은 군사적 확장과 전쟁으로 달성된다.

33 Robert Person and Michael McFaul, "What Putin Fears Most," *Journal of Democracy*, 33, 2 (April 2022): 18–27. 이에 상반되는 입장은 푸틴의 국내적 인기는 실제로는 러시아 외교 정책을 예견하는 데 나쁜 요소라고 주장한다. 2019년 연금 지급 나이 상향으로 인한 불만이 고조되었지만, 이로 인한 외교 정책 변화는 없었다. Andrea KendallTaylor, "Myth 4: 'Russia Launches Military Adventures to Distract from Domestic Troubles,'" Chatham House, July 14, 2022.

34 Anders Åslund, "Western Advocates of Appeasement Need a Crash Course in

Putinology," Atlantic Council UkraineAlert, May 15, 2022.

35 푸틴을 묘사하는 데 이 단어를 쓰는 사람은 다음과 같다. James Clapper, the former US Director of National Intelligence, Michael McFaul, the former US ambassador to Russia, Ian Bremmer, President of the Eurasia Group consulting firm, and Alexander Motyl, an academic specialist on Ukraine. See Jess Bidgood, "'I Personally Think He's Unhinged': Analysts Question Putin's Mental State after Ukraine Invasion," *Boston Globe*, March 1, 2022 크랩퍼; "푸틴은 점점 더 자의적이 되고 있다고 전 미국 대사 맥폴이 말했다." CNBC, March 17, 2022 [McFaul]; https://twitter.com/ianbremmer/status/15 04197845204840454?lang=en [Bremmer]; and Alexander J. Motyl, "How Putin Made Russophobia," *The Hill*, March 31, 2022.

36 Irving L. Janis, *Groupthink: Psychological Studies of Policy Decisions and Fiascoes* 2nd Ed., (Boston: Houghton Mifflin, 1982), p. 8.

37 Nina Khrushcheva, "The Coup in the Kremlin: How Putin and the Security Services Captured the Russian State," *Foreign Affairs*, May 10, 2022. 다음 자료도 보라. Mykola Kapitonenko, "Russia's War in Ukraine: How It Started and Where It Could Lead," European Leadership Network, April 4, 2022.

38 "If Vladimir Putin Does Decide on War in Ukraine, Few Russians Will be Expecting It," *The Economist*, February 7, 2022.

39 See, for example, Edward Geist, "Is Putin Irrational? What Nuclear Strategic Theory Says About Deterrence of Potentially Irrational Opponents," The RAND Blog, March 8, 2022.

40 Vladimir Putin, "Meeting with Young Entrepreneurs, Engineers and Scientists," June 9, 2022, President of Russia website http://en.kremlin.ru/events/president/news/68606.

41 다음 자료를 보라. Vladimir Putin "On the Historical Unity of Russians and Ukrainians," July 12, 2021, President of Russia website. 이에 대한 분석은 다음 자료를 보라. Maria Domańska, "Putin's article: 'On the historical unity of Russians and Ukrainians,'" Centre for Eastern Studies, July 13, 2021.

42 Mikhail Zygar, "How Vladimir Putin Lost Interest in the Present," *New York Times*, March 10, 2022.

43 See "Is Vladimir Putin Ill?" *The Economist*, June 15, 2022.

44 Gordon Corera and George Wright, "Ukraine War: CIA Chief Says No Intelligence That Putin is in Bad Health," BBC, July 21, 2022.

45 Mark F. Cancian, "Putin's Invasion Was Immoral but Not Irrational," Center for Strategic and International Studies, May 10, 2022.

46 Vladimir Putin, "Address by the President of the Russian Federation," February 24, 2022, President of Russia website.

47 Steven Erlanger, "How Volodymyr Zelenskyy Rallied Ukrainians, and the World, against Putin," *New York Times*, February 27, 2022.

48 Ellie Kaufmann and Oren Liebermann, "Heaviest Fighting in Ukraine is 'in and around Kharkiv,' Senior US Defense Official Says." CNN, February 26, 2022.

49 See Michael Schwirtz, "Last Stand at Azovstal: Inside the Siege That Shaped the Ukraine War," *New York Times*, July 24, 2022.

50 Michael Schwirtz, "Ukraine Commanders Say a Russian Invasion Would Overwhelm Them," *New York Times*, December 9, 2021.

51 See the excellent analysis by Lawrence Freedman, "Why War Fails," *Foreign Affairs*, July/August 2022.

52 For an assessment of Russian military reform prior to the invasion, see Raymond C. Finch III, "Vladimir Putin and the Russian Military," *South Central Review* 35, 1 (Spring 2018): 48–73.

53 다음 자료를 보라. Freedman, "Why War Fails."

54 러시아군 전술 대대의 역사, 구성, 기능에 대해서는 다음 자료가 상세히 서술하고 있다. Lester R. Grau and Charles K. Bartles, "Getting to Know the Russian Battalion Tactical Group," RUSI, April 22, 2022.

55 Michael Kofman and Ryan Evans, "Ukraine's Military Advantage and Russia's Stark Choices," War on the Rocks podcast, April 27, 2022.

56 다음 자료를 보라. Mari Saito and Maria Tsvetkova, "The Enemy Within," Reuters, July 28, 2022.

57 Andrew E. Kramer, "Russia's Grave Miscalculation: Ukrainians Would Collaborate," *New York Times*, May 7, 2022.

58 Pierre Boussel, "Syrian Mercenaries in Ukraine: Myth or Reality," Carnegie Endowment for International Peace, June 23, 2022.

59 "Russia Appoints Notorious General To Oversee Ukraine War Amid Setbacks, U.S. Says," RFE/RL, April 10, 2022.

60 UK Defence Intelligence "Intelligence Update," June 25, 2022.

61 Dmytro Kuleba, "How Ukraine Will Win: Kyiv's Theory of Victory," *Foreign Affairs*, June 17, 2022.

62 Nancy A. Youssef and Evan Gershkovich, "As Many as 80,000 Russian Troops Hurt or Killed in Ukraine, Pentagon Says," *Wall Street Journal*, August 8, 2022.

63 "Ukraine's Territorial Defense Has Increased by 100,000 People Since Start of Russian Invasion – National Guard," Interfax, March 6, 2022.

64 Tymofii Brik and Jennifer Brick Murtazishvili, "The Source of Ukraine's Resilience: How Decentralized Government Brought the Country Together," *Foreign Affairs*, July 28, 2022.

65 This list is based in part on, "What sanctions are being imposed on Russia over Ukraine invasion?" BBC, May 25, 2022.

66 "FACT SHEET: United States and G7 Partners Impose Severe Costs for Putin's War Against Ukraine," White House, May 8, 2022.

67 See Geoffrey Blainey, The Causes of War, 3rd Ed., (New York: The Free Press, 1988), chapter 2;" and Dale C. Copland, "When Trade Leads to War: China, Russia, and the Limits of Interdependence," *Foreign Affairs*, August 23, 2022.

68 Philip Oltermann, "German Foreign Minister Defends Delay in Sending Armoured Vehicles to Ukraine," *The Guardian*, April 20, 2022.

69 "Address by President of Ukraine Volodymyr Zelenskyy to the US Congress," March 16, 2022.

70 "Refugees fleeing Ukraine (since 24 February 2022)," UNHCR Operational Data Portal, May 26, 2022. UNHCR는 이웃 국가들에 있는 피난민에 대해서만 보고한다.

71 "How Many Ukrainians Have Fled Their Homes and Where Have They Gone?" BBC, May 26, 2022.

72 Rajeev Syal and Lisa O'Carroll, "Where in Europe are Ukraine's Refugees Going?" *The Guardian*, March 8, 2022.

73 Andrew D'Anieri and Lillian Posner, "The False Promise of Biden's Ukrainian Relief Program," *The Hill*, May 5, 2022.

74 2022년 전의 논쟁에 대해서는 다음 자료를 보라. Timothy Snyder, "Fascism, Russia, and Ukraine, *New York Review of Books*, March 20, 2014; and Marlene Laruelle, *Is Russia Fascist?: Unraveling Propaganda East and West* (Ithaca: Cornell University Press, 2021). 2022년 2월 이후 논쟁에 대해서는 다음 자료를 보라. Timothy Snyder, "We Should Say It: Russia is Fascist," *The New York Times*, May 19, 2022. See also Taras Kuzio, "How Putin's Russia embraced fascism while preaching anti-fascism," Atlantic Council UkraineAlert, April 17, 2022.

75 일린에 대해서는 다음 자료를 보라. Timothy Snyder, "Ivan Ilyin, Putin's Philosopher of Russian Fascism," *New York Review of Books*, March 16, 2018; and Laruelle, Is Russia Fascist?, pp. 140–145; and Taras Kuzio, *Russian Nationalism and the Russian–Ukrainian War* (London: Routledge, 2022), chapter 5. 라루엘과 쿠지오 모두 푸틴이 1917년 혁명 후 망명한 "백군" 이념가들에 대한 애호를 강조하지만, 이들을 "파시스트"라고 단정할 것인지에 대해서는 의견이 엇갈린다.

76 Stephen D. Shenfield, "The Weimar/Russia Comparison: Reflections on Hanson and

Kopstein," *Post-Soviet Affairs* 14, 4 (1998): 355–368.

77 "President Putin Calls Russians against Invasion 'Scum and Traitors,'" www.youtube.com/watch?v=rWi3T9okyvA.

78 Timofey Sergeytsev, "Chto Rossiya dolzhna sdelat' s Ukrainoy," RIA Novosti, April 3, 2022.

79 "Fascism in Russia," *The Economist*, July 30, 2022.

80 Shaun Walker, "'I Hate Them': Dmitry Medvedev's Journey from Liberal to AntiWestern Hawk," *The Guardian*, August 1, 2022. 메드베데프의 트위터 메시지는 6월 7일 나왔다.

81 Pjotr Sauer, "Putin Praises Russian 'Unity' at Rally as Glitch Cuts State TV Broadcast," *The Guardian*, March 18, 2022.

82 Vladimir Putin, "Concert Marking the Anniversary of Crimea's Reunification with Russia," March 18, 2022.

83 Yousur Al-Hlou, et al., "New Evidence Shows How Russian Soldiers Executed Men in Bucha," *The New York Times*, May 19, 2022.

84 UN Office on Genocide Prevention and the Responsibility to Protect, "Crimes Against Humanity," 2022: www.un.org/en/genocideprevention/crimes-against-humanity.shtml.

85 UN Office on Genocide Prevention and the Responsibility to Protect, "Genocide," www.un.org/en/genocideprevention/genocide.shtml.

86 See Alexey Kovalev, "Russia's Ukraine Propaganda Has Turned Fully Genocidal," *Foreign Affairs*, April 9, 2022.

87 Mark Krutov, "The Dead of the 64th: A Notorious Russian Army Unit and Its High Casualty Rate," RFE/RL, August 10, 2022.

88 New Lines Institute and Raoul Wallenberg Center for Human Rights, "An Independent Legal Analysis of the Russian Federation's Breaches of the Genocide Convention in Ukraine and the Duty to Prevent," May 2022.

89 Rachel Treisman, "What Russians Think of the War in Ukraine, According to an Independent Pollster," National Public Radio, April 18, 2022.

90 Levada Center, "Approval of Institutions, Ratings of Parties and Politicians," July 19, 2022.

91 Suzanne Freeman and Katherine Kjellström Elgin, "What the Use of Russian Conscripts Tells Us about the War in Ukraine," *Politico*, March 17, 2022.

92 "Russia scraps age limit for new troops in Ukraine push," BBC, May 28, 2022.

93 Tatiana Stanovaya, "What The West (Still) Gets Wrong About Putin," *Foreign Policy*, June 1, 2022.

94 Timothy Frye, Putin's War at Home: How Conflict in Ukraine Complicates His Balancing Act," *Foreign Affairs*, February 26, 2022.

95 Hans von der Burchard, "Scholz, Zelenskiy play down talk of NATO membership for Ukraine," *Politico*, February 14, 2022.
96 "President Zelenskyy's exclusive interview with David Muir: ABC News," March 7, 2022.
97 Anton Troianovski, "Peace Talks Produce Signs of Progress, but No End to War Is in Sight," *New York Times*, March 29, 2022.
98 Steven Erlanger and Patrick Kingsley, "As Diplomacy Drags On, Peace Seems Far Off in Ukraine," *New York Times*, March 18, 2022.
99 Marc Santora, Michael Schwirtz and Michael Levenson, "As Western Arms Pour into Ukraine, Zelenskyy Promises Victory," *New York Times*, April 23, 2022.
100 Quint Forgey, "Austin: U.S. Believes Ukraine 'Can Win' War against Russia," *Politico*, April 26, 2022.
101 The Editorial Board, "'I Want Peace.' Zelenskyy's Heroic Resistance Is an Example for the World," *New York Times*, March 4, 2022.
102 The Editorial Board, "The War in Ukraine Is Getting Complicated, and America Isn't Ready," *New York Times*, May 19, 2022.
103 See, for example, Timothy Bella, "Kissinger Says Ukraine Should Cede Territory to Russia to End War," *Washington Post*, May 24, 2022.
104 "To Reach Borders as of February 24 with No Unnecessary Losses Would Already be Seen as 'Victory' – Zelenskyy," Ukrinform, May 21, 2022.
105 Anatolii Shara and Anastasia Koberska, "How Russia Changed its War Strategy after Suffering Defeat in North Ukraine," Euromaidan Press, June 17, 2022.
106 Andrew Roth, "Russia May Seek to Occupy More Territory in Ukraine, Says Foreign Minister," *The Guardian*, July 20, 2022.
107 See, for example, Thomas Graham and Rajan Menon, "How to Make Peace With Putin: The West Must Move Quickly to End the War in Ukraine," *Foreign Affairs*, March 21, 2022.
108 Oleksii Reznikov, "The Future of Global Security Will be Decided in Ukraine," Atlantic Council UkraineAlert, June 14, 2022.
109 이 자료는 다음 기관이 작성했다. Ilko Kucheriv Democratic Initiatives Foundation, "How the War Changed the Way Ukrainians Think About Friends, Enemies, and the Country's Strategic Goals," May 30, 2022. 전쟁으로 인해 우크라이나 모든 지역에서 조사가 진행되지 못했고, 그래서 이 통계는 정확하기보다 예시적인 것으로 보아야 한다.

10장

1 Vladimir Putin, "Meeting with Young Entrepreneurs, Engineers and Scientists," President of

Russia Website, June 9, 2022.

2 George F. Kennan, *The Kennan Diaries* (New York: W.W. Norton, 2014), pp. 166 – 167.

3 이 "전쟁으로 다가감(steps to war)" 접근법은 다음 자료에 상세히 다루어졌다. John A. Vasquez, *The War Puzzle Revisited* (Cambridge: Cambridge University Press, 2009); and Paul D. Senese and John A. Vasquez, "Assessing the Steps to War," *British Journal of Political Science* 35, 4 (2005): 607 – 633.

4 James D. Fearon, "Rationalist Explanations for War," *International Organization* 49, 3 (1995): 379 – 414.

5 Emmanuel Brunet-Jailly, ed., *Border Disputes: A Global Encyclopedia* (Santa Barbara: ABC-CLIO, 2015).

6 Fyodor Lukyanov, "Putin's Foreign Policy: The Quest to Restore Russia's Rightful Place," *Foreign Affairs* (May/June 2016): 32.

7 티모시 프라이는 푸틴의 움직인은 야망이 큰 세계 다른 독재가가 취한 것과 유사하고, "푸틴이즘"은 우리가 생각한 것보다 특별한 것이 아니라고 주장한다. Timothy Frye, *Weak Strongman: The Limits of Power in Putin's Russia* (Princeton: Princeton University Press, 2021).

8 Andrei Kozyrev, "The Lagging Partnership," *Foreign Affairs* 73, 2 (May/June 1994): 60.

9 Serge Schmemann, "Why Russia Believes It Cannot Lose the War in Ukraine," *New York Times*, July 19, 2022.

10 Ilko Kucheriv Democratic Initiatives Foundation, "How the War Changed the Way Ukrainians Think About Friends, Enemies, and the Country's Strategic Goals," May 30, 2022.

11 다음 자료를 보라. Marco Siddi, "German Foreign Policy towards Russia in the Aftermath of the Ukraine Crisis: A New Ostpolitik?" *Europe–Asia Studies* 68, 4 (June 2016): 665 – 677; and Tuomas Forsberg, "From Ostpolitik to 'Frostpolitik'? Merkel, Putin and German Foreign Policy toward Russia," *International Affairs* 92, 1 (January 2016): 21 – 42.

12 이 통계는 다음 자료에서 나왔다. "How the War Changed the Way Ukrainians Think About Friends, Enemies, and the Country's Strategic Goals," Ilko Kucheriv Democratic Initiatives Foundation, May 30, 2022. 전쟁으로 인해 우크라이나 모든 지역에서 조사가 진행되지 못했고, 그래서 이 통계는 정확하기보다 예시적인 것으로 보아야 한다.

13 2022년 5월 실시된 Democratic Initiatives 조사에서 응답자 96퍼센트가 전쟁에 대해 러시아 지도부를 비난했고, 54퍼센트는 러시아 국민을 비난했다.

14 "How the War Changed the Way Ukrainians Think About Friends, Enemies, and the Country's Strategic Goals."

15 On reconstruction, see Anatoliy Tkachuk and Yuri Tretyak, "Vidnovlennia Ukrainy. Rehional'nyy aspect," zn.ua, June 10, 2022.

16 UNHCR, "Operational Data Portal: Ukraine Refugee Situation," June 16, 2022.

17 Tkachuk and Tretyak, "Vidnovlennia Ukrainy."

18 Vladislav Surkov, "The Loneliness of the Half-Breed," Russia in Global Affairs, May 28, 2018. 이와 대조적으로 세르게이 카라가노프는 "cancel culture"로 인해 서방과 미국에서 공격받는 사상들의 피난처로 남을 것이라고 주장했다. Schmemann, "Why Russia Believes It Cannot Lose the War in Ukraine."

19 다음 자료를 보라. Andrei Kolesnikov, "Russians at War: Putin's Aggression Has Turned a Nation Against Itself," *Foreign Affairs*, April 18, 2022.

20 "Russian Schoolchildren, Teachers Arrested amid Crackdown on Anti-War Dissent," *The Moscow Times*, April 11, 2022.

21 Andrei Soldatov and Irina Borogan, "Putin's New Police State," *Foreign Affairs*, July 27, 2022.

22 Sergey Karaganov, 다음 자료에 인용됨. Schmemann, "Why Russia Believes It Cannot Lose the War in Ukraine."

23 Aleksandra Marksteiner, "Explainer: The Proposed Hike in German Military Spending," Stockholm International Peace Research Institute, March 25, 2022.

24 Patrick Wintour, "Putin Thought Ukraine War Was a Missile to Nato. It May Be a Boomerang," *The Guardian*, April 15, 2022.

25 Wintour, "Putin Thought Ukraine War Was a Missile to NATO."

26 "Macron Draws New Wave of Criticism over Call Not to 'Humiliate' Russia," France24, June 6, 2022.

27 Frédéric Grare, "A Question of Balance: India and Europe after Russia's Invasion of Ukraine," European Council on Foreign Relations Policy Brief, May 16, 2022.

28 Michael Young, "The Mirage of Liberal Internationalism," Carnegie Middle East Center, April 11, 2022.

29 Michael J. Puma and Megan Konar, "What the War in Ukraine Means for the World's Food Supply," *New York Times*, March 1, 2022.

30 Martin Farrer, "Ukraine War Has Stoked Global Food Crisis That Could Last Years, Says UN," *The Guardian*, May 19, 2022.

31 Mark Landler et al., "War Raises Famine Fears as Russia Chokes Off Ukraine's Farms and Exports," *New York Times*, May 24, 2022.

32 These problems are analyzed in greater detail in Paul D'Anieri, "Magical Realism: Assumptions, Evidence and Prescriptions in the Ukraine Conflict," *Eurasian Geography and Economics* 60:1 (2019) 97–117.

33 "Address by the President of the Russian Federation," February 21, 2022, President of Russia website; "Medvedev Weighs in on Goals of Ukraine Special Operation," *TASS*, April 5, 2022.
34 Andrew Rettman, "Ukraine and EU Ridicule Russian Threats," euobserver.com, September 23, 2013.

참고 문헌

"A Scripted War" (2008). *The Economist*, August 14.

Abdelal, Rawi (2013). "The Profits of Power: Commerce and Realpolitik inEurasia." *Review of International Political Economy* 20(3): 421–456.

Address by President of the Russian Federation, Moscow (2014). President ofRussia website, March 18.

Address by President of Ukraine Volodymyr Zelenskyy to the US Congress (2022). March 16.

Adebahr, Cornelius (2014). "Reconciling European Values and Western Interests in Ukraine." European Leadership Network.

Al-Hlou, Yousur, Froliak, Masha, Hill, Evan, Browne, Malachy, and Botti, David (2022). "New Evidence Shows How Russian Soldiers Executed Men in Bucha." *The New York Times*, May 19.

Aleprete, Michael E., Jr. (2017). "Minimizing Loss: Explaining Russian Policy: Choices during the Ukrainian Crisis." *Soviet and Post-Soviet Review* 44: 53–75.

Alexseev, Mikhail and Hale, Henry (2018). "Crimea Come What May: Do Economic Sanctions Backfire Politically?" Unpublished paper.

Ambrosio, Thomas (2007). "Insulating Russia from a Colour Revolution: How the Kremlin Resists Regional Democratic Trends." *Democratization* 14(2): 232–252.

Ames, Paul (2008). "Bush Support Unlikely to Win NATO Membership Track for Georgia, Ukraine." Associated Press International, April 3.

Ames, Paul (2008). "NATO Summit Set to Reject Bush Drive for Early Membership for Ukraine, Georgia, Macedonia." Associated Press International, April 3.

Ames, Paul (2008). "Under Pressure from Russia, NATO Delays Membership Offers to Ukraine, Georgia." Associated Press International, April 4.

Amos, Howard (2012). "Ukraine Language Bill Prompts Clashes between Police and Protesters." *The Guardian*, June 5.

Arel, Dominique (2008). "Ukraine since the War in Georgia." *Survival* 50 (6): 15–25.

Art, Robert J. (1998). "Creating a Disaster: NATO's Open Door Policy." *Political Science*

Quarterly 113(3): 383–384.

Åslund, Anders (2009). *How Ukraine Became a Market Economy and Democracy*. Washington, DC: Peterson Institute for International Economics, 2009.

Åslund, Anders (2013). "Ukraine Crisis: Yanukovych and the Tycoons." *BBC News*, December 13.

Åslund, Anders (2013). "Ukraine's Choice: European Association Agreement or Eurasian Union?" Peterson Institute for International Economics Policy Brief.

Åslund, Anders (2015). *Ukraine: What Went Wrong and How to Fix It*. Washington, DC: Peterson Institute for International Economics, 2015.

Åslund, Anders (2017). "Ukraine Beats Russia in Epic Gas Battle." Atlantic Council, June 1.

Åslund, Anders (2022). "Western Advocates of Appeasement Need a Crash Course in Putinology." Atlantic Council UkraineAlert, May 15.

Åslund, Anders and McFaul, Michael (2006). *Revolution in Orange: The Origins of Ukraine's Democratic Breakthrough*. Washington, DC: Carnegie Endowment for International Peace.

Asmus, Ronald (2010). *A Little War that Shook the World: Georgia, Russia, and the Future of the West*. New York: St. Martin's.

Atlantic Council Eurasia Center (2020). "Flawed Peace Plan for Ukraine Repeats Kremlin Talking Points." February 14.

Baker, Peter (2001). "Putin Offers West Reassurances and Ideas on NATO." *Washington Post*, July 18.

Balmaceda, Margarita M. (2008). *Energy Dependency, Politics and Corruption in the Former Soviet Union: Russia's Power, Oligarchs' Profits and Ukraine's Missing Energy Policy*. London: Routledge.

Balmaceda, Margarita (2013). *The Politics of Energy Dependency: Ukraine, Belarus, and Lithuania between Domestic Oligarchs and Russian Pressure*. Toronto: University of Toronto Press.

Barany, Zoltan (2008). "Superpresidentialism and the Military: The Russian Variant." *Presidential Studies Quarterly* 38(1): 14–38.

Beissinger, Mark R. (2007). "Structure and Example in Modular Political Phenomena: The Diffusion of the Bulldozer/Rose/Orange/Tulip Revolutions." *Perspectives on Politics* 5 (2): 259–276.

Bella, Timothy (2022). "Kissinger Says Ukraine Should Cede Territory to Russia to End War." *Washington Post*, May 24.

Belotserkovsky, Vadim (1993). "Zapad i Yeltsin: Itak, demokratiya ne dlya Rossii." *Nezavisimaya Gazeta*, September 28.

Bertrand, Natasha, Vasquez, Maegan, Wright, Jasmine, and Judd, Donald (2022). "Biden warns Putin US will react 'decisively and impose swift and severe costs' if Russia invades Ukraine." CNN, February 13.

Beschloss Michael R. and Talbott, Strobe (1994). *At the Highest Levels: The Inside Story of the End of the Cold War*. New York: Little Brown & Company.

Bezrukov, Mikhail E. (1993). "The Creation of a Russian Foreign Policy," in Goodby, James E. & Morel, Benoit, eds., *The Limited Partnership: Building a Russian-US Security Community*. Oxford: SIPRI/Oxford University Press.

Bidgood, Jess (2022). "'I Personally Think He's Unhinged': Analysts Question Putin's Mental State after Ukraine Invasion." *Boston Globe*, March 1.

Bigg, Claire (2005). "Protests across Russia Force Putin to Double Increase in Pension Payments." *The Guardian*, January 19.

Birch, Sarah (2000). *Elections and Democratization in Ukraine*. London: Palgrave Macmillan.

Black, J. L. (2000). *Russia Faces NATO Expansion: Bearing Gifts or Bearing Arms*. Lanham, MD: Rowman & Littlefield.

Blainey, Geoffrey (1988). *The Causes of War*, 3rd Ed. New York: The Free Press.

Blinken, Anthony J. (2017). "Time for the Trump Administration to Arm Ukraine." *New York Times*, October 4.

Blomfield, Adrian and Kirkup, James (2008). "Stay Away, Vladimir Putin Tells NATO." *The Telegraph*, April 5.

Blomfield, Andrew (2008). "Not Yet, NATO Tells Ukraine, Georgia: Denial of Membership Seen as Major Diplomatic Coup for Russia, Putin". *Ottawa Citizen*, April 4.

Bobrov, Yevgeny (2014). "Problemy Zhitelei Kryma. Blogi Chlenov Sovieta, Sovyet pri Prezidente Rossiiskoi Federatsii po razvitiyu grazhdanskogo obshchestva I pravam cheloveka." April 24.

Bondarev, Yuri (1991). "Slovo K Narodu." *Sovietskaya Rossiya*, July 23.

Booth, William (2014). "Ukraine's Parliament Votes to Oust President; Former Prime Minister is Freed from Prison." *Washington Post*, February 22.

Borger, Julian and Roth, Andrew (2021). "Biden and Putin Make Little Apparent Headway on Ukraine in Virtual Summit." *The Guardian*, December 7.

Boussel, Pierre (2022). "Syrian Mercenaries in Ukraine: Myth or Reality." Carnegie Endowment for International Peace, June 23.

Bovt, Georgy and Kalashnikova, Natalya (1995). "Russian – Ukrainian Talks: Agreements with Ukraine Might Be Reconsidered." *Kommersant-Daily*, April 29, translated in *Current Digest of the Russian Press*, 16(47): May 17.

Bowker, Mike (1998). "The Wars in Yugoslavia: Russia and the International Community." *Europe–Asia Studies* 50(7): 1245 – 1261.

Brik, Tymofii and Brick, Jennifer Murtazishvili (2022). "The Source of Ukraine's Resilience: How Decentralized Government Brought the Country Together." *Foreign Affairs*, July 28.

Brodsky, Joseph (1992). "Na nezavisimost' Ukrainy." www.culture.ru/poems/30468/na-nezavisimost-ukrainy.

Brooke-Holland, Louisa (2016). "NATO's Military Response to Russia: November 2016 Update." House of Commons Briefing Paper Number 07276, November.

Brunet-Jailly, Emmanuel (2015). *Border Disputes: A Global Encyclopedia*. Santa Barbara: ABC-CLIO.

Brzezinski, Zbigniew (1994). "The Premature Partnership." *Foreign Affairs* 73, March/April.

Bucharest Summit Declaration (2008). NATO Press Release 049, April 3.

Buckholz, Quenton (2019). "The Dogs that Didn't Bark: Elite Preferences and the Failure of Separatism in Kharkiv and Dnipropetrovsk." *Problems of Post-Communism* 66(3): 151 – 160.

Buckley, Neil (2006). "Europe Seeks to Cut Reliance on Russia Gas Supply." *Financial Times*, January 20.

Budjeryn, Mariana (2015). "The Power of the NPT: International Norms and Ukraine's Nuclear Disarmament." *The Non-Proliferation Review* 22(2): 203 – 237.

"Buduyemo derzhavu – buduyemo armiyu" (1992). *Uryadovyi Kuryer*, December 4.

Bugriy, Maksym (2018). "Ukraine's Security Sector Reform." *Connections* 17(3): 72 – 91.

Bukkvoll, Tor (2002). "Defining a Ukrainian Foreign Policy Identity: Business and Geopolitics in the Formulation of Ukrainian Foreign Policy 1994 – 1999," in Moroney, Jennifer D. P., Kuzio, Taras, and Molchanov, Mikhail eds., *Ukrainian Foreign and Security Policy: Theoretical and Comparative Perspectives*. Westport, CT: Praeger.

Bukkvoll, Tor (2016). "Why Putin Went to War: Ideology, Interests, and Decision-making in the Russian Use of Force in Crimea and the Donbas." *Contemporary Politics* 22(3): 267 – 282.

Bundesregierung (2021). Telefonat von Bundeskanzlerin Merkel mit dem russischen Präsidenten Putin, April 8.

Cancian, Mark F. (2022). "Putin's Invasion Was Immoral but Not Irrational." Center for Strategic and International Studies, May 10.

"Ch'ya pobeda na vyborakh presidenta Ukrainy vygodna Rossii. Mneniya politologov" (2019).

Vedomosti, March 30.

Charap, Samuel (2010). "Seeing Orange." Foreignpolicy.com, January 8.

Charap, Samuel and Colton, Timothy J. (2017). *Everyone Loses: The Ukraine Crisis and the Ruinous Contest for Post-Soviet Eurasia*. London: Routledge.

"Chem vyzvano obostreniye situatsii vokrug Ukrainy. Mneniya ekspertov" (2022) rbc.ru, February 12.

Chernyshova, Nataliya (2021). "The Belarus Protests and Russia: Lessons for Big Brother." PONARS Policy Memos, March 1.

Chivers, C. J. (2005). "How Top Spies in Ukraine Changed the Nation's Path." *New York Times*, January 17.

Chivers, C. J. (2007). "Russia Proposes Steps to Weaken Election Watchdogs." *New York Times*, October 25.

Chivers, C. J. and Myers, Steven Lee (2004). "Premier's Camp Signals a Threat to Ukraine Unity." *New York Times*, November 29.

"Clinton Warns Russia on Spying but Won't Freeze Aid" (1994). *St. Louis Post-Dispatch*, February 24.

Clinton, Bill (1993). "A Strategic Alliance with Russian Reform." US Department of State Dispatch, Vol. 4, No. 14, April 5.

Clinton, Bill (1999). "Transcript: Clinton Justifies U.S. Involvement in Kosovo." CNN, May 13.

Clover, Charles (2016). *Black Wind, White Snow: The Rise of Russia's New Nationalism*. New Haven, CT: Yale University Press.

Coalson, Robert (2022). "Putin's Recognition of Separatist Formations In Eastern Ukraine Embraces All Their Territorial Claims Against Kyiv." RFE/RL, February 22.

Cohen, Ariel (2001). "Analysis: Ukraine Scandals." UPI, February 23.

Cohen, Roger (2022). "Emmanuel Macron in His Labyrinth." *New York Times*, February 12.

Cohen, Steven F. (2005). "The Media's New Cold War." *The Nation*, January 31.

Colton, Timothy J. (1995). "Superpresidentialism and Russia's Backward State." *Post-Soviet Affairs* 11(2): 144 – 148.

Colton, Timothy J. (2011). An Aligning Election and the Ukrainian Political Community." *East European Politics and Societies* 25 (1) (February): 4 – 27.

Commission of the European Communities (2003). "Wider Europe – Neighbourhood: A New Framework for Relations with our Eastern and Southern Neighbours." COM(2003) 104 final, March 11.

Commission of the European Communities (2004). "Communication from the Commission to the Council and to the European Parliament, on Relations with Russia." COM(2004) 106 final, February 2.

Cooper, Helene and Barnes, Julian E. (2021). "80,000 Russian Troops Remain at Ukraine Border as U.S. and NATO Hold Exercises." *New York Times*, May 5.

Copland, Dale C. (2022). "When Trade Leads to War: China, Russia, and the Limits of Interdependence." *Foreign Affairs*, August 23.

Copsey, Nathaniel and Shapovalova, Natalia (2010). "The Ukrainian Presidential Election of 2010." *Representation* 46(2): 211 – 225.

Corera, Gordon and Wright, George (2022). "Ukraine War: CIA Chief Says No Intelligence that Putin is in Bad Health." BBC, July 21.

"Could Ukraine – Russia Border Tension Escalate into a Fresh Conflict?" (2021). Euronews, April 2.

Council of the European Union (2007). Press Release 5463/07, 2776th Council Meeting, General Affairs and External Relations, "External Relations," Brussels, January 22.

Council of the European Union (2012). 3209th Foreign Affairs Council Meeting, December 10.

Council on Foreign Relations (2005). The World in the 21st Century: Addressing New Threats and Challenges.

"Counter-Revolution and Fun at Pro-Putin Youth Summer Camp" (2005). Agence France Presse, July 19.

Coynash, Halya (2015). "'Decommunization' Laws: Deeply Divisive and Destined for Strasbourg." *Krytyka*, (April).

D'Anieri, Paul (1999). *Economic Interdependence in Ukrainian–Russian Relations*. Albany: State University of New York Press.

D'Anieri, Paul (2006). "Explaining the Success and Failure of Post-Communist Revolutions." *Communist and Post-Communist Studies* 39(3): 331 – 350.

D'Anieri, Paul (2007). "Ethnic Tensions and State Strategies: Understanding the Survival of the Ukrainian State." *Journal of Communist Studies and Transition Politics* 23(1): 4 – 29.

D'Anieri, Paul (2014). "Autocratic Diffusion and the Pluralization of Democracy," in Pauly, Louis W. and Jentleson, Bruce W., eds., *Power in a Complex Global System*. London: Routledge.

D'Anieri, Paul (2016). "Ukraine, Russia, and the West: The Battle over Blame." *The Russian Review* 75: 498 – 503.

D'Anieri, Paul (2019). "Gerrymandering Ukraine? Electoral Consequences of Occupation." *East European Politics and Societies* 33(1): 89–108.

D'Anieri, Paul (2019). "Magical Realism: Assumptions, Evidence and Prescriptions in the Ukraine Conflict." *Eurasian Geography and Economics* 60(1): 97–117.

D'Anieri, Paul (2022). "Ukraine's 2019 Elections: Pro-Russian Parties and the Impact of Occupation." *Europe-Asia Studies*, 74, 10.

D'Anieri, Andrew & Posner, Lillian (2022). The False Promise of Biden's Ukrainian Relief Program, *The Hill*, May 5.

Dabrowski, Marek, Domínguez-Jiménez, Marta, and Zachmann, Georg (2020). "Six Years after Ukraine's Euromaidan: Reforms and Challenges Ahead." Policy Contribution 2020/14, Bruegel.

Danilov, Dmitry. (2005). "Russia and European Security," in Dov Lynch, ed., *What Russia Sees*, Chaillot Paper No. 74, Institute for Security Studies.

Dannreuther, Roland (2006). "Developing the Alternative to Enlargement: The European Neighborhood Policy." *European Foreign Affairs Review* 11(2): 183–201.

Darden, Keith (2008). "The Integrity of Corrupt States: Graft as an Informal State Institution." *Politics and Society* 36(1): 35–60.

Day, Matthew (2013) "Ukraine Warns EU that Tymoshenko's Fate Should Not Block Historic Trade Deal." *The Telegraph*, October 10.

De Carbonnel, Alissa (2014). "How the Separatists Delivered Crimea to Moscow." Reuters, March 12.

Deegan-Krause, Kevin (2003). "Slovakia's Second Transition." *Journal of Democracy* 14(2): 65–79.

Dempsey, Judy (2016). "The (German) Politics of Nord Stream 2." Carnegie Europe, November 3.

Dickinson, Peter (2021). "Putin's Key Ally Charged with Treason." Atlantic Council UkraineAlert, May 13.

Dickinson, Peter (2021). "Putin's New Ukraine Essay Reveals Imperial Ambitions." Atlantic Council UkraineAlert, July 15.

"Die Ukraine im Labilen Gleichgewicht; Einsicht folgt hysterischen Reaktionen auf Kosovo-Konflikt" (1999). *Neue Zuercher Zeitung*, May 5.

Dolgov, Anna (2014). "Navalny Wouldn't Return Crimea, Considers Immigration Bigger Issue than Ukraine." *Moscow Times*, October 16.

Domańska, Maria (2021). "Putin's Article: 'On the Historical Unity of Russians and

Ukrainians.'" Centre for Eastern Studies, July 13.

Donnan, Shawn, Buckley, Neil, and Polity, James (2018). "Manafort Charges Entangle Former European Leaders." *Financial Times*, February 25.

Dorosh, Svitlana (2012). "Ukraine Fights Euro 2012 Boycott." BBC.com, May 9.

Dragneva-Lewers, Rilke & Wolczuk, Kataryna (2015). *Ukraine between the EU and Russia: The Integration Challenge*. Houndmills, Basingstoke: Palgrave MacMillan.

Drezner, Daniel W. (2014). "Bringing the Pain, Can Sanctions Hurt Putin Enough to Make Him Give up Crimea." Foreignpolicy.com, March 7.

Drohobycky, Maria (1995). *Crimea: Dynamics, Challenges, and Prospects*. Lanham, MD: Rowman & Littlefield.

Economist Intelligence Unit (2019). Russia – Ukraine Politics: Unprecedented Thaw in Russia – Ukraine Relations, December 17.

Editorial Board (2022). "'I Want Peace.' Zelenskyy's Heroic Resistance Is an Example for the World." *New York Times*, March 4.

Editorial Board (2022). "The War in Ukraine is Getting Complicated, and America isn't Ready." *New York Times*, May 19.

Eggert, Konstantin (1995). "'Derzhavnaya' Vneshnaya Politika Stoit Slishkom Dorogo." *Izvestiia*, December 16.

Eke, Steven (2004). "Russians Rush to Rethink Ukraine." *BBC News*, December 27.

Elder, Miriam (2011). "Vladimir Putin Accuses Hillary Clinton of Encouraging Russian Protests." *The Guardian*, December 8.

Erlanger, Steven (2022). "How Volodymyr Zelenskyy Rallied Ukrainians, and the World, Against Putin." *New York Times*, February 27.

Erlanger, Steven and Kingsley, Patrick (2022). "As Diplomacy Drags on, Peace Seems Far Off in Ukraine." *New York Times*, March 18.

"EU Trade Deal Deadlocked over Tymoshenko Release" (2013). *France 24*, November 24.

"EU: Updated 'Action Plan' for Ukraine Wards off Talk of Membership" (2005). RFE/RL, January 24.

EU/Ukraine Action Plan (2005). EU Neighbours Library.

Euro-Atlantic Security Leadership Group (2020). Twelve Steps Toward Greater Security in Ukraine and the Euro-Atlantic Region, February.

European Commission (n.d.). Ukraine: EU Trade Relations with Ukraine. Facts, Figures and Latest Developments.

European Council (1999). Common Strategy of the European Union of 4 June 1999 on Russia

(1999/414/CFSP).
European Union Delegation to Ukraine (2021). The European Union and Ukraine, August 6.
Evans, Julia (2005). "How Putin Youth is Indoctrinated to Foil Revolution." *The Times*, July 18.
Fact Sheet (2022). "United States and G7 Partners Impose Severe Costs for Putin's War Against Ukraine." White House, May 8.
Fadeev, Evgeniy (1993). "Stervyatniki." *Pravda*, August 11.
Farrer, Martin (2022). "Ukraine War Has Stoked Global Food Crisis That Could Last Years, Says UN." *The Guardian*, May 19.
"Fascism in Russia" (2022). *The Economist*, July 30.
Fean, Dominic (2010). "A Return to Multi-Vectoral Balancing? Viktor Yanukovych's Government and Ukrainian Foreign Policy." *Politique étrangère* 2: 1–12.
Fearon, James D. (1995). "Rationalist Explanations for War." *International Organization* 49(3): 379–414.
Feklyunina, Valentina (2016). "Soft Power and Identity: Russia Ukraine and the 'Russian World(s).'" *European Journal of International Relations* 22(4): 773–796.
Feldenkirchen, Markus, Hoffmann, Christiane, and Pfister, René (2014). "Will It Be America or Russia?" *Spiegel* Online, July 10.
Felgengauer, Pavel (1993). "Nuclear Ukraine." *Sevodnya*, June 8, translated in *The Current Digest of the Russian Press*, No. 23, Vol. 45, July 7, p. 14.
Finch, Raymond C. III (2018). "Vladimir Putin and the Russian Military." *South Central Review* 35(1) (Spring): 48–73.
Fish, M. Steven (2000). "The Executive Deception: Superpresidentialism and the Degradation of Russian Politics," in Sperling, Valerie, ed., *Building the Russian State*. Boulder: Westview Press.
Fish, M. Steven (2005). *Democracy Derailed in Russia*. New York: Cambridge.
"Flawed Peace Plan for Ukraine Repeats Kremlin Talking Points" (2020). Atlantic Council Eurasia Center, February 14.
Flier, Michael S., and Graziosi, Andrea (2017). *The Battle for Ukrainian: A Comparative Perspective*. Cambridge, MA: Harvard University Press/ Harvard Ukrainian Research Institute.
Foreign Policy Concept of the Russian Federation (2008). January 12.
Foreign Policy Concept of the Russian Federation (2016). December 1.
Forgey, Quint (2022). "Austin: U.S. Believes Ukraine 'Can Win' War against Russia." *Politico*, April 26.

Forsberg, Tuomas (2016). "From Ostpolitik to 'Frostpolitik'"? Merkel, Putin and German Foreign Policy toward Russia. *International Affairs* 92(1): 21–42.

Frankland, Mark (1993). "Bruiser Yeltsin Starts to Rough Up the Enemy Within." *The Observer*, February 21, p. 16.

Freedman, Lawrence (2022). "Why War Fails." *Foreign Affairs*, July/August.

Freedom House, (n.d.). Factsheet: Russia's NGO Laws.

Freeland, Chrystia (1993). "Russia 'Trying to Isolate Ukraine': Campaign Suspected to Bring Kiev Back under Moscow's Hegemony." *Financial Times*, March 17.

Freeman, Suzanne and Elgin, Katherine Kjellström (2022). "What the Use of Russian Conscripts Tells Us about the War in Ukraine." *Politico*, March 17.

Friedman, Thomas L. (1992). "Bill to Aid Former Soviet Lands Is Stuck in Capitol Hill Quagmire." *New York Times*, June 5.

Friedman, Thomas L. (1992). "Bush Cites Limits on Aid to Russia." *New York Times*, March 11.

Friedman, Thomas L. (1993). "Summit in Vancouver: Clinton Presents Billion to Yeltsin in US Aid Package." *New York Times*, April 4.

Frye, Timothy (2021). *Weak Strongman: The Limits of Power in Putin's Russia*. Princeton: Princeton University Press.

Frye, Timothy (2022). "Putin's War at Home: How Conflict in Ukraine Complicates His Balancing Act." *Foreign Affairs*, February 26.

Gaidar, Yegor (2007). *Collapse of an Empire: Lessons for Modern Russia*, trans. Antonina W. Bouis. Washington, DC: Brookings Institution.

Galeotti, Mark (2019). "The Mythical 'Gerasimov Doctrine' and the Language of Threat." *Critical Studies on Security* 7(2): 158–161.

Gallardo, Christina (2022). "British Diplomacy gets a Frosty Reception in Moscow." *Politico.eu*, February 10.

Garnett, Sherman W. (1995). "The Sources and Conduct of Ukrainian Nuclear Policy," in Quester, George, ed., *The Nuclear Challenge in Russia and the New States of Eurasia*. Armonk, NY: M. E. Sharpe.

Garthoff, Raymond L. (1994). *The Great Transition: American–Soviet Relations and the End of the Cold War*. Washington, DC: Brookings Institution.

Gavrilenko, Vladimir and Polyakov, Anatolii (1994). "Sobytiya i Kommentarii: Led Vokrug Kryma, Pokhozhe, Tronulsya." *Krasnaya Zvezda*, May 26.

Geist, Edward (2022). "Is Putin Irrational? What Nuclear Strategic Theory Says About Deterrence of Potentially Irrational Opponents." The RAND Blog, March 8.

Gerasimov, Valerii (2013). "Tsennost' Nauki v Predvidennii." *Boenno-Promyshlennyi Kur'er* No. 8, February 27 – March 5.

Gessen, Keith (2011). "A Note on Brodsky and Ukraine." *The New Yorker*, August 21.

Giles, Keir (2022). "Putin's Speech Harked Back to Russia's Empire – the Threat Doesn't Stop at Ukraine." *The Guardian*, February 22.

Giuliano, Elise (2019). "Who Supported Separatism in Donbas?" *Post-Soviet Affairs*, 34(2–3): 158–178.

Glazyev, Sergei (2013). "Ukraina vo vlasti samoobmana." Izborskii Klub, October 3.

Glazyev, Sergei (2013). "Iskusstvenno Sozdannoe Navzhdenie." Izborskii Klub, November 7.

Gnedina, Elena (2009). "EU Running on Empty in Ukraine." Euobserver.com, November 16.

Goldgeier, James M. (1998). "NATO Expansion: Anatomy of a Decision." *The Washington Quarterly* 21.

Goldgeier, James M. (1999). *Not Whether but When: The US Decision to Enlarge NATO*. Washington, DC: Brookings Institution Press, 1999.

Goldgeier, James M. (2016). "Promises Made, Promises Broken? What Yeltsin Was Told about NATO in 1993 and Why It Matters." War on the Rocks. July 12.

Goldgeier, James M. and McFaul, Michael (2003). *Power and Purpose: U.S. Policy toward Russia after the Cold War*. Washington, DC: Brookings Institution Press.

Golts, Alexandr (1992). "Seans 'Shokovoi Diplomatii' v Stokgolme.'" *Krasnaya Zvezda*, December 16.

Goodby, James E. and Morel, Benoit, eds. (1993). *The Limited Partnership: Building a Russian–US Security Community*. Oxford: SIPRI/Oxford University Press.

Goshko, John M. (1994). "Yeltsin Claims Russian Sphere of Influence: Regional Peacekeeping Role Asserted." *Washington Post*, September 27.

Graham, Thomas E. (2016). "The Sources of Russian Conduct." *The National Interest*, August 24.

Graham, Thomas and Menon, Rajan (2022). "How to Make Peace With Putin: The West Must Move Quickly to End the War in Ukraine." *Foreign Affairs*, March 21.

Grare, Frédéric (2022). "A Question of Balance: India and Europe after Russia's Invasion of Ukraine." European Council on Foreign Relations Policy Brief, May 16.

Grau, Lester R. and Bartles, Charles K. (2022). "Getting to Know the Russian Battalion Tactical Group." Royal United Services Institute, April 22, https://rusi.org/explore-our-research/publications/commentary/getting-know-russian-battalion-tactical-group.

Greene, James (2017). "NATO–Ukraine Distinctive Partnership Turns Twenty: Lessons to

Take Forward." *NATO Review*, April.

Gretskiy, Igor, Treshchenkov, Evgeny, and Golubev, Konstantin (2014). "Russia's Perceptions and Misperceptions of the EU Eastern Partnership." *Communist and Post-Communist Studies* 47(3–4): 375–383.

Grigoryev, Y. (1990). "SSSR-FRG: Posle Vstrechi v Verkha Realism and Trust." *Pravda*, July 19.

Grytsenko, Oksana and Walker, Shaun (2014). "Kiev Becomes a Battle Zone as Ukraine Protests Turn Fatal." *The Guardian*, January 22.

Gumuchian, Marie-Louis and Butenko, Victoria (2013). "Ukraine Protests Grow as President Responds." CNN.com, December 3.

Gunitsky, Seva and Tsygankov, Andrei P. (2018). "The Wilsonian Bias in the Study of Russian Foreign Policy." *Problems of Post-Communism* 65(6): 385–393.

Gurkov, Andrey and Ostaptschuk, Markian (2011). "Nord Stream: A Commercial Project with a Political Vision." Deutsche Welle, July 7.

Gutterman, Steve (2021). "The Week in Russia: Putin, Ukraine, and 'Phantom Pain.'" RFE/RL, July 16.

Hale, Henry E. (2014). *Patronal Politics: Eurasian Regime Dynamics in Comparative Perspective*. New York: Cambridge University Press.

Hale, Henry E. (2014). "Russian Nationalism and the Logic of the Kremlin's Actions on Ukraine." *The Guardian*, August 29.

Hale, Henry E., Shevel, Oxana, and Onuch, Olga (2018). "Believing Facts in the Fog of War: Identity, Media and Hot Cognition in Ukraine's 2014 Odesa Tragedy." *Geopolitics* 23(4): 851–881.

Hall, Ben (2021). "Ukraine Leader Calls for Revamp of Peace Process to End Donbas War." *Financial Times*, April 25.

Hall, Stephen G.F. (2017) "Learning from Past Experience: Yanukovych's Implementation of Authoritarianism after 2004." *Journal of Eurasian Studies* 8: 161–171.

Hanson, Steven E. (2007). "The Uncertain Future of Russia's Weak State Authoritarianism." *East European Politics and Societies* 21(1): 67–81.

Hanson, Stephen E. and Kopstein, Jeffrey S. (1997). "The Weimar/Russia Comparison." *Post-Soviet Affairs* 13(3): 252–283.

Haran, Olexiy and Pavlenko, Rostyslav (2003). "The Paradoxes of Kuchma's Russian Policy." PONARS Policy Memo 291, September.

Haran, Olexiy and Yakovlev, Maksym, eds. (2017). *Constructing a Political Nation: Changes in the Attitudes of Ukrainians during the War in the Donbas*. Kyiv: Stylos.

Haran, Olexiy and Zolkina, Maria (2014). "Ukraine's Long Road to European Integration." PONARS Eurasia Policy Memo No. 311, February.

Harding, Luke (2010). "Ukraine Extends Lease for Russia's Black Sea Fleet." *The Guardian*. April 21.

Harding, Luke, Walker, Shaun, Roth, Andrew, Chrisafis, Angelique, Borger, Julian, and Connolly, Kate (2022). "Macron Claims Putin Gave Him Personal Assurances on Ukraine." *The Guardian*, February 8.

Harris, Shane and Sonne, Paul (2021). "Russia Planning Massive Military Offensive against Ukraine Involving 175,000 Troops, U.S. Intelligence Warns." *Washington Post*, December 3.

Haukkala, Hiski (2008). "Russian Reactions to the European Neighborhood Policy." *Problems of Post-Communism* 55(5): 40–48.

Havyrlyshyn, Oleh (2017). *The Political Economy of Independent Ukraine: Slow Starts, False Starts, and a Last Chance?* London: Palgrave MacMillan.

Headley, Jim (2003). "Sarajevo, February 1994: The First Russia–NATO Crisis of the Post-Cold War Era." *Review of International Studies* 29(2): 209–227.

Hearst, David (1994). "Russia Directs Salvo at the West: Yeltsin's Intelligence Chief Gets Blunt about 'Double Standards.'" *The Guardian*, September 22.

Heintz, Jim (2001). "Two Years after Putin's Rise, Russia has Veered to Unexpected Western-oriented Course." Associated Press, December 30.

Henri, Maxime, Andre Larive, and Roger E. Kanet (2013). "The Return to Europe and the Rise of EU–Russian Ideological Differences." *Whitehead Journal of Diplomacy and International Relations* 14(1): 125–138.

Herb, Jeremy (2015). "Obama Pressed on Many Fronts to Arm Ukraine." *Politico*, March 11.

Herron, Erik S., Michael E. Thunberg, and Nazar Boyko (2015). "Crisis Management and Adaptation in Wartime Elections: Ukraine's 2014 Snap Parliamentary and Presidential Elections." *Electoral Studies* 40: 419–429.

Hiatt, Fred (1991). "Russia, Ukraine See Commonwealth Differently." *Washington Post*, December 13.

Hiatt, Fred (1992). "Russian Legislature Ratifies START Pact; Further Arms Cuts Seen Facing Tougher Road." *Washington Post*, November 5.

Higgins, Andrew (1993). "Ukrainians Learn to Love Their Bombs: Despite the Chernobyl Legacy, Kiev Now Embraces Nuclear Warheads to Guarantee Its Future." *The Independent*, November 20.

Higgins, Andrew (2020). "As Both Sides Dig in, What's the Endgame for Belarus?" *New York Times*, September 12.

Hill, Fiona and Gaddy, Clifford (2013). "How the 1980s Explains Vladimir Putin." *The Atlantic*, February 14.

Hill, Fiona and Jewitt, Pamela (1994). "'Back in the USSR': Russia's Intervention in the Internal Affairs of the Former Soviet Republics and the Implications for United States Policy Toward Russia." John F. Kennedy School of Government, Harvard University, 1994.

Hill, William H. (2012) *Russia, the Near Abroad, and the West: Lessons from the Moldova–Transnistria Conflict*. Baltimore, MD: Johns Hopkins University Press.

Hill, William H. (2018) *No Place for Russia: European Security Institutions since 1989*. New York: Columbia University Press.

Hopf, Ted (2005). "Identity, Legitimacy, and the Use of Military Force: Russia's Great Power Identities and Military Intervention in Abkhazia." *Review of International Studies* 31: 225–243.

"How Many Ukrainians Have Fled Their Homes and Where Have They Gone?" (2022). BBC, May 26.

"Huge Rally over EU Agreement Delay" (2013). BBC, November 24.

Huggler, Justin and Waterfield, Bruno (2014). "Ukraine Crisis: Russia Sanctions Would Hurt Germany's Growth; Europe's Biggest Economy Could Be Severely Affected by Future Sanctions against Russia." *The Telegraph*, May 9.

Hurak, Ihor and D'Anieri, Paul (2020). "The Evolution of Russian Political Tactics in Ukraine." *Problems of Post-Communism* 69(2): 121–132.

Huskey, Eugene (1999). *Presidential Power in Russia*. Armonk, NY: M.E. Sharpe.

"If Vladimir Putin Does Decide on War in Ukraine, Few Russians Will Be Expecting It" (2022). *The Economist*, February 7.

Il'chenko, Sergey (1998). "Rossiya–NATO–Ukrayina: Kuchma Shantazhiruyet Moskvu." *Pravda-5*, May 30.

Ilko Kucheriv Democratic Initiatives Foundation (2022). "How the War Changed the Way Ukrainians Think About Friends, Enemies, and the Country's Strategic Goals." May 30.

Illarionov, Andrei (1999). "The Roots of the Economic Crisis." *Journal of Democracy* 10(2): 68–82.

International Republican Institute (2018). Public Opinion Survey of Residents of Ukraine March 15–31, 2018.

"Is Vladimir Putin Ill?" (2022). *The Economist*, June 15.

Ishchenko, Volodymyr (2014). "Ukraine's Fractures." *New Left Review* 87: 7–33.

Ishchenko, Volodymyr (2016). "Far Right Participation in the Ukrainian Maidan Protests: An Attempt of Systematic Estimation." *European Politics and Society* 17(4): 453–472.

Ishchenko, Volodymyr (2022). "Towards the Abyss." *New Left Review*, 133/134 (January/April).

Ivanov, Sergei (2006). "Russia Must Be Strong." *Defense and Security*, January 13.

Ivzhenko, Tatyana (1996). "Solana Na Ukraine i v Pribaltike." *Nezavisimaya Gazeta*, April 17.

Izmalkov, Valeriy (1992). "Yaderna Raketa – Ne Kam'yana Sokyra." *Holos Ukrainy*, December 22.

Jankowski, Dominik P. (2022). "Judy Asks: Is Belarus's Sovereignty Over?" Carnegie Europe, February 24.

Janis, Irving L. (1982). *Groupthink: Psychological Studies of Policy Decisions and Fiascoes*, 2nd Ed. Boston: Houghton Mifflin.

Jehl, Douglas (1994). "A Question of Espionage: Clinton Cautious in Rebuking Russia." *New York Times*, February 24.

Jervis, Robert (1978). "Cooperation under the Security Dilemma." *World Politics* 30(2): 167–214.

"John McCain Tells Ukraine Protesters: 'We Are Here to Support Your Just Cause'" (2013). *The Guardian*, December 15.

"Joint Declaration Signed on Modernization of Ukrainian Gas" (2009). *Russia & CIS Business & Investment Weekly*, March 27.

"Joint Geneva Statement on Ukraine from April 17: The Full Text" (2014). *Washington Post*, April 17.

Joint press point with NATO Secretary General Anders Fogh Rasmussen and the Prime Minister of Ukraine, Arsenii Yatseniuk (2014). North Atlantic Treaty Organization. March 6.

Judah, Ben (2013). *Fragile Empire: How Russia Fell In and Out of Love with Vladimir Putin*. New Haven, CT: Yale University Press.

Judah, Tim (2014). "Ukraine: A Catastrophic Defeat." *New York Review of Books*, September 5.

"Judy Asks: Is Belarus's Sovereignty Over?" (2022). Carnegie Europe, February 24.

Kabmin prinyal programmu sotrudnichestva s Tamozhennym soyuzom (2014). LB.ua, January 15.

Kagarlitsky, Boris and Balhorn, Loren (2022). "A Russian Sociologist Explains Why Putin's War is Going Even Worse That It Looks." *Jacobin*, July 22.

Kahneman, Daniel S. and Amos Tversky (1979). "Prospect Theory: An Analysis of Decision under Risk." *Econometrica* 47(2): 263 – 292.

Kamorin, Andrey (1993). "Ukraina i Belarus' prizyvayut k boleye proportsional'nomu raspredeleniyu zapadnoy pomoshchi." *Izvestiia*, April 21.

Kamorin, Andrey (1993). "Ukraina Obinyayet Rossiyu v 'Shantazhye i Zapugivanii.'" *Izvestiia*, April 2.

Kan, Paul Rexton (2016). *Drug Trafficking and International Security*. Lanham, MD: Rowman & Littlefield.

Kapitonenko, Mykola (2022). "Russia's War in Ukraine: How it Started and Where it Could Lead." European Leadership Network, April 4.

Karabeshkin, L. (2004). "Vostochnoye izmerenie Evropeiskogo Soyuza i Rossia," in Kazin, Filip and Kuznetzov, Vladimir, eds., *Vostochnoye izmerenie Evropeiskogo Soyuza i Rossia. Mezhdunarodnaya konferentsia*. Veliky Novgorod, November 14, 2003. Sbornik dokladov. (St. Petersburg: BITS, 2004).

Karaganov, Sergei (2011). "An Iron Fist to Keep NATO at Bay." *Russia in Global Affairs*, March 4.

Karatnycky, Adrian (2005). "Ukraine's Orange Revolution." *Foreign Affairs* 84(2): 35 – 52.

Kaufmann, Ellie and Liebermann, Oren (2022). "Heaviest Fighting in Ukraine is 'in and around Kharkiv,' Senior US Defense Official Says." CNN, February 26.

Kelemen, Michele (2022). "U.S. and Russia Share Tense Exchange at U.N. Security Council Meeting." National Public Radio, January 31.

Kelley, Judith (2006). "New Wine in Old Wineskins: Promoting Political Reforms through the New European Neighbourhood Policy." *Journal of Common Market Studies* 44(1): 29 – 55.

Kempster, Norman (1992). "Just Kidding, Russian Says, after Cold War Blast Stuns Europeans." *Los Angeles Times*, December 15.

Kendall-Taylor, Andrea (2022). "Myth 4: 'Russia launches military adventures to distract from domestic troubles.'" Chatham House, July 14.

Kennan, George F. (2014). *The Kennan Diaries*. New York: W.W. Norton.

Khrushcheva, Nina (2022). "The Coup in the Kremlin: How Putin and the Security Services Captured the Russian State." *Foreign Affairs*, May 10.

Kissinger, Henry A. (1957). *A World Restored: Metternich, Castlereagh and the Problems of Peace 1812–22*. Boston: Houghton Mifflin.

Klymenko, Lina (2017). "Cutting the Umbilical Cord: The Narrative of the National Past and Future in Ukrainian Decommunization Policy," in Belavusau, Uladzislau and Gliszczyńska-

Grabias, Aleksandra, *Law and Memory Towards Legal Governance of History*. Cambridge: Cambridge University Press.

Kobak, Dmitry, Shpilkin, Sergey, and Pshenichnikov, Maxim S. (2018). "Putin's Peaks: Russian Election Data Revisited." *Royal Statistical Society*, May 29.

Kofman, Michael and Evans, Ryan (2022). "Ukraine's Military Advantage and Russia's Stark Choices." War on the Rocks podcast, April 27.

Kofman, Michael, Migacheva, Katya, Nichiporuk, Brian, Radin, Andrew, Tkacheva, Olesya, and Oberholtzer, Jenny (2017). *Lessons from Russia's Operations in Crimea and Eastern Ukraine*. Santa Monica, CA: RAND.

Kolesnikov, Andrei (2022). "Russians at War: Putin's Aggression Has Turned a Nation Against Itself." *Foreign Affairs*, April 18.

Kondrashov, Stanislav (1996). "Diplomaticheskoe Evangelie ot Yevgeniya v Kanun Vtorogo Votsareniya Boryisa." *Izvestiia*, August 9.

Kondrashov, Stanislav (1996). "Ukhod Vernogo Andreya: Pochemu i chto dal'she?" *Izvestiia*, January 10.

Kononenko, Vasiliy (1994). "V Moskvye Meidzhoru Prishlos' Opravdyvat'sya za Neterpenie Zapada v Bosniiskom Konfliktye." *Izvestiia*, February 16.

Koretsky, Aleksandr (1997). "NATO Border Could Come Up to Belgorod: Kiev Wants into NATO despite Older Brother's Wishes." Sevodnya, March 22, in *Current Digest of the Russian Press* 12(49): April 23.

Kortunov, Sergei (1996). "Russia in Search of Allies." *International Affairs* 42(3): 148–163.

Koshkina, Sonya (2015). *Maidan: Nerasskazannaya istoriya*. Kyiv: Brait Star.

Kostanyan, Hrant and Remizov, Artem (2017). "The Donbas Blockade: Another Blow to the Minsk Peace Process." CEPS Working Document No 2017/08, June.

Kostenko, Yuri (2020). *Ukraine's Nuclear Disarmament, A History*. Cambridge: Harvard University Press/HURI.

Kovalev, Alexey (2022). "Russia's Ukraine Propaganda Has Turned Fully Genocidal." *Foreign Affairs*, April 9.

Kozyrev, Andrei (1994). "The Lagging Partnership." *Foreign Affairs* 73(2): 59–71.

Kramer, Andrew E. (2006). "Russia Restores Most of Gas Cut to Ukraine Line." *New York Times*, January 3.

Kramer, Andrew E. (2019). "Zelensky's Opponents Fear He Is Ready to Capitulate to Russia." *New York Times*, December 5.

Kramer, Andrew E. (2022). "Russia's Grave Miscalculation: Ukrainians Would Collaborate."

New York Times, May 7.

Kramer, Andrew E. (2022). "Ukraine's President Tries to Avert Panic as Pressure Mounts." *New York Times*, February 13.

Kramer, Mark (2008). "Russian Policy toward the Commonwealth of Independent States: Recent Trends and Future Prospects." *Problems of Post-Communism* 55(6): 3 – 19.

Kramer, Mark (2009). "The Myth of a No-NATO-Enlargement Pledge to Russia." *The Washington Quarterly*, April: 39 – 61.

Kramer, Mark (2014). "Why Did Russia Give Away Crimea Sixty Years Ago." Cold War International History Project e-Dossier No. 47, March 19.

Kravchuk News Conference 6 September 1993, (1993). Foreign Broadcast Information Service, FBIS-SOV-93-171, September 7, p. 72.

Kremlin Text of Russian Leader Vladimir Putin's Phone-In (2014). BBC Monitoring Former Soviet Union, April 18.

Kremlin website transcript of Medvedev interview with Belarusian media (2009). BBC Monitoring Former Soviet Union, November 27.

Krivomazov, Nikolay (1995). "Segodnya-Serbiya Zavtra-Rossiya." September 14.

Krueger, Anne O. (1974). "The Political Economy of the Rent-Seeking Society." *The American Economic Review* 64(3): 291 – 303.

Krutov, Mark (2022). "The Dead of the 64th: A Notorious Russian Army Unit and Its High Casualty Rate." RFE/RL, August 10.

Kubicek, Paul J. (2004). "The European Union and Ukraine: Real Partners or Relationship of Convenience?," in Kubicek, Paul J. ed., *The European Union and Democratization*. London: Routledge.

Kuchma, Leonid (1994). *Kroky Stanovlennya Natsional'noyi Ekonomiky 1994–2004 Roky, Knyha Persha, Podolannya Kryzy Radykal'ni Ekonomichni Reformy 1994–1999*. Kyiv: Lybid.

Kudelia, Serhiy (2007). "Revolutionary Bargain: The Unmaking of Ukraine's Autocracy through Pacting." Journal of Communist Studies and Transition Politics 23(1): 77 – 100.

Kudelia, Serhiy (2013). "When External Leverage Fails: The Case of Yulia Tymoshenko's Trial." *Problems of Post-Communism* 60(1): 29 – 42.

Kudelia, Serhiy (2014). "The House That Yanukovych Built." *Journal of Democracy* 25(3): 19 – 34.

Kudelia, Serhiy (2014). "Domestic Sources of the Donbas Insurgency." PONARS Eurasia Policy Memo No. 351, September.

Kudelia, Serhiy (2018). "When Numbers Are Not Enough: The Strategic Use of Violence in

Ukraine's 2014 Revolution." *Comparative Politics* 50(4): 501–521.

Kuleba, Dmytro (2022). "How Ukraine Will Win: Kyiv's Theory of Victory." *Foreign Affairs*, June 17.

Kulyk, Volodymyr (2016). "National Identity in Ukraine: Impact of Euromaidan and the War." *Europe-Asia Studies* 68(4): 588–608.

Kulyk, Volodymyr (2018). "Shedding Russianness, recasting Ukrainianness: the post-Euromaidan dynamics of ethnonational identifications in Ukraine." *Post-Soviet Affairs*, 34:(2–3): 119–138.

Kulyk, Volodymyr (2018). "Ukraine's 2017 Education Law Incites International Controversy Over Language Stipulation." PONARS Eurasia, April 19.

Kumar, Anita and Forgey, Quint (2021). "Biden sums up his meeting with Putin: 'This is not about trust.'" *Politico*, June 16.

Kupchinsky, Roman (2005). "Ukraine: Corruption Allegations Abound." RFE/RL, September 8.

Kuzio, Taras (1995). *Ukrainian Security Policy, Washington Papers #167*. Westport, CT: Praeger.

Kuzio, Taras (2001). "Transition in Post-Communist States: Triple or Quadruple." *Politics* 21(3): 168–177.

Kuzio, Taras (2005). "From Kuchma to Yushchenko: Ukraine's 2004 Presidential Elections and the Orange Revolution." *Problems of Post-Communism* 52(2): 29–44.

Kuzio, Taras (2005). "Neither East nor West, Ukraine's Security Policy under Kuchma." *Problems of Post-Communism* 52(2): 59–68.

Kuzio, Taras (2007). *Ukraine–Crimea–Russia*. Stuttgart: ibidem-Verlag, 2007.

Kuzio, Taras (2008). "The Tymoshenko Government's Domestic and Foreign Policies: The First 100 Days." Institute for European, Russian and Eurasian Studies, George Washington University.

Kuzio, Taras (2009). "Viktor Yushchenko's Foreign Policy Agenda." *Eurasia Daily Monitor* 6(230): December 16.

Kuzio, Taras (2010). *The Crimea: Europe's Next Flashpoint?* Washington, DC: Jamestown Foundation.

Kuzio, Taras (2012). "Russianization of Ukrainian National Security Policy under Viktor Yanukovych." *Journal of Slavic Military Studies* 25(4).

Kuzio, Taras (2012). "Viktor Yanukovych Two Years On: Why Many Got Him Wrong." *Eurasia Daily Monitor* 9: 39, February 24.

Kuzio, Taras (2015). *Ukraine: Democratization, Corruption and the New Russian Imperialism*.

Santa Barbara, CA: Praeger.

Kuzio, Taras (2016). *Putin's War against Ukraine: Revolution, Nationalism, and Crime*. Toronto: Chair of Ukrainian Studies, University of Toronto.

Kuzio, Taras (2020). "The Long and Arduous Road: Ukraine Updates Its National Security Strategy." Royal United Services Institute, October 16.

Kuzio, Taras (2022). "'Eastern Ukraine' is No More: War and Identity in Post-Euromaidan Dnipropetrovsk," in Kuzio, Taras, Zhuk, Sergei I., and D'Anieri, Paul, eds., *Ukraine's Outpost: Dnipropetrovsk and the Russian-Ukrainian War*. Bristol, UK: E-IR.

Kuzio, Taras (2022). "How Putin's Russia Embraced Fascism while Preaching Anti-Fascism." Atlantic Council UkraineAlert, April 17.

Kuzio, Taras (2022). *Russian Nationalism and the Russian–Ukrainian War*. London: Routledge.

Kuzio, Taras and D'Anieri, Paul (2018). *The Sources of Russia's Great Power Politics: Ukraine and the Challenge to the European Order*. Bristol, UK: E-International Relations Publishing.

Kuznechevsky, Vladimir and Krasulin, Aleksandr (1996). "Yevgenii Primakov Ne Ukhodit ot Ostrykh Voprosov." *Rossiiskaya Gazeta*, January 16.

Kuznets, Dmitry (1994). "Russian Politicians Don't Intend to Take Sevastopol: An Official in the Russian President's Administration Supports Leonid Kuchma's Position." *Sevodnya*, August 25.

Kyiv International Institute of Sociology (2014). "How Relations between Ukraine and Russia Should Look Like?" Public Opinion Polls' Results, March 3, 2014.

Lake, David A. (2003). "International Relations Theory and Internal Conflict: Insights from the Interstices." *International Studies Review* 5(4): 81 – 89.

Landler, Mark et al. (2022). "War Raises Famine Fears as Russia Chokes Off Ukraine's Farms and Exports." *New York Times*, May 24.

Lapychak, Christinia (1992). "Russia and Ukraine Begin to Close Rifts." *Christian Science Monitor*, June 25.

Laruelle, Marlene (2014). "Alexei Navalny and Challenges in Reconciling 'Nationalism' and 'Liberalism.'" *Post-Soviet Affairs* 30(4): 276 – 297.

Laruelle, Marlene (2015). "Russia as a 'Divided Nation'. From Compatriots to Crimea." *Problems of Post-Communism* 62: 88 – 97.

Laruelle, Marlene (2021). *Is Russia Fascist?: Unraveling Propaganda East and West*. Ithaca: Cornell University Press.

Legvold, Robert (2016). *Return to Cold War*. Cambridge: Polity.

"Leonid Kuchma Amends Ukraine's Military Doctrine on Accession to NATO, EU" (2004).

RIA Novosti, July 26.

Levada Center (2022). Approval of Institutions, Ratings of Parties and Politicians, July 19.

Levy, Jack S. (1992). "Prospect Theory and International Relations: Theoretical Approaches and Analytical Problems." *Political Psychology* 13(2): 283 – 310.

Loack, Rick (2017). "He Used to Rule Germany: Now, He Oversees Russian Energy Companies and Lashes Out at the U.S." *Washington Post*, August 12.

Loiko, Sergei L. and Williams, Carol J. (2014). "Pro-Russia Gunmen Defy Geneva Pact in Ukraine; Separatists Refuse to Disarm and Say the Accord Means the Interim Government and Army Must Retreat." *Los Angeles Times*, April 19.

Lomagin, Nikita and Kanet, Roger E. (2011). "Medvedev's 'Fourteen Points': Russia's Proposal for a New European Security Architecture," in Kanet, Roger E. ed. *Russian Foreign Policy in the 21st Century*. Basingstoke: Palgrave Macmillan.

Lowe, Christian (2008). "Russia Finds Unlikely Ally in Ukraine's Tymoshenko." Reuters, October 5.

Lukyanov, F. (1990). "Vstupit li Vengriya v NATO? Novyi etap otnoshenii." *Izvestiia*, November 26.

Lukyanov, Fyodor (2016). "Putin's Foreign Policy: The Quest to Restore Russia's Rightful Place." *Foreign Affairs* 95(3): 30 – 37.

Lutsevych, Orysia and Getmanchuk, Alyona (2019). "What to Know about Ukraine's Parliamentary Elections." Chatham House Expert Comment, August 2.

Mackey, Robert (2014). "Navalny's Comments on Crimea Ignite Russian Twittersphere." *New York Times*, October 16.

"Macron draws new wave of criticism over call not to 'humiliate' Russia" (2022). *France 24*, June 6.

Magosci, Paul R. (2014). *This Blessed Land: Crimea and the Crimean Tatars*. Toronto: University of Toronto Press.

Malek, Marten (2009). "The 'Western Vector' of the Foreign and Security Policy of Ukraine." *Journal of Slavic Military Studies* 22(4): 515 – 542.

Mannion, Jim (2001). "Rumsfeld Meets Kuchma, Cites Promises on Democracy, Dead Journalist." Agence France Presse, June 5.

Markham, James A. (1989). "Gorbachev Spurns the Use of Force in Eastern Europe." *New York Times*, July 7.

Marksteiner, Aleksandra (2022). "Explainer: The Proposed Hike in German Military Spending." Stockholm International Peace Research Institute, March 25.

Marples, David and Mills, Frederick V. (2015). *Ukraine's Euromaidan: Analyses of a Civil Revolution*. Stuttgart: ibidem.

Marples, David R. (2017). *Ukraine in Conflict: An Analytical Chronicle*. Bristol: E-International Relations.

Marples, David R. (2018). "Decommunization, Memory Laws, and 'Builders of Ukraine in the 20th Century.'" *Acta Slavica Iaponica*, 39: 1 – 22.

Marten, Kimberly (2017). "Reconsidering NATO Expansion: A Counterfactual Analysis of Russia and the West in the 1990s." *European Journal of International Security* 3(2): 135 – 161.

Martin, Seamus (1993) "US to Aid Russian Soldiers: The US Is Likely to Grant 'Most Favoured Nation' Trade Status to Russia." *The Irish Times*, April 3.

Mason, Valerie (1993). "Ukrainian President Denounces Russian 'Imperialism' in Kerch Strait Row." IHS Global Insight, October 28.

Matsuzato, Kimitaka (2017). "The Donbas War: Outbreak and Deadlock." *Demokratizatsiya* 25: 175 – 201.

"McCain Warns Putin of 'Arab Spring'" (2011). *Moscow News*, December 6.

McDermott, Roger N. (2015). *Brothers Disunited: Russia's Use of Military Power in Ukraine*. Leavenworth, KS: Foreign Military Studies Office.

McFaul, Michael (2018). *From Cold War to Hot Peace: An American Ambassador in Putin's Russia*. New York: Houghton Mifflin Harcourt.

McFaul, Michael (2018). "Putin Hazed Me: How I Was Stalked, Harassed and Surveilled by Kremlin Stooges." *Politico*, May 19.

"McFaul's Appointment May Boost Trust between U.S., Russia – Expert" (2011). RIA Novosti, May 29.

McGlynn, Jade (2018). "Historical Framing of the Ukraine Crisis through the Great Patriotic War: Performativity, Cultural Consciousness and Shared Remembering." *Memory Studies* 13(6): 1058 – 1080.

McLaughlin, Daniel (2013). "EU Warns Ukraine that Key Deals Depend on Tymoshenko's Release from Prison." *Irish Times*, September 21.

McLaughlin, Daniel (2013). "Russia Riled as EU Woos Ex-Soviet States." *Irish Times*, September 17.

Mearsheimer, John J. (1990). "Back to the Future: Instability in Europe after the Cold War." *International Security* 15(1): 5 – 56.

Mearsheimer, John J. (1993). "The Case for a Ukrainian Nuclear Deterrent." *Foreign Affairs*

72(3): 67–80.

Mearsheimer, John J. (2014) "Why the Ukraine Crisis Is the West's Fault: The Liberal Delusions That Provoked Putin." *Foreign Affairs* 93(5) (September/October): 77–89.

"Medvedchuk ye predstavnykom Putina i z travnia ne bere uchasti u perehovorakh v Minsku – Poroshenko" (2018). TSN.ua, December 16.

Medvedev, Dmitry (2008). "Interview Given by Dmitry Medvedev to Television Channels Channel One, Rossia, NTV, August 31." President of Russia Website.

Medvedev, Dmitry (2008). "Speech at Meeting with German Political, Parliamentary and Civic Leaders, June 5." President of Russia Website.

"Medvedev: Ukraina budyet 'nyukhat' vozdukh' v TC" (2013). LB.ua, March 21.

"Medvedev: Ukraina sdelal shag k integratsii v TC" (2013). LB.ua, May 31.

"Medvedev Weighs in on Goals of Ukraine Special Operation" (2022). TASS, April 5.

Melnichuk, Anna (2004). "Ukraine President Asks Opposition to Stop Blockades; Scheduled Meeting of Rivals not Held." Associated Press, November 28.

Melnichuk, Anna (2004). "Ukrainian Official: NATO, EU Give no Timetable for Ukraine's Accession, Prompting Changes in Defense Doctrine." Associated Press, July 27.

Melnik, Mikhail (1999). "Kuchma Confident and Hopes to Win in First Round – Ukraine." *Itar-Tass Weekly News*, October 29.

Mercer, Jonathan (2005). "Prospect Theory and Political Science." *Annual Review of Political Science* 8: 1–21.

Migranyan, Andranik (1994). "Russia and the Near Abroad: Setting a New Foreign Policy Course for the Russian Federation." *Nezavisimaya Gazeta*, January 12, translated in *Current Digest of the Russian Press*, March 9.

Migranyan, Andranik (1994). "Ukraina Nakanune Presidentskykh Vyborov: Predstoyashchie vybory v Belorussii I na Ukraine kak vyzov dlya Rossii." *Nezavisimaya Gazeta*, June 22.

"Mikhail Gorbachev: I Am against All Walls" (2014). *Russia beyond the Headlines*, October 16.

Milakovsky, Brian (2018). "Cut Off: What Does the Economic Blockade of the Separatist Territories Mean for Ukraine?" Wilson Center Focus Ukraine Blog, January 9.

Miller, Chris (2018). *Putinomics: Power and Money in Resurgent Russia*. Chapel Hill: University of North Carolina Press.

Miller, Christopher (2019). "Explainer: What Is The Steinmeier Formula – And Did Zelenskiy Just Capitulate To Moscow?" Radio Free Europe/Radio Liberty, October 2.

Morrison, John (1993). "Pereyaslav and After: The Russian–Ukrainian Relationship." *International Affairs* 69(4): 677–703.

"Moscow Protest: Thousands Rally against Vladimir Putin" (2011). *BBC News*, December 25.

Moshes, Arkadiy (1996). "Zybkii neutralitet Ukrainy." *Moskovskiye Novosti*, June 30–July 7.

Motyl, Alexander (1993). *Dilemmas of Independence: Ukraine after Totalitarianism*. New York: Council on Foreign Relations.

Motyl, Alexander J. (2022). "How Putin Made Russophobia." *The Hill*, March 31.

Movchan, Veronika and Giucci, Ricardo (2011). "Quantitative Assessment of Ukraine's Regional Integration Options: DCFTA with European Union vs. Customs Union with Russia, Belarus and Kazakhstan." German Advisory Group, Institute for Economic Research and Policy Consulting, Policy Paper PP/05/2011, November.

Mueller, Robert S. III, (2019). *Report On The Investigation Into Russian Interference In The 2016 Presidential Election*, 2 vols., Washington, DC: United States Department of Justice.

Myers, Steven Lee (2014). "Violence in Ukraine Creates Deepening Clash between East and West." *New York Times*, February 19.

Nadein, Vladimir (1993). "Amerika-myt'em, Rossiya-katan'em: dva podkhoda k raketno-yadernoy Ukrainye." *Izvestiia*, June 15.

Nadein, Vladimir (1994). "SShA Opasayutsya Vozrozhdeniya Rossiiskogo Imperializma i Obeshchayut Pozabotit'sya ob Ukrainye." *Izvestiia*, February 28.

Nahaylo, Bohdan (1993). "The Shaping of Ukrainian Attitudes towards Nuclear Arms." RFE/RL Research Report 2(8): 21–45.

Nahaylo, Bohdan (1999). The Ukrainian Resurgence. London: Hurst. "NATO Chief Calls On Russia To Remove 'Thousands Of Troops' from Ukraine" (2017). RFE/RL, July 10.

"NATO Expansion, What Gorbachev Heard" (2017). National Security Archive, December 12.

"NATO Expansion: What Yeltsin Heard" (2018). National Security Archive, March 16.

"NATO–Russia Relations: A New Quality" (2002). Declaration by Heads of State and Government of NATO Member States and the Russian Federation. Rome, May 28.

Nayem, Mustafa (2013). "Partiya Rehioniv hotuye zryv Samitu u Vil'nyusi." *Ukrayinska Pravda*, November 8.

Nelson, Craig (2001). "Kuchma's Guest Fails to Notice the Stench." *Sydney Morning Herald*, February 17.

"New Head of Ukraine's Navy Defects in Crimea" (2014). BBC, March 2.

"New IMF Program to Remove Ukraine Default Issue from Agenda, Say Experts" (2013). Ukraine General Newswire, September 24.

New Lines Institute and Raoul Wallenberg Center for Human Rights (2022). An Independent

Legal Analysis of the Russian Federation's Breaches of the Genocide Convention in Ukraine and the Duty to Prevent, May.

Newnham, R. (2011). "Oil, Carrots, and Sticks: Russia's Energy Resources as a Foreign Policy Tool." *Journal of Eurasian Studies* 2(2): 134–143.

Nezhuyev, Boris (2017). "'Island Russia' and Russia's Identity Politics." *Russia in Global Affairs*, June 6.

"Nord Stream 2 sanctions waivers could aid Russia–U.S. ties, Moscow says" (2021). Reuters, May 19.

"Nord Stream 2: Biden waives US sanctions on Russian pipeline" (2021). BBC, May 20.

North Atlantic Treaty Organization (2016). Comprehensive Assistance Package for Ukraine, July.

"Novyy parlament pomolodshaye seredn'omu na 7.4 roky – 'Opora'" (2019). Mediaport, July 24.

"Nuzhdaetsya Li v Korrectirovkye Pozitsiya Zapada?" (1994). *Rossiiskaya Gazeta*, September 22, p. 1.

Nygren, Bertil (2008) *The Rebuilding of Greater Russia: Putin's Foreign Policy Toward the CIS*. Abingdon, Oxon: Routledge.

O'Loughlin, John, Toal, Gerard, and Kolosov, Vladimir (2017). "The Rise and Fall of 'Novorossiya': Examining Support for a Separatist Geopolitical Imaginary in Southeast Ukraine." *Post-Soviet Affairs* 33(2): 124–144.

O'Loughlin, John, Tuathail, Gearóid Ó., and Kolossov, Vladimir (2004). "A 'Risky Westward Turn'? Putin's 9–11 Script and Ordinary Russians." *Europe-Asia Studies* 56(1): 3–34.

O'Neill, Juliet (1993). "U.S. Help Ridiculed as '3 Cans of Coke.'" *Vancouver Sun*, April 7.

"Obama Scraps Bush-Era Europe Missile Shield" (2009). nbcnews.com, September 17.

Office of the United Nations High Commissioner for Human Rights (2014). Report on the Human Rights Situation in Ukraine, 15 April 2014.

Office of the United Nations High Commissioner for Human Rights (2016). Accountability for Killings in Ukraine from January 2014 to May 2016, May 25.

Official Kremlin International News Broadcast (2001). Press Conference with Political Studies Institute Director Sergei Markov, June 26.

Olchawa, Macjej (2017). *Mission Ukraine: The 2012–2013 Diplomatic Effort to Secure Ties with Europe*. Jefferson, NC: McFarland & Co.

Oliphant, Roland (2014). "Ukraine Launches 'Anti-Terrorist Operation' in the East: Ukrainian Forces Set Up Checkpoints as Acting President Announces Operation to Root

Out 'Separatists' in Pro-Russian East." *The Telegraph*, April 15.

Oliphant, Roland and Strange, Shannon (2013). "Ukraine Protest Leaders Warned: 'Sign Deal or You Will All Die.'" *The Telegraph*, February 21.

Olszański, Tadeusz A. (2014). "The Ukrainian Coalition Agreement." Ośrodek Studiów Wschodnich, November 14.

Oltermann, Pilip (2022). "German Foreign Minister Defends Delay in Sending Armoured Vehicles to Ukraine." *The Guardian*, April 20.

Omelicheva, Mariya Y. and Zubytska, Lidiya (2016). "An Unending Quest for Russia's Place in the World: The Discursive Co-evolution of the Study and Practice of International Relations in Russia." *New Perspectives* 24(1): 19–52.

Onuch, Olga (2014). "Who Were the Protesters?" *Journal of Democracy* 25(3): 44–51.

Orttung, Robert and Indra Overland (2011). "A Limited Toolbox: Explaining the Constraints on Russia's Foreign Energy Policy." *Journal of Eurasian Studies* 2: 74–85.

Osborn, Andrew (2011). "Vladimir Putin Lashes Out at America for Killing Gaddafi and Backing Protests." *The Telegraph*, December 15.

Owen IV, John M. (2001–2002). "Transnational Liberalism and U.S. Primacy." *International Security* 26(3): 117–152.

Panov, Vitaly (1998). "Amerikanskii Zhuravl' Protiv Iranskoi Sinitsy." *Rossiiskaya Gazeta*, March 11.

Patten, Chris (2006). *Cousins and Strangers: America, Britain, and Europe in a New Century*. New York: Henry Holt.

Payne, Daniel P. (2010). "Spiritual Security, the Russian Orthodox Church, and the Russian Foreign Ministry: Collaboration or Cooptation?" *Journal of Church and State* 52(4) (Autumn): 712–727.

Person, Robert and McFaul, Michael (2022). "What Putin Fears Most." *Journal of Democracy* 33, (2) (April): 18–27.

Pifer, Steven (2011). *The Trilateral Process: The United States, Ukraine, Russia and Nuclear Weapons*. Washington, DC: The Brookings Institution.

Pifer, Steven (2014). "Did NATO Promise Not to Enlarge? Gorbachev Says 'No.'" Brookings Institution, November.

Pifer, Steven (2017). *The Eagle and the Trident: U.S.–Ukraine Relations in Turbulent Times*. Washington, DC: Brookings Institution Press.

Pifer, Steven (2018). "The Battle for Azov: Round 1 Goes to Russia." Brookings Institution, December 3.

Pifer, Steven (2019). "Heading For (Another) Ukraine–Russia Gas Fight?" Brookings Institution, August 30.

Pifer, Steven (2021). "Russia's Draft Agreements with NATO and the United States: Intended For Rejection?" Brookings Institution, December 21.

Pifer, Steven and Thoburn, Hannah (2012). "What Ukraine's New Language Law Means for National Unity." Brookings Institution, August 21.

Pigman, Lincoln and Orton, Kyle (2017). "Inside Putin's Libyan Power Play." Foreignpolicy.com, September 14.

Pirani, Simon (2007). "Ukraine's Gas Sector." Oxford Institute for Energy Studies, June.

Platonova, Daria (2022). *The Donbas Conflict in Ukraine: Elites, Protest, and Partition*, Abingdon, Oxon: Routledge.

Plokhy, Serhii (2000). "The City of Glory: Sevastopol in Russian Historical Mythology." *Journal of Contemporary History* 35(3): 369–383.

Plokhy, Serhii (2014). *The Last Empire: The Final Days of the Soviet Union*. New York: Basic Books.

"PM: Ukraine to Stay on European Course" (2006). Interfax Russia & CIS General Newswire, September 6.

"Poland's Crucial Role as Yanukovych's Rule Crumbled" (2014). BBC.com, February 25.

Polityuk, Pavel and Goettig, Marcin (2014). "Ukraine Police Charge Protesters after Nation's Bloodiest Day." Reuters, February 18.

Polyakov, Leonid (2018). "Defense Institution Building in Ukraine at Peace and at War." *Connections* 17(3): 92–108.

Polyakova, Alina (2018). "How Russia Meddled in its Own Elections." *The Atlantic*, March 18.

Pond, Elizabeth (1996). "Poland and Ukraine Learn to Be Friends." *Wall Street Journal*, June 26.

Popescu, Nico and Wilson, Andrew (2009). *The Limits of Enlargement-Lite: European and Russian Power in the Troubled Neighborhood*. London: European Council on Foreign Relations.

Potichnyj, Peter J., Raeff, Marc, Pelenski, Jaroslaw, and Zekulin, Gleb N. eds. (1982) *Ukraine and Russia in Their Historical Encounter*. Edmonton: Canadian Institute of Ukrainian Studies.

Portnikov, Vitaly (1994). "Partnerstvo Radi Ukrainy: Vpustyat li Kiev v evropeiskuyu gostinuyu?" *Nezavisimaya Gazeta*, February 12.

President of Russia (2021). Telephone conversation with Federal Chancellor of Germany Angela Merkel, April 8.

"President Viktor Yanukovych's Feb. 25 Inaugural Speech in Parliament" (2010). *Kyiv Post*, February 25.

Press Conference by President Bush and Russian Federation President Putin Brdo Castle, Brdo Pri Kranju, Slovenia (2001). June 16.

"Press Shivers from Gas Woes" (2006). BBC, January 3.

Prince, Todd (2021). "The 'Nuclear Option': What is SWIFT and What Happens if Russia is Cut Off From it?" RFE/RL, December 9.

"Pro-Russia Ukraine Regions Threaten Split after Disputed Vote" (2004). Agence France Presse, November 28.

"Protests in Ukraine Deepen Economic Crisis" (2013). Agence France Presse, December 8.

Puglisi, Rosaria (2003). "Clashing Agendas? Economic Interests, Elite Coalitions and Prospects for Co-operation between Russia and Ukraine." *Europe-Asia Studies* 55(6): 827–845.

Puma, Michael J. and Konar, Megan (2022). "What the War in Ukraine Means for the World's Food Supply." *New York Times*, March 1.

Pushkov, Alexei (1995). "Vneshnyaya Politika Rossii." *Nezavisimaya Gazeta*, Nov. 16, pp. 1, 5.

"Putin and Kuchma Review Black Sea Fleet together in Sevastopol" (2001). Deutsche Presse Agentur, July 29.

"Putin Is Increasingly Unhinged, Says Fmr. Ambassador McFaul" (2022). CNBC, March 17.

"Putin Says He Could Send Police to Belarus if Necessary" (2020). BBC, August 27.

"Putin Says Russia Has No Objection to Ukraine's Joining European Union" (2004). Associate Press International, December 10.

Putin, Vladimir (1999). "Rossiya na Rubezhe Tysyacheletii." *Nesavisimaya Gazeta*, December 30.

Putin, Vladimir (2000). BBC Breakfast with Frost Interview, May 5.

Putin, Vladimir (2002). "Press Statement and Answers to Questions at a Joint News Conference with Ukrainian President Leonid Kuchma." President of Russia website, May 17.

Putin, Vladimir (2007). "Speech and the Following Discussion at the Munich Conference on Security Policy." President of Russia Website, February 10.

Putin, Vladimir (2013). "Orthodox-Slavic Values: The Foundation of Ukraine's Civilisational Choice Conference." President of Russia Website, July 27.

Putin, Vladimir (2013). "Vladimir Putin Meets with Members of the Valdai International Discussion Club. Transcript of the Speech and the Meeting." Valdai Discussion Club, September 20.

Putin, Vladimir (2018). "Meeting of the Valdai International Discussion Club." President of

Russia Website, October 18.
Putin, Vladimir (2019). "Interviews to Serbian periodicals Politika and Večernje Novosti." President of Russia Website, January 16.
Putin, Vladimir (2021). "On the Historical Unity of Russians and Ukrainians." President of Russia Website, July 12.
Putin, Vladimir (2022). "Address by the President of the Russian Federation." President of Russia Website, February 21.
Putin, Vladimir (2022). "Address by the President of the Russian Federation." President of Russia Website, February 24.
Putin, Vladimir (2022). "Concert Marking the Anniversary of Crimea's Reunification with Russia." President of Russia Website, March 18.
Putin, Vladimir (2022). "Meeting with Young Entrepreneurs, Engineers and Scientists." President of Russia Website, June 9.
Putin, Vladimir, with Gevorkyan, Nataliya, Timakova, Natalya, & Andrei Kolesnikov (2000). *First Person: An Astonishingly Frank Self-Portrait by Russia's President Vladimir Putin*, trans. Fitzpatrick, Catherine A. New York: PublicAffairs.
"Putin's Aide on Main Threats to Russia's Sovereignty" (2006). BBC Monitoring Former Soviet Union, March 4.
"Putin's Foreign Policy Riddle" (2000). BBC News Online, March 28. "Putin's Intense Interest in Elections" (2004). RIA Novosti, November 17.
"'Putin's Presents' Split Opinion in Kyiv" (2013). Deutsche Welle World, December 18.
"Putin: Russian Citizens, Troops Threatened in Ukraine, Need Armed Forces' Protection" (2014). RT.com, March 1.
Quinn-Judge, Paul (1991). "Yeltsin Ruled Out 'Preventive Nuclear Strike' against Ukraine on Technical Grounds: Daily." *Montreal Gazette*, October 25.
Rachkevych, Mark (2014). "Armed Pro-Russian Extremists Launch Coordinated Attacks in Donetsk Oblast, Seize Regional Policy Headquarters, Set Up Checkpoints (Update)." *Kyiv Post*, April 12.
"Rada Zdala Ukrainu" (2010). Ukrains'ka Pravda, April 27.
"Refugees fleeing Ukraine (since February 24, 2022)" (2022). UNHCR Operational Data Portal, May 26.
Remarks by the NATO Secretary General, Anders Fogh Rasmussen, at the Press Conference Held Following the Meeting of the NATO – Russia Council at NATO HQ, Brussels (2014). States News Service, March 5.

Rettie, John and Meek, James (1992). "Battle for Soviet Navy." *The Guardian*, January 10, p. 1.

Rettman, Andrew (2013). "Ukraine and EU Ridicule Russian Threats." euob server.com, September 23.

Reznikov, Oleksii (2022). "The future of global security will be decided in Ukraine." Atlantic Council UkraineAlert, June 14.

Rieber, Alfred J. (2007). "How Persistent Are Persistent Factors?," in Legvold, Robert, ed., *Russian Foreign Policy in the Twenty-First Century and the Shadow of the Past*. New York: Columbia University Press.

Roeder, Phillip G. (1999). "Peoples and States after 1989: The Political Costs of Incomplete National Revolutions." *Slavic Review* 58(4): 854–882.

Rogov, S. (1990). "Na Zapadnom Frontye Bez Peremen." *Izvestiia*, September 21.

Rogov, Sergei. (1993). "A National Security Policy for Russia," in Goodby, James E. and Morel, Benoit, eds., *The Limited Partnership: Building a Russian–US Security Community*. Oxford: SIPRI/Oxford University Press.

Rose, Gideon (1998). "Neoclassical Realism and Theories of Foreign Policy." *World Politics* 51.

Roth, Andrew (2018). "Vladimir Putin Secures Record Win in Russian Presidential Election." *The Guardian*, March 19.

Roth, Andrew (2021). "Rights Group's Closure is Part of Rapid Dismantling of Russian Civil Society." *The Guardian*, December 28.

Roth, Andrew (2022). "Russia May Seek to Occupy More Territory in Ukraine, Says Foreign Minister." *The Guardian*, July 20.

"Roundup: Ukraine's Kuchma Sends Firm Offer of 'Partnership' with Europe" (2001). Deutsche Presse-Agentur, June 28.

Rumer, Eugene B. and Kramer, David J. (2009). "Medvedev's Message." *New York Times*, August 20.

"Russia Appoints Notorious General To Oversee Ukraine War Amid Setbacks, U.S. Says" (2022). RFE/RL, April 10.

"Russia Bans Memorial, a Seminal Human-Rights Group" (2022). *The Economist*, January 1.

"Russia Could Join EU Eastern Partnership: Lavrov" (2009). Agence France Presse, November 25.

"Russia FM: Moscow Will Do All It Can to Prevent NATO Membership for Ukraine, Georgia" (2008). Associated Press, April 8.

"Russia Scraps Age Limit For New Troops in Ukraine Push" (2022). BBC, May 28.

Russia, Ministry of Foreign Affairs (2021). O rossiiskikh proektakh dokumentov po obespecheniyu pravovykh garantii bezopasnosti so storony SShA I NATO, December 17.

"Russia, Ukraine Voice Optimism at New Gas Deal" (2010). Kyiv Post, April 20.

"Russian Schoolchildren, Teachers Arrested Amid Crackdown on Anti-War Dissent" (2022). *The Moscow Times*, April 11.

Rutland, Peter (2016). "Geopolitics and the Roots of Putin's Foreign Policy." *Russian History* 43(3–4): 425–436.

Ryan, Rosalind (2008). "'Join Nato and We'll Target Missiles at Kiev,' Putin Warns Ukraine." *The Guardian*, February 12.

Saito, Mari and Tsvetkova, Maria (2022). "The Enemy Within." Reuters, July 28.

Sakwa, Richard (2014). *Frontline Ukraine: Crisis in the Borderlands*. London: I.B. Tauris.

Sakwa, Richard (2016). "How the Eurasian Elites Envisage the Role of the EEU in Global Perspective." *European Politics and Society* 17: 4–22.

Santora, Marc, Schwirtz, Michael, and Levenson, Michael (2022). "As Western Arms Pour into Ukraine, Zelenskyy Promises Victory." *New York Times*, April 23.

Sarotte, M. E. (2021). *Not One Inch: America, Russia, and the Making of Post-Cold War Stalemate*. New Haven: Yale University Press.

Sarotte, Mary Elise (2014). "A Broken Promise? What the West Really Told Moscow about NATO Expansion." *Foreign Affairs* (September/October).

Sasse, Gwendolyn (1999). "Constitution-Making 'from Above': Crimea's Regional Autonomy," in Teofil Kis and Irena Makaryk, eds. *Toward a New Ukraine II: Meeting the New Century*. Ottawa: University of Ottawa Press.

Sasse, Gwendolyn (2008). "The European Neighbourhood Policy: Conditionality Revisited for the EU's Eastern Neighbours." *Europe-Asia Studies* 60(2): 295–316.

Sasse, Gwendolyn (2014). *The Crimea Question: Identity, Transition, and Conflict*. Cambridge, MA: Harvard University Press.

Sauer, Pjotr (2022). "Putin Praises Russian 'Unity' at Rally as Glitch Cuts State TV Broadcast." *The Guardian*, March 18.

Savchuk, Maksym and Sedlets'ka, Nataliya (2018). "Khto kupyv telekanal '112 Ukrayina'? (Rozsliduvannya)." Radio Svoboda, August 20.

Schmemann, Serge (1992). "Ukraine Halting A-Arms Shift to Russia." *New York Times*, March 13.

Schmemann, Serge (2022). "Why Russia Believes it Cannot Lose the War in Ukraine." *New York Times*, July 19.

Schmidt, Brain C. and Williams, Michael C. (2008). "The Bush Doctrine and the Iraq War:

Neoconservatives versus Realists." *Security Studies* 17: 191 – 220.
Schwartz, Mattathias (2018). "Who Killed the Kiev Protesters? A 3-D Model Holds the Clues." *New York Times*, May 30.
Schwirtz, Michael (2021). "Ukraine Commanders Say a Russian Invasion Would Overwhelm Them." *New York Times*, December 9.
Schwirtz, Michael (2022). "Last Stand at Azovstal: Inside the Siege That Shaped the Ukraine War." *New York Times*, July 24.
Security Council Meeting (2022). President of Russia website, February 21.
Select Committee on Intelligence, United States Senate (2020) *Russian Active Measures Campaigns and Interference in the 2016 U.S. Election*, 5 Volumes, August 18.
Semenov, Nikolay (1994). "Meshkov Stremitsyak 'Nulyevomu' Variantu, Parlament Kryma Eto ne Ustraivaet." *Izvestiia*, September 24.
Senese, Paul D. and Vasquez, John A. (2005). "Assessing the Steps to War." *British Journal of Political Science* 35(4): 607 – 633.
Sergeytsev, Timofey (2022). "Chto Rossiya dolzhna sdelat' s Ukrainoy." RIA Novosti, April 3.
Sergunin, Alexander and Karabeshkin, Leonid (2015) "Understanding Russia's Soft Power Strategy." *Politics* 35(3 – 4): 347 – 363.
Shalal, Andrea, Gardner, Timothy, and Holland, Steve (2021). "U.S. Waives Sanctions on Nord Stream 2 as Biden Seeks to Mend Europe Ties." Reuters, May 19.
Shara, Anatolii and Koberska, Anastasia (2022). "How Russia Changed its War Strategy after Suffering Defeat in North Ukraine." Euromaidan Press, June 17.
Shenfield, Stephen D. (1998). "The Weimar/Russia Comparison: Reflections on Hanson and Kopstein." *Post-Soviet Affairs* 14(4): 355 – 368.
Sherr, James (1997). "Russia – Ukraine Rapprochement? The Black Sea Fleet Accords." *Survival* 39(3): 33 – 50.
Sherr, James (2000). "The Dismissal of Borys Tarasiuk." Occasional Brief 79, Conflict Studies Research Centre, October 6.
Sherr, James (2002). "Security, Democracy, and 'Civil Democratic Control' of Armed Forces in Ukraine," in Moroney, Jennifer D. P., Kuzio, Taras, and Molchanov, Mikhail, eds., *Ukrainian Foreign and Security Policy: Theoretical and Comparative Perspectives*. Westport, CT: Praeger.
Sherr, James (2019). "A Tomos for Ukraine's Orthodox Church: The Final Schism?" International Centre for Defence and Security, Estonia, January 10.
Shevel, Oxana (2016). "The Battle for Historical Memory in Postrevolutionary Ukraine."

Current History (October): 258–263.

Shore, Marci (2018). *The Ukrainian Night: An Intimate History of Revolution*. New Haven, CT: Yale University Press.

Shuster, Simon (2022). "The Untold Story of the Ukraine Crisis." *Time*, February 2.

Siddi, Marco (2016). "German Foreign Policy towards Russia in the Aftermath of the Ukraine Crisis: A New Ostpolitik?" *Europe-Asia Studies* 68(4): 665–667.

Sidorov, Sergei (1994). "Iz Belgrada: Serby Prizyvayut Moskvu Dovesti do Kontsa Rassledovanie Vzryva v Sarayevo." *Krasnaya Zvezda*, February 16.

Sidorov, Sergei (1994). "Vzryv v Sarayevo: Provokatsiya Musul'manskikh Ekstremistov." *Krasnaya Zvezda*, February 10.

Sil, Rudra and Katzenstein, Peter J. (2010) "Analytic Eclecticism in the Study of World Politics: Reconfiguring Problems and Mechanisms across Research Traditions." *Perspectives on Politics* 8(2): 411–431.

Silitski, Vitali (2010). "Contagion Deterred: Preemptive Authoritarianism in the Former Soviet Union (the Case of Belarus)," in Bunce, Valerie, J., McFaul, Michael, & Stoner-Weiss, Kathryn, eds., *Democracy and Authoritarianism in the Post-Communist World*. New York: Cambridge University Press.

Sindelar, Daisy (2014). "Was Yanukovych's Ouster Constitutional?" RFE/RL, February 23.

Skachko, Vladimir (1995). "Kiev Nadeetsya Na Poddershku Vashingtona." *Nezavisimaya Gazeta*, May 12.

Smale, Alison (2015). "German Chancellor Rules Out Weapons Aid to Ukraine." *New York Times*, February 2.

Smith-Spark, Laura, Black, Phil, and Pleitgen, Frederick (2014). "Russia Flexes Military Muscle as Tensions Rise in Ukraine's Crimea Region." CNN.com, February 26.

Sneider, Noah (2014). "2 Choices in Crimea Referendum, but Neither Is 'No.'" *New York Times*, March 14.

Snyder, Timothy (2010). "A Fascist Hero in Democratic Kiev." *New York Review of Books*, February 24.

Snyder, Timothy (2014). "Fascism, Russia, and Ukraine." *New York Review of Books*, March 20.

Snyder, Timothy (2018). "Ivan Ilyin, Putin's Philosopher of Russian Fascism." *New York Review of Books*, March 16.

Snyder, Timothy (2022). "We Should Say It: Russia is Fascist." *New York Times*, May 19.

Socor, Vladimir (2008). "Putin Warns Ukraine against Seeking NATO Membership." Eurasia Daily Monitor, February 14.

Socor, Vladimir (2010). "Non-Bloc Status Covers Ukraine's Shift to Russian-Vector Orientation." Eurasia Daily Monitor, May 21.

Sokolovskaya, Yanina (1994). "… A Kiev Daet Krymskim Vlastyam 40 Dney na Razmyshleniya." *Izvestiia*, September 24.

Sokolovskaya, Yanina (1999). "Leonid Kuchma Delivers 'Coronation Speech' Intended to Please Everyone." *Izvestiia*, December 1, translated in The *Current Digest of the Russian Press*, No. 48, Vol. 51, December 29.

Solchanyk, Roman (1993). "Russia, Ukraine, and the Imperial Legacy." *Post-Society Affairs* 9(4): 337–365.

Solchanyk, Roman (2001). *Ukraine and Russia: The Post-Soviet Transition*. Lanham, MD: Rowman & Littlefield.

Soldatov, Andrei and Borogan, Irina (2022). "Putin's New Police State." *Foreign Affairs*, July 27.

Solomon, Peter H., Jr. (2005). "Vladimir Putin's Quest for a Strong State." *International Journal on World Peace* 22(2).

"Spiker VR ARK vvazshaye, shcho Krym mozhe vidokremytysya vid Ukrayiny" (2014). *Ukrayinska Pravda*, February 20.

Stanovaya, Tatiana (2022). "What The West (Still) Gets Wrong About Putin." *Foreign Policy*, June 1.

Steele, Jonathan (1991). "Ukraine May Backtrack on Nuclear Arms." *The Guardian*, September 30.

Steele, Jonathan (1993). "Russian View: Scepticism Grows on Western Aid." *The Guardian*, April 2.

"Štefan Füle: We Have Seen Enormous Pressure Being Brought to Bear upon Some of Our Partners" (2013). ARMINFO, September 12.

Stelzenmüller, Constanze (2022). "Scholz Holds His Ground in Putin's Den." Brookings Institution, February 16.

Stern, Jonathan (2006). "The Russian–Ukrainian Gas Crisis of January 2006." Oxford Institute for Energy Studies, January.

Stone, Oliver (2019). "Revealing Ukraine." www.youtube.com/watch?v=lRivDlc_hz4.

Stoner, Kathryn and Michael McFaul (2015). "Who Lost Russia (This Time)? Vladimir Putin." *Washington Quarterly* 38(2): 167–187.

Sullivan, Paige Bryan (2002). *The CIS Renewal Plan: U.S.–Russia Relations: From Idealism to Realism*. Washington, DC: Center for Strategic and International Studies.

Surkov, Vladislav (2018). "The Loneliness of the Half-Breed." *Russia in Global Affairs*, May 28.

Sushko, Oleksandr and Olena Prystayko (2006). "Pora – 'It's Time' for Democracy in Ukraine," in Åslund, Anders and McFaul, Michael, eds., *Revolution in Orange: The Origins of Ukraine's Democratic Breakthrough*. Washington, DC: Carnegie Endowment for International Peace.

Syal, Rajeev and O'Carroll, Lisa (2022). "Where in Europe are Ukraine's Refugees Going?" *The Guardian*, March 8.

Sysoyev, Gennady (1999). "Premier Turns Ukraine to West." *Kommersant*, December 12.

Talbott, Strobe (2002). *The Russia Hand: A Memoir of Presidential Diplomacy*. New York: Random House.

Taylor, Brian D. (2015). "The Code of Putinism." PONARS Eurasia Policy Memo No. 399, November.

The Draft of the European Security Treaty (2009). President of Russia website. November 29.

The President's News Conference with President Boris Yeltsin of Russia in Moscow (1994). January 14.

The President's News Conference with President Leonid Kravchuk of Ukraine (1994). January 12.

The President's News Conference with Visegrad Leaders in Prague (1994). January 12.

"The Truth on Russia" (2004). *Washington Post*, October 2, p. A20.

Tiskora, Sergey (1992). "Prezident L. Kravchuk: Ukraina Prilagayet Usiliya dlya Snizheniya Politicheskogo Napryazheniya s Rossiyey." *Izvestiia*, June 3.

Tkachuk, Anatoliy and Tretyak, Yuri (2022). "Vidnovlennia Ukrainy. Rehional'nyy aspect." zn.ua, June 10.

"To Reach Borders as of February 21 With No Unnecessary Losses Would Already be Seen as 'Victory.' – Zelenskyy" (2022). Ukrinform, May 21.

Toal, Gerald (2017). *Near Abroad: Putin, the West, and the Contest over Ukraine and the Caucasus*. New York: Oxford University Press.

Toal, Gerard and John O'Loughlin (2018). "'Why Did MH17 Crash?' Blame Attribution, Television News and Public Opinion in Southeastern Ukraine, Crimea and the De Facto States of Abkhazia, South Ossetia and Transnistria." *Geopolitics* 23(4): 882–916.

Tolubko, Volodymyr (1992). "Turbota Pro Bezpeku Chy Nazad do Falanhy?" *Holos Ukrainy*, November 10, p. 6 and November 21, p. 7.

"Top U.S. Official Visits Protesters in Kiev as Obama Admin. Ups Pressure on Ukraine President Yanukovich" (2013). CBSNews.com, December 11.

"Transcript: What Do Melnychenko's Tapes Say about Gongadze Case" (2005). RFE/RL,

March 3, www.rferl.org/a/1057789.html.

Traynor, Ian (2013). "Russia 'Blackmailed' Ukraine to Ditch EU Pact." *The Guardian*, November 22.

Traynor, Ian (2013). "Ukraine Integration Pact on Hold as Brussels Vents Frustration." *The Guardian*, December 15.

Traynor, Ian (2014). "Russia Denounces Ukraine 'Terrorists' and West over Yanukovich Ousting." *The Guardian*, February 24.

Traynor, Ian (2014). "Ukraine's Bloodiest Day: Dozens Dead as Kiev Protesters Regain Territory from Police." *The Guardian*, February 21.

Treisman, Daniel (2018). *The New Autocracy: Information, Politics, and Policy in Putin's Russia*. Washington, DC: Brookings Institution.

Treisman, Rachel (2022). "What Russians think of the war in Ukraine, according to an independent pollster." National Public Radio, April 18.

Tretyakov, Mikhail (1994). "So Stratigicheskim Sotrudnichestvom Pridetsya Podolzhdat'." *Pravda*, March 24.

Troianovski, Anton (2021). "After Testing the World's Limits, Putin Steps Back From the Brink." *New York Times*, April 23.

Troianovski, Anton (2021). "Putin and West Spar Over NATO's Military Ties to Ukraine." *New York Times*, December 1.

Troianovski, Anton (2022). "Peace Talks Produce Signs of Progress, but No End to War is in Sight." *New York Times*, March 29.

"Tropamy Yanukovycha. Poslednye dny eks-presydenta v Ukraine glazamy ego okhrannykov. Rekonstruktsyya." Strana.ua, January 18, 2018.

Tsygankov, Andrei (2002). "Rediscovering National Interests after the 'End of History': Fukuyama, Russian Intellectuals, and a Post-Cold War Order." *International Politics* 39: 423–446.

Tsygankov, Andrei (2015). "Vladimir Putin's Last Stand: The Sources of Russia's Ukraine Policy." *Post-Soviet Affairs* 31(4): 279–303.

Tsygankov, Andrei P. (1999). "Pluralism or Isolation of Civilizations? Russia's Foreign Policy Discourse and the Reception of Huntington's Paradigm of the Post-Cold War World." *Geopolitics* 4(3): 47–72.

Tsygankov, Andrei P. (2014). *The Strong State in Russia: Development and Crisis*. New York: Oxford University Press.

Tumanov, Sergey, Gasparishvili, Alexander, and Ekaterina Romanova (2011). "Russia–EU

Relations, or How the Russians Really View the EU." *Journal of Communist Studies and Transition Politics* 27(1): 120–141.

Twohey, Megan (2001). "Putin Says Russia Was Ready to Alter ABM." *Moscow Times*, December 18.

"Ukraine and EU Ridicule Russian Threats" (2013). Euobserver.com, September 23.

"Ukraine bans its top social networks because they are Russian" (2017). *The Economist*, May 17.

"Ukraine Can Face Default in 2014 after Signing AA with EU – Presidential Adviser" (2013). ITAR-TASS, October 4.

"Ukraine Crisis: Crimea Leader Appeals to Putin for Help" (2014). BBC.com, March 1.

"Ukraine Crisis: Parliament Abolishes Anti-protest Law" (2014). BBC.com, January 28.

"Ukraine Crisis: Putin Adviser Accuses US of Meddling" (2014). BBC.com, February 6.

"Ukraine Crisis: Russia Accuses Kiev of Violating Geneva Accord" (2014). *The Telegraph*, April 21.

"Ukraine Crisis: Transcript of Leaked Nuland-Pyatt Call" (2014). BBC.com, February 7.

"Ukraine Crisis: US ignored Russia's Security Concerns, Putin Says" (2022). BBC, January 28.

"Ukraine Election: Comedian Zelenskyy Wins Presidency by Landslide" (2019). BBC, April 22.

Ukraine Election Task Force (2019). "Foreign Interference in Ukraine's Democracy," May.

"Ukraine Leader's Team 'Corrupt'" (2005). BBC, September 5.

"Ukraine Makes First Contacts with Russia to Avert War" (2014). Agence France Presse, March 4.

"Ukraine Needs $10 bln to Avoid Default – Deputy PM" (2013). Interfax Ukraine General Newswire, December 7.

"Ukraine Suspends Preparations for EU Trade Agreement" (2013). *BBC News*, November 21.

"Ukraine to Give Full Support to Russia's Accession to WTO, Yushchenko Says" (2008). *Ukraine Business Weekly*, February 11.

"Ukraine, Georgia May Put Forward New Demands to Russia in WTO Accession Process – Shokhin" (2008). *Ukraine Business Weekly*, February 6.

"Ukraine: Zelenskiy Bans Three Opposition TV Stations" (2021). DW.com, February 3.

"Ukraine's Parliament Fails to Approve Anti-NATO Measures" (1999). Associated Press, April 6.

"Ukraine's PM Speaks against 'Euro-Romanticism' ahead of Visit to Brussels" (2006). BBC Monitoring Kiev Unit, September 13.

"Ukraine's President Signs Anti-protest Bill into Law" (2014). BBC.com, January 17.

"Ukrainian Police Authorized to Use Live Ammo as Battle Rages" (2014). RIA Novosti, February 20.

"Ukrainian President Approves Strict Anti-protest Laws" (2014). *The Guardian*, January 17.

"Ukrainian President Should Have Acted Differently, Says Kuchma Spokesman" (2004). BBC Summary of World Broadcasts. December 24.

"Ukraine's Signing EU Deal Violates Friendship Accord with Russia – Putin's Aide" (2013). BBC Monitoring, September 6.

"Ukraine's Territorial Defense Has Increased by 100,000 People Since Start of Russian invasion – National Guard" (2022). Interfax, March 6.

Umland, Andreas (2014). "In Defense of Conspirology: A Rejoinder to Serhiy Kudelia's Anti-Political Analysis of the Hybrid War in Eastern Ukraine." PONARS Eurasia, September 30.

Umland, Andreas (2019). "Irregular Militias and Radical Nationalism in Post-Euromaydan Ukraine: The Prehistory and Emergence of the 'Azov' Battalion in 2014." *Terrorism and Political Violence* 31(1): 105–131.

UN Office on Genocide Prevention and the Responsibility to Protect (2022). "Crimes Against Humanity." www.un.org/en/genocideprevention/crimesagainst-humanity.shtml.

UN Office on Genocide Prevention and the Responsibility to Protect (2022). "Genocide." www.un.org/en/genocideprevention/genocide.shtml.

"Universal Natsional'noyi Yednosti: Tekst, pidpysanyi na kruglomu stoli" (2006). *Ukrayins'ka Pravda*, August 3.

US State Department (2002). Transcript of Press Briefing on Ukraine, Iraq and Kolchuga Radar, September 25.

US State Department (2003). "U.S. Ambassador to Moscow at World Affairs Council of Philadelphia." Press Release, November 10.

"Usloviya Vypisany kak budto dlya vraga" (2011). *Kommersant*, June 9. Van Zon, Hans (2005). "Political Culture and Neo-Patrimonialism under Leonid Kuchma." *Problems of Post-Communism* 52(5): 12–22.

Vanden Heuvel, Katrina and Cohen, Stephen F. (2014). "Cold War against Russia – Without Debate." *The Nation*, May 19.

Vasquez, John A. (2009) *The War Puzzle Revisited*. Cambridge: Cambridge University Press.

Vavilov, Andrey (2010). *The Russian Public Debt and Financial Meltdowns*. London: Palgrave Macmillan.

Verkhovna Rada of Ukraine (1990). "Deklaratsiya Suverenitet Ukrayiny." Verkhovna Rada Website.

von der Burchard, Hans (2022). "Scholz, Zelenskiy Play Down Talk of NATO Membership for Ukraine." *Politico*, February 14.

Walker, Shaun (2013). "Ukraine's EU Trade Deal Will Be Catastrophic, Says Russia." *The Guardian*, September 22.

Walker, Shaun (2013). "Vladimir Putin Offers Ukraine Financial Incentives to Stick with Russia." *The Guardian*, December 18.

Walker, Shaun (2014). "Ukraine's Former PM Rallies Protesters after Yanukovych Flees Kiev." *The Guardian*, February 23.

Walker, Shaun (2018). "MH17 Downed by Russian Military Missile System, Say Investigators." *The Guardian*, May 24.

Walker, Shaun (2020). "Angels and Artillery: A Cathedral to Russia's New National Identity." *The Guardian*, October 20.

Walker, Shaun (2022). "'I Hate Them': Dmitry Medvedev's Journey from Liberal to Anti-Western Hawk." *The Guardian*, August 1.

Walker, Shaun (2022). "Can Ukraine and Russia be Persuaded to Abide by Minsk Accords?" *The Guardian*, February 9.

Walker, Shaun (2022). "Russia and Belarus Begin Military Drills Near Belarusian Border With Ukraine." *The Guardian*, February 10.

Walsh, Nick Paton (2004). "Putin's Kiev Visit 'Timed to Influence Ukraine Poll': President's Remarks Helpful to Pro-Moscow Candidate, but Aides Deny any Attempt to Help Ally." *The Guardian*, October 27.

Walt, Stephen M. (2014). "NATO Owes Putin a Big Thank-You." ForeignPolicy.com, September 4.

Walt, Stephen M. (2016). "What Would a Realist World Have Looked Like?" ForeignPolicy.com, January 8.

Wanner, Catherine (2022). *Everyday Religiosity and the Politics of Belonging in Ukraine*. Ithaca: Cornell University Press.

"Warnings from Massandra" (1993). *The Economist*, September 11, p. 52.

Warrick, Joby (2011). "Obama to Pick Non-Diplomat as Next Ambassador to Russia." *Washington Post*, May 30.

Way, Lucan (2015). *Pluralism by Default: Weak Autocrats and the Rise of Competitive Politics*. Baltimore, MD: Johns Hopkins University Press.

"Weimar Russia" (1992). *The Times* (London), February 8.

Weir, Fred (2004). "Putin Woos Ukraine with a Russian Common Market." *Christian Science*

Monitor, November 18.

Weir, Fred (2012). "Moscow Ambassador McFaul's 'Reset' with Kremlin Stumbles." *Christian Science Monitor*, April 4.

Weitz, Richard (2012). "The Rise and Fall of Medvedev's European Security Treaty." German Marshall Fund of the United States, May.

"What Sanctions Are being Imposed on Russia over Ukraine Invasion?" (2022). BBC, May 25.

Wheeler, Carolynne (2003). "Weight of War Strains U.S.-Russia Relations: Putin and Bush Exchange Accusations on Iraq, Antitank Missiles and Spy Planes." *Toronto Globe and Mail*, March 29.

White, Stephen (2007). "Elite Opinion and Foreign Policy in Post-Communist Russia." *Perspectives on European Politics and Society* 8(2) (June): 147-167.

Wierzbowska-Miazga, Agata and Konończuk, Wojciech (2014) "The Geneva (Dis)agreement on Ukraine." Ośrodek Studiów Wschodnich, April 24.

Williams, Daniel (1994). "U.S. Calls End to Spy Incident: Administration Shifts to 'Basics' on Russia." *Washington Post*, March 1.

Wilson, Andrew (2005). *Ukraine's Orange Revolution*. New Haven, CT: Yale University Press.

Wilson, Andrew (2005). *Virtual Politics: Faking Democracy in the Post-Soviet World*. New Haven, CT: Yale University Press.

Wilson, Andrew (2014). *Ukraine Crisis: What It Means for the West*. New Haven, CT: Yale University Press.

Wilson, Andrew (2016). "The Donbas in 2014: Explaining Civil Conflict Perhaps, but not Civil War." *Europe-Asia Studies* 68(4): 631-652.

Wilson, Jeanne L. (2010). "The Legacy of the Color Revolutions for Russian Politics and Foreign Policy." *Problems of Post-Communism* 57(2) (March/April): 21-36.

Wilson, Steven, Foster, Peter, and Grant, Katie (2014). "Ukraine as it Happened." *The Telegraph*, March 2.

Wintour, Patrick (2022). "Putin Thought Ukraine War Was a Missile to Nato. It May Be a Boomerang." *The Guardian*, April 15.

Wintour, Patrick, Henley, Jon, and Berger, Julian (2022). "Macron Paves Way for Potential Putin-Biden Summit on Ukraine Crisis." *The Guardian*, February 21.

Wohlforth, William C., and Zubok, Vladislav (2017). "An Abiding Antagonism: Realism, Idealism, and the Mirage of Western-Russian Partnership after the Cold War." *International Politics* 54(4): 405-414.

Wolczuk, Roman (2003). "Polish-Ukrainian Relations: A Strategic Partnership Conditioned by Externalities," in Dunn, David H. and Zaborowski, Marcin, eds., *Poland: A New Power in Transatlantic Security*. London: Frank Cass.

Wolczuk, Roman (2003). *Ukraine's Foreign and Security Policy 1991–2000*. London: RoutledgeCurzon.

Wood, Elizabeth A. (2011). "Performing Memory: Vladimir Putin and the Celebration of WWII in Russia." *The Soviet and Post-Soviet Review* 38: 172 – 200.

Wood, Elizabeth A., Pomeranz, William E., Merry, E. Wayne, and Trudolyubov, Maxim (2016). *Roots of Russia's War in Ukraine*. Washington, DC: Woodrow Wilson Center Press.

Yadukha, Victor and Parishkura, Konstantin (1994). "'Zero Option' Remains Up in the Air: Both Sides Assert They Are Ready for Talks." *Sevodnya* September 14, translated in *Current Digest of the Russian Press*, No. 37, Vol. 46, October 12.

"Yanukovych Zaveril Glavu Evrokomissii v priverzhennosti evrointegratsii" (2013). LB.ua, June 1.

"Yatseniuk Ready to Head Cabinet of Ministers, but Only if It Consists of Opposition" (2014). Interfax-Ukraine, February 6.

Yeltsin, Boris (1993). Interview on Russian Television Network, September 4, 1993. Foreign Broadcast Information Service, FBIS-SOV-93 – 171, September 7.

Yermolenko, Volodymyr (2009). "Mutual Distrust Blurs EU – Ukraine Summit." Euobserver.com, December 7.

Young, Michael (2022). "The Mirage of Liberal Internationalism." Carnegie Middle East Center, April 11.

Yousif, Elias (2022). "U.S. Military Assitance to Ukraine." Stimson Center, January 26.

Youssef, Nancy A. and Gershkovich, Evan (2022). "As Many as 80,000 Russian Troops Hurt or Killed in Ukraine, Pentagon Says." *Wall Street Journal*, August 8.

"Yushchenko Seeks EU Membership" (2005). *BBC News*, January 25.

Yusin, Maksym (1992). "Protivostoyanie Rossii i Ukrainy prinimaet opasnyi oborot." *Izvestiia*, January 9.

Yusin, Maksym (1992). "Shokovaya Terapiya Andreya Kozyreva." *Izvestiia*, December 15.

Yusin, Maksym (1993). "Ukraina trebuyet srochnogo sozyva Soveta Bezopasnosti OON po Sevastopolyu." *Izvestiia*, July 21.

Yusin, Maksym (1994). "Posle tragedii v Saraevo NATO skloniaetsia k reshitel'nym deistviiam protiv serbov: Moskva prizyvaet k sderzhannosti." *Izvestiia*, February 28.

Zagorski, Andrei (2005). "Russia and the Shared Neighborhood. *What Russia Sees?*," in Lynch, Dov, ed., *What Russia Sees*, Chaillot Paper No. 74, Paris: Institute for Security Studies.

Zagorski, Andrei (2011). "Eastern Partnership from the Russian Perspective." *International Politics and Society* 3: 41 – 61.

"Zakharchenko obitsyaye zhorstko reahuvaty na kozhnoho, khto ne khoche 'myru i spokoyu'" (2014). *Ukrayinska Pravda*, January 18.

Zarembo, Kateryna (2017). "Substituting for the State: The Role of Volunteers in Defense Reform in Post-Euromaidan Ukraine." *Kyiv-Mohyla Law and Politics Journal*, 3: 47 – 70.

"Zayavlenie press-sekretarya Presidenta RSFSR" (1991). *Rossiiskaya Gazeta*, August 27, p. 2.

Zelenskyy, Volodymyr (2022). "President Zelenskyy's Exclusive Interview with David Muir." *ABC News*, March 7.

Zhdannikov, Dmitrii (1993). "Anatolii Zlenko raz'yasnyaet prichiny popravok v dogovore SNV-1." *Segodyna*, November 23.

Zlenko, Anatoly (1994). "The Foreign Policy of Ukraine: Principles of Shaping and Problems of Implementing It." *International Affairs*, January: 12 – 18.

Zygar, Mikhail (2016). *All the Kremlin's Men: Inside the Court of Vladimir Putin*. New York: Public Affairs.

Zygar, Mikhail (2016). "The Russian Reset That Never Was." ForeignPolicy.com, December 16.

Zygar, Mikhail (2022). "How Vladimir Putin Lost Interest in the Present." *New York Times*, March 10.

Zyuganov, G. A., Ryzhkov, N. I., and Kharitonov, M. N. (1999). "Usherb Neismernim Zayavlenie ob Ocherednom Predatl'stvye Interesov Mezhdunarodnoi Bezopasnosti." *Sovietskaya Rossiya*, p. 1.

찾아보기

우크라이나와 러시아

차가운 결별에서 참혹한 전쟁으로

초판 발행 2023년 12월 28일
초판 2쇄 2025년 1월 24일

지은이 폴 대니어리
옮긴이 허승철
펴낸곳 고려대학교출판문화원
www.kupress.com
kupress@korea.ac.kr
(02841) 서울특별시 성북구 안암로 145
Tel 02-3290-4230, 4232
Fax 02-923-6311
찍은곳 (주)대한프린테크

ISBN 979-11-6956-055-9 93340

값 29,000원

※ 잘못 만들어진 책은 바꿔 드립니다.